PHOTIUS

BIBLIOTHÈQUE

CODICES 230 - 241

COLLECTION DES UNIVERSITÉS DE FRANCE
publiée sous le patronage de l'ASSOCIATION GUILLAUME BUDÉ

PHOTIUS

BIBLIOTHÈQUE

TOME V

CODICES 230-241

TEXTE ÉTABLI ET TRADUIT
PAR
RENÉ HENRY
Docteur en Philosophie et Lettres
Professeur honoraire de l'Athénée Royal de Charleroi

Deuxième tirage

PARIS
LES BELLES LETTRES
2003

Conformément aux statuts de l'Association Guillaume Budé, ce volume a été soumis à l'approbation de la commission technique, qui a chargé M. Albert Severyns d'en faire la révision et d'en surveiller la correction en collaboration avec M. René Henry.

95 boulevard Raspail, 75006 Paris
www.lesbelleslettres.com

Première édition 1967

ISBN : 2-251-32224-8
ISSN : 0184-7155

SIGLES

A = Marcianus gr. 450, xe s.
M = Marcianus gr. 451, xiie s.
B = Parisinus gr. 1266, xiiie s.
Bekker = éd. de Bekker, Berlin, 1824-1825.

BIBLIOTHÈQUE

230.

[267 a] Lu de saint Eulogius[1] un volume qui contenait onze traités. Le premier d'entre eux citait le nom de l'évêque de Rome* à qui Eulogius l'adressait ; le destinataire du traité avait reçu de l'auteur une lettre synodale et il lui avait répondu pour montrer qu'elle était incomplète parce qu'elle n'avait mentionné explicitement ni les dénominations des quatre saints synodes* ni le lieu où ils s'étaient tenus, ni le nombre des participants de chacun ; la lettre de saint Léon n'y faisait pas non plus l'objet d'une mention expresse* : de surcroît, ni Eutychès, ni Dioscore, ni Sévère n'étaient frappés d'anathème et l'expression *en deux* (natures) n'était pas affirmée avec toute la netteté souhaitable.

Tels étaient donc les griefs formulés par le destinataire de la lettre synodale ; l'auteur aimé de Dieu, en rendant compte des accusations portées contre lui, commence par déclarer que sa lettre synodale contenait sous une forme condensée tout ce qu'elle paraissait avoir laissé de côté ; toutefois, il n'hésitait pas le moins du monde à en parler désormais avec plus de développements. Et en s'acquittant de cette tâche avec sérieux et avec une sagesse d'inspiration divine, il expose merveilleusement bien et à la perfection notre sainte confession de foi en s'attardant de préférence sur la sainte doctrine de l'Incarnation pour proclamer en elle l'union hypostatique, indivisible et sans confusion des deux natures. Quant aux surgeons de l'hé-

1. Sur l'auteur, dont on se rappelle qu'il a été patriarche d'Alexandrie de 580 à 607, cf. les notes aux sommaires précédents : « codices » 182, t. II, p. 192, note 2 ; 208, t. III, p. 105, note 2 ; 225-227, t. IV,

ΒΙΒΛΙΟΘΗΚΗ

230 [267 a]

Ἀνεγνώσθη τοῦ ἐν ἁγίοις Εὐλογίου βίβλος πληρουμένη λόγοις ια΄. Τούτων ὁ πρῶτος Ῥώμης ἀρχιερέα ἔλεγε πρὸς ὃν ἔγραφεν· ὃς ἐδέξατο παρὰ τοῦ συγγραφέως ἐπιστολὴν συνοδικήν, ἐνδεῖν δὲ αὐτὴν ἀντεδήλωσεν, ὅτι μήτε τῶν τεσσάρων συνόδων τὰς προσηγορίας ῥήματι εἶπε, μήδ' ἔνθα συνέστησαν, ἀλλὰ μηδὲ τοῦ πλήθους τὸν ἀριθμὸν ἑκάστης ἐσήμηνε· καὶ ὅτι οὐδ' ἡ τοῦ ἐν ἁγίοις Λέοντος ἐπιστολὴ ἐπὶ λέξεως μνήμης ἔτυχεν, ἀλλὰ μήδ' Εὐτυχὴς μηδὲ Διοσκόρος μηδὲ Σεβῆρος ἀναθέματι παρεδόθησαν, καὶ διότι ἡ ἐν δύο φωνὴ ἀμυδρότερον ἢ ὅσον ἐχρῆν ἀπηγγέλλετο.

Ἃ μὲν ὁ τὰ συνοδικὰ δεξάμενος ᾐτιᾶτο, ταῦτα ἦν· ὁ μέντοι γε θεοφιλὴς ἀνὴρ λόγον ὑπὲρ ὧν ᾐτιάθη διδούς, πρῶτον μὲν περιειλῆφθαι πάντα φησὶν ἐπὶ κεφαλαίων τοῖς συνοδικοῖς ἃ ἔδοξε παραλελεῖφθαι, πλὴν πλατύτερον καὶ νῦν εἰπεῖν περὶ αὐτῶν μηδένα λαβεῖν ὄκνον. Τοῦτο δὲ σπουδαίως τε καὶ θεοφρόνως ἐπιτελῶν εἰς τὸ ἄριστόν τε καὶ τελεώτατον τά τε ἄλλα καὶ τὴν περὶ τῆς πίστεως ἱερὰν ἡμῶν ὁμολογίαν διατίθησιν, ἐμφιλοχωρῶν μάλιστα τῇ κατὰ τὴν οἰκονομίαν ἱερολογίᾳ, ἐν ᾗ τῶν τε δύο φύσεων ἀδιαίρετόν τε καὶ ἀσύγχυτον τὴν καθ' ὑπό-

[267 a] 4 παρὰ A : μὲν παρὰ M || 8 τὸν AM^1 : τῶν M || 11 ἀναθέματι A : τῷ ἀναθέματι M || διότι A : ὅτι M || 17 δὲ A : τε M || 18 τε A : *om.* M.

résie qui avaient poussé dans un ou dans l'autre sens, il les tranche du glaive de la vérité.

Il use aussi du mot *mélange*[1] dans le sens orthodoxe, mais il s'en sert en attestant qu'il n'en a pas fait usage dans le même sens que ce fol Apollinaire ni non plus dans le même sens que l'impie Eutychès, mais comme l'exige la règle de la vraie foi et en homme capable d'exprimer clairement que Notre Seigneur Jésus-Christ est un en deux natures indivisibles et sans confusion, dans la perfection de sa divinité et dans la perfection de son humanité sans que *mélange* veuille dire *confusion* et sans que l'expression *en deux* (natures) amène subrepticement la notion de division. Il proclame que là-dessus Athanase et Cyrille sont d'accord dans leurs écrits où ils ont confessé eux-mêmes une nature unique incarnée du Verbe divin. En effet, en disant *incarnée*, ils ont proclamé la nature unique qu'il avait assumée.

En passant ces données en revue, il signale que, dans d'autres de ses écrits aussi[2], il discute de l'expression en question et il dit que l'interprétation de la présente formule peut se partager entre trois significations. Et, en effet, l'expression *incarnée* pourrait être comprise dans le sens de *pourvue de chair* et, en quelque sorte, dotée d'une [267 b] forme comme le bronze l'est par la forme de la statue ; ou bien elle peut vouloir dire que c'est parce que la nature du Verbe s'est changée en chair et qu'elle s'est en quelque sorte faite chair que sa nature a été unique pour poursuivre sa voie ; ou bien que la nature du Verbe qui était unique n'est plus seule et unique dans l'Incarnation, mais qu'elle doit être considérée avec la chair tout en sauvegardant son propre caractère immuable et inaltérable ainsi que celui de la chair qu'elle a assumée.

Les deux premières interprétations sont donc celles que reconnaissent Apollinaire et Eutychès ; la troisième est celle de l'enseignement apostolique que le chœur de nos

p. 99, note 1. On retrouvera encore Eulogius au « codex » 280. Les traités dont il est question ici sont perdus.

1. Sur les acceptions de ce mot, cf. Lampe, *P. G. L.*, *s. v.* κρᾶσις.

2. L'allusion peut viser, parmi les écrits d'Eulogius que Photius a recensés, les défenses du *Tome* de saint Léon. Cf. t. IV, p. 99-111.

στασιν ἕνωσιν ὑμνεῖ, καὶ τὰς ἑκατέρωθεν αἱρετικὰς παραφυάδας τῇ μαχαίρᾳ τέμνει τῆς ἀληθείας.

Κέχρηται δὲ καὶ τῇ λέξει τῆς κράσεως εὐσεβῶς μέν, πλὴν κέχρηται, μὴ κατὰ τὸν ἄνουν Ἀπολινάριον τῇ φωνῇ κεχρῆσθαι διαμαρτυρόμενος, μὴ μέντοι γε μηδὲ κατὰ τὸν δυσσεβῆ Εὐτυχῆ, ἀλλ' ὡς ὁ τῆς εὐσεβείας νόμος βούλεται, ἅτε δὴ ἕνα τὸν Κύριον ἡμῶν Ἰησοῦν Χριστὸν τρανολογεῖν ἐν δύο φύσεσιν ἀδιαιρέτοις τε καὶ ἀσυγχύτοις εἰδώς, ἐν τελείᾳ θεότητι καὶ τελείᾳ ἀνθρωπότητι, οὔτε τῆς κράσεως σύγχυσιν αὐτῷ δηλούσης, οὔτε τῆς ἐν δύο φωνῆς διαίρεσιν παρεισαγούσης. Τούτοις δὲ καὶ Ἀθανάσιον καὶ Κύριλλον συμβαίνειν ὑπαγορεύει, οἷς καὶ αὐτοὶ διωμολόγησαν μίαν φύσιν τοῦ Θεοῦ Λόγου σεσαρκωμένην · ἐν ᾧ γὰρ ἔφησαν σεσαρκωμένην, τὴν προσληφθεῖσαν ἀνεκήρυξαν φύσιν.

Ταῦτα διελθών, καὶ ὡς καὶ ἐν ἄλλοις αὐτοῦ πόνοις γυμνάζει τὴν προκειμένην φωνὴν ἐπισημηνάμενος, τριπλῇ φησι μερίζεσθαι διανοίᾳ τὴν παροῦσαν χρῆσιν. Καὶ γὰρ τὸ σεσαρκωμένη ἢ ἀντὶ τοῦ σαρκὶ ἐσχηματισμένη καὶ οἷον εἰδοποιηθεῖσα, ὥσπερ [267 b] ὁ χαλκοῦς τῇ μορφῇ τοῦ ἀνδριάντος, ἐκληφθείη ἄν · ἢ ὅτι εἰς σάρκα τῆς τοῦ Λόγου φύσεως τραπείσης καὶ οἷον ἀποσαρκωθείσης μία προῆλθεν ἡ φύσις · ἢ ὅτι μία οὖσα ἡ τοῦ Λόγου φύσις κατὰ τὴν οἰκονομίαν οὐκέτι μία μόνη ἀλλὰ καὶ μετὰ σαρκὸς θεωρεῖται, τὸ ἄτρεπτον καὶ ἀναλλοίωτον ἑαυτῇ τε καὶ τῇ προσληφθείσῃ σαρκὶ διασῴζουσα.

Αἱ μὲν οὖν πρῶται δύο ὑπολήψεις Ἀπολινάριον ἴσασι καὶ Εὐτυχέα · ἡ δὲ τρίτη δόξα τοῦ κηρύγματός ἐστι τῶν ἀποστόλων, ἣν καὶ ὁ τῶν μακαρίων

27 μηδὲ A : *om.* M ‖ **35** Θεοῦ A : *om.* M ‖ **39** μερίζεσθαι A : διαμερίζεσθαι M ‖ 37 καὶ ὡς καὶ A : καὶ ὡς M.

bienheureux Pères a apprise à cette source et conservée. Et il est évident que quiconque voudrait se conformer à la vraie foi en parlant de nature unique incarnée du Verbe aurait la grâce de penser comme ceux qui considèrent et savent qu'il y a dans le Christ unique et identique deux natures indivisibles et sans confusion ; faute de quoi il courra d'une traite chez Apollinaire ou chez Eutychès. Et en effet, en cet endroit, dire *la nature unique* au lieu de *l'hypostase unique* et *la nature incarnée* au lieu de *la nature humaine* ne met pas en désaccord avec celui qui dit *nature unique incarnée du Verbe* ou *hypostase unique du Verbe qui a assumé une nature humaine*[1]. C'est pourquoi nos Pères, quand ils expliquent cette parole, ajoutent : « Sans que la différence des natures soit supprimée même après l'union, l'une et l'autre étant, au contraire, maintenue dans les limites et la conception propres à sa nature dans le même et unique Christ notre Dieu »*. De cette manière, si on reconnaît les éléments qui sont sauvegardés, et si ce qui est reconnu est confessé et ce qui est confessé compté, il est évident que parler pieusement de nature unique incarnée du Verbe et de deux natures indivisibles dans l'union hypostatique ne compte aucune divergence vis-à-vis du langage de la vraie foi. C'est en tenant ces propos et d'autres du même genre qu'il termine son premier traité.

Le second est intitulé *Traité doctrinal* et développe lui aussi un exposé de la foi ; l'auteur y explique, dans un esprit de vraie foi, sa conception de la Trinité ; il traite de la même manière ce qui concerne l'Incarnation*, mais il passe ces notions en revue d'une manière plus sommaire que dans le traité précédent ; il ne lui est toutefois nullement inférieur en exactitude. Puis, quand il a passé ces idées en revue, il achève son traité par une exhortation qui engage ceux qui se sont séparés de l'Église à revenir à l'entente commune.

Ici il dit que, parmi les enseignements que les disciples du Christ ont transmis à l'Église, il y a, d'une part, des

1. Sur ces confusions de terminologie, Photius a résumé précédemment un traité d'Éphrem : « codex » 229, t. IV, p. 132-135.

ἡμῶν πατέρων χορὸς ἐκεῖθεν μαθὼν συνετήρησε. Καὶ δῆλον ὡς, εἴ τις εὐσεβεῖν ἐθέλοι ἐν τῷ λέγειν μίαν φύσιν τοῦ Λόγου σεσαρκωμένην, τὸ αὐτὸ φρονεῖν ἂν χαριτωθείη τοῖς δύο φύσεις ἀδιαιρέτους καὶ ἀσυγχύτους ἐν τῷ ἑνὶ καὶ τῷ αὐτῷ Χριστῷ θεωροῦσί τε καὶ δοξάζουσιν · εἰ δὲ μή, πρὸς Ἀπολινάριον ἢ Εὐτυχέα πάντως δραμεῖται. Καὶ γὰρ ἐνταῦθα τὴν μίαν μὲν φύσιν ἀντὶ τῆς ὑποστάσεως εἰρῆσθαι, τὸ δὲ σεσαρκωμένην ἀντὶ τῆς ἀνθρωπίνης φύσεως, ὡς μηδὲν διαφωνεῖν τὸν λέγοντα μίαν φύσιν τοῦ Λόγου σεσαρκωμένην ἢ μίαν ὑπόστασιν τοῦ Λόγου ἀνθρωπίνην φύσιν ἀναλαβοῦσαν. Διὸ καὶ οἱ πατέρες ἡμῶν ἐξηγούμενοι τὴν φωνὴν ἐπάγουσιν · « Οὐκ ἀνῃρημένης τῆς τῶν φύσεων διαφορᾶς καὶ μετὰ τὴν ἕνωσιν, σῳζομένης δὲ μᾶλλον ἑκατέρας ἐν τῷ ἰδίῳ τῆς φύσεως ὅρῳ τε καὶ λόγῳ, ἐν τῷ αὐτῷ καὶ ἑνὶ Χριστῷ τῷ Θεῷ ἡμῶν ». Ὥστε εἰ τὰ σῳζόμενα μὲν θεωρεῖται, τὰ δὲ θεωρούμενα ὁμολογεῖται, ἃ δὲ ὁμολογεῖται, καὶ ἀριθμεῖται, φανερὸν ὅτι τὸ λέγειν εὐσεβῶς μίαν φύσιν τοῦ Λόγου σεσαρκωμένην, καὶ τὸ δύο φύσεις ἀδιαιρέτους ἐν τῇ καθ' ὑπόστασιν ἑνώσει, διαφορὰν οὐδεμίαν εἰς τὸν τῆς εὐσεβείας ἐμποιεῖ λόγον. Ταῦτα καὶ τοιαῦτα ἕτερα εἰπὼν περατοῖ τὸν α' λόγον.

Ὁ δὲ β' ἐπιγράφεται μὲν δογματικός, ἔκθεσιν δὲ καὶ οὗτος ἀπαγγέλλει πίστεως · ἐν ᾗ τήν τε Τριάδα εὐσεβοφρόνως θεολογεῖ καὶ τὰ περὶ τὴν οἰκονομίαν ὁμοίως διέξεισι, συνοπτικώτερον μὲν ἢ ἐν τῷ προτεταγμένῳ ταῦτα διεξιών, οὐδὲν μέντοι τῆς ἀκριβείας καθυφιείς. Καὶ ταῦτα διαδραμὼν εἰς παραίνεσιν περαίνει τὴν σπουδήν, δι' ἧς τοὺς τῆς ἐκκλησίας ἀποφοιτῶντας τὴν κοινὴν ὁμόνοιαν ἀσπάσασθαι παρακαλεῖ.

Ἐν τούτῳ τῷ λόγῳ φησὶν ὡς τῶν ἐν τῇ ἐκκλησίᾳ παραδεδομένων ὑπὸ τῶν

[267 b] **10** ἡμῶν πατέρων A : πατέρων ἡμῶν M ‖ **22** καὶ μετὰ A[1] : καὶ A διὰ M ‖ **25** τὰ δὲ A : τὰ M.

doctrines et, d'autre part, des prédications[1]. La différence entre ces enseignements, la voici : les doctrines sont exposées [268 a] en des termes sagement voilés et elles sont souvent enveloppées d'une obscurité voulue afin que les saintes vérités ne soient pas divulguées aux profanes et que les perles ne soient pas jetées aux pourceaux. Les prédications, elles, sont exposées dans un langage direct surtout quand il s'agit de celles qui énoncent des préceptes qui maintiennent dans la crainte de Dieu. Parmi les doctrines, il y en a aussi qui ont un caractère plus secret et qui sont pour ainsi dire laissées dans un silence complet et n'ont été communiquées que par voie de révélation à ceux-là seuls qui détiennent, par l'intermédiaire du Verbe de vie, la sagesse inspirée afin qu'ils les transmettent à des disciples sûrs.

L'auteur établit aussi une différence dans les enseignements sur le Christ ; il explique que certains exposés sont faits dans un langage réaliste et en termes propres, mais que d'autres le sont grâce à des transferts de termes. Car c'est par un transfert de notions qui nous sont propres qu'il est question, comme si lui acceptait d'être le responsable de tout ce qui est nôtre, de faute et de malédiction et de toutes les données analogues. En effet, l'Apôtre dit : « Celui qui n'avait pas connu le péché, il l'a fait péché pour nous »*. Et encore : « Le Christ nous a rachetés de la malédiction de la Loi en se faisant lui-même un objet de malédiction »*. C'est ainsi qu'il a pris sur lui notre désobéissance et notre ignorance en tant que tête du corps tout entier que nous sommes et le cri : « Mon Dieu, mon Dieu, pourquoi m'avez-vous abandonné ? »* est celui de son indicible amour pour les hommes qui assume nos fautes comme si elles étaient siennes.

Le troisième traité combat ceux qui ont calomnié nos saints Pères et le synode de Chalcédoine*. Il commence par un examen attentif des lettres écrites par le bienheureux Cyrille à Succensus et de tous les textes qui semblent aller dans le même sens. En effet, les adversaires de Cy-

1. Texte cité *s. v.* δόγμα, B, d, II, dans le *P. G. L.* pour illustrer le sens de *dogme*, *doctrine*, à la suite de deux passages de saint Basile,

ὑπηρετῶν τοῦ Λόγου διδαγμάτων τὰ μέν ἐστι δόγματα, τὰ δὲ κηρύγματα. Καὶ ἡ διαφορά, τὰ μὲν δόγματα μετ' [268 a] ἐπικρύψεως καὶ σοφίας ἀπαγγέλλεται, καὶ τὴν ἀσάφειαν πολλάκις ἐξεπίτηδες περιβάλλεται, ὡς ἂν μὴ βεβήλοις εἶεν τὰ ἅγια ἔκθετα καὶ οἱ μαργαρῖται τοῖς χοίροις προκείμενοι, τὰ δὲ κηρύγματα χωρίς τινος ἐπικρύψεως ἀπαγγέλλεται, καὶ μάλιστα ὅσα εἰς λόγον ἐντολῶν καὶ θείου φόβου συντήρησιν ἀναφέρεται. Εἶναι δὲ καὶ τῶν δογμάτων ἔτι τινὰ μυστικώτερα, ἃ παντελῶς, ὡς τὸ ἔπος φάναι, σεσίγηται, ἐκείνοις δὲ μόνοις μυστικῶς παραδέδοται, οἳ διὰ Λόγου ζῶντος ἔχουσι πνευματικὴν σοφίαν πιστοῖς ταῦτα παρατίθεσθαι.

Ἔτι δὲ διαστολὴν τῶν ἐπὶ Χριστοῦ λεγομένων ποιεῖται, τὰ μὲν ἀληθῶς καὶ κυρίως ὑποτιθέμενος λέγεσθαι, τὰ δὲ κατὰ ἀναφοράν. Ἀναφέρεται γὰρ ἀφ' ἡμῶν, ὡς κεφαλῆς ἐκείνου πάντων ἡμῶν ἀνασχομένου γενέσθαι, ἥ τε ἁμαρτία καὶ ἡ κατάρα καὶ ὅσα παραπλήσια. Λέγει γὰρ ὁ Ἀπόστολος · « Τὸν μὴ γνόντα ἁμαρτίαν ὑπὲρ ἡμῶν ἁμαρτίαν ἐποίησε ». Καὶ πάλιν · « Χριστὸς ἡμᾶς ἐξηγόρασεν ἐκ τῆς κατάρας τοῦ νόμου, γενόμενος ὑπὲρ ἡμῶν κατάρα ». Οὕτω δὲ καὶ τὸ ἀνυπότακτον ἡμῶν καὶ τὴν ἄγνοιαν, ὡς κεφαλὴν τοῦ ὅλου σώματος, ἀναδέχεσθαι, καὶ τό· « Θεέ μου Θεέ μου, ἵνα τί με ἐγκατέλιπες; » δι' ἄφατον φιλανθρωπίαν ὡς ἑαυτοῦ τὰ ἡμέτερα οἰκειούμενον.

Ὁ δὲ γ' λόγος κατὰ τῶν συκοφαντησάντων τοὺς ἁγίους πατέρας καὶ τὴν ἐν Καλχηδόνι σύνοδον ἀγωνίζεται. Καὶ πρῶτον μὲν τὰς πρὸς Σούκενσον ἐπιστολάς, αἳ τῷ μακαρίῳ Κυρίλλῳ ἐγράφησαν, καὶ ὅσα ἄλλα ταύταις συντρέχειν δοκοῦσι, διευκρινεῖ (καὶ γὰρ οἱ δι' ἐναντίας ἀπὸ τῶν τοιούτων φωνῶν, ὥσπερ ἀπό τινος ἀκρο-

[268 a] 9 οἳ AM : οἷς A^2 || 10 παρατίθεσθαι M : παρατίθεται A || 24 Καλχηδόνι AM : Χαλκηδόνι A^2 *v. l.* || 25 τὰς A^1M : τὰ A.

rille se font forts, en s'appuyant sur des paroles de ce genre comme sur une citadelle, d'attaquer les dogmes de la vraie foi. Il repousse ensuite aussi les autres calomnies.

L'outrecuidance des hérétiques met donc en avant une citation tirée de la deuxième lettre à Succensus qui dit qu'affirmer que les deux natures sont inséparables après l'union, c'est être en contradiction avec ceux qui proclament la nature unique incarnée du Verbe. A quoi l'avocat de la vérité répond que ceux qui prônent la nature unique incarnée du Verbe veulent, par cette formule, exprimer clairement l'idée d'union hypostatique et que le Verbe n'a pas assumé un homme qui existait préalablement, mais qu'il s'est réellement fait chair ; mais la formule ne suffit pas à rendre la perfection du mystère. Comment, en effet, peut-on comprendre, au moyen de ladite formule, si la chair qu'il a assumée était animée [268 b] ou non et s'il n'a fait que prendre une apparence charnelle ou s'il était un vrai corps de chair? D'où, d'autre part, ont-ils tiré que les éléments qui se sont unis sont restés parfaits et sans mélange? On ne peut, en effet, rien trouver de ces questions qui soit éclairci par ladite formule. Voilà pourquoi, en effet, Apollinaire et Eutychès s'emparent du texte en question : ce dernier confond les éléments qui sont entrés en composition et Apollinaire imagine que la chair était sans âme. Mais la formule est chère à Manès aussi, lui qui se figure une incarnation comme de pure forme et de pure apparence.

Quant à ceux qui affirment les deux natures inséparables, ils conservent purs de confusion les éléments qui se rencontrent, mais ce n'est plus le cas de ceux qui proclament dans les mêmes termes l'union hypostatique. Il est possible, en effet, d'interpréter avec malice l'idée d'union, à la manière de Nestorius, comme une unité de mérite et de gloire et on peut l'interpréter au moyen d'autres inventions des hérétiques. C'est pourquoi aussi

De spiritu Sancto, p. 232 et 236, éd. Pruche, Paris, 1945 (S. Chr., 27). Le dernier des deux est intéressant pour l'interprétation de notre phrase : ἄλλο γὰρ δόγμα καὶ ἄλλο κήρυγμα· τὸ μὲν γὰρ σιωπᾶται, τὰ δὲ δημοσιεύεται. *Car autre chose est une* doctrine *et autre chose*

πόλεως, κατατρέχειν τῶν τῆς εὐσεβείας δογμάτων φρυάττονται), ἔπειτα δὲ καὶ τὰς ἄλλας συκοφαντίας ἀποσκευάζεται.

Τὸ μὲν οὖν αἱρετικὸν φρόνημα πρῶτον μὲν προτείνει τῆς δευτέρας πρὸς Σούκενσον ἐπιστολῆς χρῆσιν, ἥτις τὸ δύο λέγειν φύσεις ἀδιαιρέτους μετὰ τὴν ἕνωσιν ἐναντίον εἶναί φησι τοῖς μίαν πρεσβεύουσι τοῦ Λόγου φύσιν σεσαρκωμένην. Οἷς ἀνθυποφέρων ὁ συνήγορος λέγει τῆς ἀληθείας, ὡς οἱ μίαν τοῦ Λόγου φύσιν σεσαρκωμένην δοξάζοντες σαφῆ μὲν βούλονται διὰ τῆς φωνῆς ποιεῖν τὴν καθ' ὑπόστασιν ἕνωσιν, καὶ ὡς ὁ Λόγος οὐκ ἄνθρωπον προϋποστάντα προσέλαβεν ἀλλὰ σὰρξ ὡς ἀληθῶς γέγονεν· ἡ δὲ οὐκ ἐξαρκεῖ τοῦ μυστηρίου δεῖξαι τὸ τέλειον. Ποῦ γὰρ ἔστι διὰ τῆς φωνῆς λαβεῖν εἴτε ἔμψυχος ἦν ἡ ἀναληφθεῖσα σὰρξ ἢ μή, [268 b] καὶ εἰ ἐσχημάτιστο μόνον τῇ σαρκὶ ἢ ἀληθῶς ἐπεφύκει σάρξ; Πόθεν δ' ὅτι τέλεια ἢ ὅτι ἀσύγχυτα τὰ συνελθόντα μεμενήκασιν; Οὐδὲν γὰρ τούτων διευκρινημένον ἐστὶν ἐξ αὐτῆς εὑρεῖν. Διὰ τοῦτο γὰρ καὶ Ἀπολιναρίῳ καὶ Εὐτυχεῖ τὸ προκείμενον χωρίον περιπτύσσεται, τῷ μὲν συγχέοντι τὰ συνελθόντα, Ἀπολιναρίῳ δὲ ἄψυχον τὴν σάρκα φανταζομένῳ. Ἀλλὰ καὶ Μάνεντι φίλον ἡ φωνή, σχήματι καὶ φαντασίᾳ τὴν ἐνανθρώπησιν πλάττοντι.

Οἱ μέντοι γε λέγοντες δύο φύσεις ἀδιαιρέτους ἀσύγχυτα μὲν τὰ συνελθόντα φυλάττουσιν, οὐδ' οὗτοι μέντοι διὰ τῶν αὐτῶν φωνῶν τὴν καθ' ὑπόστασιν κηρύττουσιν ἕνωσιν. Δυνατὸν γὰρ πάλιν κακούργως λαβεῖν τὸ ἡνωμένον, ὡς ὁ Νεστόριος, τιμῇ καὶ δόξῃ καὶ τοῖς ἄλλοις αἱρετικοῖς ἐπιτεχνάσμασι. Διὰ τοῦτο καὶ ὁ θεῖος Κύριλλος κατὰ τὸ πέρας τῆς εἰρη-

39 προσέλαβεν AM : ἔλαβεν A[1].
[268 b] 2 τὰ A : *om.* M ‖ 9 γε A : *om.* M.

saint Cyrille, à la fin de la lettre susdite, écrit : « L'addition des termes *d'une manière indivisible* est chez nous un signe d'appréciation droite, mais eux ne pensent pas ainsi. En effet, l'indivisibilité, chez eux, selon le vain bavardage de Nestorius, est comprise d'une autre façon : ils disent en effet que c'est par l'égalité d'honneur et l'identité de volonté, par son vouloir libre, que l'homme, dans lequel le Verbe divin a fait sa demeure, est inséparable de lui »[1]. Ainsi, le grand Cyrille, lui aussi, connaît une double interprétation de l'indivisibilité : celle de l'hérésie et la sienne propre qui est celle de l'orthodoxie.

Et devant l'existence des deux interprétations de l'indivisibilité, c'est à juste titre qu'il a dit que proclamer une nature unique incarnée du Verbe est en contradiction avec ceux qui parlent de deux natures inséparables dans le sens où Nestorius en parle. Mais la même formule devient orthodoxe si on lui enlève son équivoque. Et on la lui enlève de différentes façons, mais surtout en admettant une union selon l'hypostase, car cette addition, tout en achevant de préciser la signification exacte de la formule, repousse la ruse de Nestorius et confond ceux qui calomnient l'orthodoxie.

Chacune des deux expressions est donc incomplète — chose évidente d'après ce qu'on vient de dire — si on n'y joint l'autre, savoir celle qui parle de nature unique incarnée du Verbe et celle qui parle de deux natures inséparables. Chacune des deux se complète en se joignant à l'autre. En effet, la nature incarnée du Verbe introduit simplement l'idée d'union hypostatique et celui qui parle de deux natures inséparables indique le caractère exempt de mélange et de confusion des éléments qui se rencontrent. Ainsi, chacune des deux expressions séparée de l'autre et citée avec malice peut encourir la plus juste condamnation.

[269 a] Aussi est-ce à juste titre que, dans ses longs développements contre Nestorius, saint Cyrille rejette la

est une définition. *Celle-là on la tait au contraire des définitions qu'on proclame* (tr. Pruche).

1. Cyrille, *Deuxième lettre à Succensus*, *P. G.*, t. LXXVII, p. 245 C = *A. C. O.*, I, 1, 6, p. 162, 18-19.

μένης ἐπιστολῆς · « Τὸ δὲ ἀδιαρέτως, ἔφη, προστεθὲν δοκεῖ μέν πως παρ' ἡμῖν ὀρθῆς δόξης εἶναι σημαντικόν, αὐτοὶ δὲ οὐχ οὕτω νοοῦσι. Τὸ γὰρ ἀδιαίρετον παρ' αὐτοῖς κατὰ τὰς Νεστορίου κενοφωνίας καθ' ἕτερον λαμβάνεται τρόπον · φασὶ γὰρ ὅτι τῇ ἰσοτιμίᾳ, τῇ ταυτοβουλίᾳ τῇ αὐθεντίᾳ ἀδιαίρετός ἐστι τοῦ Θεοῦ Λόγου ὁ ἐν ᾧ κατῴκησεν ἄνθρωπος ». Ὥστε διττὸν καὶ ὁ μέγας Κύριλλος οἶδε τὸ ἀδιαίρετον, τὸ μὲν αἱρετικῆς δόξης, τὸ δὲ οἰκεῖόν τε καὶ ὀρθοδόξου φρονήματος.

Διχῇ δὲ τοῦ ἀδιαιρέτου λεγομένου, εὐλόγως ἔφησε μάχεσθαι τὸ λέγειν μίαν τοῦ Λόγου φύσιν σεσαρκωμένην τοῖς κατὰ Νεστόριον φάσκουσι δύο φύσεις ἀδιαιρέτους. Αὐτὸ δὲ τοῦτο τὸ ῥητὸν ὀρθῆς γίνεται δόξης, ἀπομερισθὲν τῆς ὁμωνυμίας. Ἀπομερίζεται δὲ κατ' ἄλλους τρόπους, μάλιστα δὲ ἐν τῷ καθ' ὑπόστασιν προσλαβεῖν ἕνωσιν · αὕτη γὰρ ἡ προσθήκη τὸ ἀκριβὲς πληροῦσα καὶ τὸν δόλον ἐλαύνει Νεστορίου καὶ τοὺς συκοφάντας τῆς εὐσεβείας καταισχύνει.

Ἀτελὴς οὖν ἑκατέρα φωνή, ὡς ἐκ τῶν εἰρημένων δῆλον κατέστη, μὴ προσλαβοῦσα τὴν ἑτέραν, λέγω δὴ καὶ ἡ λέγουσα μίαν φύσιν τοῦ Λόγου σεσαρκωμένην καὶ ἡ δύο φύσεις ἀδιαιρέτους · τελειοῦται δὲ ἑκατέρα συμπλεκομένη τῇ ἑτέρᾳ · ἡ μὲν γὰρ τοῦ Λόγου φύσις σεσαρκωμένη τὴν καθ' ὑπόστασιν ἁπλῶς ἕνωσιν εἰσάγει, ὁ δὲ τὰς δύο φύσεις λέγων ἀδιαιρέτους τὸ ἄφυρτόν τε καὶ ἀσύγχυτον τῶν συνελθόντων μηνύει. Οὐκοῦν ἀπομερισθεῖσα φωνὴ θατέρας ἡ ἑτέρα καὶ σοφιστικῶς προαγομένη δικαιοτάτην ἂν τὴν κατάγνωσιν [269 a] ἐνέγκοι.

Ὥστε δικαίως καὶ ὁ ἱερὸς Κύριλλος πρὸς Νεστόριον ἀποτεινόμενος ὡς ἀτελῆ τὴν λέγουσαν ῥῆσιν δύο

30 τῷ A : τῷ τὴν M.

formule qui parle de deux natures inséparables comme incomplète et insuffisante pour confondre le sophisme des hérétiques et dit qu'elle est en opposition avec celle de nature unique incarnée du Verbe[1]. Si elle s'offre unie à elle, elle met en lumière l'intégrité de son orthodoxie en exprimant clairement l'idée des deux natures inséparables dans l'union hypostatique. Ainsi donc, quelqu'un qui avancerait la formule de nature unique incarnée du Verbe, même s'il lutte de toutes ses forces contre Apollinaire, Manès ou Eutychès, aurait énoncé une formule insuffisante et qui appuyerait plutôt la position de ces gens-là et concourrait à faire rejeter celle de Cyrille en repoussant du même coup ceux qui confessent deux natures inséparables dans l'union hypostatique.

Que confesser l'existence de deux natures dans l'union hypostatique concorde avec ceux qui enseignent dans la ligne de l'orthodoxie la nature unique incarnée du Verbe, un témoignage éclatant en a été porté par Cyrille, le gardien de la vraie foi. En effet, les évêques de Dieu, en Orient, n'ont jamais parlé d'une nature unique incarnée du Verbe, mais ils enseignent deux natures dans l'union hypostatique et ils s'en tiennent à cette position et Cyrille les a accueillis sans réserve et dans une grande allégresse. En effet, saint Jean, qui occupa le siège épiscopal d'Antioche, a écrit : « Une union de deux natures s'est réalisée ; c'est pourquoi nous confessons un seul Christ, un seul Fils, un seul Seigneur. C'est en vertu de cette notion que nous avons d'une union exempte de confusion que nous proclamons la Sainte Vierge Mère de Dieu, parce que le Verbe divin s'est incarné et fait homme »[2].

Et Cyrille, ce chaud partisan de la vraie foi, ne s'est

1. Sur les démêlés retentissants de saint Cyrille avec Nestorius, lire, après tant d'autres ouvrages qui leur ont été consacrés, les pages si claires de J. Liébaert, *L'Incarnation*, I, *Des origines au concile de Chalcédoine*, Paris, Éd. du Cerf, 1966, p. 187-198.

2. Citation tirée d'une lettre de Jean d'Antioche à saint Cyrille, lettre qui se trouve parmi celles de Cyrille, *P. G.*, t. LXXVII, p. 172 D = A. C. O., 4, p. 8, 24. Lettre traduite par P. Th. Camelot, *op. cit.*, p. 209-211.

φύσεις ἀδιαιρέτους, καὶ μὴ ἐξαρκοῦσαν τὸ αἱρετικὸν σόφισμα διελέγξαι, παραιτεῖται, καὶ μάχεσθαι αὐτῇ τὴν λέγουσαν μίαν φύσιν τοῦ Λόγου σεσαρκωμένην, μεθ' ἧς ἡ συντεθεῖσα προῆλθεν, ἀκήρατον τὴν εὐσέβειαν ἐδήλου, τὰς δύο φύσεις ἀδιαιρέτους ἐν τῇ καθ' ὑπόστασιν ἑνώσει τρανολογοῦσα. Οὕτω δὴ κἂν μίαν τις προφέρῃ τοῦ Λόγου φύσιν σεσαρκωμένην, καὶ μάλιστα πρὸς 'Απολινάριον διαμαχόμενος ἢ Μάνεντα ἢ Εὐτυχέα, ἀτελῶς τε ἂν προφερόμενος εἴη, καὶ τῷ ἐκείνων μᾶλλον φρονήματι συνεπαμύνων, καὶ τὴν τοῦ Κυρίλλου δόξαν διαπολεμῶν τε καὶ ἀνατρέπων, συναπελαύνων δὲ καὶ τοὺς δύο φύσεις ἀδιαιρέτους ἐν τῇ καθ' ὑπόστασιν ὁμολογοῦντας ἑνώσει.

Ὅτι δὲ τὸ δύο φύσεις ὁμολογεῖν ἐν τῇ καθ' ὑπόστασιν ἑνώσει σύνδρομόν ἐστι τῇ εὐσεβῶς δοξαζούσῃ γνώμῃ μίαν φύσιν τοῦ Λόγου σεσαρκωμένην, ἐμαρτύρησε περιφανῶς ὁ φύλαξ τῆς ἀκριβείας Κύριλλος. Τοὺς γὰρ ἀνατολικοὺς τοῦ Θεοῦ ἀρχιερεῖς μίαν μὲν τοῦ Λόγου φύσιν σεσαρκωμένην οὐδαμῶς εἰπόντας, δύο δὲ φύσεις ἐν τῇ καθ' ὑπόστασιν ἑνώσει καὶ δογματίζοντας καὶ φρονοῦντας, εὖ μάλα καὶ μετὰ πολλῆς τῆς εὐφροσύνης ἀπεδέξατο. Ὁ μὲν γὰρ ἐν ἁγίοις 'Ιωάννης, ὃς τὸν ἀρχιερατικὸν τῆς 'Αντιοχείας περιεῖπε θρόνον, ἔγραψεν ὅτι· « Δύο φύσεων ἕνωσις γέγονε· διὸ ἕνα Χριστόν, ἕνα Υἱόν, ἕνα Κύριον ὁμολογοῦμεν. Κατὰ ταύτην τὴν τῆς ἀσυγχύτου ἑνώσεως ἔννοιαν ὁμολογοῦμεν τὴν ἁγίαν Παρθένον θεοτόκον διὰ τὸ τὸν Θεὸν Λόγον σαρκωθῆναι καὶ ἐνανθρωπῆσαι ».

Ὁ δὲ θερμὸς τῆς ἀκριβείας ἐραστὴς Κύ-

[269 a] **5** φύσιν A : *om.* M ‖ **6** ἡ AM : εἰ M² ‖ **8** προφέρῃ Bekker : προφέροι A προσφέρῃ M ‖ **10** διαμαχόμενος A : ἀπομαχόμενος M ‖ **11** προφερόμενος A : προσφερόμενος M ‖ **25** γὰρ M : *om.* A ‖ **28** τὴν AM² : *om.* M.

pas contenté de reconnaître dans la joie et l'allégresse celui qui avait confessé dans ses écrits ce propos et d'autres du même genre, mais quand Paul, l'évêque d'Émèse, son envoyé, eut, dans une assemblée publique, exposé la pensée qui était la sienne propre et celle de celui qui l'avait envoyé, il le combla d'éloges et l'exalta comme un homme dont il partageait l'opinion. Son sermon[1] expliquait que le Verbe s'est fait chair, qu'il a habité parmi nous et que la seconde proposition est le commentaire de la première : « Le Verbe s'est fait chair » est expliqué par : « Il a habité parmi nous »[2], c'est-à-dire dans [269 b] notre nature. C'est pour avoir exposé de semblables idées dans son sermon que Paul reçut les éloges de Cyrille.

Écoutez encore Jean, lui aussi, proclamer deux natures et un Fils unique : « La tente est une chose et autre chose ce qui l'habite ; un temple est une chose, le dieu qui l'habite une autre. Attention à ma parole : je n'ai pas dit *un autre et un autre* comme s'il s'agissait de deux Christs ou de deux Fils, mais *une chose et une autre*, comme dans le cas de deux natures ». Donc, lorsque Jean a dit : *il a habité parmi nous*, il a aussi proclamé deux natures et il a ajouté : *nous avons vu sa gloire, une gloire comme celle d'un Fils unique*[3].

Donc, en écrivant ces paroles et celles de la même venue, saint Jean témoigne de la rectitude d'opinion chez ceux dont nous avons parlé et, en commençant son propre enseignement, Cyrille dit : « Le bienheureux Prophète Isaïe, qui donne un avant-goût des belles paroles de ceux qui enseignent dans le Christ, disait : *puisez l'eau avec joie aux sources du Sauveur*. Voici que nous avons puisé pour nous l'eau à une source sainte, je veux dire à celle du Maître qui nous a précédés et qui, éclairé par les lumières de l'Esprit, nous a rendu clair le grand et vénérable mystère

1. Celui de Paul d'Émèse, *Sermo 2*, *P. G.*, t. LXXVII, p. 1441 B = *A. C. O.*, I, 1, 4, p. 13, 12-17.

2. *Jean*, 1, 14.

3. Suite du texte de l'*Évangile de Jean*, 1, 14, ci-dessus. Quant à la citation patristique qui précède, le contexte — les mots ὅρα δὲ πάλιν, notamment — semble bien indiquer qu'il s'agit d'un texte de Jean

ριλλος ταῦτα καὶ τὰ τούτοις ἀκόλουθα τοῖς γράμμασι διομολογησάμενον οὐ μόνον ἀσμένως καὶ περιχαρῶς προσήκατο, ἀλλὰ καὶ Παῦλον τὸν Ἐμίσης ἐπίσκοπον, ὃς ἐξ αὐτοῦ ἀπέσταλτο, ἐπὶ πανδήμου προσομιλήσαντα πανηγύρεως ὃ ὑπῆρχεν αὐτῷ τε καὶ τῷ ἀποστείλαντι φρόνημα, ἐγκωμίοις τε ἐδεξιώσατο καὶ ὡς ὁμογνώμονα ἐμεγάλυνεν. Ἡ δὲ ὁμιλία διεξῄει ὡς ὁ Λόγος σὰρξ ἐγένετο καὶ ἐσκήνωσεν ἐν ἡμῖν, καὶ ὅτι τὸ δεύτερον τοῦ πρώτου ἑρμηνεία ἐστὶ τοῦ · « Ὁ Λόγος σὰρξ ἐγένετο » τὸ · « Ἐσκήνωσεν ἐν ἡμῖν », τουτέστιν ἐν τῇ ἡμε-
[269 b] τέρᾳ φύσει. Τοιαῦτα μὲν ὁμιλήσας ὁ Παῦλος τῶν Κυριλλείων ἀπήλαυσεν ἐπαίνων.

Ὅρα δὲ πάλιν καὶ τὸν Ἰωάννην δύο φύσεις κηρύττοντα καὶ ἕνα Υἱόν · « Ἕτερον σκηνὴ καὶ ἕτερον τὸ σκηνοῦν, ἕτερον ναὸς καὶ ἕτερον ἐνοικῶν Θεός. Πρόσεχε τῷ λεγομένῳ. Οὐκ εἶπον ἕτερος καὶ ἕτερος, ὡς ἐπὶ δύο Χριστῶν ἢ δύο Υἱῶν, ἀλλ' ἕτερον καὶ ἕτερον, ὡς ἐπὶ δύο φύσεων ». Ὅτε οὖν εἶπεν · « Ἐσκήνωσεν ἐν ἡμῖν » καὶ ἐκήρυξε δύο φύσεις, τότε ἐπήγαγε · « Καὶ ἐθεασάμεθα τὴν δόξαν αὐτοῦ, δόξαν ὡς μονογενοῦς ».

Ταῦτα οὖν καὶ τοιουτότροπα τοῦ ἱεροῦ γεγραφότος Ἰωάννου, ἐπιμαρτύρεται μὲν τοῖς εἰρημένοις δογμάτων ὀρθότητα, τῆς δὲ οἰκείας ἀπαρχόμενος διδασκαλίας ὧδέ φησιν · « Ὁ μακάριος Προφήτης Ἠσαΐας, τῶν ἐν Χριστῷ διδασκάλων τὰς εὐστομίας προανακηρύττων, ἔλεγεν · ἀντλήσατε ὕδωρ μετ' εὐφροσύνης ἐκ τῶν πηγῶν τοῦ σωτηρίου. Ἰδοὺ τοίνυν ἠντλήσαμεν ἡμῖν ὕδωρ ἐξ ἁγίας πηγῆς, τοῦ προλαβόντος φημὶ Διδασκάλου, ὃς καὶ ταῖς τοῦ Πνεύματος δᾳδουχίαις λελαμπρυσμένος διεσάφησεν ἡμῖν τὸ μέγα καὶ σεπτὸν

32 τούτοις A²M : *quid prius praeb.* A *non liquet* || 36 ὃ M² : ἃ AM || 39-41 καὶ ἐσκήνωσεν — ἐγένετο A : *om.* M.

[269 b] 4 τὸ A²M : *om.* A || 20 λελαμπρυσμένος *edd.* : λελαμπρυμένος *codd.*

du Sauveur »[1]. C'est ainsi que saint Jean, qui retourne en tout sens l'expression *deux natures*, est appelé par Cyrille le fervent amoureux de la vérité, la source sainte, l'interprète tout rempli de la lumière déversée par l'Esprit-Saint, le brillant interprète du vénérable et grand mystère du Christ.

Bien plus, dans une lettre adressée au même saint Jean à propos de l'évêque Paul, dont il a été question, Cyrille dit textuellement ceci : « L'arrivée à Alexandrie du maître, notre très pieux frère en mystères, Paul, nous a rempli l'âme de joie, et c'était bien naturel à l'idée qu'un tel homme était parmi nous »[2]. Et encore : « Que la séparation des Églises soit scandaleuse et inopportune, c'est maintenant surtout que nous en sommes assurés depuis que le maître, le très pieux évêque Paul, nous a apporté une lettre qui contient l'inattaquable profession de votre foi »[3].

C'est ainsi qu'il proclama que l'évêque Paul fut une cause de joie pour son âme avec l'inattaquable profession de foi des Orientaux qu'il avait apportée. En outre, en montrant clairement sur quels points il s'accorde avec les Orientaux, et ce qu'ils admettent avec la même révérence [270 a], pour qu'on ne se permette pas de transporter l'amour de la querelle selon son bon plaisir, il fait, dans les termes mêmes que voici, de son dernier chapitre une déclaration de concorde et un accommodement pacifique : « Quant aux paroles de l'Évangile et des Apôtres qui concernent le Seigneur, nous savons que les théologiens font de certaines d'entre elles des vocables communs dans

d'Antioche. Je n'ai pas retrouvé cette citation parmi les textes qui nous sont parvenus sous son nom.

1. Extrait d'une homélie de saint Cyrille, *A. C. O.*, I, 1, 4, p. 14, 26 ; 15, 3. Le texte biblique cité est *Isaïe*, 12, 3.

2. *Lettre 39*, à Jean d'Antioche, *P. G.*, t. LXXVII, p. 176 A = *A. C. O.*, I, 1, 4, p. 16, 7-9. C'est cette lettre qui contient les concessions de saint Cyrille aux Orientaux et son acte d'union avec eux. Cf. le « codex » 226 de Photius, t. IV, p. 110, note 2.

3. IB., *P. G.*, t. LXXVII, p. 176 B-C = *A. C. O.*, I, 1, 4, p. 16, 21-24. Sur les rapports de saint Cyrille avec les évêques orientaux, cf. J. Liébaert, *op. cit.*, p. 198-209 ; P. Th. Camelot, *op. cit.*, p. 79-82.

τοῦ Σωτῆρος μυστήριον ». Οὕτω τὸν ἱερὸν Ἰωάννην, δύο φύσεις ἄνω καὶ κάτω στρέφοντα, ὁ τῆς ἀληθείας θερμὸς ἐραστὴς Κύριλλος πηγὴν μὲν ἁγίαν ἀποκαλεῖ, τῆς δὲ τοῦ παναγίου Πνεύματος φωτοχυσίας ἔμπλεων καὶ λαμπρὸν ὑποφήτην τοῦ κατὰ Χριστὸν σεπτοῦ καὶ μεγάλου μυστηρίου.

Οὐ μόνον δέ, ἀλλὰ καὶ περὶ τοῦ μνημονευθέντος ἀρχιερέως Παύλου, πρὸς τὸν αὐτὸν ἐν ἁγίοις Ἰωάννην ἀντιγράφων, ὧδέ φησιν ἐπὶ λέξεως· « Ἀφικομένου τοίνυν εἰς τὴν Ἀλεξάνδρεαν τοῦ κυρίου καὶ θεοσεβεστάτου ἀδελφοῦ καὶ συλλειτουργοῦ Παύλου θυμηδίας ἐμπεπλήσμεθα, καὶ σφόδρα εἰκότως, ὡς ἀνδρὸς τοιούτου μεσιτεύοντος ». Καὶ πάλιν· « Ὅτι δὲ περιττὴ παντελῶς καὶ οὐκ εὐάφορμος τῶν ἐκκλησιῶν ἡ διχοστασία γέγονε, νυνὶ μάλιστα πεπληροφορήμεθα, τοῦ κυρίου τοῦ θεοσεβεστάτου Παύλου τοῦ ἐπισκόπου χάρτην προσκομίσαντος ἀδιάβλητον ἔχοντα τῆς πίστεως τὴν ὁμολογίαν ».

Οὕτω μὲν οὕτω καὶ τὸν ἀρχιερέα Παῦλον θυμηδίας αἴτιον γενέσθαι καὶ τὴν προσκομισθεῖσαν δι' αὐτοῦ τῶν ἀνατολικῶν πίστιν, τὸ ἀδιάβλητον ἔχουσαν, ἀνακηρύττει. Ἐπὶ δὲ τούτοις δεικνὺς ἐναργῶς ἐφ' οἷς τοῖς ἀνατολικοῖς συμβαίνει καὶ ἃ κοινῇ πρεσ-
[270 a] βεύουσιν, ἵνα μὴ τὸ φιλόνεικον μεταφέρειν ἄδειαν λάβοι πρὸς ὃ βούλοιτο τὴν εἰρηνικὴν ὁμόνοιάν τε καὶ κατάστασιν, αὐτοῖς ῥήμασι κεφάλαιον τελευταῖον ταῦτα ποιεῖται· « Τὰς δὲ εὐαγγελικὰς καὶ ἀποστολικὰς περὶ τοῦ Κυρίου φωνὰς ἴσμεν τοὺς θεολόγους ἄνδρας τὰς μὲν

24 ἔμπλεων AM : ἔμπλεον A[1] ‖ **26** τοῦ A[1] *s. v.* M : *om.* A ‖ **28** ἀφικομένου A : ἀφικόμενοι M ‖ **29** θεοσεβεστάτου A : θεοσεβάστου M ‖ **32** δὲ A : *om.* M ‖ **36** προσκομίσαντος A : προκομίσαντος M ‖ **38** τὴν A[2] *s. v.* M : *om.* A ‖ προσκομισθεῖσαν A : προκομισθεῖσαν M ‖ **40** ἀνακηρύττει A[1] : ἀνακηρύττειν AM.

[270 a] **5** ἄνδρας A : ἄνδρας τῶν γραμμάτων M.

la perspective d'une personne unique et qu'ils en dissocient d'autres dans la perspective des deux natures, qu'ils en transcendent certaines comme des termes adéquats au divin et conformes à la divinité du Christ et d'autres comme d'humbles mots conformes à son humanité »[1]. A quoi il ajoute aussi son jugement personnel en disant : « En rencontrant ces saintes paroles qui sont les vôtres et en vous trouvant vous-mêmes animés de cette pensée — un seul Seigneur, une seule foi, un seul baptême — nous avons glorifié Dieu, le Sauveur de l'Univers, et nous nous sommes réjouis entre nous de ce que vos Églises et les nôtres ont une foi conforme aux Écritures inspirées et à l'enseignement des saints Pères »[2]. Et qui d'autre pourrait être un commentateur de Cyrille plus autorisé et plus digne de foi que Cyrille et qui pourrait mieux montrer que sa pensée est pure et intacte de tout mélange d'hérésie? Du fait donc qu'il a proclamé que lui-même et les Orientaux n'avaient aucune divergence d'opinion sur la vraie foi, il a démontré d'une manière éclatante qu'il revient au même de reconnaître deux natures inséparables sous une personne ou une hypostase unique et une nature unique incarnée du Verbe pourvue d'une âme raisonnable et intelligente.

Et ce n'est pas seulement en écrivant aux Orientaux qu'il atteste son accord avec eux, mais encore, comme certains lui reprochaient d'avoir accueilli les Orientaux qui confessaient les deux natures, il écrit lui-même à Valérien, évêque d'Iconium, pour les défendre, que les Orientaux condamnent Nestorius et gardent intacte la foi des Pères en reconnaissant avec nous que la Sainte Vierge est la Mère de Dieu, qu'il n'y a qu'un Christ, un Fils, un Seigneur, celui qui a été engendré de Dieu le Père, le Verbe de Dieu, et que, à la fin des temps, c'est le même qui a été engendré de la femme selon la chair et que le

1. IB., *P. G.*, t. LXXVII, p. 117 A-B = *A. C. O.*, I, 1, 4, p. 17, 9-20. Cf. J. Liébaert, *op. cit.*, p. 199, note 3.

2. IB., *P. G.*, t. LXXVII, p. 177 B-C = *A. C. O.*, I, 1, 4, p. 17, 21-25.

κοινοποιοῦντας ὡς ἐφ' ἑνὸς προσώπου, τὰς δὲ διαιροῦντας ὡς ἐπὶ δύο φύσεων, καὶ τὰς μὲν θεοπρεπεῖς κατὰ τὴν θεότητα τοῦ Χριστοῦ, τὰς δὲ ταπεινὰς κατὰ τὴν ἀνθρωπότητα παραδιδόντας ». Οἷς ἐπιφέρει καὶ τὴν οἴκοθεν κρίσιν, λέγων· « Ταύταις ὑμῶν ἐντυχόντες ταῖς ἱεραῖς φωναῖς, οὕτω τε καὶ αὐτοὺς φρονοῦντας εὑρίσκοντες (εἷς γὰρ Κύριος, μία πίστις, ἓν βάπτισμα) ἐδοξάσαμεν τὸν τῶν ὅλων σωτῆρα Θεόν, ἀλλήλοις συγχαίροντες ὅτι ταῖς θεοπνεύστοις γραφαῖς καὶ τῇ παραδόσει τῶν ἁγίων πατέρων συμβαίνουσαν ἔχουσι πίστιν αἵ τε παρ' ὑμῖν καὶ αἱ παρ' ἡμῖν ἐκκλησίαι ». Καὶ τίς ἂν ἄλλος εἴη μεγαλοφωνότερος ἢ ἀξιοπιστότερος Κυρίλλου Κύριλλον ἑρμηνεῦσαι καὶ τὸ αὐτοῦ φρόνημα καθαρὸν καὶ ἀκαπήλευτον αἱρετικῆς ἐπιμιξίας παραστῆσαι; Ἐξ ὧν οὖν ἀδιαφόρως δοξάζειν αὐτόν τε καὶ τοὺς ἀνατολικοὺς τὴν εὐσέβειαν ἀνεῖπεν, ἔδειξε περιφανῶς ἀδιάφορον εἶναι καὶ τὸ ἐφ' ἑνὸς προσώπου ἤτοι μιᾶς ὑποστάσεως δύο τὰς φύσεις ἀδιαιρέτους ὁμολογεῖν, καὶ τὸ μίαν τοῦ Λόγου σεσαρκωμένην ψυχῇ λογικῇ καὶ νοερᾷ.

Οὐ μόνον δὲ πρὸς τοὺς τῆς ἀνατολῆς γράφων τὸ ὁμόδοξον αὐτοῖς μαρτυρεῖ, ἀλλὰ καί τινων ἐγκαλούντων αὐτῷ ὅτι τὰς δύο φύσεις ὁμολογοῦντας τοὺς ἀνατολικοὺς ἐδέξατο, αὐτὸς πρὸς Οὐαλεριανὸν τὸν Ἰκονίου ἐπίσκοπον ὑπὲρ αὐτῶν γράφει, ὡς Νεστόριον μὲν οἱ ἀνατολικοὶ κατακρίνουσι καὶ τὴν τῶν πατέρων ὁμολογίαν ἀκήρατον διασῴζουσι, τὴν ἁγίαν Παρθένον θεοτόκον μεθ' ἡμῶν ἀνομολογοῦντες, καὶ ἕνα εἶναι Χριστὸν καὶ Υἱὸν καὶ Κύριον, τὸν ἐκ Θεοῦ μὲν Πατρὸς γεννηθέντα Θεὸν Λόγον, ἐπ' ἐσχάτων δὲ τὸν αὐτὸν ἐκ γυναικὸς κατὰ σάρκα τεχθέντα, καὶ τέλειον εἶναι

20 ἀδιαφόρως A : ἀδιαφόρους M || **26** πρὸς A²M : *quid prius praeb.* A *non liquet.*

même personnage est parfait dans sa divinité et parfait dans son humanité ; les Orientaux ne divisent pas le Verbe en deux Fils ou deux Christs ou deux Seigneurs, et ceux qui oseraient parler contre eux, il engage à les rejeter et à les repousser comme des menteurs dont la fourberie trahit celui qui a donné naissance à leur mensonge[1].

Et de plus, dans sa lettre à Acace, évêque de Mélitène, [270 b] au sujet des Orientaux, il s'exprime comme ceci : « Ils ne divisent pas en deux personnages le Fils et Christ unique et ils affirment que c'est le même personnage qui est né de Dieu le Père en tant que Dieu et d'une femme selon la chair en tant qu'homme ; et ils disent qu'il ne pourrait être considéré comme consubstantiel à nous selon son humanité ni au Père selon sa divinité si le même personnage n'était considéré à la fois comme Dieu et comme homme », opinion que Nestorius n'admettait pas[2].

Ainsi, il ne se borne pas à embrasser la cause des Orientaux qui parlent de deux natures, mais, si quelqu'un les attaque, il se fait leur défenseur et, chose étonnante, même s'ils n'ajoutent pas *d'une manière indivisible*, il ne dit pas qu'ils séparent les natures. Il sait, en effet, que qui dit *un Christ*, *une personne*, *une hypostase*, dit également que le même personnage est Dieu et homme et que la Vierge est Mère de Dieu, vu que, en confessant d'après ses paroles l'union hypostatique, il ajoute aussi *réellement indivisible*. Et le même authentique amoureux de la paix divine et assurée, dans une lettre à Acace, dit encore : « Il est possible tout ensemble de parler de deux natures et de ne concevoir la séparation des natures en aucune façon quand bien même quelqu'un ajouterait à ces paroles la formule de l'union hypostatique »[3]. Et encore, dans une lettre à Eulogius[4], il estime de la même

1. Allusion à la *Lettre 50* qui est adressée audit Acace. *P. G.*, t. LXXVII, p. 176 D-277 A = *A. C. O.*, I, 1, 3, p. 100, 22-101, 3.

2. *Lettre 40*. *P. G.*, t. LXXVII, p. 192 A-B = *A. C. O.*, I, 1, 4, p. 25, 8-13. Les mots ὁ Νεστόριος οὐκ ἠνείχετο résument le texte qui suit la présente citation qui est, elle, à peu près littérale.

3. Allusion à la même lettre, p. 196 A, mais, selon M. l'abbé Richard, ce n'est pas une citation authentique de Cyrille.

4. Allusion à la *Lettre 44*. *P. G.*, t. LXXVII, p. 224 D-225 A =

τὸν αὐτὸν ἐν θεότητι καὶ τέλειον ἐν ἀνθρωπότητι, οὐ διαιροῦντες εἰς δύο Υἱοὺς ἢ Χριστοὺς ἢ Κυρίους καὶ τοὺς τολμῶντάς τι λέγειν κατ' αὐτῶν ὡς ψεύστας καὶ ἀπατεῶνας καὶ τοῦ ψεύδους ἑαυτῶν προβαλλομένους πατέρα μυσάττεσθαί τε παραινεῖ καὶ ἀποπέμπεσθαι.

Ἀλλὰ μὴν καὶ ἐν τῇ πρὸς Ἀκάκιον τὸν Μελιτηνῆς ἐπίσκοπον περὶ τῶν ἀνατολικῶν οὕτω φησίν · « Οὐ διαιροῦσιν [270 b] εἰς δύο τὸν ἕνα Υἱὸν καὶ Χριστόν, τὸν αὐτὸν δὲ εἶναί φασι τὸν ἐκ Θεοῦ Πατρὸς ὡς Θεὸν καὶ ἐκ γυναικὸς κατὰ σάρκα ὡς ἄνθρωπον, καὶ ὡς οὐκ ἂν νοοῖτο ὁμοούσιος ἡμῖν κατὰ τὴν ἀνθρωπότητα οὐδὲ τῷ Πατρὶ κατὰ τὴν θεότητα, εἰ μὴ νοοῖτο Θεός τε ὁμοῦ καὶ ἄνθρωπος ὁ αὐτός, ὃ Νεστόριος οὐκ ἀνείχετο ».

Οὕτως οὐ μόνον δύο λέγοντας φύσεις τοὺς ἀνατολικοὺς κατασπάζεται, ἀλλὰ κἂν κατηγορῇ τις, ὑπέρμαχος γίνεται, καὶ (τὸ παράδοξον) κἂν μὴ προσθῶσι τὸ ἀδιαιρέτως, οὐ λέγει διαιρεῖν αὐτοὺς τὰς φύσεις. Οἶδε γὰρ ὡς ἕνα Χριστόν, ἓν πρόσωπον, μίαν ὑπόστασιν ὁ λέγων τὸν αὐτὸν Θεὸν καὶ ἄνθρωπον, καὶ θεοτόκον τὴν Παρθένον, οὐδὲν ἧττον, κἂν μὴ προσθῇ τὸ ἀδιαιρέτως, ὡς ὁμολογῶν ἐκ τῶν εἰρημένων τὴν καθ' ὑπόστασιν ἕνωσιν, συνεισάγει καὶ τὸ ἀληθῶς ἀδιαίρετον. Ὁ αὐτὸς δὲ τῆς ἀσφαλοῦς καὶ θείας εἰρήνης ὄντως ἐραστὴς πάλιν πρὸς Ἀκάκιον γράφων · « Ἔνεστι, φησί, καὶ δύο φύσεις εἰπεῖν, καὶ μὴ διαίρεσιν τῶν φύσεων ἐννοεῖν πως ἐπειδάν τις συνάψοι τοῖς εἰρημένοις τὴν καθ' ὑπόστασιν ἕνωσιν ». Καὶ μὴν ἐπιστέλλων καὶ πρὸς Εὐλόγιον ὁμόδοξον ἡγεῖται τὸν μίαν

40 ἑαυτῶν A : ἑαυτὸν M || **41** μυσάττεσθαι A^{2}M : *quid prius praeb.* A *non liquet.*

[270 b] **6** ὃ A : ὁ M || **8** κατηγορῇ A^{2}M : κατηγορεῖ A || **13** ἀδιαιρέτως A^1 : ἀδιαιρέτους AM || **16** εἰρήνης A : *om.* M || **17** Ἔνεστιν — εἰπεῖν A : ἔνεστιν εἰπεῖν καὶ δύο φύσεις, φησίν, M || καὶ μὴ A : μὴ M.

croyance celui qui parle de nature unique incarnée du Verbe et celui qui reconnaît deux natures inséparables dans l'union hypostatique.

Il en est qui s'en prennent à l'exposé de leur foi qu'ont fait les Orientaux et qui disent : « Pourquoi l'évêque d'Alexandrie les a-t-il admis alors qu'ils parlent de deux natures et pourquoi les a-t-il approuvés? »[1] Et ceux qui partagent la croyance de Nestorius disent que Cyrille pense comme lui et ils entraînent avec eux les gens mal informés. Il faut dire aux auteurs de ces reproches qu'il n'y a pas lieu de fuir et de rejeter tout ce que disent les hérétiques ; c'est ainsi qu'il accepte les Orientaux qui parlent de deux natures — car leurs propos sont conformes à la vraie foi — et qu'il condamne Nestorius, non parce qu'il parlait de deux natures, mais parce que, tout en parlant de deux natures, il n'admettait pas l'union hypostatique tout comme il n'admettait pas non plus la formule *nature unique incarnée du Verbe*. Il ajoute, en effet, peu après : « Bien que Nestorius parle de deux natures pour marquer la différence entre la chair et le Verbe divin, il ne reconnaît pas l'union de la même façon que nous. Nous, en effet, quand nous avons formulé l'union des natures, nous confessons un seul Christ, un seul Fils, un seul Seigneur »[2]. C'est la confession commune à Cyrille et aux Orientaux.

Ensuite, il ajoute encore : « Nous confessons la nature unique incarnée du Verbe »[3]. C'est comme s'il disait que nous reconnaissons la différence entre les composants et parlons de deux natures mais que, pour préciser l'idée de leur union, nous ajoutons aussitôt *nature unique incarnée* [271 a] *du Verbe*. Des deux expressions, en effet, l'une montre la différence des composants, l'autre, l'union hypostatique elle-même. D'après ce que Cyrille a dit de Nestorius, peu s'en faut qu'il ne proclame que, si ce dernier avait la même conception que nous de l'union et con-

A. C. O., I, 1, 4, p. 35, 4-8. On s'étonnera de ne trouver ici aucune remarque sur la personne du destinataire de la présente lettre qui n'est évidemment pas l'auteur résumé dans ce « codex ».

1. Je n'ai pu identifier cette citation.

2. *Lettre 44. P. G.*, t. LXXVII, p. 225 A = *A. C. O.*, I, 1, 4, p. 35, 11-14.

3. IB., *P. G.*, t. LXXVII, p. 225 B = *A. C. O.*, I, 1, 4, p. 35, 14.

φύσιν λέγοντα τοῦ Λόγου σεσαρκωμένην τῷ δύο φύσεις ἀδιαιρέτους ἐν τῇ καθ' ὑπόστασιν ἑνώσει συνομολογοῦντι.

Ἐπιλαμβάνονταί τινες τῆς ἐκθέσεως ἧς πεποίηνται οἱ ἀνατολικοί, καί φασι· « Διὰ τί δύο φύσεις ὀνομαζόντων αὐτῶν ἠνέσχετο καὶ ἐπῄνεσεν ὁ τῆς Ἀλεξανδρείας; » Οἱ δὲ τὰ Νεστορίου φρονοῦντες λέγουσι κἀκεῖνον οὕτω φρονεῖν, συναρπάζοντες τοὺς οὐκ εἰδότας τὸ ἀκριβές. Χρὴ δὲ τοῖς μεμφομένοις ἐκεῖνα λέγειν, ὅτι οὐ πάντα ὅσα λέγουσιν οἱ αἱρετικοί, φεύγειν καὶ παραιτεῖσθαι χρή· ὥστε δύο φύσεις λέγοντας τοὺς μὲν ἀνατολικοὺς ἀποδέχεται (εὐσεβῶς γὰρ οὗτοί φασι) Νεστόριον δὲ κατακρίνει, οὐχ ὅτι δύο φύσεις ἔλεγεν, ἀλλ' ὅτι δύο φύσεις λέγων τὴν καθ' ὑπόστασιν ἕνωσιν οὐ προσίετο, ὥσπερ οὐδὲ τὸ μίαν φύσιν τοῦ Λόγου σεσαρκωμένην. Μετ' ὀλίγα γὰρ ἐπιφέρει ὡς· « Κἂν δύο λέγῃ φύσεις Νεστόριος, τὴν διαφορὰν σημαίνων τῆς σαρκὸς καὶ τοῦ Θεοῦ Λόγου, ἀλλ' οὐκέτι τὴν ἕνωσιν ὁμολογεῖ μεθ' ἡμῶν. Ἡμεῖς γὰρ ἑνώσαντες αὐτὰ ἕνα Χριστόν, ἕνα Υἱόν, ἕνα Κύριον ὁμολογοῦμεν ». Ὃ κοινόν ἐστιν ὁμολόγημα αὐτοῦ τε καὶ τῶν ἀνατολικῶν.

Εἶτα καὶ πάλιν ἐπάγει· « Μίαν τὴν τοῦ Υἱοῦ φύσιν ὁμολογοῦμεν σεσαρκωμένην », ὡς εἰ ἔλεγεν, ἡμεῖς τὴν διαφορὰν τῶν συνελθόντων ὁμολογοῦντες δύο μὲν λέγομεν φύσεις, ἀλλὰ καὶ τὴν ἕνωσιν ἐξακριβοῦντες [271 a] συνάπτομεν αὖθις τὸ μίαν φύσιν τοῦ Λόγου σεσαρκωμένην· τὸ μὲν γάρ ἐστι τῆς τῶν ἑνωθέντων διαφορᾶς, τὸ δὲ αὐτῆς τῆς καθ' ὑπόστασιν ἑνώσεως δηλωτικόν. Ἐξ ὧν δὲ περὶ Νεστορίου ἔφη, μονονουχὶ τοῦτο βοᾷ, ὡς εἴ γε τὴν ἕνωσιν μεθ' ἡμῶν καὶ Νεστόριος ᾔδει, ἕνα

22 συνομολογοῦντι A : ὁμολογοῦντι M ‖ 23 ἐπιλαμβάνονται A²M : ἐπιλαμβάνοντι A ‖ 35 λέγῃ φύσεις A : φύσεις λέγῃ M ‖ 42 τὴν A : *om.* M.

[271 a] 2 ἐστι A : ἐπὶ M ‖ 3 δηλωτικὸν A²M : δηλωτικῶν A.

fessait un seul Christ, un seul Fils, un seul Seigneur, nous l'aurions admis, même alors qu'il parlait de deux natures, si, par une telle expression, il voulait marquer la différence entre la chair et le Verbe de Dieu sans chercher à détruire l'union. Et si parler de deux natures comme il l'a fait marque la différence entre la chair et le Verbe divin, différence qu'il faut maintenir même après l'union, il est évident qu'il enseigne aussi que les deux natures subsistent après l'union car, si la différence est maintenue, il faut que les éléments dont la différence subsiste subsistent également. Quand Cyrille dit que les Orientaux sont en conformité d'opinion avec lui, sans parler pourtant nulle part de nature unique incarnée du Verbe, et alors qu'ils parlent de deux natures ramenées à l'unité par l'union hypostatique, il montre bien clairement que les termes sont indifférents. En sorte que le synode sait, lui aussi, que les Orientaux proclament la nature unique incarnée du Verbe sinon à la lettre, du moins en intention.

Ce n'est pas seulement d'après ce qu'on vient de dire qu'il est aisé de le voir, mais c'est aussi d'après le libelle que saint Flavien écrivit de sa propre main et remit à l'empereur Théodose. Et le synode décida qu'il fallait lire ce libelle avant les autres. Car il dit textuellement ceci : « En effet, en confessant que le Christ est composé de deux natures réunies après l'Incarnation dans une hypostase unique et dans une personne unique, nous confessons un seul Christ, un seul Fils, un seul Seigneur. Après quoi nous ne refusons pas de parler de nature unique du Verbe, incarnée toutefois et faite homme, parce que c'est de toutes les deux qu'est fait l'unique et identique Jésus-Christ Notre-Seigneur »[1].

Examinons encore ce qui suit : le synode ne cesse de dire *le Christ unique et identique*. Qu'est-ce d'autre que reconnaître l'union hypostatique ou, si l'on veut, la nature unique incarnée du Verbe? Et en effet, cette cita-

1. Citation de Flavien, *Lettre 3 à Théodore*, *P. G.*, t. LXV, p. 892 B-C = *A. C. O.*, II, 1, 1, p. 35, 17-22.

Χριστόν, ἕνα Υἱόν, ἕνα Κύριον ὁμολογῶν, ἐδεξάμεθα ἂν αὐτὸν καὶ δύο λέγοντα φύσεις, εἴπερ διὰ τῆς τοιαύτης φωνῆς τὴν διαφορὰν τῆς σαρκὸς καὶ τοῦ Θεοῦ Λόγου δηλοῦν ἐβούλετο, ἀλλὰ μὴ διασπᾶν τὴν ἕνωσιν ἐτεχνάζετο. Εἰ δὲ τὸ δύο φύσεις λέγειν, ὡς αὐτὸς εἶπε, τὴν διαφορὰν σημαίνει τῆς σαρκὸς καὶ τοῦ Θεοῦ Λόγου, καὶ ταύτην δεῖ σῴζεσθαι μετὰ τὴν ἕνωσιν, δῆλον ὅτι καὶ τὰς δύο διδάσκει φύσεις μετὰ τὴν ἕνωσιν σῴζεσθαι· τῆς γὰρ διαφορᾶς σῳζομένης, ἀνάγκη καὶ τὰ ὧν ἡ διαφορὰ συνδιασῴζεσθαι. Καὶ τοὺς ἀνατολικοὺς δ' εἰπὼν συμφρονεῖν αὐτῷ, καίτοι μηδαμοῦ φαμένους μίαν φύσιν τοῦ Λόγου σεσαρκωμένην, ἀλλὰ δύο μὲν λέγοντας τὰς φύσεις, ἡνωμένας δὲ τῇ καθ' ὑπόστασιν ἑνώσει, ἀδιαφόρους τὰς φωνὰς περιφανῶς ἀποφαίνεται. Ὥστε καὶ ἡ σύνοδος, κἂν μὴ τῇ γλώσσῃ ἀλλὰ τῇ γε γνώμῃ, μίαν φύσιν κηρύττειν οἶδε τοῦ Λόγου σεσαρκωμένην.

Οὐκ ἐκ τῶν εἰρημένων δὲ μόνον ῥᾴόν ἐστι τοῦτο καθορᾶν, ἀλλὰ καὶ ἐκ τοῦ λιβέλλου ὃν ἔγραψε μὲν οἰκείᾳ χειρὶ ὁ θεσπέσιος Φλαβιανός, ἐπιδέδωκε δὲ Θεοδοσίῳ τῷ βασιλεῖ. Ἡ δὲ σύνοδος πρὸ τῶν ἄλλων ταύτην ἔκρινεν ἀναγνωσθῆναι. Ἔχει γὰρ ἐπὶ λέξεως ὧδε· « Καὶ γὰρ ἐκ δύο φύσεων ὁμολογοῦντες τὸν Χριστὸν μετὰ τὴν σάρκωσιν ἐν μιᾷ ὑποστάσει καὶ ἐν ἑνὶ προσώπῳ, ἕνα Χριστόν, ἕνα Υἱόν, ἕνα Κύριον ὁμολογοῦμεν. Εἶτα καὶ μίαν μὲν φύσιν τοῦ Θεοῦ Λόγου σεσαρκωμένην μέντοι καὶ ἐνανθρωπήσασαν λέγειν οὐκ ἀρνούμεθα, διὰ τὸ ἐξ ἀμφοῖν ἕνα καὶ τὸν αὐτὸν εἶναι τὸν Κύριον ἡμῶν Ἰησοῦν Χριστόν ».

Σὺ δέ μοι σκόπει κἀκεῖνο. Ἡ σύνοδος συνεχῶς τὸν αὐτὸν λέγει καὶ ἕνα Χριστόν. Τοῦτο δὲ τί ἐστιν ἕτερον ἢ τὸ τὴν καθ' ὑπόστασιν ἕνωσιν ὁμολογεῖν, ἢ εἰ βούλει, τὴν μίαν φύσιν τοῦ Λόγου σεσαρκωμένην; Καὶ γὰρ χωρὶς

6 Υἱόν, ἕνα Κύριον A : Κύριον, ἕνα Υἱόν M ‖ **12** μετὰ A : *om.* M ‖ **20** μὴ A : μὲν M ‖ **33** συνεχῶς τὸν αὐτὸν A : τὸν αὐτὸν συνεχῶς M ‖ **36** χωρὶς A : καὶ χωρὶς M.

tion, quand elle est faite en dehors des avocasseries de l'hérésie, a une signification indifférente, du moins dans l'acception dont il vient d'être question.

Tout comme, en disant que le Christ est composé de divinité et d'humanité, le synode proclame également que Notre-Seigneur Jésus-Christ est composé de deux natures, [271 b] ainsi, en disant *en divinité et en humanité*, le synode enseigne et confesse qu'il est en deux natures. En effet, le Christ n'est pas composé de ces éléments sans être ces éléments et il n'est pas ces éléments sans être en ces éléments, mais on reconnaît qu'il est dans les éléments dont il est composé, et il est ces éléments-là.

C'est ce qu'Ambroise l'admirable enseigne dans son quatrième livre *Sur l'Incarnation* : « En son être divin, éternel, il a assumé les mystères de la chair ; il n'est pas divisé, mais il est un puisque chacun des deux ne fait qu'un et que l'un est en chacun des deux composants, c'est-à-dire dans sa divinité et dans son corps »[1]. Et encore, dans un autre traité d'où le sage Cyrille a tiré une citation contre Nestorius, l'excellent Ambroise dit : « Le Fils unique de Dieu parle dans l'une et l'autre nature puisque l'une et l'autre nature sont en lui »[2]. Cette parole a été falsifiée par Sévère, mais il n'a tiré aucun profit de sa malice, car il change en *l'un et l'autre* les termes *l'une et l'autre* pour faire croire que cette formule désigne non la nature mais le mode d'expression, c'est-à-dire que Dieu s'exprime dans l'un et l'autre mode, le divin et l'humain. Cette fraude trouve en elle-même sa réfutation et, en outre, elle est infirmée par la citation ci-dessus, car Sévère y a pris les termes mêmes *dans l'un et l'autre* et puis il a expliqué lui-même ce que veut dire pour lui *dans l'un et l'autre* : « C'est-à-dire, ajoute-t-il, dans sa divinité et dans son corps ».

Aussi, qu'il dise *il parle dans l'une et l'autre nature* selon

1. Ambroise, *De Incarnationis Sacramento*, V, 35. *P. L.*, t. XVI, p. 287 C.

2. IB., *De Fide ad Gratianum*, 2, 77. *P. L.*, t. XVI, p. 576 B. On trouve ce texte cité sous une forme un peu différente dans un sommaire consacré à quatre traités d'Éphrem d'Antioche, ci-dessus, au « codex » 229, t. IV, p. 131. Voir aussi la note complémentaire au passage, t. IV, p. 181.

τῶν αἱρετικῶν σοφισμάτων ἡ χρῆσις αὕτη προφερομένη τὸ ἀδιάφορον ἔχει, πρός γε τὴν προειρημένην διάνοιαν.

Ὥσπερ δὲ ἐκ θεότητος καὶ ἀνθρωπότητος ἡ σύνοδος λέγουσα τὸν Κύριον ἡμῶν Ἰησοῦν Χριστὸν ἐκ δύο φύσεων ὁμοίως ἀνευφημεῖ, οὕτω καὶ ἐν θεότητι καὶ [271 b] ἀνθρωπότητι λέγουσα ἐν δυσὶ δοξάζει φύσεσι καὶ συνομολογεῖ. Οὐ γὰρ ἐκ τούτων μέν ἐστιν ὁ Χριστός, οὐχὶ ταῦτα δέ, οὐδὲ ταῦτα μέν, οὐκ ἐν τούτοις δέ, ἀλλ' ἐξ ὧν ἐστι, καὶ ἐν τούτοις γνωρίζεται καὶ ταῦτά ἐστιν.

Οὕτω δὲ καὶ Ἀμβρόσιος ὁ θαυμάσιος ἐν τῷ περὶ ἐνανθρωπήσεως τετάρτῳ δογματίζει λόγῳ· « Ἐν τῷ Θεὸς εἶναι αἰώνιος τὰ τῆς σαρκὸς μυστήρια προσελάβετο, οὐ διῃρημένος ἀλλ' εἷς, ἐπειδὴ τὸ ἑκάτερον εἷς καὶ ὁ εἷς ἐν ἑκατέρῳ, τουτέστι καὶ θεότητι καὶ σώματι ». Πάλιν δὲ ἐν ἄλλῳ λόγῳ, ἐξ οὗ καὶ ὁ σοφὸς Κύριλλος χρῆσιν κατὰ Νεστορίου προήνεγκεν, οὕτως ὁ χρηστὸς Ἀμβρόσιός φησιν· « Εἷς Θεοῦ Υἱὸς ἐν ἑκατέρᾳ λαλεῖ, ἐπειδήπερ ἑκατέρα φύσις ἐν αὐτῷ ». Τοῦτο δὲ τὸ ῥητὸν ἐκακούργησε μὲν Σεβῆρος, οὐδὲν δὲ τῆς κακουργίας ἀπώνατο. Μεταστρέφει μὲν γὰρ εἰς τὸ ἑκατέρῳ τὴν ἑκατέρᾳ φωνήν, ἵνα πείσῃ δηλοῦσθαι διὰ τῆς φωνῆς μὴ τὴν φύσιν ἀλλὰ τὸν τρόπον τῆς λαλιᾶς, οἷον ἐν ἑκατέρῳ τρόπῳ θείῳ τε καὶ ἀνθρωπίνῳ λαλεῖ. Ὅπερ αὐτόθεν μὲν ἔχει τὸν ἔλεγχον, οὐ μὴν ἀλλὰ καὶ διὰ τῆς προειρημένης ἐπιρραπίζεται χρήσεως. Ἐν αὐτῇ γὰρ εἰπὼν αὐτὴν τὴν λέξιν ἐν ἑκατέρῳ αὐτὸς ἡρμήνευσε τί βούλεται αὐτῷ τὸ ἐν ἑκατέρῳ· « Τουτέστιν, ἐπισυνάψας, καὶ θειότητι καὶ σώματι ».

Ὥστε εἴτε ἐν

37 προφερομένη A : προσφερομένη M || **39** διάνοιαν A : *om.* M.

[271 b] **1** ἀνθρωπότητι A : ἐν ἀνθρωπότητι M || **8** ἑκατέρῳ AM : ἑκατέρᾳ A^1 || **15** ἑκατέρῳ τὴν ἑκατέρᾳ A^1 *et* A *ut vid.* : ἑκατέρῳ τὴν ἑκατέραν M || **20** *et* **21** ἑκατέρῳ AM : ἑκατέρᾳ A^1.

le texte non falsifié d'Ambroise, ou bien *dans l'un et l'autre*, comme l'avocat de la mauvaise cause qui défigure la formule, les deux natures n'en sont pas moins exprimées parce que le même Ambroise, comme on l'a dit, en disant *dans l'un et l'autre*, c'est-à-dire dans l'un et l'autre cas, a employé cette expression pour qu'on la rapporte à la divinité et au corps. Et le même auteur, dans une lettre à Albin, dit : « Afin qu'il soit parfait dans l'une et l'autre nature »[1]. Mais en voilà assez sur ce sujet.

Et si on nous cite Athanase dans son *Traité sur l'Incarnation* et Grégoire de Néocésarée[2] dans son livre *Sur la foi dans ses éléments* qui interdisent de parler, à propos du Christ, des deux natures, qu'on sache, comme il l'a été souvent dit, que les autres Pères non plus n'ont pas admis aussi purement et simplement qu'on parle de deux natures, mais qu'ils ont souvent rejeté cet usage. Quant à la formule augmentée du mot *indivisible*, ils ne se sont pas empressés de l'admettre, ils ne l'ont pas reçue sans examen critique et ils ne la tenaient pas pour indubitable. Mais depuis qu'on a admis avec cette formule [272 a] celle de l'union hypostatique, on n'a certes vu personne parmi les vrais croyants qui ne l'ait admise sans réserve.

Que personne ne dise donc, car c'est un propos qui n'a rien de commun avec la vraie foi, que les Pères ont empêché qu'on parle de deux natures à propos du Christ, mais qu'il montre quand et où ceux qui reconnaissent l'union hypostatique ont interdit de parler de deux natures unies d'une manière indivisible. Et en effet, même dans ce sens, voyez comment s'exprime Athanase : « Nous ne reconnaissons pas que le Fils unique est deux natures dont l'une est adorable et l'autre non »*. Et vous entendez comment il a dit *adorable et non adorable*? Et qui ignore que les termes *adorable et non adorable* divisent l'être en

1. Cette citation provient bien d'une lettre de saint Ambroise, *P. L.*, t. XVI, p. 1147 C, mais son destinataire est *Sabinus*. Ἀλβῖνον est dans une altération de texte que rien ne permet d'imputer à Photius.

2. Plus connu sous le nom de Grégoire le Thaumaturge (215-275 environ). L'écrit visé se trouve dans *P. G.*, t. X, p. 1105-1124. On le croit apocryphe.

ἑκατέρᾳ λαλεῖ, ὡς ἔχει τὸ ἀκακούργητον τῶν Ἀμβροσίου ῥημάτων, εἴτε ἐν ἑκατέρῳ, ὡς ὁ τῆς κακίας σοφιστὴς τὴν φωνὴν διαφθείρει, οὐδὲν ἧττον αἱ δύο φύσεις δηλοῦνται, διότι ὁ αὐτὸς Ἀμβρόσιος, ὡς εἴρηται, τὸ ἐν ἑκατέρῳ εἰπών, τουτέστιν ἐν ἑκατέρῳ πράγματι, πρὸς τὴν θεότητα καὶ τὸ σῶμα τὴν φωνὴν ἀποδέδωκεν ἀναφέρεσθαι. Καὶ πρὸς Ἀλβῖνον δὲ γράφων ὁ αὐτός· « Ἵνα, φησίν, τέλειος ἐν ἑκατέρᾳ φύσει τυγχάνῃ ». Ἀλλὰ ταῦτα μὲν ἐπὶ τοσοῦτον.

Εἰ δέ τις ἡμῖν Ἀθανάσιον ἐν τῷ περὶ σαρκώσεως προκομίζει λόγῳ, καὶ τὸν Νεοκαισαρείας Γρηγόριον ἐν τῷ περὶ τῆς κατὰ μέρος πίστεως, δύο λέγειν κωλύοντας ἐπὶ τοῦ Χριστοῦ τὰς φύσεις, μανθανέτω οὗτος ὅτι (καθάπερ εἴρηται πολλάκις) οὐδ' οἱ λοιποὶ πατέρες τὸ δύο λέγειν φύσεις οὔτε ἁπλῶς ἠσπάσαντο, ἀλλὰ καὶ πολλάκις ἀπώσαντο, μετὰ μέντοι γε τοῦ ἀδιαιρέτου προελθοῦσαν τὴν φωνὴν οὔτε προπετῶς ἀσπάσασθαι οὔτε ἀβασανίστως ταύτην περιπτύξασθαι οὐμενοῦν οὐκ ἐλάμβανον τὸ ἀδίστακτον· συνομολογηθείσης δὲ τοῖς λεχθεῖσι τῆς καθ' ὑπόστασιν ἑνώσεως, οὐμενοῦν οὐδεὶς ὤφθη τῶν [272 a] εὐσεβῶν μὴ λίαν τὴν φωνὴν ἀσπαζόμενος. Μὴ οὖν λεγέτω τις (οὐδὲν γὰρ τοῦτο πρὸς τὴν εὐσέβειαν) ὡς ἐπὶ Χριστοῦ δύο φύσεις λέγειν οἱ πατέρες ἐκώλυσαν· ἀλλὰ δεικνύτω πότε ἢ ποῦ τοὺς συνομολογοῦντας τὴν καθ' ὑπόστασιν ἕνωσιν δύο λέγειν φύσεις ἀδιαιρέτως ἐκώλυσαν. Καὶ γὰρ κἀνταῦθα ὅρα πῶς φησιν ὁ Ἀθανάσιος· « Οὐ δύο φύσεις ὁμολογοῦμεν τὸν ἕνα Υἱόν, μίαν προσκυνητὴν καὶ μίαν ἀπροσκύνητον ». Ἀκούεις πῶς εἶπε προσκυνητὴν καὶ ἀπροσκύνητον. Καὶ τίς οὐκ οἶδεν ὅτι τὸ προσκυνητὸν καὶ ἀπροσκύνητον εἰς δύο μὲν ὑπο-

28 τὸ A³M : *om.* A ‖ 35 τοῦ A : *om.* M ‖ 37 τὸ A²M : *om.* A.

deux hypostases et proclament d'autre part l'union hypostatique?

Mais la pensée du grand Athanase est évidente. Quant au témoignage supposé de Grégoire le Thaumaturge, que l'on dit être de lui mais qui porte la marque d'Apollinaire, il met bien en évidence son absurdité. Il dit en effet : « Et il est vrai Dieu non charnel qui s'est manifesté dans la chair, parfait par sa véritable et divine perfection, et il n'est ni deux personnes ni deux natures, car nous ne disons pas que nous adorons quatre personnes »[1]. Voyez combien l'impiété est patente ; il parle, en effet, de la perfection dans l'ordre divin et il a passé l'humanité sous silence entièrement. Et commencer par dire : « Celui qui n'est point charnel s'est manifesté dans la chair » est un odieux surgeon jailli de la folie d'Apollinaire.

D'autre part aussi, le témoignage que l'hérésie tire de la lettre de Jules de Rome à Denys n'est sûrement pas authentique. En effet, saint Cyrille, au synode d'Éphèse, après avoir produit une citation de la lettre de cet auteur à Docius, n'a pas jugé bon de rappeler celle-là. Et celle qu'il a lue au synode est conçue textuellement comme il suit : « Le Fils de Dieu a fait sa demeure parmi les hommes et il n'a pas agi dans un homme ; il est Dieu parfait dans la chair et homme parfait dans l'esprit. Il n'y a pas deux fils dont l'un serait le Fils véritable qui aurait assumé un homme et l'autre qui serait un homme mortel assumé par Dieu, mais il n'y a qu'un seul Fils unique au ciel et un Dieu unique sur terre »[2]. Tel est donc le propos de Jules qui fut lu au synode, et Cyrille, s'il avait tenu pour authentique la parole que les autres tirent de la lettre à Denys, ne l'aurait pas négligée, d'autant plus qu'elle condamne Nestorius.

1. Cf. Lietzmann, *op. cit.*, p. 178. Il est curieux que l'auteur ait pu soit connaître par ailleurs soit dépister lui-même le caractère apocryphe de cette citation-ci et qu'il n'en ait pas fait autant à propos de celle qui la précédait.

2. Cette citation d'une lettre à Prosdocius n'est pas authentique non plus. Cf. Lietzmann, *op. cit.*, p. 284 (je dois cette précision à M. l'abbé Richard). On se souviendra qu'une autre citation de la même lettre a été rencontrée chez Éphrem, au « codex » 229, t. IV, p. 151 et note 4.

στάσεις τέμνουσι τὸν ἕνα, τὴν καθ' ὑπόστασιν δὲ ἕνωσιν ἐκκηρύττουσιν;

Ἀλλ' ἡ μὲν τοῦ μεγάλου Ἀθανασίου διάνοια δήλη· ἡ δὲ τὸν θαυματουργὸν Γρηγόριον ὑποβαλλομένη χρῆσις (λέγεται μὲν γὰρ ἐκείνου, τὸν δὲ Ἀπολινάριον εἰσκομίζει) κατάφωρον προβάλλεται τὴν ἀτοπίαν. Λέγει γάρ· « Καὶ ἔστι Θεὸς ἀληθινὸς ὁ ἄσαρκος ἐν σαρκὶ φανερωθείς, τέλειος τῇ ἀληθινῇ καὶ θείᾳ τελειότητι, οὐ δύο πρόσωπα οὐδὲ δύο φύσεις· οὐδὲ γὰρ τέσσαρας προσκυνεῖν λέγομεν ». Ὁρᾷς ὅπως προφανὴς ἡ δυσσέβεια; Τὸ τέλειον γὰρ εἰπὼν κατὰ τὴν θεότητα, τὴν ἀνθρωπότητα παντελῶς ἐσιώπησε. Καὶ τὸ προειπεῖν δέ· « Ὁ ἄσαρκος ἐν σαρκὶ φανερωθείς » τῆς Ἀπολιναρίου φρενοβλαβοῦς γεωργίας πικρόν ἐστι βλάστημα.

Ἀλλὰ γὰρ καὶ ἡ χρῆσις, ἣν ἡ αἵρεσις προκομίζει ἐκ τῆς πρὸς Διονύσιον ἐπιστολῆς τοῦ Ἰουλίου Ῥώμης, ἀναμφίβολον μὲν οὐκ ἔχει τὸ γνήσιον· ὁ γὰρ ἱερὸς Κύριλλος, ἐν τῇ κατ' Ἔφεσον συνόδῳ ἐκ τῆς πρὸς Δόκιον ἐπιστολῆς αὐτοῦ χρείαν προενεγκών, οὐκ ἠξίωσεν εἰς μνήμην ταύτης ἐλθεῖν. Ἣν δὲ τῇ συνόδῳ προανέγνωσεν, οὕτω τοῖς ῥήμασιν ἔχει· « Ὁ τοῦ Θεοῦ Υἱὸς σκηνώσας ἐν ἀνθρώποις, οὐκ ἐν ἀνθρώπῳ ἐνεργήσας, τέλειος Θεὸς ἐν σαρκί, τέλειος ἄνθρωπος ἐν πνεύματι· οὐ δύο υἱοί, εἷς μὲν γνήσιος Υἱὸς ἀναλαβὼν ἄνθρωπον, ἕτερος δὲ θνητὸς ἄνθρωπος ἀναληφθεὶς ὑπὸ τοῦ Θεοῦ, ἀλλ' εἷς ἐν οὐρανῷ μονογενής, μονογενὴς ἐπὶ γῆς Θεός ». Ἡ μὲν τοῦ Ἰουλίου ῥῆσις ἡ τῇ συνόδῳ διαγνωσθεῖσα τοιαύτη· εἰ δὲ γνησίαν ᾔδει τὴν φωνὴν ἣν ἐκ τῆς πρὸς Διονύσιον προφέρουσιν ἐπιστολῆς καὶ μάλιστα Νεστόριον κατακρίνουσαν, οὐκ ἂν ὑπερεῖδε ταύτην.

[272 a] **11** δὲ A^2 : *om.* AM || **16** κατάφωρον A : κατάφορον M || **23** φρενοβλαβοῦς A : φρενοβλαβῶς M || **29** προενεγκὼν A : προσενεγκὼν M || **30** προανέγνωσεν A : ὑπανέγνωσεν M || **35** ἀναληφθεὶς AM : ἀναλειφθεὶς M^x || **37** διαγνωσθεῖσα A : διαναγνωσθεῖσα M || **39** προφέρουσιν AM^x : προσφέρουσιν M.

Il faut encore considérer ceci, à savoir que le sage Cyrille prend l'homme à titre d'exemple[1] non pour démontrer qu'il n'y a qu'une nature dans le Christ, mais pour [272 b] montrer par cet exemple ce qu'est l'union hypostatique. En effet, il commence par dire que, dans le composé que nous sommes, le corps et l'âme sont des éléments différents et que, par leur union, ils ont réalisé l'unité de la nature humaine et il n'a ajouté ni *nature faite corps* ni *nature faite âme*. Mais, à propos du Verbe, aussitôt qu'il a parlé de nature unique, il ajoute le mot *incarnée* ; car si, en de rares occasions, il omet ce mot, il ne prouve pas par là l'existence d'une contradiction dans sa pensée, mais il lui apporte plutôt une confirmation ; souvent, en effet, ce qu'on proclame sans cesse et dont on sait avoir assuré l'idée auprès de tous, il arrive qu'on le passe sous silence comme chose admise et évidente ; par ce silence, on ne retire pas ce qu'on a souvent proclamé, mais on montre que c'est là une notion si assurée et si claire qu'elle n'a plus besoin du mot qui la nomme et qui la rappelle.

C'est donc ainsi que le sage Cyrille, inébranlable dans la foi, croit en la nature unique du Verbe, et en une nature unique incarnée, et non pas à l'incarnation dans une nature humaine rudimentaire, mais dans une nature pourvue d'une âme intelligente et raisonnante ; quand il a bien inculqué et fermement établi au préalable cette croyance dans les âmes de tous, puisqu'elle était connue et hors de discussion, il en a parlé au moyen d'une formule concise et abrégée en laissant les autres termes à suppléer dans l'expression comme des mots sous-entendus. Cet auteur est, en effet, de ceux dont la pensée est dense et il n'en confie pas toujours intégralement le sens aux locutions et aux mots, mais il transpose et adapte le sens des locutions et des mots selon ses pensées[2].

Écoutez, en effet, ce qu'il dit dans la premier livre de

1. Allusion à un passage souvent discuté de la *Deuxième lettre à Succensus*, *P. G.*, t. LXXVII, p. 245 A-B = *A. C. O.*, I, 1, 6, p. 122, 4-9. Ce passage a été cité textuellement par Éphrem, « codex » 229, t. IV, p. 126. Cet exemple reviendra encore « sur le tapis » à deux reprises dans le présent « codex » 230 : p. 274 a 25 (*infra*, p. 29) et 275 b 24 (*infra*, p. 33).

2. Ce jugement d'Eulogius sur la manière d'écrire de saint Cyrille

Ἔτι δὲ κἀκεῖνο δεῖ συνιδεῖν, ὡς ὁ σοφὸς Κύριλλος τὸν ἄνθρωπον εἰς παράδειγμα, οὐχ ἵνα δείξῃ μίαν φύσιν ἐπὶ τοῦ Χριστοῦ παραλαμβάνει, ἀλλ' ὡς ἂν [272 b] δι' αὐτοῦ τὴν καθ' ὑπόστασιν ἕνωσιν παραστήσῃ. Καὶ γὰρ ἐπὶ μὲν τοῦ καθ' ἡμᾶς συγκρίματος ἑτεροειδῆ φάμενος τὸ σῶμα καὶ τὴν ψυχήν, καὶ ὡς ἑνωθέντα μίαν ἀνθρώπου ἀπετέλεσαν φύσιν, οὐκ ἐπήγαγεν οὔτε σεσωματωμένην οὔτε ἐψυχωμένην· ἐπὶ δὲ τοῦ Λόγου μίαν φύσιν εἰπὼν εὐθὺς συνάπτει τὸ σεσαρκωμένην. Τὸ γὰρ σπανιάκις αὐτὴν ἀποσιωπῆσαι οὐκ ἐναντιότητα τῆς αὐτοῦ γνώμης, βεβαίωσιν δὲ μᾶλλον μαρτυρεῖ· πολλάκις γάρ, ὅπερ τις συνεχῶς ἀναβοᾷ καὶ βεβαίαν τὴν περὶ αὐτοῦ δόξαν πᾶσιν ἐνιδρύσας οἶδεν, ὡς ὁμολογούμενον καὶ δῆλον ἐνίοτε ἀποσιωπᾷ, διὰ τῆς σιγῆς οὐκ ἀθετῶν ὃ πολλάκις ἀνεκήρυξεν, ἀλλὰ δεικνὺς οὕτω βέβαιον εἶναι καὶ περιφανές, ὡς μηκέτι φωνῆς μηδὲ μνήμης δεῖσθαι.

Οὕτω τοίνυν καὶ ὁ σοφὸς καὶ ἀδίστακτος τὴν εὐσέβειαν Κύριλλος τὸ μίαν δοξάζειν φύσιν τοῦ Λόγου, καὶ ταύτην σεσαρκωμένην, καὶ οὐδὲ τοῦτο ἁπλῶς ἀλλὰ ψυχῇ νοερᾷ τε καὶ λογικῇ, τοῦτο δὴ τοῦτο προκαταβαλὼν καὶ προθεμελιώσας ἐν ταῖς ἁπάντων ψυχαῖς, διά τε τὸ γνώριμον καὶ ἀναμφισβήτητον καὶ τὸ σύντομον τῆς φωνῆς ἀπὸ μέρους εἰπὼν ἀφῆκε τὸ λοιπὸν συνεκφωνεῖσθαι καὶ συνεξακούεσθαι. Καὶ γάρ ἐστιν οὗτος ὁ πολὺς ἐν διανοίᾳ οὐ τοῖς ῥήμασι καὶ τοῖς ὀνόμασιν ἀεὶ τὸν νοῦν καταπιστεύων, τοῖς δὲ νοήμασι καὶ τὰ ῥήματα καὶ τὰ ὀνόματα συμμεταφέρων τε καὶ μεθαρμοζόμενος.

Ἄκουε γὰρ τί μὲν ἐν τῷ πρώτῳ τῶν θησαυ-

41 ὡς M : *om.* A.

[272 b] **4** ἀνθρώπου ἀπετέλεσαν A : ἀπετέλεσαν ἀνθρώπου M || **5** ἐψυχωμένην A : ἐμψυχωμένην M || **17** νοερᾷ τε A : τε νοερᾷ M || προκαταβαλὼν A : προκαταλαβὼν M.

ses *Trésors* et ce qu'il dit dans ses lettres à Succensus. Dans le premier de ces écrits, il dit, en effet, que le Verbe divin qui s'est fait grand-prêtre pour nous a reçu de Marie son humanité ou son temple tel un long vêtement*. Et d'autre part, il dit : « Il n'est donc pas devenu un homme et il n'a pas assumé un homme ». Comment donc, d'un côté, n'a-t-il pas assumé un homme, et comment, d'un autre côté, l'a-t-il assumé? L'auteur s'explique lui-même, car il ajoute : « Comme Nestorius le pense »[1]. Qu'est-ce donc là sinon confier entièrement sa pensée aux mots et assujettir les mots à sa pensée? De sorte que si on trouvait quelque part qu'il dit que le Verbe-Dieu n'a pas assumé un homme, il a proclamé par ce passage de son enseignement, non pas simplement qu'il interdisait de le dire — car comment interdire à autrui ce qu'on ferait soi-même avec éclat? — mais qu'il interdirait de le dire dans le même sens que Nestorius.

Donc, l'illustre Eulogius, en commentant la formule *nature unique incarnée du Verbe*, dit aussi que celui qui voudrait expliquer avec précision la pensée du maître* trouvera que, par cette parole, celui-ci n'a rien voulu [273 a] d'autre que mettre en lumière l'immutabilité du Verbe de manière que sa parole ne soit appliquée à aucun autre objet qu'à la divinité du Fils unique ; car, dans le dialogue intitulé *Que le Christ est un*, il dit : « Nous disons qu'il y a un seul Fils et une seule nature du Fils, même si on considère qu'il a assumé une chair pourvue d'une âme intelligente »*. Par là, rien d'autre n'est signifié que l'immutabilité de la divinité. Donc, si *nature unique du Fils*, comme on l'a dit, en proclamant l'immutabilité de la divinité ne détruit aucunement les deux natures unies selon l'hypostase, c'est ainsi que le partisan de la vraie foi comprendra également ce qui a été dit à Eulogius par son maître : « Le Fils est unique et unique est la nature

n'a pas influencé les appréciations que Photius a portées sur lui. Cf. « codices » 49, t. I, p. 35, 136 et 169, t. II, p. 105 et 161.

1. *Première lettre à Succensus*, *P. G.*, t. LXXVII, p. 236 A = *A. C. O.*, I, 1, 6, p. 155, 18-19. Les mots ὡς Νεστορίῳ δοκεῖ appartiennent à la citation précédente. On retrouvera le tout d'une seule venue p. 276 b 39, *infra*, p. 36.

ρῶν λέγει, τί δὲ ἐν ταῖς πρὸς Σούκενσον ἐπιστολαῖς. Ἐν ἐκείνῳ μὲν γάρ φησι τὸν θεῖον Λόγον, ὑπὲρ ἡμῶν ἀρχιερέα γεγονότα, ὥσπερ τινὰ ποδήρη τὸν ἐκ Μαρίας ἄνθρωπον, ἢ τὸν ναὸν ἀναλαβεῖν · ἐν ταύταις δέ · « Οὐκοῦν γέγονε, φησίν, ἄνθρωπος, οὐκ ἄνθρωπον ἀνελάβετο ». Πῶς οὖν ἐκεῖ μὲν ἄνθρωπον οὐκ ἀνέλαβεν, ἐνταῦθα δὲ ἀνέλαβεν; Αὐτὸς ἑαυτὸν ἑρμηνεύει · ἐπάγει γάρ · « Ὡς Νεστορίῳ δοκεῖ ». Τοῦτο δὲ τί ἐστιν ἄλλο ἢ μὴ τοῖς ῥήμασι καταπιστεύειν τὸν νοῦν, τὰ δὲ ῥήματα τῇ διανοίᾳ ζυγοστατεῖν; Ὥστε εἴ που λέγων εὑρεθείη τὸν Θεὸν Λόγον ἄνθρωπον μὴ ἀναλαβεῖν, ἐκ τῆς παρούσης ἀνεκήρυξε διδασκαλίας οὐχ ἁπλῶς αὐτὸν ἀπείργειν τοῦτο μὴ λέγειν (πῶς γὰρ ἂν ἑτέρους κωλύσειεν, ὅπερ αὐτὸς λαμπρῶς διαπράττοιτο;) ἀλλὰ μὴ λέγειν οὕτως ὡς Νεστορίῳ δοκεῖ.

Ὁ μέντοι γε κλεινὸς Εὐλόγιος τὴν μίαν φύσιν τοῦ Λόγου σεσαρκωμένην διευκρινῶν καὶ τοῦτό φησιν, ὡς εἴ τις τὸν νοῦν τοῦ διδασκάλου ἐξακριβώσασθαι βουληθῇ, [273 a] εὑρήσει τοῦτον διὰ τῆς φωνῆς οὐδὲν ἕτερον βουλόμενον ἢ τὸ ἄτρεπτον ἐπιδεῖξαι τοῦ Λόγου, ἵνα μὴ τὸ λεγόμενον μὴ εἰς ἄλλο τι ἀλλ' εἰς τὴν θεότητα τοῦ μονογενοῦς ἀναφέροιτο. Ἐν γὰρ τῷ διαλόγῳ ὃς ἐπιγράφεται ὅτι εἷς ὁ Χριστός · « Ἕνα γε μὴν Υἱὸν καὶ μίαν αὐτοῦ φύσιν φαμέν, κἂν εἰ ἐν προσλήψει νοοῖτο γενέσθαι σαρκὸς ψυχὴν ἐχούσης τὴν νοεράν ». Δι' ὧν οὐδὲν ἕτερον ἢ τὸ ἄτρεπτον ἀποσημαίνεται τῆς θεότητος. Οὐκοῦν εἰ τοῦ Υἱοῦ μία φύσις, καθάπερ εἴρηται, τὸ ἄτρεπτον ἀνυμνοῦσα τῆς θεότητος, οὐδαμῶς ἀναιρεῖ τὰς καθ' ὑπόστασιν ἑνωθείσας δύο φύσεις, οὕτω δ' ἂν νοήσειεν ὁ τῆς εὐσεβείας φίλος καὶ τὸ πρὸς Εὐλόγιον τῷ διδασκάλῳ εἰρημένον · « Εἷς λοιπὸν Υἱός, καὶ μία φύσις

31 ἄνθρωπον A : *om.* M ‖ **34** ῥήμασι M : ῥῆμα A.

[273 a] **2** μὴ A : *om.* M ‖ **4** ἀναφέροιτο A²M : *quid prius praeb.* A *non liquet* ‖ **9** εἰ AM : ἡ M².

du Verbe incarné lui-même »[1], c'est-à-dire qu'elle n'a pas changé et qu'elle ne s'est pas écartée de sa perfection.

Et il faut avoir également ceci présent à l'esprit : nulle part il n'est évident que saint Cyrille parle d'une nature unique du Christ, mais d'un Christ unique, d'une personne unique et d'une hypostase unique du Christ partout, mais jamais de nature unique du Christ. Au contraire même, il interdit, dans les lettres adressées à Succensus, de parler de nature unique à propos de l'être composé : « Car, dit-il, si nous détruisons l'idée que, composé de deux natures différentes, le Christ est unique et seul, indivisible après l'union, les adversaires de l'orthodoxie vont dire : si sa nature est absolument unique, comment s'est-il fait homme ? »[2] Et quand il dit *absolument* et *après l'union*, il est évident qu'il parle non des éléments antérieurs à l'union, mais de ces éléments après l'union, ce qui fait le composé. Et, en effet, le Christ est un tout et, si ce tout n'est pas une nature unique, il se situe absolument au-delà de la nature unique.

Grégoire le Théologien est en accord avec ces propositions quoi qu'il dise que les deux éléments font un non par leur nature mais par leur rencontre[3]. Quant à l'infortuné Eutychès, s'il confessait l'union de deux natures, il osait affirmer l'existence d'une nature unique après l'union. C'est pourquoi le synode de Chalcédoine, et auparavant celui de Constantinople, le condamnèrent avec raison. Et le valeureux Dioscore a démontré — avec quel zèle ! — que rien ne sépare Eutychès d'Apollinaire. Voyez, en effet, quels sont les propos de cet impie dans son *Traité sur l'Incarnation* : « O nouvelle création et mélange divin ! Dieu et la chair ont réalisé une nature unique ! »[4] C'est de là que ses successeurs ont tiré leurs flots d'erreurs.

Et voyez encore le bourbier de plus vieille date que

1. *P. G.*, t. LXXVII, p. 225 D = *A. C. O.*, I, 1, 4, p. 36, 11-12.
2. *P. G.*, t. LXXXII, p. 236 A-B = *A. C. O.*, I, 1, 6, p. 154, 8-10.
3. Allusion précise à saint Grégoire de Nazianze, *Or.*, 30, 8. *P. G.*, t. XXXVI, 113 B : εἰ γὰρ τὸ συναμφότερον ἕν, ἀλλ' οὐ τῇ φύσει, τῇ δὲ συνόδῳ τούτων
4. Cf. Lietzmann, *op. cit.*, p. 207. Citation rencontrée sous une forme plus courte chez Éphrem, « codex » 224, t. IV, p. 128 et note 1.

αὐτοῦ τοῦ σαρκωθέντος Λόγου », τουτέστιν οὐ τραπεῖσα οὐδὲ τῆς οἰκείας ἀποστᾶσα τελειότητος.

Κἀκεῖνο δὲ δεῖ κατὰ νοῦν φέρειν, ὡς ὁ θεῖος Κύριλλος οὐδαμοῦ φαίνεται μίαν φύσιν Χριστοῦ εἰπών, ἀλλ' ἕνα μὲν Χριστὸν καὶ ἓν πρόσωπον καὶ μίαν ὑπόστασιν Χριστοῦ πανταχοῦ, μίαν δὲ φύσιν Χριστοῦ οὐκέτι · τοὐναντίον μέντοι γε καὶ ἀποκωλύει ἐν ταῖς ἐπιστολαῖς, αἳ τὸν Σούκενσον ἐπιγράφονται, μίαν φύσιν λέγειν ἐπὶ τοῦ συνθέτου · « Ἐὰν γάρ, φησίν, ἀνέλωμεν τὸ ὅτι ἐκ δύο καὶ διαφόρων φύσεων ὁ εἷς καὶ μόνος ἐστὶ Χριστός, ἀδιάσπαστος ὢν μετὰ τὴν ἕνωσιν, ἐροῦσιν οἱ τῇ ὀρθῇ μαχόμενοι δόξῃ, εἰ μία φύσις τὸ ὅλον, πῶς ἐνανθρώπησεν; » Ὅλον δὲ εἰπών, καὶ μετὰ τὴν ἕνωσιν εἰπών, δῆλον ὡς οὐ τὰ πρὸ τῆς ἑνώσεως ἀλλὰ τὰ μετὰ τὴν ἕνωσιν, ὅπερ ἐστὶ τὸ σύνθετον, λέγει. Καὶ γὰρ ὅλον τί ἐστιν ὁ Χριστός · εἰ δὲ μὴ μία φύσις τὸ ὅλον, ὑπὲρ τὴν μίαν πάντως.

Τούτοις καὶ ὁ θεολόγος συνᾴδων Γρηγόριος, εἰ καὶ τὸ συναμφότερον ἓν φησιν, ἀλλ' οὐ τῇ φύσει, τῇ δὲ συνόδῳ. Ὁ μέντοι δυστυχὴς Εὐτυχὴς ἐκ δύο μὲν φύσεων τὴν ἕνωσιν ὡμολόγει, μετὰ δὲ τὴν ἕνωσιν μίαν ἐδυσφήμει. Ἐφ' οἷς αὐτὸν ἥ τε ἐν Καλχηδόνι καὶ ἡ πρὸ αὐτῆς ἐν Κωνσταντινουπόλει δικαίως κατεδίκασε σύνοδος. Ἀλλ' ὁ γενναῖος Διοσκόρος οὐδὲν αὐτὸν Ἀπολιναρίου διαφέροντα μετὰ πλείστης ὅσης σπουδῆς ἀπεδέξατο. Ὁ γὰρ δυσσεβὴς Ἀπολινάριος, ἐν τῷ περὶ σαρκώσεως αὐτοῦ λόγῳ πρόσεχε οἷά φησιν · « Ὢ καινὴ κτίσις καὶ μίξις θεσπεσία · Θεὸς καὶ σὰρξ μίαν ἀπετέλεσαν φύσιν ». Ἐξ οὗ τοὺς ὀχετοὺς τῆς δυσσεβείας οἱ μετ' ἐκεῖνον ἠρύσαντο.

Σὺ δέ μοι καὶ τὸν ἀρχαιότερον ὅρα βόρβορον · Οὐαλεντῖνος γὰρ κατὰ λέξιν οὕτω

23 καὶ M : *om.* A ‖ **27** ἕνωσιν Hœschel : *om. codd.* ‖ **34** Καλχηδόνι AM : Χαλκηδόνι A[2] *v. l.*

[273 b] voici. Valentin, en effet, s'exprime textuellement comme ceci : « Les Galiléens parlent de deux natures à propos du Christ ; nous les accablons d'un gros rire. Nous autres, en effet, nous prétendons que la nature de l'être visible et de l'être invisible ne font qu'un »[1]. Et Manès, dans une lettre à Scythianus, blâme ceux qui parlent de deux natures et s'exprime ainsi : « Et le Fils de la lumière éternelle a dévoilé sa véritable essence sur la montagne sans avoir deux natures mais une seule dans le domaine visible comme dans l'invisible »[2]. Et Polémon, qui proclamait Apollinaire comme son maître, fait grief à nos saints Pères de ce que les partisans de Sévère leur reprochent à Chalcédoine et il dit : « Il n'y a pas plus de mal à comprendre aussi ce que voici. En effet, alors qu'ils disent du même personnage qu'il est Dieu et homme, ils parlent sans vergogne de nature unique incarnée du Verbe tout comme s'ils confessaient une nature unique composée. Car si le même personnage est Dieu parfait et homme parfait, le même personnage est donc deux natures comme l'expliquent l'invocation des Cappadociens, la prétention d'Athanase et la théorie fumeuse de ceux d'Italie. Et ils font tous semblant, comme s'ils étaient des nôtres, de penser comme notre saint Père Apollinaire, mais ils proclament comme les Grégoire la dualité des natures »[3].

Comment donc eût-il été possible de contenir l'assaut si violent des hérésies d'Eutychès, d'Apollinaire, de Valentin et de Manès et de faire reculer le mal qui se répandait ainsi et rongeait les âmes des hommes, si le zèle divin de la sainte assemblée de Chalcédoine n'avait proclamé dans un langage clair et inspiré par Dieu les deux natures du Christ indivisibles dans l'union hypostatique ? Car, alors que l'assaut des hérétiques faisait pareille rage, si le bastion de la vraie foi n'en avait pas brisé l'élan, rien n'empêchait que beaucoup de fidèles fussent engloutis dans l'erreur. De sorte que si les Pères des époques anté-

1. Ceci doit être une citation très libre si on la compare à celle qu'on lit chez Eustathe, *Lettre sur les deux natures*, *P. G.*, t. LXXXVI, 1, p. 904 A. Sur cet Eustathe, qui était moine vers 530, cf. J. Darrouzès, *D. H. G. E.*, t. XVI, p. 26.

2. Cf. le même Eustathe, *op. cit.*, p. 904 B.

3. Lietzmann, *op. cit.*, p. 244.

[273 b] λέγει · « Τῶν Γαλιλαίων ἐπὶ Χριστοῦ δύο φύσεις λεγόντων πλατὺν καταχέομεν γέλωτα · ἡμεῖς γὰρ τοῦ ὁρατοῦ καὶ ἀοράτου μίαν εἶναι τὴν φύσιν φαμέν ». Ναὶ δὴ καὶ ὁ Μανιχαῖος πρὸς Σκυθιανὸν ἐπιστέλλων, καὶ ὑπὸ μέμψεις ποιῶν τοὺς δύο λέγοντας φύσεις, τοιαῦτά φησιν · « Ὁ δὲ τοῦ ἀϊδίου φωτὸς Υἱὸς τὴν ἰδίαν οὐσίαν ἐν τῷ ὄρει ἐφανέρωσεν, οὐ δύο φύσεις ἔχων ἀλλὰ μίαν ἐν ὁρατῷ τε καὶ ἀοράτῳ ». Καὶ Πολέμων δέ (τὸν Ἀπολινάριον δὲ διδάσκαλον οὗτος ἀνευφήμει) τοὺς ἱεροὺς ἡμῶν πατέρας αἰτιώμενος ἃ τοὺς ἐν Καλχηδόνι οἱ ἀπὸ Σεβήρου, ὅρα τί φησιν · « Οὐδὲν χεῖρον ἐννοῆσαι κἀκεῖνο. Θεὸν γὰρ λέγοντες καὶ ἄνθρωπον τὸν αὐτόν, οὐκ αἰσχύνονται μίαν φύσιν τοῦ Λόγου σεσαρκωμένην, καθάπερ μίαν σύνθετον, ὁμολογοῦντες. Εἰ γὰρ Θεὸς τέλειος καὶ ἄνθρωπος τέλειος ὁ αὐτός, δύο φύσεις ἄρα ὁ αὐτός, καθάπερ ἡ τῶν Καππαδοκῶν εἰσηγεῖται καινοτομία καὶ Ἀθανασίου ἡ οἴησις καὶ τῶν ἐν Ἰταλίᾳ ὁ τύφος. Καὶ σχηματίζονται μέν, ὡς δῆθεν ἡμέτεροι, φρονεῖν τὰ τοῦ ἁγίου πατρὸς ἡμῶν Ἀπολιναρίου, κηρύττουσι δὲ καθάπερ οἱ Γρηγόριοι τὴν τῶν φύσεων δυάδα ».

Πῶς οὖν ἐνῆν Εὐτυχοῦς τε καὶ Ἀπολιναρίου Οὐαλεντίνου τε καὶ Μανιχαίου τὴν τοσαύτην τῆς ἀσεβείας ῥύμην ἐπισχεῖν καὶ τὴν νομὴν οὕτως ἕρπουσαν καὶ τὰς τῶν ἀνθρώπων ψυχὰς καταβοσκομένην ἀναστεῖλαι, εἰ μὴ τῆς ἱερᾶς ἐν Καλχηδόνι ὁμηγύρεως ὁ θεῖος ζῆλος δύο φύσεις ἀδιαιρέτους ἐν τῇ καθ' ὑπόστασιν ἑνώσει τοῦ Χριστοῦ διαπρυσίως τε καὶ θεοφρόνως ἀνεκήρυξε; Τῆς γὰρ αἱρετικῆς φορᾶς οὕτω μαινομένης, εἰ μὴ τῆς εὐσεβείας ὁ πύργος ἀνέτρεψε τὸ ῥεῦμα, οὐδὲν ἐκώλυεν ὑποβρυχίους πολλοὺς τῇ πλάνῃ γενέσθαι. Ὥστε εἰ μὴ τοῖς ἔμπροσθεν πατράσιν ἡ τῶν δύο

[273 b] 10 τοὺς *edd.* : τοῖς *codd.* ‖ Καλχηδόνι AM : Χαλκηδόνι A² *v. l.* ‖ 24 Καλχηδόνι AM : Χαλκηδόνι A² *v. l.* ‖ 27 ἀνεκήρυξε M : ἀνεκήρυξαν A.

rieures ignoraient la formule des deux natures, c'était une nécessité pour le synode, vu la frénésie de ces hérétiques, de la découvrir et de la proclamer. Et comme presque tous les saints Pères la connaissaient, comment ne pas y voir la parade sans réplique à élever contre l'ennemi par un suffrage public? En effet, c'est ainsi que, contre Arius, qui blasphémait en disant que le Père et le Fils sont d'une essence différente, le synode de Nicée a dressé la notion de consubstantialité bien que le terme ne fût pas encore courant pour les Pères et qu'il fût même interdit du fait que Paul de Samosate avait été déclaré hérétique[1] ; ainsi donc, contre les hérétiques dont nous parlons, le saint synode a dressé ses armes de défense en disant [274 a] qu'il y a deux natures dans le Christ sans avoir été lui-même le premier à découvrir les formules de la vraie foi ; il y avait au contraire beaucoup de maîtres antérieurs à lui qui les enseignaient.

Et supposé qu'on cherche à quereller le pape Jules pour avoir parlé de nature unique à propos du Christ, tout d'abord, il n'est pas sûr que l'écrit visé soit authentique ; il convient ensuite de savoir qu'après Jules, chez les Romains, les mots *nature* et *hypostase* furent séparés et distingués l'un de l'autre et c'est en vain que l'hérésie, cette semeuse d'ivraie, cherche à trouver là sa semence. En effet, tant que les mots restaient confondus, il n'y avait aucune impiété à employer *nature* au lieu de *hypostase*, mais c'était plutôt une conséquence naturelle de cette confusion. Voilà ce qu'il y a lieu de dire pour la défense de Jules.

Mais la même pensée hérétique continue à s'étaler sans vergogne ; elle dit : « Tout comme on dit que l'homme est composé de deux natures, puis que sa nature est unique après l'union, pourquoi, quand on dit que le Christ est composé de deux natures, ne pas reconnaître que sa

1. Eusèbe, *H. E.*, VII, 30 = t. II, p. 211-215, éd. Bardy (S. Chr. 51), a longuement raconté l'histoire de Paul de Samosate, évêque d'Antioche, déposé en 268 pour ses erreurs trinitaires et christologiques et aujourd'hui disculpé. Cf. G. Bardy, *Paul de Samosate*, Louvain, 1929²; H. de Riedmatten, *Les actes du procès de Paul de Samosate. Étude sur la christologie du IIIe au IVe siècle*, Fribourg, 1952 ; J. Liébaert, *op. cit.*, p. 100-102.

φύσεων ἐγνωρίζετο φωνή, τὸ ἀναγκαῖον εἶχεν ἡ σύνοδος διὰ τὴν ἐκείνων λύσσαν ταύτην ἀνευρεῖν τε καὶ ἀνακηρύξαι. Μικροῦ δὲ πᾶσι τοῖς ἱεροῖς ἀνδράσιν ἐγνωσμένης, πῶς οὐκ ἀπαραίτητον ἦν κατὰ τῶν πολεμίων ταύτην πανδήμοις ψήφοις ἀναστηλῶσαι; Ὥσπερ γὰρ πρὸς τὸν δυσσεβῆ Ἄρειον ἑτέραν οὐσίαν Πατρὸς καὶ Υἱοῦ δυσφημοῦντα, ἡ ἐν Νικαίᾳ σύνοδος τὸ ὁμοούσιον ἀντετάξατο, καίτοι τῆς λέξεως οὔπω τοῖς πατράσιν ἐπιπολαζούσης, τοὐναντίον δὲ καὶ κεκωλυμένης, ὑφ' ὧν ὁ Σαμωσατεὺς Παῦλος καθαιρετικὴν ἀπόφασιν ἤνεγκεν, οὕτω δὴ καὶ κατὰ τῶν εἰρημένων δυσσεβῶν ἡ ἁγία σύνοδος διὰ τοῦ δύο φύσεις λέγειν ἐπὶ Χριστοῦ ἀνθω- [274 a] πλίσατο, οὐκ αὐτὴ πρώτη τῆς εὐσεβείας φωνὰς ἀνευροῦσα, ἀλλὰ καὶ πολλοὺς ἔχουσα πρὸ αὐτῆς τούτων διδασκάλους.

Εἰ δέ τις φιλονεικοίη τὸν Ἰούλιον ἐπὶ Χριστοῦ μίαν εἰπεῖν φύσιν, πρῶτον μὲν οὔπω δῆλον εἰ γνήσιος ὁ λόγος, δεύτερον δὲ προσήκει γινώσκειν ὡς Ἰουλίου ὕστερον παρὰ Ῥωμαίοις τὸ τῆς φύσεώς τε καὶ ὑποστάσεως ἐφυλοκρινήθη τε καὶ διεκρίθη ὄνομα, καὶ μάτην τὰ αἱρετικὰ ζιζάνια τὴν σπορὰν ἐκεῖθεν σπουδάζει συλαγωγεῖν. Ἀδιακρίτων γὰρ ἔτι τῶν φωνῶν μενουσῶν οὐδὲν ἀπαντᾷ δυσχερές, μᾶλλον δὲ καὶ λίαν ἀκόλουθον, ἀντὶ τῆς ὑποστάσεως τῇ λέξει τῆς φύσεως χρήσασθαι. Ἀλλὰ ταῦτα μὲν ὑπὲρ Ἰουλίου ἔστι φάναι.

Ἔτι δὲ τὸ αἱρετικὸν ἀναισχυντεῖ φρόνημα, καί φησι · « Διὰ τί μή, καθάπερ ἐκ δύο φύσεων λέγοντες τὸν ἄνθρωπον, εἶτα μετὰ τὴν ἕνωσιν καὶ μίαν αὐτοῦ τὴν φύσιν, μὴ καὶ τὸν Χριστὸν ἐκ δύο φύσεων λέγοντες μίαν αὐτοῦ τὴν φύσιν μετὰ τὴν ἕνωσιν ἀνομολογοῦ-

40 Σαμωσατεύς AM[x] : σαμωτεύς M.

[274 a] **2** αὐτῆς M : τῆς A || **7** ἐφυλοκρινήθη A : ἐφιλοκρινήθη M || **10** μενουσῶν A[3] *v. l.* : μενόντων AM.

nature est unique après l'union? Nous savons, en effet, que le composé est une nature unique et c'est par un procédé d'analyse que nous reconnaissons que les natures qui se sont unies sont deux »[1]. Voilà donc à quoi tend l'impudence des hérétiques. Qu'ils sachent donc, ces gens bornés, qu'il n'y a aucun inconvénient à appeler le composé nature unique alors que les noms des éléments simples dont il est composé ne peuvent lui être appliqués en termes propres. Ainsi l'homme[2] : on ne peut l'appeler en termes propres ni corps ni âme ; en effet, il ne peut être défini en termes propres ni comme une âme ni comme un corps ; cependant, le langage courant, qui commet là un abus fréquent au détriment de la précision, et les Saintes Écritures, qui usent de la liberté que leur donne l'inspiration, désignent tout l'homme par une de ses parties en rejetant le joug de la vaine dialectique. Et au sujet de l'ineffable et inconcevable union, personne ne pourrait prendre un exemple mieux approprié et, quand nous disons que le Christ est composé de divinité et d'humanité, nous disons du même personnage qu'il est à la fois Dieu et homme ; dès lors, c'est en termes propres et en vérité que la toute Sainte Vierge est honorée comme la Mère de Dieu ; aussi est-ce en vain que les hérétiques, dans leur stupidité, ont fait un vilain usage de l'exemple du cas de l'homme pour attaquer et tenter de détruire la notion de l'union hypostatique dans laquelle les deux natures du Christ, sans se confondre, se rencontrent dans une union indissoluble.

Quant au fait que le Christ notre Dieu est nommé [274 b] en termes propres par les deux noms des éléments dont il est composé, nombreux sont ceux qui le proclament et, parmi eux, saint Cyrille, dans sa lettre à Succensus, dit que le Christ unique et identique est à la fois l'un et l'autre[3]. Et il écrit de même à Valérien, évêque d'Iconium : « Donc, de l'aveu de tous, ce qui vient de la

1. Bekker ne met pas ce texte entre guillemets et pourtant il est bien amené comme les citations le sont en général chez Photius. Je n'ai pu identifier celle-ci.

2. Nouvelle allusion au fameux « exemple » de saint Cyrille. Cf. p. 272 a 42, *supra*, p. 24, note 1, et plus loin, 275 b 24, *infra*, p. 33.

3. *Première lettre à Succensus*, *P. G.*, t. LXXXVII, p. 232 C = *A. C. O.*, I, 1, 6, p. 153, 10.

μεν; Μίαν μὲν γὰρ ἴσμεν φύσιν τὸ σύνθετον, ἀναλυτικῷ δὲ κεχρημένοι τρόπῳ δύο τὰς συνελθούσας γνωρίζομεν ». Ἀλλ' ἡ μὲν αἱρετικὴ ἀναισχυντία ἐπιζητεῖ ταῦτα. Μανθανέτωσαν δὲ οἱ ἀσύνετοι ὅτι τότε τὸ σύνθετον μία φύσις ἀκωλύτως λέγεται, ἡνίκα μὴ κυρίως ἐπ' αὐτοῦ τὰ τῶν ἁπλῶν, ἐξ ὧν συνετέθη, ὀνόματα λέγεται. Οἷον τὸν ἄνθρωπον οὔτε σῶμα ἄν τις κυρίως οὔτε ψυχὴν εἴποι· οὐδὲ γὰρ οὐδ' ἐπιδέξαιτο ἂν οὔτε τὸν τοῦ σώματος οὔτε τὸν τῆς ψυχῆς ὅρον· καταχρηστικῶς μέντοι πολλάκις ἥ τε ἀνὰ χεῖρα ὁμιλία τὸ ἀκριβὲς παρατρέχουσα, καὶ τὰ ἱερὰ λόγια τῇ ἐλευθερίᾳ κεχρημένα τοῦ Πνεύματος, ἐκ μέρους τὸν ὅλον ἄνθρωπον ἐπονομάζουσι, ζυγῷ δουλείας τῆς διαλεκτικῆς ματαιότητος ὑπείκειν οὐκ ἀνεχόμενα. Ἐπὶ δέ γε τῆς ἀρρήτου καὶ ἀνεπινοήτου ἑνώσεως οὔτε παράδειγμα λαβεῖν οἰκειότερον δύναιτ' ἄν τις, καὶ λέγοντες τὸν Χριστὸν ἐκ θεότητος καὶ ἀνθρωπότητός φαμεν αὐτὸν ὁμοίως καὶ Θεὸν τὸν αὐτὸν καὶ ἄνθρωπον· διὸ καὶ κυρίως καὶ ἀληθῶς ἡ παναγία Παρθένος θεοτόκος πρεσβεύεται. Ὥστε μάτην ἐκακουργήθη τοῖς ἀσυνέτοις τὸ κατὰ τὸν ἄνθρωπον παράδειγμα εἰς διαβολὴν καὶ ἀνατροπὴν τῆς ἀσυγχύτου καὶ ἀδιαιρέτου τῶν δύο τοῦ Χριστοῦ φύσεων καθ' ὑπόστασιν ἑνώσεως.

Ὅτι δὲ Χριστὸς ὁ Θεὸς ἡμῶν κυρίως ἀμφότερα, [274 b] ἐξ ὧν τέ ἐστι, λέγεται, οἷον Θεὸς καὶ ἄνθρωπος, ἄλλοι τε πολλοὶ βοῶσι, καὶ ὁ θεῖος δὲ Κύριλλος ἐν τῇ πρὸς Σούκενσον ἐπιστολῇ ἕνα φησὶ καὶ τὸν αὐτὸν τοῦτο κἀκεῖνο ὑπάρχειν. Καὶ πρὸς Οὐαλεριανὸν δὲ τὸν Ἰκονίου ἐπίσκοπον ὁμοίως γράφει· « Οὐκοῦν ὁμολογουμένως μὲν

21 ἐπιζητεῖ A : ζητεῖ M ‖ **23** ἀκωλύτως M : ἀπολύτως A ‖ **25** σῶμα A : σώματι M ‖ **31** τῆς A : *om.* M ‖ **32** ἀνεχόμενα A : ἀνεχόμεθα M ‖ **34** οἰκειότερον *edd.* : οἰκειότατον *codd.*

[274 b] **1** λέγεται AM : καὶ λέγεται M[x] ‖ **4** τὸν A : *om.* M ‖ **5** ὁμολογουμένως M et Cyrillus : ὁμολογοῦμεν ὡς A.

chair est chair et que ce qui émane de Dieu est Dieu ; le Christ est l'un et l'autre de la même façon, lui qui est seul Fils, seul Seigneur avec sa chair qui lui est propre »[1]. En effet, l'expression *l'un et l'autre*, qu'affirme-t-elle sinon que le même personnage est à la fois Dieu et homme? Mais quoique Cyrille le proclame, certains ont pourtant eu l'audace de crier que le Christ est composé d'humanité et de divinité, mais n'est ni homme ni Dieu, et cela sans égard pour la grande voix inspirée de Paul qui s'écrie : « Jésus-Christ unique et identique, hier et aujourd'hui, et dans les siècles »[2]. Par l'expression *hier et aujourd'hui*, il confesse que c'est le même Jésus-Christ qui est homme et par *dans les siècles*, il proclame que c'est le même Jésus-Christ qui est Dieu.

Et le même Paul dit encore : « Dieu est unique et unique est aussi le médiateur entre Dieu et les hommes, l'Homme-Christ Jésus »[3]. C'est pourquoi le Christ est proprement homme et Dieu. Et Athanase qui se montre l'authentique disciple de Paul s'exprime comme ceci : « Puisque le Christ est aussi Dieu »[4]. Et si on voulait essayer de rassembler les témoignages de Basile et des saints Grégoire et des autres saints Pères, ces citations allongeraient la discussion à l'infini.

Quant au sage Cyrille, qui en appelle au témoignage de Paul, l'instructeur de l'univers, contre ceux qui ne veulent pas reconnaître la Sainte Vierge comme Mère de Dieu — c'est en effet ainsi qu'il intitule son traité — voyez ce qu'il dit : « Maintenant, il n'a pas prononcé le mot, c'est-à-dire Mère de Dieu, mais il a proclamé à tout propos la divinité du Christ ». Et encore : « S'il ne savait pas que le Christ est à la fois Dieu et homme, il n'ajouterait pas *selon la chair*. En effet, ce propos se dit évidemment de celui qui n'est pas seulement homme mais autre chose encore dans son essence »[5]. Le même saint auteur, dans

1. *Lettre 50*, *P. G.*, t. LXXVII, p. 275 B = *A. C. O.*, I, 1, 3, p. 91, 31-92, 2. On va retrouver cette citation p. 276 b, 9, *infra*, p. 35.
2. *Hébreux*, 13, 8.
3. 1 *Timothée*, 2, 5.
4. Je n'ai pas retrouvé cette citation.
5. Ces deux citations se font suite dans le texte de saint Cyrille,

τὸ ἀπὸ σαρκὸς σάρξ ἐστι, τὸ δὲ ἐκ Θεοῦ Θεός ἐστι, κατὰ ταὐτὸν ἀμφότερα Χριστός, εἷς ὢν Υἱός, εἷς Κύριος μετὰ τῆς ἰδίας αὐτοῦ σαρκός ». Τὸ γὰρ ἀμφότερα, τί ἄλλο ἢ ὅτι ὁ αὐτός ἐστι καὶ Θεὸς καὶ ἄνθρωπος βεβαιοῖ; Ἀλλὰ καίτοι ταῦτα βοῶντος Κυρίλλου, ὅμως ἐτόλμησάν τινες ὑλακτεῖν ὡς ὁ Χριστὸς ἐκ θεότητος μέν ἐστι καὶ ἀνθρωπότητος, οὔτε δὲ ἄνθρωπος οὔτε Θεός, μηδὲ τοῦ Παύλου τὸ θεόπνευστον καὶ μεγαλόφωνον καταιδεσθέντες, ὃς κέκραγεν · « Ἰησοῦς Χριστὸς χθὲς καὶ σήμερον ὁ αὐτὸς καὶ εἰς τοὺς αἰῶνας », διὰ μὲν τοῦ χθὲς καὶ σήμερον ἄνθρωπον τὸν αὐτὸν ὁμολογῶν, διὰ δὲ καὶ εἰς τοὺς αἰῶνας τὸν αὐτὸν ἀνακηρύττων Θεόν.

Καὶ πάλιν ὁ αὐτὸς · « Εἷς Θεός, εἷς καὶ μεσίτης Θεοῦ καὶ ἀνθρώπων, ἄνθρωπος Χριστὸς Ἰησοῦς », ὥστε κυρίως ὁ Χριστὸς καὶ ἄνθρωπος καὶ Θεός. Καὶ Ἀθανάσιος δὲ γνήσιον ἑαυτὸν τοῦ Παύλου δεικνὺς μαθητὴν οὕτω φησίν · « Ἐπεὶ καὶ Θεός ἐστιν ὁ Χριστός ». Βασιλείου δὲ καὶ τῶν ἱερῶν Γρηγορίων καὶ τῶν ἄλλων ὁσίων πατέρων, εἴ τις συλλέγειν πειραθείη, εἰς τὸ ἄπειρον ἂν αἱ μαρτυρίαι παρατενοῦσι τὸν λόγον.

Ὁ μέντοι γε σοφὸς Κύριλλος τὸν τῆς οἰκουμένης διδάσκαλον Παῦλον μάρτυρα καλῶν κατὰ τῶν μὴ βουλομένων ὁμολογεῖν θεοτόκον τὴν ἁγίαν Παρθένον (οὕτω γὰρ ἐπιγράφει καὶ τὸν λόγον) ὅρα τί φησι · « Νῦν δὲ τὴν φωνὴν μὲν οὐκ εἴρηκεν, ἤτοι τὴν θεοτόκος, Θεὸν δὲ τὸν Χριστὸν ἐπὶ πάντων ἀνεβόησε ». Καὶ πάλιν · « Εἰ μὴ Θεὸν ἅμα καὶ ἄνθρωπον ἠπίστατο τὸν Χριστόν, οὐκ ἂν ἐπέφερε κατὰ σάρκα. Τοῦτο γὰρ φανερῶς ἐπὶ τοῦ μὴ μόνον ἀνθρώπου ἀλλὰ καὶ ἕτερόν τι τὴν οὐσίαν ὑπάρχοντος λέγεται ». Ὁ δὲ αὐτὸς θεοφόρος ἀνὴρ κἀν τῷ δευτέρῳ ἀναθεμα-

9 ὅτι ὁ αὐτὸς *edd.* : ὅτι αὐτὸς A ὁ αὐτὸς M || 16 τὸν M : *om.* A || 31 ἅμα A : τε M.

son deuxième anathématisme, proclame les mêmes idées : « Si quelqu'un ne confesse pas que le Verbe né de Dieu le Père a été uni hypostatiquement à la chair et qu'il est Christ unique avec sa chair qui lui est propre et que le même personnage est évidemment Dieu et homme, qu'il soit anathème »[1]. Et dans son écrit dédié aux Princesses, il dit de même : « Il nous est ainsi proclamé un seul Christ qui est à la fois Dieu et homme »[2]. Et les autres témoignages abondent. De toute évidence donc, elle est [275 a] infinie la différence qui sépare le mystère du Christ et l'exemple tiré du cas de l'homme. Ce dernier, en effet, ne porte pas les noms des éléments dont il est composé tandis que l'autre porte en toute clarté les noms des éléments dont il procède.

Mais la démence des hérétiques s'en prend à nouveau au quatrième synode parce qu'il a énoncé un décret alors que, prétend-elle, une initiative comme celle-là a été absolument interdite par le premier synode d'Éphèse. Pourtant si, comme le disent leurs fadaises, le synode a interdit de promulguer aucune autre décision, il a, avant les autres, prononcé une sentence qui le condamne lui-même ; il décrète, en effet, en formulant ce principe même, ce qu'aucun des synodes antérieurs n'avait décrété. Mais l'union hypostatique, objet de la décision, n'avait pas été définie par des synodes antérieurs.

Et, bien sûr, s'il faut en croire leurs inepties, ce synode condamne aussi celui des cent cinquante Pères à Constantinople ; car celui-ci, quand il abattit le pneumatomaque*, compléta la définition exprimée par le synode de Nicée et mit en accord avec elle la doctrine sur le Saint-Esprit. Car si les définitions qui ont été ajoutées auparavant échappent à la critique, les décisions ultérieures prises dans des matières du même ordre n'ont pas à encourir, elles non plus, un jugement d'un autre ordre. Et voilà comment leur stupidité mélange et bouleverse tout.

Adversus nolentes confiteri Sanctam Virginem esse Deiparam, *P. G.*, t. LXXVI, p. 272 B = *A. C. O.*, I, 1, 7, p. 95, 5-8.

1. *P. G.*, t. LXXVII, p. 120 C = *A. C. O.*, I, 1, 1, p. 40, 25-27.

2. *De Recta fide ad Augustas*, *P. G.*, t. LXXVI, p. 1361 D = *A. C. O.*, I, 1, 5, p. 37, 10-11.

τισμῷ τὰ αὐτὰ βοᾷ· « Εἴ τις οὐχ ὁμολογεῖ καθ' ὑπόστασιν σαρκὶ ἡνῶσθαι τὸν ἐκ Θεοῦ Πατρὸς Λόγον, ἕνα τε Χριστὸν εἶναι μετὰ τῆς ἰδίας σαρκός, τὸν αὐτὸν δηλονότι Θεὸν καὶ ἄνθρωπον, ἀνάθεμα ἔστω ». Καὶ ἐν τῷ πρὸς τὰς βασιλίδας προσφωνητικῷ ὁμοίως· « Ἕνα τε ἡμῖν οὕτως ἀναδειχθῆναι Χριστόν, τὸν αὐτὸν ὁμοῦ Θεὸν ὄντα καὶ ἄνθρωπον ». Καὶ μυρία ἄλλα. Κατάδηλον [275 a] οὖν ὡς πολλὴ καὶ ἄπειρος ἡ διαφορὰ τοῦ κατὰ τὸν Χριστὸν μυστηρίου καὶ τοῦ κατὰ τὸν ἄνθρωπον παραδείγματος· ὁ μὲν γὰρ ἐξ ὧν ἐστιν, οὐ λέγεται ταῦτα, ὁ δὲ ἐξ ὧν προῆλθε, καὶ διαπρυσίως ταῦτα ὀνομάζεται.

Ἀλλὰ γὰρ τῆς αἱρέσεως πάλιν ἡ ἀπόνοια τὴν τετάρτην μέμφεται σύνοδον ὡς ὅρον ἐκθεμένην, διατεινομένη τὴν τοιαύτην ἐπιχείρησιν ὑπὸ τῆς κατὰ τὴν Ἔφεσον πρώτης συνόδου παντελῶς ἀποκεκωλύσθαι. Καίτοι γε εἰ κατὰ τὸν λῆρον αὐτῶν ἀπεῖργεν ἡ σύνοδος ἕτερον ὅρον μηδ' ὅλως προάγειν, αὐτὴ καθ' ἑαυτῆς πρὸ τῶν ἄλλων τὴν καταδικάζουσαν ἐξήνεγκε ψῆφον· ὁρίζει γὰρ αὐτὸ τοῦτο τυποῦσα, ἃ μηδ' ἑτέρα τῶν πρὸ αὐτῆς διωρίσατο. Ἀλλὰ καὶ ἡ καθ' ὑπόστασιν ἕνωσις αὐτῆς ἐστιν ὅρος, ὃ ταῖς πρεσβυτέραις τῶν συνόδων οὐ διώρισται.

Ναὶ δὴ καὶ τὴν ἐν Κωνσταντινουπόλει, τῶν ρν' ἁγίων πατέρων, ἐξ ὧν αὐτοὶ ληροῦσι, παραγράφεται· τὸν πνευματομάχον γὰρ αὕτη καθελοῦσα, τῷ κατὰ τὴν Νίκαιαν ἐκφωνηθέντι ὅρῳ τὴν περὶ τοῦ ἁγίου Πνεύματος θεολογίαν προσθεῖσα συνήρμοσεν. Εἰ γὰρ αἱ προλαβοῦσαι προστιθεῖσαι τὸν μῶμον ἐκφεύγουσιν, οὐδ' αἱ μετ' αὐτὰς ἐν τοῖς ὁμοίοις ἀνομοίως ἕξουσι τὴν κατάγνωσιν. Οὕτω τὸ ἀσύνετον πάντα φύρει καὶ διαστρέφει.

39 Θεὸν καὶ A : Θεόν τε καὶ M.

[275 a] **2** μυστηρίου A¹M : μυρίου A ‖ **20** αἱ AM² *s. v.* : *om.* M ‖ **22** τὸ A : τὸν M.

En effet, le synode d'Éphèse a catégoriquement interdit d'exposer une foi contraire aux dogmes proclamés à Nicée[1]. Mais, tout en sauvegardant l'intégrité des dogmes de ce synode, son œuvre fut d'y ajouter ce qu'exigeait la conjoncture et ce qu'enseignait la nature des choses, façon de faire à laquelle on voit dans l'Église la tradition constamment attentive. C'est ainsi également qu'à Alexandrie, alors que le synode œcuménique n'était pas encore rassemblé, Cyrille réunit une élite de prêtres présents dans cette ville et rédigea une profession de foi qu'il fit envoyer à Nestorius[2].

Ainsi donc, la vraie foi échappe aux attaques injustes, mais l'hérésie, sans aucune vergogne, s'empare en hâte d'autres griefs et affirme que le synode de Chalcédoine est contre les enseignements de Cyrille. Celui-ci, en effet, dans ses lettres à Succensus et dans d'autres écrits, enseigne que le Christ est composé de deux natures et le synode a proscrit cette formule et adopté contre elle celle de deux natures indivisibles. Ainsi, lancer de fausses accusations a bien plus d'importance que la vérité pour les hérétiques. En effet, le synode a rejeté Dioscore qu'il jugeait contaminé par l'erreur d'Eutychès parce qu'il admettait l'expression *composé de deux natures* mais non la [275 b] formule *deux natures*; et il n'a pas condamné le simple fait de dire *composé de deux natures*, mais le fait de le dire dans le même sens qu'Eutychès et Dioscore[3].

Et par le fait même qu'il employait la formule *deux natures indivisibles* dans le sens de la vraie foi, il a ajouté celle de *composé de deux natures*. Le fait qu'Eutychès dit *composé de deux natures* et qu'il le dit dans un sens impie est chose évidente et ce n'est pas la formule chère à Cyrille, mais l'impiété d'Eutychès que le synode a rejetée.

1. Cf. P. Th. Camelot, *op. cit.*, p. 57 et note 2.
2. IB., *op. cit.*, p. 57. Le texte de la lettre en question est dans *P. G.*, t. LXXVII, p. 105 C-121 D = *A. C. O.*, I, 1, 1, p. 32-42. P. Th. Camelot en donne une traduction française, *op. cit.*, p. 41.
3. IB., *op. cit.*, p. 142-144.

Καὶ γὰρ ἡ ἐν Ἐφέσῳ σύνοδος πίστιν μὲν ἑτέραν, ἧς ἐναντία τὰ δόγματα πρὸς τὴν ἐν Νικαίᾳ καθέστηκε σύνοδον, παντελῶς ἐκτίθεσθαι διεκώλυσεν. Ἀκηράτων δὲ τῶν ἐν αὐτῇ σῳζομένων, ἅπερ ὁ καιρὸς ἀπαιτεῖ προστιθέναι αὐτῆς τε γέγονεν ἔργον, καὶ τῶν πραγμάτων ἡ φύσις διδάσκαλος, καὶ τῆς ἐκκλησίας ὁρᾶται τοῦτο στέργουσα διὰ παντὸς ἡ παράδοσις. Διὸ καὶ κατὰ τὴν Ἀλεξανδρείαν, οὔπω τῆς οἰκουμενικῆς συγκροτηθείσης συνόδου, τοὺς ἐν αὐτῇ τῶν ἱερέων λογάδας ὁ θεσπέσιος ἀθροισάμενος Κύριλλος, καὶ πίστιν διαθέμενος ἔγγραφον, τῷ Νεστορίῳ διεπέμψατο.

Ἐκφεύγει μὲν οὖν οὕτω τὰς ἀδίκους λαβὰς ἡ εὐσέβεια· τὸ αἱρετικὸν δὲ πάλιν ἑτέροις μώμοις ἐπιπηδᾶν οὐκ αἰσχύνεται, καί φησιν ὡς ἡ κατὰ Καλχηδόνα σύνοδος τοῖς Κυρίλλου δόγμασι μάχεται. Ὁ μὲν γὰρ ἔν τε ταῖς πρὸς Σούκενσον ἐπιστολαῖς καὶ ἀλλαχοῦ δὲ τὸν Χριστὸν δογματίζει ἐκ δύο φύσεων, ἡ δὲ τὴν τοιαύτην φωνὴν ὀστρακίζουσα δύο φύσεις ἀδιαιρέτους ἀντεχειροτόνησεν. Οὕτω τὸ συκοφαντεῖν τοῦ ἀληθεύειν πολὺ τῇ αἱρέσει σπουδαιότερον. Καὶ γὰρ Διόσκορον ἡ σύνοδος, τὸ ἐκ δύο [275 b] μὲν φύσεων δεχόμενον, τὸ δύο δὲ οὐκ ἀνεχόμενον δέξασθαι, ὡς τὰ τοῦ Εὐτυχοῦς νοσοῦντα διώσατο· καὶ οὐχ ἁπλῶς ἐξεκήρυξε τὸ ἐκ δύο λέγειν φύσεων τὸν Χριστόν, ἀλλὰ τὸ λέγειν κατ' Εὐτυχέα καὶ Διόσκορον. Διὰ μέντοι τοῦ δύο φύσεις ἀδιαιρέτους μετὰ τῆς εὐσεβοῦς διανοίας λέγειν αὐτὴν καὶ τὸ ἐκ δύο φύσεων συνεισήγαγεν. Ὅτι γὰρ Εὐτυχὴς ἐκ δύο μὲν ἔλεγε φύσεων, δυσσεβῶς δέ, πρόδηλον. Οὐ τοίνυν τὴν Κυρίλλου φίλην φωνήν, ἀλλὰ τὴν Εὐτυχοῦς δυσσέβειαν ἡ σύνοδος ἀπε-

24 σύνοδον M : σύνοδος A || **27** ἡ φύσις A : *om.* M || **31** αὐτῇ A : αὐτῷ M || **34** οὖν A : *om.* M || **36** Καλχηδόνα AM : Χαλκηδόνα A² *v. l.* || **38-39** δογματίζει ἐκ δύο A : ἐκ δύο δογματίζει M.

[275 b] **7** μὲν A : γὰρ M.

En effet, au moment même où le synode de Chalcédoine était en plein travail, on lut la profession de foi de Flavien où il était écrit : « Nous confessons que le Christ est composé de deux natures après qu'il s'est fait homme, et nous confessons en même temps un seul Christ, un seul Fils en une hypostase unique et en une personne unique »*. Le synode s'écria qu'il pensait comme lui et qu'il savait que telle était la foi des Pères. Comment donc un synode qui s'exprime ainsi est-il en conflit avec Cyrille ou bien repousse-t-il ceux qui emploient dans le sens de la vraie foi la formule *composé de deux natures*? Après cet exposé auquel il ajoute une exhortation pour convier les dissidents à rentrer dans le sein de l'Église, l'évêque Eulogius termine son traité.

Le suivant s'attache, lui aussi, à combattre les détracteurs du synode de Chalcédoine. Il discute encore ici l'exemple tiré du cas de l'homme* dont Cyrille s'est servi dans l'esprit de la vraie foi ; l'hérésie, elle, le cite dans une intention impie ; elle le cite, en effet, pour enseigner qu'on parle d'une nature unique dans le cas du Christ dans le même sens que dans le cas de l'homme. Cependant les moyens mêmes dont le clan ennemi se saisit pour défendre l'hérésie fournissent plutôt des armes contre elle sans que l'hérésie s'en rende compte. Les hérétiques disent en effet que, dans le cas de composés disparates, le tout ne peut être nommé par les appellations de ses parties mais s'identifie grâce à une dénomination qui lui est propre ; s'il en est ainsi, il sera reconnu comme un être fait d'une seule nature. C'est ainsi que l'hérésie élabore son sophisme ; Eulogius, le disciple du Verbe, confond d'abord l'ineptie de leur langage et puis démontre, par des témoignages empruntés aux Pères, que c'est en termes propres et en toute vérité que l'unique Seigneur Jésus-Christ est appelé à la fois Dieu et homme. Donc, si dans le cas des êtres dont l'ensemble n'admet pas d'être désigné par le nom de ses parties, la notion de nature unique ne se déduit pas non plus de ce fait, pour ceux dont l'ensemble admet comme dénomination les appellations de ses parties, pour ceux-là, on découvrira en même temps leur nature unique.

πέμψατο. Καὶ γὰρ καὶ κατ' αὐτὸ τὸ μέσον τῶν ἐν Καλχηδόνι πεπραγμένων τῆς πίστεως τοῦ ἐν ἁγίοις Φλαβιανοῦ ἀναγινωσκομένης, ἐν ᾗ ἐγέγραπτο · « Ἐκ δύο φύσεων ὁμολογοῦμεν εἶναι τὸν Χριστὸν μετὰ τὴν ἐνανθρώπησιν, ἐν μιᾷ ὑποστάσει, ἐν ἑνὶ προσώπῳ, ἕνα Χριστόν, ἕνα Υἱὸν ὁμολογοῦντες », ἡ σύνοδος ἐξεβόησεν αὐτούς τε οὕτω φρονεῖν καὶ τῶν πατέρων πίστιν εἶναι ταύτην ἐπίστασθαι. Πῶς οὖν ἡ ταῦτα λέγουσα ἢ Κυρίλλῳ μάχεται, ἢ τοὺς λέγοντας εὐσεβῶς ἐκ δύο φύσεων ἀποστρέφεται; Ταῦτα διεξελθὼν ὁ ἱεράρχης Εὐλόγιος, καὶ παραίνεσιν πρὸς ἕνωσιν ἐκκλησιαστικὴν τοὺς διεστῶτας παρακαλοῦσαν τοῖς εἰρημένοις ἐπιθείς, περατοῖ τὸν λόγον.

Καὶ ὁ ἐφεξῆς δὲ λόγος κατὰ τῶν συκοφαντῶν τῆς ἐν Καλχηδόνι συνόδου τὴν σπουδὴν ἔχει. Γυμνάζει δὲ κἀνταῦθα τὸ κατὰ τὸν ἄνθρωπον παράδειγμα ᾧ κέχρηται μὲν Κύριλλος εὐσεβῶς, προφέρει δὲ δυσσεβῶς τὸ ἀλλόφυλον · προφέρει γὰρ ἵνα μίαν φύσιν ἐπὶ Χριστοῦ, ὥσπερ καὶ ἐπὶ τοῦ ἀνθρώπου, λέγεσθαι δογματίσῃ. Πλὴν ἐξ ὧν ὑπὲρ τῆς ἀσεβείας σπουδάζει, κατ' αὐτῆς μᾶλλον, κἂν οὐκ ἔχῃ τὴν αἴσθησιν ἐξοπλίζεται. Λέγει γὰρ ὡς ἐπὶ τῶν ἀνομοιομερῶν τὸ ὅλον ταῖς τῶν μερῶν προσηγορίαις οὐκ ὀνομάζεται, ἀλλ' ἰδιαζούσῃ κλήσει γνωρίζεται · εἰ δὲ τοῦτο, καὶ μιᾶς γνωσθήσεται φύσεως. Ἡ μὲν αἵρεσις οὕτω συμπλέκει τὸ σόφισμα, ὁ δὲ τοῦ Λόγου μαθητὴς Εὐλόγιος τὸ ματαιολόγον αὐτῆς ἐξελέγξας, πατρικαῖς ἐπιδείκνυσι μαρτυρίαις κυρίως τε καὶ ἀληθῶς τὸν ἕνα Κύριον Ἰησοῦν Χριστὸν καὶ Θεὸν καλεῖσθαι καὶ ἄνθρωπον, ὥστε εἰ ἐφ' ὧν τὸ ὅλον τὰς τῶν μερῶν προσηγορίας οὐ δέχεται, οὐδ' ἡ μία φύσις συνεισάγεται, ἐφ' ὧν τὸ ὅλον τῶν μερῶν τὰς κλήσεις κυρίως ἀναδέχεται ἐπ' ἐκείνων καὶ ἡ μία φύσις συνθεωρηθήσεται.

10 *et* **23** Καλχηδόνι AM : Χαλκηδόνι A² *v. l.* || **28** ἀσεβείας A : εὐσεβείας M || **29** ἔχῃ A : ἔχει M || **34** ἐξελέγξας A²M : ἐξελέξας A || **39** καὶ A : γὰρ καὶ M.

Notre sage auteur fait comparaître devant nous Cyrille [276 a] qui explique lui-même dans quel sens et dans quel but il s'est servi de l'exemple tiré du cas de l'homme. Théodore de Mopsueste reprochait en effet à cet exemple de ne pas convenir au mystère du Christ et Cyrille, dans ce qu'on appelle son premier *Tome*, réplique comme ceci : « Nous savons qu'il est un et identique et qu'il est né de Dieu le Père selon l'ordre divin et de la femme selon la chair ; et nous utilisons le moyen de cet exemple tout en conservant partout à l'union des natures son caractère indissoluble et en rejetant l'idée de leur séparation »[1].

Vous entendez dans quelles conditions Cyrille emploie l'exemple? Ce n'est pas, en effet, pour que vous inventiez, vous, une nature unique du Christ, mais afin que Théodore et Nestorius soient confondus par l'emploi de cet exemple puisque saint Cyrille conserve à l'union des natures son caractère indivisible et inséparable. Quant à vous, peut-être, en vous basant sur cet exemple, admettriez-vous de n'appeler le Christ en termes propres ni Dieu ni homme parce que l'homme qui sert d'exemple ne s'appelle proprement ni corps ni âme si vous voulez qu'on le dise, parce que, dans le cas de l'ineffable union qu'il y a en lui, le Christ est nommé en termes propres du nom des éléments dont il est composé? Donc, même si on pouvait dire de l'homme qu'il est fait d'une seule nature, aucun raisonnement n'exigera en conséquence que, pour cette raison, le Christ soit, lui aussi, fait d'une seule nature. Aussi verrez-vous Cyrille l'admirable dire que l'homme est une nature unique mais vous ne le surprendrez pas à parler d'une nature unique du Christ.

Et si quelqu'un redoute de parler de deux natures pour ne pas introduire du même coup la notion de division, qu'il commence par ne pas parler simplement de deux natures mais qu'il ajoute la notion d'indivisibilité et qu'il

1. Le texte cité ici n'est conservé qu'en syriaque. Cf. l'édition des œuvres de saint Cyrille par Pusey, t. III, p. 543, 13-19, et *Severi Antiocheni contra impium grammaticum*, III, 5, et III, 40, t. II, p. 43, et III, p. 298, trad. Lebon.

Ὁ μέντοι γε σοφὸς συγγραφεὺς παράγει τὸν ἱερὸν Κύριλλον ἑρμηνεύοντα ἑαυτόν, ὅπως καὶ ἐφ' ᾧ τῷ [276 a] κατὰ τὸν ἄνθρωπον ἐχρήσατο παραδείγματι. Θεοδώρου γὰρ τοῦ Μοψουεστίας τὸ κατὰ τὸν ἄνθρωπον ἐνδιαβάλλοντος παράδειγμα ὡς ὑπάρχον τῷ κατὰ Χριστὸν μυστηρίῳ ἀνάρμοστον, οὕτως ἐν τῷ λεγομένῳ πρώτῳ τόμῳ ἀνθυποφέρει ὁ Κύριλλος. « Ἕνα καὶ τὸν αὐτὸν ὄντα γινώσκομεν καὶ ἐκ Θεοῦ Πατρὸς θεϊκῶς καὶ ἐκ γυναικὸς κατὰ σάρκα· κεχρήμεθα δὲ τῇ τοῦ παραδείγματος χρείᾳ, τηροῦντες πανταχοῦ τῇ ἑνώσει τὸ ἀδιάσπαστον, καὶ τὴν διαίρεσιν παρωθούμενοι ».

Ἀκούεις ἐφ' ᾧ Κύριλλος παραλαμβάνει τὸ παράδειγμα· οὐ γάρ ἵνα σὺ μίαν τοῦ Χριστοῦ φύσιν καινολογήσῃς, ἀλλ' ἵνα Θεόδωρος καὶ Νεστόριος καταισχυνθῶσι τῇ τοῦ παραδείγματος χρείᾳ, τηροῦντος τοῦ ἱεροῦ Κυρίλλου τῇ ἑνώσει τὸ ἄτμητόν τε καὶ ἀδιάσπαστον. Σὺ δ' ἴσως ἀκολουθῶν τῷ παραδείγματι οὐδὲ Θεὸν οὐδὲ ἄνθρωπον κυρίως εἰπεῖν ἀνάσχοιο ἂν τὸν Χριστόν, διότι οὐδὲ ὁ ἄνθρωπος, τὸ παράδειγμα, οὔτε σῶμα κυρίως οὔτε ψυχή, εἰ ἐκβιάσῃ ταῦτα λέγειν αὐτόν, διότι ἐπὶ τῆς κατὰ Χριστὸν ἀπορρήτου ἑνώσεως, ἐξ ὧν αὐτὸς σύγκειται, ταῦτα κυρίως λέγεται. Οὐ τοίνυν κἂν ὁ ἄνθρωπος μιᾶς λέγοιτο φύσεως, οὐδεὶς ἀκολουθίας ἀπαιτήσει λόγος καὶ τὸν Χριστὸν μιᾶς ὑπάρχειν διὰ τοῦτο φύσεως. Διὸ καὶ Κύριλλον τὸν θαυμάσιον μίαν μὲν τὸν ἄνθρωπον φύσιν εὑρήσεις λέγοντα, μίαν δὲ φύσιν εἰπόντα τοῦ Χριστοῦ οὐκ ἂν φωράσῃς.

Εἰ δέ τις δύο φύσεις δέδοικεν εἰπεῖν, ἵνα μὴ διαίρεσιν συνεισάξῃ, πρῶτον μὲν οὕτως ἁπλῶς μηδὲ λεγέτω δύο φύσεις, προστιθέτω δὲ τὸ ἀδιαίρετον, εἶτα συνομολο-

42 τῷ M^1 : τὸ AM.

[276 a] **17** εἰ M : ᾗ A ‖ **20** κἂν A^1 *mg.* M : *om.* A ‖ **22** τὸν A : μὲν τὸν M ‖ **27-28** συνομολογείτω καὶ τὸ ἓν A : συνομολογεῖ τὸ καὶ ἓν M.

confesse ensuite l'unité hypostatique de la personne et l'hypostase unique et, si on le veut, que l'on confesse à leur place la nature unique incarnée du Verbe. Car celui qui s'exprimerait ainsi en accord avec Cyrille qui est le modèle de la précision dans l'expression, ne peut donner prise aux calomniateurs pour avoir enseigné la séparation des natures. En effet, quand les Orientaux eurent parlé de deux natures et que d'autres s'agitèrent pour les accuser de séparer les natures, Cyrille écrivit à Acace[1] ; comme, après avoir parlé de deux natures, ils avaient ajouté à la formule la notion d'indivisibilité et avaient confessé qu'ils voyaient les deux natures dans le Christ unique et identique, Cyrille montre que leurs accusateurs sont des enfants du diable et qu'il est impossible que ceux qui énoncent leur confession en conformité d'opinion avec les Orientaux introduisent une idée de séparation des natures.

Voyez aussi ce qu'Athanase proclame dans son traité *Sur l'Incarnation du Verbe* contre ceux qui partagent l'erreur d'Apollinaire. Car en exprimant la notion de deux [276 b] natures par les mots *l'un et l'autre*, il n'a été soupçonné par personne parmi les orthodoxes d'introduire l'idée de séparation des natures. Il dit d'autre part : « Mais celui qui est Dieu par nature est engendré homme afin qu'il soit un et parfait dans l'une et l'autre nature, Dieu et homme en tout »[2]. Et Grégoire le Théologien, dans son apologétique, dit : « C'est la divinité qui s'est anéantie, la chair qui a été assumée, c'est la nouvelle alliance, un Dieu et un homme qui font un, qui, par l'un, sont l'un et l'autre »[3]. Et Cyrille, dans sa lettre à Valérien d'Iconium, dit : « Donc, de l'aveu de tous, ce qui vient de la chair est chair et ce qui vient de Dieu est Dieu et le Christ est l'un et l'autre de la même façon »*. De même donc que la formule *Dieu et homme* ne divise pas le Christ unique, de même non plus, *tous deux* ni *l'un et l'autre*

1. Allusion à un passage de la *Lettre 40*, *P. G.*, t. LXXII, p. 192-193 = *A. C. O.*, I, 1, 4, p. 25-26.

2. Deux passages du *Contre Apollinaire*, *P. G.*, t. XXVI, p. 1105 B et 1124 A.

3. Grégoire de Nazianze, *Oratio II*, *P. G.*, t. XXXV, p. 432 C.

γείτω καὶ τὸ ἓν καθ' ὑπόστασιν πρόσωπον καὶ μίαν ὑπόστασιν, ἢ ἀντ' αὐτῶν εἰ βούλει, τὸ μίαν τοῦ Λόγου φύσιν σεσαρκωμένην. Ταῦτα γὰρ ὁ λέγων κατὰ τὸν γνώμονα τῆς ἀκριβείας Κύριλλον οὐκ ἂν οὐδὲ συκοφάνταις παράσχοι λαβὴν ὡς διαίρεσιν δογματίσας τῶν φύσεων. Καὶ γὰρ καὶ τῶν ἀνατολικῶν δύο φύσεις εἰπόντων, καὶ συκοφαντεῖν αὐτοὺς ὡς διαιροῦντας ἑτέρων κινηθέντων, πρὸς Ἀκάκιον γράφων, ἐπειδὴ μετὰ τοῦ εἰπεῖν δύο φύσεις καὶ τὸ ἀδιαίρετον συνῆψαν καὶ ἐν ἑνὶ καὶ τῷ αὐτῷ Χριστῷ τὰς δύο φύσεις ὁρᾶν ὡμολόγησαν, τέκνα μὲν διαβόλου τοὺς συκοφάντας ἀποφαίνει, τοὺς δὲ διομολογοῦντας κατὰ τὸ φρόνημα τῶν ἀνατολικῶν ἀδύνατόν ποτε διαίρεσιν εἰσάγειν.

Ὅρα δὲ καὶ Ἀθανάσιον, οἷα περὶ τῆς ἐνανθρωπήσεως τοῦ Λόγου γράφων κατὰ τῶν τὰ Ἀπολιναρίου νοσούντων ἐκτίθεται. Λέγων γὰρ διὰ τοῦ [276 b] ἑκάτερα τὸ δύο παρ' οὐδενὸς τῶν εὐσεβῶν εἰσάγειν ὑπενοήθη διαίρεσιν. Λέγει δέ· « Ἀλλ' ὁ ὢν φύσει Θεὸς γεννᾶται ἄνθρωπος, ἵνα εἷς ᾖ τὰ ἑκάτερα τέλειος, κατὰ πάντα Θεὸς καὶ ἄνθρωπος ὁ αὐτός ». Καὶ ὁ θεολόγος δὲ Γρηγόριος ἐν τῷ ἀπολογητικῷ φησι· « Τοῦτο ἡ κενωθεῖσα θεότης, τοῦτο ἡ προσληφθεῖσα σάρξ, τοῦτο ἡ καινὴ μίξις, Θεὸς καὶ ἄνθρωπος, ἓν ἐκ δυοῖν, καὶ δι' ἑνὸς ἀμφότερα ». Ναὶ δὴ καὶ πρὸς Οὐαλεριανὸν τὸν Ἰκονίου γράφων ὁ Κύριλλος· « Οὐκοῦν ὁμολογουμένως μέν, φησί, τὸ ἀπὸ σαρκὸς σάρξ ἐστι, τὸ δὲ ἐκ Θεοῦ Θεός. Ἔστι δὲ κατὰ ταὐτὸν ἀμφότερα ὁ Χριστός ». Ὥσπερ οὖν οὐ τέμνει τὸ Θεὸς καὶ ἄνθρωπος τὸν ἕνα Χριστόν, οὐδὲ τὸ ἀμφότερα, οὐδὲ τὸ ἑκάτερα, οὕτως οὐδὲ τὸ δύο, εἰ

29 βούλει τὸ AM : βούλοιτο A² || **31** παράσχοι *edd.* : παράσχῃ A παρασχ M.

[276 b] **3** κατὰ A : καὶ τὰ M || **11** κατὰ ταὐτὸν A : κατ' αὐτὸν M || ὁ M : *om.* A.

ni *les deux*, sauf pour certaines gens à l'esprit ébranlé et incapables de faire produire une moisson par de la bonne semence.

Mais voyez à nouveau l'hérésie et ses enfantillages. Cyrille, dit-elle, a condamné l'expression *deux natures inséparables* et il l'a estimée contraire à l'opinion qui s'exprime dans la formule *une nature unique incarnée du Verbe*. Il est aisé de rabattre la jactance des hérétiques. Ici, comme dans ses autres écrits, il est évident que l'auteur a démontré que *indivisible* a un double sens. L'un est cher à Nestorius, l'autre est en honneur chez les orthodoxes et telle est la raison de leur opposition. En effet, on rejette l'idée d'une union de convenance comme une arme de Nestorius, mais on proclame et on expose en termes clairs l'indivisibilité hypostatique ou l'union hypostatique.

De même donc que si quelqu'un qui parle de l'union des natures dans le Christ n'ajoute pas le mot *hypostatique*, sa parole lui vaut des soupçons, de même celui qui parle de deux natures inséparables sans ajouter *selon l'hypostase* est exposé au même soupçon. De même encore, celui qui dit que le Verbe de Dieu a assumé un homme sans expliquer autrement son propos — car on peut prendre l'expression aussi bien dans le même sens que Nestorius que dans le sens orthodoxe et se faire reprendre par ses auditeurs — celui-là n'est pas sans encourir de responsabilité.

C'est pourquoi Cyrille, en médiateur avisé, dit, dans son *Trésor*, que le Verbe divin a pris l'homme né de Marie comme un long vêtement ou comme un temple[1]. Et, dans ses lettres à Succensus : « Donc, dit-il, il est devenu homme et n'a pas assumé l'homme à la façon dont Nestorius le pense »[2]. Et considérez la finesse et la prudence de cette conciliation. Cyrille prêche que le Christ a assumé [277 a] un homme et un temple ; il condamne Nes-

1. Citation du *Trésor* de saint Cyrille déjà rencontrée p. 272 b, 27, *supra*, p. 25.

2. On a lu cette citation de la *Première lettre à Succensus* en deux morceaux p. 272 b 30, *supra*, p. 25.

μὴ τὸν νοῦν εἴησαν ἐκτετμημένοι τινὲς καὶ τοῦ καλοῦ σπορέως οὐδένα καρπὸν φῦναι δυνάμενοι.

Σὺ δέ μοι σκόπει πάλιν νεανιευομένην τὴν αἵρεσιν. Ὁ Κύριλλος, φησί, τὸ δύο λέγειν φύσεις ἀδιαιρέτους ἐξεκήρυξεν, ἀντίπαλον εἶναι νομίζων τῇ λεγούσῃ δόξῃ μίαν εἶναι φύσιν τοῦ Λόγου σεσαρκωμένην. Ῥᾷον δὲ αὐτῆς τὸ φρύαγμα καταβάλλεται. Διττὸν γὰρ τὸ ἀδιαίρετον κἀνταῦθα, ὡς καὶ ἐν τοῖς ἄλλοις αὐτοῦ λόγοις, ὁ συγγραφεὺς ἐπιδειξάμενος φαίνεται, καὶ τὸ μὲν Νεστορίῳ φίλον, τὸ δὲ τῇ εὐσεβείᾳ τιμώμενον, καὶ διὰ τοῦτο ἀλλήλοις ἀντικείμενα. Τὸ γὰρ κατὰ σχέσιν ἀδιαίρετον, ὡς ὅπλον Νεστορίου ἀποβάλλεται, τὸ δὲ καθ' ὑπόστασιν ἀδιαίρετον ἤτοι ἡ καθ' ὑπόστασιν ἕνωσις περιφανῶς καὶ κηρύσσεται καὶ περιπτύσσεται.

Ὥσπερ οὖν εἴ τις ἕνωσιν ἐπὶ Χριστοῦ λέγων μὴ συνάπτοι τῇ ἑνώσει τὸ καθ' ὑπόστασιν, ὕποπτον τὸ ῥῆμα ποιεῖ, οὕτως εἴ τις δύο φύσεις ἀδιαιρέτους λέγει μὴ συνεπιφέρων τὸ καθ' ὑπόστασιν, εἰς τὴν αὐτὴν ὑποψίαν περιτρέπεται. Ὡσαύτως δὲ καὶ ὁ λέγων ἄνθρωπον ἀναλαβεῖν τὸν Θεὸν Λόγον, εἰ μὴ τὴν φωνὴν ἄλλοθεν ἑρμηνεύσειε (δυνατὸν γὰρ αὐτὴν καὶ κατὰ Νεστόριον καὶ κατὰ τὸν ὀρθὸν εἰπεῖν λόγον λαβὴν παρασχεῖν τοῖς ἀκροαταῖς), οὐκ ἔστιν ἀναίτιος.

Διὸ καὶ ὁ διαιτᾶν σοφὸς Κύριλλος ἐν μὲν τῷ θησαυρῷ τὸν Θεὸν Λόγον ὥσπερ τινὰ ποδήρη τὸν ἐκ Μαρίας ἄνθρωπον ἢ ναὸν ἀναλαβεῖν λέγει, ἐν δὲ ταῖς πρὸς Σούκενσον ἐπιστολαῖς· « Οὐκοῦν ἄνθρωπος, φησί, γέγονεν, οὐκ ἄνθρωπον ἀνέλαβεν, ὡς Νεστορίῳ δοκεῖ ». Καὶ ὅρα τῆς διαίτης τὸ ἀγχίνουν καὶ νηφάλιον. Ὁ μὲν ἄνθρωπον καὶ ναὸν ἀναλαβεῖν ἱερολογεῖ, Νε-
[277 a] στόριον δὲ ἄνθρωπον ἀναλαβεῖν εἰπόντα παραγρά-

22 φαίνεται A : *om.* M ‖ τὸ A¹M² : τῷ AM ‖ 36 διαιτᾶν A²M : διαιτῶν A *ut vid.* ‖ σοφὸς AM² *s. v.* : θεῖος M.

torius pour avoir dit qu'il a assumé l'homme et, de part et d'autre, il s'exprime conformément à la vraie foi. En effet, Nestorius ergotait en disant que le Christ a pris l'homme avec sa personnalité tandis que Cyrille enseigne que ce n'est pas un homme préexistant qu'il a assumé mais qu'il a établi cet homme en lui et que, tout en restant Dieu immuable, il est réellement devenu homme.

C'est en procédant avec la même sagesse que Cyrille, dans sa lettre à Succensus[1] également, dit que parler de deux natures inséparables après l'union sans ajouter *union hypostatique* est en désaccord avec ceux qui enseignent une nature unique incarnée du Verbe. Car, dite ainsi rien qu'à moitié, la formule n'est pas assez consistante pour s'accorder à l'opinion de ceux qui proclament une nature unique incarnée du Verbe. Et si quelqu'un qui a parlé de deux natures indivisibles ajoute la formule *union hypostatique*, son langage sera juste et conforme à la vraie foi et il aura l'appui du suffrage de Cyrille.

Écoutez aussi ce qu'il dit à la fin de la même lettre : « La formule *d'une manière indivisible*, dit-il, ajoutée à l'expression, me paraît la marque d'une opinion juste, mais eux ne pensent pas ainsi »[2]. En sorte que, si les hérétiques comprenaient de cette façon, leur langage serait conforme à la vraie foi et ils seraient en accord avec la pensée de Cyrille, car, pour lui, le mot *indivisible* appartient au langage orthodoxe quand on y ajoute la formule *union hypostatique*. Mais les hérétiques démembrent même l'indivisibilité car ils la séparent de l'union hypostatique. C'est ainsi qu'il pourrait reprendre ceux qui parlent de deux natures inséparables et ne reconnaissent pas l'union hypostatique. Ils s'opposent, en effet, réellement à ceux qui croient en la nature unique incarnée du Verbe divin. Mais ceux qui parlent de deux natures et disent en

1. C'est de la *Deuxième lettre à Succensus* qu'il s'agit.
2. *Deuxième lettre à Succensus*, *P. G.*, t. LXXVII, p. 245 C = *A. C. O.*, I, 1, 6, p. 162, 18-19.

φεται, εὐσεβῶς δὲ ἑκάτερον. Ὁ μὲν γὰρ ὑποστάντα τὸν ἄνθρωπον ἀναλαβεῖν Νεστόριος ἐσοφίζετο, ὁ δὲ οὐμενοῦν προϋποστάντα, ἐν ἑαυτῷ δὲ τοῦτον ὑποστήσαντα, κἂν τῷ ἀτρέπτῳ μεμενηκότα τῆς θεότητος, ἀληθῶς γενέσθαι καὶ ἄνθρωπον.

Σοφῶς οὖν καὶ ὁμοίως διαπραττόμενος ὁ ἱερὸς Κύριλλος καὶ ἐν τῇ πρὸς Σούκενσον ἐπιστολῇ τὸ δύο φύσεις λέγειν ἀδιαιρέτους μετὰ τὴν ἕνωσιν, μὴ συνεπιφέροντα τὴν καθ' ὑπόστασιν ἕνωσιν, μάχεσθαι τοῖς μίαν φύσιν τοῦ Λόγου σεσαρκωμένην δογματίζουσί φησιν. Οὐ γὰρ αὐτάρκης οὕτως ἡμίτομος ἡ φωνὴ ῥηθεῖσα συνελθεῖν καὶ ὁμοφρονῆσαι τοῖς μίαν φύσιν τοῦ Λόγου σεσαρκωμένην κηρύττουσιν. Εἰ δὲ δύο τις φύσεις ἀδιαιρέτους εἰπὼν συμπαραλάβοι καὶ τὴν καθ' ὑπόστασιν ἕνωσιν, ὀρθῶς τε καὶ εὐσεβῶς ἐρεῖ, καὶ Κύριλλον εὑρήσει ὁμόψηφον.

Καὶ ἄκουσον κατὰ τὸ τέλος τῆς αὐτῆς ἐπιστολῆς οἷα διέξεισι· « Τὸ ἀδιαιρέτως, φησί, προστεθὲν δοκεῖ μέν πως παρ' ἡμῖν ὀρθῆς εἶναι δόξης σημαντικόν, αὐτοὶ δὲ οὐχ οὕτω νοοῦσιν ». Ὥστε εἰ οὕτως ἐνόουν, ὀρθοδόξως ἂν ἔλεγον καὶ τῇ Κυρίλλου γνώμῃ συνέβαινον. Ἔστι γὰρ τὸ ἀδιαίρετον αὐτῷ δόξης ὀρθῆς τοῖς συνάπτουσι τὴν φωνὴν ἢ συνεπινοοῦσι τῆς καθ' ὑπόστασιν ἑνώσεως, τοῖς αἱρετικοῖς δὲ διεσπασμένον καὶ τὸ ἀδιαίρετον· τῆς γὰρ καθ' ὑπόστασιν ἑνώσεως αὐτὸ διασχίζουσιν. Οὕτω δ' ἂν εἴη μεμφόμενος καὶ τοὺς λέγοντας μὲν δύο φύσεις ἀδιαιρέτους, τὴν καθ' ὑπόστασιν δὲ μὴ συνομολογοῦντας ἕνωσιν· μάχονται γὰρ ὡς ἀληθῶς οὗτοι τοῖς μίαν φύσιν φρονοῦσι τοῦ Θεοῦ Λόγου σεσαρκωμένην. Τοὺς μέντοι μετὰ τοῦ λέγειν δύο φύσεις ἀδιαιρέτους ἐν τῇ καθ' ὑπόστα-

[277 a] **12** ῥηθεῖσα A : ἡ ῥηθεῖσα M ‖ **13** κηρύττουσιν A : δογματίζουσιν M ‖ **24** διεσπασμένον A : διεσπαρμένον M ‖ **25** αὐτὸ A²M : *quid prius praeb.* A *non liquet* ‖ **28** φρονοῦσι AM² : φοροῦσι M *ut vid.*

outre qu'ils les considèrent dans l'union hypostatique, je ne puis, dira-t-il, les blâmer, pas plus que je n'ai blâmé les Orientaux qui tenaient le même langage, mais je ne pourrais décréter ni qu'ils ont une position contraire à la mienne ni qu'ils contestent la nature unique incarnée du Verbe.

Mais voyons ensemble comment, exprimée d'une manière aussi élémentaire, la formule *nature unique incarnée du Verbe* ne reste pas à l'abri de la critique. Elle pourrait, en effet, être énoncée, la formule *nature unique incarnée du Verbe*, tant par ceux qui pensent que la chair assumée était une chair sans âme que par ceux qui blasphèment en parlant de confusion des composants et que par ceux qui sont assez fous pour imaginer que la nature du Verbe est absorbée dans la chair. Et Cyrille, le maître [277 b] de l'expression précise, qui affiche une horreur égale pour toute opinion hérétique, grâce à la formule qu'il offre à quiconque, exprime de façon claire que les natures qui se sont unies se sont unies d'une union indissoluble mais sans se confondre ; il assure encore davantage la rectitude de cette formule en enseignant que la nature incarnée a été animée d'une âme douée de raison[1] et d'intelligence. C'est pourquoi, alors que les Orientaux, comme on l'a souvent répété, n'ont pas prononcé cette formule mais ont mis en avant celle qui lui est équivalente — car ils ont dit qu'ils vénéraient deux natures dans l'union hypostatique — et alors qu'ils n'ont pas ajouté le mot *indissolubles*, Cyrille les a proclamés orthodoxes ; pourtant, ils n'ont pas écrit explicitement le mot *hypostatique* mais, du fait qu'ils ont dit reconnaître que c'était un seul et même Christ qui a été engendré par le Père en dehors du temps et par Marie Mère de Dieu à la fin des temps et qu'ils ont dit qu'ils vénéraient le même personnage comme un Dieu et comme un homme, et puisqu'il savait leurs paroles en accord avec la formule *union hypostatique*, il a clairement affirmé son accord avec eux.

Il faut donc savoir que ceux de nos Pères qui ont parlé

1. On a rencontré, dans un sommaire d'Éphrem, au « codex » 249, t. IV, p. 131, note 2, un texte de saint Cyrille qui traite de l'opinion

σιν ἑνώσει θεωρεῖν οὔτ' ἂν μεμψαίμην ἐρεῖ, ὥσπερ οὐδὲ τοὺς ἀνατολικοὺς τὰ ὅμοια λέγοντας ἐμεμψάμην, ἀλλ' οὔτε ἐμοὶ τἀναντία φρονεῖν οὔτε διαμάχεσθαι πρὸς τὴν μίαν τοῦ Λόγου φύσιν σεσαρκωμένην οὐκ ἂν ψηφισαίμην.

Σὺ δέ μοι συνδιασκόπει ὅπως οὐδ' ἡ μία φύσις τοῦ Λόγου σεσαρκωμένη, ἁπλῶς οὕτω προαγομένη, οὐμενοῦν τὸ ἀνεπίληπτον οὐ διασῴζει. Λέγοιτο γὰρ ἂν μία φύσις τοῦ Λόγου σεσαρκωμένη καὶ οἷς ἄψυχος ἡ προσληφθεῖσα νομίζεται σάρξ, καὶ οἷς τῶν συνελθόντων ἡ σύγχυσις δυσσεβεῖται, καὶ οἷς ἡ τοῦ Λόγου φύσις εἰς σάρκα φρενοβλαβῶς ἀναχεῖται. Ὁ δὲ τῆς ἀκριβείας διδάσκαλος Κύριλλος, ἕκαστον τῶν αἱρε- [277 b] τικῶν φρονημάτων ὁμοτίμως βδελυσσόμενος, διὰ τῆς κοινῇ προκειμένης φωνῆς τὸ ἀδιαίρετον μὲν καὶ ἀσύγχυτον τῶν συνελθόντων τρανολογεῖ φύσεων, ἀπευθύνει δὲ ταύτην ἔτι μᾶλλον, τὴν σεσαρκωμένην φύσιν, ἐψυχῶσθαι δογματίζων ψυχῇ λογικῇ τε καὶ νοερᾷ. Διὸ καὶ τοὺς ἀνατολικούς, ὡς πολλάκις εἴρηται, ταύτην μὲν τὴν φωνὴν οὐκ εἰπόντας, τὴν δὲ ἰσοδυναμοῦσαν προβαλλομένους (δύο γὰρ φύσεις εἶπον πρεσβεύειν ἐν τῇ καθ' ὑπόστασιν ἑνώσει) καὶ μηδὲ τὸ ἀδιαιρέτους ἐπενεγκόντας ὀρθοδόξους ἀνεκήρυξε· καίτοι γε οὐδ' αὐτοῖς ῥήμασι τὸ καθ' ὑπόστασιν ἔγραψαν, ἀλλ' ἐξ ὧν εἶπον ἕνα καὶ τὸν αὐτὸν ὁμολογεῖν τὸν ἐκ Πατρὸς ἀχρόνως γεννηθέντα καὶ ἐκ τῆς θεοτόκου Μαρίας ἐπ' ἐσχάτων, καὶ τὸν αὐτὸν πρεσβεύειν Θεόν τε καὶ ἄνθρωπον, ἅτε δὴ σύνδρομα εἰδὼς τὰ εἰρημένα τῇ καθ' ὑπόστασιν ἑνώσει φωνῇ, ὁμοδοξεῖν αὐτὸν αὐτοῖς περιφανῶς ἐμαρτύρησε.

Δεῖ δ' οὖν εἰδέναι ὡς οἱ τὴν καθ' ὑπόστασιν

34 οὐκ ἂν A : κἂν M || **42** ἀναχεῖται A : ἀπετράπη M.

[277 b] **2** κοινῇ M : κοινῆς A || **11** ἔγραψαν A[1] *s. v.* M : ἔγραψεν A || **15** σύνδρομα A : σύνδρομον M.

d'union hypostatique enseignent par cette formule la rencontre de deux éléments dans une union indissoluble ; si les composants ont subsisté sans se confondre, la formule en question ne l'enseigne nullement. De même, parler de *nature unique incarnée du Verbe* ramène à peu près à la même idée mais laisse à nombre d'hérétiques la possibilité de détourner la formule dans le sens qu'ils veulent. Aussi ne faut-il pas l'admettre purement et simplement, mais comme en a usé Cyrille, expert en sciences divines, c'est-à-dire en ajoutant que la chair était animée d'une âme douée de raison et d'intelligence et en considérant en même temps que les composants ne se confondent pas.

Ainsi donc, sans que la précision soit l'apanage d'une des deux formules, elles expriment d'une part l'unité de personne, mais elles n'expriment pas clairement d'autre part l'absence de confusion entre les composants. D'un autre côté, ceux qui enseignent deux natures inséparables ont clairement exprimé l'absence de confusion entre elles mais ils n'ont pas exprimé avec autant de clarté l'unité de figure ou d'hypostase, si bien que ceux qui parlent de deux natures inséparables doivent ajouter soit l'expression *union hypostatique*, soit la formule *nature unique incarnée du Verbe*, ou encore que le même personnage est Dieu et homme ; car, privée d'une des additions susdites, la formule énoncée telle quelle peut être critiquée à juste titre. Après la revue de ces questions et d'autres semblables et après un appel à la concorde, l'auteur termine le présent traité.

Le suivant[1] s'en prend à ceux qui pensent pouvoir soumettre [278 a] à la réflexion humaine la véridique et divine doctrine chrétienne. Il y discute avec piété des données d'ordre divin ; il montre que la conception chrétienne de Dieu est au-dessus de toute subtilité et de toute habileté oratoire et il en célèbre l'élévation. Et il expose que, en ce qui nous concerne, les différences de propriétés par lesquelles nous nous distinguons les uns des autres sont

discutée ici. Ce texte est tiré d'une Lettre à Eulogius, *P. G.*, t. LXXVII, p. 225 C-D = *A. C. O.*, I, 1, 4, p. 36, 7-10.

1. Le contenu du sommaire, note M. l'abbé Richard, montre que le présent traité était une réfutation du trithéisme.

ἕνωσιν εἰπόντες πατέρες ἡμῶν δύο τινῶν σύνοδον καθ' ἕνωσιν ἀδιάσπαστον διὰ ταύτης τῆς φωνῆς δογματίζουσιν· εἰ δὲ ἀσύγχυτα τὰ συνελθόντα μεμένηκεν, οὐδὲν ἡ προκειμένη φωνὴ παραδίδωσιν. Ὡσαύτως καὶ τὸ μίαν φύσιν τοῦ Λόγου σεσαρκωμένην λέγειν εἰς τὴν αὐτὴν μὲν ἔννοιαν σχεδὸν ὑποφέρεται, παρελκυσθῆναι δὲ πολλοῖς αἱρετικοῖς πρὸς τὸ βούλημα τὸ ῥᾴδιον ἐμπαρέχεται. Ὥστε οὐχ ἁπλῶς αὐτὴν παραδεκτέον, ἀλλ' ὡς ὁ τὰ θεῖα σοφὸς ἐχρήσατο Κύριλλος, τουτέστι ψυχῇ λογικῇ τε καὶ νοερᾷ συνάπτοντα ἐψυχωμένην, καὶ τῶν συνελθόντων συνεπιθεωροῦντα τὸ ἀσύγχυτον.

Οὕτω γοῦν ἑκατέρᾳ φωνῇ τῆς ἀκριβείας οὐκ ἐπιστατούσης, ἓν μὲν δηλοῦσι τὸ πρόσωπον, τῶν δὲ συνελθόντων οὐ τρανολογοῦσι τὸ ἀσύγχυτον. Πάλιν οἱ δύο φύσεις ἀδιαιρέτους δοξάζοντες τὸ μὲν ἀσύγχυτον διετράνωσαν, ἓν δὲ εἶναι τὸ πρόσωπον ἤτοι τὴν ὑπόστασιν οὐ συνδιετράνωσαν, ὥστε δεῖ καὶ τοὺς δύο φύσεις ἀδιαιρέτους λέγοντας ἢ τὴν καθ' ὑπόστασιν ἐπισυνάπτειν ἕνωσιν ἢ τὴν μίαν φύσιν τοῦ Λόγου σεσαρκωμένην ἢ τὸν αὐτὸν Θεόν τε καὶ ἄνθρωπον· ἄνευ γὰρ ἑνὸς τῶν εἰρημένων τὸ ἀτελὲς ἡ φωνὴ προβαλλομένη δικαίως ἂν διελέγχοιτο. Ταῦτα καὶ τὰ τούτοις ὅμοια διεληλυθὼς ὁ συγγραφεύς, καὶ παραίνεσιν παρακαλοῦσαν πρὸς ὁμόνοιαν καταβαλών, καὶ τὸν παρόντα διαναπαύει λόγον.

Ὁ δὲ ἐφεξῆς αὐτῷ λόγος πρὸς τοὺς οἰομένους ἀνθρωπίναις ἐπινοίαις δύνασθαι τὴν ἀληθῆ τῶν Χριστια- [278 a] νῶν ὑποβάλλειν θεολογίαν διαλέγεται. Ἐν ᾧ θεολογήσας εὐσεβῶς, καὶ κρείττω πάσης ἐπιτεχνήσεως καὶ τῆς ἐκ λόγων σοφίας τὴν παρὰ Χριστιανοῖς ἀποδειξάμενος θεολογίαν, καὶ τὸ ἐξῃρημένον αὐτῆς ἀνυμνήσας, δια-

18 σύνοδον *edd.* : συνόδων *codd.* ‖ 26 λογικῇ τε A : τε λογικῇ M ‖ 27 ἐψυχωμένην *edd.* : ἐψυχωμένη *codd.*

clairement établies et que les propriétés caractéristiques de la personne de quelqu'un ne peuvent être communes avec celles de la personne d'un autre. Mais dans la Sainte Trinité les propriétés personnelles restent immuables et sont en somme rattachées entre elles par leur union indissoluble et, à cause de l'unité d'opération des personnes, elles possèdent au plus haut point, même dans la distinction qui existe entre elles, la divine et ineffable parenté qui les unit et en vertu de laquelle l'intelligence contemple le Fils dans le Père et le Père dans le Fils et le Fils dans le Père et l'Esprit et l'Esprit dans le Fils et le Père ; la parenté l'emporte d'une façon absolue et ne laisse même pas à imaginer de diviser l'indivisible dans le domaine des propriétés personnelles. D'ailleurs, l'être est autre dans la Trinité souveraine et autre en nous. En elle, en effet, l'Étant est au-dessus de l'Être : en nous, il n'y a même pas à proprement parler d'Étant. Comment, en effet, serait proprement Étant ce qui a été tiré du non-être et s'écoule, de par sa propre nature, vers le non-être, bien que l'amour du Créateur lui ait fait le don d'être pour toujours et d'accéder à l'incorruptibilité ? Pour nous donc, Dieu est un et on le contemple dans une Trinité ; il est la source de l'inconcevable sagesse qui engendre la perfection et la source de la puissance sanctifiante. En vertu de quoi Dieu est unique, Seigneur et Roi et il est lui-même le Père de la sagesse qui engendre la perfection et la puissance sanctifiante. Car le Père est inséparable de sa propre sagesse et de sa puissance sanctifiante, on l'adore dans une nature unique sans qu'il soit divisé en un Dieu et un autre Dieu comme cela se passe pour nous qui sommes partagés et divisés par des particularités incommunicables et par la diversité de nos opérations et qui portons en nous la différence qui nous sépare radicalement les uns des autres.

C'est pourquoi, quand il s'agit de la Divinité, on ne peut dire, comme quand il s'agit de nous, que ceci a sa

Eulogius a déjà exposé ses vues sur la Trinité dans le deuxième traité résumé plus haut, p. 267 b 31, *supra*, p. 10. Rappelons que Photius déclare, au « codex » 24, t. I, p. 14-15, avoir eu entre les mains les actes d'un colloque tenu à Constantinople devant le patriarche

λαμβάνει ὡς ἐφ' ἡμῶν μὲν αἱ τῶν ἰδιωμάτων διαφοραὶ φανερῶς διεστήκασι, καθ' ἃς ἀπ' ἀλλήλων διακρινόμεθα, καὶ τὰ χαρακτηριστικὰ τῆς τινος ὑποστάσεως θατέρας οὐκ οἶδε κοινοποιεῖν ἰδιώματα· ἐπὶ δὲ τῆς ἁγίας Τριάδος αἱ ἰδιότητες ἀκίνητοι μένουσαι συνάπτονταί πως, διὰ τῆς ἀδιαιρέτου ἑνώσεως καὶ τὸ μίαν εἶναι τῶν ὑποστάσεων τὴν ἐνέργειαν πλείστην ἔχουσαι κἀν τῇ διακρίσει τὴν θεϊκήν τε καὶ ἄρρητον πρὸς ἀλλήλας συνάφειαν, καθ' ἣν Υἱὸς ἐν Πατρὶ καὶ Πατὴρ ἐν Υἱῷ καὶ Υἱὸς ἐν Πατρὶ καὶ Πνεύματι καὶ Πνεῦμα ἐν Υἱῷ καὶ Πατρὶ θεωρεῖται, τῆς συναφείας πανταχόθεν ἐπικρατούσης καὶ μηδ' ἐν τοῖς ἰδιώμασι καινοτομούσης τὸ ἀδιαίρετον. Καὶ δὴ καὶ τὸ εἶναι ἄλλο τί ἐστιν ἐπὶ τῆς ὑπεραρχίου Τριάδος καὶ ἄλλο τὸ ἐν ἡμῖν· ἐκεῖ μὲν γὰρ τὸ ὂν ὑπὲρ τὸ εἶναι, ἐνταῦθα δὲ οὐδὲ κυρίως ὄν. Πῶς γὰρ ἂν εἴη κυρίως ὂν τὸ ἐκ μὴ ὄντων παρηγμένον, καὶ εἰς τὸ μὴ ὂν τῇ γε οἰκείᾳ φύσει ὑπορρέον, εἰ καὶ δῶρον ἐφιλοτιμήθη τοῦ δημιουργοῦ εἰς τὸ ἀεὶ εἶναι καὶ πρὸς ἀφθαρσίαν ἀναβιβάζεσθαι; Θεὸς οὖν ἡμῖν ἐστιν εἷς καὶ Τριὰς θεωρούμενος, πηγὴ τυγχάνων ἀπερινοήτου σοφίας καὶ ἁγιαστικῆς δυνάμεως. Ὅθεν εἷς Θεὸς καὶ Κύριος καὶ βασιλεύς, αὐτός τε ὁ Πατὴρ καὶ ἡ τελειοποιὸς σοφία αὐτοῦ καὶ ἡ ἁγιαστικὴ δύναμις. Ἀδιαίρετος γὰρ ὁ Πατὴρ πρός τε τὴν ἑαυτοῦ σοφίαν καὶ τὴν ἁγιαστικὴν δύναμιν, ἐν μιᾷ φύσει προσκυνούμενος, οὐκ εἰς ἕνα καὶ ἕνα μεριζόμενος Θεόν, καθάπερ ἐφ' ἡμῶν, οἳ τῷ ἀκοινωνήτῳ τῶν ἰδιωμάτων καὶ τῷ διαφόρῳ τῆς ἐνεργείας μεριζόμεθά τε καὶ διαιρούμεθα, καὶ τῇ διόλου τομῇ τὴν πρὸς ἀλλήλους διαφορὰν ὑφιστάμεθα.

Διὸ οὐδὲ ἔστιν εἰπεῖν, ὥσπερ ἐφ' ἡμῶν, οὕτω καὶ ἐπ' αὐτῆς, ὅτι τόδε

[278 a] **5** μὲν A : *om.* M || αἱ τῶν AM : αὐτῶν M[x] || **23** πρὸς A : εἰς M || **32** τε A : *om.* M.

place avant cela et que cela vient en deuxième ou troisième place avant ceci. Car la Trinité est réellement une monade et la monade une Trinité sans que ce soit parce qu'elle est monade qu'elle groupe la Trinité et sans qu'elle divise la monade parce qu'elle est Trinité, car nous ne concevons pas l'un quand il s'agit de l'essence de Dieu comme quand il s'agit de créatures chez lesquelles on ne peut même pas considérer l'un à proprement parler. Et en effet, ce qui s'appelle l'un chez nous n'est pas l'un à proprement parler mais quelque chose qui est un. Et cet [287 b] un-là est un sans l'être vu qu'il porte le nom de l'un mais se divise en de nombreuses parties. Et si les théologiens, quand il s'agit de la nature divine, célèbrent l'un comme un esprit, ils ne le font qu'à cause de la seule génération impassible du Verbe, car la vraie foi consiste à situer la conception de la divinité sur un plan supérieur à la nature de l'esprit. Et en effet, dans l'ordre de l'esprit, on peut percevoir l'identité et la différence, le mouvement et le repos et ces notions ne sont pas sans présenter un caractère double car on perçoit l'état de repos dans l'esprit à cause de l'identité de l'essence et on y perçoit la différence et le mouvement à cause de son élan spontané et de son énergie. Car il ne revient pas au même de parler de l'un et encore de l'un par comparaison avec d'autres éléments.

Dès lors, bien que l'esprit soit un par son substrat, quand par ailleurs il se pense lui-même et qu'il est connu de lui-même, il démontre qu'il est double de simple qu'il était. Processus qui, avec tout ce qui lui ressemble, est entièrement étranger à celui qui est proprement un et à la bienheureuse nature divine. C'est pourquoi il n'existe pas d'un par le nombre ni en tant que principe du nombre ni en tant que grandeur ni en tant qu'élément de la grandeur, car il se situe au-dessus de toute qualité, de toute partie et de tout composé. Mais, pour parler net, la Divinité est l'un dans la simplicité de son être et non pas en tant qu'un considéré sous trois noms ou divisé en parties ou fait de plusieurs composants ; car cet un ne

Jean III (565-567. Cf. les notes du t. I, p. 198) entre Trithéïtes et Hésitants et signalons qu'on va lire au « codex » 232, *infra*, p. 67, le

τοῦδε πρῶτον ἢ ἐκεῖνο τοῦδε δεύτερον ἢ τρίτον. Μονὰς γὰρ ἀληθῶς ἡ Τριάς, καὶ Τριὰς ἡ μονάς, οὔτε διότι μονάς, τὴν Τριάδα συστέλλουσα, οὔτε διότι Τριάς, τὴν ἑνάδα διατέμνουσα· οὐδὲ γὰρ τὸ ἓν ἐπὶ τῆς θείας οὐσίας ὡς ἐπὶ τῶν κτισμάτων νοοῦμεν, παρ' οἷς οὐδὲ τὸ κυρίως ἕν ἐστι θεωρῆσαι. Οὐ γὰρ τὸ ἓν ἀριθμῷ ἐφ' ἡμῶν καὶ κυρίως ἕν. Καὶ γὰρ τὸ ἐφ' ἡμῶν λεγόμενον ἓν οὐ κυρίως ἕν, ἀλλά τι ἕν. Τοῦτο δὲ ἕν τέ ἐστι καὶ οὐχ ἕν, [278 b] ἅτε δὴ καὶ τοῦ ἑνὸς φέρον τὴν κλῆσιν καὶ πρὸς τὸ πολλὰ εἶναι μεριζόμενον. Εἰ δὲ καὶ ὡς νοῦν οἱ θεολόγοι τὸ ἓν ἐπὶ τῆς θείας ὑμνοῦσι φύσεως, ἀλλὰ διὰ μόνην τὴν ἀπαθῆ τοῦ Λόγου γέννησιν τοῦτο παραλαμβάνουσιν. Ἡ γὰρ εὐσεβὴς ἔννοια καὶ τῆς τοῦ νοῦ φύσεως ὑπεριδρυμένην θεολογεῖ τὴν θεότητα. Καὶ γὰρ καὶ κατὰ τὸν νοῦν ταυτότης ὁρᾶται καὶ ἑτερότης, κίνησίς τε καὶ στάσις, καὶ τῆς διπλόης παντελῶς οὐκ ἐξίσταται, ἀλλὰ στάσις μὲν αὐτῷ διὰ τὴν τῆς οὐσίας ἐνορᾶται ταυτότητα, ἑτερότης δὲ καὶ κίνησις διὰ τὴν αὐτεξούσιον ὁρμὴν καὶ ἐνέργειαν· οὐ γάρ ἐστι ταὐτὸν ἓν εἰπεῖν καὶ μετὰ τῆς πρὸς ἕτερα παραθέσεως ἕν.

Ὅθεν εἰ καὶ εἷς τῷ ὑποκειμένῳ τυγχάνει, ἀλλὰ νοῶν ἑαυτὸν καὶ ὑφ' ἑαυτοῦ γινωσκόμενος ἀνθ' ἁπλοῦ διπλοῦς ἀποδείκνυται. Ὅπερ, καὶ εἴ τι ὅμοιον, τοῦ κυρίως ἑνὸς καὶ τῆς μακαρίας φύσεως παντελῶς ἠλλοτρίωται. Διόπερ οὐκ ἔστιν οὐδὲ τῷ ἀριθμῷ ἓν ἢ ὡς ἀρχὴ ἀριθμοῦ, οὐδὲ ὡς μέγεθος ἢ ὡς ἀρχὴ μεγέθους· πάσης γὰρ ποσότητος καὶ μέρους καὶ συνθέσεως ὑπερίδρυται. Ἀλλ' εἰ δεῖ θαρρήσαντα εἰπεῖν, ἕν ἐστι τὸ θεῖον κατὰ τὴν ἁπλότητα τῆς ὑπάρξεως, οὐχ ὡς ἓν τριώνυμον θεωρούμενον ἢ εἰς μέρη διαιρούμενον ἢ ἐκ πλειόνων συγκείμενον· ἄρρητον γάρ ἐστι καὶ ἀκατονόμαστον

35 τοῦδε A : τούτου M || **38** διατέμνουσα A : τέμνουσα M || **40** θεωρῆσαι AM^{x} : νοῆσαι M *ut vid.*

[278 b] **18** ποσότηνος M : μεσότητος A.

peut être exprimé ni nommé puisqu'il est la cause de l'un lui-même et qu'il est l'auteur de toute unité et qu'il est plus simple que tout un et que tout nombre parce qu'il est proprement un et qu'en tout on le reconnaît au delà de tout et qu'il est l'auteur de tout ce qu'il est, établi dans l'unité d'être seul, supérieur à toute essence qui lui est personnelle, Dieu, unité et monade, Fils connu dans le Père et Père connu dans le Fils, Esprit-Saint procédant du Père qui a le Père pour principe et qui, par le Fils, pénètre dans la création pour le bien de ceux qui le reçoivent sans que sa génération apparaisse comme un amoindrissement et sans que sa procession soit considérée comme l'effet d'une séparation. Car celui qui admettrait cette erreur ferait s'étendre la progression à la tétrade et à la pentade et à l'infini, comme dans les fables des païens.

La Divinité est donc proprement l'un qui n'admet aucune multiplication parce qu'il est l'unité par excellence, l'unité vraie, et considéré, si l'on peut dire, dans son unité naturelle. Aussi, même si nous nommons hypostases ou personnes ou propriétés les notions que l'esprit connaît dans notre désir de les expliquer autant qu'il se peut, nous ne divisons pas l'un, nous ne partageons pas la monade, nous n'écartelons pas l'unité, mais en la considérant dans sa divine unité éternelle, nous la considérons [279 a] en même temps en trois hypostases, non pas en soumettant à des raisonnements humains ce qui dépasse l'entendement ni en faisant injure à ce qui se situe au delà de notre atteinte par le recours à des méthodes d'investigation captieuses. C'est pourquoi ceux qui, dans une démarche inverse, divisent l'ineffable unité ou réduisent la triade des hypostases à une misérable monade, nous les rejetons comme des ennemis de la vraie foi.

Après avoir passé ces idées en revue avec d'autres du même genre, il élève la voix contre ceux qui ont la sottise d'affirmer que l'hypostase n'est qu'une propriété et, au moyen de nombreux arguments qui s'inspirent de la vraie

sommaire du florilège antithétique composé par l'écrivain trithéite Gobar.

τοῦτο τὸ ἕν, ἐπεὶ καὶ αὐτοῦ τοῦ ἑνός ἐστιν αἴτιον, πάσης ἑνάδος ἑνοποιὸν καὶ παντὸς ἑνὸς καὶ πλήθους ὑπεραπλούμενον, διὰ τὸ κυρίως ἓν εἶναι καὶ ἐν πᾶσιν εἶναι καὶ ὑπὲρ πάντα γινώσκεσθαι, οὐσιοποιὸν μὲν ἁπάντων τῶν ὄντων, ὑπεριδρύμενον δὲ ἐν τῇ ὑπερουσίῳ καὶ ἰδίᾳ μονότητι, ἑνὰς καὶ μονὰς θεολογούμενον, Υἱὸς ἐν Πατρὶ καὶ Πατὴρ ἐν Υἱῷ γινωσκόμενον, Πνεῦμα ἅγιον ἐκπορευόμενον ἐκ Πατρός, ἀρχὴν μὲν ἔχον τὸν Πατέρα, δι' Υἱοῦ δὲ εἰς κτίσιν ἐπ' εὐεργεσίᾳ τῶν δεχομένων ἐρχόμενον, οὐ καθ' ὕφεσιν γινωσκομένης τῆς γεννήσεως, οὐ κατὰ τομὴν θεωρουμένης τῆς ἐκπορεύσεως. Εἰ γάρ τις δοίη ταῦτα, καὶ ἐπὶ τετράδα καὶ πεντάδα καὶ ἐπ' ἄπειρον τὴν πρόοδον ῥυῆναι κατὰ τοὺς Ἑλλήνων μύθους συγκατασκευάσειεν.

Ἓν οὖν κυρίως τὸ θεῖον, πληθυσμὸν οὐδένα παραδεχόμενον, ὡς ἀκριβής τε καὶ ἀληθὴς ἑνότης κατὰ τὴν φυσικήν, εἰ χρὴ φάναι, θεωρούμενον ταυτότητα. Ὅθεν εἰ καὶ ὑποστάσεις ἢ πρόσωπα ἢ ἰδιότητας ὀνομάζομεν, ἃ ὁ νοῦς ἔγνω, καθ' ὅσον δυνατόν ἐστιν, ἑρμηνεῦσαι βουλόμενοι, οὐ τὸ ἓν διαιροῦμεν, οὐ τὴν μονάδα μερίζομεν, οὐ τὴν ἑνάδα διασπῶμεν, ἀλλὰ τῇ ἀϊδίῳ μονότητι [279 a] θεολογοῦντες ταύτην ἐν τρισὶν αὐτὴν συνθεολογοῦμεν ὑποστάσεσιν, οὐκ ἀνθρωπίνοις λογισμοῖς τὰ ὑπὲρ νοῦν ὑποβάλλοντες, οὐδὲ περινοητικαῖς ἐρεύναις τὰ ὑπὲρ εὕρεσιν ἐνυβρίζοντες. Διὸ τοὺς παρὰ ταῦτα ἢ τὴν ἄρρητον ἑνότητα διατέμνοντας ἢ τὸ τριαδικὸν τῶν ὑποστάσεων εἰς μοναδικὴν πενίαν συγκλείοντας ὡς τῆς εὐσεβείας πολεμίους ἐκτρεπόμεθα.

Ταῦτα καὶ τοιαῦτα διεξελθὼν πρὸς τοὺς ἰδίωμα μόνον εἶναι κενολογήσαντας τὴν ὑπόστασιν ἀντιφθέγγεται, καὶ πλείοσι τῆς εὐσεβείας λογισμοῖς τὴν αὐτῶν

30 δι' Υἱοῦ AM[x] : *quid prius praeb.* M *non liquet* ‖ **31** κτίσιν A[1]M[2] : κτῆσιν AM ‖ **32** κατὰ τομὴν A : κατατομὴν M ‖ **36** οὖν κυρίως A : κυρίως οὖν M ‖ **37** κατὰ A[x]M : καὶ M ‖ **39** εἰ A : *om.* M.

[279 a] **3** ὑποβάλλοντες AM[2] : ὑπερβάλλοντες M *ut vid.*

foi, il fait taire leur malice. Car si hypostase et propriété sont des notions identiques, et si nous affirmons que l'hypostase du Verbe s'est incarnée, ce qui s'ensuit est manifeste et il est plus manifeste encore que c'est aboutir à un blasphème ; que le propos soit rejeté par le silence sur la tête de ceux qui l'ont fait dire.

Et comment, à son tour, l'Esprit, s'il est une propriété, pourrait-il procéder du Père et être envoyé par le Père pour le bien de la création? D'ailleurs, toute hypostase des êtres qui existent est par eux-mêmes. Mais une propriété, comment subsisterait-elle par elle-même sans avoir pour fondement l'objet dont on dit qu'elle est une propriété? Et le chœur des saints Pères enseigne que l'Être divin est en trois hypostases, mais aucun d'eux ne dirait qu'il est en trois propriétés. Au contraire, en effet, c'est dans l'essence et autour de l'essence qu'on voit les propriétés mais personne ne dirait que c'est elle qu'on voit dans les propriétés. Certes, si le Théologien[1] a dit que la nature unique est en trois caractères spécifiques, en revanche, primo, caractère spécifique et propriété ne sont pas identiques et secundo, si même le Père de l'Église a employé abusivement le terme en le prenant dans le sens d'hypostase, on n'enseignera pas pour autant que l'hypostase est identique à ce qui est proprement caractère spécifique. Et si le caractère spécifique est une marque distinctive de l'hypostase, comme le pensent Basile[2] et beaucoup de Pères, il n'y a rien d'étonnant à ce que saint Grégoire ait dit *en trois caractères spécifiques* sans décréter que le caractère spécifique est identique à l'hypostase mais dans l'idée de donner à l'hypostase le nom de ce qui la caractérise avant tout, c'est-à-dire le caractère spécifique. C'est pourquoi il ajoute *intelligentes, parfaites et qui subsistent par elles-mêmes*, termes dont personne de sensé ne concevrait qu'ils s'appliquent aux propriétés.

Outre ce qu'on vient de dire, le premier saint synode

1. Le texte auquel il est fait allusion ici et ci-dessous à la l. 37 est de saint Grégoire de Nazianze, *Oratio*, 33, 16, *P. G.*, t. XXXVI, p. 236 A.

2. Il s'agit ici, selon M. l'abbé Richard, d'un souvenir difficile à

ἐπιστομίζει κακόνοιαν. Εἰ γὰρ ταὐτὸν ὑπόστασις καὶ ἰδίωμα, ἐνανθρωπῆσαι δὲ τὴν τοῦ Λόγου φαμὲν ὑπόστασιν, ἀλλὰ τὸ ἀκόλουθον γνώριμον ὄν, καὶ πρὸς βλασφημίαν γνωριμώτερον, εἰς τὰς κεφαλὰς τῶν ῥηθῆναι βιασαμένων σιγῇ ἀπερρίφθω.

Πῶς δὲ καὶ τὸ Πνεῦμα, εἴπερ ἰδίωμα, δύναιτ' ἂν τοῦ Πατρὸς ἐκπορεύεσθαι καὶ παρὰ τοῦ Πατρὸς ἐπ' εὐεργεσίᾳ τοῦ πλάσματος ἀποστέλλεσθαι; Ἀλλὰ καὶ πᾶσα ὑπόστασις τῶν ὑφεστηκότων ἐστὶ καθ' ἑαυτά· ἰδίωμα δέ, πῶς ἂν ὑποσταίη καθ' ἑαυτό, μὴ ἐκείνῳ ἑδρασθὲν οὗ καὶ εἶναι ἰδίωμα λέγεται; Καὶ ἐν τρισὶ μὲν ὑποστάσεσιν ὁ ἱερὸς τῶν πατέρων χορὸς τὴν θεϊκὴν οὐσίαν δογματίζει, ἐν τρισὶ δὲ ἰδιώμασιν οὐδεὶς ἂν φαίη. Τοὐναντίον γὰρ ἐν μὲν τῇ οὐσίᾳ καὶ περὶ τὴν οὐσίαν ὁρᾶται τὰ ἰδιώματα, αὐτὴν δὲ ἐν ἰδιώμασιν οὐκ ἄν τις φαίη. Εἰ γὰρ καὶ τῷ θεολόγῳ εἴρηται τὴν μίαν φύσιν ἐν τρισὶν ὑπάρχειν ἰδιότησιν, ἀλλὰ πρῶτον μὲν οὐ ταὐτὸν ἰδιότης καὶ ἰδίωμα, ἔπειτα δὲ οὐδ' εἰ ὁ πατὴρ κατεχρήσατο τῇ φωνῇ, ταύτην λαβὼν ἀντὶ τῆς ὑποστάσεως, ἤδη ταὐτόν τις εἶναι δογματίσει τὴν ὑπόστασιν καὶ τὴν κυρίως ἰδιότητα. Εἰ δὲ καὶ χαρακτηριστικὸν καθέστηκεν ἡ ἰδιότης τῆς ὑποστάσεως, ὥσπερ Βασιλείῳ τε καὶ πολλοῖς τῶν πατέρων δοκεῖ, οὐδὲν μὲν ἄτοπον τὸν ἱερὸν Γρηγόριον εἰπεῖν ἐν τρισὶν ἰδιότησιν, οὐ ταὐτὸν ὑπάρχειν νομοθετοῦντα τῇ ὑποστάσει τὴν ἰδιότητα, ἀλλ' ὡς ἐκ τοῦ μάλιστα χαρακτηριστικοῦ, τουτέστι τῆς ἰδιότητος, ἐπονομάζοντα τὴν ὑπόστασιν, διὸ καὶ ἐπάγει· νοεραῖς, τελείαις, καθ' ἑαυτὰς ὑφεστώσαις, ὅπερ οὐδεὶς ἂν νοῦν ἔχων ἐπὶ τῶν ἰδιωμάτων παραδέξαιτο.

Χωρὶς δὲ τῶν εἰρημένων,

16 δύναιτ' ἂν A²M : *quid prius praeb.* A *non liquet* ‖ τοῦ Πατρὸς A : *om.* M ‖ **20** ἐκείνῳ A : ἐκεῖνο M ‖ **35** ὡς A : *om.* M ‖ **36** τῆς A : ἐκ τῆς M.

a proclamé que les hypostases sont consubstantielles; mais les propriétés, qui pourrait, à moins de déraisonner, les dire consubstantielles? Et si quelqu'un osait dire que [279 b] les propriétés sont consubstantielles parce que, souvent, on les voit s'unir dans la même essence, c'est faute de s'être rendu compte qu'il invente une autre signification du consubstantiel; qui plus est, ce sont des éléments hétérogènes, c'est-à-dire quantité et qualité et tous les autres éléments qui ne peuvent se retrouver dans une même nature que ce nouveau législateur ordonne de concevoir et de dire connaturels et consubstantiels. En effet, dans notre essence, on voit clairement qualité et quantité, à quoi elles se rapportent et tout ce qui est réparti en même temps qu'elles vers des principes avec lesquels elles n'ont aucune communication possible. Mais cette absurdité fournit amplement de quoi la réfuter.

Cependant, même ainsi réfutée, la chicane ne sait se taire. Certains disent en effet que l'hypostase est l'union d'essence et de propriété[1], proposition nettement susceptible d'amener la notion de composition; et où serait le caractère simple et exempt de composition de la Trinité divine? Ces gens-là vont même jusqu'à mettre en avant Basile le Grand qui aurait enseigné cette formule et ils ne veulent pas comprendre que ce grand sage n'a pas défini ou décrit l'hypostase quand il a employé le mot *union* mais qu'il voulait imposer silence à l'Anoméen qui prétendait réduire à l'identité l'incréé et l'essence et ramener la différence entre le créé et l'incréé à l'idée d'essence pour aboutir, à propos du Père et du Fils, à l'idée d'essences non seulement différentes mais opposées.

C'est pourquoi Basile, qui règle ses paroles en conscience[2], dans sa discussion avec l'Anoméen, unit le parti-

localiser, saint Basile ayant eu recours plusieurs fois à l'expression χαρακτηριστικὸν pour définir l'hypostase.

1. On lira plus loin, au « codex » 232, p. 287 b 30, *infra*, p. 67, la même question posée sous forme antithétique par Étienne Gobar. On se souviendra, par ailleurs, que Photius a déjà résumé une discussion de vocabulaire du même genre dans un des sommaires d'Éphrem, au « codex » 229 où saint Basile est pris à témoin. Cf. t. IV, p. 134.

2. Allusion au *Psaume* 113, 3, déjà rencontrée sous une forme un

τὰς μὲν ὑποστάσεις ἡ ἁγία πρώτη σύνοδος ὁμοουσίους ἀνεκήρυξε, τὰ δὲ ἰδιώματα πῶς ἄν τις μὴ μελαγχολῶν ἀποφήνοι ὁμοούσια; Εἰ δέ τις ὁμοούσια ἀποθρα- [279 b] συνθείη λέγειν τὰ ἰδιώματα, ὅτι ἐν τῇ αὐτῇ πολλάκις οὐσίᾳ συντρέχοντα ὁρᾶται, λέληθε μὲν αὐτὸς ἑαυτὸν ἕτερον ἀναπλάττων ὁμοουσίου σημαινόμενον, ἄλλως τε δὲ καὶ τὰ ἑτερογενῆ οὗτος, ποσότητά φημι καὶ ποιότητα καὶ ὅσα ἄλλα ἀδύνατον εἰς μίαν φύσιν συνελθεῖν, ταῦτα πάντα ὁ καινὸς νομοθέτης οὗτος παρακελεύεται νοεῖν τε καὶ λέγειν ὁμοφυῆ τε καὶ ὁμοούσια· ἐν γὰρ τῇ ἡμετέρᾳ οὐσίᾳ φανερῶς ὁρᾶται καὶ ποιότης καὶ ποσότης καὶ πρός τι καὶ εἴ τι τούτοις εἰς ἀκοινωνήτους ἀρχὰς συνδιῄρηται. Ἀλλὰ τοῦτο μὲν αὐτάρκως ἔδωκε τὸν ἔλεγχον τὸ ἀτόπημα.

Ἀλλ' οὐδ' οὕτω σιγᾶν οἶδε τὸ φίλερι. Φασὶ γάρ τινες συμπλοκὴν οὐσίας καὶ ἰδιώματος εἶναι τὴν ὑπόστασιν· ὃ περιφανῶς συνεισάγειν οἶδε τὴν σύνθεσιν, καὶ ποῦ ἂν εἴη τὸ ἁπλοῦν καὶ ἀσύνθετον τῆς ἐν τῇ Τριάδι Θεότητος; Οἱ δὲ καὶ Βασίλειον προϊστῶσι τὸν μέγαν τῆς φωνῆς διδάσκαλον, οὐκ ἐθέλοντες νοεῖν ὡς ὁ σοφὸς ἐκεῖνος ἀνὴρ οὔτε ὅρον οὔτε ὑπογραφὴν ἀποδιδοὺς ὑποστάσεως τὸ τῆς συμπλοκῆς παρέλαβεν ὄνομα, ἀλλὰ βουλόμενος ἐπιστομίσαι τὸν ἀνόμοιον τὴν ἀγεννησίαν καὶ τὴν οὐσίαν εἰς ταὐτὸν ἀγαγεῖν φιλονεικήσαντα, καὶ τὴν πρὸς τὸ γεννητὸν τοῦ ἀγεννήτου διαφορὰν εἰς τὸν τῆς οὐσίας λόγον μεταγαγεῖν, ἵνα μὴ μόνον διαφόρους, ἀλλὰ καὶ ἀντικειμένας οὐσίας εἰσάγοι ἐπί τε τοῦ Πατρὸς καὶ τοῦ Υἱοῦ.

Διὰ τοῦτο ὁ τοὺς λόγους οἰκονομῶν ἐν κρίσει Βασίλειος, ἐν τῷ πρὸς τὸν ἀνόμοιον ἀγῶνι, τῷ κοι-

[279 b] 4 οὗτος AM : οὕτως A[1] || 6 πάντα A : *om.* M || οὗτος A : οὕτως M || 9 εἴ τι A : εἴ τις M || 15 τῇ A : *om.* M || 20 ἀνόμοιον A : ἀνώνυμον M || 23 διαφόρους A : εἰς διαφόρους M.

culier au commun en nous montrant comment comprendre la vérité sans confusion et dans une clarté absolue. L'esprit humain est en effet embarrassé quand il s'agit de saisir d'un simple et unique mouvement les notions d'unité et de simplicité en même temps que celle des trois hypostases. C'est pourquoi, comme l'enseigne le maître, c'est par l'addition des propriétés qu'il détermine sa propre conception des hypostases, et cette façon de procéder est un secours pour sa faiblesse et une aide pour comprendre l'incompréhensible, mais Basile ne transformerait absolument pas en un composé la simplicité de la divinité ni, en un mot, aucune des hypostases divines. C'est pourquoi il a ajouté qu'il est impossible de se faire une conception propre du Père et du Fils sans que notre pensée se complète par l'addition des notions de propriété ; et ce qu'il avait auparavant nommé union, il l'appelle maintenant addition. Et pour rendre sa parole plus claire : « Ce ne sont pas, dit-il, les façons de montrer ses [280 a] caractères spécifiques qui nuiront à sa façon d'envisager la simplicité ; sinon, tout ce qu'on nous dit de Dieu démontrerait que Dieu est un composé ».

Après avoir passé ces idées en revue, l'excellent Eulogius propose un autre problème discuté. Est-ce que donc, dit-il, quand nous unissons le particulier au général, nous le faisons au prix d'un mensonge, ou bien disons-nous la vérité? Et si c'est en proférant un mensonge, pourquoi aussi avançons-nous des termes dont on ne peut saisir le contenu? Et si nous disons la vérité, la personne de la Trinité à laquelle nous appliquons l'expression serait aussi un composé.

Telle est la question. Il y répond à l'aide de ce qu'il a déjà dit auparavant. En effet, dit-il, dans sa grande faiblesse à connaître ce qui existe réellement, l'esprit humain est en quelque sorte contraint d'user d'expressions complexes et de mêler le particulier au général, incapable

peu différente dans une autre notice sur Eulogius où elle est appliquée à Athanase. Cf. « codex » 227, t. IV, p. 113 et note 1.

νῷ συμπλέκει τὸ ἴδιον, ἀσύγχυτον ἡμῖν καὶ διακεκριμένην μεθοδεύων τὴν τῆς ἀληθείας κατάληψιν. Ἀπορεῖ μὲν γὰρ ὁ ἀνθρώπινος νοῦς ἁπλῇ καὶ μιᾷ προσβολῇ τὸ ἑνιαῖον ἅμα καὶ ἁπλοῦν καὶ τὸ τρισσὸν καταλαβεῖν τῶν ὑποστάσεων· διὸ τῇ τῶν ἰδιωμάτων, ὡς ὁ διδάσκαλος ἔφη, προσθήκῃ τὴν ἰδιάζουσαν ἀφορίζει τῶν ὑποστάσεων ἔννοιαν καὶ ἔστι μὲν ἡ μέθοδος ἀσθενείας ἐπίκουρος καὶ τῆς περὶ τὸ ἀκατάληπτον συνεργὸς καταλήψεως, οὐ μήν γε συμπεπλεγμένον τὸ ἁπλοῦν τῆς θεότητος ἢ ὅλως τινὰ τῶν ταύτης ὑποστάσεων οὐμενοῦν οὐδαμῶς ἀπεργάσαιτο. Διὸ καὶ ἐπήγαγεν ὡς ἀμήχανον ἰδιάζουσαν ἔννοιαν Πατρὸς λαβεῖν ἢ Υἱοῦ, μὴ τῇ τῶν ἰδιωμάτων προσθήκῃ τῆς διανοίας διαρθρουμένης. Καὶ ὅπερ ἐν τοῖς προλαβοῦσι συμπλοκὴν ἐκάλεσε, τοῦτο νῦν προσθήκην ὠνόμασε. Σαφέστερον δὲ τὸ εἰρημένον ποιῶν· « Οὐ γὰρ οἱ δεικτικοί, φησί, τῆς [280 a] ἰδιότητος αὐτοῦ τρόποι τὸν τῆς ἁπλότητος αὐτοῦ λόγον παραλυπήσουσιν· ἢ οὕτω γε ἂν πάντα, ὅσα περὶ Θεοῦ λέγεται, σύνθετον ἡμῖν τὸν Θεὸν ἀναδείξῃ ».

Ταῦτα διελθὼν ὁ καλὸς Εὐλόγιος ἄλλην ἀπορίαν κινουμένην ἵστησιν. Ἆρα γάρ, φησίν, ἡνίκα τὸ ἴδιον συμπλέκομεν τῷ κοινῷ, ψευδόμενοι τοῦτο ποιοῦμεν; ἢ ἀληθεύοντες; Ἀλλ' εἰ μὲν ψευδόμενοι, τί καὶ προφέρομεν λέξεις ὧν μὴ ἔστι λαβεῖν ὑποκείμενον; Εἰ δ' ἀληθεύοντες, συμπεπλεγμένον ἂν εἴη καὶ ἡ τῆς Τριάδος, ἐφ' ἣν τὴν φωνὴν φέρομεν, ὑπόστασις.

Ἡ μὲν ἀπορία τοιαύτη· ἀνασκευάζει δὲ αὐτὴν δι' ὧν εἶπε πρότερον. Ἐξασθενῶν γάρ, φησί, περὶ τὴν τοῦ ὄντος ὄντως θεωρίαν ὁ νοῦς ὁ ἀνθρώπινος βιάζεταί πως συμπεπλεγμέναις χρῆσθαι φωναῖς καὶ τῷ κοινῷ συνάπτειν τὸ ἴδιον, τὸ ἁπλοῦν

[280 a] **5** συμπλέκομεν *edd.* : συμπλεκόμενον *codd.* ‖ **6** ποιοῦμεν *edd.* : ποιοῦσιν *codd.* ‖ τοῦτο — **7** ψευδόμενοι A[1] *mg.* M : *om.* A ‖ **8** ἀληθεύοντες A : ἀληθεύομεν M ‖ **11** ἐξασθενῶν A : ἐξ ἀσθενῶν M.

qu'il est d'exprimer en tant que tel le caractère à la fois simple et distinct des hypostases, car s'il était capable d'exprimer le simple en termes simples, l'esprit n'aurait pas abusé de termes complexes. Mais l'indigence des mots n'est pas au niveau de l'incompréhensibilité de l'essence divine puisque le maître[1] lui-même, après avoir parlé de composition, a, dans la suite, célébré souvent dans d'autres textes le caractère absolument simple et exempt de composition de la Divinité, clamant presque que l'addition et l'union des termes sont un renfort qui secourt notre faiblesse et qui nous aide à aller vers la compréhension de la vérité ; pourtant, il n'a pris nulle part la licence de ramener la simplicité de la nature et son absence de composition à une idée de nature double et de composé. En effet, l'objet de notre adoration qui est *un* ineffable et inconcevable et qui est considéré en même temps comme Trinité, est conçu d'un côté comme un être divin qui nous est insaisissable et qui nous dépasse et d'autre part selon un mode qui nous permet de le saisir et qui est à la portée de notre nature. C'est donc ainsi que l'auteur a cru résoudre la question.

Et si quelqu'un pense néanmoins pouvoir dire que la difficulté subsiste tout entière, qu'il ajoute au problème que ce que nous appelons l'inexprimable, nous l'exprimons avec des mots, que ce qui est inconcevable, nous en faisons une approximation par la pensée, que ce qui est en dehors du temps, nous le soumettons aux notions et aux mouvements du temps et que ce qui est immuable et immobile, nous le figurons par des images mobiles et changeantes. Par conséquent, ce que nous ressentons quand nous nous élevons à la connaissance du divin, si quelqu'un s'avisait de le considérer en fonction de son objet même, il mettrait tout sens dessus dessous et, surtout, il se précipiterait lui-même dans un abîme de difficultés.

[280 b] Et saint Eulogius traite un autre problème qui découle du précédent. Si, en effet, dit-il, l'hypostase n'est ni une propriété ni une union d'essence et de propriété,

1. Saint Basile, qui vient d'être cité.

ἅμα καὶ διακεκριμένον τῶν ὑποστάσεων ἁπλῶς καὶ καθ' αὑτὸ ὑποδηλῶσαι μὴ δυνάμενος· ὡς εἴ γε οἷόν τε ἦν ἁπλῇ τὸ ἁπλοῦν ἀπαγγεῖλαι φωνῇ, τῇ συμπλοκῇ τῶν λέξεων οὐκ ἂν ὁ νοῦς ἀπεκέχρητο. Ἀλλ' οὐ συμφέρεται τῇ εὐτελείᾳ τῶν ῥημάτων τῆς θείας οὐσίας τὸ ἀκατάληπτον, ἐπεὶ καὶ αὐτὸς ὁ διδάσκαλος συμπλοκὴν εἰπὼν ἐφεξῆς τὸ θεῖον ἁπλοῦν πάντῃ καὶ ἀσύνθετον καὶ ἀλλαχοῦ πολλάκις ἀνύμνησε, μονονουχὶ βοῶν ὡς ἀσθενείας ἐστὶν ἡ προσθήκη καὶ ἡ συμπλοκὴ πρόβλημα, πρὸς κατάληψιν ἡμᾶς τῆς ἀληθείας χειραγωγοῦσα, οὐ μέντοι γε τὸ ἁπλοῦν τῆς φύσεως καὶ ἀσύνθετον εἰς διπλόην καὶ σύνθεσιν καταγαγεῖν ποθὲν τόλμαν εἴληφεν. Ἀρρήτως γὰρ καὶ ἀνεπινοήτως ἕν τε ὑπάρχον καὶ Τριὰς θεωρούμενον τὸ προσκυνούμενον τὸ μὲν κατὰ τὴν ἄσχετόν τε καὶ ὑπὲρ ἡμᾶς θεολογίαν κατανοεῖται, τὸ δὲ κατὰ τὴν σχετικήν τε καὶ περὶ ἡμᾶς. Τὴν μὲν οὖν ἀπορίαν οὕτως ἔδοξεν ἐπιλύεσθαι.

Εἰ δέ τις οὐδὲν ἧττον ἐρεῖν οἴεται τὸ ἠπορημένον τοῖς ἀπ' ἀρχῆς ἐπερείδεσθαι, προσλαβέτω τῷ λόγῳ ὅτι καὶ ὅπερ ἄφραστον λέγομεν ῥήμασιν ἀπαγγέλλομεν, καὶ τὸ ἀπερινόητον σκιαγραφοῦμεν διὰ νοήσεως, καὶ τὸ ἄχρονον χρονικαῖς ἐπιβολαῖς καὶ κινήσεσιν ὑποβάλλομεν, καὶ τὸ ἀδιάστατον καὶ ἀκίνητον κινουμέναις τε καὶ διισταμέναις φαντασίαις ἀνατυπούμεθα. Ὥστε εἰ, ἃ πάσχομεν περὶ τὴν τοῦ θείου θεωρίαν ἀναγόμενοι, ταῦτά τις ἐνορᾶν καὶ περὶ αὐτὸ ἐκβιάσαιτο, τὰ ἄνω κάτω ποιήσει, καὶ πρὸ πάντων αὐτὸς ἑαυτὸν ἀμηχανίας βυθῷ παραπέμψει.

[280 b] Ὁ δὲ ἱερὸς Εὐλόγιος ἀπὸ τῆς προταθείσης ἀπορίας ἑτέραν ἀναφυομένην διέξεισιν. Εἰ γὰρ μήτε ἰδίωμά φησιν ἡ ὑπόστασις μήτε συμπλοκὴ οὐσίας καὶ ἰδιώματος,

15 καθ' αὑτὸ A^2 : κατ' αὐτὸν A *ut vid.* κατὰ ταὐτὸν M || 27 γὰρ A : τε M.

[280 b] 3 συμπλοκὴ A : συμπλοκῇ M

que pourrait-elle être d'autre? Il donne la solution en disant que nous avons appris de l'Église à appeler hypostase un des membres de la Trinité. Et qu'est-ce donc que l'hypostase? Si la question concerne les créatures, il n'est pas difficile de répondre puisque la faute et l'erreur dans ce domaine n'entraînent pas une bien grave responsabilité. Mais s'il s'agit de la simple et bienheureuse Nature, il n'y a rien qu'on puisse répondre à coup sûr en dehors de l'enseignement que nous ont transmis les Pères inspirés par Dieu. Toutefois rien ne nous interdit de dire, dans le langage des Écritures, que l'hypostase du Fils est l'image du Dieu invisible qui révèle en elle le Père dans sa totalité. Et si nous répondons aussi qu'elle est la sagesse du Père ou son Verbe, ou la puissance du Père, nous sommes en accord avec les lettres sacrées[1]. Et celui qui, au sujet de l'hypostase du Père ou de l'Esprit, recueillerait des données de ce genre dans les Écritures et les livrerait en réponse aux questions qu'on lui ferait donnerait une réponse conforme à la vraie foi et inaccessible à toute attaque.

Et l'on pourrait dire, en expliquant l'hypostase du Fils, que c'est Dieu engendré de Dieu en dehors du temps et de la souffrance. Il en est de même pour l'Esprit : Dieu procédant de Dieu éternellement et d'un flux sans fin. De même, pour expliquer à l'aide de mots l'hypostase du Père, on dira que c'est lui dont a été engendré le Verbe de Dieu sans que même aucun soupçon de séparation ou de souffrance puisse s'apercevoir dans le processus de la génération ; et, si l'on veut, le Père est aussi celui dont procède l'Esprit d'une façon ineffable, inconcevable, sans souffrance et d'une procession coéternelle au Père, et tout ce qu'on peut dire dans le même style grâce à l'Écriture divinement inspirée d'où jaillit pour nous comme d'une source la sagesse de l'Esprit et qui coopère avec notre volonté. Cependant, ce qu'on vient de dire n'est pas absolument exempt du jeu de l'imagination qui ne cesse

1. On reconnaît ici des allusions à quelques textes bien connus du N. T. : Jésus *image du Dieu invisible*, *Colos.*, 1, 15 ; *resplendissement de sa gloire*, *Hébreux*, 1, 3 ; *sa force*, *sa sagesse*, 1 *Cor.*, 1, 24 ; *son Verbe*, *Jean*, 1, 1.

τί ἂν εἴη ἕτερον; Καὶ ἐπιλύεται λέγων ὡς ὑπόστασιν μὲν καλεῖν τὸν ἕνα τῆς Τριάδος παρὰ τῆς ἐκκλησίας μεμαθήκαμεν. Τί δέ ἐστιν ὑπόστασις; Εἰ μὲν ἐπὶ κτισμάτων ἡ ἐρώτησις, οὐ πάνυ χαλεπόν ἐστιν ἀποκρίνασθαι διὰ τὸ καὶ τὴν περὶ ταῦτα ἁμαρτίαν τε καὶ ἀποτυχίαν μὴ λίαν εἶναι ὑπεύθυνον, εἰ δὲ περὶ τῆς ἁπλῆς καὶ μακαρίας φύσεως, οὐδὲν παρ' ὃ παρέδοσαν οἱ θεοφόροι πατέρες ἀσφαλές ἐστιν ἀποκρίνασθαι. Πλὴν οὐδὲν κωλύει γραφικῶς φάναι ὡς ἡ τοῦ Υἱοῦ ὑπόστασις εἰκών ἐστι τοῦ Θεοῦ τοῦ ἀοράτου, ὅλον ἐν ἑαυτῇ τὸν Πατέρα δεικνύουσα. Εἰ δὲ καὶ σοφίαν αὐτὴν πατρικὴν εἶναι ἀποκριθήσομαι ἢ λόγον ἢ δύναμιν τοῦ Πατρός, τῇ ἱερολογίᾳ συμφθέγγομαι. Καὶ περὶ τῆς τοῦ Πατρὸς δὲ καὶ Πνεύματος ὑποστάσεως τοιαῦτα ἄν τις ἐκ τῶν ἱερῶν λογίων ἀναλεγόμενος, καὶ διδοὺς τοῖς ἐπερωτῶσιν ἀπόκρισιν, εὐσεβῶς τε καὶ ἀνεπηρεάστως ἀποκρίνοιτο.

Σὺ δ' ἂν δυνήσῃ λέγειν, ἀποδιδοὺς τὸν λόγον τῆς ὑποστάσεως τοῦ Υἱοῦ, Θεὸν ἐκ Θεοῦ ἀχρόνως τε καὶ ἀπαθῶς γεννηθέντα. Ὁμοίως δὲ καὶ τοῦ Πνεύματος, Θεὸν ἐκ Θεοῦ ἀϊδίως τε ἐκπορευόμενον καὶ ἀρρεύστως. Ὡσαύτως δὲ καὶ τοῦ Πατρὸς τὴν ὑπόστασιν λόγῳ παριστάναι μέλλων φήσεις, ἐξ οὗ γεγέννηται ὁ Θεὸς Λόγος, τομῆς ἁπάσης καὶ παντὸς πάθους μηδὲ κατ' ἐπίνοιαν θεωρουμένης τῇ προόδῳ τῆς γεννήσεως· εἰ βούλει δέ, καὶ ἐξ οὗ τὸ Πνεῦμα ἀφράστως τε καὶ ἀνεπινοήτως καὶ ἀπαθῶς καὶ συναϊδίως ἐκπορεύεται, καὶ εἴ τι ἄλλο τοιουτότροπόν ἐστιν εἰπεῖν, τῆς θεοπνεύστου γραφῆς τὴν πνευματικὴν σοφίαν πηγαζούσης ἡμῖν καὶ συνεργούσης τῷ βουλήματι. Καίτοι οὐδὲ τὰ ῥηθέντα παντελῶς ἐστιν ἐλεύθερα φαντασίας ἀνατυπουμέ-

7 ἡ A : ἐστιν ἡ M ‖ 24 λόγῳ M : λέγω A ‖ φήσεις AM² : φύσεις M *ut vid.* ‖ 25 γεγέννηται A : γεγένηται M ‖ 27 καὶ ἐξ οὗ τὸ πνεῦμα A : τὸ πνεῦμα ἐξ οὗ M.

de se représenter le composé ; mais du fait qu'on n'a pas usé des termes *composition* et *union* et d'autres du même genre, il ne semble pas que l'auditeur soit troublé ni heurté. Mais c'est là-dessus que s'achève aussi le présent traité.

Le même saint homme écrit aussi à Domitien, évêque de Mélitène*, en lui montrant qu'il n'y a pas d'inconvénient à parler de nature unique incarnée du Verbe divin. Domitien estimait, en effet, que saint Eulogius avait des comptes à rendre pour avoir employé cette formule. Ce dernier la défend à l'aide d'arguments qu'il a souvent utilisés dans ses traités précédents ; il montre que, pour [281 a] ceux qui la comprennent bien, elle est conforme à la vraie foi, et que ceux qui emploient la formule *nature unique incarnée du Verbe* ne veulent pas simplement dire qu'une nature unique est issue des deux natures de telle manière que les deux composants se sont confondus ; ils veulent bien plutôt dire que le Fils unique du Père s'est uni à une chair dans une union hypostatique et que c'est le même personnage qui est à la fois Dieu et homme comme le pense le Théologien : « Le Verbe, dit-il en effet, s'est fait chair et il a habité parmi nous »[1]. Après ce long plaidoyer où il a présenté sa défense, il affirme que Cyrille pense de la même façon surtout dans le texte où il dit : « Si, en effet, après avoir parlé de nature unique du Verbe, nous n'avions rien dit de plus sans ajouter *incarnée*, mais si nous en avions parlé comme si nous excluions en quelque sorte le mystère de l'Incarnation, peut-être ce discours n'aurait-il pas manqué de les persuader s'ils avaient seulement fait semblant de demander où est la perfection dans l'humanité et comment a subsisté notre essence humaine ; et puisque la perfection dans l'humanité et la mise en lumière de la substance de notre essence humaine dérivent du mot *incarnée*, qu'ils cessent de prendre appui sur une tige de roseaux »[2].

Donc, la présente formule a apporté la notion des deux

1. *Jean*, 1, 14.
2. Citation de la *Deuxième lettre à Succensus*, *P. G.*, t. LXXXVII, p. 244 A = *A. C. O.*, I, 1, 6, p. 160, 19-24.

νης τὴν σύνθεσιν · ἀλλὰ τῷ γε μὴ τῷ ῥήματι τῆς συνθήκης καὶ τῆς συμπλοκῆς καὶ τῶν τοιούτων προσχρήσασθαι οὐ δοκεῖ θορυβεῖν τὸν ἀκροατὴν οὐδὲ προσίστασθαι. Ἀλλ' ἐν τούτοις μὲν αὐτῷ καὶ ὁ παρὼν ἀπαρτίζεται λόγος.

Γράφει δὲ ὁ αὐτὸς ἱερὸς ἀνὴρ καὶ πρὸς Δομετιανόν (Μελιτηνῆς δὲ οὗτος ἐπίσκοπος) οὐκ ἀπρόσφορον εἶναι παριστῶν τὸ μίαν λέγειν φύσιν τοῦ Θεοῦ Λόγου σεσαρκωμένην. Ὁ μὲν γὰρ οὐκ ἀνεύθυνον ἐτίθει τὸν ἱερὸν Εὐλόγιον κεχρημένον τῷ ῥήματι. Ὁ δὲ οἷς πολλάκις ἐν τοῖς προλαβοῦσι λόγοις τὴν φωνὴν ἐπικουρήσας καὶ [281 a] τοῖς ὀρθῶς αὐτὴν ἐκλαμβάνουσιν εὐσεβῶς ἔχουσαν παρασχών, καὶ ὡς οἱ λέγοντες μίαν φύσιν τοῦ Λόγου σεσαρκωμένην οὐ μίαν φύσιν ἁπλῶς φασιν ἐξ ἀμφοτέρων γεγονέναι τῶν φύσεων, ὥστε καὶ συγχύσει τὰ συνελθόντα περιπεσεῖν, ἐκεῖνο δὲ μᾶλλον βούλεσθαι ὡς ὁ μονογενὴς τοῦ Πατρὸς Υἱὸς ἡνώθη σάρκι καθ' ὑπόστασιν, ὁ αὐτὸς καὶ Θεὸς καὶ ἄνθρωπος ὤν, ὡς καὶ τῷ θεολόγῳ δοκεῖ · « Ὁ λόγος γάρ, φησί, σὰρξ ἐγένετο καὶ ἐσκήνωσεν ἐν ἡμῖν ». Ταῦτα διὰ πλάτους εἰπὼν καὶ ἀπολογησάμενος οὕτω δοξάζειν καὶ Κύριλλον ἐπαγγέλλεται, ἐν οἷς μάλιστα λέγει · « Εἰ μὲν γὰρ μίαν εἰπόντες τοῦ Λόγου φύσιν σεσιγήκαμεν, οὐκ ἐπενεγκόντες τὸ σεσαρκωμένην, ἀλλ' οἷον ἔξω τιθέντες τὴν οἰκονομίαν, ἦν αὐτοῖς τάχα που καὶ οὐκ ἀπίθανος ὁ λόγος προσποιουμένοις ἐρωτᾶν ποῦ τὸ τέλειον ἐν ἀνθρωπότητι ἢ πῶς ὑφέστηκεν ἡ καθ' ἡμᾶς οὐσία · ἐπειδὴ δὲ καὶ ἐν ἀνθρωπότητι τελειότης καὶ τῆς καθ' ἡμᾶς οὐσίας ἡ δήλωσις εἰσκεκόμισται διὰ τοῦ λέγειν σεσαρκωμένην, παυσάσθωσαν καλαμίνην ῥάβδον ἑαυτοῖς ὑποστήσαντες ».

Οὐκοῦν τὰς δύο φύσεις ἡ παροῦσα

35 θορυβεῖν AM^2 : θορυβεῖ M ‖ προσίστασθαι A^{1}M^2 : προΐστασθαι AM ‖ **39** Θεοῦ A : *om.* M.

[281 a] **5** ὁ μονογενὴς A^{1}M : ὁμογενὴς A ‖ **10** δοξάζειν AM^2 : δοξάζει M ‖ **14** ἐρωτᾶν A : *om.* M.

natures qu'elle soude dans l'indivisibilité, comme le proclame Cyrille lui-même. Aussi le voit-on souvent parler de nature unique incarnée du Verbe, mais on ne pourrait le prendre en défaut pour avoir parlé simplement de nature unique du Christ. Et que pourrait être la nature humaine sinon, comme il l'a dit encore en d'autres endroits, une chair pourvue d'une âme intelligente? En sorte que, de ce fait, chacun des deux éléments qui se sont rencontrés dans une union indissoluble sont tous deux sauvegardés. Il est donc évident, d'après ces propos, que ceux qui parlent le langage de la vraie foi et parlent en accord avec Cyrille de nature unique incarnée du Verbe, ne considèrent d'autre but que celui de quiconque leur démontre qu'une formule comme celle-là amène comme sa conséquence la notion des deux natures absolument indissolubles dans notre Maître, le Christ. En effet, quand le bienheureux Cyrille dit que, par elle, chacun des deux éléments qui s'unissent dans une union indissoluble est sauvegardé, quel autre but pourrait être visé, sinon proclamer et reconnaître que, dans le Christ notre Sauveur, les deux natures qui sont sauvegardées sont inséparables? Et le même Cyrille rend encore cette idée plus évidente dans sa deuxième lettre à Succensus. Il y explique, en effet, ce que représente pour lui la formule *nature unique incarnée du Verbe* et il dit que le Fils est naturellement et réellement le Fils bien que, du fait qu'il a assumé une chair qui n'était pas sans âme mais pourvue d'une âme [281 b] intelligente, ce soit un homme qui est né de la femme ; et il ajoute qu'il ne sera pas pour autant divisé en deux personnes ou deux fils mais que, même ainsi, il reste un ; et il dit encore comment il se fait qu'il n'est pas dépourvu de chair ni hors d'un corps mais comment il le possède en propre — le corps, évidemment — dans une union indissoluble.

Et dans sa lettre à ...[1] et dans beaucoup d'autres

1. Comme on aura pu le voir en lisant l'apparat critique au présent passage, le ms. A offre un blanc et le ms. M une leçon πρὸς σε qui est dépourvue de sens. La restitution πρὸς Σούκενσον n'est pas tellement satisfaisante ; elle est d'ailleurs l'œuvre du correcteur A² qui n'est pas une garantie, et je ne vois pas comment corriger.

φωνὴ τῷ ἀδιαιρέτῳ εἰσήνεγκεν ἐπισφίγγουσα, ὡς αὐτὸς ἐμβοᾶται ὁ Κύριλλος. Διὸ καὶ μίαν φύσιν τοῦ Λόγου σεσαρκωμένην πολλάκις φαίνεται φάμενος, μίαν δὲ φύσιν Χριστοῦ ἁπλῶς εἰπὼν οὐκ ἂν ἁλοίη. Τί δ' ἂν εἴη φύσις ἀνθρωπότητος ἤ, ὡς αὐτὸς πάλιν ἐν ἄλλοις ἐδίδαξε, σὰρξ ἐψυχωμένη νοερῶς; Ὡς καὶ διὰ τοῦτο πάλιν σῴζεσθαι τῶν συνδραμόντων εἰς ἕνωσιν ἀδιαιρέτως ἑκάτερον. Δῆλον οὖν ἐκ τῶν εἰρημένων ὡς οἱ ὀρθοδόξως λέγοντες καὶ κατὰ Κύριλλον μίαν φύσιν τοῦ Λόγου σεσαρκωμένην οὐ πρὸς ἄλλον ἀφορῶσι σκοπόν, ἢ ὅστις αὐτοῖς τὴν τοιαύτης φωνὴν ἐπιδείκνυσι τὰς δύο φύσεις ἐπὶ τοῦ δεσπότου Χριστοῦ τῷ ἀδιαιρέτῳ πάντως συνεισάγουσαν. Ἐν τῷ γὰρ εἰπεῖν τὸν μακάριον Κύριλλον σῴζεσθαι δι' αὐτῆς τῶν συνδραμόντων εἰς ἕνωσιν ἀδιαιρέτως ἑκάτερον, ποῖος ἂν ἄλλος παρεισαχθείη σκοπὸς ἢ ὁ τὰς δύο φύσεις ἐπὶ τοῦ Σωτῆρος Χριστοῦ σῳζομένας κηρύττων ἀδιαιρέτους καὶ ἀποδεχόμενος; Καὶ τοῦτο φανερώτερον καὶ ἐν τῇ πρὸς Σούκενσον ὁ αὐτὸς δευτέρᾳ ποιεῖται ἐπιστολῇ. Ἑρμηνεύων γὰρ ἐν αὐτῇ τί ποτέ ἐστιν αὐτῷ δηλοῦσα ἡ μία φύσις τοῦ Λόγου σεσαρκωμένη, καὶ εἰπὼν ὡς ἔστιν Υἱὸς ὁ φύσει καὶ ἀληθῶς, εἰ καὶ κατὰ πρόσληψιν σαρκὸς οὐκ ἀψύχου ἀλλ' ἐψυχωμένης νοερῶς προῆλθεν ἄνθρωπος ἐκ γυναικός, καὶ ἐπε- [281 b] νεγκὼν ὡς οὐ διὰ τοῦτο μερισθήσεται εἰς δύο πρόσωπα ἢ υἱούς, ἀλλὰ καὶ οὕτω διαμένει εἷς, προστίθησι πῶς οὐκ ἄσαρκος οὐδὲ ἔξω σώματος, ἀλλ' ἴδιον ἔχων αὐτὸ (δηλονότι τὸ σῶμα) καθ' ἕνωσιν ἀδιάσπαστον.

Κἂν τῇ πρὸς.... δὲ ἐπιστολῇ καὶ ἐν ἄλλοις πολλοῖς τὰ αὐτὰ

21 σεσαρκωμένην A : *om.* M ‖ **25** ἐψυχωμένη Bekker : ἐμψυχωμένη *codd.* ; cf. *infra* 41 ‖ **26** συνδραμόντων A : δραμόντων M ‖ **36** ἀδιαιρέτους A : ἀδιαιρέτως M ‖ **39** αὐτῷ A¹ : αὐτὸ AM ‖ **41** ἐψυχωμένης A² : ἐμψυχωμένης AM.

[281 b] **5** *post* πρὸς *in* A *lac.* : πρὸς Σούκενσον A² πρός σε M.

écrits, on trouve les mêmes enseignements[1]. Mais les partisans de Sévère, qui refusent de reconnaître la différence entre les composants après leur union, commencent, avec une malice impie, par mettre en ligne des termes qui expliquent la différence entre les natures puis, comme s'ils les rejetaient, ils introduisent la formule *nature unique incarnée du Verbe*. La vraie foi ne procède pas ainsi mais, quand elle a joint cette formule aux autres, elle montre aussitôt que, même à travers elle, chacun des deux éléments qui entrent dans une union indissoluble est sauvegardé et elle confond les hérétiques en montrant que la formule *nature unique incarnée du Verbe* ne signifie rien d'autre que l'indissoluble union hypostatique tandis que les natures sont, en tout état de cause, sauvegardées sans se confondre. Elle enseigne en effet deux natures inséparables tout en proclamant la différence des composants et une nature unique incarnée du Verbe dans l'idée d'enseigner que c'est le même Verbe éternel du Père qui s'est fait homme et incarné.

En plaidant de cette manière pour l'expression en cause, il a démontré que le synode de Chalcédoine a et enseigne une opinion identique ; il s'est servi, entre autres arguments, du fait que le synode a confirmé la profession de foi qui lui avait été lue et que saint Flavien avait écrite de sa propre main[2]. Il décharge la formule de tout soupçon d'hérésie et il se défend lui-même de l'injuste suspicion que Domitien nourrissait à son sujet, lui qui pensait que Cyrille ne faisait pas sienne et ne propageait pas cette formule en fonction d'une conviction intime mais par politique, afin, grâce à elle, de ramener plus aisément ses auditeurs à l'unité et d'exclure tous les prétextes de dissension dans l'Église.

Après avoir traité ces questions dans sa lettre, avec

1. Il existe, dans l'œuvre de saint Cyrille, quantité de textes qui abondent dans le même sens. Le lecteur du seul « codex » 229 de Photius, t. IV, p. 126-174, aura pu s'en faire une idée.

2. Cette profession de foi de saint Flavien de Constantinople était au nombre des documents dans lesquels les rédacteurs de la profession de foi de Chalcédoine ont puisé.

διδάσκων εὑρίσκεται. Ἀλλ' οἱ περὶ Σεβῆρον τὴν διαφορὰν τῶν συνελθόντων μετὰ τὴν ἕνωσιν ὁμολογεῖν οὐκ ἀνεχόμενοι, κακούργως τε καὶ δυσσεβῶς πρῶτον μὲν τάττουσι τὰς φωνὰς αἳ τὴν διαφορὰν δηλοῦσι τῶν φύσεων, ἔπειτα δέ, ὡς δῆθεν ἀνατρέποντες αὐτάς, τὴν μίαν φύσιν τοῦ Λόγου σεσαρκωμένην ἐπάγουσιν. Οὐχ οὕτω δὲ ποιεῖ ἡ εὐσέβεια, ἀλλὰ ταύτην προσθεῖσα τὴν φωνήν, εὐθὺς ἐφεξῆς δείκνυσι καὶ διὰ ταύτης σῴζεσθαι πάλιν τῶν συνελθόντων εἰς ἕνωσιν ἀδιαιρέτως ἑκάτερον, ἐλέγχουσα τοὺς δυσσεβεῖς ὡς ἡ μία τοῦ Λόγου φύσις σεσαρκωμένη οὐδὲν ἕτερον ἢ τὴν ἀδιάσπαστον καὶ καθ' ὑπόστασιν ἕνωσιν δηλοῖ, φυλαττομένων κατὰ πάντα καιρὸν ἐν τῷ ἀσυγχύτῳ τῶν φύσεων. Δύο γὰρ φύσεις ἀδιαιρέτους δοξάζει, ὡς τὸ διάφορον τῶν συνελθόντων κηρύττουσα, καὶ μίαν φύσιν τοῦ Λόγου σεσαρκωμένην, ὡς τὸν αὐτὸν τοῦ Πατρὸς προαιώνιον Λόγον ἐνανθρωπῆσαι καὶ σαρκωθῆναι δογματίζουσα.

Ταῦτα καὶ τοιαῦτα ὑπὲρ τῆς προκειμένης ἀπολογησάμενος φωνῆς, καὶ τὰ αὐτὰ τὴν ἐν Καλχηδόνι σύνοδον φρονοῦσάν τε καὶ κηρύττουσαν ἐπιδειξάμενος διά τε ἄλλων καὶ ἐξ ὧν τοῦ ἐν ἁγίοις Φλαβιανοῦ ἰδιόχειρον πίστιν ἀναγνωσθεῖσαν ἡ σύνοδος ἐπεκύρωσεν, ἀπαλλάττει μὲν τὴν φωνὴν αἱρετικῆς ὑπολήψεως, ἀπαλλάττει δὲ καὶ ἑαυτὸν οὐκ εὐαγοῦς ὑπονοίας, ἣν περὶ αὐτοῦ ὁ Δομετιανὸς ὑπετόπαζε, νομίζων αὐτὸν οὐ κατὰ γνώμην ἐνδιάθετον τὴν τοιαύτην οἰκειοῦσθαι καὶ προάγειν φωνήν, ἐξ οἰκονομίας δέ, καὶ ὥστε δι' αὐτῆς τοὺς ἀκροατὰς εὐμηχάνως ἄγειν πρὸς ἑνότητα, καὶ τὰς προφάσεις περικόπτειν τῶν τῆς καθολικῆς ἐκκλησίας διαστάσεων.

Ταῦτα καὶ τοιαῦτα ἕτερα ἐπιστείλας, ἅπερ

9 αἳ A : καὶ M ‖ **12** προσθεῖσα *edd.* : προθεῖσα *codd.* ‖ **15** τοῦ Λόγου φύσις A : φύσις τοῦ Λόγου M ‖ **19** διάφορον AM^x : ἀδιάφορον M ‖ **23** τοιαῦτα A : τὰ τοιαῦτα M ‖ **24** τὰ αὐτὰ A^{2}M : ταῦτα A.

d'autres qu'il avait déjà passées en revue dans ses écrits précédents et, après s'être montré ardent défenseur du synode de Chalcédoine et de la lettre du pape Léon[1] dans de nombreux écrits divers, il termine son traité.

Le même saint auteur écrit aussi à un certain Christophore à qui il donne le titre de très saint homme et qui lui avait demandé la solution de diverses questions [282 a] relatives aux Écritures. La première question consiste à savoir comment il faut comprendre ce qui est dit dans le deuxième livre des *Rois* : « Dieu poussa David à dénombrer son peuple ». Et ensuite : « Il fut irrité contre lui parce qu'il l'avait dénombré »[2]. Et il présente une solution en disant que l'Écriture donne souvent le nom de Dieu et aussi de Seigneur non seulement au vrai Dieu, mais aussi au prince du mal lui-même. C'est en effet dans ce sens que Paul dit : « ... pour ces infidèles dont le dieu de ce monde a aveuglé les esprits »[3]. Et le Sauveur dit : « Vous ne pouvez servir deux maîtres »[4]. C'est pourquoi, dans le premier livre des *Paralipomènes*, il est dit sans détour que ce fut le diable qui poussa David à dénombrer son peuple. Toutefois la version dont nous disposons n'est pas conçue comme celle que tu nous as envoyée ; elle dit, en effet : « Et la colère du Seigneur s'enflamma de nouveau contre Jérusalem et il excita David contre eux », etc. De manière que, en quelque sorte, on appellerait *colère du Seigneur* dans ce passage celui qui est appelé le diable dans les *Paralipomènes*. Que le passage soit ainsi conçu ou qu'il soit tel que tu l'as écrit*, je pense que la solution ne fait pas le moindre doute. Que, comme on l'a dit souvent, le mot *Seigneur* et le mot Dieu soient employés par l'Écriture sainte pour nommer l'ennemi, je l'ai dit et rien n'empêche de le confirmer encore au moyen d'autres passages.

1. On a appelé Eulogius « un des derniers défenseurs du concile de Chalcédoine sur le siège d'Alexandrie ». Cf. Beck, *op. cit.*, p. 381 ; Moeller, *R. H. E.*, t. XLVI (1946), p. 683-688 ; ID., *Chalcédonisme et néochalcédonisme*, in Grillmeier-Bacht, *Das Konzil von Chalkedon*, I, p. 691-693.

2. Sur ces deux citations, cf. Notes complémentaires, p. 204.

3. 2 *Corinthiens*, 4, 4.

4. *Luc*, 16, 13 ; *Matthieu*, 6, 24.

κἀν τοῖς προλαβοῦσι λόγοις διεξελήλυθε, καὶ θερμὸν ἑαυτὸν τῆς τε κατὰ Καλχηδόνα συνόδου πρόμαχον καὶ τῆς τοῦ ἐν ἁγίοις πάπα Λέοντος ἐπιστολῆς διὰ πολλῶν, ὧνπερ διαφόρως ἔγραψε, παραστησάμενος, πέρας τῷ γράμματι ἐπιτίθησι.

Γράφει δὲ ὁ αὐτὸς θεσπέσιος ἀνὴρ καὶ πρὸς Χριστοφόρον τινὰ, ὃν αὐτὸς ὁσιώτατον ἐπιγράφει, γρα-
[282 a] φικῶν ἐρωτήσεων αἰτησάμενον λύσεις. Τὰ δὲ ἠρωτημένα ἐστὶ πρῶτον μέν, πῶς δεῖ νοεῖν τὸ ἐν τῇ δευτέρᾳ τῶν Βασιλειῶν εἰρημένον· « Καὶ ἐπέσεισεν ὁ Θεὸς τὸν Δαβὶδ ἀριθμῆσαι τὸν λαόν » καὶ μετὰ ταῦτα, ὅτι ἠρίθμησεν, ἠγανάκτησε κατ' αὐτοῦ; Καὶ ἐπιλύεται, ὅτι Θεὸν πολλάκις ἡ γραφὴ, ὥσπερ καὶ Κύριον, οὐ μόνον τὸν ἀληθινὸν ὀνομάζει Θεόν, ἀλλὰ καὶ αὐτὸν τὸν τῆς πονηρίας ἄρχοντα. Κατὰ τοῦτο γὰρ τὸ σημαινόμενον καὶ τὸν Παῦλον φάναι· « Ἐν οἷς ὁ θεὸς τοῦ αἰῶνος τούτου ἐτύφλωσε τὰς καρδίας τῶν ἀπίστων ». Καὶ ὁ Σωτήρ· « Οὐ δύνασθε δυσὶ κυρίοις δουλεύειν ». Διὸ καὶ ἐν τῇ πρώτῃ τῶν Παραλειπομένων ἀπαρακαλύπτως τὸν διάβολον λέγει τὸν ἐπισείσαντα τὸν Δαβὶδ ἀριθμῆσαι τὸν λαόν. Πλὴν καὶ τὸ παρ' ἡμῖν ἀντίγραφον οὐχ ὡς τὸ ἀποσταλὲν παρὰ σοῦ περιέχει. Ἔχει γάρ· « Καὶ προσέθετο ὀργὴ Κυρίου ἐκκαῆναι ἐν Ἱερουσαλήν, καὶ ἐπέσεισε τὸν Δαβὶδ ἐν αὐτοῖς » καὶ ἑξῆς, ὡς δοκεῖν πως ὀργὴν ἐνταῦθα λέγεσθαι κυρίου τὸν εἰρημένον ἐν Παραλειπομένοις διάβολον. Εἴτε δὲ οὕτως εἴτε ὡς γέγραφας ἔχει τὸ ῥητόν, οἶμαι φανερῶς τὴν λύσιν ἀναμφίβολον προελθεῖν. Ὅτι δὲ ὁμώνυμον καὶ τὸ Κύριος καὶ τὸ Θεός, καὶ (ὡς ἐρρήθη πολλάκις) καὶ ἐπὶ τοῦ ἀντικειμένου παραλαμβάνεται τῇ ἱερᾷ γραφῇ, εἴρηται μέν, οὐδὲν δὲ

37 Καλχηδόνα AM : Χαλκηδόνα A² *s. v.*

[282 a] **3** ἐπέσεισεν A : ἔπεισεν M || **16** ὀργὴ A : ὀργὴν M || ἐπέσεισε A : ἔπεισε M || **18** Παραλειπομένοις A² : παραλειπομέναις AM.

En effet, dans la législation sur la célébration de la Pâque, le Seigneur dit d'abord de frotter de sang le linteau et les montants de la porte : « Et, dit-il, personne d'entre nous ne passera sa porte jusqu'au matin et le Seigneur passera pour frapper les Égyptiens et il verra le sang sur le linteau et sur les deux montants des portes et le Seigneur passera devant la porte sans laisser l'Exterminateur entrer dans vos maisons pour y porter ses coups »[1]. Il est en effet évident que le Seigneur dont il dit qu'il passera pour frapper les Égyptiens est un autre Seigneur que celui qui ne laissera pas l'Exterminateur entrer dans les maisons des Israélites pour les frapper.

On lit une parole du même genre à propos de Balaam[2]. L'Écriture dit en effet que Dieu lui permit de s'en aller vers ceux qui l'appelaient et que Dieu se mit en colère parce qu'il s'en allait vers eux. Ici encore, en effet, dit l'auteur, on laisse entendre que le Dieu qui lui donna son ordre est un autre que celui qui se mit en colère contre lui. Ce n'est pas, en effet, celui qui avait donné l'ordre qui s'irrita contre celui qui avait exécuté l'ordre donné ; mais, ou bien celui qui avait donné l'ordre ne devait [282 b] pas s'irriter, ou bien celui qui devait s'irriter du départ de Balaam ne devait pas le lui ordonner.

C'est ainsi qu'Eulogius croit l'équivoque résolue dans une certaine mesure grâce au sens double du mot *Seigneur*. Il me semble à moi que la solution de la difficulté en question a été mieux traitée par Théodoret[3] et par les autres saints auteurs. Il dit, en effet, que, quand David se fut trompé dans le dénombrement, le peuple subit un châtiment non parce que David avait fait ce dénombrement mais parce que, quand le parricide Absalon eut levé des mains ennemies contre son père, le peuple l'imita et

1. *Exode*, 12, 22-23.

2. Allusion à *Nombres*, 22, 20.

3. Photius a consacré plusieurs notices à des ouvrages de l'évêque de Cyr : l'*Histoire ecclésiastique* (« codex » 31) ; *Contre diverses propositions* (« codex » 46) ; *Contre les hérésies* (« codex » 56), t. I, p. 17-18 ; 31-32 ; 45-46. Le *Commentaire sur Daniel*, l'*Explication de l'Octateuque*, le *Commentaire sur les douze prophètes* (« codices » 203-205), t. III, p. 101-104. *Sur saint Jean Chrysostome* (« codex » 273). C'est à un

κωλύει καὶ δι' ἑτέρων πιστώσασθαι. Ἐν γὰρ τῇ νομοθεσίᾳ τῇ περὶ τοῦ Πάσχα, μετὰ τὸ χρίσαι τῷ αἵματι τὴν φλιὰν καὶ τοὺς σταθμούς· « Ἡμεῖς δὲ οὐκ ἐξελεύσεσθε, φησίν, ἕκαστος τὴν θύραν αὐτοῦ ἕως πρωΐ, καὶ παρελεύσεται Κύριος πατάξαι τοὺς Αἰγυπτίους, καὶ ὄψεται τὸ αἷμα ἐπὶ τῆς φλιᾶς καὶ ἐπ' ἀμφοτέρων τῶν σταθμῶν, καὶ παρελεύσεται Κύριος τὴν θύραν, καὶ οὐκ ἀφήσει τὸν ὀλοθρεύοντα εἰσελθεῖν εἰς τὰς οἰκίας ὑμῶν πατάξαι ». Δῆλον γὰρ ὡς ἄλλος κύριος ὃν λέγει παρελεύσεσθαι καὶ τοὺς Αἰγυπτίους πατάξαι, καὶ ἄλλος ὁ μὴ συγχωρῶν τὸν ὀλοθρεύοντα εἰσελθεῖν εἰς τὰς τῶν Ἰσραηλιτῶν οἰκίας καὶ πατάξαι αὐτούς.

Τοιοῦτον δέ ἐστι καὶ τὸ περὶ τοῦ Βαλαὰμ εἰρημένον. Λέγει γὰρ ἡ γραφὴ ἐπιτρέψαι μὲν αὐτῷ τὸν Θεὸν ἀπελθεῖν πρὸς τοὺς καλοῦντας, ὀργισθῆναι δὲ θυμῷ τὸν Θεὸν ὅτι ἐπορεύετο πρὸς αὐτούς. Κἀνταῦθα γὰρ ἄλλον αἰνίττεσθαί φησι Θεὸν τὸν ἐπιτρέψαντα αὐτῷ καὶ ἄλλον τὸν ὀργισθέντα θυμῷ ἐπ' αὐτόν· οὐ γὰρ ἂν ὁ ἐπιτρέψας ὠργίζετο τῷ πληρώσαντι τὸ ἐπιτραπέν, ἀλλ' ἢ ἐπιτρέψαντα οὐκ ἔδει [282 b] θυμοῦσθαι, ἢ θυμοῦσθαι μέλλοντα ἀπελθεῖν οὐκ ἔδει ἐπιτρέπειν.

Αὐτὸς μὲν οὕτω δοκεῖ πως διὰ τῆς ὁμωνυμίας τὴν ἀμφιβολίαν ἐπιλύεσθαι· ἄμεινον δέ μοι δοκεῖ Θεοδωρήτῳ τε καὶ τοῖς ἄλλοις ἱεροῖς ἀνδράσι πραγματευθῆναι τῆς προκειμένης ἀπορίας τὴν ἐπίλυσιν. Λέγει δὲ καὶ τοῦ Δαβὶδ ἐν τῇ ἀριθμήσει ἁμαρτήσαντος τὸ πλῆθος ὑποσχεῖν τὴν τιμωρίαν οὐ διότι ἐκεῖνος ἠρίθμησεν, ἀλλ' ὅτι τῷ πατραλοίᾳ Ἀβεσσαλώμ, χεῖρα πολεμίαν ἐπανατείναντος τῷ πατρί,

24 δι' ἑτέρων A : ἕτερον M || **27** θύραν A : χεῖρα M || **31** ὑμῶν A : ἡμῶν M || **36** ἐπιτρέψαι AM^{x} : ἐπιτράψαι M.

[282 b] **1** ἢ A : ἢ εἰ M || **2** ὁμωνυμίας A : ὁμονοίας M || **7** οὐ διότι A^{2} : οὐδ' ὅτι AM || **9** ἐπανατείναντος AM : ἐπανατείναντι A^{2}.

se souleva avec lui et donna sa préférence à l'usurpateur du pouvoir sur un roi qui avait reçu l'onction au nom de Dieu.

Après ce qu'il croit une solution à la première question, l'auteur résout la seconde qui consiste en ceci. Comment faut-il comprendre quand l'Apôtre dit d'un côté que le Christ habite en nos cœurs[1] et qu'il dit ailleurs : « Vous tous qui avez été baptisés dans le Christ, vous avez revêtu le Christ »[2]? La différence est grande entre l'habitation et le vêtement. Ce dernier terme désigne en effet la surface, l'autre le tréfonds. Pour éclaircir le sens de l'expression il dit que c'est de la même façon que le même personnage est à la fois roi et pasteur et il est appelé roi des êtres doués de raison et pasteur de ceux qui en sont dépourvus : un nom différent le nomme selon les exigences différentes des êtres qui reçoivent ses bienfaits, car on ne peut dire de personne qu'il règne sur des bêtes et fait paître des êtres doués de raison. C'est ainsi qu'il faut comprendre le texte en question. En effet, comme le dit saint Paul, la sagesse de Dieu habite en ceux qu'il gouverne et qui sont *enracinés et édifiés en lui*[3]. Et il revêt le Christ celui qui peut à nouveau s'en dévêtir. C'est pourquoi nous pouvons dire à juste titre qu'il habite en ceux qui sont enracinés en lui et que, pour les autres, à cause de son indicible amour, il se fait leur vêtement et leur procure sa protection pour que, s'ils se tournent vers lui, ils ne soient pas éprouvés par le vent du nord dur et froid qui souffle sur les âmes les malheurs qui leur sont mortels. « Car c'est du nord que vont s'enflammer les malheurs »[4]. Ces deux questions résolues dans cette lettre, il termine en demandant des prières.

Le même Eulogius tient encore, dans le neuvième traité[5], des propos où il fait l'éloge de la vie monastique et explique ce que c'est que le moine ; il dit qu'il suit aussi

ouvrage non recensé par Photius qu'il est fait allusion ici, le *De quaestionibus ambiguis in libros Regnorum et Paralipomena.*

1. Allusion à *Éphésiens*, 3, 17.
2. *Galates*, 3, 27.
3. *Colossiens*, 2, 7.
4. Citation fort libre de *Jérémie*, 6, 1.
5. En réalité, si on suit bien le découpage du « codex » d'un bout à

συναντῆρέ τε ὁ λαὸς καὶ συνεστασίασε, προτιμήσας τὸν ἐξ αὐθαδείας ἁρπάσαντα τὴν ἀρχὴν τοῦ παρὰ Θεοῦ εἰς βασιλέα χρισθέντος.

Τὴν οὖν πρώτην ἐπιλυσάμενος (ὡς ἔδοξεν) ἀπορίαν ἐπιλύεται καὶ τὴν δευτέραν ἔχουσαν οὕτω· πῶς δεῖ νοῆσαι πῇ μὲν λέγοντος τοῦ Ἀποστόλου ἐν ταῖς καρδίαις ἡμῶν κατοικεῖν τὸν Χριστόν, πῇ δέ· « Ὅσοι εἰς Χριστὸν ἐβαπτίσθητε, Χριστὸν ἐνεδύσασθε », μεγάλης οὔσης τῆς διαφορᾶς οἰκήσεώς τε καὶ ἐνδύσεως· ἡ μὲν γὰρ τὸ ἐπιπόλαιον, ἡ δὲ τὸ διὰ βάθους παρίστησι. Λέγει δὲ τὸν νοῦν διακρίνων ὅτι καθάπερ αὐτὸς καὶ βασιλεὺς ὑπάρχει καὶ ποιμήν, καὶ βασιλεὺς μὲν τῶν λογικῶν ποιμὴν δὲ τῶν ἀλόγων, πρὸς τὴν διάφορον χρείαν τῶν τὴν εὐεργεσίαν δεχομένων ὀνομαζόμενος (οὔτε γάρ τις ἀλόγων βασιλεύειν εἰκότως λεχθείη οὔτε ποιμαίνειν τὰ λογικά), οὕτω δεῖ νοεῖν καὶ τὸ προκείμενον. Κατοικεῖ μὲν γάρ, ὡς αὐτὸς ὁ θεσπέσιος λέγει Παῦλος, ἡ τοῦ Θεοῦ σοφία ἐν οἷς πολιτεύεται καὶ οἳ καθεστήκασιν « ἐρριζωμένοι τε καὶ τεθεμελιωμένοι ἐν αὐτῷ ». Ἐνδύεται δὲ τὸν Χριστὸν καὶ ὁ πάλιν αὐτὸν δυνάμενος ἀποδύσασθαι. Διό φαμεν ἐρριζωμένοις ἐν αὐτῷ δικαίως ἐγκατοικεῖ, τοῖς δὲ ἄλλοις διὰ τὴν ἄφατον φιλανθρωπίαν ἔνδυμα γίνεται, παρέχων σκέπην, ἵνα μὴ ἀπὸ τοῦ βορρᾶ, τοῦ σκληροῦ καὶ ψυχροῦ ἀνέμου, τοῖς ἐπιστρέφουσι πρὸς αὐτὸν ἐπιτρίβοιτο ἄδικα καὶ ψυχοφθόρα ἐπιπνέοντος· « Ἀπὸ προσώπου γὰρ βορρᾶ ἐκκαυθήσεται τὰ κακά ». Τὰς οὖν δύο ταύτας ἀπορίας ἐπιλυσάμενος ἐν ταύτῃ τῇ ἐπιστολῇ εἰς ἐξαίτησιν προσευχῶν τελευτᾷ.

Ἔτι δὲ ὁ αὐτὸς καθωμίλησεν ἐν τῷ θ′ σημείῳ, δι' ὧν ἐγκώμιον μὲν διαπλέκεται τοῦ μονάδος βίου, καὶ τί ποτέ ἐστιν ὁ μοναχός, ὑπογράφει· καὶ αὐτὸν δὲ τῆς

24 δεῖ A : δὴ M || **25** ὡς AM[2] *s. v.* : *om.* M || ὁ A : *om.* M || **34** τὰ A : *om.* M || **37** καθωμίλησεν A : καθωμολόγησεν M || **39** αὑτὸν Bekker : αὐτὸν *codd.*

cette règle de vie ; il invite ceux qui aiment la vie monastique à vivre selon leurs vœux, à se conformer à la règle du célibat[1] et à rallier l'unité de l'Église. Ceux à qui [283 a] s'adresse l'exhortation étaient de petits groupes assez renommés de la secte de Sévère. Il leur a découvert et révélé comment les opinions de leurs chefs eux-mêmes se contredisent elles-mêmes et entre elles sans avoir jamais équilibre ni fixité et il les engage à sortir de cette situation absurde pour tourner leurs regards vers l'unité de l'Église. Il confronte en effet certains d'entre eux qui disent que les différences des natures subsistent après l'union (comme l'enseigne aussi Sévère) et certains autres qui disent qu'elles ne subsistent nullement, comme le dit notamment Timothée dans sa controverse avec saint Léon[2].

Et non seulement il n'admet pas qu'on dise que les natures subsistent, mais il déclare coupables d'hérésie ceux qui enseignent que la différence des natures subsiste après leur union. Mais Sévère lui-même, qui dit d'autre part que les différences subsistent, n'admet pas les faits par lesquels se manifeste la différence. Et ce n'est pas là ce qu'il enseigne partout, car il est versatile et multiforme dans sa foi. En effet, dans certains de ses écrits, il dit que les faits eux aussi subsistent.

Ainsi n'est-ce pas seulement entre eux mais encore vis-à-vis d'eux-mêmes qu'ils sont en désaccord ceux de la clique étrangère à la vraie foi. En poursuivant son exposé, l'auteur exhorte les dissidents à revenir à la vraie croyance ; en outre, il signale en passant que ce fut Marcien[3] qui convoqua le synode de Chalcédoine, que, après

l'autre, on trouvera que ce traité-ci est en réalité le huitième et non le neuvième.

1. Sur cette signification de μονότης, cf. Lampe, *P. G. L.*, s. v., 4.

2. On a pu lire précédemment (« codex » 225, t. IV, p. 99-108) le sommaire d'un autre ouvrage d'Eulogius où ce dernier défendait le *Tome* de saint Léon contre Timothée et Sévère.

3. Règne de 450 à 457.

αὐτῆς πολιτείας ἀπαγγέλλει. Παραινεῖ δὲ τοὺς τῆς μονάδος πολιτείας ἐραστὰς κατὰ τὸ ἐπάγγελμα πολιτεύεσθαι, καὶ τῇ μονότητι καὶ τῇ ἑνότητι τῆς ἐκκλησίας συναρ- [283 a] μόζεσθαι. Εἴησαν δέ, πρὸς οὓς ἀφεώρα ἡ παραίνεσις, τῆς Σεβήρου διασπορᾶς καὶ κατατομῆς μερίδες οὐκ ἄσημοι· οἷς ὅπως μὲν μάχονται τῶν πατέρων αὐτῶν αἱ δόξαι πρὸς ἑαυτάς, ὅπως δὲ πρὸς ἀλλήλας, καὶ οὐδαμῇ τὸ στάσιμον οὐδὲ τὸ πάγιον ἔχουσιν, ἀπογυμνώσας τε καὶ ἀνακαλυψάμενος, ἐκ τῆς ἐκεῖθεν ἀτοπίας ὁρᾶν αὐτοὺς πρὸς τὴν ἕνωσιν τῆς ἐκκλησίας ὑποτίθεται. Τοὺς μὲν γὰρ παράγει λέγοντας σῴζεσθαι τὰς διαφορὰς μετὰ τὴν ἕνωσιν, ὥσπερ καὶ Σεβῆρον, τοὺς δὲ σῴζεσθαι μηδαμῶς, ὥσπερ καὶ Τιμόθεον ἐν ἄλλοις τε καὶ ἐν οἷς κατὰ τοῦ ἐν ἁγίοις ἀγωνίζεται Λέοντος.

Οὐ μόνον δὲ αὐτὸς οὐκ ἀνέχεται φάναι σῴζεσθαι, ἀλλὰ καὶ ἀσεβείας ἐνόχους ἀποφαίνει τούς, εἴ τινες σῴζεσθαι τῶν φύσεων τὴν διαφορὰν μετὰ τὴν ἕνωσιν δογματίζουσιν. Ἀλλὰ καὶ Σεβῆρος πάλιν σῴζεσθαι λέγων τὰς διαφοράς, τὰ πράγματα οἷς ἡ διαφορὰ ἐπιθεωρεῖται οὐ συνομολογεῖ σῴζεσθαι· καὶ οὐ πανταχοῦ δογματίζει τοῦτο· παλίντροπος γάρ ἐστι τὴν πίστιν καὶ πολύμορφος· καὶ γὰρ ἔν τισιν αὐτοῦ λόγοις καὶ αὐτὰ διομολογεῖ τὰ πράγματα σῴζεσθαι.

Οὕτως οὐ πρὸς ἀλλήλους μόνον ἀλλὰ καὶ πρὸς ἑαυτοὺς τὸ ἀλλόφυλον τῆς εὐσεβείας στασιάζουσι σύνταγμα. Ἐκ τούτου παραινῶν τοὺς στασιάζοντας τῷ φρονήματι τῆς εὐσεβείας συνδραμεῖν, κατ' ἐπιδρομὴν ἱστορεῖ Μαρκιανὸν μὲν συγκροτῆσαι τὴν ἐν Καλχηδόνι σύνοδον, καὶ ὡς ἐκείνου τὸν

42 τῇ ἑνότητι A : ἑνότητι M.

[283 a] **2-3** μερίδες οὐκ ἄσημοι A : μερίδος οὐκ ἄσημον M || **6** ἀνακαλυψάμενος A : ἀποκαλυψάμενος M || **10** τοῦ A²M : τὸν A *ut vid.* || **11** αὐτὸς A : *om.* M || **18** ἔν M : ἕν A || αὐτοῦ *edd.* : αὑτοῦ *codd.* || **24** Καλχηδόνι AM : Χαλκηδόνι A² *v. l.*

sa mort, Léon[1] prit le pouvoir, que les évêques égyptiens se retirèrent du saint synode et remplirent l'univers de trouble en répandant dans leurs propos impies et mensongers le bruit que le synode avait rejeté Cyrille et accueilli Nestorius. Pour faire taire la rumeur insensée qu'ils répandaient, Léon fit envoyer partout dans le monde les décrets et les actes du synode de Chalcédoine avec une lettre encyclique qui ordonnait à chaque évêque et à chaque prêtre et à tous ceux qui brillaient dans la vie monastique de confesser leur foi par écrit[2]. Ce que firent avec empressement environ mille six cents évêques sans qu'aucun exprimât une opinion divergente à l'exception d'Amphilochius de Sidé qui, peu après, marqua aussi son accord et signa la profession de foi. A eux se joignirent le grand Syméon, qui vécut en stylite une vie éclatante et digne des Anges, Baradate[3] et d'autres qui s'étaient efforcés de vivre une même vie d'élévation. Après avoir passé ces faits en revue et montré qu'il est juste de [283 b] jeter l'anathème sur Sévère, il met fin à la discussion.

Le traité suivant offre le même titre et entreprend d'exhorter ceux qui se sont séparés de l'Église pour les inviter, ici également, à sortir des contradictions et des divergences qui séparent les hérétiques et à tourner leurs yeux vers la vraie foi de l'Église. Il dit d'où vient la division de l'hérésie en d'innombrables sectes et branches. Elle demande, en effet, aux enfants de l'Église si, de même qu'ils parlent de deux natures, ils admettent aussi qu'on dise deux hypostases et si, puisqu'ils parlent d'hypostase unique du Christ, ils enseignent aussi qu'il n'y a qu'une nature en lui. Mais à ces questions, l'hérésie, jus-

1. Léon Ier, 457-474.
2. Lire le récit des faits dans P. Th. Camelot, *op. cit.*, p. 115-182.
3. Sur Syméon le Stylite et Baradate, cf. t. IV, p. 123, note 2. L'autorité de ces personnages en faveur du synode de Chalcédoine semble avoir été volontiers invoquée. Cf. le sommaire d'Éphrem au « codex » 229, t. IV, p. 123, 143 et 174.

βίον λιπόντος, Λέων μὲν κατέστη τῶν πραγμάτων κύριος, οἱ δὲ Αἰγύπτιοι τῆς ἱερᾶς ἐπαναστρέψαντες συνόδου ταραχῆς ἐπλήρωσαν τὴν οἰκουμένην, δυσσεβῶς τε καὶ πεπλασμένως φημίσαντες ὡς ἡ σύνοδος Κύριλλον ἀπεβάλετο καὶ Νεστόριον ἀπεδέξατο. Ὧν τὸν ἄλογον ὁ Λέων καταστέλλων θόρυβον, τὰ ψηφισθέντα ἐν Καλχηδόνι καὶ τὰ πραχθέντα πανταχοῦ διαπέμψας τῆς οἰκουμένης μετ' ἐγκυκλίων κελεύσεων ἕκαστον τῶν ἀρχιερέων καὶ ἱερέων, ἀλλὰ καὶ τοὺς ὅσοι ἐν τῷ μοναδικῷ διέλαμπον βίῳ, τὸ φρόνημα αὐτῶν ἐγγράφως ἀνομολογῆσαι διετάξατο. Ὃ καὶ προθυμῶς πεπράχασι, τῶν ἀρχιερέων τοῦ ἀριθμοῦ εἰς ἑξακοσίους καὶ χιλίους συγκεφαλαιωθέντος, μηδενὸς ἑτερογνωμονήσαντος πλὴν Ἀμφιλοχίου τοῦ Σίδης, ὃς μετ' οὐ πολὺ καὶ αὐτὸς δι' ὑπογραφῆς συνεφώνησε. Μεθ' ὧν καὶ ὁ μέγας Συμεών, ὁ ἐν τῷ στύλῳ τὸν ἀγγελικὸν ἐκεῖνον βίον διανυσάμενος, καὶ Βαράδατος, καὶ ἄλλοι τὸν αὐτὸν βαθμὸν τῆς πολιτείας φθάσαντες. Ταῦτα διαδραμὼν καὶ δικαίως Σεβῆρον [283 b] τῷ ἀναθέματι παραπεμφθῆναι παραστησάμενος εἰς τέλος διέστειλε τὴν διάλεξιν.

Καὶ ὁ ἐφεξῆς δὲ λόγος προδιαβάλλεται μὲν τὴν αὐτὴν ἐπιγραφήν, παραίνεσιν δὲ πρὸς τοὺς διεστῶτας τῆς ἐκκλησίας εἰσηγεῖται, ἐκ τῆς πρὸς ἀλλήλους τῶν αἱρετιζόντων κἀνταῦθα μάχης τε καὶ διαφορᾶς συνιδεῖν τὸ τῆς ἐκκλησίας ὀρθὸν φρόνημα παρακαλῶν. Λέγει δὲ καὶ ὅθεν κατετμήθη εἰς μυρίας διαιρέσεις καὶ τομὰς ἡ αἱρετικὴ δόξα. Ἐπερωτῶσα γὰρ τὰ τέκνα τῆς ἐκκλησίας εἰ καθάπερ δύο τὰς φύσεις λέγουσιν, οὕτω καὶ τὰς ὑποστάσεις λέγειν ἀνέχονται, καὶ ἐπεὶ μίαν λέγουσιν ἐπὶ Χριστοῦ τὴν ὑπόστασιν, ἆρα καὶ μίαν φύσιν ἐπ' αὐτοῦ

30 Καλχηδόνι M *et alibi* A : Χαλκηδόνι *hic* A ‖ **38** τοῦ A : τῆς M.
[283 b] **1** παραστησάμενος A : συστησάμενος M ‖ **2** διέστειλε AM[2] : διέστησε M ‖ **3** προδιαβάλλεται AM : προκαταβάλλεται A[3] *v. l.*

qu'ici, n'a reçu aucune réponse sur l'objet de sa recherche. A son tour, l'Église la questionne afin de savoir pourquoi elle pose ce problème ; estime-t-elle qu'il y a identité entre nature et hypostase et que, par conséquent, ceux qui parlent de deux natures enseignent aussi l'existence de deux hypostases, ou bien croit-elle que ceux qui parlent d'hypostase unique confessent du même coup l'unité de nature? Tel est donc le point de départ de son agitation ; la grande guerre sans merci des hérétiques entre eux a éclaté sur la question d'identité entre nature et hypostase[1] : puisque nous parlons de nature unique dans la Trinité, il faut aussi nécessairement confesser l'hypostase unique ou bien, si les personnes sont au nombre de trois, il faut confesser qu'il faut aussi diviser la nature en trois. De là, ils ont imaginé que nature et essence avaient une signification différente et ils ont divisé la nature en nature générique et en natures particulières. Et au grammairien Serge, Sévère écrit : « Nous voulions dire que le Christ est une essence unique pour ne pas réduire à néant la différence entre ses composants. Car si, une fois pour toutes, l'essence est une, ou bien si c'est la qualité, comment subsiste encore la différence d'essence entre les deux natures dont le Christ est fait? Car si la qualité et l'essence ne font qu'un, la différence quant au reste disparaît »[2].

Et cependant les fondements sur lesquels Sévère s'appuye pour rejeter l'unité d'essence sont les mêmes, qu'il le veuille ou non, qui lui font refuser de parler de nature unique dans le Christ. Certains de ceux qui n'ont pas eu peur d'admettre que nature, hypostase et essence sont des termes équivalents n'ont pas craint de parler de trois essences dans la Sainte Trinité. Par là, sinon explicitement, du moins en intention, ils enseignent l'existence

1. Il a déjà été question de cette équivalence entre *nature* et *hypostase* dans la présente notice, p. 267 b 16-20 (*supra*, p. 10), et j'ai rappelé en note à ce passage (*supra*, p. 10, note 1) le traité d'Éphrem résumé au « codex » 229, t. IV, p. 132-135, où on peut lire une discussion sur ces deux mêmes mots.

2. Je n'ai pas retrouvé cette citation.

δογματίζουσι, ταῦτα ἐπερωτῶσα ἡ αἵρεσις ὧν μὲν ἐζήτησε τέως οὐδὲν ἀκούει, ἀντεπερωτᾶται δὲ παρὰ τῆς ἐκκλησίας τί δήποτε ταῦτα ἐρωτᾷ· ἆρα γὰρ ταὐτὸν ἡγεῖται φύσιν καὶ ὑπόστασιν, καὶ διὰ τοῦτο τοὺς δύο λέγοντας φύσεις νομίζει δύο καὶ ὑποστάσεις δοξάζειν, ἢ ἀνάπαλιν τοὺς μίαν ὑπόστασιν λέγοντας καὶ μίαν φύσιν συνομολογεῖν νομίζει; Ἀρχὴν οὖν τοιαύτην τῆς κινήσεως λαβούσης, καὶ ὁ πολὺς ἐκεῖνος καὶ ἄσπονδος τῶν αἱρετιζόντων ἐν ἑαυτοῖς συνερράγη πόλεμος, εἰ ταὐτὸν φύσις καὶ ὑπόστασις, ἐπεὶ μίαν φύσιν ἐπὶ τῆς Τριάδος φαμέν, καὶ μίαν ὁμολογεῖν ἀνάγκη τὴν ὑπόστασιν, ἢ ἐπεὶ τὰς ὑποστάσεις τρεῖς, καὶ ἡ φύσις εἰς τρεῖς διαιρείσθω. Κἀκεῖθεν ἄλλο μὲν σημαίνειν τὴν φύσιν, ἄλλο δὲ σημαίνειν τὴν οὐσίαν ἀνέπλασαν, καὶ τὴν φύσιν πάλιν εἰς γενικὴν φύσιν καὶ ἰδικὰς φύσεις κατεμέρισαν. Καὶ πρὸς μὲν τὸν γραμματικὸν Σέργιον ὁ Σεβῆρος γράφων· « Μίαν οὐσίαν, φησίν, εἰπεῖν τὸν Χριστὸν ἐβουλόμεθα, ἵνα τῶν συνελθόντων τὴν διαφορὰν μὴ ἀνέλωμεν. Μιᾶς γὰρ καθάπαξ γεγενημένης οὐσίας ἢ καὶ ποιότητος, πῶς ἔτι μεμένηκε τῶν φύσεων, ἐξ ὧν εἷς ὁ Χριστός, ἡ κατ' οὐσίαν διαφορά; Εἰ γὰρ μία ποιότης καὶ οὐσία, τὰ τῆς διαφορᾶς λοιπὸν φροῦδα καθέστηκε ».

Καίτοι γε ἐξ ὧν τὴν μίαν οὐσίαν εἰπεῖν ὁ Σεβῆρος παραιτεῖται, ἐκ τῶν αὐτῶν καὶ τὸ μίαν λέγειν φύσιν ἐπὶ Χριστοῦ, κἂν μὴ βούλοιτο, παρῃτήσατο. Τινὲς δὲ τῶν ἀπηρυθριασμένως φύσιν καὶ ὑπόστασιν καὶ οὐσίαν ταὐτὸν εἰπεῖν ἐκδεξαμένων καὶ ἐπὶ τῆς ἁγίας Τριάδος τρεῖς οὐσίας λέγειν οὐκ ἔφριξαν, δι' ὧν καὶ τὸ τρεῖς θεοὺς καὶ θεότητας, εἰ καὶ μὴ τῇ φωνῇ, τοῖς γε νοήμασι δογμα-

13 ἐπερωτῶσα A : ἐπιζητοῦσα M ‖ μὲν ἐζήτησε A : ἐπεζήτησε μὲν M ‖ **18** λέγοντας A : τὰς M ‖ **36** λέγειν A : *om.* M ‖ **39** ἐκδεξαμένων A[2] : ἐκδεξάμενοι AM ‖ **40** θεότητας A : θειότητας M ‖ **41** μὴ A : *om.* M.

de trois dieux et de trois divinités. Et les uns sont condamnés parce qu'ils conçoivent la monstruosité [284 a] de trois essences dans la Trinité, les autres parce qu'ils ne croient pas que Dieu le Père, le Fils ou l'Esprit soient à proprement parler Dieu. Ces gens-là pourraient fort bien être ceux qui enseignent que seules les propriétés caractéristiques sont des hypostases.

Et la division et la scission se sont mises chez eux à propos de beaucoup d'autres questions de ce genre comme elles s'y sont mises au sujet des natures qui s'unissent dans le Christ. Les uns, en effet, en sont venus à s'imaginer que la différence des natures ne subsiste pas après leur union et les autres ont reconnu que la différence est sauvegardée. Ceux-ci, à leur tour, se sont séparés en deux partis : les uns, en effet, tout en reconnaissant que la différence est sauvegardée, n'admettent pas que subsistent les éléments dont provient la différence ; les autres, tout en concédant souvent, par une conséquence nécessaire, que ces éléments aussi subsistent — ce n'est là qu'un autre bavardage et une autre folie — n'admettent en aucune façon qu'on dise que ces natures sont deux ; car le mot *deux*, disent-ils, replace à part en eux-mêmes les éléments différents. Après le bref exposé de ces idées et d'autres du même genre et une longue exhortation, il termine le présent traité.

Il en écrit un autre contre les Agnoètes[1]. Ce sont, dit-il, des moines du désert proche de Jérusalem qui ont lancé cette opinion et qui ont accusé Notre-Seigneur Jésus-Christ d'ignorance d'après des paroles qu'il a dites lui-même : « Où avez-vous mis Lazare? »[2] et « Personne ne sait ni cette heure ni ce jour-là, pas même le Fils »[3] et d'après d'autres paroles du même genre.

Et notre saint Eulogius prétend que, ni dans l'ordre humain, ni encore moins dans l'ordre divin, Notre-Seigneur Jésus-Christ n'ignorait ni l'emplacement du tombeau de Lazare ni le moment du dernier jour. En effet,

1. Hérésie aux nombreux aspects. Cf. A. Vacant, s. v. *D. T. C.*, t. I, p. 586-596.

2. *Jean*, 11, 34.

3. *Matthieu*, 24, 36. Cf. au « codex » 229, t. IV, p. 166.

τίζουσι. Καὶ οἱ μὲν κατακρίνονται ὡς τρεῖς οὐσίας ἐπὶ τῆς [284 a] Τριάδος τερατευόμενοι, οἱ δὲ ὡς οὐ κυρίως Θεὸν τὸν Πατέρα ἢ τὸν Υἱὸν ἢ τὸ Πνεῦμα δοξάζοντες· οὗτοι δ' ἂν εἶεν οἱ μόνα τὰ χαρακτηριστικὰ ἰδιώματα τὰς ὑποστάσεις εἶναι δογματίζοντες.

Καὶ εἰς πολλὰ ἄλλα τοιαῦτα ὁ μερισμὸς αὐτοῖς καὶ ἡ κατατομὴ προελήλυθεν, ὥσπερ καὶ περὶ τῆς διαφορᾶς τῶν συνελθουσῶν ἐπὶ Χριστοῦ φύσεων. Τοῖς μὲν γὰρ μετὰ τὴν ἕνωσιν μὴ φυλάττεσθαι τὴν διαφορὰν ἐπῆλθε φαντάζεσθαι, τοῖς δὲ σῴζεσθαι τὴν διαφορὰν ἡ ὁμολογία γέγονε. Διχῇ δὲ καὶ οὗτοι διετμήθησαν· οἱ μὲν γὰρ τὴν διαφορὰν ὁμολογοῦντες σῴζεσθαι τὰ ὧν ἡ διαφορὰ σῴζειν οὐ βούλονται· οἱ δὲ κἀκεῖνα ὑπὸ τῆς ἀναγκαζούσης ἀκολουθίας συγχωροῦντες πολλάκις (ἄλλος λῆρος τοῦτο καὶ ἄλλη παράνοια) δύο ταύτας λέγειν οὐμενοῦν οὐδ' ὅλως ἀνέχονται· ἡ γὰρ δύο φωνή, φασίν, ἀνὰ μέρος καὶ καθ' ἑαυτὰ τὰ διαφέροντα τίθησι. Ταῦτα καὶ τὰ τοιαῦτα διὰ βραχέων προθείς, καὶ τὴν παραίνεσιν πλατυνάμενος, καὶ τὸν παρόντα καταπαύει λόγον.

Γράφει δὲ λόγον ἕτερον κατὰ Ἀγνοητῶν. Μοναχοὺς δέ τινας τῶν ἐκ τῆς κατὰ τὰ Ἱεροσόλυμα ἐρήμου κινῆσαι λέγει τὸ δόγμα, οἳ ἄγνοιαν τῷ Κυρίῳ ἡμῶν Ἰησοῦ Χριστῷ περιάπτειν ὑπήχθησαν ἐξ ὧν τε εἶπεν αὐτός· « Ποῦ τεθείκατε Λάζαρον; » Καί· « Οὐδεὶς οἶδε τὴν ὥραν ἐκείνην ἢ τὴν ἡμέραν οὐδὲ ὁ Υἱός », καὶ ἐξ ἄλλων τοιουτοτρόπων ῥημάτων.

Ὁ δὲ ἱερὸς Εὐλόγιος οὗτος οὔτε κατὰ τὸ ἀνθρώπινον, πολλῷ δὲ μᾶλλον οὐδὲ κατὰ τὸ θεῖον ἀγνοεῖν τὸν Κύριον ἡμῶν Ἰησοῦν Χριστὸν οὔτε τὸν τάφον τοῦ Λαζάρου οὔτε τὴν τέλειον ἡμέραν διατείνεται. Οὔτε γὰρ

[284 a] **5** ὁ μερισμὸς A : ὁρισμὸς M || **13** τοῦτο A : οὗτος M || **18** γράφει δὲ A : γράφει M || **20** λέγει A : *om.* M || **23** ἡμέραν A : ἡμέραν ἐκείνην M.

son humanité, unie en une hypostase unique avec l'inaccessible sagesse essentielle, ne pouvait rien ignorer, qu'il s'agisse du présent ou de l'avenir, et il ne peut y avoir de mensonge dans la parole qu'il a dite : « Tout ce qu'a le Père est à moi »[1], à moins que ces gens qui ont toutes les audaces ne réduisent aussi le Père à l'état d'ignorance. Donc, quand le Sauveur demande : « Où avez-vous mis Lazare? », il l'a dit pour éveiller l'attention des Juifs qui étaient là afin qu'ils se souviennent. Et il n'y a pas eu que ces paroles-là, mais il y a eu d'autres actes qu'il a accomplis, par exemple, quand il a dit : « Déliez-le et laissez-le aller »[2]. C'était pour que, grâce à ce qu'ils avaient vu se dérouler et grâce à ce qu'ils avaient entendu, le témoignage de leurs yeux devînt l'objet d'une foi inébranlable et s'imprimât dans leur mémoire pour ne plus s'en effacer.

Eulogius dit aussi que, dans ce qu'on rapporte sur le Christ, certains propos ont un sens relatif et les autres [284 b] un sens réel. C'est dans le sens relatif qu'on dit que, pour nous, il s'est fait péché et malédiction[3] — car ce n'est pas en réalité qu'il l'est devenu, mais, comme la tête fait sien ce qui appartient à son propre corps, il prend sur lui ce qui concerne son corps. C'est au sens réel qu'on dit qu'il s'est fait homme et qu'il a eu faim et qu'il a eu soif et ainsi de suite. De sorte que celui qui voudrait dire que le Christ a des ignorances au sens relatif du fait que l'ignorance n'est pas épargnée à son corps ou à sa nature humaine dont il est lui-même la tête, il ne sortirait pas de la vraisemblance, mais il ne croirait pourtant pas que le Christ ignore la sagesse du Père. Mais si la parole : « Où l'avez-vous mis? » a déterminé les ignorants à accuser le Christ d'ignorance, comment ne vont-ils pas lancer au Père lui-même la même accusation d'ignorance puisqu'il questionne quand il dit à Adam : « Où es-tu?[4] » et quand il demande au fratricide : « Où est ton frère Abel?[5] » Et : « Le cri de Sodome et de Gomorrhe est bien grand et leurs fautes sont bien graves. Je descendrai donc voir si

1. *Jean*, 16, 15. — 2. *Jean*, 11, 44. — 3. 2 *Cor.*, 5, 21 ; *Galates*, 3, 13. — 4. *Genèse*, 3, 9. — 5. *Genèse*, 4, 9.

τὸ ἀνθρώπινον, εἰς μίαν ὑπόστασιν συνελθὸν τῇ ἀπροσίτῳ καὶ οὐσιώδει σοφίᾳ, ἀγνοήσει ἄν τι, ὥσπερ οὐδὲν τῶν παρόντων, οὕτω δὴ οὐδὲ τῶν μελλόντων · οὔτε διαψευσθῆναι δύναται τὸ εἰρημένον παρ' αὐτοῦ · « Πάντα ὅσα ἔχει ὁ Πατήρ, ἐμά ἐστιν », εἰ μὴ ἄρα καὶ τὸν Πατέρα πρὸς τὴν ἄγνοιαν οἱ πάντα τολμῶντες παρελκύσωσι. Τὸ μέντοι γε φάναι τὸν Σωτῆρα · « Ποῦ τεθείκατε Λάζαρον », εἰς ἐπίστασιν καὶ μνήμην ἐνάγοντα τοὺς παρόντας τῶν Ἰουδαίων εἰπεῖν, καὶ οὐ τοῦτο μόνον ἀλλὰ καὶ ἕτερά τινα διαπράξασθαι ὥσπερ τό · « Λύσατε αὐτὸν καὶ ἄφετε ὑπάγειν », ἵνα ἐξ ὧν τε κατὰ μέρος εἶδον καὶ ἐξ ὧν ἤκουσαν, πιστὸν μὲν τὸ ὁρᾶσθαι καὶ ἀναμφισβήτητον, ἀνεξάλειπτον δὲ παραδοθείη τῇ μνήμῃ.

Λέγει δὲ ὅτι καὶ τὰ ἐπὶ Χριστοῦ λεγόμενα τὰ μὲν κατὰ ἀναφορὰν τὰ δὲ κατὰ ἀλήθειαν λέγεται, κατὰ ἀναφορὰν μὲν τὸ ἁμαρ- [284 b] τίαν αὐτὸν καὶ κατάραν ὑπὲρ ἡμῶν γενέσθαι (οὐ γὰρ γέγονε ταῦτα, ἀλλ' οἷα τῆς κεφαλῆς οἰκειουμένης τὰ τοῦ ἰδίου σώματος, αὐτὸς τὰ τοῦ σώματος ἀναδέχεται) κατὰ ἀλήθειαν δὲ λέγεται ἄνθρωπός τε γεγονέναι καὶ πεινῆσαι καὶ διψῆσαι καὶ τὰ ὅμοια. Ὥστε εἴ τις ἐθέλοι λέγειν ἀγνοεῖν αὐτὸν κατὰ ἀναφοράν, ὡς οὐκ ἐκτὸς ἀγνοίας ὄντος αὐτοῦ τοῦ σώματος ἤτοι τῆς ἀνθρωπίνης φύσεως, ἧς ἐστιν αὐτὸς κεφαλή, οὐκ ἂν μὲν ἔξω τοῦ εἰκότος περιενεχθείη, οὐ μὴν ἀγνοοῦντα τὴν τοῦ Πατρὸς σοφίαν δοξάσειεν. Ἀλλ' εἰ τό · « Ποῦ τεθείκατε αὐτόν » ἄγνοιαν τοῦ Χριστοῦ κατηγορεῖν τοὺς ἀπαιδεύτους ἀνέπεισε, πῶς οὐχὶ καὶ τῷ Πατρὶ τὴν αὐτὴν ἄγνοιαν ἐπιρρίψουσι, διαπυνθανομένῳ καὶ λέγοντι πρὸς τὸν Ἀδάμ · « Ποῦ εἶ; » καὶ πρὸς τὸν ἀδελφοκτόνον · « Ποῦ ἔστιν Ἄβελ ὁ ἀδελφός σου; » καὶ · « Κραυγὴ Σοδόμων καὶ Γομόρρας πεπλήθυνται, καὶ αἱ ἁμαρτίαι αὐτῶν μεγάλαι σφόδρα · καταβὰς οὖν ὄψο-

[284 b] 7 φύσεως A : φωνῆς M.

leur crime est aussi grand que ce cri, il faut que je sache »[1]. Et Jésus encore interroge le démon : « Quel est ton nom? » Et lui répond : « Légion est mon nom, car nous sommes nombreux »[2]. Et encore aux aveugles, il demande : « Que voulez-vous que je fasse pour vous? »[3]

Et comment n'est-il pas évident que ces questions-là n'étaient pas imputables à de l'ignorance mais que le Christ demande au démon lui-même le nombre d'entre eux qui habitaient le possédé pour apprendre à ses disciples qu'il est désormais plus fort que le nombre et pour leur donner la confiance et l'audace de fouler aux pieds serpents et scorpions et toute la puissance de l'ennemi?[4] Et il questionne les aveugles dans le dessein de susciter leur requête, car c'est dans la mesure où nous obtenons le secours demandé que nous avons le sentiment du bienfait qui nous a été accordé.

Quant à la parole du Christ sur le dernier jour, à savoir que personne ne le connaît, ni les Anges, ni le Fils, mais le Père seul, d'aucuns disent qu'elle a été prononcée à dessein afin que les disciples pensent à tout instant que le dernier jour va venir et vivent dans une vigilance perpétuelle. Rien d'autre part n'interdit de comprendre que cette parole a été dite dans un sens relatif comme : « Toi, tu connais ma déraison »[5] et « Mon Dieu, mon Dieu, pourquoi m'as-tu abandonné? »[6] Quelques-uns, d'autre part, disent que le Christ a affirmé ignorer le dernier jour pour montrer et manifester la marque qui appartient en propre à la nature humaine et non parce qu'il était lui-même dans l'ignorance. Non! Car tant en ce qui concerne sa divinité qu'en ce qui concerne son humanité, parler d'ignorance en lui ne va pas sans une insolence certaine! Mais, [285 a] comme le dit le bienheureux Cyrille[7], c'est dans des vues fragiles ou bien dans des inventions de notre

1. *Genèse*, 18, 20-21.
2. *Marc*, 5, 9.
3. *Matthieu*, 20, 32.
4. Allusion à *Luc*, 10, 19; *Psaume* 90, 13.
5. *Psaume* 68, 6.
6. *Matthieu*, 27, 46; *Psaume* 21, 2.
7. Allusion à un passage de la *Deuxième lettre à Succensus*, *P. G.*,

μαι εἰ κατὰ τὴν κραυγὴν αὐτῶν συντελοῦνται · εἰ δὲ μή, ἵνα γνῷ ». Ἐρωτᾷ δὲ καὶ ὁ Ἰησοῦς τὸ δαιμόνιον · « Τί ὄνομά σοι; » Κἀκεῖνο ἀποκρίνεται · « Λεγεὼν ὄνομά μοι, ὅτι πολλοί ἐσμεν ». Ἀλλὰ καὶ τοῖς τυφλοῖς λέγει · « Τί θέλετε ποιήσω ὑμῖν; »

Καὶ πῶς οὐκ ἔστι ταῦτα φανερὸν ὡς οὐκ ἀγνοίας ἦν, ἀλλὰ τὸ μὲν ἐπερωτᾷ ἀπ' αὐτοῦ τοῦ δαιμονίου τὸ πλῆθος τῶν κατοικούντων τοῖς μαθηταῖς ἐπιδεῖξαι βουλόμενος, ὡς ἂν μάθοιεν ὡς καὶ τῶν πολλῶν ἤδη περιγέγονε, πίστιν αὐτοῖς καὶ θάρσος ἐντιθεὶς τοῦ πατεῖν ἐπάνω ὄφεων καὶ σκορπίων καὶ ἐπὶ πᾶσαν τὴν δύναμιν τοῦ ἐχθροῦ. Τοὺς τυφλοὺς δὲ ἐπερωτᾷ οἰκονομῶν ἐξ αὐτῶν προσαχθῆναι τὴν αἴτησιν · ὅσον γὰρ αἰτοῦντες τῆς ὠφελείας τυγχάνομεν, τοσοῦτον τὴν αἴσθησιν τῆς εὐεργεσίας δεχόμεθα.

Τὸ δὲ περὶ τῆς ἐσχάτης ἡμέρας εἰρημένον, ὡς οὐδεὶς οἶδεν, οὐδὲ οἱ Ἄγγελοι, οὐδὲ ὁ Υἱός, εἰ μὴ ὁ Πατήρ, τινὲς μὲν κατ' οἰκονομίαν εἰρῆσθαί φασιν, ἵνα τῶν μαθητῶν κατὰ πᾶσαν ἡμέραν νομιζόντων ἐπελεύσεσθαι τὴν τελευταίαν ἡμέραν ἀεὶ γρηγοροῦντες διατελῶσιν · οὐδὲν δὲ κωλύει καὶ τοῦτο ἐκλαβεῖν ὡς κατὰ ἀναφορὰν εἰρημένον, καθάπερ καὶ τό · « Σὺ ἔγνως τὴν ἀφροσύνην μου » καὶ τό · « Θεέ μου, Θεέ μου ἵνα τί με ἐγκατέλιπες; » Ἔνιοι δέ φασιν αὐτὸν ἀγνοεῖν φάναι τὴν ἐσχάτην ἡμέραν τὸ ἰδίως προσὸν τῇ ἀνθρωπίνῃ φύσει γνώρισμα δεικνύοντά τε καὶ ἐμφανίζοντα, οὐχ ὡς αὐτοῦ ἀγνοοῦντος (ἄπαγε · οὔτε γὰρ κατὰ τὴν θεότητα οὔτε κατὰ τὴν ἀνθρωπότητα τὴν ἄγνοιαν [285 a] λέγειν ἐπ' αὐτοῦ θράσους ἐπισφαλοῦς ἠλευθέρωται), ἀλλ' ἐπειδή, ὡς ὁ μακάριος Κύριλλός φησιν, ἐν ἰσχναῖς διαιροῦντες ἐννοίαις ἤτοι νοῦ φαντασίαις τῷ τρόπῳ

24 ὡς καὶ A : καὶ M ‖ **25** πίστιν αὐτοῖς A : αὐτοῖς πίστιν M ‖ **39** ἰδίως A : ἡδέως M.

esprit que nous procédons à des distinctions par la voie de la contemplation et que nous percevons en elles-mêmes les particularités distinctives de chacune des deux natures, ou bien, comme Grégoire le Théologien le dit, quand les natures sont distinguées dans nos réflexions, les noms le sont en même temps[1] et ce qui est une marque propre à la simple humanité, l'ignorance, il pourrait en être question dans ce sens-là à propos de l'humanité du Christ en tant que simple humanité[2]. Et c'est cela que le Théologien a rendu clair quand il a dit : « Il sait en tant que Dieu, il ignore en tant qu'homme, si on veut séparer l'apparence de ce que la pensée atteint »[3].

Après ces mots, l'auteur ajoute que, même si certains Pères ont admis l'ignorance dans l'humanité du Sauveur, ils n'ont pas émis cette opinion comme une règle de foi, mais pour s'opposer à la folle erreur des Ariens qui transféraient toutes les caractéristiques humaines à la divinité du Fils unique afin de présenter comme une créature le Verbe incréé de Dieu ; ces Pères ont estimé qu'il était plus adéquat d'attribuer ces caractéristiques à l'humanité du Christ plutôt que de laisser les Ariens les tirer du côté de sa divinité. Et si quelqu'un permettait de dire que les Pères eux aussi ont parlé au sens relatif, il adopterait le point de vue conforme à la vraie foi. Après la discussion de ces sujets, il termine son traité.

En dernier lieu, le volume contenait un écrit intitulé *Décret proclamé contre les Samaritains*. Voici le sujet dont il s'agit. Le peuple des Samaritains était divisé en factions adverses qui luttaient entre elles et étaient cantonnées dans des positions différentes. Les uns croyaient que Jésus fils de Navé était celui dont Moïse a dit : « Le Seigneur Dieu vous suscitera parmi vos frères un prophète comme moi »[4]. D'autres rejetaient cette interprétation et proclamaient un personnage appelé Dosthès ou Dosithée,

t. LXXVII, p. 245 A-B, qu'on a pu lire cité textuellement dans un sommaire d'Éphrem, au « codex » 229, t. IV, p. 126.

1. Allusion à Grégoire de Nazianze, *Oratio 30*, *P. G.*, t. XXXVI, p. 1138.

2. Dans le même sens, Cyrille, *Trésor*, *P. G.*, t. LXXV, p. 369 A.

3. Grégoire de Nazianze, *op. cit.*, p. 124 B.

4. *Deutéronome*, 18, 15.

τῆς θεωρίας ἑκατέρας φύσεως ὁρῶμεν ἴδια καὶ καθ' ἑαυτὰ γνωρίσματα, ἢ καὶ ὡς ὁ θεολόγος Γρηγορίος, ἡνίκα αἱ φύσεις διΐστανται ταῖς ἐπινοίαις, συνδιαιρεῖται καὶ τὰ ὀνόματα, ἴδιον δὲ γνώρισμα ψιλῆς ἀνθρωπότητος ἡ ἄγνοια, κατὰ τοῦτο ῥηθείη ἂν ἐπὶ τῆς κατὰ Χριστὸν ἀνθρωπότητος, ὡς ἁπλῶς ἀνθρωπότητος, θεωρεῖσθαι τὴν ἄγνοιαν. Καὶ τοῦτο καὶ ὁ θεολόγος ἐτράνωσεν, εἰπών· « Γινώσκει μὲν ὡς Θεός, ἀγνοεῖ δὲ ὡς ἄνθρωπος, ἄν τις τὸ φαινόμενον χωρίσῃ τοῦ νοουμένου ».

Ταῦτα εἰπὼν ἐπάγει ὡς εἰ καί τινες τῶν πατέρων τὴν ἄγνοιαν ἐπὶ τῆς κατὰ τὸν Σωτῆρα παρεδέξαντο ἀνθρωπότητος, οὐχ ὡς δόγμα τοῦτο προήνεγκαν, ἀλλὰ πρὸς τὴν τῶν Ἀρειανῶν μανίαν ἀντιφερόμενοι, οἳ καὶ τὰ ἀνθρώπινα πάντα ἐπὶ τὴν θεότητα τοῦ μονογενοῦς μετέφερον, ὡς ἂν κτίσμα τὸν ἄκτιστον Λόγον τοῦ Θεοῦ παραστήσωσιν, οἰκονομικώτερον ἐδοκίμασαν ἐπὶ τῆς ἀνθρωπότητος ταῦτα φέρειν ἢ παραχωρεῖν ἐκείνους μεθέλκειν ταῦτα κατὰ τῆς θεότητος. Εἰ δὲ κατὰ ἀναφορὰν κἀκείνους δοίη ταῦτά τις εἰπεῖν, τὸν εὐσεβέστερον λόγον ἀποδέξεται. Ταῦτα διελθὼν πέρατι περιβάλλει τὸν λόγον.

Τελευταῖον δὲ περιεῖχε τὸ βιβλίον λόγον ἐπιγραφὴν φέροντα· « Ὅρος ἐκφωνηθεὶς τοῖς Σαμαρείταις ». Ἡ δὲ ὑπόθεσις πρόκειται τοιαύτη. Τῶν Σαμαρειτῶν τὸ πλῆθος εἰς ἀντικειμένας μερίδας διαιρεθέντες καὶ στασιάσαντες πρὸς ἀλλήλους καὶ ἀλλοφύλοις ἑαυτοὺς ἀποδιατειχίσαντες δόξαις, οἱ μὲν Ἰησοῦν τὸν Ναυῆ ἐδόξαζον εἶναι περὶ οὗ Μωσῆς εἶπε· « Προφήτην ὑμῖν ἀναστήσει Κύριος ὁ Θεὸς ἐκ τῶν ἀδελφῶν ὑμῶν ὡς ἐμέ », οἱ δὲ τοῦτον μὲν παρεγράφοντο, Δοσθὴν δέ τινα τοὔνομα ἢ Δοσίθεον ἀνεκήρυττον, Σαμαρείτην μὲν καὶ

[285 a] **6** καὶ AM^x : *om.* M ‖ **23** ταῦτα AM : ταῦτα δὴ M^x ‖ διελθὼν A : περιελθὼν M ‖ **30** ὑμῖν A^2 M : ἡμῖν A.

Samaritain de naissance lui aussi et contemporain de Simon le Magicien[1]. Et ceux qui soutenaient cette énormité que c'est Dosithée qu'avait annoncé le prophète portaient son nom et s'appelaient Dosithéens[2].

Ce personnage avait outragé les Prophètes de Dieu et surtout Juda, un des douze Patriarches, sans le moindre égard pour les innombrables louanges dont il était l'objet dans les écrits mosaïques. Il accablait donc et ridiculisait tous les personnages dont j'ai parlé et il voulait tout revendiquer pour lui, la parole du Prophète et tous les [285 b] attributs de la divinité. Il falsifia l'*Octateuque* mosaïque par d'innombrables additions bâtardes ; il composa et laissa à ses adeptes d'autres écrits insensés, bizarres* et contraires à la législation inspirée par l'Esprit. Il niait même la Résurrection*.

Les factions étaient donc ainsi partagées entre des opinions opposées et blasphématoires. Chacune publiait des libelles pour la défense de sa propre thèse contre la thèse adverse et prônait la supériorité du prophète honoré chez elle. Saint Eulogius s'assit au tribunal pour les juger avec un synode* qui rassemblait des évêques en vue et des hommes qui brillaient dans les fonctions qu'ils occupaient. En ce temps-là, Maurice*, qui occupait le trône romain, était dans la septième année de son règne. Saint Eulogius mit en discussion les assertions des deux partis ; il les convainquit d'être l'un comme l'autre loin de la vérité ; il leur montra par des textes tirés des Écritures que celui qui est annoncé par les Prophètes est Notre-Seigneur Jésus-Christ le vrai Dieu et qu'ils étaient égarés dans une longue et pénible erreur, les uns avec leurs vaines

1. Cf. R. M. Grant, *La Gnose et les origines chrétiennes*, trad. de Jeanne-H. Marrou, Paris, Éd. du Seuil, 1964, p. 63-82. Sur Dosithée, p. 77-78.

2. « Nous sommes loin d'être au fait sur Dosithée et sur sa secte. » Cette déclaration de Ch. Guignebert, *Le monde juif vers le temps de Jésus*, Paris, A. Michel, 1950, p. 250, est, à ma connaissance, toujours valable et le lecteur ne doit rien attendre de neuf d'une note en quelques lignes. Les sources qui concernent Dosithée ne sont pas sûres (cf. A. Tordhoudt, *D. H. G. E.*, t. XIV, p. 701). Il y aurait eu deux Dosithée que la tradition a réduits peu à peu à un seul. Cf. T. Caldwell, *Dositheos Samaritanus*, in *Kairos*, t. IV (1962), p. 105-117.

αὐτὸν τὸ γένος, συνακμάσαντα δὲ κατά γε τοὺς χρόνους Σίμωνι τῷ μάγῳ· καὶ τοῦτον εἶναι τὸν προφητευθέντα τερατευόμενοι ἐξ αὐτοῦ τὴν ἐπωνυμίαν ἔφερον, Δοσθηνοὶ καλούμενοι.

Οὗτος δὲ ὑβριστὴς μὲν γέγονε τῶν τοῦ Θεοῦ Προφητῶν, ὑβριστὴς δὲ μάλιστα τοῦ Ἰούδα τοῦ ἑνὸς τῶν δώδεκα Πατριαρχῶν, μηδὲ τοὺς περὶ αὐτοῦ μυρίους ἐπαίνους παρὰ τῆς Μωσαϊκῆς γραφῆς αἰσχυνθείς. Τοὺς οὖν εἰρημένους πάντας πλύνων καὶ διαγελῶν, εἰς ἑαυτὸν πάντα καὶ τὴν προφητείαν καὶ τὴν ἄλλην πε-
[285 b] ριέσπα θειότητα. Μυρίαις δὲ καὶ ποικίλαις ἄλλαις νοθείαις τὴν Μωσαϊκὴν Ὀκτάτευχον κατακιβδηλεύσας, καὶ ἕτερά τινα συγγράμματα μωρά τε καὶ ἀλλοκότα καὶ ἀπεναντία πνευματικῆς νομοθεσίας συντεταχὼς τοῖς πειθομένοις κατέλιπεν. Ἀπεκήρυττε δὲ καὶ τὴν ἀνάστασιν.

Αἱ μὲν οὖν μερίδες οὕτως εἰς ἀντιπάλους καὶ βλασφήμους δόξας διετέτμηντο. Ἐπιδιδόασι δὲ καὶ λιβέλλους, ὑπέρ τε τοῦ οἰκείου φρονήματος καὶ κατὰ τοῦ ἀντικειμένου μερὶς ἑκατέρα τὸν παρ' αὐτοῖς πρεσβευόμενον προφήτην εἶναι προτιμῶσα. Καθίζει δὲ τούτων δικαστὴς ὁ ἱερὸς Εὐλόγιος μετὰ συνόδου ἀρχιερεῖς τε τῶν ἐπισήμων καὶ τοὺς λαμπροὺς τῶν ἐν ἀξιώμασι πλήρωμα ποιουμένης. Μαυρίκιος δὲ τηνικαῦτα, ὅς τοῖς Ῥωμαϊκοῖς ἐνίδρυτο σκήπτροις, ἕβδομον ἔτος ἤνυε τῆς βασιλείας. Γυμνάσας δὲ τὰ παρ' ἑκατέρων λεγόμενα ὁ ἱερὸς Εὐλόγιος, καὶ τῆς ἀληθείας ἑκατέρους διελέγξας μακρὰν ἀφισταμένους, τὸν μὲν προφητευόμενον γραφικοῖς παρέστησε ῥητοῖς τὸν Κύριον ἡμῶν Ἰησοῦν Χριστὸν τὸν ἀληθινὸν Θεὸν εἶναι, τοὺς δὲ μακράν τε καὶ χαλεπωτάτην ἀποπλανηθῆναι πλάνην, τοὺς μὲν Ἰη-

39 αὐτοῦ A : αὐτὸν M.

[285 b] **4** ἀπεναντία M : ἀπεναντίας A ‖ **8** τε A : *om.* M ‖ 13 Μαυρίκιος Fabricius : Μαρκιανὸς *codd.*

affirmations qui faisaient de Jésus fils de Navé le prophète annoncé, les autres avec leur monstrueuse prétention de le voir dans l'impie Dosthès ou Dosithée. C'est ainsi qu'il congédia le synode ; la relation de celui-ci et le décret qui y fut promulgué ont disparu avec Eulogius et son troisième livre est venu entre nos mains[1].

Dans celui-ci, l'auteur s'attache à démontrer la Résurrection au moyen de témoignages mosaïques et il s'exprime comme il suit. Si le fait de la Résurrection n'était pas absolument vrai, comment Dieu pouvait-il dire à Abraham : « Toi, tu t'en iras en paix auprès de tes ancêtres, enseveli dans une heureuse vieillesse »* ? Comment, en effet, et vers qui s'en irait-il si lui-même et les autres vers qui il allait ne devaient plus exister du tout ? Et comment encore, un peu plus loin, l'oracle divin dit-il de lui : « Puis Abraham expira et mourut dans une heureuse vieillesse, chargé d'ans et rassasié de jours, et il fut réuni à son peuple »* ? Qu'est-ce, en effet, que la réunion de ce qui n'existe pas ? Et comment ce qui est se réunit-il avec ce qui n'existe pas ? Et pourquoi dit-on à propos de Jacob : « Tous ses fils et toutes ses filles se rassemblèrent et ils voulaient le consoler, mais lui ne voulait pas de consolations et disait : je descendrai en deuil rejoindre [286 a] mon fils dans l'Hadès pour l'éternité »*. Comment, en effet, concevoir la descente de ce qui n'existe pas ? Et comment descendrait-il vers son fils qui, selon le vain blasphème de Dosithée, ne peut exister du tout nulle part ?

Et encore, quand Jacob eut béni ses fils, il dit : « Moi, je vais me joindre à mon peuple »*. Car, s'il savait que son existence s'achevait avec la fin de la vie présente, comment pouvait-il dire qu'il allait se joindre, lui-même

1. Cette phrase que je traduis tant bien que mal signifie à mon avis que les documents originaux concernant ce synode avaient disparu à l'époque de Photius et qu'il a connu cette affaire par le dernier λόγος du recueil dans lequel Eulogius était revenu sur le sujet. Quant au τρίτον τεῦχος mentionné ici, du fait qu'il n'a pas été question, dans le présent « codex », d'une division en τεύχη, je pense qu'il s'agit du troisième livre d'un ouvrage de polémique contre Dosithée que Photius a analysé ici à cause de la parenté évidente qu'il y a entre son sujet et celui du λόγος qui reprenait l'affaire des Samaritains.

σοῦν τὸν τοῦ Ναυῆ τὸν προφητευόμενον εἶναι κενολογοῦντας, τοὺς δὲ Δόσθην ἢ Δοσίθεον τὸν δυσσεβῆ τερατολογοῦντας. Καὶ οὕτω τὸν σύλλογον διαλύει, συντελευτώσης αὐτῷ καὶ τῆς ὑποθέσεως καὶ τῆς ἐκφωνήσεως καὶ τοῦ περιελθόντος εἰς τὰς ἡμετέρας χεῖρας τρίτου τεύχους.

Ἐν τούτῳ τῷ βιβλίῳ τὴν ἀνάστασιν ὁ συγγραφεὺς ἐκ τῶν μωσαϊκῶν μαρτυριῶν ἐπιδεικνύναι σπεύδων, τοιαῦτά φησιν. Εἰ μὴ πανάληθες ἦν τὸ τῆς ἀναστάσεως χρῆμα πῶς ἔλεγε πρὸς Ἀβραὰμ ὁ Θεός· « Σὺ δὲ ἀπελεύσῃ πρὸς τοὺς πατέρας σου μετ' εἰρήνης ταφεὶς ἐν γήρει καλῷ; » Πῶς γὰρ ἂν ἀπῄει καὶ πρὸς ποίους, εἰ μηδαμῶς μηκέτι μήτε οὗτος ἔμελλεν εἶναι μήτε πρὸς οὓς ἀπῄει; Πῶς δὲ πάλιν μετ' ὀλίγα τὸ ἱερὸν λόγιόν φησι περὶ αὐτοῦ· « Καὶ ἐκλιπὼν ἀπέθανεν Ἀβραὰμ ἐν γήρει καλῷ, πρεσβύτης καὶ πλήρης ἡμερῶν, καὶ προσετέθη πρὸς τὸν λαὸν αὐτοῦ; » Τίς γὰρ τοῦ μὴ ὄντος προσθήκη, καὶ πῶς προστίθεται τοῖς μὴ οὖσι τὸ ὄν; Τί δὲ λέγει καὶ περὶ τοῦ Ἰακὼβ ὅτι· « Συνήχθησαν πάντες οἱ υἱοὶ αὐτοῦ καὶ πᾶσαι αἱ θυγατέρες, καὶ ἤθελον παρακαλέσαι αὐτόν, καὶ οὐκ ἤθελε παρακαλεῖσθαι, λέγων ὅτι καταβήσομαι πρὸς τὸν υἱόν μου [286 a] πενθῶν εἰς Ἅιδην; » Πῶς γὰρ ἂν ἐπινοηθείη κάθοδος τοῦ μὴ ὄντος; Πῶς δὲ κατέβαινε καὶ πρὸς τὸν υἱὸν τὸν μηδαμῇ μηδαμῶς κατὰ τὸν Δοσιθέου δύσφημον λῆρον δυνάμενον εἶναι;

Πάλιν δὲ τοὺς υἱοὺς εὐλογήσας ὁ Ἰακώβ φησιν· « Ἐγὼ δὲ προστίθεμαι πρὸς τὸν λαόν μου ». Εἰ γὰρ περατουμένην ᾔδει τὴν ὕπαρξιν αὐτοῦ τῷ πέρατι τοῦ παρόντος βίου, πῶς ἔλεγε προστίθεσθαι μὴ

28 ἐπιδεικνύναι A : ἐπιδεικνύναι αὐτὰς M ‖ **31** ταφεὶς *Gen.*, 15, 15 : τραφεὶς AM ‖ **33** οὗτος A : αὐτὸς M.
[286 a] **1** ἐπινοηθείη A¹M : ἔτι νοηθείη A ‖ **2** δὲ A : δὲ καὶ M.

qui n'existait pas, à son peuple qui n'existait nulle part? Voyez aussi ce que dit lui-même le Seigneur Dieu de l'univers à Moïse quand il le fait monter au sommet du mont Nébo[1] pour lui montrer la terre qu'il voulait donner en héritage à Israël. Il ajoute en effet : « Et tu la verras et puis tu seras réuni à ton peuple toi aussi comme l'a été Aaron ton frère »[2].

Et la parole que voici, comment ne ferait-elle pas impression puisque c'est Dieu qui crie pour dire : « C'est moi le Dieu d'Abraham, le Dieu d'Isaac et le Dieu de Jacob »[3]. Comment le vrai Dieu serait-il le Dieu de ceux qui n'existeront plus mais seront anéantis? Et pourquoi aurait-il, en Orient, planté le Jardin d'Éden où il plaça l'homme créé par lui s'il savait que cet homme pécherait aussitôt et serait exclu de ce lieu et qu'aucun des hommes à venir ne l'habiterait à nouveau? Car si chacun de ceux qui ont bien vécu comme de ceux qui se sont comportés en impies est réduit au néant après la carrière de cette vie-ci, et s'il ne reste plus personne pour gagner le Paradis et jouir de la sainte joie qu'on y connaît, comment cette conception irréfléchie et impie n'enseigne-t-elle pas que c'est pour rien que l'homme a été créé, et comment l'injure faite à l'homme n'atteint-elle pas le Créateur de l'univers en l'accusant de faire ce qu'un homme même quelconque ne ferait pas?

C'est ainsi que, s'appuyant sur les Saintes Écritures, Eulogius renverse l'enseignement impie de Dosithée sur la Résurrection[4] et démontre que le monde est périssable — Dosithée prônait cette idée étrange que l'âme est mortelle et le monde immortel — et que la nature des Anges a été créée par Dieu — car ce bavard croyait que leur

1. *Deutéronome*, 32, 49.
2. IB., 32, 50.
3. *Genèse*, 28, 13.
4. Il est donc bien clair que tout ce qui suit le sommaire du λόγος relatif au synode contre les Samaritains lui est lié par la similitude des sujets, même s'il s'agit d'un ouvrage d'Eulogius qui ne faisait pas partie de la série des λόγοι analysés ici.

ὧν αὐτὸς τῷ μηδαμῇ μηδαμῶς ὄντι αὐτοῦ λαῷ; Ὅρα δὲ καὶ αὐτὸς ὁ δεσπότης καὶ Θεὸς τῶν ὅλων τί λέγει τῷ Μωσεῖ, ὅτε αὐτὸν εἰς τὸ ὄρος ἀναβιβάζει τὸ πέραν Ναβαῦ, καὶ τὴν γῆν ἐπιδεικνύει ἣν ἔμελλε κατακληροδοτεῖν τῷ Ἰσραήλ; Ἐπάγει γάρ· « Καὶ ὄψει αὐτήν· εἶτα καὶ προστεθήσῃ πρὸς τὸν λαόν σου καὶ σύ, καθὰ προσετέθη Ἀαρὼν ὁ ἀδελφός σου ».

Ἐκεῖνο δὲ τίνας οὐκ ἂν δυσωπήσειεν, αὐτοῦ τοῦ Θεοῦ διακεκραγότος καὶ λέγοντος· « Ἐγώ εἰμι ὁ Θεὸς Ἀβραὰμ καὶ ὁ Θεὸς Ἰσαὰκ καὶ ὁ Θεὸς Ἰακώβ »; Πῶς γὰρ ἂν εἴη Θεὸς ὁ ἀληθινὸς Θεὸς τῶν μηκέτι ἐσομένων ἀλλὰ ἀποφθαρέντων εἰς τὸ μὴ ὄν; Τί δὲ καὶ τὸν κατὰ ἀνατολὰς παράδεισον ἐφύτευσε τὸν ἐν Ἐδέμ, ἐν ᾧ τὸν ἄνθρωπον ὃν ἔπλασεν ἔθετο, εἰ ἐκεῖνον μὲν εὐθὺς παραβήσεσθαι ᾔδει καὶ τοῦ χωρίου γενησόμενον ὑπερόριον, μηδένα δὲ τῶν μετὰ ταῦτα ἀνθρώπων μέλλοντα πάλιν οἰκήσειν αὐτόν; Εἰ γὰρ ἕκαστος καὶ τῶν εὐσεβῶς βεβιωκότων καὶ τῶν δυσσεβῶς πολιτευσαμένων μετὰ τὸ στάδιον τοῦ παρόντος βίου πρὸς τὸ μὴ ὂν ἀναλύεται, καὶ οὐδεὶς οὐκέτι διαμένει ὥστε καὶ παράδεισον κληρονομεῖν καὶ τῆς ἐν αὐτῷ τρυφῆς ἀπολαύειν ἱερᾶς, πῶς οὐ μάτην αὐτὸν γεγενῆσθαι ἡ τοιαύτη ἀγνώμων καὶ δυσσεβὴς ὑπόληψις ἀποφανεῖ, καὶ διὰ τῆς εἰς ἐκεῖνον ὕβρεως τὸν κοινὸν ἐξυβρίσει δημιουργόν, ἐκεῖνα πράττειν κατηγορῶν, ἃ μηδὲ μέτριος ἄν τις διαπράξοιτο ἀνήρ;

Οὕτω τὸ δυσσεβὲς περὶ ἀναστάσεως διὰ τῶν ἱερολογιῶν Δοσιθέου κήρυγμα καταβαλών, καὶ ὅτι φθαρτὸς ὁ κόσμος (ἐκεῖνος γὰρ φθαρτὴν μὲν τὴν ψυχήν, ἄφθαρτον δὲ τοῦτον ἐτερατολόγει), καὶ ὅτι τῶν Ἀγγέλων ἡ φύσις παρὰ Θεοῦ ὑπέστη (τῶν γὰρ μὴ ὄντων καὶ

8 ὧν A[1] : ὃν AM ‖ τῷ A[1]M : τῶν A ‖ 9 δεσπότης M : *om.* A ‖ 25 δυσσεβῶς M : ἀσεβῶς A *ut vid.* εὐσεβῶς A[2] ‖ 30 ἀποφανεῖ M : ἀποφαίνει A ‖ 35 γὰρ A : *om.* M.

espèce n'existait pas — et que la troupe des démons existe et subsiste — car les Dosithéens appelaient les idoles des démons mais ne reconnaissaient l'existence d'aucune espèce de démons — il l'a convaincu d'être [286 b] allé fort loin dans la folie.

Dans ce livre, il propose un problème que voici. Pourquoi, alors qu'il y a beaucoup d'animaux qui sont classés comme des animaux purs[1], cinq seulement étaient-ils offerts en sacrifice et consacrés aux dieux par les anciens : le bouc, le bélier, le bœuf, la tourterelle et la colombe? Il répond en disant que les usages anciens sont des figures et que la plupart ressortissent au domaine des énigmes. Cinq parmi les animaux purs sont offerts en sacrifice parce que, à ce qu'il suppose, nos sens sont aussi au nombre de cinq, car le législateur prescrit que nous nous approchions du Verbe avec des sens purifiés.

Tels sont les extraits.

231.

Lu de Sophronius, patriarche de Jérusalem[2], une lettre synodale* qui fut envoyée à Rome à Honorius, évêque de cette ville. Cette lettre est pleine de piété mais elle s'abandonne souvent à des innovations de langue comme un poulain qui gambade avec joie. Toutefois, elle expose avec la plus grande précision la pensée orthodoxe et elle montre de nos saintes vérités une connaissance qui n'est pas celle du premier venu.

Dans cette lettre, on trouvera Magnus et Apollinaire réunis dans l'anathème, tandis que Théodoret n'y est pas proclamé exclu de l'Église bien qu'il se soit attiré une réputation fâcheuse dans ses écrits où il a condamné Cy-

1. La distinction entre animaux purs et animaux impurs dans la Loi figure dans le *Deutéronome*, 14, 3-21, et dans le *Lévitique*, 11.

2. Il ne s'agit pas ici du personnage dont il a été question au « codex » 5, t. I, p. 8. Celui dont on parle ici a été patriarche de Jérusalem de 634 à 638. Cf. G. Bardy, *D. T. C.*, t. XIV, 2, p. 2379-2383 ; Beck, *op. cit.*, p. 434-436. L'étude déjà ancienne de S. Vailhé, *Sophrone le sophiste et Sophrone le patriarche*, in *Rev. de l'Orient chrétien*, t. VII (1902), p. 360-385, et VIII (1903), p. 32-69, reste, à ma connaissance, la seule de quelque importance qu'on lui a consacrée.

τούτων τὴν φύσιν ἐκεῖνος ὁ ληρώδης ἐνόμιζε), ναὶ δὴ καὶ ὅτι τὸ δαιμόνιον γέγονέ τε καὶ διαμένει φῦλον (οἱ γὰρ Δοσθηνοὶ τὰ μὲν εἴδωλα δαίμονας ἔλεγον, ἄλλο δέ τι δαιμόνιον φῦλον οὐκ ἐγίνωσκον), εἰς πολλὴν αὐτὸν ἐλάσαι φρενοβλάβειαν διήλεγξεν.

[286 b] Ἐν τούτῳ τῷ βιβλίῳ ἀπορίαν προθείς, ὅτι πολλῶν ὄντων ζῴων ἃ τῆς τῶν καθαρῶν ἐτάχθη μερίδος, διὰ τί πέντε μόνα ἐθυσιάζοντο τοῖς παλαιοῖς καὶ ἱερουργοῦντο, τράγος καὶ κριὸς καὶ βοῦς, τρυγὼν καὶ περιστερά; Καὶ ἐπιλύεται, τύπον μὲν εἶναι λέγων τὰ παλαιά, καὶ τὰ πλείω εἰς αἰνιγμάτων ἀναφέρεσθαι θεωρίαν, πέντε δὲ ἐκ τῶν καθαρῶν ἱερουργεῖσθαι, ἅτε δὴ καὶ τὰς ἡμετέρας αἰσθήσεις τὸν ἴσον ἀριθμὸν ὑποβαλλόμενος· ταύτας γὰρ ἡμᾶς κεκαθαρμένας προσάγειν τῷ Λόγῳ νομοθετεῖ τε καὶ βούλεται ὁ νομοθέτης. Ἀλλὰ τὰ μὲν τῆς ἐκλογῆς ἐν τούτοις.

231

Ἀνεγνώσθη Σωφρονίου Ἱεροσολύμων πατριάρχου συνοδική, ἣ ἀπεστάλη ἐν Ῥώμῃ Ὀνωρίῳ τῷ ταύτης ἐπάρχοντι. Αὕτη ἡ ἐπιστολὴ πλήρης μέν ἐστιν εὐσεβείας, ἐννεωτερίζει δὲ πολλαχοῦ τοῖς ῥήμασι, καθάπερ τις πῶλος ἐπιγαυρούμενος τοῖς σκιρτήμασι. Πλὴν τήν τε ὀρθόδοξον ὡς μάλιστα γνώμην ἐξακριβοῖ, καὶ τῶν ἱερῶν δογμάτων οὐ τὴν τυχοῦσαν μάθησιν ἐπιδείκνυται.

Ἐν ταύτῃ τῇ ἐπιστολῇ εὑρήσεις καὶ Μάγνον σὺν Ἀπολιναρίῳ ἀναθεματιζόμενον, καὶ Θεοδώρητον τῆς ἐκκλησίας οὐκ ἀποκηρυττόμενον, εἰ καὶ ἐν οἷς Κυρίλλου κατεψηφίσατο τὸ ἀδόκιμον καὶ μεμπτὸν

38 τούτων τὴν φύσιν A^1 : τοῦτον φύσιν A τοῦτον M ‖ **39** φῦλον AM^x : φύλλον M.

[286 b] **1** προθεὶς AM^x : προσθεὶς M ‖ **4** τράγος A^1M : τάγος A ‖ **23** Κυρίλλου A^2 : Κύριλλον AM.

rille. On apprendra aussi qu'il existe un autre Origène, qui est Origène l'ancien, et un second qui lui est postérieur et qui porte le nom d'Adamantius[1] ; que Jacques le Syrien est frappé d'anathème avec les autres hérétiques : c'est de ce personnage que la secte des Acéphales a reçu son nom[2]. La lettre demande aussi que, si quelque sujet dont il aurait fallu traiter a été omis, Honorius de Rome, qui est en mesure de le faire, la corrige et la complète. Sophronius dit qu'il vouerait une grande reconnaissance à Honorius s'il ne se dérobait pas à sa requête et qu'il ne perdrait jamais la mémoire de ce bienfait. Voilà ce que disait la lettre synodale du très saint Sophronius contenue dans ce volume.

Le même volume contenait des témoignages de divers saints Pères dont les uns sont antérieurs au quatrième synode, les autres contemporains du même synode et dont d'autres encore lui sont postérieurs. Les témoignages attestaient la double opération dans le Christ notre Dieu ; ils avaient pour auteurs Léon, évêque de l'ancienne Rome, [287 a] et le quatrième saint synode œcuménique lui-même, Pierre, le très saint évêque de Myres, Gennade de Constantinople, l'évêque de Photicé nommé Diadoque, Éphrem, l'évêque d'Antioche qui a lutté vaillamment dans beaucoup de traités contre les Acéphales, Denys à la parole féconde et à la science plus féconde encore, le disciple de Paul et le martyr du Christ et évêque d'Athènes, Justin qui témoigna de sa foi dans le sang du martyre, le vaillant Athanase d'Alexandrie, Grégoire, l'initiateur à la théologie et l'ornement de l'Église, Basile, Grégoire de Nysse, ce fleuve d'éloquence, Cyrille le victorieux,

1. Sur le problème des deux Origène, le païen et le chrétien, voir, malgré la date du livre, R. Cadiou, *La jeunesse d'Origène. Histoire de l'école d'Alexandrie au début du IIIe siècle*, Paris, Beauchesne, 1936, p. 231-262. Il est connu qu'Adamantius était un surnom d'Origène d'après l'*Apologie* qu'écrivit pour lui le prêtre Pamphile, mort en 310 (Photius, « codex » 118, t. III, p. 91 et note 3) et comme en témoigne Eusèbe, *H. E.*, VI, 14, 10 : ὁ γέ τοι Ἀδαμάντιος (καὶ τοῦτο γὰρ ἦν Ὠριγένει ὄνομα), t. II, p. 108, éd. Bardy (S. Chr. n. 41).

2. Ce Jacques le Syrien (Jacques de Saroug, cf. E. Tisserant, s. v. *D. T. C.*, t. VIII, 1, p. 300-305) figure dans la lettre (*P. G.*, t. LXXXVII, 3, p. 3192 C) au milieu d'une énumération qui com-

ἀπηνέγκατο. Ἀλλὰ καὶ ὡς ἄλλος μέν ἐστιν Ὠριγένης ὁ παλαιός, ἕτερος δὲ ὁ μετ' ἐκεῖνον, ἐπικληθεὶς Ἀδαμάντιος· καὶ ὡς τοῖς ἄλλοις αἱρετικοῖς συναναθεματίζεται ὁ Σῦρος Ἰάκωβος, ἐξ οὗ τὴν ἐπωνυμίαν τὸ τῶν Ἀκεφάλων αἱρετικῶν εἵλκυσε σύστημα. Αἰτεῖται δὲ ἡ ἐπιστολή, καὶ εἴ τι παρώφθη τῶν ὀφειλόντων ῥηθῆναι, τὸν Ῥώμης Ὀνώριον οἷα δὴ καὶ δυνάμενον ταύτης ποιήσασθαι καὶ τὴν διόρθωσιν καὶ τὴν ἀναπλήρωσιν· μεγάλην δ' ἂν ὁμολογήσειν τὴν χάριν, εἰ μὴ διαμάρτοι τῆς αἰτήσεως, καὶ μηδέποτε φανῆναι τῆς εὐεργεσίας ἀγνώμονα. Ἀλλὰ ταῦτα μὲν ἐν τῷ βιβλίῳ ἔλεγεν ἡ συνοδικὴ Σωφρονίου τοῦ ἁγιωτάτου ἐπιστολή.

Ἐν δὲ τῷ αὐτῷ περιείχοντο τεύχει χρήσεις ἁγίων καὶ διαφόρων πατέρων τῶν τε προγενεστέρων τῆς τετάρτης συνόδου καὶ τῶν κατ' αὐτὴν ἀκμασάντων καὶ τῶν ἔτι μεταγενεστέρων. Αἱ δὲ χρήσεις τὴν διπλῆν ἐνέργειαν ἐπὶ Χριστοῦ τοῦ Θεοῦ ἡμῶν ἀνεκήρυττον, ὧν πατέρες καὶ γεννήτορες ἦσαν Λέων τε ὁ τῆς πρεσβυτέρας Ῥώμης ἀρχιερεύς, καὶ αὐτὴ ἡ τετάρτη καὶ οἰκουμενικὴ [287 a] ἁγία σύνοδος, Πέτρος τε ὁ Μύρων ὁσιώτατος ἐπίσκοπος, καὶ Γεννάδιος ὁ Κωνσταντινουπόλεως, καὶ ὁ τῆς Φωτικῆς ἐπίσκοπος ὄνομα Διάδοχος καὶ Ἐφραίμιος ὁ τῆς Ἀντιοχείας ἀρχιερεύς, ὃς καὶ κατὰ τῶν Ἀκεφάλων ἐν πολλοῖς συντάγμασι γενναίως ἠνδρίσατο, καὶ Διονύσιος ὁ πολὺς μὲν τὴν γλῶσσαν πλείων δὲ τὴν θεωρίαν, ὁ μαθητὴς Παύλου καὶ τοῦ Χριστοῦ μάρτυς καὶ τῶν Ἀθηνῶν ἐπίσκοπος, καὶ Ἰουστῖνος ὁ μαρτυρικοῖς αἵμασι βεβαιώσας τὸ φιλόσοφον, καὶ ὁ πολύαθλος Ἀλεξανδρείας Ἀθανάσιος, Γρηγόριός τε ὁ τῆς θεολογίας μυσταγωγός, καὶ τῆς ἐκκλησίας ὁ κόσμος Βασίλειος, καὶ ὁ ποταμὸς τῶν λόγων ὁ Νύσσης Γρηγόριος,

[287 a] **3** Ἐφραίμιος A : Εὐφραίμιος M || **6** πλείων A : πλεῖον M || **8** Ἀθηνῶν A : Ἀθηναίων M.

l'inébranlable modèle de la franchise inspirée par Dieu et de la vraie foi, Ambroise de Milan, Jean à la parole et à la bouche d'or, l'évêque de Constantinople, Sévérien, évêque de Gabala, saint Théodote, évêque d'Ancyre, Jean, évêque de Constantinople, qui tenait son surnom de sa Cappadoce natale et qui était un pilier de vertu, saint Eulogius, archevêque d'Alexandrie, qui a terrassé l'hérésie acéphale dans de nombreux écrits, saint Jean, évêque de Scythopolis, qui a défendu le synode de Chalcédoine avec une sagesse inspirée de Dieu, Héraclien, évêque de Chalcédoine, qui a beaucoup lutté contre les Manichéens ennemis de Dieu, Léon, qui avait choisi la condition d'ermite et la vie dans la solitude, saint Anastase, évêque de Théoupolis, Syméon, moine et prêtre. Le témoignage qui a pour auteur ce saint personnage est tiré d'une lettre envoyée à l'empereur Justinien où il combat les partisans de Nestorius et d'Eutychès. Il y avait aussi des citations du pieux empereur Justinien lui-même, citations d'un message qu'il avait écrit à Zoïle, patriarche d'Alexandrie, lettre qu'il a appelée un *Trésor*, et un témoignage aussi d'un certain Constantin qui avait rang de questeur ; ce personnage a composé en effet, contre l'impie Théodose, un traité dont on a transcrit des citations sur la double opération. A toutes ces citations s'ajoutaient celles d'un certain Théophile, homme sage et aimé de Dieu, qui a beaucoup combattu Sévère dans ses écrits et sur lequel l'hérétique a voulu passer son irritation en l'accablant de pointes et en lui décochant, lui le cacographe, le surnom de calligraphe. Les témoi-

prend Théodore d'Alexandrie, Anthime de Trapézonte, Julien d'Halicarnasse, Gaianus d'Alexandrie, mais il n'est pas mis en relation, dans le texte original, avec l'histoire des Acéphales. La note qui établit cette relation (p. 286 b, 27-28) pourrait donc être de Photius.

Le florilège qui faisait suite à la lettre synodale, et que Photius a trouvé dans le même τεῦχος, était donc destiné à appuyer les thèses développées dans cette lettre. Cette collection est perdue, mais on croit savoir par ailleurs qu'elle était considérable, car il y a toutes les chances qu'elle soit identique au florilège présenté par Étienne de Doura devant le concile de Latran en 649 et qui était constitué, selon les actes de ce concile, ἐν δυσὶ βιβλίοις, καὶ ἓξ ἑκοντάδας πατρικῶν χρήσεων. Cf. Mansi, t. XI, p. 896.

καὶ ὁ νικηφόρος Κύριλλος, καὶ ὁ τῆς ἐνθέου παρρησίας γνώμων ἀκίνητος καὶ τῆς εὐσεβείας, ὁ Μεδιολάνων Ἀμβρόσιος, καὶ ὁ χρυσοῦς τὴν γλῶσσαν καὶ τὸ στόμα Ἰωάννης ὁ Κωνσταντινουπόλεως ἐπίσκοπος, καὶ Σεβηριανὸς ὁ Γαβάλων, καὶ ὁ ἐν ἁγίοις Θεόδοτος (Ἀγκύρας οὗτος ἐπεστάτησε), καὶ Ἰωάννης ὁ Κωσταντινουπόλεως, ὁ ἐκ Καππαδοκίας ἕλκων τὸ γένος καὶ τὸ ἐπώνυμον, ἀνὴρ ἀρετῆς οἰκητήριον, καὶ ὁ ἐν ἁγίοις Εὐλόγιος, ὁ τῆς Ἀλεξανδρείας ἀρχιεπίσκοπος, ὁ πολλοῖς λόγοις καταβαλὼν τὴν τῶν Ἀκεφάλων δυσσέβειαν, καὶ Ἰωάννης ὁ ἐν ἁγίοις ἐπίσκοπος Σκυθοπόλεως, ὃς καὶ ὑπὲρ τῆς ἐν Καλχηδόνι συνόδου σοφῶς τε καὶ θεοφρόνως ἐσπούδασε, καὶ Ἡρακλειανὸς ὁ Καλχηδόνος ἐπίσκοπος ὁ πολὺν κατὰ τῶν θεομάχων Μανιχαίων ἀγῶνα βαλλόμενος. Καὶ Λεόντιος ὁ τὴν ἐρημικὴν πολιτείαν καὶ τὸν μονάδα βίον ἑλόμενος, Ἀναστάσιός τε ὁ ἐν ἁγίοις Θεουπόλεως ἐπίσκοπος, καὶ Συμεώνιος μοναχὸς καὶ πρεσβύτερος (ἡ δὲ χρῆσις ἡ τὸν ὅσιον ἐπιγινώσκουσα ἐξ ἐπιστολῆς ἐστιν ἣν πρὸς τὸν Ἰουστινιανὸν βασιλέα διεπέμψατο, ἣ καὶ κατὰ Νεστοριανῶν τε καὶ Εὐτυχιανιστῶν τὸν ἀγῶνα ἔχει. Αὐτός τε Ἰουστινιανὸς ὁ εὐσεβὴς βασιλεύς, ἐν οἷς πρὸς Ζώϊλον ἔγραψε — πατριάρχης δ' Ἀλεξανδρείας οὗτος ἦν — καὶ τὴν ἐπιστολὴν θησαυρὸν ἐπωνόμασε), ναὶ δὴ καὶ Κωνσταντῖνός τις τῶν κυαιστώρων φέρων τὸ ἀξίωμα· καὶ γὰρ οὗτος λόγον κατὰ Θεοδοσίου τοῦ δυσσεβοῦς ἐσπούδασεν, ἐξ οὗ χρήσεις περὶ τῶν δύο ἐνεργειῶν συναναγράφονται. Ἐπὶ πᾶσι καὶ Θεόφιλός τις τῶν θεοφιλῶν καὶ λογίων, ὃς κατὰ Σεβήρου πολὺν ἐν λόγοις ἀγῶνα διήνεγκεν· ὃν καὶ δυσχεραίνων καὶ διαπληκτιζόμενος ὁ δυσσεβής, καλλιγράφον ὁ κακογράφος, οἷα δὴ ἐνυβρίζων,

25 Καλχηδόνος M *et alibi* A : Χαλκηδόνος *hic* A ‖ **26** πολὺν A : πολλὴν M ‖ **31** τὸν M : *om.* A ‖ **33** τε A : τὲ ὁ M ‖ **43** καλλιγράφον A[1]M : καλλιγράφων A.

gnages [287 b] contenus dans le volume avaient donc en suscription les noms de leurs auteurs, les saints Pères qu'on vient de citer. Ils peuvent servir à confondre ceux qui croient à l'erreur selon laquelle il n'existe qu'une seule opération dans le Christ. Parmi les citations susdites, il s'en trouvait une sans nom d'auteur, mais le traité dont elle est extraite montrait que Sévère y était attaqué avec vigueur.

232.

Lu un livre d'un certain Étienne, un trithéïte, surnommé Gobar[1]. L'ouvrage semblait avoir coûté beaucoup de travail sans procurer un profit proportionné à la grande peine qu'il a exigée ; il étale, en effet, plus de vanité futile qu'il ne montre d'utilité. Les chapitres que l'auteur a traités et relatifs à des questions d'ordre général qui concernent l'Église étaient à peu près cinquante-deux ; quelques chapitres sur des sujets plus limités y étaient mêlés. Ces chapitres étaient divisés en exposés de deux opinions contradictoires. Et ces opinions n'étaient appuyées ni sur des raisonnements ni sur les Écritures saintes mais uniquement, au gré de l'auteur, sur des citations de divers Pères dont les unes appuyaient le point de vue de l'Église et les autres celui qu'il faut rejeter. Ce dernier point de vue était défendu par des témoignages anciens et d'auteurs anciens qui n'avaient pas fait une étude exacte de tous les problèmes et certaines citations ne le défendaient même pas, mais semblaient le faire, du moins aux yeux de celui qui les rassemble. Quant au point de vue de l'Église, il était confirmé par les témoignages des auteurs qui ont défini la vérité avec le plus d'exactitude. Les sujets sur lesquels est faite cette démonstration double et contradictoire sont les suivants.

C'est la propriété, la marque distinctive et la forme qui

1. Beck, *op. cit.*, p. 394, a résumé l'essentiel de ce qu'on sait sur le personnage qui doit être du VIe siècle. Son florilège ne nous est connu que par Photius. G. Bardy, *Le florilège d'Étienne Gobar*, in *Rev. Ét. byz.*, t. V (1947), p. 5-30, et VII (1949), p. 51-52, a recherché les auteurs et les textes qui peuvent être visés ici. Je lui ai beaucoup emprunté ;

[287 b] ὠνόμαζεν. Αἱ μὲν οὖν χρήσεις, ἃς ἡ βίβλος περιεῖχε, τοὺς εἰρημένους ἱεροὺς ἄνδρας πατέρας ἐπεγράφοντο, χρήσιμοι δ' ἂν εἶεν πρὸς ἔλεγχον τῶν φρονούντων ἐπὶ Χριστοῦ δυσσεβῶς μίαν ἐνέργειαν. Περιείχετο μέντοι ταῖς εἰρημέναις καὶ ἐξ ἀνεπιγράφου χρῆσις. τὸ δὲ σύνταγμα, ἐξ οὗ ἡ χρῆσις, Σεβῆρον ὑπεδείκνυ γενναίως τοῖς λόγοις καταβαλλόμενον.

232

Ἀνεγνώσθη βιβλίον Στεφάνου τινὸς τριθεΐτου, ᾧ ἐπίκλην ὁ Γόβαρος. Τὸ δὲ βιβλίον πόνων μὲν ἐδόκει μακρῶν, κέρδος δ' ἔφερε τῆς πολλῆς οὐχ ὅμοιον σπουδῆς· φιλοτιμίαν γὰρ μᾶλλον ἢ χρείαν ἐπεδείκνυτο περιττήν. Ἀλλὰ γὰρ τὰ μὲν κεφάλαια περὶ ὧν ἡ σπουδή, καὶ ὅσα εἰς κοινὰς καὶ ἐκκλησιαστικὰς ἀνεφέρετο ζητήσεις, μικροῦ β' καὶ ν' ἦν μερικωτέρων τινῶν οὐ πολλῶν τούτοις παρεμβεβλημένων. Ταῦτα δὲ διτταὶ δόξαι κατεμερίζοντο, καὶ οὐ διτταὶ μόνον ἀλλὰ καὶ ἀντικείμεναι. Τὰς δὲ δόξας οὐ λογισμοί τινες οὐδὲ λόγια συνεκρότουν ἱερά, χρήσεις δὲ μόνον, ὡς ὁ γράφων ἐνόμιζε, διαφόρων πατέρων, ὧν αἱ μὲν τὸ ἐκκλησιαστικὸν φρόνημα, αἱ δὲ συνεκρότουν τὸ ἀπόβλητον. Ἀλλὰ τὸ μὲν ἀπόβλητον παλαιαί τε χρήσεις καὶ παλαιῶν ἀνδρῶν, οὐ πάντα πρὸς ἀκρίβειαν ἐξετασάντων, περιέθαλπον, ὧν ἐνίων μὲν οὐδ' ἔθαλπον, ἐδόκουν δὲ θάλπειν ὅμως τῷ συλλέγοντι ταύταις· τὸ δὲ φρόνημα τὸ ἐκκλησιαστικὸν αἱ τῶν μάλιστα τὴν ἀλήθειαν ἐξακριβωσάντων ἱερῶν ἀνδρῶν ἐβεβαίουν μαρτυρίαι. Ἔστι δὲ τὰ κεφάλαια, περὶ ὧν ἡ διὰ τῶν χρήσεων διπλῆ καὶ ἀντικειμένη σπουδάζει κατασκευὴ ταῦτα.

Ὅτι τὸ ἰδίωμα καὶ ὁ χαρακτὴρ καὶ ἡ μορφὴ ὑπό-

[287 b] 5 χρῆσις M^2 : χρήσεις AM.

constituent l'hypostase et ce n'est pas l'union de la substance et de la propriété, et ce n'est pas non plus ce qui subsiste de soi-même. Il y a d'abord des citations qui confirment ce point de vue et ensuite d'autres confirment l'opinion adverse, à savoir que la propriété et la forme et la marque distinctive ne sont pas l'hypostase mais la marque distinctive de celle-ci[1]. Et dans les autres chapitres, pour ne pas nous astreindre à nous répéter chaque fois, les diverses citations reprennent la proposition antithétique et semblent en soutenir les deux aspects.

Jean-Baptiste aurait été conçu au mois d'octobre, l'opinion opposée étant que ce n'est pas ce mois-là qu'il le fut, mais en novembre. La Mère de Dieu aurait reçu l'annonce de la conception du Seigneur au mois des Novelles, c'est-à-dire en avril, mois que les Hébreux appellent Nisan ; [288 a] elle mit Notre-Seigneur Jésus-Christ au monde après neuf mois révolus, soit le cinq janvier, au milieu de la nuit du huitième jour des Ides de janvier. L'opinion contraire est que ce ne fut pas au cours du mois dont on vient de parler qu'eut lieu l'Annonciation, mais le vingt-cinq mars, et que Notre-Seigneur fut mis au monde non le cinq janvier mais le huitième jour avant les Kalendes de janvier*.

Au moment de la résurrection, c'est exactement le même corps que celui dont nous sommes revêtus maintenant que nous reprendrons sans avoir subi aucune modification qui nous confèrerait l'incorruptibilité ; la thèse opposée est que nous ne reprendrons pas le même corps que notre corps actuel qui est périssable. Nous ressusciterons avec la même apparence et ce ne sera pas avec la même apparence que nous ressusciterons, mais avec une autre. C'est à l'âge où chacun a quitté la vie qu'il ressuscitera ; l'opinion opposée est qu'il n'en sera pas ainsi mais que même les enfants ressusciteront avec un corps

j'ai précisé ses références et je l'ai complété à l'occasion.

1. Pour Bardy, *op. cit.*, p. 11, la définition condamnée ici est celle de saint Basile, *Lettre* 38, 3, t. I, p. 82-84, éd. Courtonne. Cet éditeur tient encore la lettre en question pour authentique, alors que F. Cavallin, *Studien zur den Briefen des hl. Basilius*, Lund, 1944, p. 74-81, l'attribue formellement à saint Grégoire de Nysse.

στασίς ἐστιν, ἀλλ' οὐχὶ συμπλοκὴ τῆς οὐσίας καὶ τοῦ ἰδιώματος, οὐδὲ τὸ αὐθυπόστατον. Τοῦτο μὲν αἱ χρήσεις κατασκευάζουσι πρότερον, εἶτα πάλιν ὕστερον τὸ ἐναντίον ἕτεραι, τουτέστι ὅτι τὸ ἰδίωμα καὶ ἡ μορφὴ καὶ ὁ χαρακτὴρ οὐκ ἔστιν ὑπόστασις ἀλλὰ τῆς ὑποστάσεως χαρακτήρ. Καὶ ἐπὶ τῶν ἄλλων κεφαλαίων, ἵνα μὴ τὰ αὐτὰ καθ' ἕκαστον λέγειν συναναγκασθείημεν, τὴν ἀντίθεσιν αἱ διάφοροι χρήσεις ἀπολαμβάνουσαι δοκοῦσιν ἑκατέρωθεν συνιστᾶν τὸ προτεινόμενον.

Ὡς ὁ βαπτιστὴς Ἰωάννης ὀκτωβρίῳ μηνὶ συνελήφθη. Οὗ τὸ ἀντικείμενον, ὡς οὐκ ἐν τούτῳ ἀλλ' ἐν τῷ νοεμβρίῳ. Ὡς ἡ θεοτόκος τὴν δεσποτικὴν σύλληψιν ἐν τῷ μηνὶ τῶν νέων εὐηγγελίσθη, οἷον ἀπριλλίῳ, ὃν Ἑβραῖοι Νισὰν [288 a] καλοῦσι· τέτοκε δὲ τὸν Κύριον ἡμῶν Ἰησοῦν Χριστὸν μηνῶν συντελεσθέντων θ', τουτέσιν Ἰανουαρίου ε', κατὰ τὸ μέσον τῆς νυκτὸς ἥτις ἐστὶ πρὸ ὀκτὼ εἰδῶν ἰανουαρίων. Τὸ δὲ τούτου ἀντικείμενον, ὡς οὐκ ἐν τῷ εἰρημένῳ μηνί, ἀλλ' ἐν πέμπτῃ καὶ εἰκάδι τοῦ μαρτίου εὐηγγελίσθη, ἐτέχθη δὲ ὁ Σωτὴρ ἡμῶν οὐκ Ἰανουαρίῳ πέμπτῃ ἀλλὰ πρὸ ὀκτὼ καλανδῶν Ἰανουαρίων.

Ὅτι ἐν τῇ ἀναστάσει τὸ αὐτὸ σῶμα κατὰ πάντα, ὃ καὶ νῦν περικείμεθα, ἀποληψόμεθα, μηδεμίαν διαφορὰν ἐπὶ τὸ ἄφθαρτον προσειληφότες· καὶ τὸ ἀντικείμενον, ὡς οὐ τὸ αὐτὸ σῶμα τῷ νῦν ἀναληψόμεθα φθειρομένῳ. Ὅτι ἐν τῷ αὐτῷ σχήματι ἀναστησόμεθα· καὶ ὅτι οὐκ ἐν τῷ αὐτῷ ἀλλ' ἐν ἑτέρῳ. Ὅτι καθ' ἣν ἡλικίαν ἕκαστος τὸν βίον μετήλλαξε, κατὰ ταύτην καὶ ἀναστήσεται· τὸ δὲ ἀντικείμενον, ὅτι οὐχ οὕτως, ἀλλὰ καὶ τὰ παιδία ἐν τελείῳ

32 αὐθυπόστατον A²M : ἀνυπόστατον A ‖ **42-43** τῶν νέων A²M : τῷ νέῳ A *ut vid.*

[288 a] **2** συντελεσθέντων A : τελεσθέντων M.

d'adulte et nous ne ressusciterons pas tous ensemble mais à notre tour. C'est un corps léger, aérien, éthéré et pneumatique que nous reprendrons au moment de la résurrection ; et il n'en sera pas ainsi, mais nous reprendrons un corps terreux, épais et consistant[1].

La divinité a une forme humaine et elle est pourvue d'une âme et c'est la formule *à l'image de* qui révèle quelle est sa forme corporelle et c'est ce qui fait que l'homme a été créé à l'imitation de son modèle et les Anges ont des corps de forme semblable à celle des corps humains et l'âme humaine est une émanation de la substance divine ; les thèses opposées à celles-ci sont que la divinité n'a pas de forme humaine ni de forme du tout et ne peut par nature être rien de ce qu'on vient de dire* ; de même, les Anges non plus n'ont pas de corps mais ils sont incorporels et l'âme humaine n'émane pas de la substance divine.

Avant la désobéissance, le corps de l'homme était différent : c'est celui qu'on appelle le corps glorieux et celui dont nous sommes à présent pourvus depuis la faute est autre : il est de chair et ce sont là les tuniques de peau* et nous le déposons au moment de la résurrection. L'opinion contraire est que ces tuniques de peau ne sont pas notre chair.

Ce seront d'abord les justes qui ressusciteront et avec eux tous les êtres vivants et ils mèneront bonne vie pendant mille ans, mangeant et buvant, procréant, et c'est après ce temps qu'aura lieu la résurrection universelle. L'opinion contraire est qu'il n'y a pas de résurrection préalable des justes non plus que de bonne vie pour mille ans ni de mariages*. Après la résurrection, c'est au Paradis que séjourneront les justes ; et ce n'est pas au Paradis [288 b] qu'ils séjourneront mais dans les cieux et le Pa-

1. Sur les opinions des Pères relatives aux conditions de notre résurrection, cf. A. Michel, s. v. *Résurrection*, in *D. T. C.*, t. XIII, 2, p. 2528-2538, et J. Daniélou, *La Résurrection des corps chez Grégoire de Nysse*, in *Vig. Christ.*, t. VII (1953), p. 154-170. Bardy, *op. cit.*, p. 12, note 2, sans affirmer que Gobar a cité les textes en question, renvoie à Origène, *De Princ.*, II, 10, 2, p. 274, éd. Koetschau (le même corps) ; à Méthode, *De Res.*, I, 25, 2, p. 251, éd. Bonwetsch (un autre corps) ; à Origène, *De Princ.*, III, 6, 4-5, p. 285-287 (corps terreux). Il ne signale pas l'exposé des thèses d'Origène chez Méthode, *De Res.*, I, 20-24, p. 242-250, éd. Bonwetsch.

σχήματι ἀναστήσονται, καὶ οὐκ ἀθρόον πάντες ἀλλὰ παρὰ μέρος. Ὅτι λεπτὸν καὶ ἀερῶδες καὶ αἰθέριον καὶ πνευματικὸν ἐν τῷ καιρῷ τῆς ἀναστάσεως ἀποληψόμεθα τὸ σῶμα· καὶ ὅτι οὐ τοιοῦτον ἀλλὰ γηινὸν καὶ παχὺ καὶ ἀντίτυπον.

Ὅτι τὸ θεῖον ἀνθρωπόμορφον καὶ ἔμψυχον, καὶ ὅτι τὸ κατ' εἰκόνα τὸ σωματικὸν σχῆμα δηλοῖ, καθὸ καὶ ὁ ἄνθρωπος πρὸς μίμησιν τοῦ ἀρχετύπου διαπέπλασται, καὶ ὡς οἱ Ἄγγελοι σώματά τε ἔχουσιν ὁμοιόσχημα τῶν ἀνθρωπίνων σωμάτων, καὶ ὡς ἐκ τῆς θείας οὐσίας ἡ ἀνθρωπίνη προελήλυθε ψυχή· καὶ τὰ ἀντικείμενα τούτοις, ὡς οὔτε τὸ θεῖον ἀνθρωπόμορφον οὔτε ὅλως ἐσχηματισμένον, ἀλλ' οὔτε ἄλλο τι πέφυκεν εἶναι τῶν προειρημένων· ὡσαύτως δὲ οὐδὲ οἱ Ἄγγελοι σώματα, ἀλλ' ἀσώματοι, καὶ ὡς ἡ τῶν ἀνθρώπων ψυχὴ οὐκ ἐκ τῆς θείας οὐσίας.

Ὅτι ἄλλο ἦν τὸ πρὸ τῆς παραβάσεως τοῦ ἀνθρώπου σῶμα, ὅπερ καὶ αὐγοειδὲς καλοῦσι, καὶ ἄλλο τὸ μετὰ τὴν παράβασιν, ὃ νυνὶ περικείμεθα σάρκινον, καὶ τοῦτό ἐστιν οἱ δερμάτινοι χιτῶνες, ὅπερ καὶ ἀποτιθέμεθα ἐν τῇ ἀναστάσει· καὶ ἐκ τοῦ ἐναντίου, ὅτι οὐχ ἡ σὰρξ ἡμῶν οἱ δερμάτινοι χιτῶνες.

Ὅτι πρότερον οἱ δίκαιοι ἀναστήσονται, καὶ σὺν αὐτοῖς πάντα τὰ ζῷα, καὶ ἐπὶ χίλια ἔτη τρυφήσουσιν ἐσθίοντες καὶ πίνοντες καὶ τεκνοῦντες, καὶ μετὰ τοῦτο ἡ καθολικὴ ἐπιστήσεται ἀνάστασις· καὶ ἐκ τοῦ ἐναντίου, ὅτι τῶν δικαίων προανάστασις οὐκ ἔστιν, οὐδὲ ἡ χιλιονταετὴς τρυφὴ οὐδὲ ὁ γάμος. Ὅτι μετὰ τὴν ἀνάστασιν ἐν παραδείσῳ τῶν δικαίων ἔσται ἡ διατριβή, καὶ ὅτι οὐκ ἐν παραδείσῳ
[288 b] ἀλλ' ἐν τοῖς οὐρανοῖς, καὶ ὡς ὁ παράδεισος οὔτε

21 κατ' εἰκόνα AM² : *quid prius praeb.* M *non liquet* || 35 ἡμῶν *edd.* : ἡμῶν ἐστιν *codd.* || 39 ὅτι M : ὅτι τε A || 41 ὁ M : *om.* A.

radis n'est ni dans le ciel ni sur la terre, mais dans un lieu intermédiaire. Le Paradis, c'est la Jérusalem d'En-Haut et il est au troisième ciel ; les arbres qui y poussent sont doués de sensation, d'intelligence et de parole et c'est de là que l'homme, après sa désobéissance, fut précipité sur la terre. Et la thèse adverse est que le Paradis n'est pas au troisième ciel mais sur la terre[1].

Les biens préparés pour les justes, l'œil ne les a pas vus, l'oreille ne les a pas entendus et ils ne sont pas montés au cœur de l'homme[2]. Cependant Hégésippe, un ancien, un contemporain des Apôtres, au troisième livre de ses *Commentaires*, sous l'effet de je ne sais quoi, dit que ce sont là de vaines paroles et que ceux qui les ont prononcées sont des menteurs puisque les Saintes Écritures et le Seigneur disent : « Bienheureux vos yeux parce qu'ils voient et bienheureuses vos oreilles qui entendent », etc.[3].

Ceux des pécheurs qui sont livrés au châtiment en sont purifiés de leur malice et, après leur purification, ils sont tenus quittes de leur châtiment. Selon l'autre point de vue, tous ceux qui sont livrés au châtiment ne sont pas purifiés et tenus quittes, mais certains seulement le sont, et, selon le véritable point de vue de l'Église, personne n'est tenu quitte de son châtiment*.

C'est brûler et non être consumé qui fait qu'on est détruit dans une destruction qui ne se détruit pas. Titus, évêque de Bostra, qui écrivait contre les Manichéens, dit dans son premier livre : « Comment la destruction pourrait-elle être sa propre destruction? Car c'est toujours quelque autre objet qu'elle détruit, non elle-même. Et si elle se détruisait elle-même, elle n'aurait même pas eu de commencement car elle sera détruite puisqu'elle se détruit elle-même au lieu d'exister. Une destruction indestructible est impossible à jamais concevoir, du moins

1. Cf. le P. Ildefonse de Vuippens, *Le Paradis terrestre au troisième ciel. Exposé historique d'une conception chrétienne des premiers siècles*, 1923, et le passage de saint Méthode cité au « codex » 234, p. 293 b 29-294 a 7, *infra*, p. 85.

2. Citation libre de I *Corinthiens*, 2, 9.

3. *Matthieu*, 13, 16. Eusèbe, *H. E.*, II, 23, 3, t. I, p. 86, éd. Bardy (S. Chr. n. 31), dit d'Hégésippe, dont il cite abondamment les *Mémoires*, qu'il vécut ἐπὶ τῆς πρώτης τῶν Ἀποστόλων διαδοχῆς.

ἐν τῷ οὐρανῷ, οὔτε ἐπὶ τῆς γῆς ἀλλὰ τούτων μεταξύ. Ὡς ὁ παράδεισος ἡ ἄνω ἐστὶν Ἱερουσαλήμ, καὶ ἐν τῷ τρίτῳ ἐστὶν οὐρανῷ, καὶ τὰ ἐν αὐτῷ ξύλα νοερά τέ εἰσι καὶ σύνεσιν ἔχουσι καὶ λόγον, καὶ ὡς ὁ ἄνθρωπος μετὰ τὴν παράβασιν ἐκεῖθεν ἐπὶ τὴν γῆν κατηνέχθη. Εἶτα καὶ τὸ ἀντικείμενον, ὅτι ὁ παράδεισος οὐκ ἔστιν ἐν τῷ τρίτῳ οὐρανῷ ἀλλ' ἐπὶ τῆς γῆς.

Ὅτι τὰ ἡτοιμασμένα τοῖς δικαίοις ἀγαθὰ οὔτε ὀφθαλμὸς εἶδεν οὔτε οὖς ἤκουσεν οὔτε ἐπὶ καρδίαν ἀνθρώπου ἀνέβη. Ἡγήσιππος μέντοι, ἀρχαῖός τε ἀνὴρ καὶ ἀποστολικός, ἐν τῷ πέμπτῳ τῶν ὑπομνημάτων, οὐκ οἶδ' ὅ τι καὶ παθών, μάτην μὲν εἰρῆσθαι ταῦτα λέγει, καὶ καταψεύδεσθαι τοὺς ταῦτα φαμένους τῶν τε θειῶν γραφῶν καὶ τοῦ Κυρίου λέγοντος· « Μακάριοι οἱ ὀφθαλμοὶ ὑμῶν οἱ βλέποντες καὶ τὰ ὦτα ὑμῶν τὰ ἀκούοντα » καὶ ἑξῆς.

Ὅτι οἱ ἐν τῇ κολάσει παραδιδόμενοι τῶν ἁμαρτωλῶν καθαίρονται τῆς κακίας ἐν αὐτῇ, καὶ μετὰ τὴν κάθαρσιν ἀπολύονται τῆς κολάσεως. Εἶτα καὶ ὅτι οὐ πάντες οἱ παραδοθέντες τῇ κολάσει καθαίρονται καὶ ἀπολύονται, ἀλλά τινες· καὶ ὅτι, ὅπερ ἐστὶν ἀληθὲς τῆς ἐκκλησίας φρόνημα, οὐδεὶς ἀπολύεται τῆς κολάσεως.

Ὅτι τὸ καίεσθαι καὶ μὴ κατακαίεσθαι φθοράν ἐστιν ἄφθαρτον φθείρεσθαι. Τῖτος δὲ ὁ ἐπίσκοπος Βόστρων, κατὰ Μανιχαίων γράφων, ἐν τῷ πρώτῳ λόγῳ φησί· « Πῶς ἂν εἴη φθορὰ ἑαυτῆς ἡ φθορά; Πάντως γὰρ ἕτερόν τι φθείρει, οὐχ ἑαυτήν. Εἰ δὲ ἑαυτὴν ἔφθειρεν, οὐδὲ τὴν ἀρχὴν ἂν ὑπέστη· φθαρήσεται γὰρ ἑαυτὴν μᾶλλον φθείρουσα ἢ οὖσα· φθορὰν γὰρ ἄφθαρτον ἀδύνατον κατά γε τὰς κοινὰς ἐννοίας ἐπι-

[288 b] **2** τῆς M : *om.* A || **19** εἶτα καὶ ὅτι A : καίτοι M || **25** εἴη A : *om.* M || **26** ἑαυτῆς A : ἐπ' αὐτῆς M.

selon le sens commun »[1]. Et il est évident que c'est dans un autre sens que ce saint auteur a dit que la destruction indestructible était impossible et saint Jean[2] l'a dit dans un autre sens encore. Ce dernier, en effet, a dit que la destruction était indestructible au lieu de dire qu'elle se prolongeait et durait toujours et l'autre a voulu dire qu'il n'existait pas de destruction indestructible, c'est-à-dire que la destruction ne pouvait pas être un état exempt de souffrance, une absence de destruction susceptible de sauver ceux qui l'encourent. Mais les deux interprétations étant telles, l'auteur du présent essai, Gobar, sans comprendre la différence d'interprétation, a juxtaposé ces propositions comme des propositions contradictoires.

Le siècle à venir est le huitième[3], la proposition opposée étant que ce n'est pas le huitième mais le neuvième.

Le corps de Notre Sauveur Jésus-Christ, après la Résurrection, [289 a] est devenu subtil, pneumatique, céleste, léger et inaccessible au toucher ; c'est pourquoi il est entré même portes fermées[4]. Et son corps tangible et dense est un autre corps que le corps subtil : il est consistant et d'une autre essence. Et l'opinion contraire à ce propos, c'est que Notre Seigneur Jésus-Christ, après sa Résurrection, n'avait pas un corps intangible ni subtil ni pneumatique et que c'est par miracle et non en vertu de la nature de son corps qu'il est entré alors que les portes étaient fermées.

Le Christ n'a pas dépouillé sa chair après sa Résurrection, mais c'est avec elle qu'il est assis à la droite du Père[5]. Dans la thèse opposée, il viendra juger les vivants et les morts non plus avec une chair mais avec un corps divinisé. Ce n'est pas avec sa chair mais dans sa divinité

Ceci ne correspond pas à ce que Grégoire de Nysse, *Or. catéch.*, 40, *P. G.*, t. XLV, p. 104 D, rapporte comme opinion d'Hégésippe.

1. Titus de Bostra, *Adv. Manichaeos*, I, 11, *P. G.*, t. XVIII, p. 1084 B.
2. Jean Chrysostome, *In Ep. ad Eph.*, 24, 5, *P. G.*, t. LXXII, p. 175.
3. Bardy, *op. cit.*, p. 14, note 2, dit que ce problème se rattache peut-être aux spéculations sur l'ogdoade chez Clément d'Alexandrie, *Stromates*, VI, 16, 138-142, t. II, p. 501-504, éd. Stählin.
4. *Jean*, 20, 19 et 26. Cf. Clément d'Alexandrie, *Adumbr. in Epist. can.*, *In Joannis primam*, I, 1, t. III, p. 110, éd. Stählin.
5. Origène, *De Princ.*, II, 11, 6. *Hom. 29 in Lucam.*

νοηθῆναί ποτε ». Καὶ δῆλον ὅτι ὁ μὲν ἱερὸς οὗτος ἀνὴρ καθ' ἑτέραν ἔννοιαν εἶπεν ἀδύνατον εἶναι τὴν φθορὰν ἄφθαρτον, ὁ δὲ θεσπέσιος Ἰωάννης καθ' ἑτέραν· ὁ μὲν γὰρ τὴν φθορὰν ἄφθαρτον εἶπεν ἀντὶ τοῦ διαιωνίζουσαν καὶ διὰ παντὸς γινομένην, ὁ δὲ τὴν φθορὰν ἄφθαρτον μὴ εἶναι, τουτέστι μὴ δύνασθαι τὴν φθορὰν ἀπάθειαν εἶναι καὶ ἀφθαρσίαν καὶ σωστικὴν τῶν ὑποκειμένων. Ἀλλ' οὕτως ἐχούσης ἑκατέρας διανοίας, ὁ πατὴρ τῆς παρούσης σπουδῆς Γόβαρος τὴν διάφορον ἔννοιαν οὐ συνιεὶς ὡς ἀντικειμένας ἀλλήλαις παρέθηκε τὰς φωνάς. Ὅτι ὁ μέλλων αἰὼν ὄγδοός ἐστι, καὶ τὸ ἀντικείμενον, ὡς οὐκ ὄγδοος ἀλλ' ἐνάτος.

Ὅτι τὸ τοῦ Σωτῆρος ἡμῶν Ἰησοῦ Χριστοῦ [289 a] σῶμα λεπτομερὲς μετὰ τὴν ἀνάστασιν γέγονε καὶ πνευματικὸν καὶ οὐράνιον καὶ κοῦφον καὶ μηδὲ ὑποπῖπτον ἁφῇ, καὶ διὰ τοῦτο καὶ τῶν θυρῶν εἰσῆλθε κεκλεισμένων. Καὶ ὡς τὸ ἁπτὸν καὶ παχυμερὲς σῶμα ἕτερόν ἐστι παρὰ τὸ λεπτομερές, καὶ ἀντίτυπον, καὶ οὐσίας διαφόρου. Καὶ τοῦ εἰρημένου τὸ ἀντικείμενον, ὅτι ὁ Κύριος ἡμῶν Ἰησοῦς ὁ Χριστὸς μετὰ τὴν ἀνάστασιν οὔτε ἀνέπαφον οὔτε λεπτομερὲς οὔτε πνευματικὸν εἶχε σῶμα, κατὰ θαυματουργίαν δὲ καὶ οὐ τῇ τοῦ σώματος φύσει τῶν θυρῶν εἰσῆλθε κεκλεισμένων.

Ὅτι ὁ Χριστὸς οὐκ ἀπέθετο τὴν σάρκα μετὰ τὴν ἀνάστασιν, ἀλλὰ μετὰ τῆς σαρκὸς ἐν δεξιᾷ καθέζεται τοῦ Πατρός· καὶ ἐκ τοῦ ἀντικειμένου, ὡς ἐλεύσεται μὲν κρῖναι ζῶντας καὶ νεκρούς, οὐκέτι δὲ σάρκα ἔχων ἀλλὰ θεοειδέστερον σῶμα. Ὅτι οὐ μετὰ σαρκὸς ἀλλὰ γυμνῇ τῇ θεότητι κατὰ τὴν

35-36 τὴν φθορὰν ἀπάθειαν εἶναι A : τὴν φθορὰν ἄφθαρτον μὴ εἶναι, τουτέστι μὴ δύνασθαι τὴν φθορὰν ἀπάθειαν εἶναι M || **37** ἐχούσης A : *om.* M.

[289 a] **13** μὲν A : *om.* M.

à l'état pur que le Maître va venir pour la seconde fois. En introduisant cette donnée dans son chapitre, Gobar produit des citations de Titus, évêque de Bostra[1], alors qu'il aurait pu en réunir d'innombrables qui établissent que ce n'est pas dans sa seule divinité que le Christ notre Maître reviendra ; il a passé outre sans en rapporter une seule, montrant ainsi l'impiété qui s'agite dans toute son âme et qui n'a pas honte de prôner le monophysisme par le reniement de la chair[2]. Le corps impassible, invulnérable et immortel est d'une substance et d'une espèce différentes du nôtre et les corps corruptibles et mortels qui passent à l'état d'incorruptibilité et d'immortalité subissent une modification dans leur substance[3].

Toute définition qui demeure ce qu'elle est préserve la nature des êtres qu'elle définit[4]. Mais si on lui retranche ou si on lui ajoute un élément, l'objet défini est détruit. Ces deux derniers chapitres, de même que ceux dont il a été question un peu plus haut, ont accueilli des témoignages dans un seul sens et non pas en faveur de deux thèses opposées.

Le Verbe de Dieu est tout entier en tout et par-dessus tout et il est tout entier dans le corps qu'il s'est attaché hypostatiquement. Et en un mot, la substance de la divinité, par sa nature, par sa puissance et son opération, remplit tout et passe dans chacun des êtres en se mélangeant à l'universel*. Au contraire, il n'en est pas ainsi, mais Dieu est en dehors de l'univers selon sa substance et il est en toutes choses par l'effet de ses propres vertus.

C'est avant la création du monde que Dieu a également créé les Anges. Il n'en est pas ainsi, mais il les a créés le premier jour de la création du monde*. Les Anges et

1. Bardy, *op. cit.*, p. 8, note 4, voit ici une allusion à un passage perdu du quatrième livre de l'*Adversus Manichaeos*. Le sommaire conservé de ce livre (*P. G.*, t. XVIII, p. 1287 C) montre, en effet, que Titus y défendait le Nouveau Testament contre les attaques des Manichéens.

2. On remarquera au passage ce jugement de Photius sur les idées de Gobar.

3. On sait qu'Origène ne conserve guère que l'εἶδος au corps dans la résurrection et que Méthode et Grégoire de Nysse enseignent, par contre, que notre corps ressuscitera dans sa substance. Cf. J. Daniélou, *art. cité*.

4. Cf. saint Basile, dans Diekamp, *Doctr. Portr.*, p. 264.

δευτέραν παρουσίαν ὁ Δεσπότης παραγίνεται. Τοῦτο δὲ θέμενος ὁ Γόβαρος εἰς κεφάλαιον, καὶ χρήσεις παραγαγὼν Τίτου ἐπισκόπου Βόστρων, μυρίας ἔχων ἑτέρας συναγαγεῖν αἳ κατασκευάζουσι τὸ μὴ γυμνῇ τῇ θεότητι παραγενέσθαι τὸν Δεσπότην Χριστόν, πάσας παρῆκε καὶ οὐδεμιᾶς ἐμνήσθη, πανταχοῦ προπηδῶσαν αὐτοῦ τῆς ψυχῆς ἐπιδεικνὺς τὴν ἀσέβειαν, ἥτις ἐν τῇ ἀπαρνήσει τῆς σαρκὸς μίαν φύσιν δογματίζειν ἀναιδεύεται. Ὅτι τὸ ἀπαθὲς καὶ ἄτρωτον καὶ ἀθάνατον σῶμα ἑτεροούσιόν ἐστι καὶ ἑτερογενὲς τῷ ἡμετέρῳ σώματι· καὶ ὅτι τὰ φθαρτὰ καὶ θνητὰ εἰς ἀφθαρσίαν καὶ ἀθανασίαν μεταβάλλοντα τὴν κατ' οὐσίαν τροπὴν ἐπιδέχεται.

Ὅτι ἕκαστος ὅρος μένων ἐντελὴς τὴν τῶν ὁριστῶν διασῴζει φύσιν. Εἰ δέ τις τούτου ἀφέλοι τι ἢ προσθήσει, τὸ ὁριστὸν διαλύεται. Ταῦτα τοίνυν τὰ δύο κεφάλαια, ὥσπερ καὶ τὰ μικρῷ πρόσθεν εἰρημένα, μονομερῶς καὶ οὐκ ἐξ ἑκατέρου τῶν ἀντικειμένων τὰς χρήσεις ἐδέξαντο.

Ὅτι ὁ τοῦ Θεοῦ Λόγος ὅλος ἐστὶν ἐν τῷ παντὶ καὶ ὑπὲρ τὸ πᾶν, καὶ ὅλος ἐστὶν ἐν τῷ σώματι ὃ καθ' ὑπόστασιν ἥνωσεν ἑαυτῷ· καὶ ἁπλῶς ἡ τῆς θεότητος οὐσία καὶ φύσει καὶ τῇ δυνάμει καὶ τῇ ἐνεργείᾳ πάντα πληροῖ, καὶ δι' ἑκάστου τῶν ὄντων δίεισι τῇ πρὸς τὸ πᾶν ἀνακράσει. Καὶ ὅτι οὐχ οὕτως, ἀλλ' ὁ Θεὸς ἐκτός ἐστι τοῦ παντὸς κατ' οὐσίαν, ἐν πᾶσι δέ ἐστι ταῖς ἑαυτοῦ δυνάμεσιν.

Ὅτι πρὸ τῆς τοῦ κόσμου γενέσεως καὶ Ἀγγέλους ὁ Θεὸς ἔκτισε· καὶ ὅτι οὐχ οὕτως, ἀλλ' ἐν τῇ πρώτῃ τῆς κοσμογενείας ἡμέρᾳ. Ὅτι

19 μὴ A : *om.* M || **22** ἀσέβειαν AM^2 : εὐσέβειαν M || **26** θνητὰ A : τὰ θνητὰ M || **31** μονομερῶς AM^x : *quid prius praeb.* M *non liquet* || **34** ἐν A : ὁ ἐν M || **36** τῇ ἐνεργείᾳ AM^x : ἐνεργείᾳ M || **39** ἐκτός ἐστιν A : ἐστιν ἐκτὸς M.

les démons sont unis à des corps. Ni les uns ni les autres [289 b] ne sont unis à des corps[1]. Les Anges et les âmes douées de raison et toutes les créatures pourvues d'intelligence sont par nature et selon la nature incorruptibles[2]; dans la thèse opposée, ce n'est pas par nature mais par grâce* qu'ils sont immortels. Dieu seul est immortel par nature. Les Anges descendus des cieux sur la terre ont eu une chair et des parties génétiques ; ils se sont unis aux femmes et ont engendré les géants et ils leur ont enseigné les arts bons ou mauvais*. Les géants, eux, en s'unissant à des bêtes, ont engendré des hommes monstrueux et des démons mâles et femelles ; ces Anges-là consomment leur châtiment dans des lieux où feu et eaux chaudes jaillissent de la terre. Les âmes des pécheurs deviennent des démons. Selon la thèse contraire, les Anges rebelles étaient des êtres non charnels ; ce n'est pas directement, mais par le truchement d'hommes qu'ils se sont unis aux femmes, ou plutôt ce n'est ni directement ni par le truchement d'hommes qu'ils l'ont fait et les âmes des pécheurs ne se changent pas en démons*.

Le ciel est sphérique et il a un mouvement circulaire ; il n'est pas sphérique et il n'a pas de mouvement circulaire*. Dans la parole : « L'Esprit de Dieu était répandu sur les eaux »*, il s'agissait du Saint-Esprit ; il ne s'agissait pas de l'Esprit-Saint, mais d'un des quatre éléments*. Le jour du Seigneur est à la fois le huitième et le premier ; et il n'en est pas ainsi.

Les âmes des hommes sont des corps doués d'intelligence et elles sont façonnées selon l'aspect extérieur du corps. Selon l'opinion opposée, l'âme est incorporelle et n'est pas soumise à des formes corporelles. Les âmes ont existé avant la création du monde et elles sont descendues des cieux dans les corps comme celles de Moïse et des

1. Justin, *Dial.*, 52, 2, *P. G.*, t. VI, p. 605 B-D, et la plupart des Pères pensent que les anges sont unis à des corps. On retrouve la thèse opposée chez Gr. Naz., *Or.*, 38, 7, *P. G.*, t. XXXVI, p. 317 B-320 A; Denys Aréop., *De coel. hierarchia*, IV, 1-2, *P. G.*, t. III, p. 1177 B-1180 B; *De Divinis hom.*, VII, 2, p. 880 A-885 A.

2. Justin, *Dial.*, 5 et 6, p. 485 C-492 A; Tatien, *Or. adv. gr.*, 13, *P. G.*, t. VI, p. 833 A-836 A; Clément d'Alex., *Adumbr. in Ep. I Petri*, t. III, p. 203, éd. Stählin.

[289 b] οἱ Ἄγγελοι καὶ οἱ δαίμονες σώμασιν ἥνωνται, καὶ ὅτι οὐδέτεροι αὐτῶν σώμασιν ἥνωνται. Ὅτι οἱ Ἄγγελοι καὶ αἱ λογικαὶ ψυχαὶ καὶ πάντα τὰ νοερὰ κτίσματα φύσει καὶ κατὰ φύσιν εἰσὶν ἄφθαρτα· καὶ ἐκ τοῦ ἀντικειμένου, ὅτι οὐ φύσει ἀλλὰ χάριτί εἰσιν ἀθάνατοι, φύσει δὲ μόνος ὁ Θεός. Ὅτι οἱ Ἄγγελοι κατελθόντες ἐκ τῶν οὐρανῶν εἰς τὴν γῆν σάρκα τε ἔσχον καὶ παιδοποιὰ μόρια, καὶ ταῖς γυναιξὶν ὁμιλήσαντες τοὺς γίγαντας ἐγέννησαν, καὶ ἐδίδαξαν αὐτοὺς τέχνας τε καὶ κακοτεχνίας· οἱ δὲ γίγαντες ἀλόγοις μιγέντες ἐγέννησαν τερατώδεις ἀνθρώπους καὶ δαιμόνια ἄρρενά τε καὶ θήλεα· κολάζονται δὲ οἱ Ἄγγελοι ἐκεῖνοι ἔνθα τῆς γῆς πῦρ ἀναδίδοται καὶ θερμὰ ὕδατα· καὶ ὅτι αἱ ψυχαὶ τῶν ἁμαρτωλῶν δαιμόνια γίνονται· καὶ τοὐναντίον ὅτι ἄσαρκοι ὄντες οἱ ἀποστατήσαντες ἄγγελοι οὐ δι' ἑαυτῶν ἀλλὰ διὰ μέσων ἀνθρώπων ἐμίγησαν ταῖς γυναιξί, μᾶλλον δὲ οὔτε δι' ἑαυτῶν οὔτε διὰ μέσων ἀνθρώπων· καὶ ὅτι οὐ μεταβάλλουσιν αἱ τῶν ἀνθρώπων ψυχαὶ εἰς δαιμόνια.

Ὅτι ὁ οὐρανὸς σφαιρικός ἐστι καὶ κύκλῳ κινεῖται· καὶ ὅτι οὔτε σφαιρικός ἐστιν οὔτε κύκλῳ κινεῖται. Ὅτι τὸ εἰρημένον· « Πνεῦμα Θεοῦ ἐπεφέρετο ἐπάνω τοῦ ὕδατος » τὸ Πνεῦμα τὸ ἅγιον ἦν· καὶ ὅτι οὐ τὸ Πνεῦμα τὸ ἅγιον ἦν ἀλλὰ τὸ ἓν τῶν τεσσάρων στοιχείων. Ὅτι ἡ κυριακὴ ἡμέρα ἡ αὐτή ἐστιν ἡ ὀγδόη καὶ πρώτη καὶ ὅτι οὐχί.

Ὅτι σωματά εἰσι νοερὰ αἱ τῶν ἀνθρώπων ψυχαί, καὶ διατετυπωμέναι κατὰ τὸ φαινόμενον ἔξωθεν τοῦ σώματος σχῆμα· καὶ ἐκ τοῦ ἀντικειμένου, ὅτι ἀσώματός ἐστιν ἡ ψυχὴ καὶ σωματικοῖς οὐχ ὑπόκειται τύποις. Ὅτι αἱ ψυχαὶ πρὸ τῆς τοῦ κόσμου ὑπέστησαν καταβολῆς, καὶ ὅτι ἐκ τῶν οὐρανῶν εἰς τὰ σώματα κατέβησαν, ὥσπερ Μωσῆς καὶ οἱ Προ-

[289 b] **24** ἡ ὀγδόη M : ὀγδόη A ‖ **30** κατέβησαν A : μετέβησαν M.

Prophètes, de Socrate, de Platon et de Jean-Baptiste et celles des Apôtres, voire celle du Seigneur elle-même. Selon l'opinion opposée, les âmes n'existaient pas au ciel avant les corps, mais elles naissent au moment de la génération des corps ; cependant, c'est d'abord le corps qui vient à l'existence, et puis c'est l'âme ; ou plutôt, les âmes ne viennent à l'existence ni avant le corps ni après lui, mais, mieux encore, âme et corps viennent à l'existence ensemble[1].

Le corps d'Adam fut façonné avec de la terre par Dieu ; ce ne fut pas de terre, mais d'eau et d'esprit[2]. Le souffle que Dieu souffla à la face d'Adam était un souffle temporel et non l'Esprit éternel ; il n'était pas temporel, mais c'était l'âme immortelle[3]. Ce n'était ni un souffle temporel [290 a] ni une âme mais un esprit, de sorte que l'homme est composé de trois éléments[4] : esprit, âme et corps. Et le souffle qui fut insufflé à Adam n'était aucun des trois éléments dont on vient de parler, mais l'Esprit-Saint, et il n'est ni l'âme ni l'esprit, mais le souffle qui a créé l'âme.

La terre, l'eau et les autres éléments se transforment pour donner les fruits et les plantes ; la nourriture se transforme pour donner chair, nerfs et les autres éléments du corps ; selon la thèse opposée, la terre ne se transforme pas en plantes et en fruits ni la nourriture en notre corps*.

Après la mort, l'âme ne se sépare ni du corps ni du tombeau ; à l'opposé, elle ne reste pas avec le corps ni dans le tombeau. Sur cette question, Gobar, qui disposait de témoignages en abondance, n'a produit que celui de Sévérien de Gabala et celui d'Irénée*.

Tout ce qui est créé est corruptible et mortel et c'est

1. Origène, *De Princ.*, II, 8, 3, p. 155-156, éd. Koetschau. Théodore, *Thérapeutique des maladies helléniques*, 5, *P. G.*, t. LXXXIII, p. 941 B.

2. Cette opinion, selon Bardy, *op. cit.*, p. 16, note 3, repose sur une fausse interprétation de *Jean*, 3, 5.

3. Théodoret, *Quaest. in Gen.*, 23, *P. G.*, t. LXXX, p. 121 A-B.

4. Bardy, *op. cit.*, p. 16, note 5, fait observer qu'Origène est trichotomiste : *De Princ.*, III, 4, 1, p. 263, éd. Koetschau, tandis que Grégoire de Nysse, qui admet cette trichotomie d'une part (*Adv. Apol.*, 48, *P. G.*, t. XLV, p. 1240 C-1241-B, et *De hom. op.*, 27, *P. G.*, t. XLIV, p. 225 A-229 A), la rejette d'autre part pour ne pas donner dans l'apollinarisme (*Adv. Apol.*, 35, *P. G.*, t. XLX, p. 1200 B-1201 D).

φῆται καὶ Σωκράτης καὶ Πλάτων καὶ ὁ Βαπτιστὴς Ἰωάννης καὶ τῶν Ἀποστόλων αἱ ψυχαί, ἀλλὰ καὶ αὐτή γε ἡ τοῦ Κυρίου. Καὶ ἐκ τοῦ ἀντικειμένου, ὅτι πρὸ τῶν σωμάτων οὐκ ἦσαν αἱ ψυχαὶ ἐν οὐρανῷ ἀλλ' ἐν τῇ τοῦ σώματος γενέσει ὑπέστησαν, προϋπάρχει μέντοι τὸ σῶμα, εἶτα ἡ ψυχή· ἢ μᾶλλον, ὅτι οὔτε προϋπάρχουσιν οὔτε μεθυπάρχουσιν ἀλλὰ συνυπάρχουσιν ἀλλήλοις.

Ὅτι τὸ σῶμα τοῦ Ἀδὰμ ἀπὸ γῆς ἔπλασεν ὁ Θεός· καὶ ὅτι οὐκ ἀπὸ γῆς ἀλλ' ἐξ ὕδατος καὶ πνεύματος. Ὅτι ἡ πνοή, ἣν ἐνεφύσησεν ὁ Θεὸς εἰς τὸ πρόσωπον τοῦ Ἀδάμ, πρόσκαιρος ἦν καὶ οὐχ ὡς τὸ πνεῦμα αἰώνιον· καὶ ὅτι οὐ πρόσκαιρος ἦν ἀλλὰ ψυχὴ [290 a] ἀθάνατος. Ὅτι οὐ πρόσκαιρος ἦν οὔτε ψυχή, ἀλλὰ νοῦς, ὡς ἐκ τριῶν συγκεῖσθαι μερῶν τὸν ἄνθρωπον, νοῦ τε καὶ ψυχῆς καὶ σώματος. καὶ ὅτι οὐδὲν τῶν εἰρημένων ἦν ἡ ἐμφυσηθεῖσα πνοή, ἀλλὰ τὸ Πνεῦμα τὸ ἅγιον, καὶ οὐκ αὐτὸ ψυχὴ οὐδὲ νοῦς χρηματίσαν, ἀλλὰ δεδημιουργηκὸς τὴν ψυχήν.

Ὅτι ἡ γῆ καὶ τὸ ὕδωρ καὶ τὰ λοιπὰ στοιχεῖα μεταβάλλει εἰς τοὺς καρποὺς καὶ τὰ φυτά, καὶ ἡ τροφὴ εἰς σάρκα καὶ νεῦρα καὶ τὰ λοιπὰ μέρη τοῦ σώματος· καὶ ἐκ τοῦ ἀντικειμένου, ὅτι οὐ μεταβάλλει ἡ γῆ εἰς τὰ φυτὰ καὶ τοὺς καρπούς, οὔτε ἡ τροφὴ εἰς τὸ ἡμέτερον σῶμα.

Ὅτι μετὰ θάνατον ἡ ψυχὴ οὔτε τοῦ σώματος οὔτε τοῦ τάφου χωρίζεται· καὶ ἐκ τοῦ ἀντικειμένου, ὅτι οὐ παραμένει τῷ σώματι ἡ ψυχὴ οὔτε τῷ τάφῳ. Ἐνταῦθα δὲ μυρίων εὐπορῶν ὁ Γόβαρος χρήσεων Σεβηριανοῦ μόνον τοῦ Γαβάλων καὶ Εἰρηναίου παρέθηκε χρήσεις.

Ὅτι πᾶν γενητὸν φθαρτόν ἐστι καὶ

35 μέντοι A : μέντοι γε M || **37** ἀλλήλοις A[1] : ἀλλήλαις AM.
[290 a] **6** δεδημιουργηκὸς A[2]M[2] : δὲ δημιουργηκὸς AM || **7** τοὺς καρποὺς A : τὸν καρπὸν M.

par la volonté de Dieu qu'il subsiste indissoluble et incorruptible ; selon la thèse opposée, ce qui est corruptible par nature ne peut être incorruptible par la volonté de Dieu, car celui qui parle ainsi se contredit et attribue l'impossible au Créateur. Pour cette proposition, l'auteur a produit une citation empruntée au martyr Justin ; celui-ci avait entrepris de combattre les opinions des païens et il réfutait Platon qui a dit : « Puisque vous êtes nés, vous n'êtes ni immortels ni du tout indestructibles et pourtant, vous ne serez pas dissous et vous ne subirez pas une destinée mortelle parce que vous avez obtenu un lien plus puissant et qui est ma volonté »[1]. Et le martyr réfute le sophisme platonicien[2] et montre que Platon met en scène le créateur qui se contredit et ne met dans ses propos aucun enchaînement logique ; car, de toute nécessité, ou bien ce qui est créé est corruptible d'après la définition précédente, ou bien il ment en disant que tout ce qui naît est corruptible. Et Gobar détourne l'argumentation destinée à confondre le païen de telle sorte qu'elle sert à réfuter la position de l'Église.

Les chapitres dont il vient d'être question, l'auteur les a élaborés au moyen de doubles citations contradictoires comme il le fait d'habitude ; il revient ensuite aux chapitres à point de vue unique. Il dit d'abord — et c'est le trente-huitième chapitre de l'ensemble — quel a été, à propos de l'Incarnation de Notre Seigneur, l'enseignement de saint Eustathe[3] qui a occupé le siège épiscopal d'Antioche, ensuite quel a été l'enseignement du très saint [290 b] Cyrille, l'évêque d'Alexandrie, et comment les docteurs de l'Église ont compris la parole : « Sur ce jour-là et sur cette heure-là, personne n'est instruit, ni les Anges ni le Fils, mais le Père seul »[4], et comment Sévère l'a comprise.

Après ces sujets traités dans un seul sens, il se remet à

1. Platon, *Timée*, p. 41 A-B.

2. Pseudo-Justin, *Coh. ad Graecos*, 33, *P. G.*, t. VI, p. 281 C-284 A.

3. Son *De anima* (fragment *P. G.*, t. XVIII, p. 613-704) défendait la divinité et l'humanité complètes du Christ.

4. *Matthieu*, 24, 36. Saint Cyrille, *Trésor*, 22, *P. G.*, t. LXXV, p. 368 D-380 B.

θνητόν, βουλήσει δὲ Θεοῦ διαμένει ἄλυτον καὶ ἄφθαρτον· καὶ ἐκ τοῦ ἐναντίου, ὅτι τὸ φύσει φθαρτὸν οὐ δύναται ἄφθαρτον εἶναι βουλήσει Θεοῦ· ἐναντία γὰρ δοξάζει ἑαυτῷ ὁ τοῦτο λέγων, καὶ ἀδύνατα χαρίζεται τῷ δημιουργῷ. Ταύτης δὲ τῆς δόξης χρῆσιν μὲν παρέθηκεν ἐκ τοῦ μάρτυρος Ἰουστίνου· τῷ δὲ πρὸς τὴν ἑλληνικὴν μὲν δόξαν συνενήνεκτο μάχη, καὶ τοῦ Πλάτωνος ἔλεγχος κατεσκευάζετο εἰρηκότος· « Ἐπείπερ ἐγένεσθε, ἀθάνατοι μὲν οὐκ ἔστε οὐδὲ ἄλυτοι πάμπαν, οὔτε γε μὴν λυθήσεσθε οὐδὲ τεύξεσθε θανάτου μοίρης, τῆς ἐμῆς βουλήσεως ἰσχυροτέρου δεσμοῦ λαχόντες ». Καὶ ὁ μὲν μάρτυς, τὸ πλατωνικὸν διελέγχων σόφισμα, ἐπιδείκνυσι τὸν Πλάτωνα τόν τε δημιουργὸν εἰσάγοντα τἀναντία λέγοντα ἑαυτῷ, καὶ εἱρμὸν ἀκολουθίας οὐδένα τοῖς εἰρημένοις ἁρμόζοντα· ἢ γὰρ ἀνάγκη πᾶσα τὸ γενητὸν φθαρτὸν εἶναι κατὰ τὸν πρότερον ὅρον, ἢ ψεύδεσθαι λέγοντα πᾶν τὸ γενόμενον φθαρτὸν εἶναι. Ὁ δὲ Γόβαρος τὸν ἑλληνικὸν ἔλεγχον εἰς ἀνατροπὴν ἐκβιάζεται χρῆσθαι τοῦ φρονήματος τοῦ ἐκκλησιαστικοῦ.

Τὰ τοίνυν εἰρημένα κεφάλαια διπλαῖς καὶ ἀντικειμέναις χρήσεσιν, ὡς ἐνόμιζε, κατασκευάζων, ἐπὶ τὰ μονομερῆ πάλιν μεταβαίνει. Καὶ πρῶτον μέν φησιν, ὅπερ ἐστὶ τῆς ὅλης συντάξεως η´ καὶ λ´ κεφάλαιον, ὅπως ἐδόξασε περὶ τῆς τοῦ Κυρίου ἡμῶν ἐνανθρωπήσεως ὁ ἐν ἁγίοις Εὐστάθιος, ὁ τῆς Ἀντιοχείας ἀρχιερωσύνης προεδρεύσας, ἐφεξῆς δὲ ὅπως ὁ ἁγιώτατος Κύ-
[290 b] ριλλος, ὁ τῆς Ἀλεξανδρείας ἀρχιερεύς· καὶ ὅπως ἐνόησαν οἱ τῆς ἐκκλησίας διδάσκαλοι τό· « Περὶ δὲ τῆς ἡμέρας ἐκείνης καὶ τῆς ὥρας οὐδεὶς οἶδεν, οὐδὲ οἱ ἄγγελοι, οὐδὲ ὁ Υἱός, εἰ μὴ ὁ Πατήρ », καὶ ὅπως τοῦτο Σεβῆρος ἐνόησε.

Ταῦτα μονομερῶς διελθὼν τὰ κεφάλαια μεταβαί-

22 τῷ A[1]M : τὸ A || 39 κεφάλαιον A : κεφάλαια M.

produire des citations dans les deux sens et il fait un quarante-deuxième chapitre[1] où il est dit que Notre-Seigneur Jésus le Christ a été nourri de lait par Marie, la Mère de Dieu, et qu'il n'en a pas été nourri[2].

La parole : « Le plus petit dans le Royaume des Cieux est plus grand que Jean-Baptiste »[3] a été dite par le Sauveur à son propre sujet ; ce n'est pas de lui-même qu'il l'a dite, mais de Jean l'Évangéliste.

Notre Seigneur Jésus le Christ a été crucifié à trente ans. Ce ne fut pas à trente ans mais à trente-trois ; et non à trente-trois mais à quarante, ni à trente-trois ni à quarante, mais plus tard, alors qu'il n'était pas loin de la cinquantaine[4].

Au moment où le Seigneur transmit à ses disciples le mystère de la Nouvelle Alliance, il mangea la Pâque légale ; et il ne mangea pas à ce moment-là la Pâque légale[5].

Le serpent d'airain[6] que Moïse fit dans le désert était le « type » du Maître ; et ce n'était pas son « type » mais son « antitype ». Celui qui coupa l'oreille au serviteur du Grand-Prêtre était Thomas ; ce n'était pas Thomas mais Pierre*.

Au moment de la Passion, la divinité fut séparée du corps du Christ ; la divinité ne fut séparée ni de son âme ni de son corps*.

En échange de l'homme qui était possédé, le Seigneur a donné à l'ennemi son propre sang pour rançon puisque l'ennemi l'avait exigé ; dans la thèse opposée, ce n'est pas à l'ennemi mais à Dieu son Père que le Christ a fait cette offrande*.

C'est dans une gloire plus grande et plus merveilleuse

1. Tel est le chiffre des manuscrits. C'est en réalité le quarantième chapitre.

2. L'allaitement de Jésus n'est mentionné que dans certains récits apocryphes (par exemple, dans le *Livre arménien de l'enfance*, 9, 2).

3. *Luc*, 7, 28.

4. Plusieurs Pères se sont fait l'écho des traditions divergentes sur l'âge auquel le Christ est mort. Leurs vues étaient assez partagées. Pour le détail, cf. Bardy, *op. cit.*, p. 18, note 1.

5. L'auteur du *Chronicon Paschale*, *P. G.*, t. XCII, p. 80-88, rapporte certaines opinions des Pères sur ce sujet.

6. *Nombres*, 21, 9 ; *Jean*, 3, 14.

νει πάλιν ἐπὶ τὴν διπλῆν προκομιδὴν τῶν χρήσεων, καὶ ποιεῖται κεφάλαιον β′ καὶ μ′ ὅτι ὁ Κύριος ἡμῶν Ἰησοῦς ὁ Χριστὸς ἐγαλακτοτροφήθη ἐκ τῆς θεοτόκου Μαρίας, καὶ ὅτι οὐκ ἐγαλακτοτροφήθη.

Ὅτι τό· « Ὁ δὲ μικρότερος ἐν τῇ βασιλείᾳ τῶν οὐρανῶν μείζων ἐστὶν Ἰωάννου τοῦ Βαπτιστοῦ » περὶ ἑαυτοῦ εἶπεν ὁ Σωτήρ· καὶ ὅτι οὐ περὶ ἑαυτοῦ ἀλλὰ περὶ Ἰωάννου τοῦ εὐαγγελιστοῦ.

Ὅτι ὁ Κύριος ἡμῶν Ἰησοῦς ὁ Χριστὸς λ′ ἐνιαυτῶν ὑπάρχων ἐσταυρώθη· καὶ ὅτι οὐ λ′ ἀλλὰ γ′ καὶ λ′· καὶ ὅτι οὐ γ′ καὶ λ′ ἀλλὰ μ′· καὶ ὅτι οὔτε λ′ ἐτῶν οὔτε μ′ μόνον, ἀλλὰ καὶ πλέον, οὐ πόλυ τῶν ν′ ἀφεστηκώς. Ὅτι ἐν ᾧ καιρῷ παρέδωκε τοῖς μαθηταῖς ὁ Κύριος τὸ τῆς καινῆς διαθήκης μυστήριον, τὸ νομικὸν ἔφαγε πάσχα· καὶ ὅτι οὐκ ἔφαγε τηνικαῦτα τὸ νομικὸν πάσχα.

Ὅτι ὁ χαλκοῦς ὄφις, ὃν ὕψωσεν ἐν τῇ ἐρήμῳ ὁ Μωσῆς, τύπος ἦν τοῦ Δεσπότου· καὶ ὅτι οὐχὶ τύπος ἀλλὰ ἀντίτυπος. Ὅτι ὁ τὸ ὠτίον ἀποκόψας τοῦ δούλου τοῦ ἀχιερέως Θωμᾶς ἦν· καὶ ὅτι οὐχὶ Θωμᾶς ἦν ἀλλὰ Πέτρος.

Ὅτι κατὰ τὸν καιρὸν τοῦ πάθους ἡ θεότης ἐχωρίσθη τοῦ σώματος τοῦ Χριστοῦ· καὶ ὅτι οὔτε τῆς ψυχῆς οὔτε τοῦ σώματος ἡ θεότης ἐχωρίσθη. Ὅτι λύτρον ἀντὶ τοῦ κατεχομένου ἀνθρώπου τῷ ἐχθρῷ τὸ οἰκεῖον ὁ Σωτὴρ ἔδωκεν αἷμα, τοῦ ἐχθροῦ τοῦτο αἱρησαμένου· καὶ τὸ ἀντικείμενον, ὡς οὐχὶ τῷ ἐχθρῷ ἀλλὰ τῷ Θεῷ καὶ Πατρὶ προσήνεγκε τοῦτο.

Ὅτι κρεῖσσον καὶ θαυμασιώτερον

[290 b] **8** β′ καὶ μ′ Bekker : μβ′ AM *mg.* || **9** ὁ A : *om.* M || **10** οὐκ ἐγαλακτοτροφήθη A²M : οὐ γαλακτοτροφήθη A || τὸ A : *om.* M || **14** ὁ Χριστὸς A : Χριστὸς M || **16** οὔτε A : οὐ M || **21** ὄφις A : *om.* M.

qu'il ne s'était manifesté dans sa Transfiguration sur la montagne que le Christ est ressuscité et, après la Résurrection, il n'a pas changé son corps pour lui donner une gloire qui lui était due, mais il l'a fait apparaître tel qu'il était avant sa mort. C'est là ce que dit Cyrille ; l'opinion adverse est celle de Denys d'Alexandrie.

C'est le douzième jour du premier mois que Marie oignit le Seigneur de parfum dans la maison de Simon le lépreux ; c'est le treizième jour que le Seigneur donna aux disciples le repas mystique ; c'est le quatorzième qu'a eu lieu la Passion du Sauveur, le quinzième qu'il est ressuscité d'entre les morts et le seizième qu'il est monté au ciel ; ou bien il n'en est pas ainsi, mais c'est le quatorzième [291 a] jour qu'il a mangé le repas mystique, le quinzième qu'il a été crucifié, le seizième qu'il est ressuscité. Ou encore il n'en est pas ainsi non plus, mais c'est le treizième jour, le dimanche, qu'a eu lieu la Résurrection du Seigneur et il est monté au ciel quarante jours plus tard[1].

C'est à partir du cinquième soir, au moment où le Seigneur donnait le repas mystique à ses disciples, que le sacrifice de son corps commença*.

Jusqu'ici donc, c'est sur des doctrines de l'Église et sur des questions qui sont d'un ordre général que l'auteur a discuté dans presque tous ses chapitres et, la plupart du temps, il a servi les deux opinions opposées par des témoignages contradictoires et, dans quelques cas, il n'a établi de confirmation que par des témoignages favorables à une seule thèse. A partir d'ici, il traite de quelques questions particulières qui sont au nombre de dix-huit. Par exemple, de l'opinion qu'avait Sévère sur les saints conducteurs des Églises et des dispositions où il était à l'égard des paroles de Cyrille et de Jean dans leur message à Thomas, évêque de Germanicie* ; il n'approuve pas ce que saint Grégoire, évêque de Nysse, a dit de la restauration de l'homme* ni non plus Papias, évêque d'Hiérapolis et martyr, ni Irénée, le saint évêque de Lyon, quand ils disent que le Royaume des Cieux consiste dans la jouissance de certaines nourritures matérielles*.

1. Question classique, écrit G. Bardy, *op. cit.*, p. 19, note 1, qui

τῆς ἐν τῷ ὄρει μεταμορφώσεως ἀνέστη ὁ Χριστός· καὶ ὅτι οὐ μετεστοιχείωσεν ἀναστὰς τὸ σῶμα πρὸς δόξαν τὴν αὐτῷ κεχρεωστημένην, ἀλλὰ τοιοῦτον ἔδειξεν οἷον ἦν καὶ πρὸ τοῦ θανάτου. Καὶ τοῦτο μὲν λέγει Κύριλλος, τὸ δὲ ἀντίθετον ὁ 'Αλεξανδρείας Διονύσιος.

Ὅτι ἐν τῇ δωδεκάτῃ τοῦ πρώτου μηνὸς ἤλειψε τὸν Κύριον ἡ Μαρία μύρῳ ἐν οἰκίᾳ Σίμωνος τοῦ λεπροῦ, ἐν δὲ τῇ γ' τὸ μυστικὸν δεῖπνον ὁ Κύριος παραδίδωσι τοῖς μαθηταῖς, ἐν δὲ τῇ ιδ' τὸ σωτήριον ὑπέστη πάθος, ἐν δὲ τῇ ιε' ἐκ νεκρῶν ἀνέστη καὶ τῇ ις' ἀνελήφθη· ἢ οὐχ [291 a] οὕτως, ἀλλὰ τῇ μὲν ιδ' τὸ μυστικὸν ἔφαγε δεῖπνον, τῇ δὲ ιε' ἐσταυρώθη, ἀνέστη δὲ τῇ ις'· ἢ ὅτι οὐδὲ τοῦτο, ἀλλ' ὅτι τριήμερος μὲν καὶ ἐν τῇ κυριακῇ γέγονεν ἡ τοῦ Κυρίου ἀνάστασις, καὶ μετὰ μ' ἡμέρας ἀνελήφθη.

Ὅτι ἀπὸ τῆς ἑσπέρας τῆς ε', ὅτε τὸ μυστικὸν δεῖπνον ὁ Κύριος παρεδίδου τοῖς μαθηταῖς, τότε τὸ σῶμα αὐτοῦ ἐτέθυτο.

Μέχρι μὲν οὖν τούτων περὶ τῶν κοινῶν τῆς ἐκκλησίας δογμάτων τε καὶ ζητημάτων μικροῦ διὰ πάντων τῶν κεφαλαίων ἐποιεῖτο τὸν λόγον, τὰ πλεῖστα μὲν δι' ἀντικειμένων χρήσεων ἑκάτερον μέρος τῆς ἀντιθέσεως ἐπικουρῶν, ὀλίγα δὲ καὶ μονομερέσι μαρτυρίαις ἐπιβεβαιῶν. 'Εντεῦθεν δὲ περί τινων ἰδικῶν κεφαλαίων τὸν ἀριθμὸν ὀκτωκαίδεκα διαλαμβάνει, οἷον τίνας εἶχεν ὑπολήψεις Σεβῆρος περὶ τῶν τῆς ἐκκλησίας ὁσίων μυσταγωγῶν, καὶ ὅπως διετέθη πρὸς τὰ εἰρημένα παρὰ Κυρίλλου καὶ 'Ιωάννου ἐν τῇ πρὸς Θωμᾶν τὸν ἐπίσκοπον Γερμανικείας, καὶ ὅτι τῷ ἐν ἁγίοις Γρηγορίῳ, τῷ ἐπισκόπῳ Νύσσης, τὰ εἰρημένα περὶ ἀποκαταστάσεως οὐκ ἀποδέχεται, οὐ μὴν ἀλλ' οὐδὲ Παπίαν τὸν 'Ιεραπόλεως ἐπίσκοπον καὶ μάρτυρα, οὐδὲ Εἰρηναῖον τὸν ὅσιον ἐπίσκοπον Λουγδούνων, ἐν οἷς λέγουσιν αἰσθητῶν τινῶν βρωμάτων ἀπόλαυσιν εἶναι τὴν τῶν οὐρανῶν βασίλειαν.

[291 a] 23 εἶναι A : *om.* M.

Saint Basile ne suit pas saint Denys d'Alexandrie sur beaucoup de points, surtout là où l'hérésie arienne trouve un appui. L'auteur dit, pour la défense d'Arius, que ce n'est pas dans une intention impie, mais en combattant Sabellius, qu'il a été entraîné dans ses propos vers l'hérésie adverse. Bien plus, à propos de l'Esprit-Saint, il tient des propos inconvenants. Mais le grand Athanase lui-même défend Denys : « Car, dit-il, Denys n'a jamais partagé les opinions d'Arius ni méconnu la vérité ; jamais, en effet, il n'a été condamné pour hérésie par d'autres évêques et jamais il n'a fait entendre la parole d'Arius comme quelqu'un qui l'enseigne »[1]. Théodoret lui aussi tient le même langage au sujet du susdit Denys.

L'auteur cite aussi des témoignages sur l'attitude de Théophile et de son synode à l'égard de saint Jean Chrysostome[2] et les opinions d'Atticus et de Cyrille au sujet du même très saint Jean de Constantinople et les réticences du très prudent Isidore de Péluse à l'égard de Théophile et de Cyrille, les évêques d'Alexandrie, à propos [291 b] de saint Jean Chrysostome ; il blâmait les premiers pour leur hostilité envers Chrysostome, tandis qu'il louait et admirait celui-ci.

Sévère, qui a entrepris de critiquer saint Isidore sans raison valable, imagine à son sujet une accusation d'origénisme[3] et pourtant, vaincu par la vérité, il reconnaît spontanément son erreur.

L'auteur rapporte quelles suspicions Hipolyte et Épiphane nourrissaient à l'égard de Nicolas, un des sept diacres, qu'ils condamnent énergiquement. D'autre part,

oppose la chronologie des synoptiques à celle de saint Jean. Irénée, *Adv. haer.*, I, 30, 14, *P. G.*, t. VII, p. 703 A-B, place l'Ascension dix-huit mois après la Résurrection. *Luc*, 24, 51, semble la placer le soir de Pâques, les *Actes*, 1, 3 et 9, la placent quarante jours plus tard.

1. Saint Athanase a consacré un traité, le *De sententiis Dionysii*, à la défense de saint Denys contre les accusations d'arianisme. Cf. Bardy, *op. cit.*, p. 20, note 3.

2. Photius a lu sur ce sujet les actes du synode du Chêne, « codex » 59, t. I, p. 52-57, et l'ouvrage d'un ardent défenseur de Jean Chrysostome, Georges d'Alexandrie, au « codex » 96, t. II, p. 48-96, où l'intransigeance de Théophile et de Cyrille est sévèrement stigmatisée.

3. Sévère, *Contra impium grammaticum*, *Or.*, III, 39, p. 194, trad. Lebon, Louvain, 1929.

Ὅτι Βασίλειος ὁ ἐν ἁγίοις τὸν ἐν ἁγίοις Διονύσιον Ἀλεξανδρείας οὐκ ἐν πολλοῖς ἀποδέχεται, μάλιστα δὲ ἐν οἷς τὸ Ἀρειανῶν ἔθνος ἐπερείδεται. Ἀπολογεῖται δὲ ὑπὲρ αὐτοῦ ὡς οὐκ ἀσεβεῖ γνώμῃ, μάχῃ δὲ τῇ πρὸς Σαβέλλιον εἰς τὴν ἀντίθετον κατὰ τοὺς λόγους περιτραπῆναι δυσφημίαν. Οὐ μὴν ἀλλὰ καὶ περὶ τοῦ Πνεύματος οὐκ εὐαγεῖς αὐτὸν ἀφεῖναι φωνάς. Ἀλλὰ καὶ ὁ μέγας Ἀθανάσιος τοῦ αὐτοῦ ἀνδρὸς Διονυσίου ὑπεραπολογεῖται· « Τὰ γὰρ Ἀρείου, φησί, Διονύσιος οὔτε ἐφρόνησέ ποτε, οὔτε ἠγνόησε τὴν ἀλήθειαν· οὔτε γὰρ ὑφ' ἑτέρων ἐπισκόπων ἐπ' ἀσεβείᾳ κατεγνώσθη οὔτε τὰς ἀρειανικὰς φωνὰς ἐφθέγγετο ὡς δογματίζων ». Ἀλλὰ καὶ Θεοδώρητος τοὺς αὐτοὺς ὑπὲρ τοῦ εἰρημένου Διονυσίου λογισμοὺς ἀποδίδωσιν.

Ἔτι μὴν παρατίθησι μαρτυρίας καὶ ὅπως μὲν διετέθη Θεόφιλος καὶ ἡ σὺν αὐτῷ σύνοδος πρὸς τὸν ἐν ἁγίοις Ἰωάννην τὸν Χρυσόστομον· καὶ ποίας ἔσχε δόξας Ἀττικὸς καὶ Κύριλλος περὶ τοῦ αὐτοῦ ἁγιωτάτου Ἰωάννου Κωνσταντινουπόλεως· καὶ οἵας ἔσχεν ὑπολήψεις ὁ εὐλαβέστατος Ἰσίδωρος ὁ τοῦ Πηλουσίου περὶ Θεοφίλου καὶ Κυρίλλου τῶν Ἀλεξανδρείας ἱεραρχῶν καὶ περὶ τοῦ ἐν ἁγίοις Ἰωάννου τοῦ Χρυσοστόμου, ὡς τοὺς μὲν ἕνεκα [291 b] τῆς πρὸς τὸν Χρυσόστομον ἀπεχθείας ἐκάκιζε, τὸν δὲ ἐπῄνει τε καὶ ἐθαύμαζεν.

Ὅτι Σεβῆρος τὸν ἐν ἁγίοις Ἰσίδωρον μέμψασθαι μὲν ὁρμηθείς, οὐκ ἔχων δὲ ὅθεν, φήμην αὐτῷ περιπλάττει ὠριγενιασμοῦ, εἰ καὶ ταύτην αὐτὸς πάλιν ἀποσκευάζεται δι' ἑαυτοῦ, ὑπὸ τῆς ἀληθείας νικώμενος.

Ἔτι δὲ ποίας ὑπολήψεις ἔσχεν Ἱππόλυτος καὶ Ἐπιφάνιος περὶ Νικολάου τοῦ ἑνὸς τῶν ζ' διακόνων, καὶ ὅτι ἰσχυρῶς αὐτοῦ καταγινώσκουσιν. Ἰγνά-

27 ἀσεβεῖ A^{2}M : *quid prius praeb.* A *non liquet.*

le divin Ignace et Clément, l'auteur du *Stromate* et Eusèbe Pamphile et Théodoret de Cyr condamnent l'hérésie des Nicolaïtes mais nient que Nicolas ait été de son bord[1]. Hippolyte et Irénée prétendent que l'*Épître aux Hébreux* n'est pas de Paul[2], mais Clément et Eusèbe et la nombreuse cohorte des autres Pères comptent cette Épître parmi les autres et disent que c'est Clément, qu'on vient de nommer, qui l'a traduite de l'hébreu*.

Origène et Théognoste ont reçu l'approbation du grand Athanase d'Alexandrie dans beaucoup de ses écrits ; Titus de Bostra et Grégoire le Théologien l'appellent dans leurs lettres l'ami de la vertu tandis que Grégoire de Nysse parle de lui en termes favorables. Saint Denys, écrivant à ce personnage, ensuite, après sa mort, à Théotecnus évêque de Césarée, fait l'éloge d'Origène. Et Alexandre, évêque des Villes Saintes[3] et martyr, dans une lettre au même Origène, le traite d'une façon très intime. Théophile et Épiphane rejettent Origène avec vigueur. L'auteur rapporte les suspicions du très saint Hippolyte à l'égard de l'hérésie des Montanistes ainsi que celles de saint Grégoire de Nysse*.

Tels sont les chapitres qui concernent des questions de détail. Il revient encore à des données plus générales et présente des citations qui attestent que l'âme de quiconque est mort tire le plus grand profit des prières, des offrandes et des aumônes qu'on fait en son honneur ; et l'opinion opposée est qu'il n'en est pas ainsi*.

Voilà donc le nombre des chapitres que nous avons trouvé réunis dans le travail de Gobar.

1. Sur les Nicolaïtes, cf. Amann, s. v. *D. T. C.*, t. XI, 1, p. 499-506. Cette secte est déjà nommée dans l'*Apocalypse*, 2, 6 et 15, mais ce texte ne la rattache pas au diacre Nicolas. Pour le détail des opinions des anciens Pères sur ce sujet, cf. Bardy, *op. cit.*, p. 21, note 3, qui fait remarquer que le témoignage d'Ignace provient de lettres interpolées que Gobar croyait authentiques.

2. C'est par une courte notice de Photius, le « codex » 121, t. II, p. 95-96, que nous connaissons l'écrit dans lequel Hippolyte avançait cette opinion. Eusèbe, *H. E.*, VI, 14, 2, t. II, p. 106, éd. Bardy (S. Chr. n. 41), se fait l'écho d'une opinion de Clément d'Alexandrie : Luc aurait traduit de l'hébreu cette épître de Paul.

3. C'est-à-dire de Jérusalem. C'est le P. H. Crouzel qui a attiré mon attention sur cette lecture de Hoeschel et sur les raisons qui la dé-

τιος μέντοι ὁ θεοφόρος καὶ Κλήμης ὁ Στρωματεὺς καὶ Εὐσέβιος ὁ Παμφίλου καὶ Θεοδώρητος ὁ Κύρου τὴν μὲν Νικολαϊτῶν καταγινώσκουσιν αἵρεσιν, τὸν δὲ Νικόλαον μὴ τοιοῦτον εἶναι ἀποφαίνονται. Ὅτι Ἱππόλυτος καὶ Εἰρηναῖος τὴν πρὸς Ἑβραίους ἐπιστολὴν Παύλου οὐκ ἐκείνου εἶναί φασι, Κλήμης μέντοι καὶ Εὐσέβιος καὶ πολὺς ἄλλος τῶν θεοφόρων πατέρων ὅμιλος ταῖς ἄλλαις συναριθμοῦσι ταύτην ἐπιστολαῖς, καί φασιν αὐτὴν ἐκ τῆς Ἑβραΐδος μεταφράσαι τὸν εἰρημένον Κλήμεντα.

Ὅτι Ὠριγένην καὶ Θεόγνωστον ὅ τε μέγας Ἀθανάσιος ὁ Ἀλεξανδρείας ἐν πολλοῖς ἀπεδέχετο λόγοις καὶ Τῖτος ὁ Βόστρων, καὶ ὁ θεολόγος Γρηγόριος ἐν ἐπιστολαῖς φιλόκαλον αὐτὸν λέγει, καὶ ὁ Νύσσης δὲ εὐφήμως εἰς μνήμην ἄγει. Ἀλλὰ καὶ Διονύσιος ὁ Ἀλεξανδρείας πρὸς αὐτὸν ἐκεῖνον γράφων, ἔτι δὲ καὶ μετὰ θάνατον ἐκείνου πρὸς Θεότεκνον τὸν τῆς Καισαρείας ἐπίσκοπον γράφων, δι' ἐπαίνων τὸν Ὠριγένην ἄγει καὶ Ἀλέξανδρος ὁ Ἱεραπόλεων ἐπίσκοπος καὶ μάρτυς, πρὸς τὸν αὐτὸν Ὠριγένην γράφων, λίαν οἰκειοῦται τὸν ἄνδρα τοῖς λόγοις. Ὅτι Θεόφιλος μὲν καὶ Ἐπιφάνιος λίαν ἐκτρέπονται τὸν Ὠριγένην. Τίνας ὑπολήψεις εἶχεν ὁ ἁγιώτατος Ἱππόλυτος περὶ τῆς τῶν Μοντανιστῶν αἱρέσεως, καὶ τίνας ὁ ἐν ἁγίοις τῆς Νύσσης Γρηγόριος.

Τὰ μὲν οὖν μερικώτερα τῶν κεφαλαίων ἐν τούτοις. Πάλιν δὲ ἐπί τι κοινότερον μεταβαίνει, καὶ παρατίθησι χρήσεις ὅτι παντὸς τεθνεῶτος ψυχὴ ὠφελεῖται μέγιστα διὰ τῶν ὑπὲρ αὐτοῦ ἐπιτελουμένων εὐχῶν καὶ προσφορῶν καὶ ἐλεημοσυνῶν, καὶ ἐκ τοῦ ἀντικειμένου, ὅτι οὐχ οὕτω.

Τὸν μὲν οὖν Γόβαρον μέχρι τούτων τῶν κεφαλαίων τὸν πόνον εὕρομεν ἀναδεξάμενον.

[291 b] **12** τοιοῦτον AM : τὸν τοιοῦτον A² ‖ **14** φασὶ A³ *v. l.* : φησὶ AM ‖ **26** Ἱεραπόλεων Hoeschel : Ἱεραπόλεως *codd.* ‖ **33** τι A : *om.* M.

233.

Lu un livre qui porte comme nom d'auteur celui de saint Germain qui, d'abord élu à Cyzique, fut ensuite évêque de Constantinople[1]. Il a pour titre *Le Rétributeur* ou *Le Légitime*, ce qui équivaudrait à *Sur la rétribution légitime* [292 a] *pour les hommes d'après les actions de leur vie.*

Tel est le sujet qu'annonce le livre et l'ouvrage polémique pour démontrer que saint Grégoire de Nysse et ses écrits sont purs de toute tache d'origénisme. En effet, ceux à qui est chère cette folle idée de la restauration des démons et des hommes livrés à un châtiment sans fin, ce sont ceux-là, dis-je, parce qu'ils connaissaient l'homme pour l'élévation de son enseignement et l'abondance de ses écrits et parce qu'ils voyaient son éclatante conception de la foi répandue chez tous les hommes, qui ont entrepris de mêler à ses écrits pleins de la lumière du Salut les produits informes, troubles et funestes des songes d'Origène dans le dessein d'entacher d'hérésie par une voie détournée la vertu et la science insignes du grand homme.

C'est pourquoi, tantôt par des additions bâtardes, tantôt par leur acharnement à faire dévier des pensées justes, ils ont tenté de falsifier beaucoup de ses écrits qui étaient sans reproche. C'est contre eux que Germain, le défenseur de la vraie foi, a dirigé le glaive aigu de la vérité et, laissant ses ennemis morts du coup, il a fait apparaître la victoire et la maîtrise de celui contre qui la légion des hérétiques ourdissait de déloyales embûches.

L'auteur donc, dans le présent ouvrage, est pur et

fendent : la mention par Eusèbe, *H. E.*, VI, 14, 8-9, d'une lettre d'Origène à cet Alexandre et la mention par Eusèbe, *H. E.*, VI, 39, 2-3, du martyre du personnage sous Dèce. Le P. Crouzel, que je remercie pour son intervention spontanée, pense que ces notes d'Eusèbe peuvent très bien être la source d'information de Gobar.

1. Saint Germain, patriarche de Constantinople (715-730). Les actes de son patriarcat sont analysés par le P. V. Grumel, *Regestes*, 325-348 = vol. I, fasc. 2 (1936), p. 1-9. Sur son activité littéraire, cf. G. Beck, *op. cit.*, p. 473-475, et J. Darrouzès, s. v. *Saint Germain I*^er^ *de Constantinople*, in *D. S.*, t. VI (1965), qui donne une bibliographie. L'écrit résumé ici est perdu, mais Photius en connaît d'autres de saint Germain. Il a recopié son *De Vitae termino* (*P. G.*, t. XCVIII, p. 90-123) dans sa 149e *Question à Amphilochius*. Dans son

233

Ἀνεγνώσθη βιβλίον τὸν ἐν ἁγίοις Γερμανὸν φέρον συγγραφέα, ὃς μετὰ τὸ Κυζικοῦ χειροτονηθῆναι Κωνσταντινουπόλεως ἐχρημάτισεν ἀρχιερεύς. Ἀνταποδοτικὸς δὲ ἢ Ἀνόθευτος τὴν ἐπιγραφὴν ἔχει, ὃ ἴσον ἂν [292 a] εἴη Περὶ τῆς ἀνοθεύτου τῶν βεβιωμένων ἀνθρώποις ἀνταποδόσεως.

Τῆς μὲν οὖν ἐπιγραφῆς ἡ ἐπαγγελία τοιαύτη, ἀγωνίζεται δὲ ὁ λόγος τὸν ἐν ἁγίοις τῆς Νύσσης Γρηγόριον καὶ τὰ τούτου συγγράμματα τῆς ὠριγενείου παρασχεῖν ἐλεύθερα λώβης. Καὶ γὰρ οἷς τοῦ δαιμονίου φύλου καὶ τῶν εἰς κόλασιν ἀτελεύτητον παραπεμπομένων ἀνθρώπων ἡ λῆρος ἀποκατάστασις φίλον, οὗτοι δή, ἅτε τὸν ἄνδρα ὑψηλόν τε τοῖς δόγμασι καὶ πολὺν τοῖς τῶν λόγων ῥεύμασιν εἰδότες, καὶ λαμπρὰν τῆς εὐσεβείας τὴν ὑπόληψιν εἰς πάντας ἀνθρώπους περιηχηθεῖσαν ὁρῶντες, ἐπεβάλοντο παρενεῖραι τοῖς ἐκείνου φωτιστικοῖς καὶ σωτηρίοις λόγοις τὰ ζοφώδη καὶ ὀλέθρια τῆς Ὠριγένους ὀνειρώξεως ἀμβλωθρίδια, τῇ τοῦ ἀνδρὸς περιωνύμῳ ἀρετῇ τε καὶ γνώσει τὴν αἱρετικὴν ὑποβαλεῖν λαθραίως διανοηθέντες ἀπόνοιαν.

Διὸ τοῦτο μὲν προσθήκαις νόθοις, τοῦτο δὲ καὶ διαστροφῇ τῶν ὀρθῶν λογισμῶν βεβιασμένῃ, πολλὰ τῶν ἀμωμήτων ἐκείνου συνταγμάτων κατακιβδηλεύειν ἐπειράθησαν. Καθ' ὧν Γερμανὸς ὁ τῆς εὐσεβείας συνήγορος ὀξὺ τῆς ἀληθείας ἐπαφεὶς τὸ ξίφος, καὶ νεκροὺς τῇ πληγῇ λιπὼν τοὺς πολεμίους, νικηφόρον καὶ πρωταγωνιστὴν τὸν καθ' οὗ τὰς ἐπιβουλὰς ἡ αἱρετικὴ φάλαγξ ἐρρᾳδιούργει καὶ κατεσκεύαζε παρεστήσατο.

Ἔστι μὲν οὖν ὁ ἀνὴρ ἐν τῷ παρόντι λόγῳ καθαρός τε καὶ διειδής,

40 233] σλγ' AM : σλβ' A².
[292 a] **14** περιωνύμῳ A : πολυωνύμῳ M ‖ **16** διὸ A : διότι M.

clair et il use avec bonheur des termes figurés et il donne de l'agrément à son style sans tomber dans la froideur. Il entreprend son sujet avec vigueur et il en met tout autant pour mener ses discussions à leur terme sans y introduire rien qui ne soit nécessaire et sans rien omettre de ce qui doit être dit ni dans ses preuves, ni dans ses raisonnements, ni dans ses arguments, mais il est en quelque sorte un modèle inébranlable de la vraie doctrine ; ainsi, pour ceux qui veulent écrire des ouvrages efficaces, clairs et agréables, et qui donnent le pas à l'enseignement inspiré par l'Esprit sur le désir de se faire valoir, il est un bel exemple à imiter[1].

Il livre d'abord au mépris le dogme hérétique qui imagine la monstruosité de la restauration dans leur condition ancienne des démons et des hommes morts dans le péché et leur retour dans le chœur des justes après certaines peines limitées[2]. Il confond cette erreur fabuleuse [292 b] d'abord d'après des paroles du Maître lui-même et en second lieu par les décrets apostoliques auxquels il ajoute encore des témoignages prophétiques qui exposent clairement que, tout comme l'indicible bonheur des justes est éternel, le châtiment des pécheurs, lui aussi, est sans fin et sans remède.

Et ce n'est pas seulement au moyen des textes dont on vient de parler qu'il renverse l'étrange et arrogante hérésie, mais aussi au moyen de citations empruntées à d'autres saints personnages et, qui plus est, grâce aux paroles de celui-là même que l'hérésie essayait, par des moyens déloyaux, de prendre comme avocat. Grâce à toutes ces saintes paroles donc, il est évident qu'il repousse cette fable néfaste et mortelle aux âmes de tout le chœur

traité *Adversus Manichaeos*, *P. G.*, t. CII, p. 52 C-57 A, il raconte qu'un certain Gégnesius fut absous d'une accusation de manichéisme par le patriarche auquel l'empereur Léon l'avait déféré. Photius ne cite pas nommément le patriarche et le P. Grumel doute qu'il s'agisse là d'un acte de saint Germain.

1. On ne connaît aucun autre jugement sur l'auteur.

2. En étudiant une variante curieuse de la *Vie de Moïse*, que saint Germain appelle, p. 292 b 42, *Sur la vie parfaite*, le P. Daniélou, *L'apocatastase chez saint Grégoire de Nysse*, in *R. S. R.*, t. XXX (1940), p. 328-347, montre pourquoi on ne peut se rallier, sur ce pro-

καὶ τὰς ἐν ὀνόμασι τροπὰς εὐστόχως ὑποβαλλόμενος, καὶ τὴν μὲν φράσιν ἡδύνων, οὐχ ὑφελκόμενος δὲ πρὸς ψυχρότητα· γενναῖος μὲν ἐπιβαλεῖν τῇ προθέσει, ὅμοιος δὲ διελθεῖν τὰ ἀγωνίσματα, καὶ τοῦ μὲν ἀναγκαίου μηδὲν ἔξωθεν παραπλέκων, οὐδὲν δὲ τῶν ὀφειλόντων ῥηθῆναι παρορῶν, οὔτε ταῖς κατασκευαῖς οὔτε τοῖς ἐπιχειρήμασιν οὔτε τοῖς ἐνθυμήμασιν. Ἀλλ' ἔστιν ὥσπερ τῶν εὐσεβῶν δογμάτων κανὼν ἀπαρέγκλιτος, οὕτω καὶ τῶν, εἴ τις ἐθέλει λόγους γράφειν δυνατοὺς καὶ σαφεῖς καὶ χαρίεντας καὶ πνευματικὴν διδασκαλίαν προτιμῶντας τῆς ἐπιδείξεως, καλὸν παράδειγμα καὶ ἀξιοζήλωτον.

Ἐπιρραπίζει μὲν οὖν πρότερον τὸ αἱρετικὸν δόγμα, ὃ τῆς ἀποκαταστάσεως τῶν δαιμόνων εἰς τὸ ἀρχαῖον καὶ τῶν ἐν ἁμαρτίαις καταλυσάντων τὸν βίον μετά τινας ποινὰς ὡρισμένας εἰς τὸν χορὸν τῶν δικαίων μετελθεῖν τερατεύεται. Ἐλέγχει δὲ τὸ μυθῶδες τοῦτο δυσσέβημα πρῶτον μὲν ἐξ αὐτῶν τῶν δεσποτικῶν [292 b] φωνῶν, δεύτερον ἐκ τῶν ἀποστολικῶν κηρυγμάτων, οἷς καὶ προφητικὰς ἐπισυνάπτει μαρτυρίας, τρανολογούσας ὥσπερ αἰώνιον τὴν τῶν δικαίων ἀνεκλάλητον ἀπόλαυσιν, οὕτω καὶ τὴν τῶν ἁμαρτωλῶν ἀτελεύτητόν τε καὶ ἀνυπόστατον κόλασιν.

Οὐκ ἐκ τῶν εἰρημένων δὲ μόνον χρήσεων τὸ αἱρετικὸν καὶ ἀλλόφυλον καταβάλλει φρύαγμα, ἀλλὰ καὶ ἐξ ἄλλων ἱερῶν ἀνδρῶν, ναὶ δὴ (τὸ κραταιότερον) καὶ ἐκ λογίων αὐτοῦ ἐκείνου, ὃν κακομηχάνως ἡ αἵρεσις συνήγορον λαβεῖν ἠγωνίζετο. Διὰ δὴ τούτων ἁπασῶν τῶν ἱερολογιῶν τὸ μὲν παθοποιὸν καὶ ψυχοφθόρον πάσης ἐκκλησιαστικῆς χοροστασίας ἀπελαύνων ἀνεδείχθη μυθολόγημα,

[292 b] 9 ὃν A[1] : ὧν AM.

de l'Église et qu'il confirme et exalte l'opinion conforme à la vraie foi qui déteste les méchants.

Après avoir ainsi présenté et fortifié au préalable la position de la vérité en partant de laquelle il va plus aisément défaire le parti ennemi, il cite des paroles du saint Père par lesquelles les camelots pervers et criminels du dogme, mêlant le vin d'eau, ont voulu falsifier ces paroles elles-mêmes et, qui plus est, les enseignements de l'Église.

En mettant en avant ces saintes paroles, il a montré au grand jour que les origénistes étaient pris en flagrant délit grâce à leurs méchants procédés eux-mêmes, tantôt en les convainquant d'adultérer des textes authentiques par de honteuses et impudentes interpolations, tantôt en les convainquant d'étendre les interpolations d'une façon continue et en les convainquant aussi d'oser, au prix d'une audace inouïe et insensée, les détourner dans le sens de leur hérésie. Et en un mot, il démontre que les écrits de cet auteur sont à l'abri de toute entreprise des hérétiques et de toute fausse accusation d'hérésie. Cette sentence d'acquittement est établie et cette vilenie est réfutée au grand jour à l'aide du contexte qui précède et suit le passage dénaturé et à l'aide de nombreuses autres paroles de saint Grégoire dont la rectitude et l'intégrité sont certaines. Après qu'il a mené ce combat comme personne n'aurait pu faire mieux, il termine son travail par des prières qui implorent le salut et par des louanges à Dieu.

Quant aux écrits que les hérétiques ont tenté de faire tomber dans leurs pièges et que le stratège épris de vérité a tirés sans dommage de cette attaque de brigands, ce

blème, à la thèse prônée ici par saint Germain, de la falsification des textes. Il donne — et on retrouve cette assertion un peu partout — Sévère comme auteur de l'accusation d'origénisme, avec référence à Photius, *P. G.*, t. CIII, p. 1104 C, c'est-à-dire à p. 291 b 2, soit un passage du « codex » 232 où c'est Isidore de Péluse et non Grégoire de Nysse qui est accusé d'origénisme, donnée confirmée par un texte de Sévère lui-même, cf. *supra*, p. 78, note 3. Les falsificateurs se sont pourtant attaqués à des textes de saint Grégoire de Nysse, Anastase le Sinaïte, *Viae dux*, *P. G.*, t. LXXXIX, p. 290 D-292 A, en témoigne et il les appelle *origénistes*, comme saint Germain (p. 292 b 21), mais on me dit qu'on désignait ainsi des moines orientaux de tendance

τὸ δὲ τῆς εὐσεβείας μισοπόνηρον κρατύνων τε καὶ ἀνυψῶν φρόνημα. Οὕτω δὲ προδιασκευάσας καὶ κραταιωσάμενος τὸ τῆς ἀληθείας ὀχύρωμα, ἐξ οὗ καταβαλεῖν ῥᾷον ἔμελλε τὸ πολέμιον, τὰ ῥητὰ λοιπὸν μετὰ ταῦτα τοῦ ἱεροῦ προάγει πατρός, οἷς οἱ κακοὶ καὶ πονηροὶ τῶν δογμάτων κάπηλοι τὸν οἶνον ὕδατι μιγνύντες κιβδηλεύειν αὐτά, μᾶλλον δὲ τὰ τῆς ἐκκλησίας ἐμελέτησαν διδάγματα. Ταῦτα δὴ τὰ ἱερὰ ῥήματα προθείς, ἑαλωκότας ἐπ' αὐτοφώρῳ τοὺς ὠριγενειαστὰς οἷς ἐκακούργουν ἐθριάμβευσε, τοῦτο μὲν ἀπηρυθριασμέναις καὶ ἀναισχύντοις προσθήκαις ἐπινοθεύοντας διελέγχων τὰ ἀνόθευτα, τοῦτο δὲ καὶ τὸ συνεχὲς ὑφορωμένους τῆς προσθήκης, ἐκ πολλῆς ἄλλης αὐθαδείας τε καὶ ἀπονοίας, πρὸς τὴν αἱρετικὴν αὐτῶν ἐπίνοιαν ἀποθρασυνθέντας ἐκβιάζεσθαι. Καὶ ὡς ἔπος εἰπεῖν, πάσης τοὺς τοῦ ἀνδρὸς ἀπηλλαγμένους πόνους ἀποφαίνει αἱρετικῆς τε ἐπιβουλῆς καὶ συκοφαντίας ἀφορώσης εἰς ἀσέβειαν. Ἡ δ' ἀπαλλαγὴ καὶ τῆς κακουργίας ὁ ἔλεγχος ἔκ τε τῶν προηγουμένων τοῦ κεκακουργημένου χωρίου καὶ τῶν ἑπομένων κατασκευάζεταί τε καὶ ἀνακαλύπτεται, καὶ ἐξ ἄλλων δὲ τοῦ θεσπεσίου Γρηγορίου μυρίων λόγων, τὸ ὀρθὸν διασῳζόντων καὶ ἀνόθευτον. Καὶ ταῦτα καλῶς ἀγωνισάμενος, καὶ ὡς οὐκ ἂν τις ἄλλος ἄμεινον, εἰς σωτηρίους εὐχὰς καὶ δοξολογίας Θεοῦ ἀποπερατοῖ τὸ φιλοπόνημα. Οἱ δὲ λόγοι, οὓς ὑπελθεῖν ἐνέδραις τὸ ἀλλόφυλον ἐτεχνάσατο καὶ ὁ παρὰ τῆς ἀληθείας ταχθεὶς στρατηγὸς τῆς λῃστρικῆς ἐφόδου κακῶν ἀπαθεῖς διεσώσατο, ὅ τε Περὶ ψυχῆς ἐστι

16 τὸ A : τὸν M ‖ **19** αὐτά A : *om.* M ‖ **20** ῥήματα A : ῥητὰ M ‖ **31** κεκακουργημένου M : κακουργημένου A ‖ **38** ἐτεχνάσατο A : ἐτεχνήσατο M.

sont le *Dialogue sur l'âme*, dédié à sa sœur Macrine, le *Discours catéchétique* et celui qui fait un exposé *Sur la vie parfaite.*

[293 a] 234[1].

Lu de saint Méthode, évêque et martyr*, une partie du traité *Sur la Résurrection** ; le choix fait dans cet ouvrage dit ce qui suit.

Le corps n'est pas l'entrave de l'âme comme le pensait Origène, et le prophète Jérémie n'appelle pas les âmes des captives parce qu'elles se trouvent dans des corps*. L'auteur, en effet, pose en principe que le corps n'entrave pas les opérations de l'âme : bien plus, le corps est entraîné et coopère dans le sens où l'âme le pousse*. Mais comment comprendre le point de vue de Grégoire le Théologien* et de beaucoup d'autres?

Origène disait que le corps a été donné comme une entrave à l'âme après le péché ; auparavant, elle vivait à l'état incorporel. Mais justement, c'est ce corps lui-même dont nous sommes revêtus qui est la cause de nos péchés ; c'est pourquoi il l'appelait une entrave, parce qu'il est capable de détourner l'âme des bonnes œuvres*.

Si le corps a été donné à l'âme comme une entrave après le péché, il lui a été donné soit comme une entrave au bien soit comme une entrave au mal. Il est impossible que ce soit comme une entrave au bien, car un médecin ou un autre homme d'art ne donne pas à quelqu'un qui s'est engagé sur une mauvaise voie un remède susceptible de l'y pousser davantage : à plus forte raison Dieu ! Il reste le mal : or, nous voyons que Caïn a commis un meurtre alors qu'il était pourvu d'un corps dès sa naissance ; et ceux qui sont venus ensuite, on sait par l'évidence dans quelles fautes ils sont tombés ; le corps n'est donc pas non plus une entrave au mal. Au total, ce n'est

monophysite sévérienne. Sur les doctrines communes à Origène et à Grégoire, cf. J. Daniélou, *Platonisme et théologie mystique*, Paris, Aubier, 1944, p. 175-182.

1. Sous le n. 234, le ms. A présente le sommaire de la *Chrestomathie*

πρὸς τὴν ἀδελφὴν Μακρῖναν διάλογος, καὶ δὴ καὶ ὁ Κατηχητικὸς καὶ ὁ Περὶ τελείου βίου τὴν εἰσήγησιν ἀναδεξάμενος.

[293 a] 234

Ἀνεγνώσθη τοῦ ἁγίου Μεθοδίου ἐπισκόπου καὶ μάρτυρος, ἐκ τοῦ Περὶ ἀναστάσεως λόγου, οὗ ἡ ἐκλογὴ τὰ ὑποκείμενα λέγει.

Ὅτι οὐ δεσμόν φησι τὸ σῶμα τῆς ψυχῆς εἶναι, ὡς Ὠριγένης ᾤετο, οὐδὲ δεσμωτίδας τὰς ψυχὰς παρὰ τοῦ προφήτου Ἱερεμίου καλεῖσθαι διὰ τὸ ἐν σώμασιν αὐτὰς τυγχάνειν. Οὐ γὰρ ἐμποδίζειν τὰς τῆς ψυχῆς ἐνεργείας τὸ σῶμα τίθεται, συμπεριάγεσθαι δὲ μᾶλλον τὸ σῶμα καὶ συνεργεῖν πρὸς ἃ ἡ ψυχὴ ἐπιτρέπει. Ἀλλὰ πῶς τὸ τοῦ θεολόγου Γρηγορίου νοητέον καὶ ἄλλων πολλῶν;

Ὅτι Ὠριγένης δεσμὸν τὸ σῶμα ἔλεγε δεδόσθαι τῇ ψυχῇ μετὰ τὴν παράβασιν, πρὶν δὲ ἀσώματον αὐτὴν βιοτεύειν. Ἀλλὰ καὶ τοῦτο τὸ σῶμα, ὃ περικείμεθα, αἴτιον εἶναι τῶν ἁμαρτιῶν· διὰ τοῦτο καὶ δεσμὸν ἔλεγεν, ὡς ἀπὸ τῶν ἀγαθῶν ἔργων κωλύειν δυνάμενον τὴν ψυχήν.

Ὅτι εἰ δεσμὸς ἐδόθη τὸ σῶμα μετὰ τὴν παράβασιν, ἢ τῶν κακῶν ἢ τῶν ἀγαθῶν ἐδόθη τῇ ψυχῇ. Τῶν μὲν οὖν ἀγαθῶν ἀδύνατον· οὐδὲ γὰρ ἰατρὸς ἢ τεχνιτῶν ἄλλος τῷ ἁμαρτήσαντι δίδωσι φάρμακον ὥστε πλέον ἐξαμαρτῆσαι, μὴ ὅτι γε Θεός. Λείπεται δὴ τῶν κακῶν. Ἀλλὰ μὴν ὁρῶμεν ὡς κατ' ἀρχὰς ὁ μὲν Κάϊν περικείμενος τοῦτο τὸ σῶμα ἐφόνευσεν· οἱ δ' ἐφεξῆς πρὸς ἃς ἀθεμιτουργίας ἐξώκειλαν δῆλον· οὐδὲ τῶν κακῶν ἄρα δεσμὸς τὸ σῶμα. Οὐδ' ὅλως ἄρα δεσμός,

[293 a] **1** 234] CΛΔ AM : CΛΓ A² ‖ **3** ἡ A *pinax et* M : *om.* A *in textu* ‖ **14** ἀσώματον A : ἀσωμάτως M ‖ **21** ἰατρὸς A : ἰατρῶν M.

donc pas une entrave et l'âme ne l'a pas revêtu plus tard après le péché[1].

Le nom d'homme, selon l'expression naturelle la plus véridique, n'est ni celui d'une âme sans corps ni celui d'un corps sans âme, mais celui du composé d'une âme et d'un corps fait pour aboutir à une forme unique de beauté[2]. Et Origène dit de l'âme seule qu'elle est l'homme, comme Platon. Il existe, dit l'auteur, une différence entre l'homme et les autres êtres vivants ; à ces derniers ont été données des natures de figures et de formes différentes, autant que la nature tangible et visible en a engendrées sur l'ordre de Dieu ; au premier a été donnée une apparence divine à la ressemblance de Dieu et exactement modelée sur l'image prototype et monogène du Père[3]. Ce que veut dire par là le saint auteur demande réflexion.

[293 b] Phidias le sculpteur, dit-il, quand il eut sculpté dans l'ivoire la statue de Pisa, ordonna de répandre de l'huile devant elle pour lui garder une puissance immortelle[4].

Le diable, dit-il, est un esprit créé à l'entour de la matière par Dieu — ainsi l'a dit Athénagore lui-même — et créé comme les autres Anges l'ont été par lui et à qui a été commis le soin d'administrer la matière et les formes de la matière. Car telle fut l'intention de Dieu dans la création des Anges : qu'ils veillent sur ce qu'il a fait afin que, détenteur de la providence générale et créatrice de l'univers, Dieu s'attache à lui-même la gloire et la puissance universelles. Mais les autres Anges restèrent attachés aux soins pour lesquels Dieu les avait faits et auxquels il les avait commis, et lui s'enorgueillit et se fit pervers dans la gestion de ce qui lui avait été confié, gonflé d'envie

de Proclos qui est le « codex » 239 depuis la « princeps ». J'ai conservé l'ordre habituel des chapitres. Cf. mon t. I, p. XLII.

1. 293 a 14-29 est le sommaire fortement condensé d'une discussion qu'on lit en I, 21, 1-32, 6 = Bo., p. 267, 7-269, 4.

2. 293 a 30-33 est une citation textuelle de I, 34, 4 = Bo., p. 272, 7-9.

3. 293 a 35-40 est une citation de I, 35, 2 = Bo, p. 274, 2-5. L'éditeur de Méthode passe sous silence (l. 36) la variante δέδοται Photius : δίδονται Methodius.

4. 293 b 1-4 reproduit librement I, 35, 3 = *Bo.*, p. 274, 13-275, 3. Le trait est courant, me signale M. L. Lacroix, qui me renvoie à Pausanias, V, 11, 10.

οὐδ' ὕστερον αὐτὸ ἠμφιάσατο μετὰ τὴν παράβασιν ἡ ψυχή.

Ὅτι ἄνθρωπός φησι λέγεται ἀληθέστατα κατὰ φύσιν οὔτε ψυχὴ χωρὶς σώματος οὔτε αὖ πάλιν σῶμα χωρὶς ψυχῆς, ἀλλὰ τὸ ἐκ συστάσεως ψυχῆς καὶ σώματος εἰς μίαν τὴν τοῦ καλοῦ μορφὴν συντεθέν. Ὁ δὲ Ὠριγένης τὴν ψυχὴν μόνην ἔλεγεν ἄνθρωπον, ὡς ὁ Πλάτων.

Ὅτι διαφορὰν ἀνθρώπου καὶ τῶν ἄλλων ζῴων φησί· καὶ τοῖς μὲν διάφορα σχήματα φύσεως δέδοται καὶ μορφαί, ὁπόσας ἡ στερέμνιος καὶ ὁρατὴ φύσις κελεύοντος ἐγέννησε Θεοῦ, τῷ δὲ τὸ θεοειδὲς καὶ θεοείκελον καὶ πάντα πρὸς ἐκείνην ἀπηκριβωμένον τὴν πρωτότυπον τοῦ Πατρὸς καὶ μονογενῆ εἰκόνα. Καὶ πῶς τοῦτο λέγει ὁ ἅγιος, ἐπισκεπτέον.

[293 b] Ὅτι φησὶ Φειδίαν τὸν ἀγαλματοποιὸν τὸ Πισαῖον εἴδωλον ποιήσαντα ἐξ ἐλέφαντος προστάξαι ἔλαιον ἔμπροσθεν τοῦ ἀγάλματος ἐκχέειν, ὥστε ἀθάνατον ἐς δύναμιν αὐτὸ φυλάσσεσθαι.

Ὅτι, φησίν, ὁ διάβολός ἐστι πνεῦμα περὶ τὴν ὕλην γενόμενον ὑπὸ τοῦ Θεοῦ καθάπερ καὶ Ἀθηναγόρᾳ ἐλέχθη, ὥσπερ δὴ καὶ οἱ λοιποὶ γεγόνασιν ὑπ' αὐτοῦ Ἄγγελοι, καὶ τὴν ἐπὶ τῇ ὕλῃ καὶ τοῖς τῆς ὕλης εἴδεσι πεπιστευμένον διοίκησιν. Τοῦτο γὰρ ἡ τῶν Ἀγγέλων σύστασις τῷ Θεῷ ἐπὶ προνοίᾳ γεγονέναι τοῖς ὑπ' αὐτοῦ διακεκοσμημένοις, ἵνα τὴν μὲν παντελικὴν καὶ γενικὴν ὁ Θεὸς ἔχων τῶν ὅλων πρόνοιαν ᾖ τὸ κῦρος καὶ τὸ κράτος ἁπάντων αὐτὸς ἀνηρτημένος. Ἀλλ' οἱ μὲν λοιποί, ἐφ' ὧν αὐτοὺς ἐποίησε καὶ διετάξατο ὁ Θεός, ἔμειναν· αὐτὸς δὲ ἐνύβρισε καὶ πονηρὸς περὶ τὴν τῶν πεπιστευμένων ἐγένετο διοίκησιν, φθόνον ἐγκισσήσας καθ'

30 ἀληθέστατα κατὰ φύσιν A : κατὰ φύσιν ἀληθέστατα M || **33** ὁ δὲ M : οὐδὲ A.

[293 b] **2** ἐλέφαντος A : ἐλεφάντου M || **9** τοῦτο A : τούτων M || **12** ᾗ A^2 M^x : ᾖ AM || **14** αὐτοὺς *edd.* : αὐτὸς *codd.*

qu'il était à notre égard, comme ceux qui, plus tard, s'éprirent de la chair et eurent des relations amoureuses avec les filles des hommes. Dieu avait en effet disposé qu'ils eussent une volonté apte à choisir d'elle-même dans un sens ou dans l'autre tout comme il l'a fait pour les hommes aussi[1]. Et comment comprendre ceci?

Les tuniques de peau, c'est, dit-il, la mort. Il dit, en effet, au sujet d'Adam, que, en le voyant, lui qui était immortel, tombé dans le mal à cause de l'embûche qui lui avait été tendue et devenu semblable au diable qui l'avait induit en erreur, Dieu le Tout-Puissant fit les tuniques de peau pour le vêtir de condition mortelle afin que, par la dissolution du corps, tout le mal engendré en lui mourût[2].

Il dit que saint Paul a eu deux visions. Il dit en effet que l'Apôtre lui-même ne suppose pas que le Paradis est au troisième ciel pour ceux qui savent entendre des discours subtils, car en disant : « Je sais en effet que cet homme-là a été ravi jusqu'au troisième ciel » et « Je sais que cet homme-là, soit avec son corps, soit sans son corps, Dieu sait qu'il a été ravi au Paradis »[3], il veut dire qu'il a eu deux grandes visions ayant été élevé manifestement deux fois, l'une jusqu'au troisième ciel, l'autre jusqu'au Paradis. Car la parole : « Je sais que cet homme-là a été ravi jusqu'au troisième ciel » prouve qu'une vision lui a été donnée au troisième ciel. Et la parole qui revient encore : « Je sais que cet homme-là, soit avec son corps, [294 a] soit sans son corps, Dieu sait qu'il a été ravi au Paradis » montre qu'une autre vision lui est apparue au Paradis. Il parle ainsi parce que ceux qui pensent autrement affirment, en se basant sur la parole de l'Apôtre, que le Paradis est un lieu intelligible parce qu'il est situé

1. 293 b 5-21 reproduit, avec quelques variantes propres à un travail d'abréviateur, I, 37, 1-40 = Bo., p. 277, 13-278, 14. Le texte d'Athénagore auquel il est fait allusion est conservé dans les « chaînes ».

2. On se souvient des interprétations antithétiques de la *Genèse*, 3, 21, rapportées par Étienne Gobar au « codex » 232, p. 288 a 30-35, *supra*, p. 69. Cf. la note à ce passage, p. 206. Il est étonnant que Bonwetsch, pourtant si attentif, n'ait pas signalé le parallèle 293 b 23-28 = I, 38, 5. Bo., p. 281, 10-282, 2.

3. Ces deux citations sont, dans l'ordre, 2 *Cor.*, 12, 2 et 12, 3.

ἡμῶν, ὥσπερ καὶ οἱ μετὰ ταῦτα σαρκῶν ἐρασθέντες καὶ ταῖς τῶν ἀνθρώπων εἰς φιλοτησίαν ὁμιλήσαντες θυγατράσιν. Αὐθαίρετον γὰρ καὶ αὐτοῖς ἔχειν πρὸς ἑκάτερα διετάξατο βούλησιν ὁ Θεός, οἷα δὴ καὶ ἐπὶ τῶν ἀνθρώπων. Καὶ πῶς τοῦτο ληπτέον;

Ὅτι δερματίνους χιτῶνας τὸν θάνατόν φησι. Λέγει γὰρ περὶ τοῦ Ἀδάμ, ὃν ὁ Θεὸς ὁ Παντοκράτωρ ἀθάνατον κακὸν ἐξ ἐπιβουλῆς ἰδὼν γεγενημένον, καθάπερ καὶ ὁ πλανήσας αὐτὸν διάβολος ἦν, τοὺς δερματίνους χιτῶνας διὰ τοῦτο κατεσκεύασεν, οἱονεὶ νεκρότητι περιβαλὼν αὐτόν, ὅπως διὰ τῆς λύσεως τοῦ σώματος πᾶν τὸ ἐν αὐτῷ γεννηθὲν κακὸν ἀποθάνῃ.

Ὅτι δύο ἀποκαλύψεις φησὶ γεγονέναι τῷ ἁγίῳ Παύλῳ. Λέγει γάρ, ἀλλ' οὐδὲ ὁ Ἀπόστολος ὑποτίθεται εἶναι τὸν παράδεισον ἐν τῷ τρίτῳ οὐρανῷ τοῖς λεπτῶν ἀκροᾶσθαι λόγων ἐπισταμένοις· « Οἶδα γὰρ τὸν τοιοῦτον ἁρπαγέντα ἕως τρίτου οὐρανοῦ » λέγων, « Καὶ οἶδα τὸν τοιοῦτον ἄνθρωπον, εἴτε ἐν τῷ σώματι, εἴτε χωρὶς τοῦ σώματος, ὁ Θεὸς οἶδεν, ὅτι ἡρπάγη εἰς τὸν παράδεισον » δύο ἀποκαλύψεις μεγάλας ἑωρακέναι μηνύει, δὶς ἀναληφθεὶς ἐναργῶς, ἅπαξ μὲν ἕως τρίτου οὐρανοῦ, ἅπαξ δὲ εἰς τὸν παράδεισον. Τὸ γάρ· « Οἶδα ἁρπαγέντα τὸν τοιοῦτον ἕως τρίτου οὐρανοῦ » ἰδίως ἀποκάλυψιν αὐτῷ κατὰ τὸν τρίτον οὐρανὸν πεφηνέναι συνίστησι· τὸ δέ· « Καὶ οἶδα » πάλιν ἐπιφερόμενον « τὸν τοιοῦτον ἄνθρωπον, εἴτε ἐν σώ- [294 a] **ματι εἴτε ἐκτὸς σώματος, ὁ Θεὸς οἶδεν, ὅτι ἡρπάγη εἰς τὸν παράδεισον » ἑτέραν αὖθις αὐτῷ πεφανερῶσθαι κατὰ τὸν παράδεισον ἀποκάλυψιν δείκνυσι. Ταῦτα δὲ λέγει, ἐπεὶ οἱ δι' ἐναντίας τὸν παράδεισον νοητὸν ἐτίθεντο ἐκ τοῦ ἀποστολικοῦ ῥητοῦ, ὡς ὄντα ὑπὲρ τὸν οὐ-**

20 ἀνθρώπων A : *om.* M ‖ **28** κακὸν M : *om.* A ‖ **30** ἀλλ' M : ἄλλος A ‖ **34** τῷ A : *om.* M ‖ **37-39** ἅπαξ — οὐρανοῦ A : *om.* M.
[294 a] **5** οὐρανὸν M : ἄνθρωπον A.

au-dessus du ciel[1], afin de déduire que la vie au Paradis est incorporelle.

Faire ou ne pas faire le mal, dit l'auteur, dépend de nous ; sans quoi nous ne serions pas punis pour le mal que nous faisons et nous ne serions pas récompensés pour le bien que nous faisons. Mais penser ou ne pas penser au mal ne dépend pas de nous. C'est pour cela, dit-il, que saint Paul dit : « Car je ne fais pas ce que je veux, mais c'est ce que je ne veux pas que je fais », c'est-à-dire : ce n'est pas ce à quoi je veux penser que je pense, mais ce à quoi je ne veux pas penser. Mais il dit que même la pensée du mal est arrachée de nous jusqu'à la racine à cause de la présence de la mort naturelle, car c'est pour cela que la mort a été donnée par Dieu au pécheur, c'est afin que le mal ne reste pas immortel*. Mais dans quel sens ceci a-t-il été dit ? Il faut savoir — et d'autres Pères l'ont dit également — que la mort, pour ceux qui y arrivent, n'est à ce moment-là ni une aggravation ni une diminution de leurs péchés.

Lu du même auteur, tiré du même ouvrage, un commentaire sommaire de paroles apostoliques*.

Voyons ce que signifient les propos que nous avions d'abord été amenés à tenir à propos de l'Apôtre. Car la parole qu'il a dite : « Quant à moi, je vivais jadis sans la Loi »* signifie la vie d'En-Haut, au Paradis, comme nous l'avons supposé dès le commencement, vie antérieure à la Loi, non pas sans le corps, mais avec notre corps, avec les premiers-nés*. Nous vivions à l'abri de la concupiscence sans même connaître ses assauts*. En effet, quand on n'a aucun précepte sur lequel régler sa vie ni la faculté maîtresse de son propre jugement pour décider de quel mode de vie il faut user afin d'être honoré ou blâmé à juste titre, cette situation est déclarée à l'abri de tout reproche parce qu'on ne peut désirer ce dont on n'est pas privé.

1. 293 b 30-294 a 3 = I, 55, 2. Bo., p. 313, 14-314, 9. Cf. au « codex » 232, p. 288 a 41-b 8, les propositions antithétiques sur le Paradis et le troisième ciel, *supra*, p. 69 ; Daniélou, *Platonisme...*, p. 259. Pour Méthode, I, 54, 8 = Bo., p. 312, 18, le troisième ciel et le Paradis ne font qu'un, mais le jardin d'Eden est bien sur la terre : I, 55, 11 = *Bo.*, p. 313, 6-7.

ρανὸν ἵνα τὸ ἀσωμάτως γενέσθαι τὴν ἐν τῷ παραδείσῳ διαγωγὴν συνάξωσιν.

Ὅτι, φησί, τὸ μὲν πρᾶξαι ἢ μὴ πρᾶξαι τὰ κακὰ ἐφ' ἡμῖν, ἐπεὶ οὐκ ἂν δίκας ἐδίδομεν τῶν κακῶς δρωμένων ἢ ἀμοιβὰς ἐλαμβάνομεν τῶν καλῶς· τὸ δ' ἐνθυμηθῆναι τὰ κακὰ ἢ μὴ οὐκ ἐφ' ἡμῖν. Διὰ τοῦτο καὶ τὸν θεῖον Παῦλόν φησι λέγειν· « Οὐ γὰρ ὃ θέλω, τοῦτο πράσσω, ἀλλ' ὃ οὐ θέλω τοῦτο ποιῶ », τουτέστιν οὐχ ὃ θέλω ἐννοεῖν τοῦτο ἐννοῶ, ἀλλ' ὃ μὴ θέλω. Ἐκριζωθῆναι δέ φησι καὶ τὸ τὰ κακὰ ἐνθυμεῖσθαι διὰ τῆς τοῦ φυσικοῦ θανάτου παρουσίας, ἐπεὶ καὶ διὰ τοῦτο θάνατος ἐδόθη παρὰ Θεοῦ τῷ ἐξημαρτηκότι, ἵνα μὴ ἀθάνατον μείνῃ τὸ κακόν. Ἀλλὰ πῶς τοῦτο εἴρηται; Σημειωτέον ὅτι καὶ ἄλλοις ἡμῶν πατράσιν εἴρηται, εἴπερ ὁ θάνατος τοῖς τοῦτον μετερχομένοις κατὰ τὸν καιρὸν ἐκεῖνον οὔτε προσθήκη οὔτε ὕφεσις ἁμαρτημάτων γίνεται.

Ἀνεγνώσθη τοῦ αὐτοῦ ἐκ τοῦ αὐτοῦ λόγου ἀποστολικῶν ῥητῶν ἑρμηνεία κατὰ σύνοψιν.

Ἴδωμεν δὲ τί ἦν ὅπερ πρῶτον εἰς τὸν Ἀπόστολον προήχθημεν εἰπεῖν. Τὸ γάρ· « Ἐγὼ δὲ ἔζων » λεχθὲν αὐτῷ « χωρὶς νόμου ποτέ » ἄνω τὴν ἐν τῷ παραδείσῳ, καθάπερ ἐξ ἀρχῆς ὑπεθέμεθα, πρὸ τῆς ἐντολῆς, οὐκ ἐκτὸς σώματος ἀλλὰ μετὰ σώματος ἡμῶν ἐν τοῖς πρωτοπλάστοις διαγωγὴν παρεγγυᾷ. Ἐκτὸς δ' ἐπιθυμίας διήγομεν, οὐ γινώσκοντες ὅλως ἐπιθυμίας προσβολάς. Τὸ γὰρ μὴ ἔχειν διορισμὸν καθ' ὃν δεῖ πολιτεύεσθαι, μηδὲ ἐξουσίαν αὐτοδέσποτον λογίου ποίῳ δεῖ χρῆσθαι πολιτεύματι, ἵνα δικαίως ἢ τιμηθῇ ἢ ψεχθῇ, ἀνυπεύθυνον παντὸς λέλεκται ὑπάρχειν τοῦτο ἐγκλήματος, ὅτι μὴ δύναται τούτων τις ἐπιθυμῆσαι, ὧν μὴ κεκώλυται. Κἂν

6 τῷ M : *om.* A || **7** συνάξωσιν A : συνάξουσιν M || **15** τὸ AM[1] *s. v.* : *om.* M || **21** ὕφεσις A : ὑφαίρεσις M || **22** *ante* ἀνεγνώσθη : σλδ' A[2] *mg.* || ἀνεγνώσθη A : *om.* M.

Et même pris de désir, on ne sera pas mis en accusation. En effet, le désir ne concerne pas les choses présentes et qui se trouvent à notre portée, mais celles qui, tout en étant présentes, ne sont pas à notre portée ; comment, en effet, quelqu'un peut-il désirer un objet qui ne lui est pas défendu et dont il ne sent pas la privation? D'où la parole : « J'ignorais la concupiscence si la Loi n'avait pas dit : *tu ne désireras point* »[1]. Car, après avoir entendu : « Vous ne mangerez pas de l'arbre de la science du bien [294 b] et du mal, et le jour où vous en mangerez, vous mourrez de mort »[2], c'est alors qu'ils ont conçu la concupiscence et qu'ils en ont été remplis[3]. C'est pourquoi il a été dit à juste titre : « J'ignorais la concupiscence si la Loi n'avait pas dit : tu ne désireras point », et le désir de manger non plus s'il n'avait été dit : « Vous n'en mangerez pas ». C'est là, en effet, que le péché a trouvé une pierre d'achoppement pour se jouer de moi, car, la prescription donnée, le diable a trouvé une prise pour faire naître le désir en moi*. Car : « Sans la Loi le péché est mort »* veut dire en somme que, si la prescription n'avait pas été donnée, le péché serait sans effet. Pour moi, je vivais avant la Loi une vie sans reproche, car je n'avais aucune injonction selon laquelle il me fallait organiser ma vie. « Mais quand la Loi est venue, le péché a repris vie et moi je suis mort, et la Loi qui m'avait été donnée pour la vie s'est trouvée donnée pour la mort »* parce que c'est après que Dieu eut fait la loi et qu'il m'eut prescrit ce qu'il fallait faire et ne pas faire que le diable a fait naître la concupiscence en moi. Car la promesse de Dieu, elle m'a été donnée pour la vie et pour l'immortalité, pour que, si je lui obéis, j'aie une vie florissante et qui me conduise à l'immortalité et à la joie tandis que, si je lui désobéis, elle se détourne vers la mort puisque le diable — que notre auteur appelle le péché parce qu'il est l'auteur du péché — a pris argument dans l'injonction qui m'a été donnée pour me détourner* vers le péché et, en m'y détournant, il m'a

1. *Romains*, 7, 7, citant *Exode*, 20, 17.
2. *Genèse*, 2, 17.
3. 294 a 30-b 3 = II, 1, 2-4. Bo., p. 330, 2-16.

ἐπιθυμήσῃ δέ, οὐκ αἰτιαθήσεται. Τὸ γὰρ ἐπιθυμῆσαι οὐκ ἐπὶ τῶν παρόντων καὶ ὑποκειμένων ἐν ἐξουσίᾳ πίπτει, ἀλλ' ἐπὶ τῶν παρόντων μέν, μὴ ὄντων δὲ ἐν ἐξουσίᾳ · πῶς γάρ, οὗ μὴ κεκώλυταί τις μηδ' ἐνδεής ἐστι, τούτου ἐρᾷ; Ὅθεν διὰ τοῦτο · « Τὴν ἐπιθυμίαν οὐκ ᾔδειν, εἰ μὴ ὁ νόμος ἔλεγεν οὐκ ἐπιθυμήσεις ». Ἀκούσαντες γάρ · « Ἀπὸ δὲ τοῦ ξύλου τοῦ γινώσκειν καλὸν καὶ πονηρόν, οὐ φάγεσθε [294 b] ἀπ' αὐτοῦ · ᾗ δ' ἂν ἡμέρᾳ φάγητε ἀπ' αὐτοῦ, θανάτῳ ἀποθανεῖσθε », τότε τὸ ἐπιθυμῆσαι συνέλαβον καὶ ἐκίσσησαν. Διὸ δή · « Τὴν ἐπιθυμίαν καλῶς οὐκ ᾔδειν ἐλέχθη, εἰ μὴ ὁ νόμος ἔλεγεν · οὐκ ἐπιθυμήσεις » οὐδὲ ἐσθίειν, εἰ μὴ εἴρητο · « Οὐ φάγεσθε ἀπ' αὐτοῦ ». Ἐντεῦθεν γὰρ ἐκτήσατο ἀφορμὴν εἰς τὸ διαπαῖξαί με ἡ ἁμαρτία · δοθείσης γὰρ τῆς ἐντολῆς ἔσχε λαβὴν ὁ διάβολος κατεργάσασθαι ἐν ἐμοὶ τὴν ἐπιθυμίαν · « Χωρὶς γὰρ νόμου ἡ ἁμαρτία νεκρά », οἷον οὐ δοθείσης γὰρ τῆς ἐντολῆς ἄπρακτος ἦν ἡ ἁμαρτία. Ἐγὼ δὲ ἔζων πρὸ τῆς ἐντολῆς βίον ἄμεμπτον, οὐκ ἔχων ἐπιταγὴν καθ' ἣν ἔδει πολιτεύεσθαι. « Ἐλθούσης δὲ τῆς ἐντολῆς, ἡ ἁμαρτία ἀνέζησεν, ἐγὼ δὲ ἀπέθανον, καὶ εὑρέθη μοι ἡ ἐντολὴ ἡ εἰς ζωήν, αὕτη εἰς θάνατον », ὅτι μετὰ τὸ νομοθετῆσαι τὸν Θεόν, καὶ διαστείλασθαί μοι ἃ ποιητέον καὶ μὴ ποιητέον, κατειργάσατο ἐν ἐμοὶ τὴν ἐπιθυμίαν ὁ διάβολος. Ἡ γὰρ ἐπαγγελία τοῦ Θεοῦ ἡ δοθεῖσά μοι αὕτη εἰς ζωὴν καὶ ἀφθαρσίαν, ἵνα πειθόμενος αὐτῇ ἀεὶ θάλλοντα πρὸς ἀθανασίαν βίον ἔχω καὶ χαράν, ἀθετήσαντι αὐτὴν εἰς θάνατον ἀπέβη, ἐπειδὴ ὁ διάβολος, ὃν ἁμαρτίαν νῦν οὗτος ἐκάλεσε διὰ τὸ δημιουργὸν αὐτὸν ἁμαρτίας ὑπάρχειν, διὰ τῆς ἐντολῆς ἀφορμὴν λαβὼν πρὸς παρακοὴν ἀπατῆσαί με, ἀπα-

38 ἀλλ' ἐπὶ — ἐν ἐξουσίᾳ A : *om.* M.

[294 b] **1** ἡμέρᾳ A[1]M : ἡμέραν A ‖ **11** βίον ἄμεμπτον A[3] : ἄμεμπτον A ἀμέμπτως M ‖ **13** μοι AM[1] *s. v.* : *om.* M ‖ **14** αὕτη A : αὐτὴ M.

tué en me mettant sous le coup de la condamnation : « Le jour où vous en mangerez, vous mourrez de mort ». En sorte que « La Loi est sainte et le commandement de Dieu est juste et bon »[1] parce qu'il a été donné non point pour nuire, mais pour sauver ; ne croyons pas, en effet, que Dieu fasse quoi que ce soit d'inutile ou de nuisible.

Mais quoi? « Le bien est devenu la mort pour moi »[2], loi qui m'avait été donnée pour être la cause de mon plus grand bien. Non, parce que ce n'est pas le commandement de Dieu qui a été la cause qui m'a conduit à subir l'esclavage de la corruption, mais c'est le diable : il fallait qu'il apparût de façon évidente que c'était lui qui m'avait préparé le mal par mon bien pour que l'inventeur du péché devînt le pécheur par excellence et en fût convaincu[3]. « Nous savons, en effet, que la Loi est spirituelle »[4], c'est pourquoi elle n'est la cause d'aucun tort pour personne car les êtres spirituels ont leur demeure loin de la concupiscence irraisonnée et du péché. « Pour moi, je suis un être de chair et vendu au pouvoir du péché »[5], c'est-à-dire que je suis charnel et établi à mi-chemin du bien et du mal en ma qualité d'homme libre afin [295 a] qu'il dépende de moi de choisir ce que je veux. « Car j'ai placé devant tes yeux, dit-il, la vie et la mort »[6]. Enclin à désobéir à la loi spirituelle, c'est-à-dire au commandement, et à obéir à la loi matérielle, c'est-à-dire au conseil du serpent, à cause de ce choix « Je suis vendu » au diable parce que « je suis tombé dans le péché »[7].

C'est pourquoi, à partir de ce moment, le mal qui m'a assiégé s'installe et vit dans ma chair où il s'est établi[8] parce qu'il m'a été imposé comme châtiment, pour avoir

1. *Romains*, 7, 12.
2. *Romains*, 7, 13.
3. 294 b 8-16 = II, 2, 2-6. Bo., p. 331, 6-332, 13.
4. *Romains*, 7, 14.
5. *Loc. cit.*
6. *Deutéronome*, 30, 5.
7. Reprise libre de *Romains*, 7, 14.
8. 294 b 36-295 a 8 = II, 2, 7. Bo., p. 332, 14-333, 7. Pour le texte de 295 a 8, Bonwetsch ne tient pas compte de A[2] à qui on doit la leçon εἰσοικῆσαν et il note, dans son apparat, εἰσοικεῖσθαι εἰσοικίσθαι Ph[a].

τήσας ἀπέκτεινε, τῷ · « Ἧι δ' ἂν ἡμέρᾳ φάγητε ἀπ' αὐτοῦ, θανάτῳ ἀποθανεῖσθε » κατακρίματι ὑπεύθυνον γενέσθαι κατεργασάμενος. Ὥστε · « Ὁ μὲν νόμος ἅγιος, καὶ ἡ ἐντολὴ τοῦ Θεοῦ ἁγία καὶ δικαία καὶ ἀγαθή », ὅτι μὴ ἐπὶ τῷ βλάψαι ἀλλ' ἐπὶ τῷ σῶσαι ἐδόθη · μὴ γὰρ οἰώμεθα ἀνωφελές τι ἢ βλαβερὸν ποιεῖν τὸν Θεόν. Τί οὖν; « Τὸ ἀγαθὸν ἐμοὶ ἐγένετο θάνατος », ὃ τοῦ μεγίστου μοι ὡς αἴτιον ἐσόμενον ἀγαθοῦ νομοθέτημα ἐδόθη; Μὴ γένοιτο, ὅτι μὴ ἡ ἐντολὴ τοῦ Θεοῦ εἰς τὸ καταδουλωθῆναί με ἐγένετο τῇ φθορᾷ αἰτία, ἀλλ' ὁ διάβολος, ἵνα φανερωθῇ διὰ τοῦ ἀγαθοῦ τὸ κακὸν ἐμοὶ κατασκευάσας, ἵνα γένηται καὶ ἐλεγχθῇ καθ' ὑπερβολὴν ὁ εὑρετὴς τῆς ἁμαρτίας ἁμαρτωλός. « Οἴδαμεν γὰρ ὅτι ὁ νόμος ἐστὶ πνευματικός », διὸ καὶ οὐδὲν αἴτιος βλάβης οὐδενί · πόρρω γὰρ ἐπιθυμίας ἀλόγου καὶ ἁμαρτίας ἐσκήνηνται τὰ πνευματικά. « Ἐγὼ δὲ σάρκινός εἰμι, πεπραμένος ὑπὸ τὴν ἁμαρτίαν », οἷον ἐγὼ δὲ σάρκινος ὤν, καὶ ἐν μέσῳ τοῦ ἀγαθοῦ καὶ πονηροῦ κατασταθεὶς ὡς αὐτεξούσιος, ἵνα ἐπ' ἐμοὶ ἑλέσθαι ὃ βού-
[295 a] λομαι ᾖ (« Τέθεικα γάρ, φησί, πρὸ προσώπου σου τὴν ζωὴν καὶ τὸν θάνατον »), νεύσας πρὸς τὸ παρακοῦσαι μὲν τοῦ πνευματικοῦ νόμου, οἷον τῆς ἐντολῆς, ἐπακοῦσαι δὲ τοῦ ὑλικοῦ, οἷον τοῦ ὄφεως τῆς συμβουλίας · « Πέπραμαι » διὰ τὴν τοιαύτην αἵρεσιν, πεσὼν « ὑπὸ τὴν ἁμαρτίαν », τῷ διαβόλῳ.

Ὅθεν ἐντεῦθεν πολιορκῆσάν με τὸ κακὸν ἐνιζάνει, καὶ ἐμπολιτεύεται εἰσοικῆσαν ἐν τῇ σαρκί μου, δίκης ἐπιτεθείσης μοι τὴν

24 ἡμέρᾳ] ἡμέρα M : ἡμέραν A ‖ **28** τῷ (*bis*) A : τὸ (*bis*) M ‖ οἰώμεθα A : οἰόμεθα M ‖ **32** ἡ AM² *s. v.* : *om.* M ‖ **33** τῇ φθορᾷ M : ᾗ φθορᾶς A² ᾗ φθορὰ A *ut vid.*

[295 a] **1** φησὶ πρὸ προσώπου A : πρὸ προσώπου φησὶ M ‖ **8** εἰσοικῆσαν A² : εἰσοικίσθαι M *quid prius praeb.* A *non liquet* ‖ μου A²M : *quid prius praeb.* A *non liquet.*

désobéi à la Loi, d'être vendu au mal. C'est pourquoi les paroles : « Je ne sais pas ce que je fais » et « je fais ce que je déteste »[1] ne doivent pas être comprises à propos de la mauvaise action que l'on fait mais uniquement à propos de la pensée[2]. Car il ne dépend pas de nous de penser ou de ne pas penser l'absurde, mais de mettre ou de ne pas mettre nos pensées à exécution. Nous ne pouvons, en effet, empêcher que les pensées surviennent en nous puisque nous les recevons comme des impulsions de l'extérieur, mais nous pouvons ne pas nous laisser convaincre ou ne pas les mettre à exécution*. C'est pourquoi vouloir ne pas y penser est en mon pouvoir, mais réussir* à les faire disparaître de telle manière que ces objets ne se représentent plus à notre pensée, je ne le puis parce que, comme je l'ai dit, cela ne dépend pas de nous. De sorte que le sens de l'expression est celui-ci : « Car je ne fais pas le bien que je veux ». Je veux, en effet, ne pas penser à ce qui me fait tort puisque c'est là le bien à l'abri de tout reproche*. Et : « Ce bien que je veux, je ne le fais pas, et le mal que je ne veux pas, je le fais »* sans vouloir penser et tout en pensant cependant à ce que je ne veux pas.

Et voyez* si ce n'est pas pour la même raison que David, lui aussi, allait vers Dieu en s'irritant de penser, lui aussi, à ce qu'il ne voulait pas : « Purifiez-moi de mon mal secret et préservez votre serviteur des dieux étrangers. S'ils n'ont pas sur moi leur empire, je serai sans reproche et pur du grand péché »*. Et l'Apôtre lui-même dit dans un autre passage : « En détruisant les sophismes et toute puissance altière qui se dresse contre la connaissance de Dieu et en faisant toute pensée captive pour l'amener à l'obéissance du Christ »*.

Et si quelqu'un osait prendre la contradiction et répondait que l'Apôtre enseignait que ce n'est pas seulement dans la pensée que nous détestons le mal et que nous faisons ce que nous ne voulons pas, mais que c'est aussi dans l'action, du fait qu'il a été dit : « Car je ne fais pas

1. *Romains*, 7, 15.
2. 295 a 8-12 = II, 2, 7-8. *Bo.*, p. 333, 7-11.

ἐντολὴν ἀθετήσαντι πραθῆναι τῷ κακῷ. Διὸ καὶ τό· « Οὐ γινώσκω ὃ κατεργάζομαι » καὶ « ποιῶ ὃ μισῶ » λεγόμενον οὐκ ἐπὶ τοῦ δρᾶσαι τὸ φαῦλον παραληπτέον, ἀλλ' ἐπὶ τοῦ μόνον ἐνθυμηθῆναι. Οὐ γὰρ ἐφ' ἡμῖν τὸ ἐνθυμεῖσθαι ἢ μὴ ἐνθυμεῖσθαι κεῖται τὰ ἄτοπα, ἀλλὰ τὸ χρῆσθαι ἢ μὴ χρῆσθαι τοῖς ἐνθυμήμασι. Κωλῦσαι μὲν γὰρ πίπτειν εἰς ἡμᾶς τοὺς λογισμοὺς οὐ δυνάμεθα, προσδεχομένων ἡμῶν ἔξωθεν εἰσπνεομένους· μὴ πεισθῆναι μέντοι ἢ μὴ χρῆσθαι δυνάμεθα. Διὸ τὸ μὲν θέλειν αὐτὰ μὴ ἐνθυμηθῆναι παρακεῖσθαι, τὸ δὲ κατεργάσασθαι εἰς τὸ ἀφανίσαι, ἵνα μὴ αὖθις περὶ τὸν λογισμὸν ἀνέλθωσιν οὔ, ὅτι μὴ κεῖται τοῦτο ἐφ' ἡμῖν, ὡς ἔφην. Ὡς εἶναι τὸν νοῦν τοιοῦτον τοῦ ῥητοῦ· « Οὐ γὰρ ὃ θέλω ποιῶ ἀγαθόν ». Θέλω γὰρ μὴ ἐνθυμεῖσθαι ἃ βλάπτει με, ἐπειδὴ τοῦτο τὸ ἀγαθὸν πανάμωμον. Καὶ τοῦτο μέν· « Ὃ θέλω ἀγαθόν, οὐ ποιῶ· ὃ δὲ μὴ θέλω, πράσσω κακόν », οὐ θέλων ἐννοεῖσθαι, καὶ ἐννοούμενος ἃ μὴ θέλω.

Καὶ ἐπισκέψασθε εἰ μὴ διὰ ταῦτα αὐτὰ καὶ ὁ Δαβὶδ ἐνετύγχανε τῷ Θεῷ, δυσχεραίνων ἐπὶ τῷ λογίζεσθαι καὶ αὐτὸν ἃ μὴ ἤθελεν· « Ἀπὸ τῶν κρυφίων μου καθάρισόν με, καὶ ἀπὸ ἀλλοτρίων φεῖσαι τοῦ δούλου σου. Ἐὰν μή μου κατακυριεύσωσι, τότε ἄμωμος ἔσομαι καὶ καθαρισθήσομαι ἀπὸ ἁμαρτίας μεγάλης ». Καὶ αὐτος δὲ ὁ Ἀπόστολος ἐν ἑτέρῳ· « Λογισμοὺς καθαιροῦντες καὶ πᾶν ὕψωμα ἐπαιρόμενον κατὰ τῆς γνώσεως τοῦ Θεοῦ, καὶ αἰχμαλωτίζοντες πᾶν νόημα εἰς τὴν ὑπακοὴν τοῦ Χριστοῦ ».

Εἰ δέ τις ὁμόσε τῷ λόγῳ ἰέναι τολμῶν ἀποκρίνοιτο ὡς ἄρα διδάσκοι ὁ Ἀπόστολος ὡς οὐ μόνον ἐν τῷ λογίζεσθαι τὸ κακὸν μισοῦμεν καὶ ὃ οὐ θέλομεν πράσσομεν, ἀλλὰ καὶ ἐν τῷ κατεργάζεσθαι αὐτό, διὰ τό· « Οὐ γὰρ ὃ

11 τοῦ AM² : τὸ M ‖ **19** μὴ A : καὶ M ‖ ἀνέλθωσιν A : μὴ ἀνέλθωσιν M ‖ **35** ὁμόσε M : *om.* A.

le bien que je veux mais je fais le mal que je ne veux pas »[1], nous trouverions bon sans doute, si celui qui s'exprime ainsi dit vrai, qu'il explique ce qu'était le mal que [295 b] haïssait l'Apôtre et qu'il ne voulait pas faire mais faisait, et le bien qu'il voulait faire et ne faisait pas tandis que, chaque fois qu'il voulait faire le bien, chaque fois, ce n'était pas le bien voulu qu'il faisait mais le mal non voulu qu'il faisait[2]. Et comment, en nous engageant à rejeter entièrement le péché, déclare-t-il : « Faites-vous mes imitateurs comme je le suis moi-même du Christ »[3]? Ainsi, ce n'est pas pour faire ce qu'il ne voulait pas qu'il proposait la parole qu'on vient de citer, mais seulement pour y penser[4], car comment serait-il un fidèle imitateur du Christ[5]?

Ce serait donc un bien on ne peut plus agréable si nous n'avions pas les adversaires qui nous combattent ; mais puisque c'est impossible et que nous ne pouvons pas ce que nous voulons — nous voulons, en effet, n'avoir personne qui nous entraîne vers des passions, ce qui serait être sauvés sans donner de notre sueur ; et ce que nous voulons n'arrive pas, mais bien ce que nous ne voulons pas, c'est donc qu'il faut que nous soyons mis à l'épreuve comme nous le devions — ne cédons pas, ne cédons pas, mon âme, au Malin, mais : « Reprenant l'armure de Dieu qui nous défend, revêtons la cuirasse de la justice et chaussons-nous du zèle à répandre la bonne nouvelle ; prenons toujours en main le bouclier de la foi à l'abri de laquelle nous pourrons éteindre tous les traits enflammés du Malin ; prenons le casque du salut et le glaive de l'esprit qui est la parole de Dieu »[6] afin de pouvoir résister aux manœuvres du diable et « détruire toute puissance altière

1. *Romains*, 7, 14.

2. 295 a 23-b 6 = II, 3, 5-4, 1. Bo., p. 334, 22-335, 18.

3. 1 *Corinthiens*, 11, 4.

4. Bonwetsch n'a pas noté les variantes de 295 b 9 (τὸ ποιεῖν Photius : (τῷ ποιεῖν Methodius) ni de 295 b 10 τὸ λογίζεσθαι Photius : τῷ λογίζεσθαι Methodius).

5. 295 b 6-11 = II, 4, 4-5. Bo., p. 336, 15-19.

6. On reconnaîtra facilement dans 295 b 19-25 le texte à peine adapté de *Éphésiens*, 6, 13-17.

θέλω ποιῶ ἀγαθόν » λελέχθαι, « ἀλλ' ὃ οὐ θέλω κακόν, τοῦτο πράσσω », ἀξιώσομέν που, εἰ ἀληθῆ λέγει ὁ ταῦτα [295 b] λέγων, διασαφῆσαι τί ἦν τὸ κακὸν ὃ ἐμίσει μὲν ὁ Ἀπόστολος καὶ οὐκ ἐβούλετο ποιεῖν, ἐποίει δέ, καὶ τὸ ἀγαθὸν ὃ ἐβούλετο μὲν ποιεῖν οὐκ ἐποίει δέ, ἀλλ' ἀντιστρόφως, ὁσάκις μὲν ἤθελε ποιῆσαι τὸ ἀγαθόν, τοσαυτάκις οὐ τὸ ἀγαθόν, ὃ ἤθελεν, ἐποίει, ἀλλὰ τὸ πονηρόν, ὃ μὴ ἤθελεν, ἐποίει. Πῶς δὲ καὶ ἡμᾶς εἰς τὸ παντάπασιν ἀποτινάξασθαι τὸ ἁμαρτάνειν προτρεπόμενος· « Μιμηταί, ἀποφαίνεται, γίνεσθε, καθὼς κἀγὼ Χριστοῦ »; Οὕτως οὐ τῷ ποιεῖν ἃ μὴ ἤθελεν ὑπέθετο τὰ προειρημένα, ἀλλὰ τῷ μόνον λογίζεσθαι· ἐπεὶ πῶς ἂν ἦν μιμητὴς Χριστοῦ ἀκριβής;

Καλὸν μὲν οὖν, εἰ μὴ εἴχομεν, ἦν ἂν καὶ χαρμιώτατον, τοὺς ἀντιπράσσοντας ἡμῖν καὶ μαχομένους· ἐπεὶ δὲ τοῦτο ἀδύνατον καὶ ὃ θέλομεν οὐ δυνάμεθα (θέλομεν γὰρ μὴ ἔχειν τοὺς ἐξέλκοντας εἰς πάθη· ἦν γὰρ ἂν ἀνιδρωτὶ σωθῆναι· καὶ ὃ θέλομεν τοῦτο οὐ γίνεται, ἀλλ' ὃ οὐ θέλομεν· δεῖ γὰρ ἡμᾶς δοκιμάζεσθαι ὡς ἐχρῆν), μὴ ἐνδιδῶμεν, ὦ ψυχή, μὴ ἐνδιδῶμεν τῷ πονηρῷ, ἀλλ'· « Ἀναλαβόντες τὴν πανοπλίαν τοῦ Θεοῦ ὑπερασπίζουσαν ἡμῶν, ἐνδυσώμεθα « τὸν θώρακα τῆς δικαιοσύνης, καὶ ὑποδησώμεθα τοὺς πόδας ἐν ἑτοιμασίᾳ τοῦ εὐαγγελίου, ἐπὶ πᾶσί τε ἀναλάβωμεν τὸν θυρεὸν τῆς πίστεως, ἐν ᾗ δυνησόμεθα πάντα τὰ βέλη τοῦ πονηροῦ τὰ πεπυρωμένα σβέσαι, καὶ τὴν περικεφαλαίαν τοῦ σωτηρίου καὶ τὴν μάχαιραν τοῦ πνεύματος, ὅ ἐστι ῥῆμα Θεοῦ », « πρὸς τὸ δύνασθαι στῆναι πρὸς τὴν μεθοδείαν τοῦ διαβόλου », « λογισμούς τε καθελεῖν καὶ πᾶν ὕψωμα ἐπαιρόμενον

40 ἀξιώσομέν A : ἀξιώσωμέν M.

[295 b] **2-3** καὶ τὸ ἀγαθὸν — οὐκ ἐποίει M : *om.* A ‖ **8** μιμηταὶ AM : μιμηταί μου A² ‖ γίνεσθε A : γίνεσθαι M ‖ **9** οὕτως A : οὗ M ‖ **15** ἂν ἀνίδρωτι Methodius : ἂν ἵδρωτι A ἂν ἀνίδιτι M ‖ **17-18** μὴ ἐνδιδῶμεν, ὦ ψυχή, μὴ M : μὴ ἐνδιδωμένω ψυχὴ μὲν A ‖ 18 τῷ A : ἐν τῷ M.

qui se dresse contre la connaissance du Christ »[1], « parce que notre lutte n'est pas contre des adversaires de chair et de sang »[2].

« Car ce n'est pas ce que je veux que je fais, mais ce que je hais, voilà ce que je fais. Et si c'est ce que je ne veux pas que je fais, je reconnais que la Loi est bonne ; et maintenant, ce n'est pas moi qui l'accomplis mais le péché qui habite en moi, car je sais qu'en moi, c'est-à-dire dans ma chair, le bien n'habite pas »[3] et il dit vrai. Souvenez-vous, en effet, comme nous le précisions ci-dessus, que c'est depuis qu'il est arrivé à l'homme d'être induit en erreur et de désobéir à la Loi que le péché, fait de sa désobéissance, est venu habiter en lui. Car c'est ainsi que le désordre a surgi et que nous avons été remplis d'agitations violentes et de pensées inopportunes, vidés que nous étions de l'inspiration divine, tandis que [296 a] nous étions remplis du désir des choses matérielles sous l'inspiration du serpent aux multiples malices.

C'est d'ailleurs pourquoi Dieu, pour la destruction du péché et notre défense, a inventé la mort afin que ce péché qui se reproduit en nous qui étions immortels ne soit pas immortel. D'où la parole de l'Apôtre : « Car je sais qu'en moi, c'est-à-dire dans ma chair, n'habite pas le bien » ; par ces paroles, il veut désigner le péché issu de la désobéissance et qui s'est fixé en nous par la concupiscence et, comme de nouvelles pousses de ce péché, surgissent sans cesse en nous les pensées éprises de plaisir. Car il y a deux sortes de pensées en nous ; l'une, issue de la concupiscence, se cache en nous et, comme je l'ai dit, naît d'une inspiration d'un esprit matériel ; l'autre vient de la loi qui est conforme au commandement et que nous avons reçue pour la garder comme une loi innée et naturelle et qui pousse notre esprit vers le bien. C'est pourquoi, *selon l'esprit*, « nous nous complaisons dans la loi de Dieu »[4] car c'est là l'homme *intérieur* — et nous

1. 2 *Corinthiens*, 10, 4-5.
2. *Éphésiens*, 6, 12. 295 b 12-29 = II, 5, 2-3. Bo., p. 338, 1-16.
3. *Romains*, 7, 15-18. 295 b 30-34 = II, 5, 4. Bo., p. 339, 2-7.
4. *Romains*, 7, 22.

κατὰ τῆς γνώσεως τοῦ Χριστοῦ », « ὅτι μὴ ἔστιν ἡμῖν ἡ πάλη πρὸς αἷμα καὶ σάρκα ».

« Οὐ γὰρ ὃ θέλω πράσσω, ἀλλ' ὃ μισῶ, τοῦτο ποιῶ. Εἰ δὲ ὃ οὐ θέλω , τοῦτο ποιῶ, σύμφημι τῷ νόμῳ ὅτι καλός · νυνὶ δὲ οὐκέτι ἐγὼ κατεργάζομαι αὐτό, ἀλλ' ἡ ἐνοικοῦσα ἐν ἐμοὶ ἁμαρτία. Οἶδα γὰρ ὅτι οὐκ οἰκεῖ ἐν ἐμοί, τουτέστιν ἐν τῇ σαρκί μου, τὸ ἀγαθόν » ὀρθῶς λέγων. Μέμνησθε γὰρ ὡς ἐν τοῖς ἔμπροσθεν διωριζόμεθα, ἀφ' οὗ τὸν ἄνθρωπον πλανηθέντα τὴν ἐντολὴν ἀθετῆσαι συνέβη, ἐντεῦθεν ἐκ τῆς παρακοῆς τὴν ἁμαρτίαν λαβοῦσαν γένεσιν εἰς αὐτὸν εἰσῳκηκέναι. Οὕτω γὰρ στάσις ἐνέπεσε, σφαδᾳσμῶν τε καὶ λογισμῶν ἀνοικείων ἐπληρώθημεν, κενωθέντες μὲν τοῦ ἐμφυσήματος τοῦ Θεοῦ, [296 a] πληρωθέντες δὲ ἐπιθυμίας ὑλικῆς, ἣν ὁ πολύτροπος ἐνεφύσησεν εἰς ἡμᾶς ὄφις.

Διὸ καὶ τὸν θάνατον ὁ Θεὸς πρὸς ἀναίρεσιν τῆς ἁμαρτίας ὑπὲρ ἡμῶν ἀνεύρατο, ἵνα μὴ ἐν ἀθανάτοις ἡμῖν ἀνατείλασα, ὡς ἔφην, ἀθάνατος ᾖ. Ὅθεν ὁ Ἀπόστολος · « Οἶδα γὰρ ὅτι οὐκ οἰκεῖ ἐν ἐμοί, τουτέστιν ἐν τῇ σαρκί μου, τὸ ἀγαθόν » λέγων τὴν ἀπὸ τῆς παραβάσεως διὰ τῆς ἐπιθυμίας εἰσοικισθεῖσαν εἰς ἡμᾶς ἁμαρτίαν βούλεται μηνύειν, ἧς δὴ καθάπερ βλαστήματα νέα οἱ φιλήδονοι περὶ ἡμᾶς ἀεὶ λογισμοὶ συνίστανται. Δισσὰ γὰρ ἐν ἡμῖν λογισμῶν γένη, τὸ μὲν ἀπὸ τῆς ἐπιθυμίας τῆς ἐμφωλευούσης ἐν τῷ σώματι συνιστάμενον, ἥτις ἐξ ἐπιπνοίας (ὡς ἔφην) συνέστη τοῦ ὑλικοῦ πνεύματος, τὸ δὲ ἀπὸ τοῦ νόμου τοῦ κατὰ τὴν ἐντολήν, ὃν ἔμφυτον ἐλάβομεν ἔχειν καὶ φυσικὸν νόμον, πρὸς τὸ καλὸν ἡμῶν ἐξεγείροντα τὸν λογισμόν. Ὅθεν · « Τῇ μὲν νομοθεσίᾳ τοῦ Θεοῦ κατὰ τὸν νοῦν συνηδόμεθα » (τοῦτο γὰρ ὁ ἔσω ἄν-

31 εἰ δὲ — ποιῶ M : *om.* A ‖ **32** καλός M : καλόν A ‖ **33** ἐνοικοῦσα A : οἰκοῦσα M.

[296 a] **5** ᾖ A : ἦν M ‖ 12 ἐπιπνοίας Scaliger : ἐπινοίας *codd.*

nous complaisons dans celle du diable « selon la concupiscence qui habite dans notre chair »[1]. Car celui qui se met en guerre et agit contre la loi de Dieu, c'est-à-dire contre le penchant de son esprit au bien, c'est lui qui suscite toujours les douloureux tiraillements que provoque la matière vers la désobéissance à la Loi. Paul me paraît, en effet, supposer ici explicitement trois lois[2] : l'une, conforme au bien inné en nous, il l'a clairement appelée la loi de l'Esprit ; une autre, née des attaques du Malin, entraîne fréquemment l'âme vers de douloureux mirages et, dit-il, se met en guerre contre la loi de l'Esprit ; une troisième est la loi du péché née de la concupiscence et implantée dans la chair ; il l'a appelée la loi du péché qui habite en nos membres[3] et que chevauche souvent le Malin pour donner contre nous des ordres qui nous poussent à l'injustice et à de mauvaises actions[4].

En effet, tout comme à nous-mêmes, ceci paraît meilleur et ceci pire, et quand le meilleur va l'emporter naturellement sur le pire, l'esprit se porte d'un seul mouvement vers le bien ; mais quand le pire surabonde et a le plus de poids[5], l'homme est entraîné en sens inverse vers de mauvaises pensées ; c'est de cet état que l'Apôtre demande la grâce d'être retiré parce qu'il le croit mort et perdition, comme le Prophète qui dit : « Purifiez-moi de mon mal secret »[6].

Ces paroles elles-mêmes le déclarent : quand l'Apôtre [296 b] dit : « Car je me complais dans la loi de Dieu selon l'homme intérieur, mais je vois une autre loi qui, dans mes propres membres, lutte contre la loi de mon esprit et m'enchaîne à la loi du péché qui est dans mes

1. *Romains*, 7, 23.
2. Cf. Origène, *In Ep. ad Rom.*, 5, 20.
3. *Romains*, 7, 23.
4. 295 b 35-296 a 33 = II, 6, 1-7, 2. Bo., p. 339, 11-342, 4.
5. 296 a 33-37 = II, 7, 2-3. Bo., p. 342, 7-9.
6. *Psaume* 18, 13.

θρωπος), τῇ δὲ νομοθεσίᾳ τοῦ διαβόλου « κατὰ τὴν ἐνοικοῦσαν ἐπιθυμίαν ἐν τῇ σαρκί » · ὁ γὰρ ἀντιστρατευόμενος καὶ ἀντιπράσσων τῷ νόμῳ τοῦ Θεοῦ, οἷον τῇ πρὸς τὸ ἀγαθὸν ὁρμῇ τοῦ νοός, αὐτός ἐστιν ὁ τοὺς ἐμπαθεῖς ἀναφύων ἀεὶ καὶ ὑλικοὺς πρὸς ἀνομίαν περισπασμούς. Τρεῖς γὰρ νόμους ὑποτιθέμενος ὁ Παῦλος ἀναφανδὸν ἐνταῦθά μοι καταφαίνεται, ἕνα μὲν τὸν κατὰ τὸ ἔμφυτον ἐν ἡμῖν ἀγαθόν, ὃν καὶ νόμον σαφῶς ἐκάλεσε νοός, ἕνα δὲ τὸν ἐκ προσβολῆς συνιστάμενον νόμον τοῦ πονηροῦ καὶ εἰς τὰς ἐμπαθεῖς ἐξέλκοντα πολλάκις φαντασίας τὴν ψυχήν, ὃν ἀντιστρατεύεσθαι τῷ νόμῳ τοῦ νοὸς ἔφη, καὶ τρίτον τὸν κατὰ τὴν ἁμαρτίαν ἐκ τῆς ἐπιθυμίας σκιρώσαντα ἐν τῇ σαρκί, ὃν ἁμαρτίας νόμον οἰκοῦντα ἐν τοῖς μέλεσιν ἐκάλεσεν, ᾧ ἐποχούμενος πολλάκις καθ' ἡμῶν ἐγκελεύεται πρὸς ἀδικίαν καὶ πράξεις συνελαύνων κακάς.

Φαίνεται γὰρ ὡς ἑαυτοῖς ἡμῖν τὸ μὲν βέλτιον τὸ δὲ χεῖρον ὄν, καὶ ὅταν μέλλῃ τὸ βέλτιον φύσει τοῦ χείρονος ἐγκρατέστερον γενηθῆναι, φέρεται ὅλος πρὸς τὸ ἀγαθὸν ὁ νοῦς, ὅταν δὲ τὸ χεῖρον ἐπιβρίσῃ πλεονάσαν, ἄγεται πάλιν ἀντιστρόφως πρὸς λογισμοὺς χείρους ὁ ἄνθρωπος · οὗ δὴ καὶ χάριν ὁ Ἀπόστολος εὔχεται ῥυσθῆναι, θάνατον αὐτὸ καὶ ὄλεθρον ἡγούμενος, ὥσπερ δὴ καὶ ὁ Προφήτης · « Ἀπὸ τῶν κρυφίων μου καθάρισόν με » λέγων.

Αὐτὰ οὖν τὰ ῥήματα τοῦτο συνιστῶσι · « Συνήδομαι γὰρ τῷ νόμῳ τοῦ Θεοῦ κατὰ τὸν ἔσω » [296 b] λέγοντος « ἄνθρωπον, βλέπω δ' ἕτερον νόμον ἀντιστρατευόμενον τοῖς μέλεσί μου τῷ νόμῳ τοῦ νοός μου, καὶ αἰχμαλωτίζοντά με τῷ νόμῳ τῆς ἁμαρτίας τῷ ὄντι

22 ὁ A : *om.* M || 24 τὸν A[3] : τὸ A *om.* M || 28 ὃν A[2]M : οἷον A || 29 ἐπιθυμίας M : ἁμαρτίας A || 33 μὲν M : δὲ A || 38 χείρους A : χείρονας M.

membres. Malheureux homme que je suis, qui me délivrera de ce corps de mort? »[1], ce n'est pas le corps qu'il appelle la mort mais bien la loi du péché qui, à cause de la désobéissance, se cache en nous, dans nos membres, et entraîne sans cesse l'âme vers la mort du péché.

Il ajoute donc aussitôt, certainement parce qu'il est libre, de quelle mort il désirait être sauvé et qui était son libérateur : « Grâces à Dieu par Jésus-Christ »[2]. Et il faut considérer, Aglaophon, si c'est le corps qu'il appelait la mort, comme vous l'avez compris, qu'il ne considérait pas le Christ comme le libérateur qui devait le tirer plus tard d'un mal pareil; en effet, quelle merveille aurions-nous tirée de la venue du Christ? Et pourquoi, en somme, l'Apôtre parlerait-il ainsi dans l'idée que Dieu pouvait le libérer de la mort par la venue du Christ alors que, même avant sa venue dans le monde, il arrivait à tous les hommes de mourir[3]? Ainsi, Aglaophon, n'est-ce pas notre corps qu'il appelle la mort, mais le péché qui, par la concupiscence, s'est établi dans le corps et dont Dieu l'a sauvé par la venue du Christ.

« Car la loi de l'esprit de vie dans le Christ Jésus nous a affranchis de la loi du péché et de la mort »[4]. C'est afin que celui qui a réveillé Jésus d'entre les morts, à cause de son esprit qui habite en nous, vivifie aussi nos corps mortels, le péché qui est dans notre corps étant condamné à la destruction afin que la justification de la loi naturelle conforme au commandement qui nous entraîne au bien apparaisse atteinte; car l'impuissance du bien naturel en nous où il était affaibli et vaincu par la concupiscence établie dans le corps, « Dieu » l'a fortifiée « en

1. *Romains*, 7, 22-24.
2. *Romains*, 7, 25.
3. 296 a 37-b 20 = II, 7, 3-8, 4. Bo., p. 342, 11-343, 15.
4. Tout ce passage de Photius 296 b 24-297 a 4 est émaillé d'emprunts aisément reconnaissables à *Romains*, 8, 2-4. Les emprunts ne se présentent pas, dans le texte de Photius, dans le même ordre que celui du texte de l'Apôtre.

ἐν τοῖς μέλεσί μου. Ταλαίπωρος ἐγὼ ἄνθρωπος, τίς με ῥύσεται ἐκ τοῦ σώματος τοῦ θανάτου τούτου; » οὐ τὸ σῶμα θάνατον ἀποφαινόμενος, ἀλλὰ τὸν νόμον τῆς ἁμαρτίας τὸν ἐν τοῖς μέλεσι διὰ τῆς παραβάσεως ἐν ἡμῖν ἐμφωλεύοντα καὶ πρὸς θάνατον ἀεὶ τὸν τῆς ἀδικίας τὴν ψυχὴν ἐμφαντάζοντα.

Ἐπιφέρει γοῦν εὐθέως ἀμέλει, διαλυόμενος ὁποίου θανάτου ἐγλίχετο ῥυσθῆναι καὶ τίς αὐτὸν ὁ ῥυόμενος ἦν· « Χάρις δὲ τῷ Θεῷ διὰ Ἰησοῦ Χριστοῦ ». Προσεκτέον δέ, εἰ τὸ σῶμα θάνατον τοῦτο, ὦ Ἀγλαοφῶν, ὡς ὑπειλήφατε, ἔλεγεν, οὐκ ἂν τὸν Χριστὸν ὡς ῥυόμενον αὐτὸν ὕστερον ἐκ τοῦ τοιούτου κακοῦ παρελάμβανεν, ἐπεὶ τί παράδοξον ἀπὸ τοῦ Χριστοῦ τῆς παρουσίας ἐσχήκαμεν; Τί δὲ καὶ ὁ Ἀπόστολος ὅλως, ὡς διὰ τῆς παρουσίας τοῦ Χριστοῦ δυναμούμενος τοῦ θανάτου ὑπὸ τοῦ Θεοῦ ἐλευθερωθῆναι, τοῦτο ἐφθέγγετο, ὁπότε πᾶσι καὶ πρὸ τοῦ τὸν Χριστὸν ἐλθεῖν εἰς τὸν κόσμον συνέβαινε θνῄσκειν; Ὥστε οὐ τὸ σῶμα τοῦτο, ὦ Ἀγλαοφῶν, θάνατον, ἀλλὰ τὴν ἁμαρτίαν τὴν κατοικήσασαν διὰ τῆς ἐπιθυμίας ἐν τῷ σώματι λέγει, ἧς ὁ Θεὸς αὐτὸν διὰ τῆς παρουσίας τοῦ Χριστοῦ ἐρρύσατο.

« Ὁ γὰρ νόμος τῆς ζωῆς τοῦ πνεύματος ἐν Χριστῷ Ἰησοῦ ἠλευθέρωσεν ἡμᾶς ἀπὸ τοῦ νόμου τῆς ἁμαρτίας καὶ τοῦ θανάτου ». Ὅπως ὁ ἐγείρας Ἰησοῦν ἐκ νεκρῶν διὰ τὸ ἐνοικοῦν αὐτοῦ πνεῦμα ἐν ὑμῖν ζωοποιήσῃ καὶ τὰ θνητὰ σώματα ἡμῶν, τῆς ἁμαρτίας τῆς ἐν τῷ σώματι κατακριθείσης πρὸς ἀναίρεσιν, « ἵνα τὸ δικαίωμα τοῦ κατὰ τὴν ἐντολὴν πρὸς τὸ ἀγαθὸν ἡμᾶς ἐφελκομένου φυσικοῦ νόμου φανερωθῇ ἐξαφθέν ». Τὸ γὰρ ἀδύνατον τοῦ ἐν ἡμῖν φυσικοῦ ἀγαθοῦ, « ἐν ᾧ ἠσθένει » ὑπὸ τῆς ἐπιθυμίας ἡττώμενον τῆς ἐγκειμένης ἐν τῷ σώ-

[296 b] **8** τὸν A : *om.* M ‖ **26** Ἰησοῦν ἐκ νεκρῶν A : ἐκ νεκρῶν Ἰησοῦν M ‖ **27** ζωοποιήσῃ A : ζωοποιήσει M ‖ **30** ἐφελκομένου A²M : ἐφελκόμενον M ‖ **32** ἡμῖν M : ὑμῖν A.

envoyant son Fils qui avait pris une chair semblable à la chair du péché » afin que, le péché étant condamné à la destruction « au point de ne plus fructifier » dans la chair, « la propriété de la loi naturelle fût accomplie » en surabondant par l'obéissance chez ceux qui ne suivent pas les voies de la concupiscence de la chair mais celles du désir de l'esprit qui les conduit. « Car la loi de l'esprit de vie » qui est l'Évangile, différente des lois susdites et [297 a] donnée par la prédication en vue de l'obéissance et de la rémission des péchés, « nous a affranchis de la loi du péché et de la mort » par une victoire totale sur le péché qui dominait la chair[1].

L'auteur dit que les plantes ne se nourrissent pas de la terre et ne lui doivent pas leur développement. Il dit, en effet, qu'on pourrait se demander comment la terre peut, en changeant de substance, être absorbée dans une aussi grande quantité d'arbres[2]. Il faudrait, en effet, si la terre qui est sous eux est constamment entraînée à travers les racines pour passer dans toute la structure du bois, que l'endroit où l'arbre a poussé se creusât ; aussi est-ce ineptie qu'un raisonnement semblable par analogie sur le flux des corps. Comment, en effet, au total, la terre qui pénètre par les racines dans les troncs des arbres et se répand par leurs pores dans tous les rameaux peut-elle se changer en feuilles et en fruits? En effet, des arbres de forte taille : cèdres, pins ou sapins, qui portent chaque année du feuillage et des fruits en abondance, n'enlèvent rien, c'est visible, au sol qui est à leurs pieds pour en alimenter la masse de leur tronc. Il faudrait, en effet, s'il était vrai que la terre monte à travers les racines et

1. 296 b 20-297 a 4 = II, 8, 5-8. Bo., p. 344, 5-345, 7.

2. 297 a 6-8 = II, 9, 4. Bo., p. 346, 19. Pour cet extrait et pour le suivant (297 a 8-35), le texte grec de saint Méthode ne nous est connu que par Photius.

Le lecteur aura peut-être encore présent à l'esprit une question du même genre traitée dans le florilège antithétique d'Étienne Gobar, au « codex » 232, p. 289 a, 6-11, *supra*, p. 74.

ματι, « ὁ Θεὸς » ἀνερρώσατο, « πέμψας τὸν Υἱὸν ἑαυτοῦ τὴν ὁμοίαν τῆς σαρκὸς τῆς ἁμαρτίας σάρκα » ἀνειληφότα, ἵνα τῆς ἁμαρτίας κατακεκριμένης πρὸς ἀναίρεσιν, « εἰς τὸ μηκέτι καρποφορῆσαι » ἐν τῇ σαρκί, τὸ ἰδίωμα « τοῦ φυσικοῦ νόμου πληρωθῇ », πλεονάσαν τῇ ὑπακοῇ τοῖς μὴ κατὰ τὴν ἐπιθυμίαν τῆς σαρκὸς περιπατοῦσιν, ἀλλὰ κατὰ τὴν ἐπιθυμίαν τοῦ πνεύματος καὶ τὴν ὑφήγησιν. « Ὁ γὰρ νόμος τοῦ πνεύματος τῆς ζωῆς », ὃ δή ἐστι τὸ εὐαγγέλιον, ἕτερος ὢν τῶν προειρημένων [297 a] νόμων, διὰ τοῦ κηρύγματος πρὸς ὑπακοὴν τεθεὶς καὶ ἄφεσιν ἁμαρτημάτων, « ἠλευθέρωσεν ἡμᾶς ἀπὸ τοῦ νόμου τῆς ἁμαρτίας καὶ τοῦ θανάτου », νικήσας ἐκ παντὸς τὴν ἁμαρτίαν βασιλεύουσαν τῆς σαρκός.

Ὅτι φησὶ μὴ τρέφεσθαι ἢ αὐξάνειν ἀπὸ τῆς γῆς τὰ φυτά. Λέγει γάρ, διαπορήσαι δ' ἄν τις πῶς εἰς τὸν ὄγκον ἀναλαμβάνεσθαι δύναται τῶν δένδρων ἡ γῆ μεταλλοιουμένη· ἐχρῆν γάρ, ἅτε τῆς ὑποκειμένης γῆς ἀναρπαζομένης ἀεὶ διὰ τῶν ῥιζῶν εἰς ὅλην τὴν ἕξιν τοῦ ξύλου, τὸν τόπον, καθ' ὃν τὸ δένδρον βεβλάστηκε, κοιλαίνεσθαι· ὥστε μάταιος αὐτῶν ὁ τοιοῦτος τῆς περὶ τὰ σώματα ῥύσεως ἀναλογισμός. Πῶς γὰρ ὅλως ἡ γῆ διὰ τῶν ῥιζῶν εἰς τοὺς κορμοὺς τῶν φυτῶν εἰσδυομένη, καὶ διὰ τῶν πόρων εἰς πάντας αὐτῶν κατακερματιζομένη τοὺς κλάδους, εἰς φύλλα καὶ καρπὸν μεταβάλλεται; Εὐμήκη μὲν οὖν δένδρα, κέδροι ἢ πίτυες ἢ ἐλάται, καὶ πολλὴν φέροντα κατ' ἔτος κόμην καὶ καρπόν, ἰδεῖν ἔστιν ὡς οὐδὲν τῆς ὑποκειμένης γῆς εἰς τὸν ἑαυτῆς ὄγκον τῆς δρυάδος καταναλίσκουσιν. Ἐχρῆν γάρ, εἰ ἀληθὲς ἦν διὰ τῶν ῥιζῶν ἀνερχομένην ἀποξυλοῦσθαι

34 ἑαυτοῦ Methodius : αὐτοῦ AM ‖ **39-40** τῆς σαρκὸς ἐπιθυμίαν A : *om.* M.

[297 a] **3-4** τοῦ θανάτου — βασιλεύουσαν A : *om.* M ‖ **17** φέροντα A[1] : φέροντες M *et* A *ut vid.* ‖ **19** ἑαυτῆς A : αὐτῆς M ‖ δρυάδος M : θρυάδος A ‖ **20** ἀληθὲς M : ἀληθῶς A.

se change en bois, que tout le terrain environnant se creusât, puisque la matière sèche ne peut, comme un liquide, s'écouler sans cesse vers l'endroit où elle est en mouvement. D'ailleurs, des figuiers et d'autres arbustes de ce genre qui poussent souvent dans les superstructures des tombeaux, on ne dit pas qu'ils ont rien transmuté de l'édifice dans leur propre matière. Si donc quelqu'un voulait rassembler leurs fruits et leur feuillage de plusieurs années, il verrait que leur masse est bien plus considérable que celle de la terre qui couvre les tombeaux. Aussi est-il tout à fait déraisonnable de penser que la terre se change en récoltes de fruits et en feuillage et s'y dilue quoique ce soit par elle que pousse tout ce qui l'a comme siège et comme demeure. Le pain, en effet, ne peut se faire sans meule, sans terrain, sans temps, sans feu, et le pain n'est ni ne devient aucun de ces éléments. Et il en est de même dans mille autres cas[1].

La parole : « Nous savons, en effet, que si la terre qui est notre demeure terrestre est détruite », etc.[2], est mise en avant par les partisans d'Origène pour ruiner l'idée de la résurrection des corps ; ils appellent le corps la tente et la demeure des cieux qui n'est pas faite de main d'homme leur vêtement spirituel[3]. C'est pourquoi saint [297 b] Méthode dit que par demeure terrestre il faut comprendre dans un sens large la courte existence d'ici-bas et non cette tente. Car si vous pensez qu'il voit notre corps dans la demeure terrestre qui est détruite, dites ce qu'est cet habitat dont la demeure est détruite. Car l'habitat est une chose et la maison en est une autre et nous en sommes une autre, nous à qui appartient la demeure. « Car si notre demeure terrestre, cette tente est détruite », dit-il, veut en quelque sorte montrer que nous sommes les âmes et notre corps la tente et la demeure de la tente une figure du temps où nous jouissons de

1. 297 a 8-35 = II, 9-10. Bo., p. 347, 19-348, 13.

2. 2 *Corinthiens*, 5, 1.

3. Le passage 297 a 37-41 du sommaire est un commentaire personnel de Photius. Dans le *De Resurrectione*, I, 20-23. Bo., p. 242, 2-250, 6, figure un long résumé des thèses d'Origène sur la résurrection.

τὴν γῆν, ἅπαντα τὸν περὶ αὐτὰ τόπον τῆς γῆς κοιλαίνεσθαι, ὅτι μὴ ἐπιρρέειν πέφυκε τὸ ξηρόν, καθάπερ καὶ τὸ ὑγρόν, ἀεὶ πρὸς τὸ κινούμενον. Ἤδη δὲ καὶ συκαῖ καὶ ἄλλα τοιαῦτα φυτὰ μνημείων ἐν οἰκοδομήμασι πολλάκις βλαστήσαντα οὐδὲν εἰς ἑαυτὰ τῆς οἰκοδομῆς ὅλως ἱστοροῦνται καταναλωκέναι. Εἰ γοῦν ἐτῶν πολλῶν συλλογίσασθαί τις τὸν καρπὸν αὐτῶν καὶ τὰ φύλλα βουληθείη, κατίδοι ἂν πολλαπλασίονα τῆς ἐπὶ τῶν μνημείων γῆς τὸν ὄγκον αὐτῶν γεγενημένον. Ὅθεν ἀτοπώτατον ἡγεῖσθαι τὴν γῆν εἰς καρπῶν φορὰν μεταβαλλομένην καὶ φύλλα καταναλίσκεσθαι, κἂν δι' αὐτῆς ἅπαντα γίνωνται, ἕδρᾳ αὐτῇ χρώμενα καὶ τόπῳ. Οὐδὲ γὰρ ἄρτος δίχα μύλου καὶ τόπου καὶ χρόνου καὶ πυρὸς γίνεται, καὶ οὐδέν ἐστιν ἢ γίνεται τούτων ὁ ἄρτος. Καὶ ἐπὶ ἄλλων μυρίων ὡσαύτως.

Ὅτι τό· « Οἴδαμεν γὰρ ὅτι ἐὰν ἡ ἐπίγειος ἡμῶν οἰκία τοῦ σκήνους καταλυθῇ » καὶ ἑξῆς οἱ ὠριγενιασταὶ εἰς ἀναίρεσιν τῆς τῶν σωμάτων ἀναστάσεως προβάλλονται, σκῆνος τὸ σῶμα καὶ ἀχειροποίητον ἐν οὐρανοῖς οἰκίαν τὰ παρ' αὐτῶν πνευματικὰ ἐνδύματα λέγοντες. Διό φησιν ὁ ἅγιος Μεθόδιος, ἐπίγειον οἰκίαν τὴν
[297 b] ἐνταῦθα βραχύβιον ζωὴν καταχρηστικῶς ληπτέον, καὶ οὐ τὸ σκῆνος τοῦτο. Εἰ γὰρ ἐπίγειον οἰκίαν καταλυομένην τὸ σῶμα τίθεσθαι αὐτὸν νομίζετε, φράσατε τὸ σκῆνος τί ἐστιν, οὗ ἡ οἰκία καταλύεται; Ἕτερον γὰρ τὸ σκῆνος, καὶ ἄλλο τοῦ σκήνους ἡ οἰκία, καὶ ἕτερον ἡμεῖς, ὧν ἐστι τὸ σκῆνος. « Ἐὰν γὰρ ἡ ἐπίγειος ἡμῶν οἰκία, φησί, τοῦ σκήνους καταλυθῇ », οἷον ἡμᾶς μὲν τὰς ψυχὰς εἶναι δηλώσας, σκῆνος δὲ τὸ σῶμα, οἰκίαν δὲ τοῦ σκήνους τὴν κατὰ τὴν παροῦσαν ζωὴν ἀπόλαυσιν τῆς

32 χρώμενα A : χρώμενοι M || **36** ὅτι A : ὡς M || **39** σκῆνος A : σκηνὰς M || **41** τὴν M : *om.* A.

notre chair au cours de la vie présente. Si donc la vie actuelle, celle de notre corps, est détruite à la manière d'une maison, nous aurons dans les cieux la demeure qu'aucune main n'a faite.

Et il dit qu'aucune main ne l'a faite par opposition parce qu'on dit que la vie présente est une œuvre de la main du fait que tout ce qui embellit et occupe notre vie est manié par la main des hommes. En effet, le corps, création de Dieu, n'est pas dit fait de la main parce qu'il n'a pas été façonné par des moyens humains. Et si c'est parce qu'il a été créé par Dieu qu'on le dit fait de la main, ce sont des œuvres de la main aussi que les âmes et les Anges et les vêtements mêmes qui sont aux cieux, car ce sont les œuvres de Dieu lui-même.

Quelle est donc la maison faite de main humaine? Comme je le disais, c'est cette courte vie-ci qui est menée par des mains humaines : « Tu mangeras, dit en effet le Seigneur, ton pain à la sueur de ton front »[1]. C'est quand cette vie-ci est détruite que nous possédons cette fameuse vie qu'aucune main n'a faite. C'est là ce que le Seigneur a fait comprendre en disant : « Faites-vous des amis avec l'iniquité de Mammon afin que, lorsqu'ils vous abandonneront, ils vous reçoivent dans les tentes éternelles »[2]. Car ce que le Seigneur a appelé *tentes* dans ce passage, c'est ce que, dans l'autre, l'Apôtre a appelé *vêtements* ; ce que lui appelle d'un côté *des amis avec l'iniquité*, l'Apôtre l'appelle de l'autre *des maisons qui sont détruites.*

De même donc que, lorsque les jours de cette vie nous feront défaut, nos bonnes œuvres recevront nos âmes en compensation des biens que nous nous serons acquis de notre vie dans l'injustice, puisque le monde gît *au pouvoir du Malin*[3], ainsi, quand notre courte existence sera détruite, nous, les âmes, nous aurons le séjour qui précède la résurrection, auprès de Dieu, jusqu'à ce que nous

1. *Genèse*, 3, 19.
2. *Luc.*, 16, 19.
3. *Jean*, 5, 19.

σαρκὸς τροπικῶς. Ἐὰν οὖν ἡ νῦν δὴ αὕτη τοῦ σώματος ζωὴ δίκην οἰκίας καταλυθῇ, ἕξομεν τὴν ἐν τοῖς οὐρανοῖς ἀχειροποίητον.

Ἀχειροποίητόν φησι διὰ τὸ χειροποίητον ταύτην λέγεσθαι τὴν ζωὴν κατὰ ἀντιδιαστολήν, παρὰ τὸ πάντα ἡμῶν τὰ κοσμήματα καὶ σπουδάσματα τοῦ βίου χερσὶν παλαμᾶσθαι ἀνθρώπων. Τὸ γὰρ σῶμα δημιούργημα ὑπάρχον Θεοῦ χειροποιητὸν οὐ λέγεται, ὅτι μὴ ἐπαλαμήθη τέχναις ἀνθρώπων. Εἰ δὲ διότι ὑπὸ Θεοῦ ἐδημιουργήθη χειροποίητον αὐτὸ λέξουσι, χειροποίητοι ἄρα καὶ αἱ ψυχαὶ καὶ οἱ Ἄγγελοι καὶ τὰ ἐνδύματα αὐτὰ τὰ ἐν τοῖς οὐρανοῖς· Θεοῦ γὰρ αὐτουργήματα καὶ ταῦτα.

Τίς οὖν ἐστιν ἡ χειροποίητος οἰκία; Ἡ βραχύβιος, ὡς ἔφην, αὕτη ζώη, ἡ ἀπ' ἀνθρωπίνων χειρῶν δραματουργουμένη· « Φαγῇ, γάρ φησιν, ἐν ἱδρῶτι τοῦ προσώπου σου τὸν ἄρτον σου ». Ἧς καταλυθείσης ἐκείνην τὴν ἀχειροποίητον ζωὴν ἔχομεν. Καθάπερ καὶ ὁ Κύριος εἰπὼν ἐδήλωσε· « Ποιήσατε φίλους ἐκ τῆς ἀδικίας τοῦ Μαμωνᾶ, ἵνα ὅταν ἐκλίπωσι, δέξωνται ὑμᾶς εἰς τὰς αἰωνίους σκηνάς ». Ὃ γὰρ ἐκεῖ « σκηνὰς » ὁ Κύριος ἐκάλεσε, τοῦτο ἐνταῦθα ὁ Ἀπόστολος « ἐνδύματα »· ὃ δὲ ἐκεῖ « φίλους ἐκ τῆς ἀδικίας », ἐνταῦθα « καταλυομένας » ὁ Ἀπόστολος « οἰκίας ».

Καθάπερ γοῦν ἐὰν ἐκλείψωσιν ἡμῶν αἱ τῆς παρούσης ζωῆς ἡμέραι, τὰ πρὸς εὐποιίαν τὰς ψυχὰς ἡμῶν ὑποδέξονται ἀγαθοεργήματα, ἃ ἀπὸ τῆς ἐν τῇ ἀδικίᾳ ζωῆς ἐκτησάμεθα τῷ τὸν κόσμον « ἐν τῷ πονηρῷ » κεῖσθαι, οὕτω τῆς ζωῆς καταλυθείσης τῆς ὠκυμόρου τὴν πρὸ τῆς ἀναστάσεως ἕξομεν οἴκησιν αἱ ψυχαὶ παρὰ τῷ Θεῷ, ἔστ' ἂν ἀνα-

[297 b] **10** αὕτη AM : αὕτη ἡ A² ‖ **32** ἡμῶν *hic* A : post ζωῆς M ‖ **35** οὕτω A : οὐ M.

reprenions une demeure restaurée pour nous et à l'abri de la chute. C'est pourquoi nous gémissons parce que nous voulons non pas nous séparer de notre corps[1] mais revêtir sur lui tout le reste de notre vie. Car la demeure céleste dans laquelle nous désirons pénétrer, c'est l'immortalité. [298 a] Si nous revêtons cette vie, ce qu'il y a de faiblesse dans celle-ci sera entièrement absorbé par la vie qui n'a pas de fin parce que cette faiblesse est périssable et mortelle[2].

« Car nous cheminons par la foi et non par la vue »[3], c'est-à-dire que c'est en effet par la foi que nous avançons parce que nous apercevons ce qui se passe dans l'autre monde par un raisonnement qui est encore très obscur et non avec assez de clarté pour le voir, en jouir et y vivre[4].

« Et je vous dis ceci, mes frères, que la chair et le sang ne peuvent hériter le royaume de Dieu et la corruption n'hérite pas l'incorruptibilité »*. En disant la chair, il n'a pas voulu dire la chair elle-même mais l'élan irraisonné vers les plaisirs impurs de l'âme. Donc, en disant : « La chair et le sang ne peuvent hériter le royaume de Dieu », il a ajouté en même temps : « Et la corruption n'hérite pas l'incorruptibilité ». Et la corruption n'est pas cela même qui se corrompt mais ce qui corrompt. En effet, quand la mort a triomphé, le corps glisse vers la corruption mais d'autre part, tant que la vie demeure en lui, il subsiste sans se corrompre. Puisque la chair a été créée aux confins de l'incorruptibilité et de la corruption, sans être ni corruption ni incorruptibilité, et que, à cause du plaisir, elle a été vaincue par la corruption, tout en étant une œuvre et un bien de l'incorruptibilité, pour cette faute, elle est née pour la corruption ; et puisqu'elle a été vaincue par la corruption et qu'elle a été livrée à la mort pour son éducation, il ne l'a pas laissée pour butin de victoire en héritage à la corruption mais, après sa

1. Allusion à *Amos*, 9, 11 ; 2 *Corinthiens*, 5, 4.

2. Le passage de Photius 197 a 36-298 a 3 recouvre à peu près le contenu de la version slavonne du *De Resurrectione*, II, 15, 3-9. *Bo.*, p. 361, 9-363, 17.

3. 2 *Corinthiens*, 5, 7.

4. 298 a 4-7 = II, 16, 9. Bo., p. 365, 8-12, n'est conservé en grec que par Photius.

καινοποιηθεῖσαν ἡμῖν ἄπτωτον ἀναλάβωμεν οἰκίαν. Ὅθεν καὶ στενάζομεν, μὴ θέλοντες τὸ σῶμα ἀπεκδύσασθαι, ἀλλ' « ἐπ' αὐτῷ τὴν λοιπὴν » ἐπενδύσασθαι ζωήν. Τὸ γὰρ οἰκητήριον τὸ ἐξ οὐρανοῦ, ὃ ἐπιθυμοῦμεν ἐπενδύ- [298 a] σασθαι, ἡ ἀθανασία ἐστίν. Ἣν ἐὰν ἐπενδυσώμεθα, καταποθήσεται πᾶν τὸ ἐν αὐτῇ ὁλοσχερῶς ἀσθενὲς ὑπὸ τῆς ἀχρόνου ζωῆς καταναλωθὲν καὶ θνητόν.

« Διὰ πίστεως γὰρ περιπατοῦμεν, οὐ διὰ εἴδους », τουτέστι διὰ πίστεως γὰρ ἐπιβαίνομεν ἔτι ἀτρανωτάτῳ λογισμῷ τὰ ἐκεῖ πράγματα κατοπτεύοντες, καὶ οὐ σαφῶς, ὥστε καὶ ὁρᾶν καὶ ἀπολαύειν καὶ ἐν αὐτοῖς εἶναι.

« Τοῦτο δέ φημί, ἀδελφοί, ὅτι σὰρξ καὶ αἷμα κληρονομῆσαι βασιλείαν Θεοῦ οὐ δύνανται, οὐδὲ ἡ φθορὰ τὴν ἀφθαρσίαν κληρονομεῖ ». Σάρκα, φησίν, οὐ τὴν σάρκα αὐτὴν ἐδήλωσεν, ἀλλὰ τὴν ἄλογον πρὸς τὰς μαχλώσας τῆς ψυχῆς ὁρμὴν ἡδονάς. Εἰπὼν οὖν· « Σὰρξ καὶ αἷμα βασιλείαν Θεοῦ κληρονομῆσαι οὐ δύναται », ἐπαπεφήνατο· « Οὐδὲ ἡ φθορὰ τὴν ἀφθαρσίαν κληρονομεῖ ». Φθορὰ δὲ οὐκ αὐτό ἐστι τὸ φθειρόμενον, ἀλλὰ τὸ φθεῖρον. Ἐπικρατήσαντος μὲν γὰρ τοῦ θανάτου κλίνεται τὸ σῶμα εἰς φθοράν· ἐπιμενούσης δὲ ἔμπαλιν τῆς ζωῆς ἐν αὐτῷ ἕστηκε μὴ καθαιρούμενον. Ἐπειδὴ μεθόριον τῆς ἀφθαρσίας ἐγενήθη καὶ τῆς φθορᾶς ἡ σάρξ, οὐκ οὖσα οὐδὲ φθορὰ οὐδὲ ἀφθαρσία, ἐκρατήθη τε διὰ τὴν ἡδονὴν ὑπὸ τῆς φθορᾶς, ποίημα τῆς ἀφθαρσίας καὶ κτῆμα ὑπάρχουσα, διὰ τοῦτο γεγένηται εἰς φθορὰν καὶ ἐπεὶ συνεκρατήθη ὑπὸ τῆς φθορᾶς καὶ θανάτῳ διὰ παιδείαν παρεδόθη, εἰς νῖκος αὐτὴν τῇ φθορᾷ καθάπερ κληρονομίαν οὐ κατέλιπεν, ἀλλὰ πάλιν διὰ τῆς ἀναστά-

38 οἰκίαν A : τὴν οἰκίαν M ‖ **41** ὃ ἐπιθυμοῦμεν ἐπενδύσασθαι A : ὃ ἐπενδύσασθαι ἐπιθυμοῦμεν M.

[298 a] **11** τὰς M : *om.* A ‖ **12** οὖν A : ὅτι M ‖ **18** ἐπειδὴ A : διὸ ἐπειδὴ M ‖ **23** συνεκρατήθη Methodius : συνεκροτήθη AM ‖ **25** οὐ M : *om.* A.

victoire sur la mort, par la résurrection, il l'a rendue à l'incorruptibilité pour que la corruption n'hérite pas l'incorruptibilité mais que l'incorruptibilité hérite le périssable.

L'auteur ajoute donc en réponse : « Il faut, en effet, que cet être corruptible revête l'incorruptibilité et que cet être mortel revête l'immortalité »[1]. Et le périssable et le mortel qui revêtent l'immortalité et l'incorruptibilité, que serait-ce donc d'autre que ce qui a germé dans la corruption et ressuscite dans l'incorruptibilité[2]? Afin que : « Comme nous avons porté l'image du terrestre, nous portions aussi celle du céleste »[3]. Car l'image du terrestre que nous avons portée est : « Tu es terre et tu retourneras en terre »[4] et l'image du céleste, c'est la résurrection d'entre les morts et l'immortalité.

Justin de Naples[5], un homme qui n'était loin des Apôtres ni par l'époque ni par la valeur, dit que ce qui meurt est ce dont on hérite et que c'est ce qui vit qui hérite ; ce qui meurt, c'est la chair, et la vie est le royaume des cieux. Lorsque Paul dit que la chair et le sang ne peuvent [298 b] hériter le royaume de Dieu, il ne parle pas, dit l'auteur, pour déprécier l'idée de la régénération de la chair, mais pour enseigner que le royaume de Dieu, qui est la vie éternelle, n'est pas l'héritage du corps, mais que c'est le corps qui est l'héritage de la vie. Car si le royaume de Dieu était l'héritage du corps, ce royaume étant la vie, il se ferait que la vie serait absorbée par la corruption. Maintenant, c'est ce qui meurt qui échoit en héritage à la vie afin « que la mort soit vaincue et absorbée par la vie »[6] et que le périssable apparaisse comme le bien de l'immortalité, libéré de la mort et du péché, mais obéissant en esclave à l'immortalité afin que le corps appartienne à l'immortalité et non l'immortalité au corps[7].

1. 1 *Corinthiens*, 15, 53.
2. Allusion à 1 *Corinthiens*, 15, 42.
3. 1 *Corinthiens*, 15, 49.
4. *Genèse*, 3, 19.
5. C'est-à-dire de Flavia Neapolis en Palestine. C'est l'apologiste bien connu du IIe siècle. L'allusion vise un *De Resurrectione* de lui qui est perdu.
6. 1 *Corinthiens*, 15, 54.
7. 298 a 8-b 13 = II, 18, 1-11. Bo., p. 368, 4-371, 11.

σεως νικήσας τὸν θάνατον ἀπέδωκε τῇ ἀφθαρσίᾳ, ἵνα μὴ κληρονομήσῃ ἡ φθορὰ τὴν ἀφθαρσίαν, ἀλλ' ἡ ἀφθαρσία τὸ φθαρτόν.

Ἐπαποκρίνεται γοῦν · « Δεῖ γὰρ τὸ φθαρτὸν τοῦτο ἐνδύσασθαι τὴν ἀφθαρσίαν, καὶ τὸ θνητὸν τὴν ἀθανασίαν ». Φθαρτὸν δὲ καὶ θνητὸν ἐνδυόμενον ἀθανασίαν καὶ ἀφθαρσίαν τί δ' ἂν ἕτερον εἴη παρὰ τὸ σπειρόμενον ἐν φθορᾷ καὶ ἀνιστάμενον ἐν ἀφθαρσίᾳ, ἵνα · « Καθὼς ἐφορέσαμεν τὴν εἰκόνα τοῦ χοϊκοῦ, φορέσωμεν καὶ τὴν εἰκόνα τοῦ ἐπουρανίου ». Ἡ γὰρ εἰκὼν τοῦ χοϊκοῦ, ἣν ἐφορέσαμεν, τό · « Γῆ εἶ καὶ εἰς γῆν ἀπελεύσῃ » ἐστίν, ἡ δὲ εἰκὼν τοῦ ἐπουρανίου ἡ ἐκ νεκρῶν ἀνάστασις καὶ ἡ ἀφθαρσία.

Ἰουστῖνος δὲ ὁ Νεαπολίτης, ἀνὴρ οὔτε τῷ χρόνῳ πόρρω ὢν τῶν Ἀποστόλων οὔτε τῇ ἀρετῇ, κληρονομεῖσθαι μὲν τὸ ἀποθνῄσκον, κληρονομεῖν δὲ τὸ ζῶν λέγει, καὶ θνῄσκειν μὲν σάρκα, ζῆν δὲ τὴν βασιλείαν τῶν οὐρανῶν. Ὁπόταν δὴ σάρκα ὁ Παῦλος [298 b] καὶ αἷμα μὴ δύνασθαι τὴν βασιλείαν τοῦ Θεοῦ κληρονομῆσαι λέγῃ, οὐχ ὡς ἐκφαυλίζων, φησί, τῆς σαρκὸς τὴν παλιγγενεσίαν ἀποφαίνεται, ἀλλὰ διδάσκων οὐ κληρονομεῖσθαι βασιλείαν Θεοῦ, αἰώνιον ὑπάρχουσαν ζωήν, ὑπὸ τοῦ σώματος, ἀλλὰ τὸ σῶμα ὑπὸ τῆς ζωῆς. Εἰ γὰρ ἐκληρονομεῖτο ἡ βασιλεία τοῦ Θεοῦ ὑπὸ τοῦ σώματος ζωὴ ὑπάρχουσα, συνέβαινεν ἂν τὴν ζωὴν ὑπὸ τῆς φθορᾶς καταπίνεσθαι. Νῦν δὲ τὸ τεθνηκὸς ἡ ζωὴ κληρονομεῖ, ἵνα « εἰς νῖκος καταποθῇ ὁ θάνατος » ὑπὸ τῆς ζωῆς καὶ τὸ φθαρτὸν τῆς ἀφθαρσίας κτῆμα ἀναφανῇ, ἐλεύθερον μὲν θανάτου καὶ ἁμαρτίας γεγενημένον, δοῦλον δὲ καὶ ὑπήκοον ἀθανασίας, ὅπως τῆς ἀφθαρσίας τὸ σῶμα ᾖ καὶ μὴ τοῦ σώματος ἡ ἀφθαρσία.

34 τὴν M : *om.* A || **39-40** κληρονομεῖν — καὶ M : *om.* A || **40** θνῄσκειν A : ἀποθνήσκειν M || ζῆν M : ζωὴν A.

« Et les morts qui sont dans le Christ ressusciteront d'abord, ensuite nous les vivants »[1]. Voici ce qu'en dit saint Méthode : ceci signifie les corps mêmes qui sont les nôtres ; en effet, *nous*, *les vivants*, nous sommes les âmes qui reprenons les corps ressuscités de la terre afin d'être entraînés avec eux à la rencontre du Seigneur[2] pour fêter avec lui dans la gloire la brillante fête de la résurrection et, en échange de ces corps, nous avons reçu nos demeures immortelles qui ne connaîtront plus ni la mort ni la destruction[3].

L'auteur dit : j'ai vu sur l'Olympe — c'est une montagne de Lycie — un feu[4] qui jaillit spontanément au sommet de la montagne, venant des profondeurs de la terre ; autour de ce feu pousse une plante, l'agnus, qui est si florissante, si verdoyante et d'un ombrage si épais qu'elle semblerait plutôt avoir poussé auprès d'une fontaine ; pour quelle raison donc, s'il existe des matières périssables et des corps que le feu ne peut consumer, cette plante, loin d'être complètement brûlée, n'en est-elle que plus vigoureuse bien que naturellement consumable et surtout que le feu fait rage autour de ses racines mêmes? J'ai donc jeté des branches d'arbres de la forêt voisine à l'endroit où le feu jaillit et aussitôt, elles se sont enflammées et ont été réduites en cendres. Que signifie donc cette merveille? Dieu y a mis un signe, un présage des temps à venir, afin que nous sachions que, alors que tout sera arrosé par le feu, les corps de ceux qui ont vécu dans la chasteté et dans la justice marcheront sur le feu comme sur l'eau fraîche[5].

[299 a] Il dit : voyez si le bienheureux Jean lui aussi en disant : « La mer rendit les morts qu'elle gardait » et « La mort et l'Enfer rendirent les morts qu'ils gar-

1. 1 *Thessaloniciens*, 4, 17.
2. *Loc. cit.*
3. 298 b 14-22 = II, 21, 4. Bo., p. 375, 16-376, 6.
4. Photius a déjà recueilli auparavant deux témoignages sur ce phénomène ; dans ses sommaires de Ctésias, « codex » 72, et de Diodore de Tarse, « codex » 223. Cf. t. I, p. 137 et note 2 ; t. IV, p. 19-20 et note 1.
5. Allusion à *Daniel*, 3, 50. Le passage 298 b 23-40 du sommaire reproduit avec quelques omissions II, 23, 1-5. Bo., p. 377, 11-378, 13.

Ὅτι· « Καὶ οἱ νεκροὶ ἐν Χριστῷ ἀναστήσονται πρῶτον, ἔπειτα καὶ ἡμεῖς οἱ ζῶντες », ὁ ἅγιος Μεθόδιος οὕτω φησί· τουτέστιν αὐτὰ ἡμῶν ταῦτα τὰ σώματα· « Ἡμεῖς » γὰρ « οἱ ζῶντες » αἱ ψυχαί ἐσμεν, οἱ ἀπολαμβάνοντες ἐγερθέντας ἐκ τῆς γῆς τοὺς νεκρούς, ἵνα « εἰς ἀπάντησιν » ἅμα αὐτοῖς ἁρπασθέντες τοῦ Κυρίου ἐνδόξως ἑορτάσωμεν αὐτῷ τὴν φαιδρὰν τῆς ἀναστάσεως ἑορτήν, ἀνθ' ὧν αἰωνίους ἡμῶν τὰς σκηνάς, οὐκέτι τεθνηξομένας ἢ λυθησομένας, ἀπειλήφαμεν.

Ὅτι φησίν, ἐθεασάμην ἐν Ὀλύμπῳ ἐγώ (ὄρος δέ ἐστιν ὁ Ὄλυμπος τῆς Λυκίας) πῦρ αὐτομάτως κατὰ τὴν ἀκρώρειαν τοῦ ὄρους κάτωθεν ἐκ τῆς γῆς ἀναδιδόμενον, περὶ ὃ πῦρ ἄγνος φυτόν ἐστιν, οὕτω μὲν εὐθαλὲς καὶ χλοερόν, οὕτω δὲ σύσκιον, ὡς ὑπὸ πηγῆς μᾶλλον αὐτὸ δοκεῖν βεβλαστηκέναι· δι' ἥντινα οὖν αἰτίαν, εἰ φύσεις εἰσὶ φθαρτῶν καὶ ὑπὸ πυρὸς καταναλουμένων σωμάτων, οὐ μόνον οὐ καταφλέγεται τὸ φυτὸν τοῦτο, ἀλλὰ καὶ μᾶλλον ἀκμαιότερον ὑπάρχει, εἰ τῇ φύσει ἐστὶν εὔκαυστον, καὶ ταῦτα περὶ αὐτὰς αὐτοῦ τὰς ῥίζας τοῦ πυρὸς ἐντυφωμένου; Κλάδους γοῦν ἐγὼ δένδρων ἐκ τῆς παρακειμένης ὕλης ἐπέρριψα, καθ' ὃν ἀνερεύγεται τὸ πῦρ τόπον, καὶ εὐθέως εἰς φλόγα ἀρθέντες ἐτεφρώθησαν. Τί οὖν βούλεται τὸ παράδοξον; Δεῖγμα τοῦτο τῆς μελλούσης ὁ Θεὸς ἡμέρας καὶ προοίμιον ἔθετο, ἵνα γινώσκωμεν ὅτι πάντων πυρὶ κατομβρουμένων τὰ ἐν ἁγνείᾳ σώματα διατρίψαντα καὶ δικαιοσύνῃ, καθάπερ ψυχρῷ ὕδατι, τῷ πυρὶ ἐπιβήσονται.

Ὅτι φησίν, ἐπίστησον δὲ μήποτε καὶ ὁ μακάριος [299 a] Ἰωάννης· « Ἔδωκεν ἡ θάλασσα τοὺς νεκροὺς τοὺς ἐν αὐτῇ », λέγων, καὶ « Ὁ θάνατος καὶ ὁ Ἅιδης ἔδωκαν τοὺς νε-

[298 b] **15** οὕτω A : *om.* M ‖ **17** ἐγερθέντας M : ἐγερθέντες A ‖ **26** πῦρ ἄγνος A : πύραγνος M ‖ **28** δοκεῖν *ex cod.* B Bekker : *om.* AM ‖ **33** τοῦ πυρὸς A : *om.* M ‖ **34** ἀνερεύγεται A : ἂν ἐρεύγεται M ‖ **38** γινώσκωμεν A : γινώσκομεν M.

daient »[1] n'a pas voulu désigner les parties issues des éléments et rendues pour la restauration de chaque corps? En effet, la mer est l'élément humide, l'Hadès — ce mot vient de *aeidès* (invisible), parce qu'on ne le voit pas, comme Origène l'a dit — c'est l'air, et la mort, c'est la terre, du fait que c'est dans son sein qu'on couche les morts, d'où le nom de poussière donné à la mort dans les psaumes parce que le Christ a dit qu'il était descendu dans la poussière de la mort[2].

Il dit : en effet tout composé fait de feu pur et d'air pur et qui est consubstantiel aux Anges ne peut avoir la qualité de la terre et de l'eau, car il se ferait qu'un être de cette sorte serait terreux. Tel est le corps et tels sont les éléments dont Origène imaginait fait le corps qui doit ressusciter et qu'il appelait le corps pneumatique[3].

Il dit : d'où vient donc, selon toi, la forme qui ressuscite si cette forme humaine, inutile en elle-même, est anéantie, elle qui, de toutes les formes réparties entre les vivants, est la plus aimable et dont la divinité elle-même se sert comme d'une image, ainsi que le montre saint Paul : « Un homme, en effet, ne doit pas se voiler la tête parce qu'il est l'image de la gloire de Dieu »*, lui sur qui ont été modelés aussi les corps spirituels des Anges. Cette forme sera-t-elle ronde ou à angles multiples ou cubique ou pyramidale? En effet, les variétés de forme sont très nombreuses. Mais c'est là une impossibilité. Quelle étrangeté ne serait-ce donc pas que la forme semblable à Dieu — car il reconnaît lui aussi que l'âme a la même forme que le corps — soit répudiée comme peu honorable et ressuscite sans jambes ni bras*?

L'auteur dit que le changement de forme est la restauration dans l'impassibilité et dans la gloire. Maintenant, en effet, c'est un corps de désir et d'avilissement — c'est pourquoi Daniel lui aussi était appelé un homme de désirs — mais alors, il sera transformé en un corps impas-

1. *Apocalypse*, 20, 13.
2. Allusion au *Psaume* 21, 16. Ce passage : 298 b 40-299 a 9 = II, 28, 5. *Bo.*, p. 385, 15-386, 2, n'est connu en grec que par Photius.
3. 299 a 10-15 = II, 30, 8. Bo., p. 388, 11-15 n'est connu en grec que par Photius.

κροὺς τοὺς ἐν αὐτοῖς », τὰ ἀπὸ τῶν στοιχείων ἀναδιδόμενα πρὸς ἀποκατάστασιν ἑκάστου μόρια ἐδήλωσε · τὴν μὲν γὰρ θάλασσαν εἶναι τὴν ὑγρὰν οὐσίαν, Ἅιδην δὲ τὸν ἀέρα παρὰ τὸ ἀειδές, διὰ τὸ μὴ ὁρᾶσθαι καθάπερ ἐλέχθη καὶ Ὠριγένει, καὶ θάνατον τὴν γῆν παρὰ τὸ ἐν αὐτῇ κλίνεσθαι τὰ θνῄσκοντα, ὅθεν καὶ χοῦς ἐκλήθη θανάτου ἐν ψαλμοῖς, εἰς χοῦν θανάτου κατῆχθαι εἰρηκότος Χριστοῦ.

Ὅτι φησί, πᾶν γὰρ τὸ ἐκ καθαροῦ ἀέρος καὶ καθαροῦ πυρὸς συνιστάμενον σύγκριμα, καὶ τοῖς ἀγγελικοῖς ὁμοούσιον ὑπάρχον, οὐ δύναται γῆς ἔχειν ποιότητα καὶ ὕδατος, ἐπεὶ συμβήσεται ἔσεσθαι αὐτὸ γεῶδες. Τοιοῦτον καὶ ἐκ τούτων τὸ ἀναστῆναι μέλλον σῶμα ἀνθρώπου ὁ Ὠριγένης ἐφαντάζετο, ὃ καὶ πνευματικὸν ἔφη.

Ὅτι φησί, ποδαπὸν ἄρα σοι καὶ σχῆμα τὸ ἀνιστάμενον, εἰ ὅλως τὸ ἀνθρωποειδὲς τοῦτο, ὡς ἄχρηστον ὂν κατ' αὐτόν, ἐξαφανίζεται · ὃ πάντων ἐστὶ τῶν εἰς ζῷα συγκεκριμένων σχημάτων ἐρασμιώτερον · ᾧ καὶ τὸ θεῖον χρῆται εἰκόνι, καθάπερ καὶ ὁ σοφώτατος Παῦλος δηλοῖ · « Ἀνὴρ μὲν γὰρ οὐκ ὀφείλει κατακαλύπτεσθαι τὴν κεφαλήν, εἰκὼν καὶ δόξα Θεοῦ ὑπάρχων ». Εἰς ὃ καὶ τὰ νοερὰ τῶν Ἀγγέλων σώματα διεκοσμήθησαν. Ἆρα κυκλοτερὲς ἢ πολυγώνιον ἢ κυβικὸν ἢ πυραμοειδές; Πλεῖσται γὰρ τῶν σχημάτων αἱ παραλλαγαί. Ἀλλὰ τοῦτο ἀμήχανον. Οὐκοῦν τίς ἡ ἀποκλήρωσις, τὸ μὲν θεοείκελον σχῆμα (ὁμολογεῖ γὰρ καὶ αὐτὸς ὁμοειδῆ εἶναι τὴν ψυχὴν τῷ σώματι) ἀπαγορεύεσθαι ὡς ἀκλεέστερον, ἄπουν δὲ καὶ ἄχειρον ἀνίστασθαι;

Ὅτι φησίν, ὁ μετασχηματισμὸς ἡ εἰς τὸ ἀπαθὲς καὶ ἔνδοξόν ἐστιν ἀποκατάστασις · νῦν μὲν γὰρ σῶμα ἐπιθυμίας ἐστὶ καὶ ταπεινώσεως (διὸ καὶ Δανιὴλ ἀνὴρ ἐπιθυμιῶν ἤκουε), τότε δὲ μετασχηματισθήσεται εἰς σῶμα

[299 a] **8** τὰ A : τὸν M ‖ θανάτου M : θάνατος A ‖ **14** ὁ A : *om.* M ‖ **15** ἔφη A : ἔφησε M ‖ **16** σοι A : ἐστι M ‖ **33** ἤκουε AM² : ἤκουσε M.

sible, non point par la modification de l'appareil de ses membres, mais par le fait de ne plus désirer des plaisirs matériels[1].

Pour réfuter Origène, il dit : Origène veut donc que ce ne soit pas la même chair qui est rendue à l'âme, mais que c'est la forme de chacun telle qu'elle est et qui caractérise l'apparence de la chair qui ressuscitera façonnée dans un autre corps pneumatique afin que chacun apparaisse à nouveau le même dans sa forme ; telle est la [299 b] résurrection promise. Le corps matériel, en effet, dit-il, est changeant et jamais il ne reste lui-même mais il décroît et croît quant à l'apparence qui caractérise sa forme et qui est maître de la forme ; il est donc nécessaire que la résurrection se fasse dans la seule apparence[2].

Ensuite, un peu plus loin, il dit : donc, Origène, si tu prétends qu'il faut s'attendre à la résurrection de la seule apparence qui passera dans un corps pneumatique, et si tu nous en présentes comme la démonstration la plus valable la vision d'Élie et de Moïse[3] en disant : « De même que eux, après qu'ils ont eu quitté la vie, ont été vus avec la même apparence que celle qu'ils avaient de tout temps, ainsi, la résurrection générale se fera selon les mêmes modalités ». Moïse et Élie, avant la Passion et la Résurrection du Christ, sont ressuscités et sont apparus déjà pourvus de l'apparence dont tu parles ; comment dès lors le Christ est-il encore célébré par les Prophètes et par les Apôtres comme étant *le premier-né des morts*[4] ? Car si on croit que le Christ est le premier-né des morts et si le premier-né d'entre les morts est celui qui est ressuscité avant tous, et si Moïse, déjà même avant la Passion du Christ, s'est manifesté aux Apôtres dans cette apparence sous laquelle tu dis que la résurrection s'accomplit, la résurrection n'est donc pas celle de l'appa-

1. 299 a 30-35 = III, 16, 5. Bo., p. 412, 18-22. Ce passage n'est connu en grec que par Photius.

2. 299 a 36-b 6 = III, 3, 4-5. Bo., p. 391, 1-9. Cf. aussi I, 25, 3. Bo., p. 251, 8-12.

3. Allusion aux récits des synoptiques sur la transfiguration : *Matthieu*, 17, 3 ; *Marc*, 9, 11 ; *Luc*, 8, 20.

4. *Apocalypse*, 1, 5 ; *Colossiens*, 1, 18.

ἀπαθές, οὐ τῇ ἐξαλλαγῇ τῆς διακοσμήσεως τῶν μελῶν, ἀλλὰ τῷ μὴ ἐπιθυμεῖν τῶν ὑλικῶν ἡδονῶν.

Ὅτι φησὶν ἐξελέγχων τὸν Ὠριγένην, βούλεται τοίνυν ὁ Ὠριγένης τὴν μὲν αὐτὴν σάρκα μὴ ἀποκαθίστασθαι τῇ ψυχῇ, τὴν δὲ ποιὰν ἑκάστου μορφήν, κατὰ τὸ εἶδος τὸ τὴν σάρκα καὶ νῦν χαρακτηρίζον, ἐν ἑτέρῳ πνευματικῷ ἐντετυπωμένην ἀναστήσεσθαι σώματι, ἵνα ἕκαστος πάλιν ὁ αὐτὸς φανῇ κατὰ τὴν μορφήν, καὶ τοῦτο εἶναι [299 b] τὴν ἐπαγγελλομένην ἀνάστασιν. Ῥευστοῦ γάρ φησιν ὑπάρχοντος τοῦ ὑλικοῦ σώματος, καὶ μηδέποτε μένοντος ἐφ' ἑαυτῷ, ἀλλὰ ἀπογινομένου καὶ ἐπιγινομένου περὶ τὸ εἶδος τὸ χαρακτηρίζον τὴν μορφήν, ὑφ' οὗ καὶ συγκρατεῖται τὸ σχῆμα, ἀνάγκη δὴ τὴν ἀνάστασιν ἐπὶ μόνου εἴδους ἔσεσθαι.

Εἶτα μετ' ὀλίγον φησίν · οὐκοῦν, ὦ Ὠρίγενες, εἰ ἐπὶ τοῦ εἴδους μόνον προσδοκᾶσθαι διϊσχυρίζῃ τὴν ἀνάστασιν ἐν πνευματικῷ μεταθησομένου σώματι, ἀπόδειξίν τε δοκιμωτάτην τὴν κατὰ τὸν Ἠλίαν ἡμῖν ὀπτασίαν καὶ Μωσέα παρέχεις · « Ὥσπερ ἐκεῖνοι, φάμενος, μετὰ τὴν ἀπὸ τοῦ βίου ἔξοδον ὤφθησαν οὐχ ἕτερον παρ' ὃ εἶχον εἶδος ἐξ ἀρχῆς διασῴζοντες, κατὰ τὰ αὐτὰ καὶ ἡ πάντων ἔσται ἀνάστασις », ὁ Μωσῆς δὲ καὶ ὁ Ἠλίας πρὸ τοῦ τὸν Χριστὸν παθεῖν καὶ ἀναστῆναι ἤδη τὸ εἶδος τοῦτο ὃ φῂς ἔχοντες ἀνέστησαν καὶ ὤφθησαν, πῶς δὴ ἔτι ὁ Χριστὸς πρωτότοκος εἶναι τῶν νεκρῶν ὑπὸ τῶν Προφητῶν καὶ τῶν Ἀποστόλων ᾄδεται; Εἰ γὰρ πρωτότοκος τῶν νεκρῶν Χριστὸς εἶναι πεπίστευται, πρωτότοκος δέ ἐστι τῶν νεκρῶν ὁ πρὸ πάντων ἀναστάς, ὁ δὲ Μωσῆς ἤδη καὶ πρὸ τοῦ τὸν Χριστὸν παθεῖν ἔχων τὸ εἶδος τοῦτο ἐφάνη τοῖς ἀποστόλοις, περὶ ὃ πληροῦσθαι φῂς αὐτὸς τὴν ἀνάστασιν, οὐκ ἄρα τοῦ εἴδους χω-

[299 b] **6** οὐκοῦν A : οὐκ οὖν M ‖ **13** ἔσται M : σοι A ‖ **14** ὁ A : *om.* M.

rence seule et sans la chair. Car ou bien la résurrection est celle de la seule apparence, comme tu le garantis, et le Christ ne peut plus être le premier-né d'entre les morts du fait qu'avant lui des âmes sont apparues après leur mort avec cette apparence ; ou bien il est réellement le premier-né, comme il l'est, et il est impossible qu'avant lui certains aient été jugés dignes de ressusciter pour ne plus mourir. Et si personne n'est ressuscité avant lui et si Moïse et Élie n'ont pas été vus par les Apôtres en possession de leur chair mais seulement de leur apparence, il est clairement démontré que la résurrection se fait dans la chair. Et il serait, en effet, complètement absurde de limiter la résurrection à la seule apparence puisque les âmes, même après avoir quitté la chair, ne déposent évidemment jamais cette apparence dont il dit qu'elle ressuscite. Et si cette apparence demeure avec les âmes, inséparable d'elles, comme dans le cas de l'âme de Moïse et celle d'Élie, et qu'elle ne soit pas détruite selon toi et qu'elle ne périsse pas mais se trouve partout avec elles, ce n'est donc pas l'apparence qui ressuscite, elle qui n'a jamais disparu.

Supposons que quelqu'un s'indigne et réponde : comment donc, si personne n'est ressuscité avant que le Christ descende aux Enfers, raconte-t-on que certains ont déjà [300 a] ressuscité avant lui, parmi lesquels le fils de la veuve de Surapta[1] et celui de celle de Somanitis[2] et Lazare[3]? Il faut dire : mais ces gens-là sont ressuscités pour mourir à nouveau et nous, nous nous limitons à ceux qui ne mourront plus après leur réveil.

Supposons d'autre part que quelqu'un se déclare embarrassé à propos de l'âme d'Élie parce que les Écritures disent qu'il a été enlevé au ciel avec sa chair tandis que nous disons que les Apôtres l'ont vu qui n'était pas uni à sa chair : la réponse à faire est de dire qu'il est en notre

1. I *Rois*, 17, 23.
2. II *Rois*, 4, 35.
3. *Jean*, 11, 44.

ρὶς τῆς σαρκός ἐστιν ἡ ἀνάστασις. Ἤτοι γὰρ τοῦ εἴδους ἐστὶν, ὥσπερ ἐγγυᾷ, μόνου ἡ ἀνάστασις, καὶ οὐ δύναται ἔτι πρωτότοκος εἶναι ὁ Χριστὸς τῶν νεκρῶν τῷ πρὸ αὐτοῦ ἐχούσας τοῦτο μετὰ τὴν τελευτὴν τὸ εἶδος πεφηνέναι ψυχάς· ἢ πρωτότοκος ἀληθῶς, ὥσπερ ἐστί, καὶ ἀδύνατον ὅλως ἠξιῶσθαι πρὸ αὐτοῦ τινας τῆς εἰς τὸ μὴ αὖθις ἀποθανεῖν ἀναστάσεως. Εἰ δὲ ἀνέστη οὐδεὶς πρὸ αὐτοῦ, οἱ δὲ ἀμφὶ τὸν Μωσέα καὶ τὸν Ἠλίαν σάρκας μὲν ἔχοντες τοῖς Ἀποστόλοις οὐκ ὤφθησαν, μόνον δὲ τὸ εἶδος, ἡ ἄρα ἀνάστασις ἐπὶ τῆς σαρκὸς προφανῶς δηλοῦται. Καὶ γὰρ ἀτοπώτατον ἐπὶ μόνου τοῦ εἴδους τὴν ἀνάστασιν διορίζεσθαι, ὁπότε αἱ ψυχαὶ καὶ μετὰ τὴν σαρκὸς ἔξοδον οὐδέποτε φαίνονται τὸ εἶδος, ὅ φησιν ἀνίστασθαι ἀποτιθέμεναι. Εἰ δὲ συμπαρέσται αὐταῖς τοῦτο ἀναφαίρετον, καθάπερ καὶ ἐπὶ τῆς Μωΰσέως καὶ Ἠλίου ψυχῆς, καὶ οὔτε φθείρεται κατά σε οὔτε ἀπόλλυται, σὺν αὐταῖς πανταχοῦ συμπαρόν, οὐκ ἄρα τὸ εἶδος ἀνίσταται, ὃ μηδέποτε πέπτωκεν.

Ἐὰν δέ τις δυσχεράνας καὶ πῶς δὴ, ἀποκριθῇ, εἰ μηδεὶς ἀνέστη πρὸ τοῦ κατελθεῖν εἰς [300 a] τὸν Ἅιδην τὸν Χριστόν, ἀναστάντες ἤδη τινὲς ἱστορήθησαν πρὸ αὐτοῦ ἐν οἷς τῆς Σαραφθίνης χήρας ὁ υἱὸς καὶ τῆς Σωμανίτιδος καὶ ὁ Λάζαρος; Λεκτέον· ἀλλ' οὗτοι εἰς τὸ καὶ αὖθις ἀποθανεῖν ἀνέστησαν, ἡμεῖς δὲ περὶ τῶν μηκέτι μετὰ τὴν ἔγερσιν διοριζόμεθα τεθνηξομένων.

Ἐὰν δὲ καὶ περὶ τῆς ψυχῆς διαπορήσας φράσῃ τοῦ Ἠλίου, ὡς τῶν μὲν γραφῶν ἀνειλῆφθαι αὐτὸν λεγουσῶν ἐν σαρκί, ἡμῶν δὲ ἀσύμπλοκον σαρκὸς τοῖς Ἀποστόλοις ὦφθαι φασκόντων, λεκτέον ὅτι καὶ μὴν

24 ὥσπερ ἐγγυᾷ A : ὡς παρεγγυᾷ A[1] ὥσπερ ἐγγυὰς M ‖ **35** σαρκὸς A : σαρκῶν M ‖ **37** τῆς A : τῇ M ‖ **38** ψυχῆς A : ψυχῇ M ‖ **40** δέ A : δή M.

faveur que les Apôtres l'aient vu dans sa chair. Il est en effet démontré par là que notre corps est incapable d'accéder à l'incorruptibilité de même que cela a été démontré à propos de l'enlèvement d'Énoch[1]. En effet, s'il n'avait pu accéder à l'incorruptibilité, il n'aurait pas subsisté aussi longtemps sans subir d'atteinte. Et si Élie a été vu avec son corps[2], c'est qu'il était déjà mort mais non encore ressuscité d'entre les morts. Et cela, c'est pour faire une concession à Origène quand il dit qu'après la mort l'apparence est dissociée du corps et donnée à l'âme, ce qui est complètement impossible vu que, dans le processus d'altération des chairs, c'est l'apparence qui périt la première comme la forme de la statue qu'on fait fondre disparaît avant la fusion complète parce que la qualité ne peut pas se séparer de la matière dans une entité personnelle. Dans la statue fondue, la forme donnée au bronze est séparée puisqu'elle disparaît, mais elle ne continue pas d'exister dans la substance. Et puisqu'on dit que dans la mort l'apparence est séparée de la chair, examinons comment on dit que l'élément séparé se sépare.

On dit donc qu'un élément se sépare d'un autre soit en énergie et en substance, ou en pensée ou en opération mais non aussi en substance. Supposons que quelqu'un trie du froment et de l'orge qui étaient mêlés ; car du fait qu'il y a séparation par l'effet d'un mouvement, on dit que c'est une séparation en opération et là où les éléments sont à l'état séparé, on dit que c'est une séparation de substance. On parle de séparation en pensée lorsque nous séparons la matière de ses qualités et les qualités de la matière. Mais c'est une séparation par opération et non en substance lorsqu'un élément séparé d'un autre n'existe plus parce qu'il n'a plus de support pour son essence. On pourrait comprendre ce qu'il dit au moyen des œuvres de la main, à considérer une statue ou un cheval en bronze. En effet, à la réflexion, on les verra changer de

1. Allusion à *Genèse*, 5, 21.

2. Dans la Transfiguration. Cf. 299 b 9, *supra*, p. 101. L'enlèvement d'Élie est raconté en II *Rois*, 2, 11.

μᾶλλον τὸ λέγειν αὐτὸν ὦφθαι τοῖς Ἀποστόλοις ἐν σαρκί, πρὸς ἡμῶν ἐστι. Δείκνυται γὰρ καὶ διὰ τοῦτο ἀφθαρσίας ἡμῶν ὑπάρχον τὸ σῶμα δεκτικόν, καθάπερ ἐδείχθη καὶ ἐπὶ τοῦ Ἐνὼχ μετατιθεμένου. Εἰ μὴ γὰρ ἀφθαρσίαν ἠδύνατο δέξασθαι, οὐκ ἂν οὐδὲ διέμεινεν ἐν ἀπαθείᾳ τοσούτῳ χρόνῳ. Εἰ τοίνυν ὤφθη μετὰ τοῦ σώματος, καὶ ἦν τελευτήσας μέν, ἀναστὰς δὲ ἤδη ἐκ νεκρῶν οὐδέπω. Καὶ ταῦτα ἵνα δὴ συγχωρήσωμεν τῷ Ὠριγένει, καθ' ἑαυτὸ τὸ εἶδος λέγοντι μετὰ τὴν τελευτὴν ἀποζευγνύμενον ἀπὸ τοῦ σώματος τῇ ψυχῇ δίδοσθαι, ὅπερ ἐστὶν ἁπάντων ἀδύνατον τῷ προαπόλλυσθαι τὸ εἶδος τῶν σαρκῶν ἐν ταῖς ἀλλοιώσεσι, καθάπερ καὶ τὸ σχῆμα τοῦ συγχωνευομένου ἀνδριάντος πρὸ τῆς διαλύσεως τοῦ ὅλου, ὅτι μὴ δύναται χωρίζεσθαι καθ' ὑπόστασιν ἀπὸ τῆς ὕλης ἡ ποιότης. Χωρίζεται μὲν γὰρ ἀπὸ τοῦ ἀνδριάντος χωνευθέντος ἡ περὶ τῷ χαλκῷ μορφὴ ἀφανιζομένη, οὐ μὴν ὑφεστῶσα ἔτι κατ' οὐσίαν. Ἐπεὶ δὲ λέγεται ἐν τῷ θανάτῳ τὸ εἶδος χωρίζεσθαι ἀπὸ τῆς σαρκός, φέρε τὸ χωριζόμενον ποσαχῶς λέγεται χωρίζεσθαι ἐπισκεψώμεθα.

Λέγεται τοίνυν χωρίζεσθαί τι ἀπό τινος ἢ ἐνεργείᾳ καὶ ὑποστάσει, ἢ ἐπινοίᾳ, ἢ ἐνεργείᾳ μέν, οὐ μὴν καὶ ὑποστάσει. Ὡς εἰ πυρούς τις καὶ κριθὰς μεμιγμένα χωρίσειεν ἀπ' ἀλλήλων· ᾗ μὲν γὰρ κατὰ κίνησιν χωρίζεται, ἐνεργείᾳ λέγεται, ᾗ δὲ χωρισθέντα ὑφέστηκεν, ὑποστάσει λέγεται κεχωρίσθαι. Ἐπινοίᾳ δέ, ὅταν τὴν ὕλην ἀπὸ τῶν ποιοτήτων χωρίζωμεν καὶ τὰς ποιότητας ἀπὸ τῆς ὕλης. Ἐνεργείᾳ δέ, οὐ μὴν καὶ ὑποστάσει, ὅταν χωρισθέν τι ἀπό τινος μηκέτι ὑπάρχοι, ὑπόστασιν οὐσίας οὐκ ἔχον. Γνοίη δ' ἂν τις καὶ ἐν τοῖς χειροτεχνήμασιν ὡς ἔχει, ἀνδριάντα ἰδὼν ἢ ἵππον χαλκοῦν. Ταῦτα γὰρ λογιζόμενος ὄψεται τὴν

[300 a] **11** πρὸς A[2]M : πρὸ A ‖ **16** δὲ M : *om.* A ‖ **20** τῷ AM : τὸ A[1] ‖ **24** ἀπὸ A : *om.* M ‖ **31** ὡς εἰ M : ὡς A[3] *om.* A.

forme naturelle et prendre un aspect différent qui fait que la forme née avec l'objet disparaît, car si quelqu'un fait fondre des œuvres d'art façonnées à l'image d'un [300 b] homme ou d'un cheval, il trouvera que l'apparence formelle est disparue mais que la matière subsiste. Aussi est-il insoutenable de dire que l'apparence ressuscitera sans avoir subi aucune altération tandis que le corps dans lequel l'apparence était imprimée est détruit.

Mais assurément, dit-il, elle passera dans un corps pneumatique ! Il faut donc reconnaître que l'apparence propre elle-même ne ressuscite pas la première puisqu'elle a été altérée en périssant avec la chair. Et si même, en effet, elle passe dans un corps pneumatique, celui-ci ne sera plus à proprement parler ce premier corps qui lui servait de fondement mais, façonnée dans un corps subtil, une certaine ressemblance avec lui. Et si ce n'est ni la même apparence ni le même corps qui ressuscite, mais un autre au lieu du premier — car le semblable est différent de son semblable — ce ne peut être ce premier corps lui-même à l'image duquel il avait été fait [1].

L'apparence, dit l'auteur, est ce qui montre l'identité des membres dans ce qui caractérise la forme de chaque être [2].

La parole du prophète Ézéchiel [3] sur la résurrection des morts, Origène l'explique d'une manière allégorique et il prétend qu'elle concerne le retour des Israélites de la captivité de Babylone ; le saint auteur qui le réfute dit notamment ce qui suit [4]. Les Juifs eux-mêmes ne retrouvèrent pas l'assurance d'une liberté sans entraves et ils ne vainquirent pas leurs ennemis pour occuper plus librement Jérusalem. Ils furent en effet plus d'une fois empêchés par les autres nations de reconstruire le temple alors qu'ils l'auraient bien voulu ; c'est pourquoi, même en quarante-six

1. 296 b 6-300 b 16 = III, 5, 1-6. Bo., p. 394, 5-398, 8.

2. 300 b 13-17 = III, 7, 4. Bo., p. 399, 11-13, n'est connu en grec que par Photius.

3. Allusion à *Ézéchiel*, 37.

4. Photius, p. 300 b 18-22, comparé à la version slavonne apparaît comme un condensé de III, 9, 1-8. Bo., p. 401, 19-403, 5.

ἔμφυτον μορφὴν διαλλάττοντα, εἰς δὲ ἑτέραν ὄψιν μεθιστάμενα ὑφ' ἧς τὸ ξυγγενόμενον εἶδος ἀφανίζεται· εἰ γάρ τις τὰ ἔργα τὰ σχηματιζόμενα εἰς εἶδος ἀνθρώπου [300 b] ἢ ἵππου συντήκοι, εὑρήσει τὸ μὲν τοῦ σχήματος εἶδος ἀφανιζόμενον, αὐτὴν δὲ ὕλην μένουσαν. Ὥστε ἀσύστατον τὸ λέγειν τὸ μὲν εἶδος ἀνίστασθαι ἠμαυρωμένον μηδέν, τὸ δὲ σῶμα, ἐν ᾧ ἦν τὸ εἶδος ἐντετυπωμένον, διαφθείρεσθαι.

Ἀλλὰ ναί φησιν, ἐν πνευματικῷ γὰρ μετατεθήσεται σώματι. Οὐκοῦν ἀνάγκη τὸ μὲν εἶδος ἰδίως ὁμολογεῖν αὐτὸ τὸ πρῶτον μὴ ἀνίστασθαι, τῷ συνηλλοιῶσθαι αὐτὸ συμφθῖνον τῇ σαρκί. Κἂν γὰρ ἐν πνευματικῷ μεταπλασθῇ σώματι, αὐτὸ μὲν ἰδίως τὸ πρῶτον ὑποκείμενον ἐκεῖνο οὐχ, ὁμοιότης δέ τις ἐκείνου ἐν λεπτομερεῖ μεταπεπλασμένη σώματι. Εἰ δὲ μήτε τὸ εἶδος τὸ αὐτὸ μήτε τὸ σῶμα ἀνίσταται, ἀλλ' ἕτερον ἀντὶ τοῦ προτέρου (τὸ γὰρ ὅμοιον ἕτερον τοῦ ἑαυτοῦ ὁμοίου ὄν), αὐτὸ ἐκεῖνο τὸ πρῶτον, πρὸς ὃ ἐγένετο, εἶναι οὐ δύναται.

Ὅτι εἶδός φησιν εἶναι τὸ τὴν ταυτότητα τῶν μελῶν ἐν τῷ χαρακτῆρι τῆς μορφῆς ἑκάστου ἐμφαῖνον.

Ὅτι τὸ παρὰ τοῦ προφήτου Ἰεζεκιὴλ περὶ τῆς ἀναστάσεως τῶν νεκρῶν ῥητὸν εἰρημένον τοῦ Ὠριγένους ἀλληγοροῦντος, καὶ εἰς τὴν τῶν εἰς Βαβυλῶνα αἰχμαλωτισθέντων Ἰσραηλιτῶν ἐπάνοδον ἐκβιαζομένου εἰρῆσθαι, ἐξελέγχων μετὰ πολλὰ ὁ ἅγιος καὶ τοῦτό φησιν. Οὐδὲ γὰρ οὐδὲ αὐτοὶ πρὸς ἐλευθερίαν ἀνέσφηλαν καθαράν, οὐδὲ τῶν ἐχθρῶν κατακρατήσαντες ἐξουσιαστικώτερον κατῴκησαν τὴν Ἱερουσαλήμ. Εἴργοντο γοῦν ὑπὸ τῶν ἄλλων ἐθνῶν πολλάκις οἰκοδομῆσαι θελήσαντες μᾶλλον· ὅθεν καὶ ἐν μ' αὐτὸν καὶ ς' ἔτεσι μόλις ἠδυνήθησαν δεί-

[300 b] **6** οὐκοῦν A : οὐκ οὖν M ‖ **8** κἂν A¹M : καὶ A ‖ **10** οὐχ A : οὐκ ἔσται M ‖ **25** ἄλλων ἐθνῶν A : ἀλλοεθνῶν M.

ans, ils eurent de la peine à le réédifier alors que Salomon l'avait achevé, fondations comprises, en sept ans[1].

Et pourquoi discuter? En effet, depuis Nabuchodonosor et les rois qui lui ont succédé à Babylone jusqu'à l'invasion des Perses en Assyrie et jusqu'à l'empire d'Alexandre et jusqu'à la guerre qui éclata entre les Romains et les Juifs, Jérusalem a été détruite six fois par ses ennemis. Ces faits sont rapportés par Josèphe qui dit : « En la deuxième année du règne de Vespasien, alors qu'elle avait déjà auparavant été prise cinq fois, elle fut prise et dépeuplée pour la seconde fois. En effet, Asoka, roi d'Égypte, et Antiochus après lui, puis Pompée et après eux Sossius allié d'Hérode, prirent la ville et l'incendièrent ; avant eux, le roi de Babylone s'en était emparé et l'avait dépeuplée »[2].

Origène dit qu'à propos de Lazare et du riche[3], on peut [301 a] être dans le doute ; les gens simples pensent que ce récit a été fait dans l'idée que tous deux recevaient avec leur corps la rétribution des actions de leur vie ; les esprits plus précis estiment que, puisque personne ne reste en vie après la résurrection, ces faits ne se sont pas produits au cours d'une résurrection. Le riche dit, en effet : « J'ai cinq frères et, pour qu'ils ne viennent pas dans ce lieu d'épreuve, envoie Lazare leur dire ce qui se passe ici »[4]. Et ils recherchent dans ce texte la langue, le doigt, le sein d'Abraham, l'appel de la voix et peut-être la forme de l'âme au moment de son départ, identique d'apparence au corps épais et terreux ; on peut comprendre de cette façon. Dès lors, quand on dit que quelqu'un d'entre

1. Photius a encore enregistré cette donnée au « codex » 238 qui est consacré à l'*Antiquité juive* de Josèphe, p. 313 b 31, *infra*, p. 141.

2. Le passage 300 b 22-41 = III, 9, 9-11. Bo., p. 403, 5-21, y compris la citation de Josèphe, *Bellum judaïcum*, VI, 4, n'est conservé en grec que par Photius.

3. Épisode bien connu de *Luc*, 16, 19-31.

4. *Luc*, 16, 18.

μασθαι, τοῦ Σολομῶνος ἐν ἑπταετεῖ χρόνῳ ἐκ θεμελίων αὐτὸν συμπληρώσαντος.

Καὶ τί χρὴ λέγειν; Ἀπὸ γὰρ δὴ Ναβουχοδονόσορ καὶ τῶν μετ' αὐτὸν Βαβυλῶνος βασιλευσάντων ἄχρι τῆς Περσῶν ἐπὶ τοὺς Ἀσσυρίους καθόδου, τῆς τε Ἀλεξάνδρου ἡγεμονίας, καὶ τοῦ Ῥωμαίων τοῦ πρὸς τοὺς Ἰουδαίους συρραγέντος πολέμου, ἑξάκις κατεστράφησαν ὑπὸ τῶν πολεμίων τὰ Ἱεροσόλυμα. Καὶ τοῦτο Ἰώσηπος ἱστορεῖ λέγων· « Ἔτει δευτέρῳ τῆς Οὐεσπασιανοῦ ἡγεμονίας, ἁλοῦσα δὲ καὶ πρότερον πεντάκις, τοῦτο δεύτερον ἠρημώθη. Ἀσωχαῖος μὲν γὰρ ὁ τῶν Αἰγυπτίων βασιλεύς, καὶ μετ' αὐτὸν Ἀντίοχος, ἔπειτα Πομπήϊος, καὶ ἐπὶ τούτοις σὺν Ἡρώδῃ Σόσσιος ἑλόντες ἐνέπρησαν τὴν πόλιν· πρὸ δὲ τούτων ὁ τῶν Βαβυλωνίων βασιλεὺς κρατήσας, ἠρήμωσεν αὐτήν ».

Ὅτι Ὠριγένης τάδε φησί· περὶ δὲ τοῦ Λαζάρου [301 a] καὶ τοῦ πλουσίου ἀπορεῖσθαι δύναται, τῶν μὲν ἁπλουστέρων οἰομένων ταῦτα λελέχθαι, ὡς ἀμφοτέρων μετὰ τῶν σωμάτων λαμβανόντων τὰ ἄξια τῶν τῷ βίῳ πεπραγμένων, τῶν δὲ ἀκριβεστέρων, ἐπεὶ μετὰ τὴν ἀνάστασιν οὐδεὶς ἐν βίῳ καταλείπεται, οὐκ ἐν τῇ ἀναστάσει οἰομένων ταῦτα γεγονέναι (λέγει γὰρ ὁ πλούσιος ὅτι· « Πέντε ἀδελφοὺς ἔχω, καὶ ἵνα μὴ ἔλθωσιν εἰς τὸν τόπον τοῦτον τῆς βασάνου, πέμψον Λάζαρον ἀπαγγέλλοντα αὐτοῖς τὰ ἐνταῦθα »), καὶ διὰ τούτων ζητούντων τὴν γλῶσσαν καὶ τὸν δάκτυλον καὶ τοὺς κόλπους Ἀβραὰμ καὶ τὴν ἀνάκλησιν. Καὶ τάχα τὸ τῆς ψυχῆς ἅμα τῇ ἀπαλλαγῇ σχῆμα, ὁμοιοειδὲς ὂν τῷ παχεῖ καὶ τῷ γηΐνῳ σώματι, δύναται οὕτω λαμβάνεσθαι. Εἴ ποτε γοῦν ἱστορηταί τις

29 αὐτὸν A : αὐτῶν M ‖ **42** δὲ A : *om.* M.

[301 a] **2** ἁπλουστέρων AM : ἁπλούστερον Mˣ ‖ **4** ἀκριβεστέρων A : ἀκριβέστερον M ‖ **12** *καὶ* τῷ A : *καὶ* M ‖ **13** ἱστόρηται M *et* A *ut vid.* : ἱστορεῖται A².

les morts est apparu, c'est qu'on l'a vu semblable à la forme qui était la sienne quand il avait sa chair. Ensuite Samuel, qui se manifeste de façon visible[1], comme c'est évident, montre qu'il était pourvu d'un corps, ce qui est surtout vrai si nous sommes amenés par nos raisonnements à démontrer que l'essence de l'âme, elle aussi, est incorporelle. Mais le riche qui est puni et le pauvre qui repose dans le sein d'Abraham et dont on nous dit que c'est avant la venue du Sauveur et avant la consommation des siècles et, partant, avant la résurrection qu'ils sont l'un puni en enfer et l'autre en repos dans le sein d'Abraham, nous enseignent que, même dans la mort, l'âme a encore un corps.

A cela le saint auteur répond ce qui suit. Il expose que c'est une autre forme d'apparence semblable à notre corps sensible que notre âme possède après son départ d'ici-bas et il montre, un peu à la manière de Platon, qu'elle est incorporelle. Car si on dit qu'après son départ du monde elle a besoin d'un véhicule et d'un vêtement parce qu'elle ne peut subsister nue, comment ne serait-elle pas incorporelle sur elle-même? Et, étant incorporelle, comment ne serait-elle pas hors d'atteinte de la douleur? Car c'est un corollaire de son existence incorporelle qu'elle soit impassible et intangible. Si donc elle n'était pas entraînée par un désir déraisonnable et si elle n'était pas mise en contact avec un corps sujet à la souffrance et aux passions — car un être incorporel ne pourrait partager les affections d'un corps ni un corps celles d'un être incorporel — il eût été possible de la croire incorporelle conformément à ce qui vient d'être dit. Et si elle partageait les affections du corps, comme le témoignage des [301 b] apparitions le démontre, elle ne peut être incorporelle.

Donc, Dieu seul est célébré comme nature increéée, af-

1. Allusion à l'épisode célèbre de la sorcière d'En-Dor raconté dans I *Samuel*, 28, 11-20.

τῶν κεκοιμημένων φαινόμενος, ὅμοιος ἑώραται τῷ ὅτε τὴν σάρκα εἶχε σχήματι. Εἶτα ἀλλὰ καὶ ὁ Σαμουὴλ φαινόμενος, ὡς δῆλόν ἐστιν, ὁρατὸς ὢν παρίστησιν ὅτι σῶμα περιέκειτο, μάλιστα ἐὰν ἀναγκασθῶμεν ὑπὸ τῶν ἀποδείξεων τὴν οὐσίαν τῆς ψυχῆς ἀσώματον εἶναι καὶ ταύτην ἀποφήνασθαι. Ἀλλὰ καὶ ὁ κολαζόμενος πλούσιος καὶ ὁ ἐν κόλποις Ἀβραὰμ πένης ἀναπαυόμενος, πρὸ τῆς παρουσίας τοῦ Σωτῆρος καὶ πρὸ τῆς συντελείας τοῦ αἰῶνος καὶ διὰ τοῦτο πρὸ τῆς ἀναστάσεως λεγόμενοι ὁ μὲν ἐν Ἅιδου κολάζεσθαι ὁ δὲ ἐν κόλποις Ἀβραὰμ ἀναπαύεσθαι, διδάσκουσιν ὅτι καὶ ἐν τῇ ἀπαλλαγῇ σώματι χρῆται ἡ ψυχή.

Πρὸς ταῦτα ὁ ἅγιος τάδε φησί· σχῆμα ἄλλο ὁμοιοειδὲς τῷ αἰσθητῷ τούτῳ μετὰ τὴν ἐντεῦθεν ἐκδημίαν ἔχειν ἐκτιθέμενος τὴν ψυχὴν ἀσώματον ὑπό τι πλατωνικῶς ἀποφαίνεται αὐτήν. Τὸ γὰρ καὶ μετὰ τὴν ἀπὸ τοῦ κόσμου ἀποφοίτησιν ὀχήματος αὐτὴν δέεσθαι καὶ περιβολῆς λέγειν, ὡς οὐ δυναμένην κατασχεθῆναι γυμνήν, πῶς οὐκ ἂν καθ' ἑαυτὴν ἀσώματος εἴη; Ἀσώματος δὲ οὖσα πῶς οὐκ ἔσται καὶ ἀνεπίδεκτος παθῶν; Ἀκολουθεῖ γὰρ τῷ ἀσώματον αὐτὴν ὑπάρχειν καὶ τὸ ἀπαθῆ εἶναι καὶ ἀπερίσπαστον. Εἰ μὲν οὖν ὑπὸ ἀλόγου οὐ παρείλκετο ὅλως ἐπιθυμίας οὐδὲ συμμετεβάλλετο ἀλγοῦντι καὶ πάσχοντι τῷ σώματι (ἀσώματον γὰρ σώματι ἢ σῶμα ἀσωμάτῳ οὐκ ἄν ποτε συμπάθοι) ἦν ἂν ἀσώματον δόξαι αὐτὴν ἀκολούθως τοῖς εἰρημένοις. Εἰ δὲ συμπάσχοι τῷ σώματι, καθάπερ καὶ διὰ τῆς ἐπιμαρτυρήσεως τῶν φαινομένων [301 b] ἀποδείκνυται, ἀσώματος εἶναι οὐ δύναται.

Ἡ γοῦν ἀγένητος καὶ ἀνενδεὴς καὶ ἀκάματος φύσις ὁ

14 ἑώραται M et A *ut vid.* : ὁρᾶται A² ‖ **16** ὁρατὸς A : ὁρᾷ M ‖ **24** ἐν *ego* : νῦν *codd.* ‖ **32** ἀσώματος A¹ : ἀσώματον AM ‖ **33** ἔσται M : ἂν A ‖ **38** ἦν A : ἵν' M ‖ **39** συμπάσχοι AM : συμπάσχει A².

[301 b] **2** ἡ γοῦν *edd.* : ἤγουν *codd.* ‖ ἀγένητος M : ἀγέννητος A.

franchie de besoin et inaccessible à la fatigue parce qu'il est incorporel et c'est pourquoi il est invisible : « Car personne n'a vu Dieu »[1]. Et les âmes qui viennent du Créateur et Père de l'univers sont des corps spirituels qui sont pourvus de membres perceptibles à la raison et elles prennent notre image. C'est pourquoi on dit que, même aux Enfers, comme dans le cas de Lazare et du riche, elles ont une langue et des doigts et les autres membres, non qu'elles aient un autre corps invisible, mais parce que, par nature, les âmes elles-mêmes, dépouillées de toute enveloppe, sont telles par leur essence[2].

Pour terminer, le saint auteur dit : de sorte que la parole « Le Christ est mort pour être le maître des morts et des vivants »[3] doit être comprise comme s'appliquant aux âmes et aux corps : les vivants, ce sont les âmes parce qu'elles sont immortelles ; les morts, ce sont les corps[4].

Si le corps de l'homme est plus précieux que celui des autres êtres vivants parce qu'on dit qu'il a été façonné par les mains de Dieu et parce qu'il s'est trouvé être le véhicule d'un bien plus précieux, l'âme, comment vit-il si peu de temps alors que ceux de certaines bêtes durent beaucoup plus longtemps? C'est qu'il est évident que sa longue existence à lui se situera après la résurrection[5].

235.

Lu de l'ouvrage du saint martyr et évêque Méthode *Sur les Créatures*[6] un choix qui en donne une vue d'ensemble.

Dans la parole : « Ne jetez pas aux chiens ce qui est sacré et ne jetez pas vos perles devant les pourceaux », Xénon entend par *perles* les connaissances secrètes de la

1. *Jean*, 1-18.
2. 300 b 42-301 b 12 = III, 17, 2-18, 5. Bo., p. 413, 17-416, 2.
3. *Romains*, 14, 9.
4. 301 b 13-17 = III, 21, 12. Bo., p. 420, 2-5.
5. 301 b 18-23 = II, 21, 1. Bo., p. 376, 9-13. Ce retour au l. II est curieux.
6. La notice de Photius est le seul document qui nous reste sur cet ouvrage de saint Méthode, de sorte qu'on ne peut savoir comment la partie du dialogue résumée de 301 b 28 à 302 a 29, qui discutait le texte de *Matthieu*, 7, 6, faisait un tout avec l'autre partie qui discu-

Θεὸς μόνος ᾄδεται, ἀσώματος ὤν · διὸ καὶ ἀόρατος · « Θεὸν γὰρ οὐδεὶς ἑώρακεν ». Αἱ δὲ ψυχαὶ ἀπὸ τοῦ δημιουργοῦ καὶ πατρὸς τῶν ὅλων, σώματα νοερὰ ὑπάρχουσαι, εἰς λόγῳ θεωρητὰ μέλη διακεκόσμηνται, ταύτην λαβοῦσαι τὴν διατύπωσιν. Ὅθεν καὶ ἐν τῷ Ἅιδῃ, καθάπερ καὶ ἐπὶ τοῦ Λαζάρου καὶ τοῦ πλουσίου, καὶ γλῶσσαν καὶ δάκτυλον καὶ τὰ ἄλλα μέλη ἱστοροῦνται ἔχειν, οὐχ ὡς σώματος ἑτέρου συνυπάρχοντος αὐταῖς ἀειδοῦς, ἀλλ' ὅτι αὐταὶ φύσει αἱ ψυχαί, παντὸς ἀπογυμνωθεῖσαι περιβλήματος, τοιαῦται κατὰ τὴν οὐσίαν ὑπάρχουσιν.

Ὅτι φησὶν ὁ ἅγιος ἐν τέλει · ὥστε τό · « Διὰ τοῦτο Χριστὸς ἀπέθανε » λεγόμενον « ἵνα ζώντων καὶ νεκρῶν κυριεύσῃ » ἐπὶ τῶν ψυχῶν καὶ ἐπὶ τῶν σωμάτων παραληπτέον, ζώντων μὲν τῶν ψυχῶν, καθὸ ἀθάνατοι, νεκρῶν δὲ τῶν σωμάτων.

Ὅτι εἰ τιμιώτερον σῶμα ἀνθρώπου τῶν ἄλλων ζῴων, ὅτι χερσί τε Θεοῦ λέγεται πεπλάσθαι καὶ ὅτι τιμιωτέρου τῆς ψυχῆς τετύχηκεν ὀχήμα, πῶς τοῦτο μὲν ὀλιγοχρόνιον, ἀλόγων δέ τινων πολλὰ πολυχρονιώτερα; Ἢ δῆλον ὡς ἡ τούτου πολυχρόνιος ὕπαρξις μετὰ τὴν ἀνάστασιν ἔσται.

235

Ἀνεγνώσθη ἐκ τοῦ ἁγίου μάρτυρος Μεθοδίου καὶ ἐπισκόπου τοῦ περὶ τῶν γενητῶν ἐκλογὴ κατὰ σύνοψιν.

Ὅτι τό · « Μὴ βάλητε τὸ ἅγιον τοῖς κυσὶ μηδὲ τοὺς μαργαρίτας ὑμῶν ἔμπροσθεν τῶν χοίρων » μαργαρίτας μὲν τοῦ Ξενῶνος τὰ μυστικώτερα τῆς θεοσδότου

6 λαβοῦσαι A : λαβοῦσα M ‖ **10** ἀειδοῦς A : ἀηδοῦς M ‖ **11** αὐταὶ A : αὗται M ‖ **19** τιμιωτέρου A : τιμιώτερον M ‖ **20** ψυχῆς A : ψυχῆς λογικῆς M ‖ ὄχημα M : ὀχήματος A ‖ **21** πολλὰ A[1] : πολλῷ AM ‖ **24** 235] σλέ M[2] *ut vid.* : σλδ' A *om.* M ‖ **25** Μεθοδίου καὶ ἐπισκόπου A : καὶ ἐπισκόπου Μεθοδίου M ‖ **30** τοῦ Ξενῶνος M *et* A *in ras.*

religion révélée par Dieu et par *pourceaux* ceux qui se vautrent encore dans l'impiété et dans les plaisirs de toute espèce comme des pourceaux dans la fange. C'est à ceux-là, en effet, dit-il, que le Christ a dit de ne pas offrir les sciences divines parce qu'ils ne sont pas capables de les supporter, préoccupés qu'ils sont par leur impiété et par le déchaînement de leurs plaisirs[1]. Le grand Méthode dit : s'il faut entendre par *perles* les connaissances vénérables et divines et par *pourceaux* ceux qui vivent dans l'impiété et dans les plaisirs et à qui il ne faut pas présenter mais garder secrètes les prédications apostoliques qui éveillent à la piété et à la foi dans le Christ, considère bien que tu [302 a] déclares qu'aucun chrétien n'a été converti de son impiété antérieure par la prédication des Apôtres. En effet, ceux-ci n'auraient absolument pas présenté les mystères du Christ à ceux qui, par leur incroyance, ressemblaient à des pourceaux. Ou bien donc, à tous les Hellènes et aux autres infidèles, ces mystères ont été présentés et prêchés par les disciples du Christ qui les ont convertis de leur impiété à la croyance au Christ, comme nous en convenons d'ailleurs dans notre foi, et on ne peut plus comprendre comme on l'a fait la parole : « Ne jetez pas vos perles devant les pourceaux ». Ou bien, si on comprend cette parole comme on vient de le dire, il faut admettre que, chez personne des infidèles que nous comparons à des pourceaux, la foi au Christ et la libération de l'impiété ne sont venues des enseignements apostoliques dont le reflet éclaire les âmes à la manière de pierres précieuses. Mais c'est là un blasphème ; il ne faut donc pas comprendre dans ce texte par *perles* les connaissances secrètes ni par *pourceaux* les infidèles, ni la parole : « Ne jetez pas vos perles devant les pourceaux » dans le sens de : ne jetez pas aux impies et aux incroyants

tait la thèse d'Origène sur l'univers coéternel à Dieu. Bonwetsch imprime le présent « codex » aux p. 491-500 de son édition, et il reconstitue le titre du dialogue comme il suit, d'après Socrate, *H. E.*, VI, 13 : Ἐκ τοῦ <Ξένωνος ἢ> περὶ τῶν γενητῶν. Xénon, dont Photius cite le nom, p. 301 b 30, était l'interlocuteur principal du dialogue.

1. Un personnage du *Banquet*, I, 1, 15. *Bo.*, p. 9, 10-11, dit : μικρολόγῳ γὰρ φύσει καὶ ταπεινῇ καὶ ἐπιμορφαζομένῃ σοφίαν οὐ χρὴ μαθημάτων θείων κοινωνεῖν...

θρησκείας ἐκλαμβάνοντος μαθήματα, χοίρους δὲ τοὺς ἔτι ἀσεβείᾳ καὶ ἡδοναῖς παντοίαις δίκην χοίρων ἐν βορβόρῳ κυλινδουμένους (τούτοις γὰρ εἰρῆσθαι παρὰ Χριστοῦ ἔλεγε μὴ παραβαλεῖν τὰ θεῖα μαθήματα, διὰ τὸ μὴ δύνασθαι αὐτὰ φέρειν ἅτε τῇ ἀσεβείᾳ καὶ ταῖς ἀγρίαις ἡδοναῖς προκατισχημένους), ὁ μέγας Μεθόδιός φησιν εἰ μαργαρίτας τὰ σεμνοπρεπῆ καὶ θεῖα μαθήματα δεῖ ἐξακούειν, χοίρους δὲ τοὺς ἀσεβείᾳ καὶ ἡδοναῖς συζῶντας, οἷς καὶ ἀπαράβλητα καὶ ἀπόκρυφα τὰ πρὸς εὐσέβειαν καὶ τὴν εἰς Χριστὸν πίστιν ἀποστολικὰ διεγεί-
[302 a] ροντα κηρύγματα δεῖ εἶναι, ὅρα ὡς οὐδένα λέγεις τῶν Χριστιανῶν τοῖς τῶν Ἀποστόλων κηρύγμασιν ἐξ ἀσεβείας αὐτῶν τῆς προτέρας ἐπιστρέψαι· οὐδὲ γὰρ ἂν πάντως παρέβαλον τὰ κατὰ Χριστὸν μυστήρια τοῖς δι' ἀπιστίαν χοίροις ἐοικόσιν. Ἢ οὖν πᾶσι τοῖς Ἕλλησι καὶ τοῖς ἄλλοις ἀπίστοις ταῦτα παρεβλήθη παρὰ τῶν τοῦ Χριστοῦ μαθητῶν καὶ ἐκηρύχθη, καὶ ἀπὸ τῆς ἀσεβείας μετέβαλεν αὐτοὺς εἰς τὴν εἰς Χριστὸν πίστιν, ὥσπερ οὖν καὶ πιστεύοντες ὁμολογοῦμεν, καὶ οὐκέτι δύναται νοεῖσθαι τό· « Μὴ βάλητε τοὺς μαργαρίτας ὑμῶν τῶν χοίρων ἔμπροσθεν » ὡς ἐρρήθη.

Ἢ τούτου ὡς ἐλέχθη νοουμένου, ἀνάγκη ἡμᾶς λέγειν ὡς οὐδενὶ τῶν ἀπίστων, οὓς χοίροις ἀπεικάζομεν, ἐκ τῶν ἀποστολικῶν διδαγμάτων μαργαριτῶν δίκην τὰς ψυχὰς καταυγαζόντων, ἡ εἰς Χριστὸν πίστις καὶ ἡ τῆς ἀσεβείας ἐλευθερία γεγένηται. Βλάσφημον δὲ τοῦτο· οὐκ ἄρα δεῖ μαργαρίτας μὲν τὰ μυστικώτερα τῶν μαθημάτων ἐκλαμβάνειν ἐνταῦθα, χοίρους δὲ τοὺς ἀσεβεῖς, οὐδὲ τό· « Μὴ βάλητε τοὺς μαργαρίτας ὑμῶν ἔμπροσθεν τῶν χοίρων » εἰς τὸ μὴ παραβάλητε τοῖς ἀσεβέσι καὶ ἀπίστοις

31 ἐκλαμβάνοντος A : ἐκλαμβάνοντας M.

[302 a] **4** παρέβαλον A : παρέλαβον M ‖ κατὰ A : κατὰ τὸν M ‖ **8** εἰς τὴν εἰς A²M : εἰς τὴν A ‖ **9** βάλητε M *et* A *supra* : βάλετε *hic* A ‖ **10** ὑμῶν A² : ἡμῶν AM ‖ τῶν χοίρων ἔμπροσθεν A : ἔμπροσθεν τῶν χοίρων M ‖ **14** ἡ A : ἢ M ‖ Χριστὸν A : *om.* M ‖ πίστις A : πίστιν M ‖ **18** βάλητε *edd.* : βάλετε A βάλλετε M ‖ **19** παραβάλητε *edd.* : παραβάλετε A παραβάλλετε M.

les enseignements secrets qui font naître la foi au Christ ; mais il faut comprendre par *perles* les vertus qui, semblables à des perles d'un grand prix, sont l'ornement de l'âme ; et ne pas les jeter aux pourceaux signifie ne pas leur présenter les vertus elles-mêmes comme la chasteté, la sagesse, la justice et la vérité ; ces vertus donc, il ne faut pas les jeter aux plaisirs de la débauche — car ce sont eux qui sont semblables à des pourceaux — de peur que ces plaisirs n'étouffent les vertus et ne mettent l'âme dans un état de vie semblable à celui des pourceaux, une vie remplie de passions.

Origène, que l'auteur appelle le Centaure[1], disait que l'univers est coéternel au Dieu unique, sage[2] et à qui rien ne manque. Il disait, en effet : s'il n'y a pas de créateur sans créatures ni de poète sans poèmes ni de maître tout-puissant sans sujets — car il faut que le créateur soit ainsi nommé à cause des créatures, le poète à cause des poèmes et le maître à cause des sujets — il est nécessaire que les choses existent dès le principe par l'opération de Dieu et qu'il n'y ait pas de temps où elles n'existaient pas. Car s'il fut un temps où il n'existait pas de poèmes, puisque, si les poèmes n'existaient pas, il n'y avait pas non plus de poète, voyez à quelle impiété on aboutit. Bien plus, il s'ensuivra qu'il y aurait un changement et une modification chez Dieu qui ne connaît ni changement [302 b] ni modification ; car si c'est plus tard qu'il a fait l'univers, il est, cela va de soi, passé de l'inaction à l'action. C'est là une absurdité en fonction de ce qu'on a dit plus haut. Il est donc impossible de dire que l'univers n'est pas incréé et coéternel à Dieu.

Le saint auteur lui répond en lui faisant poser une question par un autre personnage : « N'estimes-tu pas que c'est par son essence et non par acquisition que Dieu est le principe et la source de la sagesse et de la gloire et, en un mot, de toute vertu ? — Si. — Et, dès lors,

1. Le silence d'Eusèbe à la fois sur ce surnom d'Origène et sur Méthode me porte à croire que c'est ce dernier qui a surnommé ainsi le grand Alexandrin.

2. Origène, *De Princ.*, I, 2, 10 et III, 5, 3. Photius a résumé cet ouvrage à larges traits au « codex » 8, t. I, p. 9-10, sans accorder une attention particulière à cette thèse.

τὰ μυστικὰ καὶ τελειοποιὰ τῆς εἰς τὸν Χριστὸν πίστεως διδάγματα παραλαμβάνειν· ἀλλὰ μαργαρίτας μὲν τὰς ἀρετὰς ἐκδέχεσθαι χρή, αἷς ὥσπερ πολυτίμοις μαργαρίταις ἡ ψυχὴ καθωραΐζεται, μὴ παραβαλεῖν δὲ αὐτοὺς τοῖς χοίροις τουτέστι μὴ παραβαλεῖν αὐτὰς τὰς ἀρετάς, οἷον ἁγνείαν καὶ σωφροσύνην καὶ δικαιοσύνην καὶ ἀλήθειαν, ταύτας δὴ μὴ παραβαλεῖν ταῖς μαχλώσαις ἡδοναῖς (χοίροις γὰρ ἐοίκασιν αὗται) ἵνα μὴ τὰς ἀρετὰς αὗται καταφαγοῦσαι χοιρώδη βίον καὶ πολυπαθῆ τὴν ψυχὴν βιοτεύειν παρασκευάσωσιν.

Ὅτι ὁ Ὠριγένης, ὃν Κένταυρον καλεῖ, ἔλεγε συναΐδιον εἶναι τῷ μόνῳ σόφῳ καὶ ἀπροσδεεῖ Θεῷ τὸ πᾶν. Ἔφασκε γάρ· εἰ οὐκ ἔστι δημιουργὸς ἄνευ δημιουργημάτων ἢ ποιητὴς ἄνευ ποιημάτων, οὐδὲ παντοκράτωρ ἄνευ τῶν κρατουμένων (τὸν γὰρ δημιουργὸν διὰ τὰ δημιουργήματα ἀνάγκη καὶ τὸν ποιητὴν διὰ τὰ ποιήματα καὶ τὸν παντοκράτορα διὰ τὰ κρατούμενα λέγεσθαι), ἀνάγκη ἐξ ἀρχῆς αὐτὰ ὑπὸ τοῦ Θεοῦ γεγενῆσθαι, καὶ μὴ εἶναι χρόνον ὅτε οὐκ ἦν ταῦτα. Εἰ γὰρ ἦν χρόνος ὅτε οὐκ ἦν τὰ ποιήματα, ἐπεὶ τῶν ποιημάτων μὴ ὄντων οὐδὲ ποιητής ἐστιν, ὅρα οἷον ἀσεβὲς ἀκολουθεῖ. Ἀλλὰ καὶ ἀλλοιοῦσθαι καὶ μεταβάλλειν τὸν ἄτρεπτον καὶ ἀναλλοίωτον συμ- [302 b] βήσεται Θεόν· εἰ γὰρ ὕστερον πεποίηκε τὸ πᾶν, δῆλον ὅτι ἀπὸ τοῦ μὴ ποιεῖν εἰς τὸ ποιεῖν μετέβαλε. Τοῦτο δὲ ἄτοπον μετὰ τῶν προειρημένων. Οὐκ ἄρα δυνατὸν λέγειν μὴ εἶναι ἄναρχον καὶ συναΐδιον τῷ Θεῷ τὸ πᾶν. Πρὸς ὅν φησι δι' ἑτέρου προσώπου ὁ ἅγιος ἐρωτῶν· « Ἆρά γε σοφίας καὶ δόξης καὶ συλλήβδην πάσης ἀρετῆς ἀρχὴν καὶ πηγὴν οὐσιωδῶς ἀλλὰ μὴ ἐπικτήτως ἡγῇ τὸν Θεόν; — Ὁ δέ, Ναί. — Τί δὲ πρὸς τούτοις; Οὐχὶ τέ-

20 τὸν A : *om.* M ‖ **24** αὐτὰς AM : αὐτοῖς A² ‖ **29** παρασκευάσωσι A¹ : παρασκευάσουσι AM.

[302 b] **1** Θεὸν *del. et postea rest.* A² *s. v.* ‖ **2** ἀπὸ M : *om.* A ‖ μετέβαλε *edd.* : μετέβαλλε *codd.*

n'est-il pas absolument parfait par lui-même et libre de tout besoin? — C'est vrai. — Il est, en effet, impossible que l'être qui ne connaît pas le besoin soit tel à cause d'un autre être? — C'est impossible. — En effet, tout ce qui tire sa plénitude d'un autre être doit être appelé imparfait. — Nécessairement. — Car ce qui est par lui-même sa propre plénitude et qui reste identique en lui-même est le seul être qu'il faille estimer parfait. — Ce que tu dis est absolument vrai. — Et ce qui n'existe pas par lui-même et qui n'est pas sa propre plénitude, diras-tu qu'il est à l'abri du besoin? — Nullement. — Dieu ne sera donc pas considéré comme parfait grâce à quoi que ce soit ; car ce qui est parfait grâce à quelque chose doit nécessairement être imparfait par lui-même. — Nécessairement. — Dieu sera donc conçu comme parfait par lui-même et non pour quelque autre cause? — C'est très juste. — Dieu est différent du monde et le monde est différent de Dieu? — Absolument. — Donc, il ne faut pas prétendre que Dieu est parfait, créateur et souverain maître grâce au monde? — Non. — C'est donc afin que ce soit par lui-même et non grâce au monde, surtout que celui-ci est changeant, que Dieu soit découvert parfait en lui-même. — C'est exact. — Et quoi, le riche doit-il être appelé riche à cause de sa richesse? — Justement. — Et le sage, est-ce à cause de sa participation à l'essence de la sagesse qu'il doit être proclamé sage sans être lui-même la sagesse? — Oui. — Et quoi, Dieu, qui est différent du monde, faut-il que ce soit à cause du monde qu'on l'appelle riche, bienfaiteur et créateur? — Non, nullement. — Donc, c'est lui-même qui est sa propre richesse et c'est par lui-même qu'il est riche et puissant? — Apparemment. — Il existait donc aussi avant le monde d'une existence pleinement indépendante, Père tout-puissant et créateur pour avoir ces attributs par lui-même et non d'ailleurs? — Nécessairement. — En effet, si c'était à cause du monde et non par lui-même, alors qu'il était différent du monde, qu'il était reconnu souverain Maître — pardon, mon Dieu, — car je suis contraint de parler

λειος πάντη δι' ἑαυτὸν καὶ ἀπροσδεής ; — Ἀληθῆ. — Ἀμήχανον γὰρ τὸ ἀπροσδεὲς δι' ἕτερον εἶναί τι ἀπροσδεές ; — Ἀμήχανον. — Πᾶν γὰρ τὸ δι' ἕτερον πλῆρες ὂν καὶ ἀτελὲς λεκτέον ; — Ἀνάγκη —. Τὸ γὰρ αὐτὸ δι' ἑαυτὸ ἑαυτοῦ πλήρωμα ὄν, καὶ αὐτὸ ἐν ἑαυτῷ μένον, τέλειον εἶναι τοῦτο μόνον δοξαστέον ; — Ἀληθέστατα λέγεις —. Τὸ δὲ μήτε αὐτὸ δι' ἑαυτὸ μήτε αὐτὸ ἑαυτοῦ πλήρωμα ὂν φαίης ἂν ἀπροσδεές ; — Οὐδαμῶς. — Οὐκ ἄρα ὁ Θεὸς τέλειος διά τι νομισθήσεται · ὃ γὰρ διά τι τέλειόν ἐστιν, αὐτὸ καθ' ἑαυτὸ ἀτελὲς ἀνάγκη τυγχάνειν. — Ἀνάγκη. — Οὐκοῦν καὶ ὁ Θεὸς αὐτὸς δι' ἑαυτὸν τέλειος, ἀλλ' οὐ δι' ἕτερον λογισθήσεται ; — Ὀρθότατα. — Ἕτερον Θεὸς κόσμου, καὶ ἕτερον κόσμος Θεοῦ ; — Παντελῶς. — Οὐκ ἄρα τέλειον φατέον καὶ δημιουργὸν καὶ παντοκράτορα διὰ κόσμον τὸν Θεόν ; — Οὔ. — Ὅπως δι' ἑαυτόν, ἀλλὰ μὴ διὰ κόσμον, καὶ ταῦτα τρεπτόν, αὐτὸς καθ' ἑαυτὸν τέλειος εὑρίσκοιτο. — Προσηκόντως. — Τί δέ ; τὸν πλούσιον διὰ τὸν πλοῦτον λεκτέον πλούσιον ; — Ὀρθῶς. — Καὶ τὸν σοφὸν κατὰ μετοχὴν τῆς οὐσιώδους σοφίας, οὐκ αὐτὸν σοφίαν ὄντα, σοφὸν προσαγορευτέον ; — Ναί. — Τί δέ ; καὶ τὸν Θεόν, ἕτερον ὄντα κόσμου, διὰ κόσμον ταύτῃ πλούσιον καὶ εὐεργέτην καὶ δημιουργὸν κλητέον ; — Ἄπαγε, οὐδαμῶς. — Οὐκοῦν αὐτὸς ἑαυτοῦ πλοῦτος, καὶ δι' αὐτὸν πλούσιος καὶ δυνατὸς τυγχάνει ; — Ἔοικεν. — Ἦν ἄρα καὶ πρὸ κόσμου πάντῃ ἀπροσδεὴς ὢν καὶ πατὴρ καὶ παντοκράτωρ καὶ δημιουργός, ὅπως δι' ἑαυτὸν ἀλλὰ μὴ δι' ἕτερον ταῦτα ᾖ ; — Ἀνάγκη. — Εἰ γὰρ διὰ κόσμον καὶ οὐχὶ δι' ἑαυτόν, ἕτερος ὢν κόσμου, παντοκράτωρ γνωρίζοιτο, (συγγνώμην ὁ Θεός, ἀναγκάζομαι γὰρ τοῦτο εἰπεῖν), αὐτὸς

12 ἑαυτοῦ πλήρωμα A^2M : *quid prius praeb.* A *non liquet* ‖ **13** μένον A^2M : μένων A ‖ **21** φατέον M : φατε A ‖ **23** ὅπως M : ὅπως μὴ A ‖ **29** κόσμου A^2M : κόσμον A ‖ **30** ἄπαγε οὐδαμῶς A : οὐδαμῶς ἄπαγε M ‖ **31** αὐτὸν A : ἑαυτὸν M ‖ **34** ὅπως A ; ὅπως αὐτὸς M.

ainsi — il serait en lui-même et imparfait et dans le besoin des choses à cause desquelles il est souverain et créateur. — Assurément. — Il ne faut donc pas admettre à propos de Dieu cette erreur funeste de ceux qui le disent [303 a] souverain et créateur à cause des choses changeantes qu'il domine et crée et que Dieu n'existe pas par lui-même.

Considère encore ceci. Si c'est plus tard, dis-tu, que le monde a été fait alors qu'il n'existait pas auparavant, il faut que le Dieu impassible et immuable soit sujet au changement ; car celui qui, auparavant, ne faisait rien et qui, plus tard, passe de l'inaction à l'action subit nécessairement un changement et une modification. — C'est ce que je voulais dire, en effet. — Dieu s'est-il un jour arrêté de faire le monde, oui ou non? — Il s'est arrêté. — Le monde ne serait donc pas encore achevé? — C'est vrai. — Si donc on décrète que l'action après l'inaction est un changement en Dieu, est-ce que l'inaction après l'action n'en sera pas un également? — Nécessairement. — Tu voudrais donc dire qu'à présent qu'il ne crée plus, il a subi une modification par rapport à ce qu'il était au moment où il créait? — Nullement. — Donc, lorsqu'il créait le monde, il n'est pas non plus nécessaire qu'il ait subi une modification par rapport à ce qu'il était quand il ne créait pas et il ne faut pas nécessairement dire que l'univers coexiste avec lui pour ne pas être forcé de dire qu'il a subi une modification et le monde n'est pas coéternel à lui pour la même raison.

Dis-moi encore ceci. Diras-tu créé ce qui n'a point de création à son commencement? — Non certes, car s'il ne ressortit pas à un commencement par création, il est nécessairement incréé. — Et s'il a été créé, tu admets qu'il a été créé par une cause? Car il est absolument impossible que la création existe sans cause. — Impossible. — Le monde donc, et tout ce qu'il renferme, dirons-

καθ' ἑαυτὸν ἀτελὴς ἔσται καὶ προσδεὴς τούτων δι' ἃ παντοκράτωρ καὶ δημιουργός ἐστιν. — Ὑπερφυῶς. — Οὐκ ἄρα ἀποδεκτέον ταύτην τὴν ὀλέθριον ἁμαρτίαν περὶ Θεοῦ τῶν λεγόντων παντοκράτορα εἶναι καὶ δημιουργὸν διὰ τὰ [303 a] κρατούμενα καὶ δημιουργούμενα τρεπτά, ἀλλ' οὐ δι' ἑαυτὸν εἶναι τὸν Θεόν.

Ὅρα δὲ καὶ ὧδε. Εἰ ὕστερον, ἔφης, πεποίηται ὁ κόσμος μὴ πρότερον ὤν, μεταβάλλειν ἀνάγκη τὸν ἀπαθῆ καὶ ἀναλλοίωτον Θεόν· τὸν γὰρ ποιοῦντα πρότερον μηδέν, ὕστερον δέ, ἀπὸ τοῦ μὴ ποιεῖν εἰς τὸ ποιεῖν μεταβάλλειν καὶ ἀλλοιοῦσθαι ἀνάγκη. — Ἔλεγον γάρ. — Πέπαυται δὲ τοῦ ποιεῖν ποτε τὸν κόσμον ὁ Θεός, ἢ οὔ; — Πέπαυται. — Οὔπω γὰρ ἦν τετελειωμένος ἄν. — Ἀληθές. — Εἰ οὖν τὸ ποιεῖν ἐκ τοῦ μὴ ποιεῖν ἀλλοίωσιν τοῦ Θεοῦ καταψηφίζεται, οὐχὶ καὶ τὸ μὴ ποιεῖν ἐκ τοῦ ποιεῖν; — Ἀνάγκη. — Ἠλλοιῶσθαι δὲ αὐτὸν φαίης μὴ ποιοῦντα σήμερον παρ' ὃ ἦν ὅτ' ἐποίει; — Οὐδαμῶς. — Οὐδ' ἄρα ὅτ' ἐποίει τὸν κόσμον, ἠλλοιῶσθαι αὐτὸν ἀνάγκη παρ' ὃ ἦν ὅτε οὐκ ἐποίει· καὶ οὔτε ἀνάγκη συνυπάρχειν αὐτῷ τὸ πᾶν δεῖν λέγειν διὰ τὸ μὴ ἀναγκάζεσθαι λέγειν ἠλλοιῶσθαι, οὔτε συναΐδιον δι' αὐτὸ τοῦτο.

Καί μοι φάθι καὶ ὧδε· γενητὸν τὸ μὴ γενέσεως ἔχον ἀρχὴν φαίης ἄν; — Οὐ δῆτα· εἰ γὰρ μὴ ὑποπίπτει γενέσεως ἀρχῇ, ἐξ ἀνάγκης ἀγένητόν ἐστιν. — Εἰ δὲ γέγονεν, ὑπὸ αἰτίου τινὸς δίδως αὐτὸ γεγονέναι· πάντῃ γὰρ ἀδύνατον χωρὶς αἰτίου γένεσιν ἔχειν; — Ἀδύνατον. — Κόσμον δὴ οὖν, καὶ ὅσα ἐν αὐτῷ, ἄλλου τινὸς ἢ Θεοῦ

38 ἑαυτὸν A^2M : *quid prius praeb.* A *non liquet* ‖ ἀτελὴς ἔσται M : ἀτελὴς ἀτελὴς ἂν A^2 *quid prius praeb.* A *non liquet* ‖ προσδεὴς M : ἀπροσδεὴς A ‖ τούτων AM^x : τούτου M ‖ **41** *post* δημιουργὸν : καὶ *del.* A^2.

[303 a] **4** πρότερον M : πρότερος A ‖ **6** μὴ A^1 *s. v.* M : *om.* A ‖ **11** τοῦ M : τοῦ μὴ A ‖ **12** δὲ αὐτὸν AM : δὲ τὸν αὐτὸν A^2 ‖ **13** ὅτ' ἐποίει *edd.* : ὅτε ποιεῖ *codd.* ‖ **15** δεῖν Bonwetsch : δεῖ *codd.* ‖ **16** *post* λέγειν *in A versus eras.* ‖ οὔτε A : ὅτε M ‖ **17** δι' AM^2 : *om.* M ‖ **18** φάθι M : φασὶ A ‖ **23** ἄλλου A : μῶν ἄλλου M.

nous qu'il a été créé plus tard par un autre créateur que Dieu et qu'il n'existait pas auparavant? — Il est évident qu'il a été créé par Dieu. — Il est impossible, en effet, que ce qui est limité par un commencement dû à une création soit infini au même titre que l'infini? — C'est impossible.

Reprenons donc, Centaure, la discussion à son début. Affirmez-vous que ce qui existe a été créé par une science divine, oui ou non? — Oh non, diront-ils, nullement ! — Mais ce qui existe provient des éléments ou d'une matière ou de substances : appelez-les comme vous voulez, cela ne fait aucune différence. Ces éléments qui préexistaient incréés et qui erraient au hasard[1], Dieu les a triés et en a fait tout ce qui existe comme un bon peintre qui aurait fait une image unique en se servant d'un grand nombre de couleurs. — Pas même, car ils éviteront tous de reconnaître cela contre eux-mêmes pour ne pas concéder qu'il y a eu dans la matière un commencement à sa mise en ordre et à sa transformation, raisonnement qui les forcerait [303 b] à dire qu'en toute chose, c'est Dieu qui s'est mis à régler et à disposer la matière qui était auparavant informe.

— Allons donc, puisque, Dieu merci, nous en sommes arrivés là dans notre discussion, quelqu'un trouve belle une statue dressée sur son socle ; tout en admirant sa beauté harmonieuse, que ceux qui la regardent discutent entre eux en quoi c'est là une chose créée et en quoi c'est une chose incréée. Et je voudrais vous demander pour quelles raisons vous la dites incréée : est-ce à cause de l'artiste, afin qu'on ne croie pas qu'il ait jamais interrompu son œuvre créatrice, ou bien est-ce à cause de la statue elle-même? Si c'est à cause de l'artiste, comment, si elle est incréée, a-t-elle été faite par l'artiste? Car en somme, si elle a eu besoin de son art quand son bronze

1. On trouve chez Méthode, à propos de l'instabilité de la matière, des termes connexes à ceux-ci dans le *Traité du libre arbitre*, III, 9, Bo., p. 154, 3-4 ; VI, 2. Bo., p. 154, 12-13. On lira ces deux passages dans le « codex » 236, p. 304 b 28-30 (*infra*, p. 116) et 305 a 16-17 (*infra*, p. 117).

δημιουργοῦντος φήσομεν γεγονέναι ὕστερον, πρότερον οὐκ ὄντα; — Δῆλον ὅτι Θεοῦ. — Ἀδύνατον γὰρ τὸ γενέσεως ἀρχῇ περιορισθὲν συναπέραντον εἶναι τῷ ἀπεράντῳ; — Ἀδύνατον.

Πάλιν δὴ οὖν, ὦ Κένταυρε, ἐξ ἀρχῆς διαλεγώμεθα. Θείᾳ ἐπιστήμῃ τὰ ὄντα φατὲ γεγονέναι, ἢ οὔ; — Ὢ βάλῃ λέξουσιν, οὐδαμῶς. — Ἀλλ' ἀπὸ τῶν στοιχείων ἢ ὕλης ἢ στηριγμάτων, ἢ ὅπως αὐτοὶ ταῦτα βούλεσθε ὀνομάζειν· οὐδὲν γὰρ διαφέρει. Τούτων ἀγενήτως προϋφεστηκότων καὶ πλημμελῶς φερομένων ὁ Θεὸς διακρίνας ἐτεχνάσατο τὰ πάντα, ὥσπερ ἀγαθὸς ζωγράφος ἀπὸ πολλῶν χρωμάτων μίαν τεχνησάμενος ἰδέαν; — Οὐδὲ τοῦτο· πάντως γὰρ ἀποφεύξονται ὁμολογῆσαι καθ' ἑαυτῶν, ἵνα μὴ τῆς μετακρίσεως καὶ τῆς μεταμορφώσεως τὴν ὕλην συγχωροῦντες ἀρχὴν ἐσχηκυῖαν, ἀναγκασθῶσι τῷ λόγῳ κατὰ πάντα τὸν Θεὸν ἦρχθαι τοῦ [303 b] διοικεῖν λέγειν καὶ κατακοσμεῖν τὴν πρότερον ἄμορφον οὖσαν ὕλην.

— Φέρε γάρ, ἐπειδή (σὺν Θεῷ φάναι) ἐνταῦθα τοῦ λόγου γεγόναμεν, εἴτω τις ἀνδριάς, ἑστὼς ἐπὶ βάσεως, καλός· οὗ θαυμάζοντες οἱ θεώμενοι τὴν εὔρυθμον καλλονὴν διαφερέσθωσαν πρὸς ἀλλήλους, πῇ μὲν γενητόν, πῇ δὲ καὶ ἀγένητον πειρώμενοι λέγειν. Ἐροίμην γὰρ σφᾶς δι' ἣν αἰτίαν ἀγένητον αὐτόν φατε· πότερον διὰ τὸν τεχνίτην, ὅπως μηδαμῶς ἀργήσας τῆς δημιουργίας νομίζοιτο, ἢ δι' ἑαυτόν; Ἂν μὲν γὰρ διὰ τὸν τεχνίτην, πῶς ἀγένητος ὢν πρὸς τοῦ τεχνίτου δημιουργεῖται; Εἰ γὰρ ὅλως ἐν ἐνδείᾳ τῆς τέχνης καθέστηκε

24 πρότερον A : πρῶτον M ‖ **28** διαλεγώμεθα *edd.* : διαλεγόμεθα *codd.* ‖ **30** βάλῃ AM : πάλιν A² ‖ **32** ἀγενήτως A : ἀγεννήτως M ‖ **34** ἐτεχνάσατο A : ἐτεχνήσατο M ‖ **37** μὴ τῆς A²M : μή τις A.

[303 b] **3** Θεῷ A : τῷ Θεῷ M ‖ **4** εἴτω A : ἤ τω A²M ‖ **5** καλός A : κάλλος M ‖ εὔρυθμον A : ἐρρύθμιον M ‖ **7** πειρώμενοι λέγειν A : λέγειν πειρώμενοι M.

a été travaillé de manière à recevoir l'aspect que voulait l'artiste, comment serait-elle incréée puisqu'elle subit et qu'on la fait? Et si on disait que la statue est parfaite par elle-même et incréée et que l'art ne lui est pas nécessaire, selon cette opinion funeste, il faudrait admettre une génération spontanée. Ou bien peut-être vont-ils refuser d'admettre même ce raisonnement et répondront-ils, avec une certaine hargne, que la statue n'est pas incréée, mais qu'elle ne cesse pas d'être créée sans qu'il y ait un commencement à sa création afin que l'artiste soit proclamé de tout temps maître de son œuvre.

Eh bien, non ! Ne leur dirons-nous pas : si, en remontant, on ne trouvait ni temps ni éternité où la statue n'était pas achevée, que lui a donné l'artiste et qu'a-t-il fait pour elle? Dites-le ! Car si la même statue n'a besoin de rien et se trouve n'avoir aucun commencement par création, on découvrira mieux ainsi que le créateur n'a jamais créé et ne crée jamais, et, une fois de plus, il semble que le raisonnement en soit revenu au même point, à reconnaître une création spontanée. Car si même on dit de l'artisan qu'il a fait la plus minuscule des statues, celle-ci sera sujette à un commencement, moment où l'artiste s'est mis, alors qu'elle était informe et brute, à lui imprimer mouvement et beauté. Donc, le monde a toujours été et sera toujours identique ; il faut en effet comparer l'artiste à Dieu et la statue au monde.

Et comment donc, insensés, croyez-vous que la création est infinie comme le créateur et n'a pas besoin du créateur? Car ce qui est infini comme lui et qui n'a pas de commencement par création doit nécessairement être incréé comme lui et lui être égal en puissance. Et l'incréé qui est manifestement capable de se suffire à lui-même et qui est immuable sera sans doute aussi dépourvu [304 a] de besoin et impérissable. Et s'il en est ainsi,

χαλκουργούμενος πρὸς τὸ σχεῖν ὁποῖον ὁ δημιουργὸς ἐθέλοι χαρακτῆρα, ποίῳ τρόπῳ ἀγένητος ἔσται πάσχων τε καὶ δρώμενος; Εἰ δὲ αὖ δι' ἑαυτὸν τέλειος καὶ ἀγένητος λέγοιτο μὴ δεῖσθαι τέχνης ὁ ἀνδριάς, κατὰ τὸ ὀλέθριον δόγμα, ἀνάγκη αὐτοματισμὸν ὁμολογεῖν. Ἢ οὐδὲ τοῦτον ἴσως ἐθελήσαντες προσήκασθαι τὸν λόγον πικρότερον ἀποκρινοῦνται, τὸ μὲν βρέτας ἀγένητον οὐκ εἶναι λέγοντες, γενητὸν δὲ εἶναι ἀεὶ γενέσεως ἀρχὴν οὐκ ἔχον, ὅπως ἀνάρχως λέγοιτο κρατεῖν τοῦ τεχνάσματος ὁ τεχνίτης.

Οὐκοῦν, ὦ οὗτοι, λέξομεν αὐτοῖς, εἰ μὴ χρόνος μήτε αἰὼν εὑρίσκοιτο ἐπάνω, ὅτε οὐκ ἦν τέλειος ὁ ἀνδριάς, τί παρέσχεν αὐτῷ ὁ τεχνίτης ἢ τί ἐνήργησεν εἰς αὐτόν, φάτε· εἰ γὰρ ὁ αὐτὸς ἀνενδεὴς ὢν καὶ οὐκ ἔχων ἀρχὴν γενέσεως τυγχάνει, ταύτῃ μᾶλλον καθ' ὑμᾶς ὁ δημιουργὸς οὐδέποτε δημιουργήσας οὔτε δημιουργῶν εὑρεθήσεται. Καὶ πάλιν εἰς αὐτὸ ἔοικεν ὁ λόγος περιδεδραμηκέναι, αὐτοματισμὸν ὁμολογεῖν. Ἐὰν γὰρ κἂν τὸ ἀκαριαίτατον ἀνδριάντα κινήσας ὁ δημιουργὸς λεχθῇ, ἀρχῇ ὑποπεσεῖται, καθ' ἣν πρότερον αὐτὸν ἄκοσμον καὶ ἀκίνητον ὄντα ἤρξατο κινεῖν καὶ κοσμεῖν. Οὐκοῦν καὶ ἦν καὶ ἔσται διηνεκῶς ὁ αὐτὸς ἀεὶ κόσμος· ἀπεικαστέον γὰρ τῷ μὲν Θεῷ τὸν τεχνίτην, τὸν δὲ ἀνδριάντα τῷ κόσμῳ.

Πῇ δὴ οὖν, ὦ ἠλίθιοι, οἴεσθε τὴν κτίσιν συναπέραντον οὖσαν τῷ δημιουργῷ μὴ δεῖσθαι τοῦ δημιουργοῦ; Τὸ γὰρ συναπέραντον, μηδαμῶς ἀρχὴν γενέσεως ἔχον, καὶ συναγένητον καὶ ἰσοδύναμον ἀνάγκη τυγχάνειν. Τὸ δὲ ἀγένητον, αὐτοτελὲς καὶ ἄτρεπ-
[304 a] τον φανθέν, καὶ ἀπροσδεὲς καὶ ἄφθορον ἔσται. Καὶ

14 ἔσται M : ἂν A ‖ **16** τέχνης A : τῆς τέχνης M ‖ **17** αὐτοματισμὸν A²M : *quid prius praeb.* A *non liquet* ‖ **21** ἔχον A¹M : ἔχων A ‖ **22** ὦ M : *om.* A ‖ λέξομεν A : λέξωμεν M ‖ **27** ὑμᾶς M : ἡμᾶς A ‖ **30** τὸ M : τὸν A ‖ **35** δὴ A : δέ M.

[304 a] **1** ἔσται M : ἂν A.

le monde tel que vous le concevez ne peut plus changer.

L'auteur dit que *Église* est un nom tiré de l'idée de *faire fléchir les passions*[1].

Le saint écrivain dit : nous avons dit, dans ce que nous avons admis précédemment[2], qu'il existe deux puissances créatrices : l'une qui tire du non-être par la seule action de sa volonté et qui, sans délai, simultanément à l'acte volontaire, opère ce qu'elle veut ; c'est le Père. L'autre, à l'imitation de la première, pourvoit d'ornements variés ce qui a déjà été créé ; c'est le Fils, la main toute-puissante et forte du Père par laquelle, après avoir tiré la matière du néant, il l'embellit.

Le *Livre de Job*, aux dires du saint, est de Moïse[3].

A propos de la parole : « Au commencement il fit le ciel et la terre »[4], il dit que celui qui prétendrait que le principe premier est la sagesse elle-même ne serait pas dans l'erreur. On dit en effet que, chez un des membres du chœur divin, elle s'exprime comme ceci à propos d'elle-même : « Le Seigneur m'a créée au début de ses voies avant ses œuvres. Avant le temps, il m'a fondée »[5]. Il s'ensuivrait, en effet, et ce ne serait que juste, que tout ce qui est venu à être créé était plus jeune que cette sagesse puisque créé par elle. Voyez, en effet, si les paroles de l'Évangéliste : « Au commencement était le Verbe et le Verbe était auprès de Dieu » et : « Et le Verbe était Dieu et il était au commencement auprès de Dieu »[6] ne concordent pas avec ce qu'on vient de dire? Car le principe d'où est né le Verbe de vérité, il faut dire que c'est le Père et créateur de l'univers dans lequel il était. Et la phrase : « Celui-ci au commencement était auprès de Dieu » semble signifier la puissance du Verbe qu'il avait auprès du Père avant que le monde vînt à être créé, et

1. Il semble bien que cette étymologie impossible à rendre dans notre langue appartient en propre à saint Méthode.
2. Ici, l'allusion vise un passage du dialogue qui n'a pas trouvé place dans le choix qu'a fait Photius.
3. C'était l'opinion commune dans les temps anciens. On sait qu'en réalité le *Livre de Job* est postérieur à Élie et à Ézéchiel.
4. *Genèse*, 1, 1.
5. *Proverbes*, 8, 22.
6. *Jean*, 1, 1.

εἰ τοῦτο οὕτως ἔχει, οὐκέτι ὁ κόσμος τρεπτὸς καθ' ὑμᾶς.

Ὅτι ἐκκλησία παρὰ τὸ ἐκκεκλικέναι τὰς ἡδονὰς λέγεσθαί φησιν.

Ὅτι φησὶν ὁ ἅγιος, δύο δὲ δυνάμεις ἐν τοῖς προωμολογημένοις ἔφαμεν εἶναι ποιητικῆς, τὴν ἐξ οὐκ ὄντων γυμνῷ τῷ βουλήματι χωρὶς μελλησμοῦ ἅμα τῷ θελῆσαι αὐτουργοῦσαν ὃ βούλεται ποιεῖν· τυγχάνει δὲ ὁ Πατήρ· θατέραν δὲ κατακοσμοῦσαν καὶ ποικίλλουσαν κατὰ μίμησιν τῆς προτέρας τὰ ἤδη γεγονότα· ἔστι δὲ ὁ Υἱός, ἡ παντοδύναμος καὶ κραταιὰ χεὶρ τοῦ Πατρός, ἐν ᾗ μετὰ τὸ ποιῆσαι τὴν ὕλην ἐξ οὐκ ὄντων κατακοσμεῖ.

Ὅτι τὸ Ἰὼβ βιβλίον Μωσέως εἶναι ὁ ἅγιος φησίν.

Ὅτι περὶ τοῦ· « Ἐν ἀρχῇ ἐποίησε τὸν οὐρανὸν καὶ τὴν γῆν » φησιν, ἀρχὴν δὲ αὐτὴν τὴν σοφίαν λέγων τις οὐκ ἂν ἁμάρτοι. Λέγεται γὰρ παρά τινι τῶν ἐκ τοῦ θείου χοροῦ λέγουσα περὶ αὐτῆς τὸν τρόπον τοῦτον· « Κύριος ἔκτισέ με ἀρχὴν ὁδῶν αὐτοῦ, εἰς ἔργα αὐτοῦ πρὸ τοῦ αἰῶνος ἐθεμελίωσέ με ». Ἦν γὰρ ἀκόλουθον καὶ πρεπωδέστερον πάντα ἃ εἰς γένεσιν ἦλθον εἶναι ταύτης νεώτερα, ἐπεὶ καὶ δι' αὐτῆς γεγόνασιν. Ἐπίστησον γάρ, εἰ μὴ καὶ τό· « Ἐν ἀρχῇ ἦν ὁ Λόγος, καὶ ὁ Λόγος ἦν πρὸς τὸν Θεόν » κατὰ τὸν εὐαγγελιστήν· « Καὶ Θεὸς ἦν ὁ Λόγος· οὗτος ἦν ἐν ἀρχῇ πρὸς τὸν Θεόν », εἰ μὴ τούτοις ὁμαρτεῖ. Τὴν μὲν γὰρ ἀρχήν, ἀφ' ἧς ἀνεβλάστησεν ὁ ὀρθότατος Λόγος, τὸν Πατέρα καὶ ποιητὴν τῶν ὅλων φατέον, ἐν ᾧ ἦν· τὸ δέ· « Οὗτος ἦν ἐν ἀρχῇ πρὸς τὸν Θεόν » τὸ ἐξουσιαστικὸν τοῦ Λόγου, ὃ εἶχε παρὰ τῷ Πατρὶ καὶ πρὸ τοῦ τὸν κόσμον εἰς γένεσιν παρελθεῖν, ἔοικε

5 δὲ AM : *eras.* A^x ‖ **6** ποιητικῆς AM : ποιητικὰς M^2 ‖ οὐκ A^2M : *quid prius praeb.* A *non liquet* ‖ **12** κατακοσμεῖ A : μετακοσμεῖ M ‖ **14** τὸ A^2M : τὸν A *ut vid.* ‖ **16** τὴν M : καὶ A ‖ **18** αὐτῆς *edd.* : αὐτῆς *codd.* ‖ **19** ὁδῶν A^2 : ὁδὸν AM ‖ αὐτοῦ (*bis*) *edd.* : αὐτοῦ *codd.* ‖ **26** ὁμαρτεῖ M : ἁμάρτοι A ‖ **28** φατέον M : φατε A ‖ οὗτος ἦν A : οὗτος M.

elle appelle la puissance le principe premier. Donc, après le Père qui est son propre principe et qui n'a pas eu de commencement, c'est lui qui est le principe pour tous les autres êtres et par lequel tout est créé.

Origène, après beaucoup de fantaisies sur l'éternité de l'univers, ajoute encore ceci : ce n'est donc pas à partir d'Adam, comme certains le disent, que l'homme qui n'existait pas auparavant a été créé alors pour la première fois et est venu dans le monde et le monde n'a pas commencé à être créé six jours avant la création d'Adam. Et si quelqu'un penchait pour un avis différent à ce sujet, qu'il dise auparavant s'il n'est pas facile de compter le temps écoulé depuis la création du monde selon le livre de Moïse pour ceux qui le comprennent ainsi, alors [304 b] que la voix du Prophète s'écrie à cet égard aussi : « Dès l'éternité et pour l'éternité, tu es, parce que mille ans à tes yeux sont comme un jour, celui d'hier qui est passé et comme une veille de la nuit »[1]. Et puisque mille ans sont contenus en un seul jour au regard de Dieu, depuis la création du monde jusqu'à nous, comme le disent ceux qui sont experts à calculer, six jours se sont accomplis. Et ils disent que c'est la six millième année qui arrive à nous[2] depuis Adam ; or, c'est le septième jour, soit la sept millième année que le Jugement arrivera, dit-on[3]. Donc, le total des jours que l'on compte depuis nous jusqu'au jour du commencement où Dieu fit le ciel et la terre est de treize. Au-delà de ces journées, suivant leur folle théorie, Dieu, n'ayant rien créé en aucune façon, était dépourvu de la qualité de Père et de celle de Souverain Maître. Et s'il y a eu treize journées au regard de Dieu depuis la création du monde, comment la sagesse dit-elle dans le *Siracide* : « Le sable des océans, les gouttes de la pluie et les jours du siècle, qui

1. *Psaume* 89, 2 et 4.

2. La croyance selon laquelle la durée du monde doit être en relation avec le nombre des six jours de la création est, on le sait, une des bases de la constitution des ères mondiales. Cf. V. Grumel, *Traité d'études byzantines*, I, *Chronologie*, Paris, P. U. F., 1958, p. 2-25.

3. *Épître de Barnabé*, 15, 4.

σημαίνειν, τὴν ἐξουσίαν ἀρχὴν εἰπών. Οὐκοῦν ἀρχὴ μετὰ τὴν ἰδίαν ἄναρχον ἀρχὴν τὸν Πατέρα, αὐτὸς τῶν ἄλλων γίνεται, δι' ἧς ἅπαντα δημιουργεῖται.

Ὅτι Ὠριγένης μετὰ τὸ πολλὰ μυθήσασθαι περὶ τῆς τοῦ παντὸς ἀϊδιότητος ἐπάγει καὶ τοῦτο· οὔτε οὖν ἀπὸ Ἀδάμ, ὥς φασί τινες, πρότερον οὐκ ὢν ὁ ἄνθρωπος τότε πρώτως πλασθεὶς εἰς κόσμον παρῆλθεν, οὔτε αὖ κόσμος πρὸ ἓξ ἡμερῶν τῆς τοῦ Ἀδὰμ γενέσεως ἤρξατο δημιουργεῖσθαι. Εἰ δὲ φιλοφρονοῖτο διαφέρεσθαι πρὸς ταῦτά τις, πρότερον φρασάτω εἰ μὴ εὐαρίθμητος ἀπὸ τῆς τοῦ κόσμου γενέσεως κατὰ τὴν Μωσέως βίβλον [304 b] τοῖς οὕτως αὐτὴν ἐκλαμβανομένοις ὁ χρόνος ἔσται τῆς προφητικῆς καὶ ἐνθάδε βοώσης φωνῆς· « Ἀπὸ τοῦ αἰῶνος καὶ ἕως τοῦ αἰῶνος σὺ εἶ· ὅτι χίλια ἔτη ἐν ὀφθαλμοῖς σου ὡς ἡμέρα ἡ χθές, ἥτις διῆλθε, καὶ φυλακὴ ἐν νυκτί ». Χιλίων γὰρ ἐτῶν περιοριζομένων εἰς μίαν ἡμέραν ἐν ὀφθαλμοῖς Θεοῦ, ἀπὸ τῆς τοῦ κόσμου γενέσεως μέχρις ἡμῶν, ὡς οἱ περὶ τὴν ἀριθμητικὴν φάσκουσι δεινοί, ἓξ ἡμέραι συμπεραιοῦνται. Ἑξακισχιλιοστὸν ἄρ' ἔτος φασὶν ἀπὸ Ἀδὰμ εἰς δεῦρο συντείνειν· τῇ γὰρ ἑβδομάδι τῷ ἑπτακισχιλιοστῷ ἔτει κρίσιν ἀφίξεσθαί φασιν. Οὐκοῦν αἱ πᾶσαι ἡμέραι δέκα καὶ τρεῖς ἀφ' ἡμῶν ἕως εἰς τὴν ἐν ἀρχῇ, ἐν ᾗ ἐποίησεν ὁ Θεὸς τὸν οὐρανὸν καὶ τὴν γῆν, μετροῦνται. Ὧν ὁ Θεὸς ἀνώτερον κατὰ τὴν σφῶν αὐτῶν ἄνοιαν οὐδὲν οὐδαμῶς δημιουργήσας ἐγεγύμνωτο τοῦ πατὴρ καὶ παντοκράτωρ εἶναι. Εἰ δὲ τρεισκαίδεκά εἰσιν ἡμέραι ἐν ὀφθαλμοῖς Θεοῦ ἀπὸ γενέσεως κόσμου, πῶς φησιν ἡ ἐν τῷ Σιρὰχ σοφία· « Ἄμμον θαλασσῶν καὶ σταγόνας ὑετοῦ καὶ ἡμέρας αἰῶ-

33 δημιουργεῖται A² : δημιουργοῦνται AM || **37** πρώτως A : πρῶτος M.

[304 b] **1** ἔσται *edd.* : ἂν A εἷς M || **4** ἡμέρα A : ἡ ἡμέρα M || χθὲς M : ἔχθες A || **7** μέχρις ἡμῶν A : μέχρι καταπαύσεως μέχρις ἡμῶν M || **8** ἑξακισχιλιοστὸν A²M : *quid prius praeb.* A *non liquet* || **15** δὲ A : δὲ καὶ M.

les comptera? »[1] Tels sont les propos qu'Origène débite sérieusement et voyez avec quelle futilité!

236.

Lu du même auteur un choix tiré du traité *Sur le libre arbitre** qui a, lui aussi, la même brièveté.

Quelle est l'origine du mal et quel en est l'auteur? Car ce n'est pas Dieu parce que, loin de se complaire au mal, il maudit ceux qui le font[2]. C'est pourquoi j'ai pensé que quelque chose coexiste à Dieu qui a nom *matière*; c'est d'elle qu'il a fait les êtres et c'est d'elle que le mal doit tirer son origine. Comme elle était brute et sans forme et, en outre, agitée d'un mouvement désordonné, Dieu ne l'a pas abandonnée pour toujours à ce désordre, mais il s'est mis à la façonner et à vouloir séparer en elle les éléments bons des éléments mauvais. Et c'est donc ainsi qu'il a modelé tout ce qu'il était séant pour Dieu de modeler. Quant aux éléments qui étaient en quelque sorte la lie de la matière, comme ils étaient impropres à l'œuvre créatrice, Dieu les a laissés tels qu'ils étaient et là est, à mon avis, la source d'où afflue le mal[3].

Ainsi parle le personnage; Méthode lui répond : qu'il soit impossible que deux incréés existent en même temps, je pense que tu ne l'ignores pas toi-même. En effet, il faut nécessairement dire qu'ils sont unis ou séparés. Si on dit qu'ils sont unis, l'incréé est unique : chacun d'eux sera, en effet, partie de son voisin et, si chacun des deux est partie de l'autre, il y aura *un* et non *des* incréés. En [305 a] effet, bien que l'homme soit fait de parties, nous ne le morcelons pas en plusieurs créatures. Et si quelqu'un dit que les éléments incréés sont séparés, il faut qu'il y ait entre eux un être pour marquer leur séparation[4]. Cet élément ou bien est identique à chacun des deux et

1. *Siracide*, 1, 2.
2. 304 b 24-26 est le sommaire de 3, 6-8, Bo., p. 152, 5-153, 14.
3. 304 b 26-36 correspond à 3, 9, Bo., p. 153, 14-154, 11, avec quelques omissions propres à un travail d'abréviateur.
4. 304 b 37-305 a 4 est la reproduction passablement tronquée de 5, 1-3, Bo., p. 157, 6-158, 7.

νος τίς ἐξαριθμήσει; » Ταῦτά φησιν ὁ Ὠριγένης σπουδάζων, καὶ ὅρα οἷα παίζει.

236

Ἀνεγνώσθη τοῦ αὐτοῦ ἐκ τοῦ Περὶ αὐτεξουσίου, τῆς ἴσης καὶ αὐτὸς τυχὼν συντομίας.

Πόθεν τὰ κακὰ καὶ τίς ὁ τούτων ποιητής; Ὁ μὲν γὰρ Θεὸς οὐκ ἔστιν, ὅτι μηδὲ τούτοις ἥδεται, ἀλλὰ καὶ τοὺς δρῶντας αὐτὰ βδελύσσεται. Διόπερ ἔδοξέ μοι συνυπάρχειν τι αὐτῷ τοὔνομα ὕλη, ἐξ ἧς τὰ ὄντα ἐδημιούργησεν, ἐξ ἧς καὶ τὰ κακὰ εἶναί μοι δοκεῖ· ἀποίου τε γὰρ καὶ ἀσχηματίστου οὔσης αὐτῆς, πρὸς δὴ τούτοις καὶ ἀτάκτως φερομένης, οὐ διὰ παντὸς κατέλιπεν αὐτὴν οὕτω φέρεσθαι, ἀλλὰ δημιουργεῖν ἤρχετο, καὶ ἀπὸ τῶν χειρίστων αὐτῆς τὰ κάλλιστα διακρίνειν ἤθελε. Καὶ οὕτω γοῦν ἐδημιούργησεν ὅσα ἐξ αὐτῆς ἥρμοζε Θεῷ δημιουργεῖν. Τὰ δὲ ὅσα αὐτῆς ὡς ἔπος εἰπεῖν τρυγώδη ἐτύγχανε, ταῦτα ἀνάρμοστα ὄντα πρὸς δημιουργίαν ὡς εἶχε κατέλιπεν· ἐξ ὧν δοκεῖ μοι νῦν ἐπιρρεῖν τὰ κακά.

Ταῦτα μὲν οὗτος· πρὸς αὐτὸν δέ φησιν, ὅτι μὲν οὖν ἀδύνατον ἀγένητα δύο ἅμα, οὐδέ σε ἀγνοεῖν νομίζω. Ἢ γὰρ ἡνῶσθαι ἢ κεχωρίσθαι αὐτὰ λέγειν ἀνάγκη. Εἰ μὲν οὖν ἡνῶσθαι λέξοι, ἓν τὸ ἀγένητον· ἕκαστον γὰρ τούτων μέρος ἔσται τοῦ πλησίον, ἀλλήλων δὲ μέρη τυγχάνοντα ἀγένητον ἀλλ' οὐκ ἀγένητα ἔσται· οὐδὲ
[305 a] γὰρ τὸν ἄνθρωπον μέρη ἔχοντα κατακερματίζομεν εἰς πολλὰ γενητά. Εἰ δὲ κεχωρίσθαι φήσει τις, ἀνάγκη εἶναί τι τὸ ἀνὰ μέσον ἀμφοτέρων, ὅπερ καὶ τὸν χωρισμὸν αὐτῶν δείκνυσι. Τοῦτο δὲ ἤτοι ταὐτὸν ὂν ἥνωται θατέρῳ

21 236] σλς' M : σλε' A || **22** τῆς ἴσης — **23** συντομίας A : ὡσαύτως M || **26** αὐτὰ A : αὐτὸ M || **30** *post* φερομένης : καὶ *eras.* A² *om.* M || **40** *et* **41** ἔσται M : ἂν A.

[305 a] **2** κεχωρίσθαι M : κεχώρισται A.

ne fait qu'un avec lui et il faut à nouveau chercher s'il y a union ou séparation avec l'autre. Pour l'union, il est impossible de la voir puisqu'on a admis que cet être était identique à l'un des deux et ne faisait qu'un avec lui. En effet, il ne ferait qu'un depuis le début avec celui avec qui on a admis qu'il est identique. Et si le raisonnement exige qu'ils soient séparés, il faut à nouveau chercher l'être qui les sépare jusqu'à ce que se révèle à nous une foule d'incréés[1].

Et si quelqu'un fait un troisième raisonnement, à savoir que Dieu n'est ni séparé de la matière ni d'autre part uni à elle comme à une de ses parties et que Dieu est dans la matière comme dans un lieu et que la matière est en Dieu, qu'il sache que, si nous appelons la matière le lieu de Dieu, celui-ci sera nécessairement localisable puisque limité par la matière et agité comme elle d'un mouvement désordonné. Car si le contenant s'agite à tort et à travers, ce qu'il contient se meut nécessairement avec lui[2]. Et Dieu, remplissait-il toute la matière ou n'en occupait-il qu'une partie? S'il était dans une de ses parties, il serait plus petit qu'elle puisque localisé dans une de ses parties ; s'il la remplissait, comment l'a-t-il créée? Il faut, en effet, ou bien parler d'une contraction de l'être divin, qui, après cette contraction, a créé ce dont il s'était séparé, ou bien qu'il se crée lui-même avec la matière parce qu'il n'a pas de place où se retirer. Et si on disait que c'est la matière qui est en Dieu, il faudrait dire auparavant si c'est en se séparant de lui-même et si elle y est comme les espèces animales sont dans l'air qui se divise pour recevoir les êtres naissant en lui ou si la matière est en Dieu comme de l'eau dans la terre. Car si elle y est comme les animaux sont dans l'air, il faut dire que Dieu est divisible ; et si elle y est comme de l'eau dans la terre, et si la matière était sans ordre ni organisation et si, en outre, elle contenait le mal, il faut dire que Dieu est la cause de ces confusions et de ces maux. Et vois à présent

1. En 305 a 4-10, le sommaire offre un texte fort différent de celui qui, chez Méthode, 5, 3-5, se trouve entre l'extrait précédent (305 b 37-305 a 4) et le suivant (à partir de 305 a 10).

2. 305 a 11-18 = 5, 5-6, 2. Bo., p. 159, 5-13.

τῶν δύο, καὶ ἀνάγκη πάλιν ἢ ἕνωσιν ἢ χωρισμὸν πρὸς τὸ ἕτερον ζητεῖν. Ἕνωσιν μὲν ἀδύνατον ἰδεῖν, εἴπερ θατέρῳ ταὐτὸν εἶναι καὶ ἡνῶσθαι δέδοται. Ἡνοῦτο γὰρ ἂν οὕτω καὶ τὸ ἐξ ἀρχῆς, ᾧ ταὐτὸν εἶναι τοῦτο ἐδόθη. Εἰ δὲ κεχωρίσθαι ἀπαιτεῖ ὁ λόγος, πάλιν τὸ χωρίζον ἀπαιτητέον, ἕως ἂν ἀπείρων ἡμῖν ἀγενήτων ἐσμὸς ἀναφανῇ.

Ἂν δ' ἄρα τις καὶ τρίτον λέξει λόγον, τουτέστι τὸ μήτε κεχωρίσθαι τὸν Θεὸν τῆς ὕλης μὴ δ' αὖ πάλιν ὡς ἐν μέρει ἡνῶσθαι, εἶναι δὲ ὡς ἐν τόπῳ καθάπερ τῇ ὕλῃ τὸν Θεὸν καὶ τὴν ὕλην ἐν τῷ Θεῷ, ἀκουέτω ὅτι ἐὰν τόπον τοῦ Θεοῦ τὴν ὕλην εἴπωμεν, ἐξ ἀνάγκης καὶ χωρητὸς ἔσται, τῇ ὕλῃ περιγραφόμενος, καὶ τῇ ὕλῃ ὁμοίως ἀτάκτως φερόμενος· τοῦ γὰρ ἐν ᾧ ἐστι πλημμελῶς κινουμένου, ἀνάγκη καὶ τὸ ἐν αὐτῷ συγκινεῖσθαι. Πότερον δὲ ἐπλήρου τὴν ὕλην ὁ Θεός, ἢ ἐν μέρει αὐτῆς ἐτύγχανεν; Εἰ μὲν γὰρ ἐν μέρει, μικρότερος αὐτῆς ἅτε δὴ ἐν μέρει αὐτῆς χωρηθείς· εἰ δὲ ἐπλήρου, πῶς ταύτην ἐδημιούργησεν; Ἀνάγκη γὰρ ἢ συστολήν τινα τοῦ Θεοῦ λέγειν, ἧς γενομένης ἐδημιούργησεν ἐκεῖνο ἀφ' οὗ ὑπεχώρησεν, ἢ καὶ αὑτὸν τῇ ὕλῃ συνδημιουργεῖν, οὐκ ἔχοντα ὑποχωρήσεως τόπον. Εἰ δὲ τὴν ὕλην ἐν τῷ Θεῷ εἶναι λέγοι τις, ῥητέον πότερον ὡς διϊσταμένου αὐτοῦ ἀφ' αὑτοῦ, καὶ ὥσπερ ἐν ἀέρι ζῴων ὑπάρχειν γένη, μεριζομένου αὐτοῦ εἰς ὑποδοχὴν τῶν γενομένων ἐν αὐτῷ, ἢ ὥσπερ ἐν γῇ ὕδωρ; Εἰ μὲν γὰρ ὡς ἐν ἀέρι, μεριστὸν ἀνάγκη λέγειν τὸν Θεόν· εἰ δὲ ὡς ὕδωρ ἐν τῇ γῇ, ἦν δὲ ἄτακτος καὶ ἄκοσμος ἡ ὕλη, πρὸς δὴ τούτοις ἔχουσα καὶ κακά, τὸν Θεὸν λέγειν ἀνάγκη τῶν ἀκοσμήτων καὶ κακῶν τούτων αἴτιον. Καὶ ὅρα γὰρ ὡς ὕλην ὑποτιθέμενος,

7-8 ἂν οὕτω A : οὕτως ἂν M ‖ **11** λέξει A : ἕξει M ‖ **12** ὡς A : *om.* M ‖ **16** ἔσται M : ἂν A ‖ περιγραφόμενος, καὶ τῇ ὕλῃ M : *om.* A ‖ **22** τινα τοῦ M : αὐτοῦ A ‖ **24** αὑτὸν A[1] : αὐτὸν AM ‖ **26** ἀφ' αὑτοῦ A[1] : ἀφ' ἑαυτοῦ M *quid prius praeb.* A *non liquet.*

comment, en retenant cette hypothèse de la matière pour ne pas dire que Dieu est l'auteur des maux, tu dis qu'il est le réceptacle des maux[1].

Dis-moi encore. Tu prétends donc qu'une matière informe coexistait à Dieu et que c'est d'elle qu'il a créé et organisé le monde? — Telle est mon opinion. — Donc, si la matière était sans qualités et si le monde est venu de Dieu, et si les qualités sont dans le monde, le créateur des qualités, c'est Dieu? — Oui. — Et puisque tu es aussi [305 b] d'avis qu'il est impossible que n'importe quoi naisse du néant, réponds à ma question. Est-ce ton avis que les qualités du monde ne proviennent pas de qualités préexistantes? — Oui. — Et elles sont différentes des substances? — C'est ainsi. — Donc, si Dieu n'a pas formé les qualités en les tirant de qualités préexistantes et si elles ne sont pas issues des substances du fait qu'elles ne sont pas des substances elles-mêmes, il faut donc dire qu'elles ont été tirées du néant par Dieu. Il est donc vain de penser que rien n'est tiré du néant par Dieu.

Mais raisonnons là-dessus comme ceci. Nous voyons, en effet, parmi nous des hommes qui créent des choses de rien. Prenons par exemple le cas des architectes : certes, en effet, ces gens-là bâtissent des villes sans les tirer de villes, et des temples sans les tirer de temples. Et si, parce qu'il y a des substances comme matière à ces œuvres, tu crois qu'ils font ces ouvrages à partir d'éléments existants, tu raisonnes mal. En effet, ce n'est pas la substance qui fait la ville ou les temples, mais l'art qui s'applique à la substance et qui naît non pas d'un art préexistant dans les substances, mais d'un art qui n'existe pas en elles.

Mais tu objecteras, je pense, à ce raisonnement qu'un artisan crée par l'art qui est dans la substance. A quoi je

1. L'extrait 305 a 18-35 = 6, 3-5, Bo., p. 160, 2-161, 9, n'est pas littéral et, par endroits, il condense fortement le texte original.

ἵνα μὴ τῶν κακῶν ποιητὴν εἴπῃς τὸν Θεὸν, δοχεῖον αὐτὸν τῶν κακῶν εἶναι λέγεις.

Λέγε δὲ καὶ ὧδε. Φῂς τοίνυν ἄποιον ὕλην συνυπάρχειν τῷ Θεῷ, ἐξ ἧς τὴν τοῦ κόσμου γένεσιν ἐδημιούργησεν; — Οὕτω μοι δοκεῖ. — Οὐκοῦν εἰ ἄποιος ἐτύγχανεν ἡ ὕλη, γέγονε δὲ κόσμος πρὸς τοῦ Θεοῦ, ἐν δὲ τῷ κόσμῳ αἱ ποιότητες, τῶν ποιοτήτων γέγονε ποιητὴς ὁ Θεός; — Οὕτως ἔχει. — Ἐπεὶ δέ σοι δοκεῖ καὶ ὡς ἀδύνατον ἐξ οὐκ
[305 b] ὄντων γίνεσθαί τι, πρὸς τὴν ἐρώτησιν ἀποκρίναι. Δοκεῖ σοι τὰς ποιότητας τοῦ κόσμου μὴ ἐξ ὑποκειμένων γεγονέναι ποιοτήτων; — Δοκεῖ. — Ἕτερον δέ τι παρὰ τὰς οὐσίας ὑπάρχειν αὐτάς; — Οὕτως ἔχει. — Οὐκοῦν εἰ μήτε ἐξ ὑποκειμένων ποιοτήτων τὰς ποιότητας ἐδημιούργησεν ὁ Θεός, μήτε ἐκ τῶν οὐσιῶν ὑπάρχουσι τῷ μηδὲ οὐσίας αὐτὰς εἶναι, ἐκ μὴ ὄντων αὐτὰς ὑπὸ Θεοῦ γεγονέναι ἀνάγκη εἰπεῖν. Περιττὸν ἄρα τὸ δοξάζειν ὡς οὐδὲν ἐξ οὐκ ὄντων γίνεται πρὸς τοῦ Θεοῦ.

Ἀλλ' ὁ μὲν περὶ τούτου λόγος ὧδε ἐχέτω. Καὶ γὰρ παρ' ἡμῖν ὁρῶμεν ἀνθρώπους ἐξ οὐκ ὄντων ποιοῦντάς τινα, οἷον ἐπὶ τῶν ἀρχιτεκτονικῶν τὸ παράδειγμα λάβωμεν. Ἣ γὰρ οὗτοι ποιοῦσι πόλεις οὐκ ἐκ πόλεων καὶ ναοὺς οὐκ ἐκ ναῶν. Εἰ δ' ὅτι τούτοις οὐσίαι ὑπόκεινται οἴει ἐξ ὄντων αὐτοὺς ταῦτα ποιεῖν, τῷ λόγῳ σφάλλῃ. Οὐδὲ γὰρ ἡ οὐσία ἐστὶν ἡ ποιοῦσα τὴν πόλιν ἢ τοὺς ναούς, ἀλλ' ἡ περὶ τὴν οὐσίαν τέχνη, ἣ οὐκ ἐξ ὑποκειμένης τινὸς τέχνης ἐν ταῖς οὐσίαις γίνεται, ἀλλ' ἐξ οὐκ οὔσης ἐν αὐταῖς γίνεται.

Ἀπαντήσειν δέ μοι δοκεῖς οὕτω τῷ λόγῳ, ὅτι τεχνίτης τῇ ἐν τῇ οὐσίᾳ τέχνῃ ποιεῖ.

34 εἴπῃς Methodius : εἰπὼν A εἰπεῖν M.

[305 b] **1** ἀποκρίναι Methodius : ἀπόκρινε AM || **2** τὰς ποιότητας τοῦ κόσμου A : τὰς τοῦ κόσμου ποιότητας M || **7** γεγονέναι A² : γέγονεν AM || **12** ἣ A² : εἰ M *quid prius praeb.* A *non liquet* || **14** ὄντων M : οὐκ ὄντων A || **17-18** ἀλλ' ἐξ — γίνεται A ; *om.* M.

réponds que l'art ne provient pas chez l'homme non plus d'un art préexistant. En effet, il n'est pas possible de concevoir que l'art existe par lui-même, car il fait partie des accidents et des éléments qui n'ont l'être que quand ils sont dans une substance. En effet, l'homme existera même sans l'architecture et celle-ci n'existera pas s'il n'y a pas eu un homme auparavant ; il faut donc dire que les arts naissent du néant dans les hommes. Si donc nous avons démontré qu'il en va ainsi dans le cas des hommes, comment ne conviendrait-il pas de dire que Dieu peut créer du néant non seulement des qualités mais aussi des substances? Car, du moment qu'il apparaît que quelque chose peut naître de rien, il est démontré aussi qu'il en va de même pour les substances[1].

Il faut encore reprendre la discussion sur les maux[2]. Te semblent-ils être des substances ou des qualités de substances? — Des qualités. — Et la matière, était-elle sans qualités et informe? — Oui[3]. — Donc, ces noms-là ont été attachés à la substance d'après ses accidents car la substance n'est ni le meurtre ni aucun autre mal, mais le nom vient des actes. En effet, l'homme n'est pas le meurtre mais, de l'avoir perpétré, il reçoit par dérivation le nom de meurtrier sans être le meurtre lui-même ; et, pour le dire d'un mot, la substance n'est aucun des autres maux mais, du fait de quelque mal commis, elle peut être appelée mauvaise[4].

[306 a] Réfléchis aussi sur le point de savoir si ton esprit peut imaginer un autre être qui soit la cause des maux chez les hommes, une cause comme cet être-là qui est le mal du fait qu'il agit en eux et les induit à faire le mal. Car lui-même, il est méchant à cause de ce qu'il fait et on le dit méchant parce qu'il est l'auteur du mal. Et ce que quelqu'un fait n'est pas lui-même mais son acte et c'est de là qu'il reçoit le nom de méchant. Car si nous

1. Le passage 305 a 36-b 31 de Photius correspond au ch. 7 du traité, Bo., p. 162, 6-164, 13, qu'il ne reproduit pas littéralement.

2. Cette phrase (305 b 22) condense 8, 1, Bo., p. 164, 14-16.

3. 305 b 32-34 = 8, 1, Bo., p. 164, 16-165, 3.

4. Les lignes 305 b 35-306 a 1 condensent le texte de 8, 11, Bo., p. 167, 2-11.

Φημὶ δὲ πρὸς τοῦτο ὅτι οὐδὲ ἐν τῷ ἀνθρώπῳ ἔκ τινος ὑποκειμένης τέχνης προσγίνεται. Οὐδὲ γὰρ ἔνεστι τὴν ἐφ' ἑαυτῆς οὐσίαν δοῦναι τὴν τέχνην· τῶν γὰρ συμβεβηκότων ἐστί, καὶ τῶν τότε τὸ εἶναι ἐχόντων, ὁπόταν ἐν οὐσίᾳ τινὶ γένηται. Ὁ μὲν γὰρ ἄνθρωπος καὶ χωρὶς τῆς τεκτονικῆς ἔσται. Ἡ δὲ οὐκ ἔσται ἐὰν μὴ πρότερον ἄνθρωπος ᾖ. Ὅθεν τὰς τέχνας ἐξ οὐκ ὄντων εἰς ἀνθρώπους πεφυκέναι γίνεσθαι λέγειν ἀναγκαῖον. Εἰ τοίνυν τοῦτο οὕτως ἔχειν ἐπ' ἀνθρώπων ἐδείξαμεν, πῶς οὐχὶ προσῆκε τὸν Θεὸν μὴ μόνον ποιότητας ἐξ οὐκ ὄντων φάναι δύνασθαι ποιεῖν, ἀλλὰ καὶ οὐσίας; Τῷ γὰρ δυνατὸν φανῆναι, τὸ γίνεσθαί τι ἐξ οὐκ ὄντων, καὶ τὰς οὐσίας οὕτως ἔχειν δείκνυται.

Πάλιν δὲ διαληπτέον τῶν κακῶν πέρι. Τὰ κακὰ πότερον οὐσίαι σοι δοκοῦσιν εἶναι ἢ ποιότητες οὐσιῶν; — Ποιότητες. — Ἡ δὲ ὕλη ἄποιος ἦν καὶ ἀσχημάτιστος; — Οὕτω. — Πέπλεκται ἄρα τὰ ὀνόματα ταῦτα τῇ οὐσίᾳ ἐκ τῶν συμβεβηκότων αὐτῇ· οὔτε γάρ ἐστιν ὁ φόνος ἡ οὐσία οὔτε τι τῶν ἄλλων κακῶν, ἀλλ' ἐκ τῶν ἐνεργειῶν παρονομάζεται. Οὔτε γὰρ φόνος ὁ ἄνθρωπος, ἀλλὰ τῷ ἐνηργηκέναι τοῦτον παρωνύμως φονεὺς παρονομάζεται, μὴ ὢν φόνος αὐτός· οὔτε συλλήβδην εἰπεῖν τι τῶν ἄλλων κακῶν ἐστιν ἡ οὐσία, ἀλλὰ τῷ πρᾶξαί τι τῶν κακῶν [306 a] κακὴ λέγεσθαι δύναται.

Ὁμοίως ἐπινόησον, εἴ τι ἕτερον ἀναπλάττεις ἐν τῷ νῷ κακῶν τοῖς ἀνθρώποις αἴτιον, ὡς κἀκεῖνος κακὸν ἐν τῷ τούτοις ἐνεργεῖν καὶ ὑποβάλλειν ποιεῖν τὰ κακά. Ἔστι γὰρ καὶ αὐτὸς κακὸς ἐξ ὧν ποιεῖ· διὰ τοῦτο γὰρ κακὸς εἶναι λέγεται, ὅτι τῶν κακῶν ἐστι ποιητής. Ἃ δέ τις ποιεῖ, οὐκ ἔστιν αὐτὸς ἀλλ' ἐνέργεια αὐτοῦ, ἀφ' ὧν τὴν προσηγορίαν τοῦ κακὸς λέγεσθαι λαμ-

25 ἔσται (*bis*) M : *om.* A.

[306 a] **1** δύναται A²M : *quid prius praeb.* A *non liquet* ‖ **3** κἀκεῖνος A : κακεῖνο Mˣ *quid prius praeb.* M *non liquet* ‖ κακὸν A²M : κακὸς A ‖ **5** κακὸς M : κακὰ A ‖ τῶν A : *om.* M ‖ **7** κακὸς M : κακοῦ A.

disions de lui qu'il est ce qu'il fait — et il commet des meurtres et des adultères et toutes sortes de fautes semblables — il sera lui-même ces fautes-là ; et si lui-même est ces fautes-là, elles n'existeront que quand elles seront commises ; quand on ne les commet pas, elles cessent d'exister ; et elles sont commises par les hommes : c'est à cause d'eux qu'elles seront, à cause d'eux qu'elles ne seront plus [1]. Mais si chacun est méchant en raison de ce qu'il fait, et si ce qu'il fait a un commencement d'existence, l'auteur lui aussi a commencé d'être méchant et ces maux-là aussi ont eu un commencement. S'il en est ainsi, personne n'est méchant sans avoir commencé à l'être et les maux ne sont pas incréés [2].

Mais, cher ami, il me semble que tu as suffisamment discuté avec mon compagnon. En effet, des prémisses qu'il a données à son raisonnement, tu m'as paru tirer de bonnes conclusions. Car vraiment, si la matière était sans qualités et si Dieu est l'auteur des qualités, et si les maux sont des qualités, l'auteur des maux est Dieu. Pour moi, il me paraît faux de dire que la matière est dépourvue de qualités, car on ne peut même pas dire de quelque substance qu'elle est dépourvue de qualités ; aussi bien, du fait qu'on la dit sans qualités, on indique sa qualité en décrivant ce qu'est la matière et c'est là une sorte de qualité. C'est pourquoi, si tu veux bien, recommence ta discussion à partir du début. Car pour moi la matière est de toute éternité pourvue de qualités et c'est ainsi, en effet, que je dis que les maux découlent de la matière [3]. — Mon cher, si la matière était éternellement pourvue de qualités, de quoi Dieu serait-il l'auteur? Si c'est de la substance, nous dirons qu'elle préexistait ; si c'est des qualités, nous affirmerons qu'elles aussi existaient. C'est pourquoi, si la substance et les qualités existaient, il me paraît vain d'appeler Dieu créateur.

Mais réponds à ma question. De quelle façon conçois-tu

1. 306 a 1-13 = 8, 12 13. Bo., p. 167, 11 168, 8.
2. 306 a 13-17 = 8, 15. Bo., p. 168, 11-14.
3. 306 a 18-29 = 9, 1-3. Bo., p. 169, 1-11.

βάνει. Εἰ γὰρ αὐτὸν εἴποιμεν εἶναι ἃ ποῖει, ποιεῖ δὲ φόνους καὶ μοιχείας καὶ ὅσα ὅμοια, αὐτὸς ἔσται ταῦτα· εἰ δὲ αὐτός ἐστι ταῦτα, ὅτε γίνεται, τὴν σύστασιν ἔχει, οὐ γινόμενα δὲ καὶ τοῦ εἶναι παύεται, γίνεται δὲ ταῦτα πρὸς ἀνθρώπων. Ἔσονται ἄρα τούτων οἱ ἄνθρωποι ποιηταί καὶ τοῦ εἶναι καὶ τοῦ μηκέτι εἶναι αἴτιοι. Ἀλλ' εἰ ἐξ ὧν ἐνεργεῖ ἕκαστος ὑπάρχει κακός, ἃ δὲ ἐνεργεῖ, ἀρχὴν τοῦ εἶναι λαμβάνει, ἤρξατο κἀκεῖνος εἶναι κακός, ἤρξατο δὲ καὶ ταῦτα τὰ κακά. Εἰ δ' οὕτως ἔχει, οὐκ ἔστιν ἀνάρχως τις κακός, οὐδὲ ἀγένητα τὰ κακά.

Ἀλλὰ τὸ μὲν πρὸς τὸν ἑταῖρον λόγον ἱκανῶς, ὦ φίλε, πεποιηκέναι μοι δοκεῖς. Ἐξ ὧν γὰρ προλαβὼν ἔδωκε τῷ λόγῳ, ἐκ τούτων συνάγειν ἔδοξας καλῶς. Ὡς ἀληθῶς γάρ, εἰ ἄποιος ἐτύγχανεν ἡ ὕλη τῶν δὲ ποιοτήτων δημιουργὸς ὁ Θεός, ποιότητες δὲ τὰ κακά, ποιητὴς τῶν κακῶν ὁ Θεός. Ἐμοὶ δὲ ψεῦδος δοκεῖ τὴν ὕλην ἄποιον λέγειν· οὐδὲ γὰρ ἔνεστιν εἰπεῖν περὶ τῆς τινος οὐσίας ὡς ἐστιν ἄποιος. Ἀλλὰ μὴν καὶ ἐν ᾧ ἄποιον εἶναι λέγει, τὴν ποιότητα αὐτῆς μηνύει, ὁποία ἐστὶν ἡ ὕλη διαγραφόμενος, ὅπερ ἐστὶ ποιότητος εἶδος. Ὅθεν, εἴ σοι φίλον ἐστίν, ἄνωθεν ἄρχου τοῦ λόγου. Ἐμοὶ γὰρ ἡ ὕλη ποιότητας ἀνάρχως ἔχειν δοκεῖ· οὕτω γὰρ καὶ τὰ κακὰ ἐκ τῆς ἀπορροίας αὐτῆς εἶναι λέγω. — Ὦ φίλε, εἰ ἔμποιος ἦν ἀνάρχως ἡ ὕλη, τίνος ἔσται ποιητὴς ὁ Θεός; Εἴτε γὰρ οὐσίας ἐροῦμεν, προεῖναί φαμεν· εἴτε αὖ ποιότητας, καὶ αὐτὰς ὑπάρχειν λέγομεν. Οὐκοῦν οὐσίας τε οὔσης καὶ ποιοτήτων, περιττὸν εἶναι μοι δοκεῖ δημιουργὸν λέγειν τὸν Θεόν.

Ἀλλ' ἀπόκριναι ἐρωτώμενος· τίνι τρόπῳ δημιουργὸν

8 εἶναι A : *om.* M || 9 ἔσται M : *om.* A || 12 τούτων M : *om.* A || 18 τὸν M : τὸ A || ἑταῖρον Methodius : ἕτερον AM || 21 ποιοτήτων A³M : ποιητῶν A || 22-23 ποιητὴς τῶν κακῶν A : τῶν κακῶν ἔσται ποιητὴς M || 25 λέγει M : λέγειν A || 28 ἄρχου M : ἀνάρχου A ἔναρχου A³ *v. l.* || 31 ἔσται M : ἄρα A || 33 αὐτὰς A : ταύτας M || 36 ἀπόκριναι Methodius : ἀπόκρινε AM.

que Dieu est créateur? Est-ce parce qu'il a poussé ces substances à ne plus être ce qu'elles étaient auparavant ou parce qu'il a conservé les substances et modifié leurs qualités? — Il ne me semble pas qu'il y ait eu mutation [306 b] des substances mais seulement une modification des qualités et c'est en fonction d'elles que nous disons que Dieu est créateur ; c'est comme si on disait qu'une maison est faite de pierres : il n'en résulte pas qu'on puisse dire d'elles qu'elles ne sont plus des pierres dans leur substance parce que les pierres sont appelées maison — car c'est par la qualité du composé que je prétends que la maison existe — de même il me semble que Dieu, lui aussi, alors que la substance demeure, a opéré une modification dans ses qualités et c'est dans ce sens que je dis que la création du monde est l'œuvre de Dieu[1]. — Te semble-t-il, à toi aussi, que les maux sont des qualités des substances? — Oui. — Et ces qualités, étaient-elles dès l'origine dans la matière ou ont-elles commencé d'exister? — Je prétends que les qualités coexistaient éternellement à la matière. — Et ne dis-tu pas que Dieu a opéré une certaine modification des qualités? — Si. — En mieux? — Il me semble. — Donc, si les maux sont des qualités de la matière, et si Dieu a changé les qualités de celle-ci dans le sens du bien, il faut chercher d'où viennent les maux[2]. Car, ou elles étaient toutes mauvaises et elles ont été modifiées dans le sens du bien, ou les unes étaient mauvaises et les autres non et les mauvaises n'ont pas été améliorées et les autres qui étaient quelconques ont été modifiées par Dieu pour l'ordonnance de l'univers[3]. — Telle était mon attitude dès le début. — Comment toutefois peux-tu dire qu'il a laissé les qualités des mauvaises substances telles qu'elles étaient? Pouvait-il les détruire ou le voulait-il et ne le pouvait-il pas? Car si tu dis qu'il le pouvait, mais qu'il ne l'a pas voulu, c'est dire nécessairement qu'il est l'auteur de ces maux puisque, alors qu'il pouvait faire en sorte qu'ils n'existent pas, il a laissé les maux subsister tels quels et surtout

1. 306 a 30-b 8 = 10, 1-4. Bo., p. 170, 12-172, 2.
2. 306 b 9-16 = 10, 5-11, 1. Bo., p. 172, 5-17. Extrait assez littéral.
3. 306 b 16-21 est une paraphrase de 11, 1-2. Bo., p. 172, 17-173, 7.

εἶναι φῂς τὸν Θεόν; Πότερον ὅτι τὰς οὐσίας ἔτρεψεν ἐκείνας εἰς τὸ μηκέτι ὑπάρχειν, αἵπερ ἦσάν ποτε, ἢ ὅτι τὰς μὲν οὐσίας ἐφύλαξε, τὰς δὲ ποιότητας αὐτῶν ἔτρεψεν; — Οὔτι μοι δοκεῖ ἀλλαγὴν οὐσιῶν γεγονέναι, ἀλλὰ [306 b] μόνων ποιοτήτων, καθ' ἃς δημιουργὸν εἶναι λέγομεν τὸν Θεόν · καὶ ὥσπερ εἰ τύχοι λέγειν ἐκ λίθων οἰκίαν γεγονέναι, ἐφ' ὧν οὐκ ἔνεστιν εἰπεῖν ὡς οὐκέτι λίθοι μένουσι τῇ οὐσίᾳ οἰκία λεγόμενοι οἱ λίθοι (τῇ γὰρ ποιότητι τῆς συνθέσεως τὴν οἰκίαν γεγονέναι φημί), οὕτω μοι δοκεῖ καὶ τὸν Θεόν, ὑπομενούσης τῆς οὐσίας, τροπήν τινα τῶν ποιοτήτων αὐτῆς πεποιηκέναι, καθ' ἣν τὴν τοῦδε τοῦ κόσμου γένεσιν πρὸς τοῦ Θεοῦ γεγονέναι φημί. — Πότερον καί σοι δοκεῖ τὰ κακὰ ποιότητες οὐσιῶν εἶναι; — Δοκεῖ. — Ἄνωθεν δὲ ἦσαν αἱ ποιότητες αὗται ἐν τῇ ὕλῃ, ἢ ἀρχὴν ἔσχον τοῦ εἶναι; — Συνεῖναί φημι ἀγενήτως τῇ ὕλῃ ταύτας, ἢ τὰς ποιότητας. — Οὐχὶ δὲ τὸν Θεὸν φῂς τροπήν τινα τῶν ποιοτήτων πεποιηκέναι; — Τοῦτό φημι. — Εἰς τὸ κρεῖττον; — Ἐμοὶ δοκεῖ. — Οὐκοῦν εἰ ποιότητες ὕλης τὰ κακά, τὰς δὲ ποιότητας αὐτῆς εἰς τὸ κρεῖττον ἔτρεψεν ὁ Θεός, πόθεν τὰ κακά, ζητεῖν ἀνάγκη. Ἦ γὰρ πᾶσαι κακαὶ οὖσαι ἐπὶ τὸ κρεῖττον ἐτράπησαν · ἢ αἱ μὲν οὖσαι κακαί, αἱ δὲ μή αἱ μὲν κακαὶ οὐκ ἐτράπησαν ἐπὶ τὸ κρεῖττον, αἱ δὲ λοιπαί, ὅσαι διάφοροι ἐτύγχανον, τῆς διακοσμήσεως ἕνεκα πρὸς Θεοῦ ἐτράπησαν. — Οὕτως ἄνωθεν εἶχον ἐγώ. — Πῶς τοίνυν τὰς τῶν φαύλων ποιότητας ὡς εἶχον καταλελοιπέναι λέγεις; Πότερον δυνάμενον μὲν ἐκείνας ἀνελεῖν, ἢ βουληθέντα μὲν μὴ δυνάμενον δέ; Εἰ μὲν γὰρ δυνάμενον λέγεις μὴ βουληθέντα δέ, αὐτὸν τούτων ποιητὴν εἰπεῖν ἀνάγκη, ὅτι δυνάμενος ποιῆσαι μὴ εἶναι κακὰ συνεχώρησεν αὐτὰ μένειν

[306 b] **1** μόνων AM : μόνον M² ‖ **2** καὶ ὥσπερ M : καίπερ A ‖ **3** ἐφ' A : ἀφ' M ‖ **12** ἢ AM : γρ. δὴ A³ *mg.* ‖ **22** καταλελοιπέναι A²M : *quid prius praeb.* A *non liquet* ‖ **25** τούτων ποιητὴν εἰπεῖν ἀνάγκη A² : τούτων εἰπεῖν ἀνάγκη A αἴτιον τούτων M.

qu'il avait commencé à ordonner la matière. Car s'il ne s'était pas soucié le moins du monde de la matière, il ne serait pas responsable de ce qu'il a laissé subsister ; et puisqu'il ordonne une partie de la matière et laisse l'autre à l'abandon, alors qu'il pouvait l'améliorer elle aussi, il me paraît responsable des maux parce qu'il a laissé subsister une partie mauvaise de la matière pour la perte de la partie qu'il avait ordonnée.

Il y a plus : m'est avis que le tort le plus grave a été fait à cette partie de la matière qu'il avait aménagée et qui est aux prises avec les conséquences du mal[1]. Car, avant qu'elle fût tirée de la confusion, elle pouvait ne pas même percevoir le mal, mais à présent, chacune de ses parties reçoit la faculté de le percevoir. Prends l'exemple de l'homme. Avant d'être vivant, en effet, il ne percevait [307 a] pas le mal, et du moment où Dieu l'a fait homme, alors, il acquiert la perception du mal qui vient à lui. Et ce que tu dis que Dieu a fait pour le bien de la matière, on s'aperçoit que c'est beaucoup plus à son détriment que cela a été fait. Et si tu prétends que Dieu ne peut mettre fin au mal et que cette impuissance où il est constitue une faiblesse naturelle ou provient de la crainte qui le soumet à quelqu'un de plus puissant, vois dans ceci ce que tu voudrais attribuer à Dieu tout-puissant et bon !

Mais réponds-moi encore à propos de la matière[2]. Est-elle simple ou composée ? En effet, si elle était simple et homogène, et si le monde est composé et constitué de substances diverses, impossible de dire qu'il provient de la matière vu que les êtres composés ne peuvent être

1. 306 b 21-35 = 11, 2-5. Bo., p. 173, 8-174, 5. L'extrait de Photius est à peu près littéral.

2. 306 b 36-307 a 9 = 11, 5-8. Bo., p. 174, 7-175, 10. L'extrait est assez littéral jusqu'en 307 a 4 (Bo., p. 174, 15). Le reste du passage de Photius désigné ci-dessus condense le texte de Méthode de la p. 174, 10, à la p. 175, 10.

ὡς ἦν, καὶ μάλιστα ὅτε δημιουργεῖν τὴν ὕλην ἤρξατο. Εἰ γὰρ μηδὲ ὅλως ἔμελεν αὐτῷ τῆς ὕλης, οὐκ ἂν αἴτιος ἦν ὧν συνεχώρησε μένειν · ἐπεὶ δὲ μέρος μέν τι αὐτῆς δημιουργεῖ, μέρος δέ τι αὐτῆς ἐᾷ, δυνάμενος κἀκεῖνο τρέπειν εἰς τὸ κρεῖττον, αἴτιός μοι τῶν κακῶν δοκεῖ, καταλιπὼν μέρος ὕλης πονηρὸν ἐπ' ὀλέθρῳ οὗ ἐδημιούργησε μέρους. Ἀλλὰ μὴν καὶ τὰ μέγιστα κατὰ τοῦτο τὸ μέρος ἠδικῆσθαί μοι δοκεῖ, ὅπερ κατεσκεύασε τῆς ὕλης μέρος ἀντιλαμβανόμενον τὰ ἐκ τῶν κακῶν. Πρὶν γὰρ αὐτὴν διακριθῆναι, τὸ μηδὲ αἰσθέσθαι τῶν κακῶν παρῆν αὐτῇ · νῦν δὲ ἕκαστον τῶν μερῶν αὐτῆς αἴσθησιν λαμβάνει τῶν κακῶν. Καί μοι ἐπ' ἀνθρώπου λαβὲ τὸ παράδειγμα. Πρὶν γὰρ ζῷον γένηται, ἀναίσθητον ἦν τῶν κακῶν · ἀφ' οὗ δὲ εἰκονισθὲν ἄνθρωπος πρὸς [307 a] Θεοῦ γίνεται, τότε καὶ τὴν αἴσθησιν τοῦ προσπελάζοντος κακοῦ προσλαμβάνει. Καὶ τοῦτο, ὅπερ ἐπ' εὐεργεσίᾳ τῆς ὕλης πρὸς Θεοῦ γεγονέναι λέγεις, εὑρίσκεται μᾶλλον ἐπὶ τῷ χείρονι προσγενόμενον αὐτῇ. Εἰ δὲ μὴ δύνασθαι παῦσαι τὰ κακὰ τὸν Θεὸν φῄς, τὸ δὲ ἀδύνατον ἤτοι τῇ φύσει ἀσθενῆ ὑπάρχειν ἐστὶν ἢ τῷ νικᾶσθαι τῷ φόβῳ δεδουλωμένον πρός τινος κρείττονος, ὅρα ὁποῖον τούτων προσάπτειν ἐθέλοις τῷ παντοκράτορι καὶ ἀγαθῷ Θεῷ.

Ἀλλὰ πάλιν περὶ τῆς ὕλης ἀπόκριναι, πότερον ἁπλῆ τίς ἐστιν ἡ ὕλη ἢ σύνθετος; Εἰ γὰρ ἁπλῆ τις ἐτύγχανεν ὕλη καὶ μονοειδής, σύνθετος δὲ ὁ κόσμος καὶ ἐκ διαφόρων οὐσιῶν συνεστώς ἐστιν, ἀδύνατον τοῦτον ἐξ ὕλης γεγονέναι λέγειν, τῷ τὰ σύνθετα μὴ οἷόν τε ἐξ ἑνὸς

28 ἔμελεν Methodius : ἔμελλεν AM || **32** δοκεῖ A : *om.* M || **33-34** κατὰ τοῦτο τὸ μέρος A : κατὰ τοῦτο, τοῦτο τὸ μέρος M || **36** διακριθῆναι A : διακοσμηθῆναι M || αἰσθέσθαι A : αἰσθάνεσθαι M || **39** γὰρ A : *om.* M.

[307 a] **5** κακὰ A^2M^2 : κατὰ A *et* M *ut vid.* || **10** ἀπόκριναι Methodius : ἀπόκρινε AM || **11** ἡ A : *om.* M || ἢ σύνθετος — ὕλη M : *om.* A.

constitués d'un élément unique et simple ; en effet, le terme *composé* dénonce un mélange de certains corps simples. Et si, d'autre part, tu dis que la matière est composée, elle a été entièrement constituée à l'aide d'éléments simples et il fut un temps où les corps simples de l'assemblage desquels la matière s'est constituée étaient à l'état simple et indépendant. Quant aux composés, ils sont constitués d'éléments simples et il était un temps où la matière n'existait pas, c'était avant que les simples s'assemblent. Et s'il y a eu un temps où la matière n'existait pas et s'il n'y a pas eu de temps où l'incréé n'existait pas, la matière ne sera pas incréée ; il s'ensuivra donc que les incréés seront nombreux. Car si Dieu était incréé et si les corps simples dont la matière est composée sont aussi incréés, il n'y aura plus un ou deux incréés, pour ne pas aller jusqu'à chercher ce que sont les éléments simples, s'ils sont matière ou forme ; il en résulterait nombre d'absurdités.

Et es-tu d'avis que rien de ce qui existe n'est son propre contraire ? — Je le suis. — Or, le contraire du feu, c'est l'eau, celui de la lumière, c'est l'obscurité, celui du froid, c'est le chaud, et celui du sec l'humide. — Il en est ainsi à mon avis. — Donc, si rien de ce qui existe n'est son propre contraire, et si ces éléments s'opposent entre eux, ils ne constitueront pas une matière unique ni un composé d'une matière unique.

Et je voudrais encore te demander si tu es d'avis que les parties ne se détruisent pas mutuellement. — Oui. — Et une partie de la matière, c'est le feu aussi bien que l'eau, et ainsi de suite ? — C'est mon opinion. — Et quoi, tu n'es pas d'avis que l'eau détruit le feu et la lumière l'obscurité et ainsi de suite ? — C'est mon avis. — Donc, si les parties ne se détruisent pas entre elles mais qu'il se trouve que ces éléments-ci se détruisent entre eux, ils ne
[307 b] seront donc pas des parties les uns des autres et ils ne feront pas partie d'une matière unique. Bien plus, ces éléments ne constitueront pas une matière du fait que

ἁπλοῦ τὴν σύστασιν ἔχειν· τὸ γὰρ σύνθετον ἁπλῶν τινῶν μίξιν μηνύει. Εἰ δ' αὖ πάλιν σύνθετον λέγεις τὴν ὕλην, πάντως ἐξ ἁπλῶν συνετέθη, καὶ ἦν ποτε καθ' ἑαυτὰ ἁπλᾶ, ὧν συντεθέντων γέγονεν ἡ ὕλη· τὰ δὲ σύνθετα ἐξ ἁπλῶν τὴν σύστασιν ἔχει, ἦν ποτε καιρὸς ὅτε ἡ ὕλη οὐκ ἦν, τουτέστι πρὶν τὰ ἁπλᾶ συνελθεῖν. Εἰ δὲ ἦν ποτε καιρὸς ὅτε ἡ ὕλη οὐκ ἦν, οὐκ ἦν δέ ποτε καιρὸς ὅτε ἀγένητον οὐκ ἦν, οὐκ ἔσται ἀγένητος ἡ ὕλη· τὸ δ' ἐντεῦθεν ἔσται πολλὰ τὰ ἀγένητα. Εἰ γὰρ ἦν ἀγένητος ὁ Θεός, ἦν δὲ ἀγένητα καὶ τὰ ἁπλᾶ ἐξ ὧν ἡ ὕλη συνετέθη, οὐκ ἔσται δύο καὶ μόνα τὰ ἀγένητα, ἵνα παρήσω τὸ ἐπιζητῆσαι τί ὄντα ἐστὶν ἁπλᾶ, ὕλη ἢ εἶδος· πολλὰ γὰρ καὶ οὕτως ἄτοπα ἀκολουθήσειαν.

Δοκεῖ δέ σοι μηδὲν τῶν ὄντων αὐτὸ ἑαυτῷ ἀντικεῖσθαι; — Δοκεῖ. — Ἀντίκειται δὲ τῷ πυρὶ τὸ ὕδωρ, καὶ τῷ φωτὶ τὸ σκότος, καὶ τῷ ψυχρῷ τὸ θερμὸν καὶ τῷ ξηρῷ τὸ ὑγρόν; — Οὕτως ἔχειν μοι δοκεῖ. — Οὐκοῦν εἰ μηδὲν τῶν ὄντων αὐτὸ ἑαυτῷ ἀντίκειται, ἀλλήλοις δὲ ταῦτα ἀντίκειται, οὐκ ἔσονται ὕλη μία, οὐδὲ μὴν ἐξ ὕλης μιᾶς.

Πάλιν δὲ πυθέσθαι βούλομαι· δοκεῖ σοι τὰ μέρη μὴ ἀναιρετικὰ ἀλλήλων εἶναι; — Δοκεῖ. — Εἶναι δὲ τῆς ὕλης μέρος τό τε πῦρ καὶ τὸ ὕδωρ, ὡσαύτως δὲ καὶ τὰ λοιπά; — Οὕτως ἔχω. — Τί δέ, οὐ δοκεῖ σοι ἀναιρετικὸν μὲν εἶναι τοῦ πυρὸς τὸ ὕδωρ, τοῦ δὲ σκότους τὸ φῶς, καὶ τὰ ἄλλα ὅσα τούτοις παραπλήσια; — Δοκεῖ. — Οὐκοῦν εἰ τὰ μέρη οὐκ ἔστιν ἀλλήλων ἀναιρετικά, ταῦτα δὲ ἀναιρετικὰ τυγχάνει, οὐκ ἔσται ἀλλήλων μέρη· εἰ δ' οὐκ
[307 b] ἔσται ἀλλήλων μέρη, οὐκ ἔσονται ὕλης μιᾶς. Ἀλλὰ μὴν οὐδ' αὖ ἔσονται ὕλη, τῷ μηδέν τι τῶν ὄντων

15 ἁπλοῦ Methodius ἀποίου AM ‖ **20** πρὶν A : πλὴν M ‖ **22** *et* **23** *et* **25** ἔσται M : ἄρα A ‖ **27** ἀκολουθήσειαν M : ἀκολουθήσει ἂν A ‖ **28** ἑαυτῷ A²M : *quid prius praeb.* A *non liquet* ‖ **32** ἀλλήλοις — ἀντίκειται M : *om.* A ‖ **41** ἔσται M : ἄρα A ‖ **41** — 307 b **1** εἰ δ' οὐκ — μέρη M : *om.* A.
[307 b] **2** αὖ A : ἂν M.

rien de ce qui existe ne se détruit lui-même[1]. Ainsi donc, grâce à l'existence des contraires, on démontre que la matière n'existe pas.

Mais en voilà assez sur la matière[2] et il faut passer à l'étude du mal et nécessairement examiner ce qui se passe parmi les hommes. Les manifestations du mal parmi les hommes, sont-elles des espèces ou des parties du mal? Car si ce sont des espèces, il n'y a pas de mal en soi qui diffère d'elles du fait que les genres ne peuvent être observés que dans leurs espèces et ne subsistent qu'en elles[3]. Et s'il en est ainsi, le mal sera créé car il est démontré que ses espèces, comme le meurtre, l'adultère et des vices semblables sont créés. Et si tu voulais voir en eux des parties d'un mal et si ces parties sont créées, le mal est nécessairement créé lui aussi. En effet, les choses dont les parties sont créées sont nécessairement créées elles aussi, car le tout est un composé de parties. Et le tout n'existera pas s'il n'y a pas de parties, mais certaines des parties existeront même si le tout n'existe pas. Et dans aucun être il n'existe une partie créée et une partie incréée ; et si même je l'admettais, il y a eu un temps où le mal n'existait pas à l'état complet ; c'était avant que Dieu eût organisé la matière et le mal devient complet du moment où Dieu a fait l'homme car c'est l'homme qui est l'auteur des parties du mal et c'est ainsi que le responsable du mal à l'état complet sera Dieu qui a fait l'homme, ce qui est une impiété. Et si tu dis que le mal ne s'explique d'aucune de ces deux manières, mais qu'il est le fait de quelque être méchant, tu dénonces le mal comme une chose créée ; en effet, l'acte de quelqu'un a un commencement. En outre, tu ne peux dire que le mal soit rien d'autre que ses manifestations. En effet, quelle mauvaise action peux-tu montrer qui soit différente de l'action des

1. 307 a 10 b 3 = 12, 1-7, Bo., p. 175, 12-178, 2.
2. 307 b 3-4 = 12, 8-9, Bo., 178, 8-12.
3. 307 b 5-10 = 13, 1, Bo., p. 178, 13-179, 3. Extrait à peu près littéral.

αὐτὸ ἑαυτοῦ ἀναιρετικὸν εἶναι. Οὕτως οὖν τῶν ἀντικειμένων ἐχόντων τὸ μὴ εἶναι τὴν ὕλην δείκνυται.

Περὶ μὲν τῆς ὕλης αὐτάρκως ἔχει· ἐπὶ δὲ τὴν τῶν κακῶν ἐξέτασιν ἔρχεσθαι δεῖ, καὶ ἀναγκαίως ἀναζητεῖν τὰ παρὰ ἀνθρώποις. Τὰ παρ' ἀνθρώποις κακὰ πότερον εἴδη τυγχάνει κακοῦ ἢ μέρη; Εἰ γὰρ εἴδη, οὐκ ἔσται ἕτερον παρὰ ταῦτα τὸ κακὸν καθ' αὐτό, τῷ τὰ γένη ἐν τοῖς εἴδεσιν ἐξετάζεσθαι καὶ ὑφεστάναι. Εἰ δὲ τοῦτο, γενητὸν ἔσται τὸ κακόν· τὰ γὰρ εἴδη γενητὰ δείκνυται, οἷον φόνος καὶ μοιχεία καὶ τὰ τούτοις παραπλήσια. Εἰ δὲ μέρη τινὸς κακοῦ ταῦτα εἶναι ἐθέλοις, ἔστι δὲ ταῦτα γενητά, ἀνάγκη κἀκεῖνο γενητὸν ὑπάρχειν. Ὧν γὰρ τὰ μέρη γενητά, ταῦτα ὁμοίως ἐξ ἀνάγκης ἐστὶ γενητά· τὸ γὰρ ὅλον ἐκ μερῶν συνέστηκε. Καὶ τὸ μὲν ὅλον οὐκ ἔσται μὴ ὄντων μερῶν, ἔσται δέ τινα τῶν μερῶν κἂν μὴ τὸ ὅλον παρῇ. Οὐδενὸς δὲ τῶν ὄντων μέρος μέν ἐστι γενητόν, μέρος δὲ ἀγένητον· εἰ δὲ καὶ τοῦτο συγχωρήσαιμι τῷ λόγῳ, ἦν ποτε τὸ κακὸν ὅτε ὁλόκληρον οὐκ ἦν, τουτέστι πρὶν δημιουργῆσαι τὴν ὕλην τὸν Θεόν· τότε δὲ ὁλόκληρον γίνεται, ὅτε πρὸς τοῦ Θεοῦ γέγονεν ἄνθρωπος· τῶν γὰρ μερῶν τοῦ κακοῦ ἄνθρωπος ὑπάρχει ποιητής· καὶ τὸ ἐντεῦθεν ὁλόκληρον εἶναι τὸ κακὸν αἴτιος ἔσται δημιουργήσας ὁ Θεός, ὅπερ ἀσεβές. Εἰ δ' οὐδ' ὁπότερον τούτων λέγεις τὸ κακόν, πρᾶξιν δέ τινος κακοῦ εἶναι λέγεις, γενητὸν αὐτὸ ὑπάρχειν μηνύεις· ἡ γὰρ τοῦ τινὸς πρᾶξις ἀρχὴν τοῦ εἶναι λαμβάνει. Πρὸς δὴ τούτοις οὐδὲν ἕτερον παρὰ ταῦτα τὸ κακὸν εἰπεῖν ἔχεις. Ποίαν γὰρ πρᾶξιν κακὴν ἑτέραν παρὰ τὸ ἐν ἀνθρώποις δεικνύειν

8 πότερον — κακοῦ M : *om.* A ‖ εἰ AM : ἢ A² ‖ **9** ἔσται M : ἄρα A ‖ αὐτὸ A : ἑαυτὸ M ‖ **11** ἔσται M : ἄρα A ‖ **12** γενητὰ A : γενητὰ ὄντα M ‖ **13** τινὸς A¹ *mg.* M : *om.* A ‖ **15** γενητὰ M : *om.* A ‖ **17** *et* **18** ἔσται M : ἄρα A ‖ **23** τοῦ A : *om.* M ‖ **25** ἔσται M : ἄρα A ‖ **28** τινὸς A : τίνος M ‖ **31** τὸ M : τοῦ A.

hommes? Car que celui qui agit soit malice non en raison de sa substance mais par le fait même qu'il commet le mal, on l'a déjà démontré[1].

Par nature, rien n'est mauvais, mais les maux deviennent des maux par l'usage qu'on en fait[2].

L'auteur dit : j'affirme que l'homme a été créé libre non dans l'idée d'un mal préexistant qu'il aurait reçu licence de choisir à son gré, mais dans l'idée qu'il était uniquement responsable de son obéissance ou de sa désobéissance à Dieu. C'était là, en effet, ce que signifiait [308 a] alors le libre-arbitre. Et après sa création, l'homme reçoit un commandement de Dieu et c'est là que le mal commence car il n'obéit pas à l'ordre divin. Et c'est là uniquement qu'était le mal, dans la désobéissance qui a eu un commencement[3].

237.

Lu du même auteur un choix tiré du traité *Sur la Chasteté** publié sous la même forme de sommaire.

Abraham, le premier dans l'Alliance, reçut la circoncision[4], ce qui, par cette amputation d'une partie de sa chair, semble ne vouloir signifier que ceci : ne plus semer de progéniture dans une chair née du même sang que lui, en enseignant à chacun de se priver de rapports voluptueux avec sa propre sœur parce qu'elle est sa propre chair[5].

Il dit : quant à moi, je crois avoir vu clairement d'après les Écritures que, avec l'avènement de la virginité, le Verbe* n'a pas aboli entièrement la procréation des enfants ; ce n'est pas, en effet, parce que la lune est plus

1. 307 b 11-34 = 13, 2-5, Bo., p. 179, 9-189, 9. Extrait à peu près littéral.

2. Ces deux lignes (307 b 35-36) paraphrasent d'assez près le texte de Méthode, 15, 1, Bo., p. 183, 7-8.

3. L'extrait de Photius, p. 307 b 37-308 a 4, transcrit à peu près mot pour mot le texte de Méthode, 17, 1-2, *Bo.*, p. 189, 9-16.

4. Allusion à la *Genèse*, 17, 1-44.

5. 308 a 8-14 = *Banquet*, I, 3, 29, Bo., p. 11, 3-8 ; Musurillo, p. 60. L'extrait est à peu près littéral.

ἔχεις; Ὅτι γὰρ ὁ ἐνεργῶν οὐ κατὰ τὸν τῆς οὐσίας λόγον ὑπάρχει κακία, ἀλλὰ κατ' αὐτὸ τὸ ἐνεργεῖν τὸ κακὸν ἤδη δέδεικται.

Ὅτι τῇ φύσει κακὸν οὐδέν ἐστιν, ἀλλὰ τῇ χρήσει γίνεται κακὰ τὰ κακά.

Ὅτι αὐτεξούσιόν, φησι, γεγονέναι φημὶ τὸν ἄνθρωπον οὐχ ὡς προϋποκειμένου τινὸς ἤδη κακοῦ, οὗ τὴν ἐξουσίαν τοῦ ἑλέσθαι, εἰ βούλοιτο, ἄνθρωπος ἐλάμβανεν· ἀλλὰ τὴν τοῦ ὑπακούειν τῷ Θεῷ καὶ μὴ ὑπακούειν αἴτιον μόνον ἦν. Τοῦτο γὰρ τὸ αὐτεξούσιον ἐβούλετο [308 a] τότε. Καὶ γενόμενος ὁ ἄνθρωπος ἐντολὴν λαμβάνει παρὰ τοῦ Θεοῦ, καὶ ἐντεῦθεν ἤδη τὸ κακὸν ἄρχεται· οὐ γὰρ πείθεται τῷ θείῳ προστάγματι. Καὶ τοῦτο καὶ μόνον ἦν τὸ κακόν, ἡ παρακοή, ἥτις τοῦ εἶναι ἤρξατο.

237

Ἀνεγνώσθη τοῦ αὐτοῦ ἐκ τοῦ Περὶ ἁγνείας ὃς καὶ ἐν ὁμοίῳ συνόψεως ἐξεδόθη τύπῳ.

Ὅτι φησίν, ὁ γοῦν Ἀβραὰμ πρῶτος ἐν διαθήκῃ τὴν περιτομὴν λαβὼν οὐδὲν ἕτερον αἰνίττεσθαι δοκεῖ τὸ οἰκεῖον ἀποτεμνόμενος τῆς σαρκὸς αὐτοῦ μέλος ἢ τοῦτο, τὸ μηκέτι εἰς τὴν ἐκ τοῦ αὐτοῦ αἵματος σάρκα δημιουργηθεῖσαν παιδοσπορίαν ἐπιτελεῖν, ἀπὸ τῆς ἰδίας ἕκαστον διδάσκων ἀδελφῆς οἷα σαρκὸς ἀποτέμνειν τὴν κατὰ συνουσίαν ἡδονήν.

Ὅτι φησίν, ἐγὼ γὰρ καθεωρακέναι μοι δοκῶ σαφῶς ἀπὸ τῶν γραφῶν, ὅτι παρθενίας ἐλθούσης ὁ Λόγος οὐκ ἀνεῖλε πάντῃ τεκνογονίαν· οὐ γὰρ ἐπειδὴ τῶν ἄστρων

32 τῆς AM^2 *s. v.* : *om.* M || || **33-34** τὸ κακὸν M : *om.* A || **39** τοῦ ἑλέσθαι εἰ βούλοιτο A : εἰ βούλοιτο τοῦ ἑλέσθαι M || **40** τῷ Θεῷ — ὑπακούειν A : *om.* M.

[308 a] **4** *post* ἤρξατο : *in* A *versus* 4 *vacui* || **5** 237] σλζʹ M^6 : σλςʹ AM || **6-7** ὃς — τύπῳ A : ὡσαύτως M.

grosse que les autres astres que la lumière de ces autres astres s'en trouve éteinte[1] ou parce que le miel est plus doux et plus délicieux que les autres aliments qu'il faut les trouver amers et désagréables[2].

La parole : « Les enfants de l'adultère n'arriveront à rien »[3] a été dite, selon lui, de ceux qui adultèrent la vérité et qui, dans leur fausse sagesse, abâtardissent les Écritures et engendrent une sagesse imparfaite en mélangeant leur erreur à la piété envers Dieu. Car on ne peut comprendre autrement. Impossible, en effet, de comprendre qu'il s'agit de ne pas engendrer et amener à la lumière sensible des enfants de l'adultère parce que beaucoup d'hommes ont été enfantés dans l'adultère et ont aussi procréé après avoir été enfantés dans l'adultère, et on ne peut comprendre non plus qu'il s'agit de la perfection spirituelle en Dieu, car les enfants de bien des adultères ont été remplis de l'Esprit-Saint.

Il se demande aussi, si c'est par Dieu que les âmes sont données aux enfants et non par leurs pères, comment il en donne aussi à ceux qui sont conçus dans l'adultère. En effet, s'il leur en donne, il peut avoir l'air de favoriser les adultères, car, s'il ne leur avait pas donné d'âme, ils ne seraient pas procréés. Il résout la difficulté au moyen d'exemples nombreux et clairs*.

Les paroles que voici rapportées par la *Genèse* : « Voici l'os de mes os et la chair de ma chair; elle s'appellera femme parce qu'elle a été tirée de son mari. C'est pourquoi l'homme laissera son père et sa mère et il s'attachera à sa femme et les deux seront dans une seule chair »[4], [308 b] ces paroles, dit l'auteur, on ne doit pas les prendre uniquement à la lettre mais aussi selon l'esprit en les appliquant au Christ et à l'Église et il dit que saint Paul,

1. Peut-être nous trouvons-nous ici devant une réminiscence de 1 *Corinthiens*, 15, 41. Le passage 308 a 15-19 de Photius correspond textuellement à II, 1, 29, Bo., p. 15, 9-12 ; Mu., p. 68.

2. Sautant un assez long morceau de l'original, Photius, 308 a 19-20, rattache, comme si de rien n'était, au passage précédent de son auteur le texte de II, 7, 48, Bo., p. 25, 6-7 ; Mu., p. 86.

3. *Sagesse*, 3, 16.

4. Cette citation de la *Genèse*, 2, 23-24 en 308 a 37-b 1, se retrouve dans le *Banquet*, III, 1, 53, Bo., p. 27, 11-15 ; Mu., p. 90.

ἡ σελήνη μείζων ἐστί, παρὰ τοῦτο τῶν ἄλλων ἀστέρων τὸ φῶς ἀναιρεῖται. Ἢ ἐπειδὴ τῶν ἄλλων ἐστὶ γλυκύτερον τὸ μέλι καὶ ἡδύτερον, τὰ λοιπὰ πικρὰ καὶ ἀνήδονα νομιστέον.

Ὅτι τό· « Τέκνα δὲ μοιχῶν ἀτελεσφόρητα » περὶ τῶν τὴν ἀλήθειαν μοιχωμένων φησὶν εἰρῆσθαι, οἵτινες κλεψίσοφοι, νοθεύοντες τὰς γραφάς, ἀτελεσφόρητον γεννῶσι σοφίαν, τῇ θεοσεβείᾳ συγκρίνοντες τὴν πλάνην. Ἄλλως γὰρ νοηθῆναι οὐκ ἐγχωρεῖ. Οὔτε γὰρ ἐπὶ τοῦ μὴ τίκτεσθαι τὰ ἐκ μοιχείας τέκνα καὶ εἰς φῶς αἰσθητὸν ἄγεσθαι δύναται νοεῖσθαι, ὅτι πολλοὶ οὐ μόνον ἐτέχθησαν ἀλλὰ καὶ τετόκασιν ἐκ μοιχείας τεχθέντες, οὔτε ἐπὶ τοῦ πνευματικῶς καὶ θείως τελεσφορηθῆναι. Πολλῶν γὰρ μοιχῶν τέκνα πλήρη ἐγένοντο ἁγίου πνεύματος.

Ὅτι ἀπορεῖ λέγων, εἰ παρὰ Θεοῦ δίδονται αἱ ψυχαί, ἀλλ' οὐ παρὰ τοῦ πατρὸς τοῖς τικτομένοις, πῶς δίδωσι καὶ τοῖς ἐκ μοιχείας τικτομένοις; Εἰ γὰρ δίδωσι, συνεργεῖν ἂν δόξειε τοῖς μοιχευομένοις· εἰ γὰρ μὴ ἔδωκε τὴν ψυχήν, οὐκ ἂν ἐτίκτοντο. Λύει δὲ τὴν ἀπορίαν διὰ πλειόνων καὶ σαφῶν παραδειγμάτων.

Ὅτι τὰ ἐν τῇ γενέσει φερόμενα οἷον τό· « Τοῦτο οὖν ὀστοῦν ἐκ τῶν ὀστῶν μου καὶ σὰρξ ἐκ τῶν σαρκῶν μου· αὕτη κληθήσεται γυνή, ὅτι ἐκ τοῦ ἀνδρὸς αὑτῆς ἐλήφθη· ἕνεκεν τούτου καταλείψει ἄνθρωπος τὸν πατέρα αὑτοῦ καὶ τὴν μητέρα, καὶ προσκολληθήσεται τῇ γυναικὶ αὑ-
[308 b] τοῦ, καὶ ἔσονται οἱ δύο εἰς σάρκα μίαν », ταῦτα οὖν οὐ κατὰ τὸ γράμμα φησὶ δεῖν μόνον νοεῖσθαι, ἀλλὰ καὶ πνευματικῶς εἰς Χριστὸν καὶ εἰς τὴν ἐκκλησίαν. Καί φησιν ὅτι καὶ ὁ θεῖος Παῦλος μετὰ τὴν τῶν ῥη-

22 μοιχωμένων Methodius : μοιχομένων AM ‖ **27** δύναται νοεῖσθαι A : νοεῖσθαι δύναται M ‖ **30** πλήρη *edd.* : πλήρεις A πλήρης M ‖ ἐγένοντο A : ἐγένετο M ‖ **32** πατρὸς M : πνεύματος A ‖ **34** δόξειε A : δόξη M ‖ ἔδωκε M : δέδωκε A ‖ **37** οὖν AM : γρ. νῦν A^3 *mg.* ‖ **39** αὑτῆς *ego* : αὐτῆς *codd.* ‖ **40** et **41** αὑτοῦ Bekker : αὐτοῦ *codd.*

[308 b] **2** δεῖν A : δεῖ M.

quand il a expliqué ces paroles, ajoute : « Ce mystère est grand ; je le dis en l'appliquant au Christ et à l'Église »[1]. Et la parole : « Croissez et multipliez-vous »[2] n'a pas été dite, dit-il, uniquement à propos des hommes qui sont nés de la semence et de l'union des sexes et qui se développent grâce à des nourritures, mais aussi à propos de ceux qui s'accomplissent et sont enfantés selon l'Esprit[3] comme Paul le proclame en appelant ses enfants ceux qu'il a ainsi engendrés : « Mes enfants, dit-il, en effet, pour qui je suis à nouveau en travail d'enfantement jusqu'à ce que le Christ soit formé en vous »[4]. Et encore : « Car c'est dans le Christ Jésus et par l'Évangile que je vous ai engendrés »[5].

Dans la parabole évangélique : « Quel est l'homme d'entre vous qui, ayant cent brebis et en a perdu une... »[6], etc., il faut comprendre, dit-il, par les quatre-vingt-dix-neuf brebis les puissances célestes et par l'unique brebis perdue l'homme ou la nature humaine à cause de laquelle le Verbe du Père est venu des cieux*.

Les paroles : « Sur les fleuves de Babylone... », etc.*, ce sont, dit l'auteur, les âmes qui les disent. Elles appellent instruments les corps qu'elles habitent et qu'elles ont suspendus bien attachés aux lianes de l'arbre de la chasteté pour que les âmes ne puissent plus être arrachées et entraînées par le flot de l'incontinence. Babylone, en effet, dont le nom veut dire trouble et confusion, désigne cette vie en plein courant au milieu de laquelle nous avons été jetés et où nous sommes cernés en plein assaut des flots du mal. C'est pourquoi nous crions et gémissons vers Dieu afin que nos instruments ne glissent pas et ne soient pas arrachés par les flots de la volupté de l'arbre de la chasteté. Car, comme symbole de la virginité, les Écritures

1. *Éphésiens*, 5, 28-32. Photius, 308 b 1-6, condense III, 1, 54, Bo, p. 28, 4-12 ; Mu, p. 92. — 2. *Genèse*, 1, 28.

3. Photius, 308 b 7-10, reprend sous une tout autre forme III, 10, 77, Bo, p. 38, 15-19 ; Mu, p. 112. — 4. *Galates*, 4, 19.

5. 1 *Corinthiens*, 4, 15. Photius, 308 b 11-14 = III, 9, 76, Bo, p. 37, 25-38 ; Mu, p. 112.

6. *Luc*, 15, 4-6. Photius, 308 b 15-17 = III, 5, 62, Bo, p. 52, 1-4 ; Mu, p. 100.

τῶν τούτων ἔκθεσιν λέγει· « Τὸ μυστήριον τοῦτο μέγα ἐστί, λέγω δὲ ἐγὼ εἰς Χριστὸν καὶ εἰς τὴν ἐκκλησίαν ». Ἀλλὰ καὶ τό· « Αὐξάνεσθε καὶ πληθύνεσθε » οὐκ ἐπὶ τῶν ἐκ σπέρματος καὶ μίξεως γεννωμένων ἀνθρώπων καὶ σιτίοις αὐξομένων φησὶν εἰρῆσθαι μόνον, ἀλλὰ καὶ περὶ τῶν κατὰ πνεῦμα τελειουμένων καὶ γεννωμένων, καθὼς καὶ Παῦλος βοᾷ, τέκνα καλῶν τοὺς οὕτω δι᾿ αὐτοῦ γεννηθέντας· « Τέκνα, γάρ φησιν, οὓς πάλιν ὠδίνω, ἕως οὗ Χριστὸς ἐν ὑμῖν μορφωθῇ », καὶ πάλιν· « Ἐν γὰρ Χριστῷ Ἰησοῦ διὰ τοῦ εὐαγγελίου ἐγὼ ὑμᾶς ἐγέννησα ».

Ὅτι τὸ ἐν τοῖς εὐαγγελίοις εἰρημένον παραβολικῶς· « Τίς ἐστιν ἐξ ὑμῶν ἄνθρωπος ὃς ἔχει ἑκατὸν πρόβατα καὶ ἀπώλεσεν ἓν ἐξ αὐτῶν » καὶ ἑξῆς, ἐνενήκονταεννέα μὲν πρόβατα τὰς οὐρανίους δυνάμεις φησὶν ἐκδέχεσθαι χρή, ἓν δὲ τὸ ἀπολωλὸς τὸν ἄνθρωπον ἤγουν τὴν ἀνθρωπείαν φύσιν, δι᾿ ἣν καὶ κατεληλυθέναι τὸν Λόγον τοῦ Πατρὸς ἐκ τῶν οὐρανῶν.

Ὅτι τό· « Ἐπὶ τῶν ποταμῶν Βαβυλῶνος » καὶ ἑξῆς αἱ ψυχαί φησι λέγουσιν ὄργανα καλοῦσαι τὰ σκηνώματα ἑαυτῶν, ἃ ἐκρέμασαν ἀπὸ τῶν πεισμάτων τῆς ἁγνείας ἐξάψασαι τοῦ ξύλου, ἵνα μὴ δυνηθῶσιν ἐξαρπασθεῖσαι πάλιν παρασυρῆναι τῷ ῥεύματι τῆς ἀκρασίας. Βαβυλὼν γάρ, τάραχος ἢ σύγχυσις ἑρμηνευομένη, τὸν περίρρυτον βίον δείκνυσι τοῦτον, οὗ ἐν μέσῳ καθεσθέντες περικλυζόμεθα τῶν ποταμῶν τῆς κακίας ἐφορμώντων. Διὸ καὶ βοῶμεν μετὰ κλαυθμοῦ πρὸς τὸν Θεόν, ἵνα μὴ κατολισθήσωσιν ἡμῶν ἀπορρηχθέντα τοῖς κύμασι τῆς ἡδονῆς ἀπὸ τοῦ φυτοῦ τῆς ἁγνείας τὰ ὄργανα. Ἐν τύπῳ γὰρ τῆς παρθενίας τὴν ἰτέαν πανταχοῦ παραλαμβάνουσιν αἱ γραφαί,

9 αὐξομένων A : αὐξανομένων M ‖ καὶ M : *om.* A ‖ **11** καλῶν A : λέγων M ‖ **15** τὸ A²M : *om.* A ‖ ἐν M : *om.* A ‖ **20** κατεληλυθέναι A²M : κατελήλυθεν A ‖ **22** ἑξῆς A : τὰ ἑξῆς M ‖ **23** ὄργανα καλοῦσαι A : ἔστενον γὰρ ἀνακαλοῦσαι M ‖ **32** ἀπορρηχθέντα A² : ἀπορηθέντα AM.

prennent partout le saule parce que sa fleur, macérée dans l'eau et prise en breuvage, calme tous les bouillonnements et toutes les excitations de la sexualité jusqu'à rendre complètement stérile l'effort de procréation ainsi que l'indique Homère lui-même qui, pour cette raison, a appelé les saules stériles[1].

Il dit que la parole de Jérémie qu'une fiancée n'oublie [309 a] pas sa parure ni une vierge le bandeau qui entoure ses seins[2] montre qu'il ne faut pas relâcher ni dénouer dans les égarements le lien de la continence. Car il est normal de penser que les seins signifient notre cœur et notre esprit ; le bandeau, c'est la ceinture qui assure la tendance de l'âme à la chasteté et c'est l'amour pour le Christ[3].

La parole : « Prends-moi une génisse de trois ans et une chèvre de trois ans et un bélier de trois ans et une tourterelle et une colombe »[4] signifie, dit-il : apporte-moi libre du joug et vierge de tout mal ton âme comme une génisse et ta chair et ton esprit, la première comme une chèvre parce qu'elle parcourt hauteurs et précipices, l'autre comme un bélier afin qu'il ne fasse pas d'écart et ne glisse pas hors de la vérité. Ainsi tu seras irréprochable comme Abraham[5] si tu m'offres ton âme, ta sensibilité et ton esprit[6], ce qu'il a appelé d'une façon symbolique une génisse, une chèvre et un bélier de trois ans, éléments qui doivent conduire à une connaissance parfaite de la Trinité.

Peut-être fait-il aussi allusion au début, au milieu et à la fin du chemin de notre vie parce qu'il veut que nous passions dans la continence le temps de notre enfance, notre âge d'homme et notre vieillesse et que nous les lui consacrions ; c'est dans ce sens que le Seigneur légifère dans l'Évangile : « C'est pourquoi soyez, vous aussi, sem-

1. *Odyssée*, X, 510. Cf. Musurillo, *A. C. W.*, 27, p. 206, note 10. Photius, 308 b 22-39, reproduit, avec quelques omissions de mots caractéristiques d'un travail d'abréviateur, IV, 3, 98-99, Bo, p. 48, 8-49, 4 ; Mu, p. 132-134. — 2. *Jérémie*, 2, 32.

3. 308 b 40-309 a 5 = IV, 6, 106, Bo, p. 52, 1-6 ; Mu, p. 140, avec de légères variantes. — 4. *Genèse*, 15, 9.

5. 309 a 13, ὡς Ἀβραάμ Photius : ὦ Ἀβραάμ Methodius.

6. Sur ce symbolisme, cf. Musurillo, *A. C. W.*, 27, p. 208, note 4.

ἐπειδήπερ τὸ ἄνθος αὐτῆς εἰς ὕδωρ ἀποτριβὲν ἂν ποθῇ, πᾶν ὅσον εἰς ὀχείας ἀναζεῖ καὶ ἐρεθισμοὺς ἀποσβέννυσιν ἔστ' ἂν εἰς ἄρδην ἀποστειρώσῃ τὴν ἐπὶ παιδοποιΐαν φοράν, ὥσπερ δὴ καὶ ὁ Ὅμηρος ἐμήνυσε, διὰ τοῦτο καλέσας ὠλεσικάρπους τὰς ἰτέας.

Ὅτι φησίν, ἀμέλει τὸ μὴ ἐπιλαθέσθαι νύμφην τὸν κόσμον, μηδὲ παρθένον τὴν στηθοδεσμίδα, λεγόμενον [309 a] ἐν Ἱερεμίᾳ, τὸ μὴ ἐνδοῦναι καὶ χαλάσαι τὸν δεσμὸν τῆς σωφροσύνης ἀπάταις δηλοῖ. Στήθη γὰρ αἱ φρένες εἰκότι λόγῳ καὶ ὁ νοῦς ἡμῶν εἶναι νομίζεται· ἡ δὲ στηθοδεσμίς, ἡ συνδοῦσα ζωνὴ τὴν πρόθεσιν τῆς ψυχῆς εἰς ἁγνείαν, ἐστὶν ἡ πρὸς Χριστὸν ἀγάπη.

Ὅτι τό· « Λαβέ μοι δάμαλιν τριετίζουσαν καὶ αἶγα τριετίζουσαν καὶ κριὸν τριετίζοντα καὶ τρυγόνα καὶ περιστεράν » αἰνίττεσθαί φησιν ὅτι προσένεγκέ μοι ἄζυγον καὶ ἀκάκωτόν σου τὴν ψυχὴν δαμάλεως δίκην, καὶ τὴν σάρκα καὶ τὸν λογισμόν, τὴν μὲν ὡς αἶγα, ἐπειδὴ τὰ μετέωρα καὶ κρημνώδη περιπολεῖ, τὸν δὲ ὡς κριόν, ἵνα μηδαμῶς ἀποσκιρτήσας ἐξολισθήσῃ τῆς ἀληθείας. Οὕτω γὰρ ἀνεπίληπτος ἔσῃ ὡς Ἀβραάμ, ἂν ἀναθῇς ἐμοὶ καὶ τὴν ψυχὴν καὶ τὴν αἴσθησιν καὶ τὸν νοῦν· ἃ συμβολικῶς δάμαλιν ἔφη καὶ αἶγα καὶ κριὸν τριετίζοντα, οἱονεὶ τὴν γνῶσιν ἀκακέμφατον τῆς Τριάδος ἐπανῃρημένα.

Τάχα δὲ καὶ τὴν πρώτην καὶ τὴν μέσην καὶ τὴν τελευταίαν τοῦ βίου τῆς ἡλικίας ἡμῶν αἰνίσσεται τρίβον, βουλόμενος ὡς ὅτι μάλιστα καὶ τὸν τῶν παίδων καὶ τὸν τῶν ἀνδρῶν καὶ τὸν τῶν γεραιτέρων χρόνον σωφρόνως βιώσαντας αὐτῷ προσενέγκασθαι· καθ' ὃν τρόπον καὶ ἐν εὐαγγελίοις ὁ Κύριος νομοθετεῖ· « Διὰ τοῦτο καὶ ὑμεῖς

36 ἀναζεῖ Methodius *et fortasse* A : ἀναζῆ A^{x}M ‖ **38** ὁ Ὅμηρος M : Ὅμηρος A^{2} *om.* A ‖ **40** *post* νύμφην : *verba* παρθένον μηδὲ *del.* A^{3}M^{x}.

[309 a] **4** ζώνη Methodius : ζωὴ AM ‖ **6** αἶγα τριετίζουσαν A : *om.* M ‖ **8** ἄζυγον A : ἄζυγα M ‖ **10** τὴν A^{2}M : τὸν *fortasse* A ‖ **13** ὡς A : ὡς ὁ M ‖ **17** τελευταίαν A^{2}M : *quid prius praeb.* A *non liquet* ‖ **19** ὅτι M : ἄρα A ‖ **22** ὑμεῖς A^{2}M : ἡμεῖς A.

blables à des hommes qui attendent le moment où leur maître va revenir de la noce pour qu'à son arrivée, quand il aura heurté la porte, on lui ouvre aussitôt. Bienheureux êtes-vous parce qu'il vous fera prendre place à la table et qu'il viendra vous servir et que ce soit à la deuxième ou à la troisième veille, heureux soyez-vous »[1]. Considérez, en effet, qu'en faisant état des trois veilles de la nuit : celle du soir, la deuxième et la troisième, il a fait allusion aux trois stades de l'évolution de notre vie : l'adolescence, l'âge mur et la vieillesse dans l'idée qu'il veut, s'il venait surprendre le monde, nous trouver prêts et purs même si nous sommes dans l'enfance, et de même si c'est à la deuxième ou à la troisième veille. Car la veille du soir, c'est l'âge de l'épanouissement de l'homme, âge dans lequel sa raison directrice commence à être ébranlée par le trouble des passions ; la seconde veille est l'âge où l'esprit, parvenu au stade de *l'homme parfait*[2], commence à acquérir la fermeté au milieu du tumulte ; la troisième veille, c'est l'âge où la plupart des phantasmes engendrés par nos désirs s'évanouissent parce que la chair se fane déjà et décline vers la vieillesse. C'est pourquoi il faudrait [309 b] allumer dans notre cœur la lampe inextinguible de la foi et ceindre nos reins de continence et veiller en attendant sans relâche le Seigneur[3].

Il appelle *sikera* tout ce qui provoque l'ivresse en dehors du vin de la vigne[4].

Il y a deux sortes de vigne dans l'Écriture : l'une est toute bonne et l'autre toute mauvaise. Et le Seigneur dit, en effet : « Moi, je suis la vigne et vous les sarments »*. La mauvaise vigne sauvage, c'est le diable qui distille la folie comme Moïse l'écrit à son sujet : « Car c'est de la vigne de Sodome que provient leur vigne et leur plant vient de Gomorrhe... », etc*.

L'or n'est pas atteint par la rouille*.

1. *Luc*, 12, 35-38.
2. *Éphésiens*, 4, 13.
3. 309 a 6-b 2 = V, 2, 110-2, 114, Bo, p. 54, 4-55 ; Mu, p. 144.
4. Cette définition que Méthode attribue aux σοφοί, Suidas l'attribue aux Juifs : Σίκερα · σκευαστὸν πόμα καὶ παρ' Ἑβραίοις οὕτω λεγόμενον μέθυσμα, οἶνος συμμιγὴς ἡδύσμασιν · ἐκ τοῦ

ὅμοιοι γίνεσθε ἀνθρώποις προσδεχομένοις τὸν κύριον αὐτῶν, πότε ἀναλύσει ἐκ τῶν γάμων, ἵνα ἐλθόντι καὶ κρούσαντι αὐτῷ εὐθέως ἀνοίξωσι. Μακάριοί ἐστε, ὅτι ἀνακλινεῖ ὑμᾶς καὶ παρελθὼν διακονήσει, κἂν τῇ δευτέρᾳ καὶ τῇ τρίτῃ μακάριοί ἐστε ». Ἐπισκέψασθε γὰρ ὅτι τρεῖς ὑποθέμενος φυλακὰς νυκτός, ἑσπερινὴν καὶ δευτέραν καὶ τρίτην, καὶ τρεῖς ἡμῶν τὰς τῆς ἡλικίας ᾐνίξατο μεταβολάς, τὴν μειρακιώδη καὶ τὴν πρόσηβον καὶ τὴν πρεσβυτικήν, βουλόμενος ἵνα καὶ παῖδας ὄντας, ἐὰν ἔλθῃ παραληψόμενος τὸν κόσμον, ἑτοίμους καταλάβοι καὶ καθαρούς, καὶ τὴν δευτέραν ὁμοίως καὶ τὴν τρίτην. Ἑσπερινὴ γὰρ φυλακὴ ὁ καιρός ἐστι τῆς ἀκμῆς τοῦ ἀνθρώπου, καθ' ἣν ἄρχεται ταράσσεσθαι τὸ ἡγεμονικὸν ἐπιθολούμενον τοῖς πάθεσι· δευτέρα δέ, ὁπηνίκα λοιπὸν « εἰς ἄνδρα τέλειον » ἐλάσας ἄρχεται βεβαιότητα τῶν θορύβων ὁ νοῦς προσλαμβάνειν· τρίτη δέ, ὅτε αἱ πλεῖσται φαντασίαι τῶν ἐπιθυμιῶν φθίνουσιν, ἀπομαραινομένης ἤδη τῆς σαρκὸς καὶ εἰς γῆρας προκοπτούσης. Διὸ προσήκεν ἄσβεστον ἐν τῇ καρδίᾳ τῆς πίστεως ἐξάψαντας τὸν
[309 b] λύχνον, καὶ τὴν ὀσφῦν ἀναζωσαμένους τῇ σωφροσύνῃ, ἐγρηγορέναι καὶ προσδοκᾶν τὸν Κύριον.

Ὅτι σικερά φησι πᾶν τὸ μέθην φέρον μετὰ τὸν οἶνον τὸν ἐξ ἀμπέλων.

Ὅτι δύο εἴδη ἀμπέλων παρὰ τῇ γραφῇ, λίαν ἀγαθὴ καὶ λίαν κακή. Καὶ γάρ φησιν ὁ Κύριος· « Ἐγώ εἰμι ἡ ἄμπελος ἡ ἀληθινή, ὑμεῖς τὰ κλήματα ». Ἡ δὲ κακὴ καὶ ἀγρία ἐστὶν ὁ διάβολος, λύσσαν ἀποστάζων, ὡς καὶ Μωσῆς διαγράφων περὶ αὐτοῦ φησιν· « Ἐκ γὰρ ἀμπέλου Σοδόμων ἡ ἄμπελος αὐτῶν, καὶ ἡ κληματὶς αὐτῶν ἐκ Γομόρρας » καὶ ἑξῆς.

Ὅτι ὁ χρυσὸς ἰὸν οὐ παραδέχεται.

26 ἀνακλινεῖ A : ἀνακλίνει M ἀνακλίνη M[2] *v. l.* || ὑμᾶς AM[x] : ὑμᾶς ὑμᾶς M || κἂν M : κάν A || **27** τῇ M : *om.* A || **28** ὑποθέμενος A : ἐπιθέμενος M || **29** τὰς A : *om.* M || τῆς A[2] *mg.* M : *om.* A.

[309 b] **1** ἀναζωσαμένους A : ἀνασωζουσαμένους M.

Il dit que la parole qui compare le royaume des cieux *à dix vierges*[1] veut signifier qu'elles ont toutes choisi la même ligne de conduite : la lettre *iota*[2] signifie *dix*. Elles s'étaient préparées, en effet, d'une façon toute semblable et s'étaient proclamées d'accord sur ce but et c'est pourquoi on les appelle les dix. Mais elles ne sont plus sorties dans les mêmes dispositions pour aller à la rencontre de l'époux ; les unes, en effet, avaient fait une provision abondante pour leur lampe à huile et les autres avaient été imprévoyantes. C'est pourquoi elles se divisent en deux groupes égaux de cinq parce que les unes ont conservé purs leurs cinq sens — qu'on appelle communément les portes de la sagesse — et que les autres les ont souillés dans leur malice. Car elles, qui s'étaient maîtrisées et gardées pures, elles furent surtout fécondes en violations de la justice, ce qui fit qu'elles furent exclues. Car que nous agissions droitement ou que nous allions vers l'erreur, nos sens renforcent aussi bien nos bonnes actions que nos mauvaises. Et de même que Thallousa[3] disait qu'il y a une chasteté des yeux, des oreilles, de la langue et des autres organes de nos sens, ainsi, à présent, celle qui s'est gardée intacte la fidélité des cinq voies de la vertu : vue, goût, odorat, toucher et ouïe, c'est elle qui est appelée *les cinq vierges* parce qu'elle a rendu purs au Christ les cinq aspects de la sensibilité et qu'elle brille par chacun de sa sainteté comme un flambeau resplendissant ; en effet, notre vraie lampe à cinq flammes, c'est notre chair que notre âme porte à la manière d'un flambeau pour se présenter à l'époux qui est le Christ au jour de la résurrection en répandant par tous les sens les rayons de sa fidélité éclatante comme il l'a enseigné lui-même en disant : « Je suis venu jeter le feu sur la terre et que vou-

συγκεκρᾶσθαι. Dans le *Lexique* de Photius tel qu'on le connaît actuellement — on sait que le vrai manuscrit de cet ouvrage a été découvert récemment — σικερά est défini par σκευαστὸν πόμα. Photius, 309 b 3-4 = V, 6, 124, Bo, p. 60, 7-13 ; Mu, p. 156.

1. Parabole dans *Matthieu*, 24, 1-4.

2. Cf. Musurillo, *A. C. W.*, 27, p. 214, note 10.

3. Thallousa est la vierge qui prononce le cinquième discours. L'allusion faite ici (309 b 28) vise V, 4, 117-119, Bo, p. 57, 5-58, 9 ; Mu, p. 150-152.

Ὅτι φησί, τὸ γὰρ λεγόμενον ὡμοιῶσθαι τὴν βασιλείαν τῶν οὐρανῶν « δέκα παρθένοις » σημαίνειν βούλεται τὴν αὐτὴν ὁδὸν τοῦ ἐπιτηδεύματος πάσας ἐπανῃρημένας, διὰ τὴν ἔμφασιν τοῦ ἰῶτα στοιχείου. Ἐστείλαντο μὲν γὰρ παραπλησίως ἑαυτὰς εἰς τοῦτο καθομολογήσασαι, καὶ ταύτῃ κικλήσκονται δέκα, οὐκέτι δὲ ὁμοίως ἐξῆλθον ὑπαντήσουσαι τῷ νυμφίῳ· αἱ μὲν γὰρ τροφὴν ἄφθονον ἐπορίσαντο ταῖς ἐλαιοθρέπτοις λαμπάσιν, αἱ δὲ κατερραθύμησαν. Διὸ δὴ καὶ ἰσάριθμοι πρὸς ε′ διαιροῦνται, ἐπειδήπερ τὰς πέντε αἰσθήσεις αἱ μὲν αὐτῶν ἐφυλάξαντο καθαράς, ἃς οἱ πλεῖστοι σοφίας πύλας προσηγόρευσαν, αἱ δὲ τοὐναντίον κατελωβήσαντο κακίᾳ. Ἐγκρατευσάμεναι γὰρ καὶ ἁγνεύσασαι δικαιοσύνης μᾶλλον εὐφόρεσαν παραπτώμασιν· ἐξ οὗ καὶ συνέβη αὐτὰς ἀπαγορευθῆναι. Εἴτε γὰρ κατορθοῦμεν, εἴτε πλημμελοῦμεν, διὰ τούτων ἑκάτερα καὶ τὰ ἀνδραγαθήματα κρατύνεται καὶ τὰ κακὰ πράγματα. Καὶ ὥσπερ ἡ Θάλλουσα καὶ ὀφθαλμῶν ἁγνείαν ἔφη καὶ ὤτων εἶναι καὶ γλώσσης καὶ τῶν λοιπῶν καθεξῆς αἰσθητηρίων, οὕτω δὴ καὶ τὰ ἐνταῦθα τὴν πίστιν ἄσυλον ἡ φυλαξαμένη τῶν πέντε διόδων τῆς ἀρετῆς, ὁράσεως, γεύσεως, ὀσφρήσεως, ἁφῆς τε καὶ ἀκοῆς, πέντε προσαγορεύεται παρθένοι, διὰ τὸ τὰς πέντε τῆς αἰσθήσεως ἁγνὰς ἀποκαταστῆσαι τῷ Χριστῷ φαντασίας, ἀφ' ἑκάστης αὐτῆς οἷα λαμπάδα τὴν ὁσιότητα λάμπουσαν τρανῶς· ἡ γὰρ πεντάφωτος ἡμῶν ἀληθῶς λαμπὰς ἡ σάρξ ἐστιν, ἣν ἡ ψυχὴ βαστάζουσα δᾳδὸς δίκην τῷ νυμφίῳ παρίσταται Χριστῷ, τῇ ἡμέρᾳ τῆς ἀναστάσεως παραφαίνουσα, διὰ πασῶν τῶν αἰσθήσεων διεκθρώσκουσαν λαμπρὰν τὴν πίστιν, καθὼς αὐτὸς ἐδίδαξεν εἰπών· « Πῦρ ἦλθον βαλεῖν ἐπὶ τὴν γῆν, καὶ ἤθελον

16 ταύτῃ A : πάντῃ M ‖ **18** ἐπορίσαντο A[1]M : ἐποχρίσαντο A ‖ **32** ὀσφρήσεως A : *om.* M ‖ **33** προσαγορεύεται M : προσαγορεύονται A ‖ **36** λάμπουσαν M[2] : λάμπουσα AM ‖ ἡμῶν AM[2] : ὑμῶν M ‖ **39** διεκθρώσκουσαν Methodius : διεκθρώσκουσα AM.

drais-je [310 a] s'il est déjà allumé? »[1] Il a appelé terre les tentes que sont nos corps[2] dans lesquels il voulait que fût rapidement suscitée la vive et ardente pratique de son enseignement — car il faut assimiler l'huile à la justice et à la sagesse[3] — le retard est le délai qui s'écoule avant la venue du Christ ; l'assoupissement et le sommeil de la vierge sont la sortie de l'existence ; le milieu de la nuit, c'est le règne de l'Antéchrist où l'Ange exterminateur[4] passe devant les maisons. Le cri : « Voici l'époux, allez à sa rencontre »[5], c'est la voix qui viendra du ciel avec la trompette lorsque tous les hommes, quand leurs corps seront ressuscités, vogueront sur les nuées, entraînés à la rencontre du Seigneur[6].

Après de longs discours sur les vierges et sur les âmes chastes*, il ajoute encore : ce sont apparemment ces âmes-là que le Verbe appelle son épousée de choix ; les autres, il les appelle concubines, jouvencelles et filles en usant des termes que voici : « Il y a soixante reines et quatre-vingts concubines et des jouvencelles sans nombre. Une seule est ma colombe, ma perfection, l'unique pour sa mère et la préférée pour celle qui l'enfanta. Elles l'ont vue, les jeunes filles, et elles la proclameront bienheureuse et les reines et les concubines chanteront ses louanges »*. Car alors que les filles de l'Église sont évidemment nombreuses, une seule est l'élue et la plus précieuse à ses yeux par-dessus toutes, c'est l'ordre des vierges*. Et par reines, parce qu'elles n'étaient pas sous la domination d'un roi unique, mais que chacune disposait d'elle-même et était comme sa propre reine, et parce qu'elles furent les modèles et les premières de celles qui vinrent après elles, la prophétie veut désigner* ces âmes royales antérieures au déluge et qui plurent à Dieu : celles d'Abel, de Seth et d'Énoch ; les concubines sont les âmes d'après le déluge,

1. *Luc*, 12, 49. — 2. Allusion à 2 *Pierre*, 1, 13-14.

3. 309 b 12-310 a 4 = VI, 3, 137-141, Bo, p. 66, 6-67, 19 ; Mu, p. 168-170.

4. Allusion à l'*Exode*, 11, 4, et 12, 33. — 5. *Matthieu*, 25, 6.

6. 2 *Thessaloniciens*, 4, 16-17. Photius, 310 a 4-12, reproduit VI, 4, 143-144, Bo, p. 68, 20-69, 2, en l'adaptant grammaticalement à la phrase précédente.

[310 a] εἰ ἤδη ἀνήφθη », γῆν ἡμῶν τὰ σκηνώματα φράσας, εἰς ἃ ἐβούλετο ταχέως ἀναφθῆναι τὴν ὀξυκίνητον τῆς διδασκαλίας αὐτοῦ καὶ διάπυρον πρᾶξιν (τὸ γὰρ ἔλαιον τῇ δικαιοσύνῃ καὶ τῇ σοφίᾳ παραβλητέον), χρονισμὸν δὲ τὸ πρὸ τῆς παρουσίας διάστημα τοῦ Χριστοῦ, νυσταγμὸν δὲ καὶ κοίμησιν τῆς παρθένου τὴν ἔξοδον τὴν ἀπὸ τοῦ βίου, μεσονύκτιον δὲ τὴν βασιλείαν τοῦ Ἀντιχρίστου, καθ' ἣν ὁ ὀλοθρευτὴς Ἄγγελος ἐπιπορεύεται τὰς οἰκίας, κραυγὴν δὲ λέγουσαν · « Ἰδοὺ ὁ νυμφίος · ἔρχεσθε εἰς ἀπάντησιν » τὴν ἀπὸ τῶν οὐρανῶν φωνὴν καὶ σάλπιγγα, ὁπότε πάντες ἐξαναστάντων αὐτοῖς τῶν σωμάτων ἐπὶ νεφελῶν ὀχήσονται, εἰς τὴν ἀπάντησιν ἁρπασθέντες τοῦ Κυρίου.

Ὅτι περὶ τῶν παρθένων καὶ ἁγνῶν ψυχῶν πλεῖστα εἰπών, ἐπιφέρει καὶ τοῦτο. Ἀμέλει ταύτας μόνον ἐκλεκτὴν νύμφην τὰς ψυχὰς ὁ Λόγος ἑαυτοῦ καλεῖ, τὰς λοιπὰς δὲ παλλακὰς καὶ νεάνιδας καὶ θυγατέρας λέγων ὧδε · « Ἑξήκοντά εἰσι βασίλισσαι, καὶ ὀγδοήκοντα παλλακαί, καὶ νεάνιδες ὧν οὐκ ἔστιν ἀριθμός. Μία ἐστὶ περιστερά μου, τελεία μου · μία ἐστὶ τῇ μητρὶ αὐτῆς, ἐκλεκτὴ τῇ τεκούσῃ αὐτήν. Εἴδοσαν αὐτὴν θυγατέρες, καὶ μακαριοῦσιν αὐτήν, βασίλισσαι καί γε παλλακαὶ αἰνέσουσιν αὐτήν ». Πολλῶν γὰρ οὐσῶν δηλονότι τῆς ἐκκλησίας τῶν θυγατέρων, μία ἐστὶ μόνη ἡ ἐκλεκτὴ καὶ τιμιωτάτη ἐν ὀφθαλμοῖς αὐτῆς ὑπὲρ πάσας, τὸ τάγμα τῶν παρθένων. Βασιλίσσας δὲ αἰνίττεσθαι ἡ προφητεία βούλεται ὅτι οὐχ ὑφ' ἕνα ἤγοντο βασιλέα βασιλευόμεναι, ἀλλ' ἑκάστη ὥσπερ αὐτοδέσποτος καὶ βασίλισσα ἦν, καὶ ὅτι τῶν μετὰ ταύτας ἀρχαὶ καὶ πρῶται ἦσαν, τὰς βασιλικὰς ἐκείνας, τὰς πρὸ τοῦ κατακλυσμοῦ ψυχὰς εὐαρέστους τῷ Θεῷ γεγενημένας, τουτέστι τὰς ἀμφὶ τὸν Ἄβελ καὶ τὸν Σὴθ καὶ τὸν Ἐνώχ, παλλακὰς δὲ τὰς μετὰ τὸν κατα-

[310 a] **18-21** καὶ νεανῖδες — παλλακαὶ A : *om.* M ‖ **25-28** ὅτι — ἦσαν A : *om.* M.

celles des Prophètes auxquelles le Seigneur s'unit comme à des concubines avant que l'Église fût son épouse et en qui il sema des paroles de vérité dans l'abondance de son amour de la sagesse, afin qu'elles conçoivent et lui engendrent *la foi qui sauve*[1]. Le Verbe a appelé concubines les âmes des Prophètes parce qu'il ne les a pas épousées ouvertement comme il a épousé l'Église pour qui il sacrifia *le veau gras*[2]. Et le texte sacré a appelé les soixante reines ceux qui se sont succédé depuis le premier homme jusqu'à Noé parce que, à mon sens, ils n'ont pas eu besoin d'autres préceptes pour être sauvés vu que la création [310 b] du monde en six jours leur était encore proche ; ils se souvenaient, en effet, que Dieu avait fait le monde en six jours et ils se souvenaient de ce qui s'était passé au Paradis terrestre[3].

Voilà donc pourquoi ces âmes qui, aussitôt après la création du monde, ont pris les unes après les autres le parti de chercher Dieu et qui étaient pour ainsi dire les descendantes du premier âge et proches voisines de la grande semaine ont été appelées symboliquement les soixante reines parce qu'elles étaient, disais-je, nées après les six jours ; car ces gens-là ont été gratifiés d'un grand honneur : ils ont été en relation avec les Anges et ils ont contemplé Dieu en réalité et non pas en songe. Voyez, en effet, de quelle familiarité Seth usait à l'égard de Dieu et Abel aussi, et Énoch et Mathusalem et Noé qui ont été les premiers à s'éprendre de la justice[4].

Mais en voilà assez à leur sujet ; il faut à nouveau parler des concubines. Pour ceux qui ont vécu après le Déluge, la connaissance de Dieu était plus lointaine et ils avaient besoin d'un autre enseignement parce que l'idolâtrie se répandait déjà. Dieu donc, afin que la race hu-

1. Allusion à *Isaïe*, 26, 17. L'extrait 310 a 29-36 = VII, 4, 158-159, Bo, p. 75, 10 ; Mu, p. 188.
2. Allusion à *Luc*, 15, 23. L'extrait 310 a 38-39 = VII, 4, 160, Bo, p. 75, 22-76, 2 ; Mu, p. 190.
3. 310 a 39-b 4 = VII, 5, 160-161, Bo, p. 76, 7-13 ; Mu, p. 190.
4. 310 a 4-14 = VII, 5, 161-162, Bo, p. 76, 15-77, 2 ; Mu, p. 190.

κλυσμὸν τῶν Προφητῶν, αἷς πρὸ τοῦ τὴν ἐκκλησίαν ἁρμοσθῆναι τῷ Κυρίῳ παλλακίδων δίκην συγγινόμενος ἀληθεῖς ὑπέσπειρε λόγους ἐν ἀφθόνῳ καὶ καθαρᾷ φιλοσοφίᾳ, ἵνα γεννήσωσιν αὐτῷ συλλαβοῦσαι πίστιν σωτηρίας. Παλλακὰς δὲ προσηγόρευσε τὰς προφητικὰς ψυχὰς ὁ Λόγος, ὅτι μὴ φανερῶς αὐτάς, ὥσπερ δὴ καὶ τὴν ἐκκλησίαν ἐπηγάγετο, θύσας δι' αὐτὴν « μόσχον τὸν σιτευτόν ». Ἑξήκοντα δὲ βασιλίσσας ἐντεῦθεν, ὡς οἶμαι δή, τοὺς ἀπὸ τοῦ πρωτοπλάστου μέχρι Νῶε κατὰ διαδοχὴν εὐαρεστήσαντας ἐκάλεσε τῷ Θεῷ, ἐπειδήπερ ἑτέρων οὗτοι παραγγελμάτων εἰς τὸ σωθήσεσθαι χρείαν οὐκ ἐσχή-
[310 b] κασιν, ἔτι δὲ προσφάτου τῆς κατὰ τὴν ἑξαήμερον οὔσης αὐτοῖς τοῦ κόσμου συστάσεως· ἐμέμνηντο γὰρ ὅτι ἐν ἓξ ἡμέραις ὁ Θεὸς ἐτεκτήνατο τὴν κτίσιν τά τε ἐν τῷ παραδείσῳ γεγονότα.

Ἐντεῦθεν οὖν δὴ τὰς ἀπὸ τῆς συστάσεως εὐθέως τοῦ κόσμου κατὰ διαδοχὴν τὸν Θεὸν ποθεῖν ἑλομένας ψυχάς, καὶ σχεδόν (εἰ χρὴ φάναι) τὰς τοῦ πρώτου αἰῶνος οὔσας ἔγγονα καὶ γείτονας τῆς μεγάλης ἑξαημέρου, ἑξήκοντα βασιλίσσας ἔφη συμβολικῶς, διὰ τὸ μετὰ τὴν ἑξαήμερον ταύτας, ὡς ἔφην, γεγονέναι· μεγάλην γὰρ οὗτοι τιμὴν ἐσχήκασιν Ἀγγέλοις ὁμιλήσαντες καὶ τὸν Θεὸν ὕπαρ, οὐκ ὄναρ, θεασάμενοι. Ἐπισκέψασθε γὰρ ὅσην ἔσχε παρρησίαν ὁ Σὴθ πρὸς τὸν Θεόν, ὅσην ὁ Ἄβελ, ὅσην ὁ Ἐνώχ, ὅσην ὁ Μαθουσάλα, ὅσην ὁ Νῶε, πρῶτοι δικαιοσύνης ὄντες ἐρασταί.

Καὶ περὶ τούτων μὲν αὐτάρκως· περὶ δὲ τῶν παλλακῶν πάλιν λεκτέον. Τοῖς μετὰ τὸν κατακλυσμὸν ἀπωτέρω λοιπὸν ἡ γνῶσις ἦν τοῦ Θεοῦ, καὶ ἔχρῃζον ἑτέρας διδαχῆς ἑρπούσης ἤδη τῆς εἰδωλολατρείας. Ὁ οὖν Θεός, ἵνα μὴ

[310 b] 1 δέ AM : δὴ A² *v. l.* ‖ 2 αὐτοῖς M : αὐτῆς A ‖ 6 ποθεῖν ἑλομένας A : ἑλομένας ποθεῖν M ‖ 7 τοῦ A : *om.* M ‖ 16 ἀπωτέρω Methodius : ἀποτέρω M ὁπωτέρω A.

maine ne fût pas complètement anéantie à cause de son oubli du bien, ordonna à son Fils d'annoncer à l'oreille des Prophètes sa prochaine venue sous une forme de chair dans le monde, venue lors de laquelle serait proclamée la joie de la connaissance du huitième jour selon l'Esprit qui dispense la rémission des péchés et la résurrection car, par elle, l'homme serait circoncis des passions et de la corruption. Voilà pourquoi la succession des Prophètes depuis Abraham [1], parce qu'elle annonce la circoncision qui implique le nombre de huit [2] et de laquelle dépend aussi la loi, a reçu le nom de concubines ; c'est parce que, avant que la fiancée — l'Église — fût unie au Verbe, ils ont conçu les semences divines et annoncé à l'avance la circoncision du huitième jour selon l'Esprit.

Il appelle jouvencelles — et il y en a une foule innombrable — les multitudes de ceux qui, quoique inférieurs aux meilleurs, ont pratiqué la justice et lutté avec un courage juvénile et noble contre le péché. Mais parmi elles, ni les reines ni les concubines ne sont à comparer à l'Église ; car celle qui est appelée la parfaite et l'élue entre toutes et qui est composée de tous les Apôtres et leur est solidaire est l'épousée qui, par la fleur de sa beauté virginale, les dépasse toutes. C'est pourquoi elle est proclamée bienheureuse par les autres, parce qu'elle a vu et entendu en abondance ce que les autres ont désiré voir et entendre et n'ont ni vu ni entendu : « Bienheureux, en effet, vos yeux, dit le Seigneur aux disciples, [311 a] eux qui voient ce que vous voyez ! Car je vous dis que beaucoup de prophètes ont désiré voir ce que vous voyez et ne l'ont pas vu et entendre ce que vous entendez et ne l'ont pas entendu » [3]. C'est donc pour cela que les

1. Allusion à la *Genèse*, 17, 12.
2. Cf. le *Lévitique*, 12, 3.
3. *Matthieu*, 13, 17 ; *Luc*, 10, 23-24.

πάντη τὸ γένος τῶν ἀνθρώπων ἀϊστωθῇ λήθῃ τῶν καλῶν, τὸν ἴδιον παῖδα τοῖς Προφήταις ἐκέλευσεν ὑφηχῆσαι τὴν ἐσομένην ἑαυτοῦ παρουσίαν διὰ σαρκὸς εἰς τὸν κόσμον, καθ' ἣν ἡ τῆς πνευματικῆς ὀγδοάδος χαρὰ καὶ γνῶσις κηρυχθήσεται, ἀφέσεως ἁμαρτημάτων οὖσα καὶ ἀναστάσεως παρεκτική· περιτμηθήσεσθαι γὰρ δι' αὐτῆς τὸν ἄνθρωπον τὰ πάθη καὶ τὴν φθοράν. Καὶ διὰ τοῦτο τὸν κατάλογον τῶν ἀπὸ τοῦ Ἀβραὰμ Προφητῶν, διὰ τὴν τῆς περιτομῆς πρεσβείαν τὸν ὀκτὼ περιεχούσης ἀριθμόν, ἧς ἐξήρτηται καὶ ὁ νόμος, παλλακὰς ἐκάλεσεν, ὅτι πρὸ τοῦ τὴν νύμφην, τὴν ἐκκλησίαν, κατεγγυηθῆναι τῷ λόγῳ, τὰ θεῖα προσλαβόντες σπέρματα, τῆς νοητῆς προεξήγγειλαν ὀγδοάδος τὴν περιτομήν.

Νεάνιδας δὲ πάλιν εἰς ἀναρίθμητον συντελούσας ὅμιλον τὰ ὑπὸ τοῖς κρείττοσι δικαιοπραγήσαντα πλήθη, καὶ νεανικῶς καὶ γενναίως διαθλήσαντα πρὸς τὴν ἁμαρτίαν, καλεῖ. Ἀλλὰ τούτων οὔθ' αἱ βασίλισσαι οὔθ' αἱ παλλακαὶ συγκρίνονται τῇ ἐκκλησίᾳ· ἡ γὰρ τελεία καὶ ἐκλεκτὴ παρὰ πάσας ὀνομαζομένη ἡ ἐκ πάντων συνεστῶσά τε καὶ συνημμένη τῶν Ἀποστόλων ἐστὶν ἡ ὑπερβάλλουσα νύμφη τῷ κάλλει τῆς ἀκμῆς καὶ τῆς παρθενίας πάσας. Διὸ καὶ μακαρίζεται πρὸς τῶν ἄλλων, ὅτι αὕτη εἶδε καὶ ἤκουσεν ἀφθόνως ἃ ἐκεῖναι ἐπεπόθησαν ἰδεῖν καὶ ἀκοῦσαι καὶ οὐκ εἶδον οὐδ' ἤκουσαν· « Μακάριοι γὰρ οἱ ὀφθαλμοί, [311 a] φησίν, ὑμῶν » ὁ Κύριος τοῖς μαθηταῖς, « οἱ βλέποντες ἃ βλέπετε. Λέγω γὰρ ὑμῖν ὅτι πολλοὶ Προφῆται ἐπεθύμησαν ἰδεῖν ἃ βλέπετε, καὶ οὐκ εἶδον, καὶ ἀκοῦσαι ἃ ἀκούετε, καὶ οὐκ ἤκουσαν ». Οὐκοῦν διὰ ταῦτα μακαρί-

19 ἀϊστωθῇ M : *om.* A || **20** ὑφηχῆσαι M : ὑφηγῆσαι A || **21** ἑαυτοῦ A : αὐτοῦ M || **30** προσλαβόντες A : συλλαβόντες M || **32** ἀναρίθμητον AM[2] : ἀριθμητὸν M.

[311 a] **1** ὑμῶν A : *om.* M.

Prophètes la proclament bienheureuse, parce que, ce qu'ils n'ont pas obtenu, l'Église l'a eu en partage et en fut jugée digne[1].

On peut encore expliquer autrement le nom de fiancée et dire que c'est la chair sans tache du Seigneur pour laquelle il a quitté son Père et est descendu ici-bas s'unir à elle en se faisant homme. C'est pourquoi il l'a appelée colombe par métaphore parce que c'est un animal apprivoisé et familier et qui aime partager la vie des hommes[2]. Et dans le quarante-quatrième psaume, la reine, installée à la droite de Dieu, vêtue de la robe d'or de sa vertu et dont le roi a désiré la beauté, c'est, comme je le disais, la chair, cette chair sans tache et bienheureuse que le Verbe lui-même a fait monter aux cieux pour l'installer à la droite du Père, vêtue d'un vêtement doré, formule qui désigne symboliquement le mode de vie de l'incorruptibilité[3].

Virginité devient *divinité* par une substitution unique de lettre dans l'idée qu'elle seule rend semblable à Dieu celui qui détient ses impérissables mystères et on ne peut trouver de plus grand bien que celui-là[4].

La vertu, dit-il, a reçu ce nom soit d'elle-même, soit parce qu'elle attire et élève les âmes vers le ciel[5].

Il semble, dit-il, qu'il y ait un accord tout particulier entre ce que j'ai dit et l'oracle rendu du haut du ciel par le Père lui-même au Christ dans le Jourdain : « Tu es mon Fils, aujourd'hui je t'ai engendré »*. Il faut remarquer, en effet, que cette filiation, Dieu l'a proclamée sans aucune donnée précise de temps. Car il lui dit *Tu es mon Fils* et non *Tu es devenu mon Fils*, montrant qu'il n'a pas obtenu un lien de filiation récente et que ce lien n'a pas eu une fin après qu'il existait auparavant,

1. 310 b 14-311 a 6 = VII, 5, 162-6, 163, Bo, p. 77, 4-78, 14 ; Mu, p. 190-194.

2. 311 a 6-12 = VII, 8, 165-166, Bo, p. 78, 17-79, 2 ; Mu, p. 194.

3. 311 a 12-19 = VII, 8, 167, Bo, p. 79, 7-13 ; Mu, p. 194-196.

4. 311 a 20-23 = VIII, 1, 171, Bo, p. 81, 4-7 ; Mu, p. 202. Sur cette étymologie, cf. Musurillo, *A. C. W.*, 27, p. 219, note 3.

5. 311 a 24-26 = VIII, 1, 172, Bo, p. 82, 5-4 ; Mu, p. 202. Il faut citer ici la jolie réussite de M. V. H. Debidour dans sa traduction de ce passage (p. 203) : « Ainsi, Vertu, que tu aies reçu ce nom parce que *tu* attires *vers* toi tous les suffrages ou parce que *tu* enlèves *vert*icalement les âmes au ciel... »

ζουσιν αὐτὴν οἱ Προφῆται, ὅτι ὧν αὐτοὶ μὴ ἐπέτυχον ἡ ἐκκλησία μετείληφε καὶ ἠξιώθη.

Δύναται δέ τις καὶ ἑτέρως τὴν νύμφην φάναι τὴν σάρκα τὴν ἀμόλυντον εἶναι τοῦ Κυρίου, ἧς χάριν καταλείψας τὸν Πατέρα κατῆλθεν ἐνταῦθα καὶ προσεκολλήθη αὐτῇ ἐνανθρωπήσας. Διὸ δὴ καὶ περιστερὰν αὐτὴν ἔφη τροπικῶς ἐπειδὴ τιθασὸν τὸ ζῷον καὶ ὑπωρόφιον καὶ διαίτῃ τῇ ἀνθρώπων ἀσμενίζον. Καὶ ἐν τῷ μ' καὶ δ' ψαλμῷ ἐκ τῶν δεξιῶν παρισταμένη τοῦ Θεοῦ μερῶν βασίλισσα ἡ τῷ διαχρύσῳ τῆς ἀρετῆς κόσμῳ κατεστολισμένη, ἧς ἐπεθύμησε τοῦ κάλλους ὁ βασιλεύς, ἡ σάρξ ἐστιν, ὡς ἔφην, ἡ ἄχραντος ἐκείνη καὶ μακαρία, ἣν αὐτὸς ἀνακομίσας ὁ Λόγος εἰς οὐρανοὺς ἐκ δεξιῶν παρέστησε τοῦ Πατρός, ἐν ἱματισμῷ διαχρύσῳ κεκοσμημένην, ὃ δή ἐστι συμβολικῶς τοῖς ἐπιτηδεύμασι τῆς ἀφθαρσίας.

Ὅτι παρθεία ἡ παρθενία κατὰ μίαν ὑπαλλαγὴν καλεῖται στοιχείου, ὡς δὴ μόνη τὸν ἔχοντα αὐτῆς τὰς ἀφθόρους τελετὰς Θεῷ ἀπεικάζουσα οὗ μεῖζον ἀγαθὸν ἀδύνατον εὑρεῖν.

Ὅτι φησὶν, ἡ ἀρετὴ ἤτοι δι' ἑαυτὴν, εἴτε διὰ τὸ αἴρειν καὶ μετεωρίζειν πρὸς οὐρανὸν τὰς ψυχὰς ταύτην ἔσχηκε τὴν ἐπωνυμίαν.

Ὅτι φησίν, ἔοικε δὲ τοῖς εἰρημένοις καὶ τοῦτο μάλιστα συμφωνεῖν τὸ χρησμῳδούμενον ἄνωθεν ἐξ αὐτοῦ τοῦ Πατρὸς τῷ Χριστῷ ἐν τῷ Ἰορδάνῃ· « Υἱός μου εἶ σύ, ἐγὼ σήμερον γεγέννηκά σε ». Παρατηρητέον γὰρ ὅτι τὸ μὲν Υἱὸς αὐτοῦ εἶναι ἀορίστως ἀπεφήνατο καὶ ἀχρόνως. Εἶ γὰρ Υἱὸς αὐτῷ ἔφη καὶ οὐ γέγονας ἐμφαίνων μήτε πρόσφατον αὐτὸν τετυχηκέναι τῆς υἱοθεσίας,

10 ἔφη τροπικῶς A : τροπικῶς ἔφη M ‖ **13** τοῦ A[1] : λαιῶν καὶ τοῦ AM ‖ **16** ἀνακομίσας A : ἀνακαινίσας M ‖ **20** παρθεία Methodius : πέρθεια A παρὰ θεῖα M ‖ **20** ὑπαλλαγὴν A : ἀπαλλαγὴν M ‖ **31** αὐτοῦ A : αὐτὸν M ‖ **32** εἶ Methodius : εἰ AM ‖ καὶ οὐ γέγονας M : *in* A, *spatium vac.*

mais qu'il est toujours le même. Et les mots : « Aujourd'hui je t'ai engendré » veulent dire : alors que tu existais avant les siècles dans les cieux, j'ai voulu te faire naître également au monde, ce qui veut dire te faire connaître alors que tu étais inconnu auparavant[1]. Assurément, pour ceux des hommes qui n'ont pas encore pénétré les multiples aspects de la sagesse de Dieu, le Christ n'est pas encore né, c'est-à-dire qu'il n'est pas encore connu, qu'il n'a pas encore été révélé[2].

La plupart des paroles de saint Jean dans l'*Apocalypse*, [311 b] l'auteur les applique à l'Église et aux âmes virginales. En outre, presque toutes les autres paroles qu'il a prises aussi ailleurs, il les explique dans le présent dialogue par allégorie et non selon la lettre[3].

Pour confondre ceux qui croient à la destinée, voici ce qu'il dit. Si les infortunes et les perversités des mortels sont les œuvres des astres qui travaillent aux débordements et aux vicissitudes de la vie, ces astres sont encore plus infortunés que les hommes[4] parce que, non contents d'aimer le mal, ils contraignent aussi les hommes à le faire*. En outre, s'il n'y a pas d'acte sans désir ni de désir sans besoin, et si la divinité ignore le besoin, elle ne peut donc concevoir le mal. Et la nature des astres est très proche de Dieu et vaut mieux que la vertu des meilleurs d'entre les hommes ; les astres ne peuvent donc concevoir le mal et ils sont à l'abri du besoin*.

En outre, si c'est la « géniture » qui force quelqu'un à tuer alors que la loi le défend en châtiant les criminels et en s'opposant par des menaces aux décrets de la « géniture », la loi va donc à l'encontre de la « géniture » ; en effet, tout ce que la loi interdit, la « géniture » l'ordonne et tout ce que la « géniture » contraint de faire, la loi l'interdit. La loi est donc l'ennemie de la « géniture ». Et si

1. Sur cette traduction, cf. Debidour, p. 223, note 2. Comparer l'interprétation différente du P. Musurillo, *A. C. W.*, 27, p. 114 et p. 223, note 46.

2. 311 a 27-41 = VIII, 9, 192-193, Bo, p. 91, 4-16 ; Mu, p. 222.

3. 311 a 42-b 4 condense VIII, 4, 181, 13-208, Bo, p. 85, 12-99, 1 ; Mu, p. 210-236.

4. 311 b 6-8 = VIII, 15, 218, Bo, p. 104, 6-9 ; Mu, p. 246.

μήτε αὖ προϋπάρξαντα τέλος ἐσχηκέναι ἀλλὰ εἶναι ἀεὶ τὸν αὐτόν. Τὸ δέ· « Ἐγὼ σήμερον γεγέννηκά σε » ὅτι προόντα ἤδη πρὸ τῶν αἰώνων λέγει ἐν τοῖς οὐρανοῖς ἐβουλήθην καὶ τῷ κόσμῳ γεννῆσαι, ὃ δή ἐστι πρόσθεν ἀγνοούμενον γνωρίσαι. Ἀμέλει τοῖς μηδέπω τῶν ἀνθρώπων συνῃσθημένοις τὴν πολυποίκιλον τοῦ Θεοῦ σοφίαν ὁ Χριστὸς οὐδέπω γεγέννηται, ὅπερ ἐστὶν οὐδέπω ἐγνώσθη, οὐδέπω πεφανέρωται.

Ὅτι τὰ πλεῖστα τῆς τοῦ ἁγίου Ἰωάννου Ἀποκαλύψεως [311 b] ῥητὰ εἰς τὴν ἐκκλησίαν καὶ τὰς παρθενευούσας ψυχὰς ἀνάγει. Ἀλλὰ σχεδὸν καὶ ὅσα ἂν ῥητὰ καὶ ἄλλοθεν ἔλαβεν, ἀλληγορικῶς αὐτὰ καὶ οὐ κατὰ τὸ γράμμα διηγεῖται ἐν τῷδε τῷ διαλόγῳ.

Ὅτι ἀναιρῶν τοὺς εἱμαρμένην δοξάζοντάς φησιν· εἰ τὰς τῶν θνητῶν συμφορὰς καὶ κακοφροσύνας τὰ ἄστρα τεκταίνεται, περὶ τὰς ἀσελγείας καὶ τροπὰς τοῦ βίου ἀσχολούμενα ἄρα ἀθλιώτερα τῶν ἀνθρώπων ἐστίν, ὅτι οὐ μόνον αὐτὰ τῶν κακῶν ἐρῶσιν, ἀλλὰ καὶ τοὺς ἀνθρώπους ἀναγκάζουσι ταῦτα πράττειν. Ἔτι εἰ πᾶσα πρᾶξις χωρὶς ἐπιθυμίας οὐ γίνεται, οὐδὲ μὴν ἐπιθυμία χωρὶς ἐνδείας, ἀνενδεὲς δὲ τὸ θεῖον, ἀνεννόητον ἄρα πονηρίας. Ἡ δὲ τῶν ἄστρων φύσις ἐγγυτέρω τέτακται Θεοῦ, κρείσσων οὖσα τῆς τῶν κρεισσόνων ἀνθρώπων ἀρετῆς· ἀνεννόητα κακίας ἄρα καὶ ἀνενδεῆ ἐστι τὰ ἄστρα.

Ἔτι εἰ τὸ ἀνελεῖν τινα γένεσις ἐργάζεται, τοῦτο δὲ νόμος κωλύει, κολάζων τοὺς ἀλάστορας καὶ δι' ἀπειλῆς ἀπείργων τὰ τῆς γενέσεως δόγματα, ἐναντίον ἄρα νόμος γενέσει· ὅσα μὲν γὰρ νόμος κωλύει, ταῦτα γένεσις ὥρισεν, ὅσα δὲ γένεσις ποιεῖν βιάζεται, ταῦτα νόμος κωλύει. Πολέμιον ἄρα γενέσει νόμος. Εἰ δὲ πο-

36 λέγει A : *om.* M ‖ **36-38** ἐν τοῖς — ἀμέλει M : *om.* A.
[311 b] **16** εἰ A : εἰς M.

elle est son ennemie, ce n'est donc pas en accord avec la « géniture » que les législateurs légifèrent, car, en enseignant ce qui est contraire à la « géniture », ils l'anéantissent. Donc, ou bien la « géniture » existe et il ne faut pas qu'il existe des lois ou bien il existe des lois et elles ne sont pas conformes à la « géniture ». Mais il est impossible que quelqu'un naisse ou accomplisse n'importe quoi en dehors de la « géniture » : car il n'est même pas possible, dit-on, de remuer le doigt sans l'accord du destin. C'est donc en accord avec la « géniture » que Minos Rhadamanthe[1], Dracon, Lycurgue, Solon et Zaleucus, qui ont été des législateurs, ont élaboré leurs lois interdisant vols, meurtres et autres délits qui, croient-ils, arrivent avec l'accord de la « géniture », ce qui est impossible ; en effet, la « géniture » se détruirait elle-même en s'enlevant sa propre autorité ; d'un côté, elle ferait des lois qui interdisent l'adultère et les autres délits et, d'un autre côté, elle ferait les lois et les adultères ; car rien n'est étranger à soi-même ni en lutte avec soi-même et ne cherche à se détruire soi-même. La « géniture » n'existe donc pas[2].

La vertu de tempérance vaut mieux, dit-il, que le vice de dérèglement ; on peut s'en instruire par l'exemple de rois, de chefs, de généraux, d'enfants, de citoyens, de serviteurs et de précepteurs. Car chacun d'eux se rend utile à lui-même et à la communauté par sa tempérance, [312 a] mais sa licence lui fait du tort et en fait à la communauté[3].

La loi, dit l'auteur, est la figure et l'ombre de l'image, c'est-à-dire de l'Évangile, et l'image qui est l'Évangile, c'est l'image de la vérité même qui se réalisera lors de la seconde venue du Seigneur*.

Ce qui est dit dans le *Lévitique* sur l'installation des tentes, il le comprend comme des propos relatifs à la résurrection des hommes qui aura lieu lors de la seconde

1. Ce nom ne figure pas dans le texte de Méthode.

2. 311 b 16-37 = VIII, 16, 224-226, Bo, p. 107, 15-109, 3 ; Mu, p. 252-254. Photius a condensé l'original par endroits. Sur la traduction de γένεσις par « geniture », cf. « codex » 223, t. IV, p. 10, note 1.

3. 311 b 38-312 a 2 = VIII, 16, 422-223, Bo, p. 106, 12-107, 2 ; Mu, p. 250.

λέμιον, οὐκ ἄρα κατὰ γένεσιν οἱ νομοθέται νομοθέται· τὰ γὰρ ἐναντία δογματίζοντες γενέσει γένεσιν λύουσιν. Ἤτοι οὖν γένεσίς ἐστι, καὶ οὐ χρὴ εἶναι νόμους, ἢ εἰσὶ νόμοι, καὶ οὐκ εἰσὶ κατὰ γένεσιν. Ἀλλὰ ἀμήχανον χωρὶς γενέσεως φῦναί τινί τινα καὶ διαπράξασθαί τι· οὐδὲ γὰρ τὸν δάκτυλον ἐξεῖναί φασι χωρὶς εἱμαρμένης κινῆσαι. Κατὰ γένεσιν ἄρα καὶ Μίνως καὶ Ῥαδάμανθυς καὶ Δράκων καὶ Λυκοῦργος καὶ Σόλων καὶ Ζάλευκος νομοθέται φύντες διετάξαντο τοὺς νόμους, ἀπαγορεύοντας κλοπάς, φόνους καὶ τὰ ὅμοια, ἃ κατὰ γένεσιν ἐπισυμβαίνειν δογματίζουσιν, ὅπερ ἀδύνατον· αὐτὴ γὰρ ἂν ὑφ' ἑαυτῆς ἀνῃρεῖτο ἡ γένεσις, αὐτὴ ἑαυτὴν ἀκυροῦσα, καὶ ἐνταῦθα μὲν ἀπαγορευτικοὺς μοιχείας καὶ τῶν ἄλλων νόμους τιθεμένη, ἐνταῦθα δὲ τοὺς νόμους καὶ τὰς μοιχείας ἐργαζομένη· οὐδὲν γὰρ ἀλλοκότον αὐτὸ ἑαυτοῦ μαχόμενον καὶ αὐτὸ ἑαυτὸ καταλύειν σπεῦδον. Οὐκ ἄρα γένεσις.

Ὅτι, φησίν, ἡ κατὰ σωφροσύνην ἀρετὴ κρείσσων ἐστὶ τῆς κατὰ ἀκρασίαν κακίας, μαθεῖν ἔστι καὶ ἀπὸ βασιλέων, ἀπὸ ἀρχόντων, ἀπὸ στρατηγῶν, ἀπὸ τέκνων, ἀπὸ πολιτῶν, ἀπὸ οἰκετῶν, ἀπὸ παιδαγωγῶν. Ἕκαστος γὰρ τούτων ἑαυτῷ καὶ τῷ κοινῷ ὠφέλιμος γίνεται [312 a] σωφρονῶν, ἀκολασταίνων δὲ ἑαυτῷ καὶ τῷ κοινῷ βλαβερός.

Ὅτι φησὶν ὁ μὲν νόμος τύπος ἐστὶ καὶ σκιὰ τῆς εἰκόνος, τουτέστι τοῦ εὐαγγελίου, ἡ δὲ εἰκὼν τὸ εὐαγγέλιον αὐτῆς τῆς ἀληθείας τῆς ἐσομένης ἐν τῇ δευτέρᾳ τοῦ Κυρίου παρουσίᾳ.

Ὅτι τὸ ἐν τῷ Λευϊτικῷ περὶ τῆς σκηνοπηγίας λεγόμενον εἰς τὴν ἐν τῇ β' τοῦ Κυρίου παρουσίᾳ ἐσομένην τῶν ἀνθρώπων ἀνάστασιν ἐκδέχεται, σκηνὴν ἑκάστου τὸ

33 ἡ A² *s. v.* : *om.* AM || **34** ἀπαγορευτικοὺς A²M : ἀπαγορευτικὰς A *ut vid.* || **35** ἐνταῦθα — ἐργαζομένη A : *om.* M || **36** αὐτὸ A : αὖ αὐτὸ A || ἑαυτοῦ Methodius : ἑαυτὸ AM.

[312 a] **4** ἡ A : εἰ M || **7-8** ὅτι — παρουσίᾳ A : *om.* M.

venue du Sauveur en posant que la tente est le corps de chacun et que les sept jours sont la figure des sept millénaires et le reste à l'avenant[1].

Il interprète dans un sens spirituel ce qui est dit dans le *Livre des Juges* : « Les arbres se mirent en marche pour aller oindre un roi qui régnât sur eux ; et ils dirent à l'olivier : règne sur nous ; et l'olivier leur dit : laisserai-je mon huile dont Dieu et les hommes m'ont fait gloire pour m'en aller régner sur les arbres ? Et tous les arbres dirent au figuier : viens, toi, règne sur nous ! Et le figuier leur dit : laisserai-je ma douceur et mon fruit délicieux pour m'en aller régner sur les arbres ? Et les arbres dirent à la vigne... et ils dirent au buisson d'épines... », etc[2].

Il dit, en effet : que ces mots n'aient pas été dits à propos d'arbres, c'est clair, mais ce récit concerne les âmes qui, après leurs débordements de péchés antérieurs à l'Incarnation du Christ, s'approchent en demandant que Dieu prenne pitié d'elles et fasse régner sur elles désormais sa pitié et sa miséricorde que l'Écriture a évoquées sous la figure de l'olivier[3]. Et voyez si l'Écriture ne présente pas les législations successives depuis le premier homme jusqu'au Christ et par les contrefaçons desquelles le diable a trompé le genre humain ? Le figuier, elle en fait l'image du commandement donné à l'homme au Paradis terrestre puisque, quand il eut été trompé, il voila sa nudité avec des feuilles de figuier[4] ; la vigne, c'est la figure du commandement donné à Noé lors du Déluge parce qu'il fut raillé pour s'être endormi sous l'effet du vin[5] ; l'olivier, c'est la loi donnée à Moïse au désert puisque l'onction prophétique, l'huile sainte, fut retirée de l'héritage quand le peuple eut désobéi à la Loi ; et le buisson d'épines, c'est le commandement donné aux Apôtres pour le salut

1. Le texte de Photius, 312 a 7-11, paraphrase IX, 1, 233-234, Bo, p. 173, 7-10 ; Mu, p. 262. Le texte biblique auquel il est fait allusion dans ce passage est dans le *Lévitique*, 23, 39-43.

2. Citation tronquée de *Juges*, 9, 8-15. Photius, 313 a 13-22 = X, 2, 260-261, Bo, p. 122, 20-123, 5 ; Mu, p. 286.

3. 312 a 23-27 = X, 2, 262, Bo, p. 123, 7-11 ; Mu, p. 288.

4. *Genèse*, 3, 7.

5. *Genèse*, 9.

οἰκεῖον τιθεὶς σῶμα, τὰς δὲ ἑπτὰ ἡμέρας εἰς τύπον τῶν ἑπτὰ αἰώνων, καὶ τὰ ἄλλα ἀναλόγως.

Ὅτι ἀναγωγικῶς ἐκδέχεται τὸ εἰς τοὺς Κριτὰς εἰρημένον · « Πορευόμενα ἐπορεύοντο τὰ ξύλα τοῦ χρῖσαι ἐφ' ἑαυτῶν βασιλέα, καὶ εἶπαν τῇ ἐλαίᾳ βασίλευσον ἐφ' ἡμῶν · καὶ εἶπεν αὐτοῖς ἡ ἐλαία · ἀφεῖσα τὴν πιότητά μου, ἣν ἐδόξασεν ὁ Θεὸς καὶ οἱ ἄνθρωποι, πορευθῶ ἄρχειν τῶν ξύλων; Καὶ εἶπαν τὰ ξύλα πάντα τῇ συκῇ · δεῦρο σὺ βασίλευσον ἐφ' ἡμῶν · καὶ εἶπεν αὐτοῖς ἡ συκῆ · ἀφεῖσα τὴν γλυκύτητά μου καὶ τὸ γέννημά μου τὸ ἀγαθὸν πορευθῶ ἄρχειν τῶν ξύλων; Καὶ εἶπαν τὰ ξύλα τῇ ἀμπέλῳ καὶ εἶπαν τῇ ῥάμνῳ » καὶ ἑξῆς.

Φησὶ γάρ, ταῦτα δὲ ὅτι μὴ περὶ ξύλων ἐλέχθη, σαφές ἐστιν · ἀλλὰ περὶ ψυχῶν ἱστορεῖται ταῦτα, αἳ πρὸ τῆς ἐνανθρωπήσεως τοῦ Χριστοῦ καθυλομανήσασαι τοῖς παραπτώμασι, προσίασιν, οἶκτον αὐτῶν ἀξιοῦσαι λαβεῖν τὸν Θεὸν καὶ βασιλεῦσαι τὸν ἔλεον ἐπ' αὐτὰς ἤδη καὶ τὴν εὐσπλαγχνίαν, ἣν ἐλαίας τύπῳ παρέλαβεν ἡ Γραφή. Καὶ ἐπισκέψασθε μήποτε τὰς ἐπὶ τοῦ πρωτοπλάστου μέχρι τοῦ Χριστοῦ καθεξῆς ἡ Γραφὴ νομοθεσίας δηλοῖ, ὧν ὁ διάβολος ἀντιμίμοις ἐξηπάτησε πλάσμασι τὸ ἀνθρώπων γένος. Τὴν μὲν οὖν συκῆν ἀπεικάζουσα τῇ κατὰ τὸν παράδεισον δοθείσῃ τῷ ἀνθρώπῳ ἐντολῇ, ἐπειδὴ τὴν γύμνωσιν ἀπατηθεὶς οὗτος πετάλοις ἐπεκάλυψε συκῆς · τὴν δὲ ἄμπελον τῇ ἐπὶ τοῦ κατακλυσμοῦ τῷ Νῶε, διὰ τὸ οἴνῳ χλευασθέντα κοιμηθῆναι · τὴν δὲ ἐλαίαν τῇ κατὰ τὴν ἔρημον τῷ Μωσεῖ, ἐπειδὴ τὸ χρίσμα τὸ προφητικόν, τὸ ἔλαιον τὸ ἅγιον, ἀνομησάντων αὐτῶν ἐκλελοίπει τῆς κληρονομίας · τὴν δὲ ῥάμνον τῇ ἐπὶ τῇ σωτηρίᾳ τοῦ κόσμου τοῖς Ἀποστόλοις, ἐπειδήπερ δι'

10 τιθεὶς M : τιθεῖσα A ‖ **12** ἀναγωγικῶς M : ἀναλόγως A ‖ **15** πιότητα A : ποιότητα M ‖ **17** πάντα A : *om.* M ‖ **19** γέννημά Methodius : γένημα AM ‖ **21** ἀμπέλῳ A : ἀμπέλῳ καὶ ἕως οὗ M ‖ τῇ ῥάμνῳ M : τὴν ῥάμνον A ‖ **34** τῷ A : τοῦ M ‖ **36** χρίσμα A[1] : χρῆσμα A χάρισμα M ‖ **38-39** τῇ σωτηρίᾳ M : τῆς σωτηρίας A.

du monde[1] puisque c'est par eux que nous a été enseignée la chasteté qui est la seule vertu dont le diable n'a pas su forger une contrefaçon. Et c'est pour cela aussi que quatre [312 b] Évangiles ont été transmis, parce que Dieu a annoncé quatre fois la bonne nouvelle à l'humanité et travaillé quatre fois à l'instruire par quatre législations dont les moments sont clairement indiqués par les différences des fruits. Car la figue, parce qu'elle est douce, représente la vie de délices qui fut celle de l'homme avant sa faute, car il arrive que le fruit du figuier ait un sens favorable dans l'Écriture. La vigne, à cause de la gaîté qu'elle suscite par le vin et à cause du soulagement de ceux qui furent sauvés de la colère et du Déluge, fait allusion à leur passage de la peur et de l'anxiété à la joie. Et l'olivier, à cause de l'huile de son fruit, évoque la miséricorde de Dieu lorsqu'il consentit une nouvelle fois, après le Déluge, alors que les hommes s'étaient égarés dans l'impiété, à leur donner une loi et à se manifester à certains d'entre eux[2]. Quant au buisson d'épines, il représente la chasteté ; en effet, *épine* et *agnus-castus*, c'est le même arbuste et peut-être est-ce à cause de son affinité avec la virginité qu'il a été appelé épine et agnus : épine à cause de sa fermeté et de sa force de résistance aux plaisirs[3], et agnus à cause de l'observance d'une chasteté totale. C'est pourquoi on nous raconte qu'Élie, quand il s'enfuit de la présence de la femme Jézabel[4], se réfugia sous un buisson d'épines et fut exaucé et nourri parce que, pour ceux qui fuient l'aiguillon de la chair, la femme et le plaisir, l'arbre de la chasteté s'est épanoui pour être leur refuge et leur abri et il règne sur les hommes depuis la venue du Christ, le Prince des Vierges[5]. C'est, en effet, à la seule loi de chasteté que, depuis la venue du Christ, les hommes

1. *Matthieu*, 28, 29.

2. 312 a 27-b 15 = X, 2, 263-265, Bo, p. 123, 16-124, 5 ; Mu, p. 288-290.

3. J'ai renoncé à rendre le jeu de mots, d'ailleurs peu valable, entre ῥάμνος et στερέμνιος. M. Debidour lui-même a été beaucoup moins heureux ici (p. 291) que ci-dessus, à propos d'ἀρετή.

4. I *Rois*, 19, 4.

5. 312 b 15-27 = X, 3, 265-266, Bo, p. 124, 17-125, 1 ; Mu, p. 290-292.

αὐτῶν ἐδιδάχθημεν ἁγνείαν, ἧς ἀπατηλὸν μόνης εἴδωλον ὁ διάβολος οὐκ ἴσχυσε σκευάσαι. Καὶ διὰ τοῦτο [312 b] καὶ εὐαγγέλια τέσσαρα παραδέδοται, τετράκις εὐαγγελισαμένου τοῦ Θεοῦ τὴν ἀνθρωπότητα καὶ παιδαγωγήσαντος τέτρασι νόμοις, ὧν οἱ καιροὶ σαφῶς ἀπὸ τῆς διαφορότητος δηλοῦνται τῶν καρπῶν. Ἡ μὲν γὰρ συκῆ διὰ τὴν γλυκασίαν καὶ τὴν τρυφὴν τὴν πρὸ τῆς παραβάσεως τοῦ ἀνθρώπου παρίστησι γεγενημένην· ἔστι γὰρ ὅτε τῆς συκῆς ὁ καρπὸς τῇ γραφῇ ἐπὶ τὸ κρεῖττον ἐκλαμβάνεται. Ἡ δὲ ἄμπελος διὰ τὴν ἱλαρότητα τὴν ἐκ τοῦ οἴνου καὶ τὴν εὐφροσύνην τῶν περισωθέντων τῆς ὀργῆς καὶ τοῦ κατακλυσμοῦ, τὴν ἀπὸ τοῦ φόβου καὶ τῆς φροντίδος τὴν εἰς τὴν χαρὰν αὐτῶν μεταβολὴν αἰνίσσεται. Ἡ δὲ ἐλαία διὰ τὸν καρπὸν τοῦ ἐλαίου τὴν εὐσπλαγχνίαν τοῦ Θεοῦ μηνύει, πάλιν ἀνεξικακήσαντος τοῦ Θεοῦ μετὰ τὸν κατακλυσμόν, τῶν ἀνθρώπων ἐκτραπέντων εἰς ἀθεότητα, δοῦναι νόμον καὶ ἐμφανισθῆναί τισιν. Ἡ δὲ ῥάμνος τὴν ἁγνείαν συνίστησι· τὸ γὰρ αὐτὸ δένδρον ῥάμνος καὶ ἄγνος ἐστί, καὶ τάχα διὰ τὸ συγγενὲς τὸ φυτὸν τοῦτο τῇ παρθενίᾳ ταύτῃ ῥάμνος καὶ ἄγνος προσηγορεύθη, ῥάμνος μὲν παρὰ τὸ στερέμνιον καὶ καρτερὸν πρὸς τὰς ἡδονάς, ἄγνος δὲ παρὰ τὸ διὰ παντὸς ἁγνεύειν. Ὅθεν καὶ τὸν Ἠλίαν, ἐκ προσώπου τῆς Ἰεζάβελ γυναικὸς φεύγοντα, λόγος ὑπὸ ῥάμνον ἐλθεῖν πρῶτον, καὶ εἰσακουσθῆναι καὶ λαβεῖν τροφήν, ὅτι τῶν φευγόντων τὸν οἶστρον καὶ τὴν γυναῖκα καὶ τὴν ἡδονὴν τὸ καταγώγιον καὶ ἡ σκέπη τὸ τῆς ἁγνείας ἐβλάστησε ξύλον, ἀπὸ τῆς παρουσίας τοῦ ἀρχιπαρθένου Χριστοῦ βασιλεῦσαν τῶν ἀνθρώπων.

Ταύτην γὰρ μόνην τὴν τῆς ἁγνείας βασιλείαν ἀπὸ τῆς τοῦ Χριστοῦ παρουσίας ἀμεταμελητὶ

[312 b] **3** τέτρασι A : τοῖς τέτρασι M ‖ **5** τρυφὴν A : τροφὴν M ‖ **12** ἐλαίου M : ἐλέου A ‖ **24** γυναῖκα καὶ A : γυναῖκα M.

se sont soumis sans réserve alors que, avant la venue du Christ, chacune des lois qui leur avaient été données auparavant avait été bien vite dépouillée de son pouvoir sur eux et qu'ils choisissaient de préférence pour lui obéir et pour se laisser dominer la loi opposée tout en cherchant souvent dans leur repentir à retrouver la loi royale par excellence que Dieu leur avait donnée et le renouvellement des remèdes de l'âme qu'ils avaient détruits par leur malice. Livrés, en effet, aux mains des ennemis et aux passions qui déshonorent, ils cherchaient à être gouvernés par la loi et par les ordres de Dieu pour être délivrés de leurs multiples infortunes et débarrassés de leurs maux. Et ces lois, parce que les plaies de leurs âmes [313 a] étaient fétides et inguérissables, refusaient de régner sur[1] eux jusqu'au moment où Dieu prit l'homme en pitié une quatrième fois et envoya pour régner sur lui la chasteté que l'Écriture appelle à juste titre le buisson d'épines ; celle-ci anéantit les plaisirs et menaça les hommes pour l'avenir, s'ils ne lui obéissaient pas tous et ne venaient pas vraiment à elle, de les détruire par le feu ; car désormais, il n'y aurait plus d'autre loi ni d'autre enseignement, mais le jugement et le feu[2] ; c'est pourquoi, désormais, l'homme commença à pratiquer la justice et à croire fermement en Dieu et à rompre avec le diable[3].

Il faut noter que le dialogue intitulé *Le Banquet ou de la Chasteté* est fort altéré ; on y trouvera, en effet, interpolées des outrecuidances ariennes et des fables empruntées à certains autres fauteurs d'erreur[4].

Il faut attirer l'attention sur le sens de la formule *à l'image de*, faveur que l'homme est seul à posséder, dit-on, parmi toutes les créatures de Dieu. En effet, on ne pour-

1. 312 b 27-313 a 1 paraphrase X, 3, 266-4, 269, Bo, p. 125, 1-126, 11 ; Mu, p. 292-294.

2. *Juges*, 9, 15.

3. 313 a 1-10 = X, 4, 269-270, Bo, p. 126, 11-19 ; Mu, p. 294.

4. Pour le P. Musurillo, dernier en date des éditeurs et des commentateurs du *Banquet*, Photius « ne rapporte rien qui pourrait être incontestablement marqué comme de provenance arienne » (S. Chr., n. 95, p. 32). Cependant, E. Amann, s. v. *Méthode d'Olympe*, in *D. T. C.*, t. X, 2, p. 1608-1609, met en cause, après Combêfis, « le nestorianisme apparent et l'arianisme à peine larvé » de plusieurs formules qu'em-

προσήκαντο οἱ ἄνθρωποι, ἑκάστης τῶν προδεδομένων αὐτοῖς ἐντολῶν πρὸ τῆς τοῦ Χριστοῦ παρουσίας κατὰ τάχος βασιλείας ἑαυτοὺς ἀφηνιάζοντες, καὶ τῇ ἀντιμίμῳ μᾶλλον πειθαρχεῖν καὶ ὑπ' αὐτῆς βασιλεύεσθαι προαιρούμενοι, εἰ καὶ μεταμελόμενοι πολλάκις ἐπεζήτουν πάλιν τὴν πρὸς Θεοῦ δεδομένην αὐτοῖς βασιλικωτάτην ἐντολὴν καὶ ἀνακαινισμὸν τῶν διαφθαρέντων αὐτῶν ἐκ κακίας ψυχικῶν κατορθωμάτων. Παραδιδόμενοι γὰρ εἰς χεῖρας ἐχθρῶν καὶ πάθη ἀτιμίας, ἐπεζήτουν βασιλεύεσθαι τῇ ἐντολῇ καὶ τοῖς προστάγμασι τοῦ Θεοῦ, ἵνα γένηται αὐτοῖς λύσις τῶν πολυπλόκων συμφορῶν καὶ ἀπαλλαγὴ τῶν κακῶν. Αἱ δὲ διὰ τὸ προσόζειν αὐτῶν καὶ ἀνιάτως ἔχειν τοὺς τῆς ψυχῆς [313 a] μώλωπας οὐκ ἐβούλοντο, βασιλεύειν αὐτῶν, μέχρις ὁ Θεὸς τέταρτον κατελεήσας τὸν ἄνθρωπον τὴν ἁγνείαν ἀπέστειλε βασιλεῦσαι, ἣν ῥάμνον ἀκολούθως ἐκάλεσεν ἡ Γραφή · ἥτις καταναλώσασα τὰς ἡδονάς, καὶ ἀπειλήσασα λοιπόν, εἰ μὴ αὐτῇ πείθοιντο πάντες καὶ ἐν ἀληθείᾳ προσέρχοιντο, πυρὶ καταδαπανῆσαι πάντας · οὐκέτι γὰρ μετὰ ταύτην ἔσεσθαι νόμον ἢ διδασκαλίαν ἑτέραν, ἀλλὰ καὶ κρίσιν καὶ πῦρ · καὶ διὰ τοῦτο λοιπὸν ἀπεντεῦθεν δικαιοπραγεῖν ὁ ἄνθρωπος ἤρξατο καὶ πιστεύειν βεβαίως τῷ Θεῷ καὶ ἀποσχίζεσθαι τοῦ διαβόλου.

Ὅτι σημειωτέον ὡς οὗτος ὁ διάλογος ᾧ ἐπιγραφὴ Συμπόσιον ἢ Περὶ ἁγνείας παρὰ πολύ ἐστι νενοθευμένος · εὑρήσεις γὰρ ἐν αὐτῷ παρεμβεβλημένας καὶ ἀρειανικὰς δοξοκοπίας καὶ ἑτέρων τινῶν κακοδοξούντων μυθολογήματα.

Ὅτι σημειωτέον τί ποτέ ἐστι τὸ κατ' εἰκόνα, ὃ μόνος ἐσχηκέναι λέγεται ἄνθρωπος τῶν ὑπὸ Θεοῦ γεγενημένων.

30 τοῦ A : *om.* M.
[313 a] **5** πείθοιντο Methodius : πείθονται AM ‖ **11-12** ᾧ — ἁγνείας M : *om.* A ‖ **12** ἐστι νενοθευμένος A : νενοθευμένος ἐστὶ M.

rait rien trouver de précieux dans l'homme dont la nature angélique ne participe pas : ni l'immortalité, car les Anges l'ont aussi ; ni le libre-arbitre, car si les Anges, selon le Théologien, sont surtout enclins au bien, il est absolument impossible que cette caractéristique leur échoie *à l'image de*. Et si on veut parler de son pouvoir — car l'homme, dans le récit de la création, a été jugé digne par Dieu de commander aux poissons et aux autres bêtes[1] — ce n'est pas encore ainsi qu'on distinguera l'Ange de lui, car nous savons par l'Écriture que la plupart des Anges commandent en propre à un peuple et à une tribu. Et si on voit une différence dans le fait que les Anges n'obtiennent pas la soumission de leurs sujets comme les hommes le font de la plupart des bêtes, tes grands mots ne font que faire rire ; car Celui-même dont on dit que l'homme porte l'image ne rend pas — voyons — ses sujets obéissants.

Que veut donc dire *à l'image de*? Car tous ceux qui ont vanté la beauté de la forme corporelle, malgré leurs innombrables preuves, n'ont pas, en se plaçant sur ce terrain, affranchi l'homme de ce qu'il a de commun avec l'Ange, et c'est là ce qu'on recherche ; en effet, les Saintes Écritures nous ont représenté les Anges revêtus de la forme corporelle. Et si on tient que *à l'image de* c'est, dans le cas de l'homme, conserver la faculté de créer et de faire subsister — car Dieu crée l'univers d'une façon qu'on ne peut ni exprimer ni concevoir en produisant ce qui n'existait pas, mais l'homme, lui aussi, parfois, de sa [313 b] propre substance et de sa propre nature, par l'émission de sa semence, fait un homme semblable à lui et quelquefois, par son industrie, il crée les nombreuses œuvres des artistes bien que ce ne soit jamais en les tirant de ce qui n'existe pas — mais cet argument, quoique persuasif, est facile à réfuter. En effet, les moines, par ce

ploie la vierge Thalie, dans le troisième discours, à propos de l'union des natures dans le Christ. Il croit que Photius pensait sans doute à ces formules quand il estimait que des mains hérétiques avaient interpolé ce dialogue.

1. *Genèse*, 1, 26 et 28. La formule *à l'image de* est celle qui est employée dans le récit de la création de l'homme, *Genèse*, 1, 26 et 27.

Οὐδὲ γὰρ ἂν εὕροι τις ἐπ' ἀνθρώπου τι τῶν τιμίων, οὗ μὴ Ἀγγέλων μετέσχε φύσις· οὔτε γὰρ τὸ ἀθάνατον, καὶ γὰρ καὶ Ἀγγέλοις, οὔτε τὸ αὐτεξούσιον· εἰ γὰρ ὅτι Ἀγγέλοις κατὰ τὸν θεολόγον ἐπὶ τὸ ἀγαθὸν μᾶλλον ἡ ῥοπή, κατὰ τοῦτο ὅρα ὅτι μηδ' ὅλως δυνατὸν τὸ κατ' εἰκόνα τοῦτο ἐννοεῖν. Εἰ δὲ τὸ ἀρχικὸν λέγεις (ἄρχειν γὰρ τῶν ἰχθύων καὶ τῶν ἄλλων ὁ ἄνθρωπος πρὸς Θεοῦ ἠξίωται ἐν τῇ τῆς κοσμογενείας ξυγγραφῇ), οὐδ' οὕτως ἀλλοτριώσεις τὸν Ἄγγελον· ἄρχειν γὰρ τῶν Ἀγγέλων τοὺς πλείους ἔθνους καὶ φυλῆς παρὰ τῆς γραφῆς ἰδίως δεδιδάγμεθα. Εἰ δ' ὅτι μὴ χειροήθεις αὐτοῖς τοὺς ἀρχομένους τελοῦσι τὴν διαφορὰν εἰσάγεις, καθάπερ ἐκεῖνοι τὰ πολλὰ τῶν ζῴων, οὐδὲν πρὸς τῷ γέλωτι κομπάζεις· οὐδὲ γὰρ οὗ εἰκόνα φέρειν ὁ ἄνθρωπος λέγεται, χειροήθεις τοὺς ἀρχομένους (ἄπαγε) δεικνύει.

Τί οὖν ἐστι τὸ κατ' εἰκόνα; Ὅσοι γὰρ τὴν τοῦ σωματικοῦ σχήματος εὐπρέπειαν ἐρραψῴδησαν, πρὸς τοῖς μυρίοις ἐλέγχοις, οὐδὲ τῆς πρὸς τὸν Ἄγγελον κοινωνίας κατὰ τοῦτο, ὅπερ ἐστὶ τὸ ζητούμενον, τὸν ἄνθρωπον ἠλευθέρωσαν· ἀνθρωπόμορφον γὰρ αἱ θεῖαι Γραφαὶ τοὺς Ἀγγέλους ἡμῖν ἐνδεδύσθαι σχῆμα ὑπετύπωσαν. Εἰ δὲ τὸ δημιουργικὸν καὶ πρακτικὸν εἰς ὕπαρξιν τὸ κατ' εἰκόνα φυλάσσειν ἔχεις ἐπ' ἀνθρώπου (δημιουργεῖ γὰρ Θεὸς τὸ πᾶν, ἀφράστως καὶ ἀνεπινοήτως προάγων τὰ μὴ ὄντα, ἀλλὰ καὶ ἄνθρωπος ἐνίοτε μὲν ἐκ τῆς
[313 b] ἰδίας οὐσίας καὶ φύσεως σπορᾶς καταβολῇ ὅμοιον ἄνθρωπον γεωργῶν, ἐνίοτε δὲ τέχνῃ πολλὰ τῶν τεχνητῶν δημιουργῶν, εἰ καὶ μὴ ἐκ τοῦ μηδαμῇ ὄντος), ἀλλὰ καὶ τοῦτο τὸ πιθανὸν ἔχον ῥᾳδίως ἐλέγχεται.

19 ἀγγέλων A : καὶ ἀγγέλων M ‖ **20** ἀγγέλοις A : ἄγγελος M ‖ **28** χειροήθεις A : χειροήθης M ‖ αὐτοῖς *edd.* : αὑτοῖς *codd.* ‖ **37** ὑπετύπωσαν A : ἐπετύπωσαν M ‖ **40** Θεὸς A : ὁ Θεὸς M.

[313 b] **2** τεχνητῶν M : τεχνιτῶν AM[x] ‖ **3** μὴ A[2]M : *om.* A ‖ **4** ἔχον A[1] : ἔχων AM.

fait même qu'ils semblent sauvegarder cet *à l'image de* tout en s'étant élevés au-dessus de tout artifice humain, paraîtraient malheureux pour avoir perdu par là même cet *à l'image de.*

Que signifie donc *à l'image de*? Les vertus acquises par le soin que l'on prend. Les Anges, croit-on, possèdent la vertu, mais ce n'est pas celle qui provient du soin et de la peine que l'on se donne car eux ne subissent pas l'entraînement au mal. Mais si même on admet que la faculté d'acquérir la vertu a été accordée aux Anges sans qu'ils aient à se donner de peine, ou bien eux aussi posséderont le *à l'image de* par une possession qui ne coûte aucune peine et ils l'auront en se rendant plus proches de Dieu, ou si eux ne le possèdent pas, à plus forte raison l'homme ne le possédera-t-il pas non plus, car, avec elle ou avant elle, il acquiert cette possession en se chargeant de bien des désordres et de bien des épreuves*.

238.

Lu de Josèphe l'*Antiquité juive** dont le présent choix expose ce qu'il raconte d'Hérode : la reconstruction du temple, la façon dont il usurpa la royauté juive, comment ses descendants lui succédèrent au pouvoir et comment ce pouvoir disparut au profit d'une aristocratie quand les grands-prêtres prirent la succession dans la conduite du peuple et tous les autres événements connexes aux premiers[1].

Vers la fin du quinzième livre de son *Antiquité*[2], Josèphe dit que, dans la dix-huitième année de son règne, Hérode rebâtit le temple de Jérusalem, édifié par le roi Salomon[3] et détruit, puis relevé au bout de quarante-six ans par les déportés revenus de Babylone avec l'aide de Darius, le roi des Perses. Ce temple avait été célèbre durant six cents ans ; Hérode en détruisit les anciennes assises pour en

1. Soit, en gros, parce que Photius remonte aux antécédents du règne d'Hérode, les livres XIV à XX de l'*Antiquité juive*.

2. Exactement au chapitre 11 qui est le dernier du livre XV.

3. Cf. I *Rois*, 5 sqq.

Οἵ τε γὰρ μονάζοντες, καὶ διὰ τὸ δοκεῖν φυλάσσειν τὸ κατ' εἰκόνα παντὸς ἀνθρωπίνου τεχνήματος ἢ τεχνάσματος ἀνωτέρω ἑαυτοὺς ἐργασάμενοι, ἄθλιοι ἂν φανεῖεν, τὸ κατ' εἰκόνα δι' αὐτὸ ἐκεῖνο ἀπολέσαντες. Τί οὖν τὸ κατ' εἰκόνα; Ἡ τῶν ἀρετῶν δι' ἐπιμελείας κτῆσις· Ἄγγελοι μὲν γὰρ ἔχειν ἀρετήν, ἀλλ' οὐ τὴν δι' ἐπιμελείας καὶ κόπου, ὅτι μὴ μεθέλκονται ὑπὸ κακίας, δοξάζονται. Ἀλλ' εἰ καὶ τοῦτο συγχωρηθείη, ἄκοπον ἀρετῶν κτῆσιν τοῖς Ἀγγέλοις ἀποκεκληρῶσθαι, ἢ καὶ οὗτοι τὸ κατ' εἰκόνα τῷ ἀκόπως ἔχειν Θεῷ μᾶλλον πλησιάζοντες ἕξουσιν, ἢ εἰ μὴ οὗτοι, πολλῷ μᾶλλον οὐδ' ὁ ἄνθρωπος, ὅτι μετὰ ταύτης ἢ πρὸ ταύτης τὴν κτῆσιν πολλῶν ταράχων καὶ πόνων ἐμπιμπλάμενος ταύτην ἐκδέχεται.

238

Ἀνεγνώσθη Ἰωσήπου ἡ ἀρχαιολογία· ἧς ἡ ἐκλογὴ ὅσα τε ἱστορεῖ περὶ Ἡρώδην καταλέγει, τήν τε ἀνοικοδομὴν τοῦ ναοῦ, ὅπως τε τὴν Ἰουδαϊκὴν ὑπεισῆλθε βασιλείαν, καὶ ὅπως αὐτοῦ τὴν ἀρχὴν οἱ ἐκ γένους διεδέξαντο, ὅπως τε αὕτη εἰς ἀριστοκρατίαν καταλέλυται, τὴν προστασίαν τοῦ ἔθνους τῶν ἀρχιερέων ἀναδεξαμένων, καὶ ὅσα ἄλλα τούτοις συνδιαπλέκεται.

Ὅτι Ἰώσηπος πρὸς τῷ τέλει τῆς ιε' κατὰ τὴν ἀρχαιολογίαν ἱστορίας, ὀκτωκαιδέκατον ἔτος τῆς βασιλείας Ἡρώδην ἀνύοντα τὸν ἐν Ἱεροσολύμοις νεών, ὃν ἔκτισε Σολομὼν ὁ βασιλεύς, καταστραφέντα δὲ πάλιν οἱ ἐκ Βαβυλῶνος ἀναχθέντες αἰχμάλωτοι Δαρείου τοῦ Περσῶν βασιλέως συναραμένου αὐτοῖς ἀνέστησαν ἐν ς' ἔτεσι καὶ μ', τοῦτόν φησι τὸν περιώνυμον νεὼν μετὰ ἔτη ἑξακόσια, ἀνελόντα μὲν τοὺς ἀρχαίους θεμελίους, ἑτέρους δὲ

8 ἐκεῖνο A : τοῦτο M ‖ 11 καὶ M : *om.* A ‖ μεθέλκονται M : μεθέλκον A ‖ 18 238] σλη' M[x] : σλζ' AM ‖ 19-26 ἡ ἀρχαιολογία — ὅτι Ἰώσηπος A : *om.* M ‖ 32 νεὼν A : ναὸν M.

jeter d'autres et ériger un édifice deux fois plus vaste que celui d'avant. En effet, le temple bâti par les captifs était moins haut de quelques mesures que celui de Salomon.

Le temple d'Hérode avait, lui, cent coudées de long et plus de vingt de haut, hauteur qui fut réduite avec le temps par un affaissement des assises et que les Juifs pensèrent à rétablir du temps de Néron. Le sanctuaire fut, dit Josèphe, bâti par Hérode en dix-huit mois et les [314 a] édifices et l'enceinte qui entouraient le sanctuaire le furent en huit années pleines. Les pierres qui servirent à ériger le temple étaient blanches et solides ; chacune avait vingt-cinq coudées de long, huit de haut et environ douze d'épaisseur. Le travail fut réalisé selon le plan que voici. Hérode avait mis beaucoup d'amour-propre dans cette entreprise ; il commença donc par rassembler tous les matériaux ; il avait mille chariots à sa disposition pour le transport des pierres ; il avait, outre dix mille ouvriers, mille prêtres qui devaient faire les travaux dans le Saint des Saints, car tel était le nombre d'entre eux qu'il avait instruits à maçonner et à travailler le bois et il leur avait acheté à tous des vêtements sacerdotaux. Ces préparatifs lui firent mener son dessein à terme plus vite qu'on ne l'avait espéré et il reçut beaucoup de grandes marques de reconnaissance de la part du peuple qui, par ailleurs, supportait mal Hérode. Il sacrifia, lors de l'achèvement du temple, trois cents vaches ; ce que les autres Juifs offrirent en sacrifice, il fut impossible d'en faire le compte[1].

Cet Hérode est le fils d'Antipater l'Iduméen et de sa femme arabe appelée Cypris[2] ; c'est sous son règne également que le Christ notre Dieu est né des entrailles de la Vierge pour le salut de notre espèce* ; dans sa colère dé-

1. Le passage 313 b 26-314 a 17 du sommaire résume dans un ordre relatif, mais avec précision quant aux données numériques qu'il présente, le contenu de l'*Antiquité juive*, XV, 380-422, t. III, p. 401-408. On retrouvera, dans tout le « codex » 238, beaucoup d'emprunts littéraux à l'original qui témoignent d'une lecture attentive. La leçon εὐτρεπεῖς de M en 314 a 8 est confirmée par la forme εὐτρεπίσας en XV, 390, t. III, p. 402, 26.

2. XIV, 121, t. III, p. 281.

καταβαλόντα ἐπ' αὐτῶν τὸν Ἡρώδην διπλάσιον τοῦ προτέρου ἀναστῆσαι. Λείπεσθαι γὰρ τὸν ὑπὸ τῶν αἰχμαλώτων τοῦ Σολομωντείου μέτροις κατὰ τὸ ὕψος τισίν.

Εἶχε δὲ ὁ Ἡρώδου νεὼς μῆκος μὲν πήχεις ρ', ὕψος δὲ κ' περιττοῖς, οὓς καὶ ὑπέβη τῷ χρόνῳ τῶν θεμελίων συνιζησάντων · ὃ καὶ κατὰ τοὺς Νέρωνος καιροὺς Ἰουδαῖοι ἐγνώκεισαν ἐπεγείρειν. Οἰκοδομηθῆναι δ' Ἡρώδῃ τὸν ναὸν Ἰώσηπός φησιν ἐνιαυτῷ ἑνὶ καὶ μησὶν ἕξ, τὸν δὲ [314 a] περὶ τὸν νεὼν οἶκον καὶ περίβολον ἔτεσιν ὅλοις η'. Λίθους δ', ἐξ ὧν ἠγείρετο ὁ νεώς, λευκοὺς μὲν εἶναι καὶ κραταιούς, ἔχειν δ' ἕκαστον αὐτῶν μήκους μὲν πήχεις κ' καὶ ε', ὕψους δὲ η' καὶ εὔρους περὶ ιβ'. Τελεσθῆναι δὲ τὸ ἔργον φησὶν ἐπινοίᾳ τοιαύτῃ. Ἡρώδῃ πολλή τις ἐγένετο περὶ τὸ ἔργον φιλοτιμία · ἀγείρει οὖν πρότερον ἅπασαν ὕλην, καὶ χίλιαι αὐτῷ ἅμαξαι λίθους ἄγειν εὐτρεπεῖς ἦσαν, ἐργάται δὲ ἄλλοι μὲν μύριοι, τῶν δὲ ἱερέων, οἳ τῶν ἀδύτων ἔργων ἔμελλον ἅπτεσθαι, χίλιοι · τοσούτους γὰρ οἰκοδομεῖν καὶ ξυλουργεῖν ἐξεπαίδευσεν, ἱερατικὰς αὐτοῖς ἅπασιν ὠνησάμενος στολάς. Καὶ ἥδε ἡ παρασκευὴ θᾶττον μὲν ἐλπίδος εἰς πέρας τὸ βούλημα ἤγαγε, μεγάλας δὲ καὶ πολλὰς ἀπὸ τοῦ πλήθους τὰς εὐχαριστίας ἐν τοῖς ἄλλοις ἅπασιν ἀχθομένου Ἡρώδῃ προὐξένησε. Θύει δ' Ἡρώδης ἅμα τοῦ συντελέσαι τὸν νεὼν βοῦς τριακοσίας · τῶν δ' ἄλλων Ἰουδαίων ὅσα θύσειαν, οὐδ' ἐγένετο λαβεῖν ἀριθμῷ.

Οὗτος Ἡρώδης ἐστὶν ὁ Ἀντιπάτρου τοῦ Ἰδουμαίου καὶ τῆς Ἀραβίσσης (Κύπρις δ' ὄνομα αὐτῇ) παῖς, ἐφ' οὗ καὶ Χριστὸς ὁ Θεὸς ἡμῶν ἐπὶ σωτηρίᾳ τοῦ ἡμετέρου γένους παρθενικῆς ἀποτίκτεται μήτρας · καθ' οὗ καὶ μανεὶς

38 οὓς AM : ὃς A² ‖ **41** τὸν A² : τῶν AM.

[314 a] **1** οἶκον καὶ περίβολον A¹ : οἴκων καὶ περιβόλων AM ‖ **4** εὔρους] εὔρους A : εὔροις M ‖ **6** περὶ A : ἡ περὶ M ‖ **8** εὐτρεπεῖς M : εὐπρεπεῖς A ‖ **9** ἅπτεσθαι A²M : *quid prius praeb.* A *non liquet* ‖ **11** ἡ A² *s. v.* M : *om.* A ‖ **18** ὁ A : *om.* M.

mente contre lui, Hérode n'atteignit pas le Maître, mais se fit l'assassin de nombreux petits enfants[1].

En cruauté meurtrière, il surpassa, dit-on, tous les autres tyrans. Sa femme était Mariammè, fille d'Alexandra qui était, elle, la fille du grand-prêtre Hyrcan et sa beauté ne le céda jamais à aucune rivale[2]. Pour cette femme et pour les deux enfants nés d'elle, Aristobule et Alexandre, dont les noms étaient sur toutes les lèvres à cause de leur beauté, de leur instruction et de leur condition physique autant que parce qu'ils étaient fils de roi, Hérode, excité par les calomnies d'Antipater, se fit un bourreau : celui de sa femme d'abord[3], puis celui de ses enfants et, finalement, celui d'Antipater qui était, lui, son fils né d'une première femme*. Il fut atteint d'un mal affreux : une ulcération de l'intestin tenaillait, en effet, le misérable, sa respiration était courte et bruyante, ses pieds étaient gonflés d'une humeur blanche, il avait des coliques terribles, et sa verge qui se décomposait produisait des vers et il souffrait de mille autres misères*. Cinq jours après l'assassinat de son fils Antipater, il termina [314 b] lui aussi sa vie après avoir vécu en tout soixante-dix ans dont trente-sept de règne*. Ce personnage était devenu roi d'une manière illégale et contre sa propre espérance grâce à la faveur du chef romain Antoine qui était esclave de l'argent, et grâce à l'appui d'Auguste et à un décret du sénat romain qui le confirma dans sa charge*.

Cet Hérode, qui fut le premier étranger à régner sur les Juifs contrairement à leurs lois, avait pour père un Iduméen d'Ascalon, fils d'Antipas qui eut d'abord lui-même le surnom d'Antipas et plus tard celui d'Antipater*. Cet homme disposait de grandes richesses, il avait un naturel

1. Encore que la note relative à ce fait bien connu (cf. *Matthieu*, 2, 13) ait pu être ajoutée par Photius, on peut penser plus précisément ici à l'utilisation d'une scolie. Niese, t. I, p. LI, en cite une d'un manuscrit de Josèphe ; elle se rapporte à XIV, 122, et est ainsi conçue : οὗτός ἐστιν Ἡρώδης ὁ Ἀντιπάτρου υἱὸς ὁ Ἰδουμαῖος ὃν καὶ ἡ ἱερὰ τῶν εὐαγγελίων μαρτυρεῖ βίβλος τὰ νήπια σφαγιάσασθαι.

2. Bref portrait de Mariammè en XV, 237-239, t. III, p. 374-375.

3. Contrairement à ce que pourrait faire croire le libellé de cette phrase, Antipater n'est pas mis en cause par Josèphe pour la mort de Mariammè (cf. XV, 202-236, t. III, p. 368-374).

Ἡρώδης τοῦ μὲν δεσπότου διήμαρτε, φονεὺς δὲ πολλῶν νηπίων γίνεται.

Εἰς ὠμότητα δὲ καὶ μιαιφονίαν πάντας ὅσοι τύραννοι ὑπερβαλέσθαι ἱστόρηται. Καὶ γυναικὸς δὲ τῆς Μαριάμμης (θυγάτηρ δ' ἦν αὕτη Ἀλεξάνδρας τῆς Ὑρκανοῦ τοῦ ἀρχιερέως παιδός, ὥρᾳ σώματος οὐδενὶ χρόνῳ λείπουσα δεῖξαι ταύτης ἐφάμιλλον), ταύτης οὖν καὶ δύο τῶν ἐξ αὐτῆς αὐτῷ γεννηθέντων παίδων, Ἀριστοβούλου καὶ Ἀλεξάνδρου, οἳ κάλλει τε καὶ λόγων ἀσκήσει καὶ χειρῶν ἔργοις οὐδὲν ἧττον ἢ ὅτι βασιλέως ἦσαν παῖδες ἀνὰ πάντων ἐφέροντο στόμασι, τούτων συμπάντων διαβολαῖς Ἀντιπάτρου μανεὶς δήμιος γίνεται, πρῶτον μὲν τῆς γαμετῆς, εἶτα καὶ τῶν παίδων, καὶ τελευταῖον Ἀντιπάτρου καὶ αὐτοῦ, παιδὸς ἐκ προτέρας γυναικός. Νόσῳ δὲ πικρᾷ παραδοθείς (ἕλκωσις γὰρ ἐντέρων εἶχε τὸν δύστηνον ὄρθιόν τε ἆσθμα καὶ ποδῶν λευκοῦ φλέγματος οἴδημα, δειναί τε τοῦ κώλου ἀλγηδόνες, καὶ αἰδοίου σῆψις σκώληκας ἐμποιοῦσα, καὶ μυρία ἄλλα) μετὰ πέμπτην δ' ἡμέραν τῆς Ἀντιπάτρου σφαγῆς τοῦ παιδὸς καὶ αὐτὸς τὸν βίον κατέστρεψε, διαβιοὺς μὲν ἔτη σύμπαντα ο', [314 b] βασιλεύσας δ' ἐξ αὐτῶν ζ' καὶ λ'. Βασιλεύει δ' οὗτος παρανόμως τε καὶ παρ' ἐλπίδας καὶ αὐτοῦ ἐκείνου, σπουδῇ μὲν Ἀντωνίου τοῦ στρατηγοῦ Ῥωμαίων, χρήμασιν ὑπερητοῦντος, καὶ Αὐγούστου καταινέσει, ψήφῳ δὲ πρὸς ἀφοσίωσιν καὶ τῆς βουλῆς Ῥωμαίων.

Ὅτι Ἡρώδου τοῦδε, τοῦ πρώτου ἐξ ἀλλοφύλων παρὰ τοὺς νόμους βασιλεύσαντος Ἰουδαίων, τούτου πατὴρ ἦν Ἰδουμαῖος γένος ἐξ Ἀσκάλωνος πόλεως, παῖς Ἀντίπα, Ἀντίπας καὶ αὐτὸς ἐπικαλούμενος πρότερον, Ἀντίπατρος δ' ἔπειτα. Οὗτος πολλῶν μὲν χρημάτων εὐπορῶν, δρα-

32 συμπάντων AM : οὖν πάντων A[x] ‖ **41** ο' *mg.* Hœschel : *om.* AM.
[314 b] **2** καὶ αὐτοῦ A : αὐτοῦ M.

remuant et c'était un factieux ; il était en bons termes avec Hyrcan, grand-prêtre des Juifs, et en désaccord avec Aristobule, frère de celui-ci[1] ; c'est pourquoi, par ses instances répétées, il poussa Hyrcan à s'efforcer de reprendre par tous les moyens la royauté que détenait son frère Aristobule qui la lui avait prise avec son accord[2].

Cette lutte entre frères fut une grande cause de misères pour eux, pour leur famille et pour le peuple juif ; elle fit tomber le pouvoir royal entre les mains d'étrangers[3]. Dans cette querelle, il est certain qu'Antipater a fait beaucoup pour Hyrcan et contre Aristobule. Finalement, Aristobule et ses enfants furent emmenés à Rome comme prisonniers[4] ; Aristobule s'échappa de là-bas et parvint à regagner la Judée ; il fut à nouveau assiégé par les Romains et, avec son fils Antigone — car ce dernier s'était enfui de Rome avec son père — il fut pris et renvoyé à Rome pour y être gardé en prison ; il avait été roi et grand-prêtre pendant trois ans et six mois et il avait exercé sa charge avec éclat et grandeur*.

La charge de grand-prêtre fut donnée à Hyrcan sans la royauté : le peuple se gouvernait lui-même* et le pouvoir donné à Hyrcan s'appelait « ethnarchie »* au lieu de royauté. Antipater, sous le pontificat de Hyrcan, avait augmenté considérablement sa puissance. Il combattait en effet aux côtés des généraux romains contre ceux qui leur résistaient et il avait en main la direction des affaires juives* grâce à l'inertie consentante de Hyrcan. Aristobule avait été tiré de sa prison par Jules César qui avait formé le dessein de l'envoyer en Syrie contre les parti-

1. Reproduction juste, mais non littérale, de XIV, 8, t. III, p. 240.

2. Ces quelques lignes visent toutes les menées d'Antipater qui entraîne Hyrcan dans une lutte contre Aristobule, lutte dans laquelle interviennent les Arabes et les Romains. Cf. XIV, 11-57, t. III, p. 241-249.

3. Le texte (XIV, 77-78, t. III, p. 253) dit que la royauté, qui était autrefois l'apanage des Juifs de la caste sacerdotale, τιμὴ δημοτικῶν ἀνδρῶν ἐγένετο.

4. En XIV, 79, t. III, p. 253, Josèphe dit qu'Alexandre, un des deux fils d'Aristobule, s'échappa tandis qu'Antigone était emmené à Rome. Il raconte la lutte d'Alexandre contre les Romains en XIV, 79-91, t. III, p. 253-256.

στήριος δὲ τὴν φύσιν ὢν καὶ στασιαστής, Ὑρκανῷ τῷ Ἰουδαίων ἀρχιερεῖ δι' εὐνοίας ἐτύγχανεν, Ἀριστοβούλῳ δὲ τἀδελφῷ Ὑρκανοῦ διάφορος· διὸ πείθει Ὑρκανόν, πολλάκις ἐνοχλήσας, τὴν βασιλείαν πάλιν ἀναζητεῖν ἅπασι τρόποις, ἣν ἐκείνου συγχωρήσαντος ἀφελόμενος Ἀριστόβουλος εἶχεν ὁ ἀδελφός.

Αὕτη τῶν ἀδελφῶν ἡ στάσις μεγάλη κακῶν αἰτία αὐτοῖς τε καὶ γένει καὶ τῷ Ἰουδαίων ἔθνει κατέστη, καὶ τῆς εἰς ἀλλοφύλους τῆς βασιλείας μεταπτώσεως. Ἐν τῇ στάσει ταύτῃ πολλὰ φαίνεται Ἀντίπατρος ὑπὲρ Ὑρκανοῦ κατ' Ἀριστοβούλου πράξας. Τέλος δ' Ἀριστόβουλος μὲν εἰς Ῥώμην ἅμα παισὶν αἰχμάλωτος ἄγεται, ἐκεῖθεν δὲ φυγὼν πάλιν εἰς τὰ περὶ τὴν Ἰουδαίαν παραγίνεται, πάλιν τε πολιορκηθεὶς ὑπὸ Ῥωμαίων ἅμα τῷ παιδὶ Ἀντιγόνῳ (οὗτος γὰρ ἔτυχεν ἐκ Ῥώμης τῷ πατρὶ συμφυγών), ἁλίσκεται καὶ εἰς Ῥώμην ἀναπέμπεται, καὶ δεθεὶς κατείχετο, βασιλεύσας μὲν καὶ ἀρχιερατεύσας ἔτη γ' μῆνας ς', λαμπρὸς δὲ καὶ μεγαλόψυχος ἐν τῇ ἀρχῇ γεγονώς.

Ὑρκανῷ δ' ἡ μὲν ἀρχιερωσύνη δίδοται, οὐκέτι δ' ἡ βασιλεία· ἀλλ' ἦν τὸ ἔθνος αὐτονομούμενον, ἐθνάρχης ὅμως δ' ἀντὶ βασιλέως τῆς δεδομένης αὐτῷ ἐξουσίας εἶχεν ὄνομα. Ἀντιπάτρῳ δ' Ὑρκανοῦ ἀρχιερατεύοντος ἐπὶ πλεῖστον τὰ τῆς δυναστείας ηὔξετο. Ῥωμαίων τε γὰρ τοῖς στρατηγοῖς κατὰ τῶν ἀνθισταμένων συνεμάχει, καὶ τὸ Ἰουδαίων διὰ χειρός, τῇ ἀπραγμοσύνῃ καὶ τῷ συγκεχωρηκότι Ὑρκανῷ, αὐτὸς εἶχε πράγματα. Ἀριστόβουλον δὲ Ἰούλιος ὁ Καῖσαρ, λύσας τῶν δεσμῶν, εἰς Συρίαν κατὰ τῶν Πομ-

11 ὢν Josephus : *om.* AM ‖ **12** ἐτύγχανεν Bekker *ex cod.* B : *om.* AM ‖ **13** τἀδελφῷ A²M : *quid prius praeb.* A *non liquet* ‖ **30** αὐτονομούμενον A¹Mˣ : αὐτονοούμενον A αὐτομούμενον M ‖ **31** ὅμως δ' A : δ' ὅμως M ‖ **34** ηὔξετο A : ἦν M ‖ **36** Ὑρκανῷ A¹ : Ὑρκανοῦ AM.

sans de Pompée, mais les Pompéiens prirent les devants et l'empoisonnèrent[1]. Scipion, à qui Pompée avait envoyé [315 a] le fils d'Aristobule, Alexandre, auquel il reprochait ses fautes antérieures contre les Romains, fit décapiter celui-ci[2].

Après sa victoire sur Pompée, Jules César proclama Antipater gouverneur de Judée[3]. Ce dernier, à son arrivée dans le pays, confia à son fils Phasaélus le gouvernement militaire de Jérusalem et de la région; son fils suivant, Hérode, qui était encore tout jeune — il venait d'atteindre sa quinzième année — fut proclamé gouverneur de Galilée et sa jeunesse ne l'empêcha pas de montrer son habileté et sa valeur[4]. Et ces faits et gestes valaient à Antipater de la part du peuple autant d'admiration que s'il avait été roi; pourtant, il ne se départit pas de son attitude favorable et loyale envers le grand-prêtre Hyrcan[5]. Antipater fut assassiné alors que la vie lui ouvrait une vaste carrière toute pleine d'éclat. Il fut empoisonné à la suite d'un complot : Malchus acheta son échanson et le décida à mettre du poison dans la boisson d'Antipater; ce Malchus était un Juif habile à ourdir une ruse et, quand il était suspect, à calmer les soupçons par des serments et des contrefaçons d'amitié. Néanmoins, parce que, semble-t-il, il trouva en Hérode un adversaire doué d'un naturel capable d'une machination comme les siennes ou plus habile que lui et qui exigeait un châtiment pour l'assassinat de son père, Malchus fut poignardé[6].

Antigone, fils d'Aristobule, gagna Fabius à prix d'or et il gagna Pompée, fils de Menaius, par son mariage — car il avait épousé sa sœur — et quelques autres encore et

1. Ces quatre lignes condensent, en le suivant d'assez près, le texte de XIV, 123-124, t. III, p. 262.

2. Le texte de Josèphe, XIV, 125, t. III, p. 262, précise que Pompée avait ordonné de tuer (ἐπιστείλαντος ἀποκτεῖναι) Alexandre.

3. XIV, 143, t. III, p. 266.

4. Reprise précise, sans être littérale, de XIV, 158-159, t. III, p. 269.

5. XIV, 162, t. III, p. 270.

6. Ces dix lignes du sommaire résument avec concision l'essentiel de XIV, 280-293, t. III, p. 291-293.

πηΐου πέμπειν ἐγνώκει. Ἀλλ' αὐτὸν φθάσαντες οἱ τὰ Πομπηΐου φρονοῦντες φαρμάκῳ φθείρουσι. Καὶ Σκιπίων δ' ἐπιστείλαντος αὐτῷ Πομπηΐου τὸν Ἀριστοβούλου παῖδα [315 a] Ἀλέξανδρον ἐπικαλοῦντος ἃ πρότερον εἰς Ῥωμαίους ἁμάρτοι, πελέκει διεχρήσατο.

Ἀποδείκνυται δὲ ὑπὸ Ἰουλίου Καίσαρος Ἀντίπατρος μετὰ κὴν κατὰ Πομπηΐου νίκην καὶ ἐπίτροπος Ἰουδαίας. Ὃς ἐπὶ ταύτην παραγεγονὼς Φασαήλῳ μὲν τῷ παιδὶ Ἱεροσολυμιτῶν καὶ τῶν πέριξ τὴν στρατηγίδα ἀρχὴν δίδωσι, τὸν δὲ μετ' αὐτὸν Ἡρώδην νέον ὄντα κομιδῇ (πεντεκαίδεκα γὰρ αὐτῷ ἀπὸ γενέσεως ἔτη ἦν) τῆς Γαλιλαίας ἀποφαίνει ἐπίτροπον, οὐδὲν ὑπὸ τῆς νεότητος τὸ μὴ οὐχὶ τὸ δεινὸν αὐτοῦ καὶ γενναῖον ἐκφῆναι κωλυόμενον. Καὶ ταῦτα πράττων Ἀντίπατρος, καὶ θαυμαζόμενος οὐδὲν ἧττον ὑπὸ τοῦ ἔθνους ἢ κατὰ βασιλέα, ὅμως τῆς πρὸς Ὑρκανὸν τὸν ἀρχιερέα εὐνοίας καὶ πίστεως οὐδὲν ὅλως ἠλλοίωσεν. Ἀναιρεῖται δ' Ἀντίπατρος, εὔρουν καὶ λαμπρὸν διὰ παντὸς ἀναφαίνων βίον, ἐξ ἐπιβουλῆς φαρμάκῳ, Μαλίχου τὸν οἰνοχόον χρήμασι πείσαντος στάξαι τῷ πόματι τοῦ φαρμάκου· Μάλιχος δ' οὗτος Ἰουδαῖος μὲν ἦν, δεινὸς δὲ δόλον ῥάψαι καὶ δοθείσης ὑπονοίας ὅρκοις τὴν ὑπόνοιαν θεραπεῦσαι καὶ ὑποκρίσει φιλίας. Ἀλλ' οὐδὲν ἧττον, ὡς ἔοικεν, Ἡρώδῃ τοιαῦτα μηχανᾶσθαι φύσιν λαχόντι ἢ καὶ δεινοτέρῳ περιτυχών, δίκην εἰσπραττομένῳ τοῦ πατρῴου φόνου, ξιφιδίοις κατακεντούμενος κτίννυται.

Ἀντίγονος δ' ὁ Ἀριστοβούλου παῖς, Φαβίου χρήμασι θεραπευθέντος, καὶ Πτολεμαίου τοῦ Μεναίου διὰ τὸ κήδευμα (ἀδελφὴ γὰρ αὐτοῦ ἐγεγάμητο) συλλαμβανο-

[315 a] **5** ἐπὶ ταύτην A : ἐπ' αὐτὴν M ‖ **7** ἀρχὴν A : ἄρχειν M ‖ **12** ἧττον M : ἥττων A ‖ **15** ἀναφαίνων *edd.* : ἀναβαίνων *codd.* ‖ **22** εἰσπραττομένῳ A : εἰσπραττομένου M ‖ **24** κτίννυται M : κτείνυται A ‖ **26** Μεναίου A : Ὑμεναίου M.

il entreprit de descendre en Judée. Mais Hérode lui livra bataille, le défit et le repoussa loin du pays des Juifs et il fut lui-même reçu avec éclat par la ville de Jérusalem et par Hyrcan en personne pour sa victoire quand il arriva[1]. Et Antoine, le chef romain, donna à prix d'or les tétrarchies juives à Hérode et à son frère Phasaélus sans que Hyrcan en conçût de mécontentement[2]. Et quand le peuple accusait Hérode, tout ce qui arrivait, c'est que les accusateurs étaient punis au lieu de voir sanctionner leurs griefs parce qu'Antoine avait été gagné à prix d'or et que Hyrcan était du parti d'Hérode, car ce dernier avait déjà épousé sa petite-fille Mariammé[3].

Quand Ptolémée Menaius fut mort, son fils Lysanias lui [315 b] succéda. Pacorus, fils du roi, et Bazapharmanès, satrape parthe, s'emparèrent de la Syrie. Lysanias, allié au satrape, conclut un traité d'amitié avec Antigone, fils d'Aristobule, et Antigone promit aux Parthes mille talents et cinq cents femmes à condition qu'ils lui donnent le royaume paternel qu'ils enlèveraient à Hyrcan et qu'ils fassent mourir les partisans d'Hérode. Aussi Pacorus et Bazapharmanès ramenèrent-ils Antigone[4]; la guerre leur fut déclarée par Hérode et il y eut bien des morts de part et d'autre; Hérode se distingua entre tous dans l'action[5]. Finalement, Hyrcan et Phasaélus furent faits prisonniers grâce à une ruse par les Parthes[6] et Phasaélus, devançant la mort qu'allaient lui donner des mains ennemies, se fracassa la tête contre un rocher et mourut[7]; Hyrcan était retenu prisonnier[8]. Les Parthes finirent par

1. Sommaire fidèle de XIV, 297-300, t. III, p. 294. La parenthèse ἀδελφὴ — ἐγεγάμητο n'est pas dans le passage de Josèphe.

2. 315 a 31-35 = l'essentiel de XIV, 301-304, t. III, p. 295.

3. C'est Antoine qui, sur l'avis d'Hyrcan, punit les accusateurs d'Hérode. Cf. XIV, 324-329, t. III, p. 299-300.

4. Le sommaire suit d'assez près XIV, 330-332, t. III, p. 300.

5. Condensé de XIV, 335-339, t. III, p. 301.

6. Pacorus a décidé Phasaélus et Hyrcan à se rendre en ambassade auprès de Bazaphranès (le Bazapharmanès de Photius) qui les retiendra prisonniers. Cf. XIV, 340-347, t. III, p. 301-303.

7. XIV, 367-369, t. III, p. 307.

8. XIV, 348, t. III, p. 303. Photius ne suit pas toujours son modèle pas à pas.

μένου καὶ ἑτέρων τινῶν, ἐπεχείρησε κατάγεσθαι ἐπὶ Ἰουδαίαν. Ἀλλ' Ἡρώδης μάχῃ συμπλακεὶς νικᾷ καὶ τῆς Ἰουδαίων γῆς ἀπελαύνει, καὶ ὑπὸ Ἱεροσολύμων καὶ αὐτοῦ Ὑρκανοῦ λαμπρῶς ἐπὶ τῇ νίκῃ ἐδέχθη παραγεγονώς. Καὶ Ἀντώνιος χρήμασιν, ὁ Ῥωμαίων στρατηγός, Ἡρώδῃ καὶ τῷ ἀδελφῷ Φασαήλῳ τὰς τῶν Ἰουδαίων τετραρχίας δίδωσιν, οὐδὲν πρὸς ταῦτα δυσχεραίνοντος Ὑρκανοῦ. Τοῦ δὲ πλήθους τῶν περὶ Ἡρώδην κατηγορούντων οὐδὲν πλέον πλὴν τοῦ τιμωρίαν ὑπέχειν ἀντὶ τοῦ λαβεῖν ὧν ἐπεκάλουν ἐγίνετο διὰ τὸ χρήμασιν Ἀντώνιον διεφθάρθαι καὶ Ὑρκανὸν τοῖς περὶ Ἡρώδην τίθεσθαι· ἤδη γὰρ καὶ τὴν τῆς θυγατρὸς αὐτοῦ παῖδα Μαριάμμην Ἡρώδης ἐγγεγύητο.

Πτολεμαίου δὲ τοῦ Μεναίου τὸν βίον λιπόντος ὁ παῖς λαμβάνει τὴν ἀρχὴν Λυσανίας. Καὶ Πάκορος δὲ [315 b] ὁ βασιλέως παῖς καὶ Βαζαφαρμάνης σατράπης Πάρθος κατέσχον τὴν Συρίαν. Λυσανίας δὲ τὸν σατράπην ἔχων σὺν αὐτῷ ποιεῖται πρὸς Ἀντίγονον τὸν Ἀριστοβούλου φιλίαν· καὶ Ἀντίγονος ὑπισχνεῖται Πάρθοις χίλια τάλαντα δώσειν καὶ πεντακοσίας γυναῖκας, εἰ τὴν πατρῴαν ἀρχὴν αὐτῷ δώσουσιν Ὑρκανὸν ἀφελόμενοι καὶ τοὺς περὶ Ἡρώδην ἀνέλοιεν. Διὸ Πάκορος καὶ Βαζαφαρμάνης κατάγουσιν Ἀντίγονον, καὶ πολέμου αὐτοῖς ὑπὸ τῶν περὶ Ἡρώδην συστάντος πολλοὶ ἀφ' ἑκατέρων κτείνονται, εὐδοκιμοῦντος μάλιστα τοῖς πόνοις Ἡρώδου. Τέλος Ὑρκανὸς καὶ Φασάηλος δόλῳ συλλαμβάνεται ὑπὸ Πάρθων· καὶ ὁ μὲν Φασάηλος τῶν ἐχθρῶν προφθάσας τὴν σφαγήν, πέτρᾳ τὴν κεφαλὴν προσαράξας ἔξεισι τοῦ βίου, Ὑρκανὸς δὲ δέσμιος εἴχετο. Καὶ οἱ Παρθοὶ λοιπὸν τὰ Ἱεροσόλυμα λαβόν-

39 τὴν A : *om.* M ‖ **41** Μεναίου *edd. et* A *supra* : Ὑμεναίου *hic* AM.
[315 b] **3** αὐτῷ *edd.* : αὑτῷ *codd.* ‖ **6** αὐτῷ δώσουσιν A : ἀποδώσουσιν M.

prendre Jérusalem ; Hérode, grâce à son habileté, à sa rapidité de décision et à sa bravoure, leur échappa de justesse et ils pillèrent les biens des gens de Jérusalem sauf ceux d'Hyrcan qui possédait quatre-vingts talents[1] ; c'est ainsi qu'ils replacèrent Antigone sur le trône paternel. Antigone, pour que son oncle Hyrcan ne reprît pas ses fonctions sacerdotales, la mutilation d'une partie du corps interdisant aux Juifs d'exercer le sacerdoce, lui fit couper les oreilles et le livra aux Parthes pour qu'ils l'emmènent avec eux[2].

Quant à Hérode, il ne se donnait nul répit, mais il s'en alla d'abord chez Malik, roi des Arabes, avec l'espoir d'y trouver de l'aide au nom de l'amitié de son père ; déçu, il se rendit à Brindes auprès d'Antoine, le chef romain, et de là à Rome avec lui ; il se plaignait de ce qui lui était arrivé et de la mort de son frère[3]. Il caressait le projet de faire passer le trône, s'il le pouvait, à son beau-frère, fils d'une fille de Hyrcan, car, pour lui-même, il n'y avait pas le moindre espoir de l'obtenir vu qu'il était un étranger[4]. Mais Antoine et Auguste, appuyés par un vote du sénat, le proclamèrent roi des Juifs[5] ; ils combattirent à ses côtés contre Antigone à plusieurs reprises et, après bien des massacres et bien des combats, ils firent Antigone prisonnier ; ce fut le général romain Sossius qui mit cet épilogue à la guerre ; ils affermirent davantage le pouvoir d'Hérode*.

Le chef romain Antoine, à qui on avait remis Antigone prisonnier*, se proposait de le garder aux fers jusqu'à son [316 a] triomphe ; mais quand il apprit que le peuple juif se révoltait par haine contre Hérode, il fit décapiter Antigone à Antioche*. Hyrcan, lorsqu'il apprit qu'Hérode était

1. Josèphe explique les ruses que les Parthes déployèrent pour s'emparer d'Hérode et comment celui-ci leur échappa avant la prise de Jérusalem : XIV, 348-362, t. III, p. 303-306, long passage que Photius évoque par une brève notation après quoi il suit d'assez près le récit du pillage de Jérusalem : XIV, 363, t. III, p. 306.

2. Reprise assez libre de XIV, 366, t. III, p. 306-307.

3. Résumé concis, mais complet quant à l'essentiel, de XIV, 370-380, t. III, p. 307-309.

4. XIV, 386-387, t. III, p. 310-311.

5. Condensé de XIV, 381-385, t. III, p. 309-310 et 389, p. 311. Photius avait déjà noté ces éléments, p. 314 b 1-5, *supra*, p. 143.

τες, μόλις αὐτοὺς Ἡρώδου δεινότητι γνώμης καὶ τάχει τοῦ προμηθοῦς καὶ χειρῶν ἀρετῇ γενναίᾳ διαφυγόντος, τὰ τῶν Ἱεροσολυμιτῶν διήρπαζον χρήματα πλὴν τῶν Ὑρκανοῦ (π′ δ’ ἦν τάλαντα) καὶ οὕτως εἰς τὴν πατρῴαν ἀρχὴν Ἀντίγονον ἐγκαθιστῶσιν. Ἀντίγονος δ’ Ὑρκανοῦ τοῦ θείου ὑπὲρ τοῦ μὴ πάλιν ἀναλαβεῖν τὴν ἱερωσύνην (τὸ γὰρ σεσινωμένον κατά τι τοῦ σώματος μέρος ἀπείρηται Ἰουδαίοις ἱερᾶσθαι) περιτέμνει τὰ ὦτα, καὶ Πάρθοις ἄγειν σὺν αὐτοῖς δίδωσιν.

Ἡρώδης δ’ οὐδαμῶς ἠρέμει, ἀλλὰ πρῶτον μὲν εἰς Μάλιχον τὸν Ἀράβων ἀπῄει βασιλέα, ἐπικουρίαν κατὰ πατρῴαν φιλίαν ἐλπίδας ἔχων εὑρεῖν· ἀποτυχὼν δ’ ἐπὶ Βρεντήσιον πρὸς Ἀντώνιον τὸν Ῥωμαίων στρατηγόν, κἀκεῖθεν εἰς Ῥώμην σὺν αὐτῷ ἀνάγεται, ἀπολοφυράμενος τὰ συνενεχθέντα καὶ τὸν τἀδελφοῦ θάνατον. Ἐποιεῖτο δὲ γνώμην τῷ τῆς γαμετῆς ἀδελφῷ, Ὑρκανοῦ δὲ θυγατρὸς παιδί, εἴ πως δύναιτο, τὴν βασιλείαν καταπράξασθαι· αὐτῷ γὰρ ἀνέλπιστον ἦν παντάπασιν ταύτην περιελθεῖν ἀλλοφύλῳ ὄντι. Ἀλλ’ Ἀντώνιος καὶ Αὔγουστος, σύμψηφον λαβόντες τὴν βουλήν, καὶ βασιλέα Ἰουδαίων ἀποφαίνουσι, καὶ κατὰ Ἀντιγόνου πολλάκις αὐτῷ συμμαχήσαντες μετὰ πολλὰς σφαγὰς καὶ πολέμους Ἀντίγονον μὲν αἰχμάλωτον ἄγουσι, Σοσσίου στρατηγοῦ Ῥωμαίων τέλος τοῦτο τοῖς πολέμοις ἐπιθεμένου, αὐτῷ δὲ τὰ τῆς ἀρχῆς ἐπὶ μᾶλλον κρατύνουσιν.

Ἀντώνιος δὲ ὁ στρατηγὸς λαβὼν αἰχμάλωτον τὸν Ἀντίγονον δέσμιον ἔγνω μέχρι τοῦ θριάμβου φυλάττειν· [316 a] μαθὼν δὲ νεωτερίζειν τὸ Ἰουδαίων ἔθνος ἐκ τοῦ πρὸς Ἡρώδην μίσους, τοῦτον ἐν Ἀντιοχείᾳ ἐπελέκισεν. Ὑρκανὸς δ’ ἐπεὶ Ἡρώδην βασιλεύειν ἤκουσεν, ἐδεήθη

17 γενναίᾳ A² : γενεᾷ A σὺν τῇ γενεᾷ M || 19 πλὴν — τάλαντα M : *om.* A || 25 ἠρέμει M : ἠρεμεῖ A || 28 τὸν A¹M : τῶν A.

[316 a] 2 *post* μίσους : *in* AM *ras.*

roi, adressa une requête au roi Phraate et, comme Hérode en avait adressé une de son côté, Hyrcan fut renvoyé dans son pays ; il espérait obtenir beaucoup d'Hérode[1]. Celui-ci lui témoigna en apparence la même faveur et le même respect qu'auparavant[2] ; plus tard, il l'accusa faussement de corruption et de trahison en faveur des Arabes et il fit mettre à mort cet homme âgé de quatre-vingt-et-un ans et dont la grande bonté et l'humeur paisible étaient sans pareilles[3]. Aristobule, petit-fils d'Hyrcan et frère de la femme d'Hérode Mariammè, sur les instances d'Alexandra, mère des enfants, et de Mariammè elle-même, fut promu grand-prêtre à l'âge de dix-sept ans par Hérode qui, peu après, le fit étrangler dans les bains à Jéricho[4]. Tel était Hérode, l'homme qu'on a déjà dépeint auparavant*.

Au moment de mourir, Hérode, avec l'accord de l'empereur*, prit ses dispositions pour que son fils Archélaüs lui succédât sur le trône*. Et le César — c'était Auguste — proclama Archélaüs maître de la moitié du pays et dit qu'il lui conférerait la royauté s'il apprenait qu'il exerçait sa charge avec modération et justice ; il divisa l'autre moitié et y établit comme tétrarques Philippe et Antipater, fils d'Hérode eux aussi*. Mais comme Archélaüs commandait aux Juifs avec dureté et à la manière de son père, ses sujets tyrannisés recoururent à César et, la dixième année de son règne, il fut déposé et condamné à résider à Vienne, en Gaule* ; dès lors, de royaume, la Judée devint province*.

Hérode, le tétrarque de Galilée et de Pérée, fils du grand Hérode, s'éprit, rapporte Josèphe, de la femme de son frère Hérode qui s'appelait Hérodiade. Elle descendait elle aussi du grand Hérode, étant née de son fils Aristobule qu'Hérode le Grand avait fait mettre à mort ; elle avait

1. Ces quelques lignes résument le texte de XV, 11-20, t. III, p. 334-336, où Josèphe relate les tractations qui amenèrent le retour d'Hyrcan.

2. XV, 21, t. III, p. 336.

3. Les machinations qui ont amené la mort d'Hyrcan sont racontées par Josèphe en XV, 164-178, t. III, p. 361-364.

4. Sur les intrigues qui ont abouti à l'élévation du jeune Aristobule, cf. XV, 23-41, t. III, p. 336-339. Sur son assassinat : XV, 50-56, t. III, p. 341-342.

Φραάτου βασιλέως, καὶ συνδεηθέντος Ἡρώδου ἀφίεται εἰς τὴν πατρίδα, πολλῶν ἐλπίσας παρὰ Ἡρώδῃ τυχεῖν. Ἡρώδης δὲ σχήματα μὲν εὐνοίας καὶ τιμῆς τῆς πρωτευούσης πολλὰ εἰς αὐτὸν ἐδείκνυ, ἐν ὑστέρῳ δὲ διαβολὰς ἐπενεγκὼν δωροδοκίας καὶ τῆς πρὸς Ἄραβας προδοσίας ἀνεῖλεν ἄνδρα ὑπὲρ τὰ π' ἔτη ἐνιαυτῷ ἐνὶ μετὰ πολλῆς καὶ ἀφάτου τῆς ἐπιεικείας καὶ ἀπραγμοσύνης βεβιωκότα. Καὶ Ἀριστόβουλον δὲ τὸν υἱωνὸν μὲν Ὑρκανοῦ, Μαριάμμης δὲ τῆς γαμετῆς ἀδελφόν, ἐνοχλησάσης Ἀλεξάνδρας τῆς τῶν παίδων μητρὸς καὶ αὐτῆς Μαριάμμης, ἀρχιερέα μὲν καθίστησιν ιζ' ἔτος ἄγοντα, καὶ μετ' ὀλίγον ἐν Ἱεριχοῦντι ταῖς ἐκεῖσε κολυμβήθραις ἐναποπνιγῆναι κατεπράξατο. Ἀλλ' Ἡρώδης μὲν τοιοῦτος, καὶ οἷος εἶναι προείρηται.

Ὅτι τελευτῶν Ἡρώδης Ἀρχέλαον τὸν υἱὸν διατίθεται, Καίσαρος διδοῦντος, τῆς βασιλέας γενέσθαι διάδοχον. Καῖσαρ δέ (ὁ Αὔγουστος δ' ἦν) τῆς ἡμισείας Ἀρχέλαον ἀποφήνας κύριον, καὶ βασιλείᾳ τιμήσειν εἶπεν εἰ ἐπιεικῶς καὶ δικαίως τὴν ἀρχὴν μάθοι χειρίζοντα· τὴν δ' ἄλλην μοῖραν διελὼν τετράρχας Φίλιππον καὶ Ἀντίπατρον, καὶ αὐτοὺς Ἡρώδου παῖδας ὄντας, καθίστησιν. Ἀλλ' Ἀρχέλαος ἐπεὶ ὠμῶς καὶ κατὰ τὸν πατέρα Ἰουδαίων ἦρχεν, Καίσαρος δεηθέντων τῶν τυραννουμένων δεκάτῳ ἔτει τῆς βασιλείας ἐκπέπτωκε, καὶ Βίενναν οἰκεῖν τῆς Γαλλίας καταδικάζεται, καὶ μεταπίπτει ἐντεῦθεν Ἰουδαία ἐκ βασιλείας εἰς ἐπαρχίαν.

Ὅτι Ἡρώδης ὁ τετράρχης Γαλιλαίας καὶ Περαίας, παῖς Ἡρώδου τοῦ μεγάλου, ἠράσθη (ὡς Ἰώσηπός φησιν) ἀδελφοῦ Ἡρώδου γυναῖκα ὄνομα Ἡρωδιάδα· ἀπόγονος δ' ἦν αὕτη τοῦ μεγάλου Ἡρώδου, Ἀριστοβούλῳ τῷ παιδί, ὃν ἐκεῖνος ἀνεῖλε γεγενημένη· ἦν δ' αὐτῇ καὶ ὁ ἀδελφὸς

11 υἱωνὸν A : υἱὸν M ‖ μὲν M : *om.* A ‖ **14** Μαριάμμης M : *om.* A ‖ **15** Ἱεριχοῦντι A : ἱεροῦντι M ‖ **28** Βίενναν A : Βίαιναν M ‖ Γαλλίας A : Γαλλιλαίας M ‖ **34**-318 b **20** ἀνεῖλε — ἐπιστεύοντο M : *om.* A

pour frère Agrippa. Hérode l'enleva à son mari et l'épousa[1]. C'est lui qui fit assassiner Jean le Précurseur de peur, dit Josèphe, qu'il ne soulevât le peuple contre lui car tous suivaient les enseignements de Jean à cause de sa vertu exceptionnelle[2]. C'est sous son règne aussi qu'eut lieu la Passion du Sauveur[3].

Agrippa, le descendant du premier Hérode, fils d'Aristobule qui avait été mis à mort, et frère d'Hérodiade, [316 b] était tombé au milieu d'innombrables aventures et vicissitudes[4] ; pourtant, alors qu'il était gardé en prison où Tibère l'avait laissé à sa mort, il en fut tiré par la faveur de Caligula et il fut élu roi de la tétrarchie de Philippe, frère du premier Hérode ; il reçut aussi la tétrarchie de Lysanias et s'embarqua pour la Judée à l'immense stupeur et étonnement de tous devant ce retour de fortune*. Hérodiade, étonnée comme les autres, en reçut une mortelle blessure d'envie et elle ne cessa d'importuner son mari que quand elle l'eut contraint à gagner Rome et à s'occuper activement de se faire donner le trône. Il partit avec elle ; Agrippa qui les suivait les joignit au moment où ils venaient de débarquer. Devant Caligula, il accusa Hérode d'une hostilité constante à l'égard des Romains ; en effet, du vivant de Tibère encore, il avait conclu un traité d'amitié avec Séjan*, un ennemi des Romains, et il méditait à présent d'en faire autant contre eux avec le roi des Parthes Artaban. Il fit tant et si bien qu'au lieu du royaume dont il avait rêvé, Hérode fut démis de sa propre charge de tétrarque et fut envoyé à Lyon, condamné à l'exil perpétuel. Hérodiade suivit volontairement son mari en exil ; Caligula joignit la tétrarchie de ce dernier à celles d'Agrippa*.

Cet Agrippa que, pour le distinguer de son fils, on ap-

1. Sommaire de XVIII, 110-111, t. IV, p. 160-161.

2. Les données sur Jean-Baptiste figurent en XVIII, 116-119, t. IV, p. 161-162. Feldman, *op. cit.*, p. 81.

3. Aucun éditeur de Josèphe n'a fait attention à cette phrase. Elle n'est pas dans l'auteur. Le fait que, comme je l'ai dit plus haut, Photius ne s'étonne pas du silence de Josèphe sur le Christ me porte à croire qu'il a pu trouver ceci dans le texte où une remarque interlinéaire avait pu se glisser et passer aussi pour une phrase de Josèphe.

4. Racontées par Josèphe en XVIII, 143-204, t. IV, p. 166-177.

Ἀγρίππας. Ταύτην Ἡρώδης τἀνδρὸς διαστήσας ἠγάγετο γυναῖκα. Οὗτός ἐστιν ὁ τὸν μέγαν ἀνελὼν Ἰωάννην τὸν Πρόδρομον, δεδιώς (Ἰώσηπός φησι) μὴ τὸ ἔθνος αὐτοῦ διαστήσει· πάντες γὰρ δι' ὑπερβολὴν ἀρετῆς τοῖς Ἰωάννου λόγοις εἵποντο. Κατὰ τοῦτον καὶ τὸ σωτήριον ἐγεγόνει πάθος.

Ὅτι Ἀγρίππας ὁ Ἡρώδου μὲν ἀπόγονος τοῦ πρώτου, Ἀριστοβούλου δὲ τοῦ ἀνῃρημένου παῖς, ἀδελφὸς δ' Ἡρω- [316 b] διάδος, μυρίαις τυχαῖς καὶ μεταβολαῖς περιπεσὼν ὅμως ἐκ φυλακῆς καὶ δεσμῶν, οἷς αὐτὸν κατεχόμενον Τιβέριος Καῖσαρ τελευτῶν ἀπολελοίπει, ἐκ τούτων ἀπαλλαγεὶς Γαίου Καίσαρος προνοίᾳ καὶ βασιλεὺς χειροτονεῖται τετραρχίας Φιλίππου (Ἡρώδου δ' ἦν οὗτος ἀδελφὸς τοῦ πρώτου), προσλαμβάνει δὲ καὶ τὴν Λυσανίου τετραρχίαν, καὶ ἀποπλεῖ πρὸς τὴν Ἰουδαίαν, πάντων ἐν ἐκπλήξει καὶ θαύματι τὸ τῆς μεταβολῆς ἀθρόον ποιουμένων. Μεθ' ὧν καὶ Ἡρωδιὰς ἐκπεπλεγμένη καιρίαν δέχεται πληγὴν ἐκ φθόνου, καὶ οὐκ ἀνίει διενοχλοῦσα τὸν ἄνδρα, ἕως κατειργάσατο ἀνελθεῖν εἰς Ῥώμην καὶ βασιλείαν ἑαυτῷ σπουδὴν ποιεῖσθαι καταπράξασθαι. Ἀλλ' ὁ μὲν ἀνῄει σὺν αὐτῇ, εἵπετο δ' Ἀγρίππας καὶ καταλαμβάνει ἄρτι κατάραντας. Κατηγορήσας δ' Ἡρώδην παρὰ Γαίῳ Καίσαρι ὡς δύσνους εἴη Ῥωμαίοις ἀεί (Τιβερίου μὲν γὰρ ἔτι περιόντος πρὸς Σηΐανον ἐχθρὸν ὄντα Ῥωμαίοις θέσθαι φιλίαν, καὶ νῦν δὲ πρὸς Ἀρτάβανον τὸν Πάρθων βασιλέα τὰ αὐτὰ φρονεῖν κατὰ Ῥωμαίων) παρασκευάζει ἀντὶ τῆς ὀνειροποληθείσης βασιλείας τῆς τε οἰκείας ἐκπεσεῖν τετραρχίας καὶ εἰς Λουγδούνων ἀϊδίῳ φυγῇ ζημιωθέντα ἐλαθῆναι. Καὶ Ἡρωδιὰς δ' ἑκοῦσα τῷ ἀνδρὶ συμφυγαδεύεται· τὴν δὲ τετραρχίαν αὐτοῦ Γαΐος Ἀγρίππᾳ προστίθησιν.

Τοῦτον τὸν Ἀγρίππαν πρὸς ἀντιδιαστολὴν τοῦ υἱοῦ

37 φησι *edd.* : *om.* M.
317 b 16 Σηΐανον Josephus : Ἰανὸν AM.

pela Agrippa le Grand, régna sur les Juifs, dit Josèphe, en les comblant de ses faveurs[1]. C'est pour leur complaire, semble-t-il, qu'il fit frapper de l'épée Jacques, le frère de Jean, et qu'il tenta de faire tuer Pierre, le chef des Apôtres, mais il échoua dans son dessein[2]. Agrippa, vêtu d'une robe brodée d'argent, parlait au peuple et, tandis qu'il écoutait sans les repousser les paroles de la foule qui poussait outrageusement la flatterie jusqu'au comble de l'impiété, il fut aussitôt puni ; en effet, il lui vint une douleur violente au ventre et il mourut cinq jours plus tard ; il était dans la cinquante-quatrième année de son âge et dans la septième de son règne dont quatre avaient été exercées sous Caligula, trois à la tête de la tétrarchie de Philippe et la quatrième avec, en plus, celle d'Hérode ; les trois autres années s'étaient écoulées sous le règne de Claude et c'est alors qu'il avait acquis en plus la Judée, la Samarie et la Césarée que l'empereur lui avait données*.

C'est ainsi que mourut Agrippa ; le « bubo » — un oiseau [317 a] que les Romains appellent ainsi — était apparu cinq jours avant sa mort au-dessus de sa tête ; cet oiseau lui avait aussi annoncé le trône, à ce que croit Josèphe*. A sa mort, il laissait quatre enfants : un garçon, Agrippa, qui était dans sa dix-septième année, et trois filles : Bérénice, Mariammè et Drusilla. La première avait seize ans et elle avait épousé Hérode, son oncle paternel ; Mariammè était dans sa dixième année, Drusilla dans sa sixième. Sans aucune autre raison que leur folle colère, les Sébastes les enlevèrent soudain, les enfermèrent dans des maisons de prostitution et leur firent connaître toutes les avanies qu'on peut dire et celles qu'on ne peut pas dire. Claude en fut irrité contre eux sans toutefois leur infliger un châtiment mérité pour leur crime*.

1. Il obtint de Claude des mesures pour le maintien des traditions et de la religion juives (XIX, 300-301, t. IV, p. 261-263). Josèphe loue son attitude envers le peuple juif en XIX, 328-331, t. IV, p. 266, et 335-337, p. 267.

2. Donnée étrangère à Josèphe. Le fait est relaté dans les *Actes*, 12, 1-18, mais j'hésite à croire que Photius en a introduit lui-même la mention dans son sommaire puisque, je le répète, il ne remarque nulle part, comme il l'a fait pour Justus de Tibériade, que Josèphe ne dit rien du christianisme.

καὶ μέγαν Ἀγρίππαν καλοῦσι, καὶ εἰς τὸ μάλιστα κεχαρισμένον Ἰώσηπός φησιν Ἰουδαίων ἄρξαι. Οὗτος ἐκείνοις, ὡς ἔοικε, χαριζόμενος καὶ Ἰάκωβον τὸν ἀδελφὸν Ἰωάννου μαχαίρᾳ ἀνεῖλε, καὶ τὸν κορυφαῖον τῶν μαθητῶν Πέτρον ἐπεχείρησεν, εἰ καὶ διήμαρτεν, ἀνελεῖν. Οὗτος ἐσθῆτα ἀργύρου πεποιημένην περιθέμενος καὶ τῷ πλήθει δημηγορήσας, ἐπεὶ φωνὰς παρ' αὐτῶν μετὰ τὸ ὑπερβολὴν κολακείας ἔχειν καὶ ἀσεβείας εἰς ἔσχατον ἥκειν ἀκούων οὐκ ἐπετίμησε, παραυτίκα δίκην δίδωσιν· ἀλγήματος γὰρ αὐτῷ κατὰ γαστέρα σφοδροῦ γεγονότος δι' ἡμερῶν ε' τὸν βίον κατέστρεψεν, ἄγων ἀπὸ γενέσεως ἔτος δ' καὶ ν', τῆς δὲ βασιλείας ζ', ὧν δ' Γαΐου βασιλεύοντος ἦρξε, τὰ μὲν γ' τὴν Φιλίππου ἔχων τετραρχίαν, τῷ δ' δὲ προσλαβὼν καὶ τὴν Ἡρώδου, τὰ δὲ λοιπὰ γ' ἐπὶ Κλαυδίου, ἐν οἷς Ἰουδαίαν τε καὶ Σαμαρείαν καὶ Καισάρειαν Καίσαρος δόντος προσεκτήσατο.

Οὕτως Ἀγρίππας τελευτᾷ, τοῦ βουβῶνος (τοῦ πτηνοῦ δὲ γένους παρὰ Ῥωμαίοις ἐστὶν οὕτω [317 a] καλούμενον ζῷον) πρὸ πέντε τῆς τελευτῆς ἡμερῶν ὑπὲρ κεφαλῆς φανέντος, ᾧ καὶ τὴν βασιλείαν προσαγγεῖλαι νομίζει Ἰώσηπος. Τελευτᾷ δ' οὖν παῖδας λιπὼν δ', ἄρρενα μὲν Ἀγρίππαν, ιζ' ἔτος ἄγοντα, θηλείας δὲ γ', Βερενίκην, Μαριάμμην καὶ Δρουσίλαν. Ὧν ἡ μὲν ἔτος ἄγουσα ις' Ἡρώδῃ πατρὸς ἀδελφῷ ἐγεγάμητο, Μαριάμμη δ' ἠνύετο δέκατον καὶ Δρουσίλα ἑκτόν, ἃς οἱ Σεβαστηνοὶ κατ' οὐδεμίαν ἄλλην πρόφασιν πλὴν τοῦ μανῆναι ἁρπάσαντες ἀθρόον καὶ πορνείοις ἐγκαταστήσαντες, πᾶσαν αὐταῖς ὕβριν ῥητὴν καὶ ἄρρητον ἐπεδείξαντο. Οἷς χαλεπήνας Κλαύδιος ὅμως οὐδὲν ἄξιον τῆς παρανομίας εἰσεπράξατο.

[316 b] 27 Ἰάκωβον *edd.* : *om.* M.
[317 a] 7 Μαριάμμη *edd.* : Μαριάμμην M.

Agrippa, fils d'Agrippa, après la mort de son père, se rendit à Rome[1]; Claude avait décidé de lui confier le royaume paternel, mais, retenu par les avis de certaines gens qui alléguaient le jeune âge d'Agrippa, il envoya Phadus gouverner la Judée[2] et il installa Agrippa roi de Chalcis dont Hérode, qui venait de mourir, avait été roi[3]. Après quatre ans, il lui donna aussi la tétrarchie de Philippe et Batania, plus la Trachonitis qui avait été la tétrarchie de Lysanias. Quand il lui eut fait ce don, il lui enleva Chalcis[4].

Agrippa donna sa sœur Drusilla en mariage à Azizos, roi d'Émèse, qui était circoncis, car Épiphane, fils d'Antiochus, bien qu'il l'eût promis, n'avait pas accepté la circoncision, d'où la rupture de la promesse de mariage[5]. Drusilla fut séparée d'Azizos et donnée en mariage à Félix, gouverneur de la Judée, qui s'était montré très empressé à cause de sa beauté. Quant à Mariammè, il la donna à Archélaüs, fils d'Helcias, à qui son fère l'avait destinée ; c'est d'eux que naquit Bérénice[6]. Après la mort de Claude, Néron son successeur donna à Agrippa une partie de la Galilée, Tibériade et Taricheia en exigeant son obéissance ; il y ajouta Julias, une ville de Pérée, et les dix villages qui l'environnaient*. C'est sous cet Agrippa que saint Paul prit la parole devant Festus*.

Après Phadus, comme gouverneur de la Judée, on envoya Cumanus* ; après lui, qui avait été rappelé à Rome pour répondre d'une accusation, c'est Félix qui fut envoyé ; après lui, ce fut Festus, puis Albin, puis enfin Florus*. C'est durant la deuxième année de sa charge, à cause des souffrances excessives qu'il infligeait aux Juifs, que commença la guerre entre les Juifs et les Romains ; Néron était dans la douzième année de son règne*.

1. Josèphe a dit (XIX, 360, t. IV, p. 272) que le jeune Agrippa *était* à Rome au moment de la mort de son père.
2. Sommaire de XIX, 362-363, t. IV, p. 272.
3. XX, 104, t. IV, p. 293.
4. XX, 138, t. IV, p. 299.
5. XX, 139, t. IV, p. 299.
6. Ici, Photius a modifié l'ordre du texte où il est d'abord question du mariage de Mariammè (XX, 140, p. 399), puis de Drusilla (141-143, t. IV, p. 399).

Ὅτι Ἀγρίππας ὁ τοῦ Ἀγρίππου παῖς τελευτήσαντος αὐτῷ τοῦ πατρὸς εἰς Ῥώμην ἀπαίρει· Κλαύδιος δ' αὐτῷ τὴν πατρῴαν ἀρχὴν ἐγνώκει χειρίζειν, ἀνακοπεὶς δ' ἐνίων βουλαῖς τὸ νέον τῆς ἡλικίας Ἀγρίππα αἰτιασαμένων, Φάδον μὲν ἐπίτροπον ἐκπέμπει τῆς Ἰουδαίας, Ἀγρίππαν δὲ Χαλκίδος, Ἡρώδου τελευτήσαντος τοῦ ταύτης ἔχοντος τὴν βασιλείαν, εἰς βασιλέα καθίστησι. Μετὰ δὲ τέταρτον ἔτος δωρεῖται αὐτὸν τῇ τε Φιλίππου τετραρχίᾳ καὶ Βαταναίᾳ, προσθεὶς αὐτῷ καὶ τὴν Τραχωνῖτιν· Λυσανίου δ' αὕτη τετραρχία ἐγεγόνει. Καὶ ταῦτα δοὺς ἀφαιρεῖται τὴν Χαλκίδα.

Ἀγρίππας δὲ Δρουσίλαν τὴν ἀδελφὴν Ἀζιζῷ τῷ Ἐμέσων βασιλεῖ περιτμηθέντι δίδωσι γυναῖκα. Ἐπιφανὴς γὰρ Ἀντιόχου, καίτοι ὑποσχόμενος, οὐκ ἐδέχετο τὴν περιτομήν, ἐξ οὗ καὶ ἡ τῆς ἐγγυήσεως διάλυσις ἠκολούθει. Δρουσίλα δὲ καὶ Ἀζιζοῦ διαλύεται καὶ Φήλικι τῷ τῆς Ἰουδαίας ἐπιτρόπῳ, πολλὰ σπουδάσαντος ἐκείνου διὰ τὸ κάλλος, γαμεῖται. Καὶ Μαριάμμην δὲ δίδωσιν Ἀρχελάῳ παιδὶ τῷ Ἑλκιοῦ, ᾧ καὶ ζῶν ὁ πατὴρ ἡρμόσατο· ἐξ ὧν τίκτεται Βερενίκη. Κλαυδίου δὲ τελευτήσαντος Νέρων καταστὰς διάδοχος δωρεῖται Ἀγρίππαν μοίρᾳ τινὶ τῆς Γαλιλαίας, Τιβεριάδα καὶ Ταριχαίαν κελεύσας αὐτῷ ὑπακούειν, προστίθησι δὲ καὶ Ἰουλιάδα πόλιν τῆς Περαίας, καὶ κώμας τὰς περὶ αὐτὴν δέκα. Οὗτός ἐστιν Ἀγρίππας, ἐφ' οὗ ὁ θεῖος Παῦλος Φήστου συνεδριάζοντος ἐδημηγόρησεν.

Ὅτι μετὰ Φάδον ἐπίτροπον Ἰουδαίας Κουμανὸς πέμπεται· μεθ' ὃν εἰς Ῥώμην ἀναχθέντα ἐπ' αἰτίαις Φῆλιξ πέμπεται· μεθ' ὃν Φῆστος, εἶτα Ἀλβῖνος, λοιπὸς Φλῶρος. Οὗ δευτέρῳ ἔτει διὰ τὴν ὑπερβολὴν τῶν παρ' αὐτῷ κακῶν ὁ πρὸς Ῥωμαίους Ἰουδαίων πόλεμος ἀρχὴν δέχεται, Νέρωνος ἔτος δωδέκατον ἐν τῇ ἀρχῇ διανύοντος.

21 καὶ Βαταναίᾳ *edd.* : οὐ Βαταναίᾳ M || **36** δέκα *edd.* : δεκάδας M.

[317 b] Anan fils d'Anan prit la charge de grand-prêtre après en avoir dépouillé Joseph ; il était hardi, audacieux et téméraire à l'extrême ; c'était, en effet, un adepte de la secte des Sadducéens et ceux-ci étaient durs dans leurs jugements et enclins à toutes les audaces. Donc, cet Anan, quand Festus fut mort en Judée et avant qu'Albin fût entré en charge, réunit le Sanhédrin de sa propre autorité et fit accuser Jacques, le frère du Seigneur, et d'autres avec lui, de désobéir aux lois et il ordonna de les faire mourir par lapidation. Là-dessus, les plus modérés des Juifs et le roi Agrippa lui-même, profondément affectés, le chassèrent après trois années de charge et mirent à sa place Jésus fils de Damnès[1].

C'est depuis la mort d'Aaron, frère de Moïse, que ses fils, et leurs descendants après eux, se sont succédé dans la charge de grand-prêtre, car il y avait en vigueur une loi ancestrale qui interdisait à quiconque n'était pas du sang d'Aaron d'obtenir la charge de grand-prêtre*. Il s'écoula donc, depuis Aaron jusqu'à Phanasès qui fut élu grand-prêtre au cours de la guerre par les Juifs révoltés, quatre-vingt-trois années*. Ensuite, pendant le passage au désert, pendant lequel fut fabriqué le Tabernacle, jusqu'au temple que bâtit le roi Salomon, il y eut treize grands-prêtres qui exercèrent la charge jusqu'à leur mort*.

La première constitution juive fut aristocratique, puis ce fut une monarchie et le troisième régime fut celui des rois. Depuis la sortie d'Égypte jusqu'à l'édification du temple de Jérusalem, il y a six cent et douze ans*. Après les treize grands-prêtres et la construction du temple, il y eut dix-huit grands-prêtres consacrés dans le temple depuis Salomon jusqu'au moment où Nabuchodonosor, roi de Babylone, brûla le temple et déporta le peuple juif à Babylone avec le grand prêtre Josédek*. La

1. Ces lignes sont un résumé bien suivi de XX, 199-203, t. IV, p. 309-310. Le passage visé de Josèphe a été, lui aussi, beaucoup discuté. En face de Ἰάκωβον τὸν ἀδελφὸν τοῦ Κυρίου de Photius, l'original porte τὸν ἀδελφὸν Ἰησοῦ τοῦ λεγομένου Χριστοῦ, Ἰάκωβος ὄνομα αὐτῷ. La critique ne rejette pas ce passage, arguant qu'un chrétien n'aurait pas dit τοῦ λεγομένου Χριστοῦ (cf. J. Moreau, *op. cit.*, p. 23-24 ; Feldman, *op. cit.*, p. 496). Elle s'exprime comme le païen Pilate : Ἰησοῦν τὸν λεγόμενον Χριστόν dans *Matthieu*, 27, 17.

[317 b] Ὅτι Ἄνανος ὁ Ἀνάνου παῖς τὴν ἀρχιερωσύνην παραλαβών, ἀφαιρεθέντος αὐτὴν Ἰωσήπου, θρασὺς ἦν καὶ τολμητὴς διαφερόντως· αἵρεσιν γὰρ τὴν Σαδδουκαίων μετῄει· οὗτοι γὰρ ὠμοί τε περὶ τὰς κρίσεις καὶ πρὸς πᾶσαν αὐθάδειαν ἕτοιμοι. Οὗτος οὖν ὁ Ἄνανος, Φήστου μὲν ἐν Ἰουδαίᾳ τελευτήσαντος, Ἀλβίνου δὲ οὔπω καταλαβόντος, αὐθεντήσας καθίζει συνέδριον, καὶ Ἰάκωβον τὸν ἀδελφὸν τοῦ Κυρίου σὺν ἑτέροις, παρανομίαν αἰτιασάμενος, λίθοις ἀναιρεθῆναι παρασκευάζει. Ἐφ' ὧν τῶν Ἰουδαίων ὑπεραλγήσαντες οἱ ἐπιεικέστεροι, καὶ αὐτὸς Ἀγρίππας ὁ βασιλεύς, ἐκβάλλουσιν ἄρξαντα μηνὶ γ', Ἰησοῦν δ' ἀντ' αὐτοῦ τὸν Δάμνεον ἐγκατέστησαν.

Ὅτι Ἀαρὼν τελευτήσαντος, Μωυσέως ἀδελφοῦ, οἱ παῖδες ἐκδέχονται τὴν ἀρχιερωσύνην, εἶτα ἑξῆς οἱ τούτων ἔκγονοι· νόμος γὰρ μηδένα ἢ τὸν ἐξ αἵματος Ἀαρὼν τὴν ἀρχιερωσύνην εἰσδέχεσθαι πάτριος ἐκράτει. Ἐγένοντο οὖν ἀπὸ Ἀαρῶνος μέχρι Φανάσου τοῦ κατὰ τὸν πόλεμον ὑπὸ τῶν στασιαστῶν ἀναδειχθέντος ἀρχιερέως πγ' ἔτη. Ἐκ τούτων ἀπὸ τῆς ἐν τῇ ἐρήμῳ διαγωγῆς, ἐν ᾗ καὶ ἡ σκηνὴ ἐπήγνυτο, μέχρι τοῦ νεὼ ὃν ἤγειρεν ὁ βασιλεὺς Σολομών, ἀρχιεράτευσαν δεκατρεῖς, τὴν ἀρχιερωσύνην διὰ βίου κατασχόντες ἕκαστος.

Ἐγένετο δὲ αὐτῶν ἀριστοκρατορικὴ μὲν ἡ πρώτη πολιτεία, εἶτα μοναρχία, εἶτα βασιλέων ἡ τρίτη. Ἀπὸ γοῦν τῆς ἀπ' Αἰγύπτου ἐξόδου ἕως τοῦ ἐν Ἱεροσολύμοις νεὼ τῆς οἰκοδομῆς ἔτη γίνεται ιβ' καὶ χ'. Μετὰ δὲ τοὺς ιγ' ἀρχιερεῖς καὶ τὴν οἰκοδομὴν τοῦ νεὼ ι' καὶ η' τὴν ἀρχιερωσύνην ἔσχον ἀπὸ Σολομῶνος βασιλέως ἐν τῷ ναῷ ἱερούμενοι, ἕως Ναβουχοδονόσορ ὁ Βαβυλωνίων βασιλεὺς τὸν νεὼν ἐμπρήσας αἰχμαλώτους τὸ Ἰουδαίων ἔθνος εἰς Βαβυλῶνα μετήνεγκεν ἅμα Ἰωσεδὲκ τοῦ ἀρχιερέως. Τούτων χρό-

[317 b] **10** οἱ *edd.* : *om.* M ‖ **15** τὸν *edd.* : τοῦ M ‖ **22** βίου *edd.* : βίον M ‖ **31** ἅμα Ἰωσεδὲκ] ἀμαίως ἐκ M.

durée du régime des grands-prêtres fut de trois cent soixante-six ans, six mois et dix jours et, quand soixante-dix ans eurent passé depuis la captivité, Cyrus laissa les captifs rentrer dans leur pays. L'un d'eux prit la charge de grand-prêtre et il y eut après lui quinze de ses descendants jusqu'à Antiochus Eupator tandis que le peuple vivait sous un régime démocratique. Leur temps fut de quatre cent quatre-vingts ans[1].

C'est cet Antiochus qui, le premier, avec son général Lysias, mit fin au sacerdoce d'Onias surnommé Ménélas en le tuant à Bérée ; ils mirent à sa place Joacim qui était de la race d'Aaron, mais non de la même famille*. C'est pourquoi Ananias, neveu d'Onias, qui était mort, se rendit [318 a] en Égypte ; il se lia d'amitié avec Ptolémée Philomètor et avec sa femme Cléopâtre, construisit dans le dème d'Héliopolis en l'honneur de Dieu un temple pareil à celui de Jérusalem et persuada les souverains de l'en faire grand-prêtre[2]. Quant à Joacim, il mourut après trois ans de sacerdoce et il n'eut pas de successeur pendant sept ans[3].

Ce furent de nouveau les descendants des enfants d'Asamon qui se virent confier la direction du peuple ; ils firent la guerre aux Macédoniens et élurent grand-prêtre Jean qui mourut après avoir exercé sa charge pendant sept ans ; sa mort fut provoquée par les ruses de Tryphon ; son frère Simon lui fut donné comme successeur. Quand celui-ci eut été assassiné traîtreusement au cours d'un banquet par son gendre, son fils appelé Hyrcan lui succéda ; ce dernier, en mourant, laissa sa charge à Judas qu'on appelait aussi Aristobule ; celui-ci, à son tour, eut pour héritier son frère Alexandre : il était mort de maladie et avait occupé la charge de grand-prêtre et la royauté — car Judas fut le premier à porter le diadème — pendant un an[4].

Alexandre fut roi et prêtre pendant vingt-sept ans et

1. Reprise assez fidèle de XX, 232-234, t. IV, p. 315. Les données numériques sont reproduites très exactement.

2. Reproduction fidèle de XX, 236, t. IV, p. 315.

3. Reprise légèrement abrégée de XX, 257, t. IV, p. 316.

4. Texte de XX, 238-241, t. IV, p. 316, avec quelques variantes.

νος ἐστὶ τῆς ἀρχιερωσύνης τξϛ', μῆνες ϛ' ἡμέραι ι'. Μετὰ δὲ τὴν ἅλωσιν ἐτῶν ο' διελθόντων, Κῦρος ὁ Περσῶν βασιλεὺς τοὺς αἰχμαλώτους ἀπέλυσεν εἰς τὴν ἰδιάν ἐλθεῖν πατρίδα. Εἷς οὖν τῶν ἀναχθέντων αἰχμαλώτων λαμβάνει τὴν ἀρχιερωσύνην, καὶ ἐκεῖθεν οἱ ἐξ αὐτοῦ ἔκγονοι ιε' μέχρις 'Αντιόχου τοῦ Εὐπάτορος, πολιτείας οὔσης ἐν αὐτοῖς δημοκρατορικῆς. Καὶ τούτων δὲ χρόνος ἔτη υιδ'.

Πρῶτος δ' οὗτος 'Αντίοχος καὶ ὁ στρατηγὸς αὐτοῦ Λυσίας τὸν 'Ονίαν, ᾧ Μενέλαος ἐπίκλην, παύουσι τῆς ἀρχιερωσύνης, ἀνελόντες αὐτὸν ἐν Βεροίᾳ, καὶ ἀντικαθιστῶσιν 'Ιάκιμον, γένους μὲν τοῦ 'Ααρῶνος, οὐ τῆς αὐτῆς δ' οἰκίας. Διὰ τοῦτο καὶ 'Ανανίας ὁ τοῦ τελευτή-
[318 a] σαντος 'Ονίου ἐξάδελφος, εἰς Αἴγυπτον ἀφικόμενος καὶ Πτολεμαίῳ τῷ Φιλομήτορι καὶ Κλεοπάτρᾳ τῇ γυναικὶ διὰ φιλίας ἐλθών, πείθει τούτους κατὰ τὸν 'Ηλιουπολίτην νομὸν δειμάμενος τῷ Θεῷ παραπλήσιον τοῦ ἐν 'Ιεροσολύμοις αὐτὸν ἀρχιερέα καταστῆσαι. 'Ο μέντοι 'Ιάκιμος ἔτη γ' ἀρχιερατεύσας τελευτᾷ · οὗ διάδοχος οὐδεὶς κατέστη ἐπὶ ἔτεσιν ἑπτά.

Πάλιν δὲ οἱ τῶν 'Ασαμωναίου παίδων ἔκγονοι τὴν προστασίαν τοῦ ἔθνους πιστευθέντες, καὶ Μακεδόσι πολεμήσαντες, 'Ιωάννην ἀρχιερέα καθιστῶσιν, ὃς ἄρξας ἐνιαυτοὺς ἑπτὰ τελευτᾷ, Τρύφωνος ἐπιβουλαῖς διαμηχανηθείσης αὐτῷ τῆς τελευτῆς · οὗ διάδοχος Σίμων καθίσταται ὁ ἀδελφός. Καὶ τοῦτον δὲ δόλῳ παρὰ τὸ συμπόσιον διαφθαρέντα ὑπὸ τοῦ γαμβροῦ διαδέχεται παῖς 'Υρκανὸς ὄνομα · ὃς τελευτῶν 'Ιούδᾳ τῷ καὶ 'Αριστοβούλῳ κληθέντι καταλείπει τὴν ἀρχήν. Κληρονομεῖ δὲ καὶ τοῦτον ἀδελφὸς 'Αλέξανδρος, ὑπὸ νόσου μὲν τελευτήσαντα, τὴν ἱερωσύνην δὲ κατασχόντα μετὰ τῆς βασιλείας (καὶ γὰρ διάδημα περιέθετο πρῶτος 'Ιούδας) ἐνιαυτὸν ἕνα.

Βασιλεύσας δ' ὁ 'Αλέξανδρος καὶ

32 μῆνες *edd.* : μῆνας M.

mourut après avoir confié à sa femme Alexandra le soin d'élire le nouveau grand-prêtre. Celle-ci donna le sacerdoce à son fils aîné Hyrcan et occupa elle-même le trône neuf ans, puis mourut ; la durée du sacerdoce d'Hyrcan fut la même. En effet, après la mort de leur mère, le fils cadet qui s'appelait Aristobule entra en conflit avec son frère et il lui enleva sa charge de grand-prêtre dont il se revêtit en même temps que de la royauté maternelle[1]. Trois ans et trois mois après son élévation, Pompée survint ; il enleva la ville de vive force et envoya Aristobule en captivité à Rome avec ses enfants ; il rendit son sacerdoce à Hyrcan et lui confia la conduite du peuple mais il lui interdit de porter le diadème ; Hyrcan gouverna vingt-quatre ans outre ses neuf premières années de charge[2].

Bazapharmanès et Pacorus, chefs parthes, firent la guerre à Hyrcan, le capturèrent et firent roi Antigone fils d'Aristobule. Quand il eut régné trois ans et trois [318 b] mois, Sossius et Hérode lui prirent sa ville et Antoine l'emmena à Antioche et l'y décapita[3]. Hérode, à qui les Romains avaient confié le trône, n'élut plus des grands-prêtres de la descendance d'Asamon, mais des gens obscurs et pris simplement parmi les prêtres à l'exception d'un seul : Aristobule, fils d'une fille de Hyrcan, qui avait été pris par les Parthes et avec la sœur duquel vivait Mariammè. De peur que cet Aristobule, qui était de famille illustre et dont la personnalité était remarquable, n'attirât le peuple de son côté, il s'arrangea pour le faire étouffer à Jéricho pendant qu'il se baignait[4].

Pour le choix des grands-prêtres, son fils Archélaüs procéda comme lui et les Romains, qui s'étaient emparés du royaume, firent de même après lui[5].

1. Cf. XX, 242-243, t. IV, p. 316. Photius dit qu'Aristobule enleva la charge de grand prêtre à Hyrcan pour se l'approprier en même temps que la royauté devenue vacante par la mort d'Alexandre. Josèphe dit qu'Aristobule enleva son ἀρχή à Hyrcan.

2. XX, 244, t. IV, p. 316-317.

3. XX, 245-246, t. IV, p. 317. Photius précise quel fut le genre de mort de Hyrcan par le verbe ἐπελέκισεν. Josèphe dit : ἀνεῖλεν.

4. XX, 247-248, t. IV, p. 317. On ne trouve pas dans Josèphe les mots ἅτε γένους ὄντα λαμπροῦ καὶ αὐτὸν καθ' ἑαυτὸν περίβλεπτον

5. Reprise à peu près textuelle de XX, 249, t. IV, p. 317.

ἱερατεύσας ἔτη κζ′ καταστρέφει τὸν βίον, Ἀλεξάνδρᾳ δὲ τῇ γυναικὶ καταστῆσαι τὸν ἀρχιερατευσόμενον ἐπιτρέψας. Ἡ δὲ τὴν μὲν ἀρχιερωσύνην Ὑρκανῷ δίδωσι τῶν υἱῶν τῷ πρεσβυτέρῳ, αὐτὴ δὲ τὴν βασιλείαν ἔτη θ′ κατασχοῦσα τελευτᾷ· τὸν ἴσον δὲ χρόνον ἀρχιερατεύει καὶ Ὑρκανός. Μετὰ γὰρ τὸν ἐκείνης θάνατον ὁ νεώτερος παῖς πρὸς τὸν ἀδελφὸν πολεμήσας (Ἀριστόβουλος αὐτῷ ὄνομα) καὶ ἀφελὼν τὴν ἀρχιερωσύνην, ταύτην τε καὶ τὴν τῆς μητρὸς βασιλείαν αὐτὸς περιβάλλεται. Ἔτει δὲ τῆς ἀρχῆς τρίτῳ, καὶ πρὸς μησὶ τοῖς ἴσοις, Πομπήϊος ἐλθὼν καὶ τὴν πόλιν κατ᾽ ἄκρας ἑλών, αὐτὸν μὲν εἰς Ῥώμην μετὰ τῶν τέκνων δήσας ἔπεμψε, τῷ δ᾽ Ὑρκανῷ τὴν ἀρχιερωσύνην ἀποδοὺς τὴν μὲν τοῦ ἔθνους προστασίαν ἐπέτρεψε, διάδημα δὲ φορεῖν ἐκώλυσεν. Ἦρξε δὲ πρὸς τοῖς θ′ τοῖς πρώτοις ἔτη τέσσαρα καὶ εἴκοσι.

Βαζαφαρμάνης δὲ καὶ Πάκορος, οἱ τῆς Παρθυηνῆς δυνάσται, πολεμήσαντες Ὑρκανῷ αὐτὸν μὲν ζωγρίαν ἔλαβον, Ἀντίγονον δὲ τὸν Ἀριστοβούλου υἱὸν βασιλέα κατέστησαν. Γ′ δὲ ἔτη καὶ μῆνας γ′ ἄρξαντα τοῦτον Σόσσιος
[318 b] καὶ Ἡρώδης ἐξεπολιόρκησαν, Ἀντώνιος δὲ ἀναχθέντα ἐν Ἀντιοχείᾳ ἐπελέκισε. Τὴν δε βασιλείαν Ἡρώδης παρὰ Ῥωμαίων ἐγχειρισθεὶς οὐκέτι ἐκ τοῦ Ἀσαμωναίου γένους καθίστησιν ἀρχιερεῖς, ἀσήμους δέ τινας καὶ μόνον ἐξ ἱερέων ὄντας, πλὴν ἑνός· Ἀριστόβουλος δ᾽ ἦν οὗτος, υἱωνὸς δ᾽ ἦν οὗτος ἐκ θυγατρὸς Ὑρκανοῦ τοῦ ὑπὸ Πάρθων ληφθέντος, οὗ καὶ τῇ ἀδελφῇ συνῴκει Μαριάμμη. Τοῦτον δὲ τὸν Ἀριστόβουλον δεδιώς, ἅτε γένους ὄντα λαμπροῦ καὶ αὐτὸν καθ᾽ ἑαυτὸν περίβλεπτον, μὴ τὸ πλῆθος νεύσῃ πρὸς αὐτόν, ἐν Ἱεριχοῖ κολυμβῶντα πνιγῆναι διεμηχανήσατο.

Περὶ δὲ τῆς τῶν ἱερέων καταστάσεως ὅμοια διεπράξατο Ἀρχέλαός τε ὁ παῖς αὐτοῦ καὶ μετ᾽ αὐτὸν οἱ τὴν ἀρχὴν παραλαβόντες Ῥωμαῖοι.

[318 a] **23** αὐτὴ *edd.* : αὕτη M.

On compte donc, depuis l'époque d'Hérode jusqu'à la prise et à l'incendie du temple, vingt-huit grands-prêtres pour une durée d'environ cent et sept ans. Il y en eut quelques-uns qui exercèrent leur charge, évidemment, sous les règnes d'Hérode et d'Archélaüs ; dans la suite, le régime fut une aristocratie où la conduite du peuple était confiée aux prêtres*.

239[1].

Lecture partielle fut faite de l'ouvrage intitulé : Proclos, *Manuel abrégé de littérature*[2]. L'ouvrage est divisé en quatre parties.

Dans la première*, il dit que prose et poésie ont des qualités identiques, mais qui diffèrent par le plus et le moins. Que, pour ce qui regarde le style, il y a le style abondant, le style dépouillé et le style moyen. Le style abondant est très expressif et très travaillé : chez lui apparaît une beauté toute poétique. Le style dépouillé proscrit une composition où interviennent les figures et l'apprêt ; il s'accommode plutôt d'un certain laisser-aller. C'est pourquoi, d'ordinaire, il convient en quelque sorte par excellence à l'expression de la douleur. Quant au style moyen — le nom même l'indique — il tient le milieu entre les deux autres. Le style fleuri n'est pas à proprement parler un genre de style : c'est une qualité qui accompagne, en se mêlant à eux, les genres mentionnés

1. Pour ce « codex », je reprends, avec l'accord de l'auteur, le texte et la traduction de l'édition qu'en a donnée mon maître, M. A. Severyns, *Recherches sur la* Chrestomathie *de Proclos*, 1re partie, *Le codex 239 de Photius*, Paris, Liège, 1938 (cf. mon t. I, p. L). Mon apparat critique est celui de cette édition réduit aux variantes essentielles ; mes notes sont avant tout un choix que M. Severyns m'a permis de faire dans son savant commentaire. Je le remercie de m'avoir fait profiter ainsi du fruit de ses travaux. M. Severyns a dressé (t. I, p. XV-XVI ; t. II, p. 9-10) une bibliographie du sujet. Malgré les années, rien d'essentiel n'a été ajouté depuis aux études sur Proclos.

2. Sur la reconstitution et la traduction de ce texte, cf. l'ouvrage cité de M. Severyns, t. I, p. 173-174 ; II, p. 65-69. Je ne puis reproduire ici ces longs et savants commentaires, mais ma familiarité avec Photius me permet de souligner qu'un accord comme ἀνεγνώσθη... ἐκλογαί est chose courante chez lui ; que la formule ἀνεγνώσθη ἐκ

Εἰσὶν οὖν ἀπὸ τῶν Ἡρώδου χρόνων ἀρχιερατεύσαντες μέχρι τῆς ἡμέρας ᾗ τὸν ναὸν καὶ τὴν πόλιν ἑλὼν ἐπυρπόλησεν, κʹ καὶ ηʹ· χρόνος δ' αὐτῶν ἔτη πρὸς τοῖς ρζʹ. Καί τινες μὲν ἐπολιτεύσαντο ἐπὶ τῇ Ἡρώδου δηλονότι καὶ Ἀρχελάου βασιλείᾳ· μετὰ δὲ τοῦτο ἀριστοκράτεια μὲν ἦν ἡ πολιτεία, τὴν δὲ προστασίαν τοῦ ἔθνους οἱ ἀρχιερεῖς ἐπιστεύοντο.

239

Ἀνεγνώσθη ἐκ τοῦ ἐπιγραφομένου βιβλίου Πρόκλου χρηστομαθείας γραμματικῆς ἐκλογαί. Ἔστι δὲ τὸ βιβλίον εἰς δʹ διῃρημένον λόγους.

Λέγει μὲν ἐν τῷ αʹ ὡς αἱ αὐταί εἰσιν ἀρεταὶ τοῦ λόγου καὶ ποιήματος, παραλλάσσουσι δὲ ἐν τῷ μᾶλλον καὶ ἧττον. Καὶ ὅτι τοῦ πλάσματος τὸ μέν ἐστιν ἁδρόν, τὸ δὲ ἰσχνόν, τὸ δὲ μέσον. Καὶ τὸ μὲν ἁδρὸν ἐπληκτικώτατόν ἐστι καὶ κατεσκευασμένον μάλιστα καὶ ποιητικὸν ἐπιφαῖνον κάλλος· τὸ δὲ ἰσχνὸν τὴν τροπικὴν μὲν καὶ φιλοκατάσκευον σύνθεσιν μεταδιώκει, ἐξ ἀνειμένων δὲ μᾶλλον συνήρτηται, ὅθεν ὡς ἐπίπαν τοῖς γοεροῖς ἄριστά πως ἐφαρμόττει. Τὸ δὲ μέσον καὶ τοὔνομα μὲν δηλοῖ ὅτι μέσον ἐστὶν ἀμφοῖν. Ἀνθηρὸν δὲ κατ' ἰδίαν οὐκ ἔστι πλάσμα, ἀλλὰ συνεκφέρεται καὶ συμμέμικται

[318 b] **15** ᾗ *edd.* : ἧς M ‖ **21** 239] σλθʹ M : σλδʹ A ἐν τῷ πίνακι τῆς βίβλου σληʹ ἐπιγράφεται A[3] *mg* (*Codicis* M *ordinem servavi editoribus suetum*) ‖ **22** τοῦ — βιβλίου A : *om.* M ‖ Πρόκλου A : τῆς Πρόκλου M ‖ χρηστομαθείας Severyns ex *cod.* B : χρι(-η A[1])στομαθίας AM πολυμαθίας γρ. A[3] *mg* ‖ **23** ἐκλογαὶ M : *om.* A ‖ **23-24** Ἔστι — λόγους A : τὸ παρὸν βιβλίον διαιρεῖται εἰς δʹ M ‖ **24** Λέγει μὲν ἐν τῷ αʹ A : καὶ ἐν μὲν τῷ αʹ λέγει M ‖ αἱ αὐταί A : αὗται M ‖ **25** τοῦ A : *om.* M ‖ **26** ἐστιν AM : *eras.* A[2] ‖ ἁδρόν A[3] : ἀδρόν A ἰσχνὸν M ‖ **27** τὸ δὲ ἰσχνὸν M *om.* A : τὸ δὲ ἁδρόν M ‖ τὸ δὲ μέσον M : *om.* A ‖ καὶ τὸ μὲν ἁδρὸν M : *om.* A ‖ **29** ἐπιφαῖνον A : ἐμφαῖνον M ‖ **31** συνήρτηται A : συνῆρται M ‖ **32** ἐφαρμόττει A : ἐφαρμόζει M ‖ **34** καὶ συμμέμικται A : *om.* M.

plus haut, et qui convient aux descriptions de lieux, de prés, de bois.

Quand on dévie des genres qui ont été cités, on dénature l'abondant en guindé et en boursouflé, le dépouillé en [319 a] terre à terre et le moyen en inculte et en relâché[1].

Il continue son examen de la poésie, au cours duquel il montre quelle différence existe entre ἦθος et πάθος. Il dit que la poésie se subdivise en poésie narrative et en poésie imitative. La poésie narrative comprend l'épopée, la poésie ïambique, élégiaque et lyrique ; la poésie imitative comprend la tragédie, le drame satyrique et la comédie*.

Et que l'épopée fut découverte par Phémonoé, la prophétesse d'Apollon, qui rendait en hexamètres ses oracles : comme les événements suivaient (εἵπετο) ses oracles et se trouvaient d'accord avec eux, ce qui était composé en ce mètre fut nommé épopée (ἔπος). Les autres prétendent que, à cause de sa belle ordonnance et de la grande supériorité dont témoigne l'hexamètre, celui-ci s'appropria le nom commun qui signifie *la parole en général* (= ἔπος) et fut nommé ἔπος, tout comme Homère a fini par être appelé le *Poète* et Démosthène l'*Orateur*. Car aussi bien on appelait ἔπη même les trimètres iambiques*.

Les meilleurs poètes épiques sont Homère, Hésiode, Pisandre, Panyasis et Antimaque. Proclos étudie alors

signifie que Photius annonce un ouvrage qu'il n'a pas lu en entier ; que le mot ἐκλογαί devait bien figurer dans le titre du livre recensé et que les significations de ce mot ne justifient pas l'hypothèse d'une « édition abrégée » que Photius aurait lue. Cet ouvrage ne devait pas être largement connu quand Photius l'a lu, car il n'emploie jamais de mot comme ἐπιγραφόμενος à propos d'un livre courant.

1. La *Chrestomathie* n'était pas non plus familière à Photius. Cette théorie sur le style en est une preuve. W. Schmid, *Zur antiken Stillehre aus Anlass von Proklos' Chrestomathie*, in *Rh. M.*, t. XLIX (1894), p. 133-161, a montré que la terminologie de Proclos ne peut avoir eu cours après Hermogène et que le « manuel » ne peut donc être du philosophe néoplatonicien Proclus. J'ai étudié moi-même, dans une thèse inédite, le vocabulaire de rhétorique de Photius ; celui qu'on lit dans son résumé des théories de Proclos sur le style lui est tout à fait étranger. Proclos n'était donc pas un auteur familier à Photius, et nous pouvons croire qu'il nous en a fait une synthèse fidèle. Cf. mon article, *Proclos et le vocabulaire technique de Photius*, in *R. B. Ph. H.*, t. XIII (1934), p. 615-627, dont la thèse a rencontré, entre autres approbations, celle de K. Ziegler, s. v. *Photios*, in *R. E.*, t. XIX (1941), col. 722*.

τοῖς εἰρημένοις, ἁρμόζει δὲ τοπογραφίαις καὶ λειμώνων ἢ ἀλσῶν ἐκφράσεσιν.

Οἱ δὲ τῶν εἰρημένων ἀποσφαλέντες ἰδεῶν ἀπὸ μὲν τοῦ ἁδροῦ εἰς τὸ σκληρὸν καὶ ἐπηρμένον ἐτράπησαν, ἀπὸ δὲ τοῦ ἰσχνοῦ εἰς τὸ ταπεινὸν, [319 a] ἀπὸ δὲ τοῦ μέσου εἰς τὸ ἀργὸν καὶ ἐκλελυμένον.

Διαλαμβάνει δὲ καὶ περὶ κρίσεως ποιήματος, ἐν ᾧ παραδίδωσι τίς ἤθους καὶ πάθους διαφορά. Καὶ ὅτι τῆς ποιητικῆς τὸ μέν ἐστι διηγηματικόν, τὸ δὲ μιμητικόν. Καὶ τὸ μὲν διηγημάτικὸν ἐκφέρεται δι' ἔπους, ἰάμβου τε καὶ ἐλεγείας καὶ μέλους, τὸ δὲ μιμητικὸν διὰ τραγῳδίας, σατύρων τε καὶ κωμῳδίας.

Καὶ ὅτι τὸ ἔπος πρῶτον μὲν ἐφεῦρε Φημονόη ἡ Ἀπόλλωνος προφῆτις, ἑξαμέτροις χρησμοῖς χρησαμένη· καὶ ἐπειδὴ τοῖς χρησμοῖς τὰ πράγματα εἵπετο καὶ σύμφωνα ἦν, ἔπος τὸ ἐκ τῶν μέτρων κληθῆναι. Οἱ δέ φασιν ὅτι διὰ τὴν κατασκευὴν καὶ τὴν ἄγαν ὑπεροχὴν τὴν ἐν τοῖς ἑξαμέτροις θεωρουμένην τὸ κοινὸν ὄνομα παντὸς τοῦ λόγου τὸ ἑξάμετρον ἰδιώσατο καὶ ἐκλήθη ἔπος καθάπερ καὶ Ὅμηρος τὸν ποιητὴν καὶ ὁ Δημοσθένης τὸν ῥήτορα ᾠκειώσατο, ἐπεὶ καὶ τὰ τρίμετρα ἔπη προσηγόρευον.

Γεγόνασι δὲ τοῦ ἔπους ποιηταὶ κράτιστοι μὲν Ὅμηρος, Ἡσίοδος, Πείσανδρος, Πανύασις, Ἀντίμαχος. Διέρχεται δὲ τούτων, ὡς

36 ἢ A : καὶ M ‖ 36 ἀποσφαλέντες A¹M : ἀποσφαλέυτες A ‖ **37** ἰδεῶν A : εἰδῶν M.

[319 a] **1** διαλαμβάνει A : διαλαμβάνειν M ‖ **2** καὶ — ποιήματος A : *om.* M ‖ **3** τίς A : *om.* M ‖ διαφορὰ A : *om.* M ‖ **5** ἐλεγείας AM : ἐλεγείου A² ‖ **6** καὶ μέλους M : *om.* A ‖ **7** τε M : *om.* A ‖ **8** ἔπος A : μέλος M ‖ **10** καὶ ἐπειδὴ M : ἐπειδὴ A ἐπει δὲ A² ἐπεὶ δὲ A³ ‖ **13** τὴν M : *om.* A ‖ **15** Ὅμηρος A : ὁ Ὅμηρος M ‖ τὸν A : *om.* M ‖ **16** ποιητὴν A : ποιητὴς M ‖ ᾠκειώσατο M : *om.* A ‖ **17** τὰ A : *om.* M ‖ **18** κράτιστοι A : κράτιστος M ‖ Πείσανδρος *Procli, Vita Homeri*, 3 Severyns : Πίσανδρος A *om.* M.

chacun de ces auteurs, en indiquant, dans la mesure du possible, leur famille, leur patrie et ce qu'ils ont fait de particulier[1].

Il donne ensuite des explications détaillées sur ce qu'on appelle le *Cycle épique*[2]. Ce Cycle commence à l'union fabuleuse d'Ouranos et de Gè, union dont on fait naître à Ouranos trois enfants « centimanes » et trois Cyclopes. Il examine en détail un certain nombre de points sur les dieux de la mythologie grecque, et, en particulier, ce que ces données peuvent avoir de vrai par rapport à l'histoire. Et le Cycle épique, à la composition duquel ont contribué différents poètes, se termine au débarquement d'Ulysse en Ithaque, où son propre fils Télégonos le tue par méprise[3]. Et il dit que les poèmes du Cycle épique sont conservés et que beaucoup de gens s'y intéressent, moins à cause de leur valeur littéraire qu'en raison de l'enchaînement des faits qui s'y trouvent racontés. Il dit aussi les noms et lieux d'origine de ceux qui ont composé le *Cycle épique**.

Il parle encore de certains poèmes dits *Cypriens*. Les uns, dit-il, les attribuent à Stasinos, qui était de Chypre, d'autres les mettent sous le nom d'Hégésinos de Salamine, [319 b] d'autres enfin prétendent qu'Homère les écrivit, mais que, pour doter sa fille, il les aurait donnés à Stasinos et que c'est à cause de la patrie de ce dernier que l'ouvrage aurait reçu le nom de Κύπρια. Mais Proclos ne se rallie pas à cette opinion : il tire d'ailleurs argument du fait qu'on ne donne pas pour titre à ces poèmes Κύπρια, avec l'accent aigu sur l'antépénultième syllabe*.

Il dit que l'élégie est constituée par un vers héroïque

1. On retrouve la même liste de poètes épiques dans la *Vie d'Homère* empruntée à Proclos par les auteurs de prolégomènes à l'*Iliade*. Ce qu'on y lit sur Homère (cf. Severyns, *Recherches...*, t. IV, *La* Vita Homeri *et les sommaires du Cycle*, Paris-Liège, 1963, p. 67-74) peut donner une idée de ce que recouvrait sans doute la phrase où Photius évoque ce que Proclos disait des autres poètes épiques.

Je signale que, p. 319 a 19, A et M donnent διέρχεται et non διεξέρχεται.

2. Cette phrase suggère à M. Severyns (*op. cit.*, t. II, p. 87) que la notion de *Cycle épique* n'était pas familière à Photius.

3. Les résumés des épopées cycliques publiés par M. Severyns, *op. cit.*, t. IV, p. 77-97, ne remontent pas au début de la matière du

οἷόν τε, καὶ γένος καὶ πατρίδας καί τινας ἐπὶ μέρους πράξεις.

Διαλαμβάνει δὲ καὶ περὶ τοῦ λεγομένου ἐπικοῦ κύκλου, ὃς ἄρχεται μὲν ἐκ τῆς Οὐρανοῦ καὶ Γῆς μυθολογουμένης μίξεως, ἐξ ἧς αὐτῷ καὶ τρεῖς παῖδας ἑκατοντάχειρας καὶ τρεῖς γεννῶσι Κύκλωπας. Διαπορεύεται δὲ τά τε ἄλλως περὶ θεῶν τοῖς Ἕλλησι μυθολογούμενα καὶ εἴ πού τι καὶ πρὸς ἱστορίαν ἐξαληθίζεται. Και περατοῦται ὁ ἐπικὸς κύκλος ἐκ διαφόρων ποιητῶν συμπληρούμενος, μέχρι τῆς ἀποβάσεως Ὀδυσσέως τῆς εἰς Ἰθάκην, ἐν ᾗ ὑπὸ τοῦ παιδὸς Τηλεγόνου ἀγνοοῦντος κτείνεται. Λέγει δὲ ὡς τοῦ ἐπικοῦ κύκλου τὰ ποιήματα διασῴζεται καὶ σπουδάζεται τοῖς πολλοῖς οὐχ οὕτω διὰ τὴν ἀρετὴν ὡς διὰ τὴν ἀκολουθίαν τῶν ἐν αὐτῷ πραγμάτων. Λέγει δὲ καὶ τὰ ὀνόματα καὶ τὰς πατρίδας τῶν πραγματευσαμένων τὸν ἐπικὸν κύκλον.

Λέγει δὲ καὶ περί τινων Κυπρίων ποιημάτων, καὶ ὡς οἱ μὲν ταῦτα εἰς Στασῖνον ἀναφέρουσι Κύπριον, οἱ δὲ Ἡγησῖνον τὸν [319 b] Σαλαμίνιον αὐτοῖς ἐπιγράφουσιν, οἱ δὲ Ὅμηρον γράψαι, δοῦναι δὲ ὑπὲρ τῆς θυγατρὸς Στασίνῳ καὶ διὰ τὴν αὐτοῦ πατρίδα Κύπρια τὸν πόνον ἐπικληθῆναι. Ἀλλ' οὐ τίθεται ταύτῃ τῇ αἰτίᾳ· μηδὲ γὰρ Κύπρια προπαροξυτόνως ἐπιγράφεσθαι τὰ ποιήματα.

Τὴν δὲ ἐλεγείαν συγκεῖσθαι μὲν ἐξ ἡρῴου καὶ πεντα-

20 τε A : τέ ἐστι M ‖ καὶ γένος A : γένος τε M ‖ καὶ πατρίδας A : *om.* M ‖ ἐπὶ μέρους A : ἐπιμέρους M ‖ **21** διαλαμβάνει A : διαλαμβάνειν M ‖ **23** ἐξ ἧς A : ἐξῆς M ‖ ἑκατοντάχειρας A : γινώσκουσιν ἑκατοντάχειρας M ‖ **24** τρεῖς A : τρεῖς ἑτέρους M ‖ γεννῶσι A : ἀποτίκτουσι M ‖ διαπορεύεται A : διεξέρχεται M ‖ **25** ἄλλως A : ἄλλα M ‖ περὶ θεῶν *hic* A : *ante* τὰ M ‖ **27** κύκλος A : λόγος M ‖ συμπληρούμενος *hic* A : *ante* ἐκ M ‖ **28** ἀποβάσεως — Ἰθάκην A : εἰς Ἰθάκην ἀποβάσεως Ὀδυσσέως M ‖ **29** ὑπὸ A : καὶ ὑπὸ M ‖ ἀγνοοῦντος A : ἀγνοούμενος ὡς πατὴρ εἴη M ‖ **31-32** διὰ τὴν A : δι' M ‖ **33-35** λέγει — ποιημάτων A : *om.* M.

[319 b] **2** γράψαι A : *om.* M ‖ **4** τίθεται — αἰτίᾳ A : τίθεται ὁ συγγραφεὺς τῇ αἰτίᾳ ταύτῃ M.

et un pentamètre, et qu'elle convient à la célébration des défunts. De là vient, d'ailleurs, qu'elle porte ce nom : car les anciens donnaient au thrène le nom d'ἔλεγος, et ils s'en servaient pour faire l'éloge (εὐλόγου) des morts. Mais, dans la suite, on a employé l'élégie pour différents sujets[1]. Il dit qu'ont excellé dans ce mètre : Callinos d'Éphèse, Mimnerme de Colophon et aussi le fils de Télèphe, Philétas de Cos, ainsi que Callimaque, fils de Battos : ce dernier était de Cyrène*.

En ce qui regarde l'iambe, il dit qu'autrefois on l'employait pour outrager : aussi bien, dans certain parler, *iambiser* était l'équivalent d'*outrager*. D'autres font venir le mot *iambe* d'une servante Iambé, qui était Thrace de nation : celle-ci, à ce qu'on raconte, comme Déméter était tourmentée par le rapt de sa fille, s'approcha de la déesse, assise, dans la région d'Éleusis, sur ce qu'on appelle maintenant la *Roche Dolente* et la fit rire par ses plaisanteries. Mais il semble qu'autrefois, l'iambe était employé aussi bien pour louer que pour blâmer; et comme certains poètes ont trop fréquemment usé de ce mètre pour dire leurs méchancetés, il en est résulté, vu l'habitude, que le verbe *iambiser* a fini par signifier *outrager*, exactement comme les poètes comiques ont fait que κωμῳδεῖσθαι a pris le sens de *bafouer**.

Des poètes iambiques, Archiloque de Paros est le meilleur, puis Sémonide d'Amorgos — ou de Samos, comme certains le prétendent — et Hipponax d'Éphèse. De ces poètes, le premier florissait à l'époque de Gygès, le second à l'époque d'Amyntas de Macédoine, le troisième à l'époque de Darius*.

A propos de la poésie lyrique, il dit qu'elle est multiple

cycle exposée ici. En fait, le *Cycle* commençait par une *Titanomachie* attribuée à Eumélos de Corinthe. Cf. Severyns, *op. cit.*, t. II, p. 87-88.

1. M. Severyns a réuni (*op. cit.*, t. II, p. 98-102) toute la documentation souhaitable sur les problèmes que soulève ce paragraphe de Proclos sur l'*élégie* et il a montré que notre auteur s'est inspiré de l'alexandrin Didyme. L'éditeur de Photius se doit de renvoyer surtout aux *Recherches*, t. I, p. 298-305, où il est démontré que, quand l'auteur de l'*Etymologicum magnum* cite Proclos dans l'article ἔλεγος,] il le fait d'après le « codex » 239 de Photius utilisé dans un manuscrit de la famille A.

μέτρου στίχου, ἁρμόζειν δὲ τοῖς κατοιχομένοις. Ὅθεν καὶ τοῦ ὀνόματος ἔτυχε· τὸ γὰρ θρῆνος ἔλεγον ἐκάλουν οἱ παλαιοὶ καὶ τοὺς τετελευτηκότας δι' αὐτοῦ εὐλόγουν. Οἱ μέντοι γε μεταγενέστεροι ἐλεγείᾳ πρὸς διαφόρους ὑποθέσεις ἀπεχρήσαντο. Λέγει δὲ καὶ ἀριστεῦσαι τῷ μέτρῳ Καλλῖνόν τε τὸν Ἐφέσιον καὶ Μίμνερμον τὸν Κολοφώνιον, ἀλλὰ καὶ τὸν τοῦ Τηλέφου Φιλίταν τὸν Κῷον καὶ Καλλίμαχον τὸν Βάττου· Κυρηναῖος οὗτος δ' ἦν.

Ἀλλὰ γὰρ καὶ τὸν ἴαμβον τάττεσθαι μὲν ἐπὶ λοιδορίας τὸ παλαιόν· καὶ γὰρ καὶ τὸ ἰαμβίζειν κατά τινα γλῶσσαν λοιδορεῖν ἔλεγον. Οἱ δὲ ἀπό τινος Ἰάμβης θεραπαινίδος, Θρᾴττης τὸ γένος· ταύτην φασίν, τῆς Δήμητρος ἀνιωμένης ἐπὶ τῇ τῆς θυγατρὸς ἁρπαγῇ, προσελθεῖν περὶ τὴν Ἐλευσῖνα ἐπὶ τῇ νῦν Ἀγελάστῳ καλουμένῃ πέτρᾳ καθημένην καὶ διά τινων χλευασμάτων εἰς γέλωτα προαγαγέσθαι τὴν θεόν. Ἔοικε δὲ ὁ ἴαμβος τὸ μὲν παλαιὸν ἐπὶ τῶν εἰς ψόγον καὶ ἔπαινον γραφομένων ὁμοίως λέγεσθαι· ἐπεὶ δέ τινες ἐπλεόνασαν ἐν ταῖς κακολογίαις τὸ μέτρον, ἐκεῖθεν τὸ ἰαμβίζειν εἰς τὸ ὑβρίζειν ὑπὸ τῆς συνηθείας ἐκπεσεῖν, ὥσπερ ἀπὸ τῶν κωμικῶν τὸ κωμῳδεῖσθαι.

Ἰάμβων δὲ ποιηταὶ Ἀρχίλοχός τε ὁ Πάριος ἄριστος καὶ Σιμωνίδης ὁ Ἀμόργιος ἤ, ὥς ἔνιοι, Σάμιος, καὶ Ἱππῶναξ ὁ Ἐφέσιος· ὧν ὁ μὲν πρῶτος ἐπὶ Γύγου, ὁ δὲ ἐπ' Ἀμύντου τοῦ Μακεδόνος, Ἱππῶναξ δὲ κατὰ Δαρεῖον ἤκμαζε.

Περὶ δὲ μελικῆς ποιήσεώς φησιν ὡς πολυμερεστάτη

10 γε A : *om.* M || ἐλεγείᾳ] ἐλεγεια A : ἐλεγεῖαι A[2] τοῖς ἐλεγείοις M || 12 Μίμνερμον A[1]M : Μίμνερμόν τε A || 13 τοῦ A : *om.* M || Φιλίταν] Φιλῆταν A : φιλῆτα M || κῷον A : κῶ M || 14 οὗτος δ' ἦν A : δ' οὗτος ἦν M || 19 τῇ τῆς θυγατρὸς ἁρπαγῇ A : τῆς θυγατρὸς τῇ ἁρπαγῇ M || 20 περὶ A : ἐπὶ M || τὴν Severyns : τὸν *codd.* || 22 τὴν A : τὸν M || 24 γραφομένων ὁμοίως A : ὁμοίως γραφομένων M || ἐπεὶ δὲ A : ἐπειδὴ M || 27 κωμῳδεῖσθαι A[2]M : κωμιδεῖσθαι A || 30 Ἀμύντου Sylburg : ἀνανίου *codd.* || 31 Ἱππῶναξ δὲ A : ὁ δ' Ἱππῶναξ M || 32 φησιν A : φασιν M.

et qu'elle comporte différentes subdivisions*. En effet, les compositions lyriques ont pour objet les dieux, d'autres (les hommes, d'autres à la fois les dieux et) les hommes, les autres enfin chantent les conjonctures éventuelles.

Aux dieux se rapportent l'hymne, le prosodion, le péan, le dithyrambe, le nome, les adonidies, l'iobacchos et les hyporchèmes.

[320 a] Aux hommes se rapportent les éloges, l'épinicie, les scolies, les chants érotiques, les épithalames, les hyménées, les silles, les thrènes et les épicédies. Aux dieux et aux hommes ensemble se rapportent les parthénées, les daphnéphoriques, (les tripodéphoriques), les oschophoriques et les euctiques : en effet, ces compositions, écrites pour les dieux, comportent en même temps des éloges adressés aux hommes. Quant aux variétés ayant pour objet les conjonctures éventuelles, elles ne constituent pas des espèces du genre lyrique, mais c'est à un caprice des poètes qu'on en doit l'essai[1]. A ce groupe appartiennent les pragmatiques, les emporiques, les apostoliques, les gnomologiques, les géorgiques et les épistaltiques[2].

Et Proclos dit que l'hymne tire son nom (ὕμνος) du fait qu'il en résulte quelque chose de durable (ὑπόμονος) et que, pour ainsi dire, il rappelle à la mémoire et au souvenir (ὑπόμνησις) les actes de ceux qu'on y célèbre ; ou bien encore du fait que, pour dire *célébrer*, on peut employer le verbe ὕδειν, synonyme de λέγειν. Certains auteurs employaient le mot général *hymne* pour tout ce qui était écrit à l'adresse d'êtres éminents ; c'est pourquoi ils ont l'air d'opposer le prosodion et les autres subdivisions précitées à l'hymne, de la même manière que les espèces s'opposent au genre. Ainsi, on peut lire chez eux des expressions comme : *hymne de prosodion*, *hymne d'éloge*, *hymne de péan*, et autres analogues*.

Le prosodion était dit lorsqu'on allait en procession

1. M. Severyns (*op. cit.*, t. II, p. 115-116) croit bien que l'exclusion de ces genres de poèmes hors de la véritable littérature lyrique est le fait de Proclos lui-même qui parle au nom du bon goût ou des principes pédagogiques d'un professeur.

2. Le désordre dans lequel on retrouve ces données chez Héliodore, scoliaste de Denys de Thrace, au VIIe siècle, montre que, si ce person-

τε καὶ διαφόρους ἔχει τομάς. Ἃ μὲν γὰρ αὐτῆς μεμέρισται θεοῖς, ἃ δὲ ⟨ἀνθρώποις, ἃ δὲ θεοῖς καὶ⟩ ἀνθρώποις, ἃ δὲ εἰς τὰς προσπιπτούσας περιστάσεις. Καὶ εἰς θεοὺς μὲν ἀναφέρεσθαι ὕμνον, προσόδιον, παιᾶνα, διθύραμβον, νόμον, [320 a] ἀδωνίδια, ἰόβακχον, ὑπορχήματα.

Εἰς δὲ ἀνθρώπους ἐγκώμια, ἐπίνικον, σκόλια, ἐρωτικά, ἐπιθαλάμια, ὑμεναίους, σίλλους, θρήνους, ἐπικήδεια. Εἰς θεοὺς δὲ καὶ ἀνθρώπους παρθένια, δαφνηφορικά, τριποδηφορικά, ὠσχοφορικά, εὐκτικά· ταῦτα γὰρ εἰς θεοὺς γραφόμενα καὶ ἀνθρώπων περιείληφεν ἐπαίνους. Τὰ δὲ εἰς τὰς προσπιπτούσας περιστάσεις οὐκ ἔστι μὲν εἴδη τῆς μελικῆς, ὑπ' αὐτῶν δὲ τῶν ποιητῶν ἐπικεχείρηται· τούτων δέ ἐστι πραγματικά, ἐμπορικά, ἀποστολικά, γνωμολογικά, γεωργικά, ἐπισταλτικά.

Καί φησι τὸν ὕμνον μὲν ὠνομάσθαι ἀπὸ τοῦ ὑπόμονόν τινα εἶναι καὶ οἷον εἰς μνήμην καὶ ὑπόμνησιν ἄγειν τὰς πράξεις τῶν ὑμνουμένων· ἢ ἀπὸ τοῦ ὕδειν αὐτάς, ὅπερ ἐστὶ λέγειν. Ἐκάλουν δὲ καθόλου πάντα τὰ εἰς τοὺς ὑπερόντας γραφόμενα ὕμνους· διὸ καὶ τὸ προσόδιον καὶ τὰ ἄλλα τὰ προειρημένα φαίνονται ἀντιδιαστέλλοντες τῷ ὕμνῳ ὡς εἴδη πρὸς γένος· καὶ γὰρ ἔστιν αὐτῶν ἀκούειν γραφόντων ὕμνος προσοδίου, ὕμνος ἐγκωμίου, ὕμνος παιᾶνος καὶ τὰ ὅμοια.

Ἐλέγετο δὲ τὸ προσόδιον ἐπειδὰν προσίωσι τοῖς βω-

34 ἀνθρώποις — καὶ Severyns : *om. codd.* ‖ **35** προσπιπτούσας A^3 : προπιπτούσας AM.

[320 a] **1** ὑπορχήματα A : ὑπεροχήματα M ‖ ἐπίνικον Severyns : ἐπίνικοι A ἐπινίκιοι M ‖ σκόλια A : σκολιά M ‖ **4** τριποδηφορικά Westphal : *om. codd.* ‖ **7** μὲν A : *om.* M ‖ **9** φησὶ(ν) A : φασὶν M ‖ **10** μὲν A : *om.* M ‖ ὑπόμονόν Sylburg : ὑπὸ μῶμον A ὑπόμνησιν M ‖ οἷον A^2 : οἰον A οἱονεὶ M ‖ **11** μνήμην A : μνήμην τινα M ‖ **13** ὑπερόντας Severyns : ὑπηρέτας *codd.* ‖ **16** αὐτῶν ἀκούειν A : ἀκούειν αὐτῶν M ‖ ὕμνος A : ὕμνους M ‖ **17** προσο(ω)δίου A : προσωδίους M ‖ ὕμνος A : καὶ ὕμνους M ‖ ἐγκωμίου A : ἐγκωμίου καὶ M ‖ ὕμνος A : ὕμνους M ‖ **18** προσίωσι Severyns : προσίασι A^2M προσείασι A

(προσίωσι) aux autels ou aux temples, et on le chantait au cours de la procession, avec accompagnement d'aulos ; mais l'hymne proprement dit était chanté au son de la cithare, le chœur restant immobile[1].

Le péan est une espèce de chant adressé de nos jours à tous les dieux ; mais autrefois, il était spécialement attribué à Apollon et à Artémis, pour la cessation des fléaux et des maladies. C'est d'une manière abusive que certains donnent le nom de prosodion au péan[2].

Le dithyrambe est écrit en l'honneur de Dionysos, de qui il tient son nom, soit parce que Dionysos fut élevé dans une grotte à deux ouvertures, près de Nysa, soit parce que le dieu fut découvert après qu'on eut défait les coutures de Zeus, soit encore parce qu'il semble être né deux fois, une première fois de sa mère Sémélé, une seconde fois de la cuisse de Zeus*. Pindare dit que le dithyrambe fut découvert à Corinthe, et Aristote prétend que l'initiateur de cette forme lyrique fut Arion, qui, le premier, présenta au public le chœur circulaire*.

Le nome est écrit en l'honneur d'Apollon, qui tient de lui son surnom*, car Apollon est dit *Nomien** et voici pourquoi il fut nommé ainsi. Alors que les anciens formaient des chœurs et chantaient le nome avec accompagnement d'aulos ou de lyre, un Crétois, Chrysothémis, eut, le premier, [320 b] l'idée de revêtir une robe splendide et de prendre une lyre à l'instar d'Apollon et chanta un nome en soliste : à cause du grand succès qu'il remporta, cette manière de concourir s'est perpétuée*. Terpandre, le premier, semble avoir perfectionné le nome par l'emploi du mètre héroïque et ensuite Arion de Méthymne semble

nage a utilisé la *Chrestomathie*, il l'a fait de façon telle qu'il faut renoncer — et le cas se représentera souvent — à recourir à lui pour corriger le sommaire de Photius. Cf. Severyns, *op. cit.*, t. II, p. 116-117.

1. Dans ses commentaires sur le *prosodion*, M. Severyns, *op. cit.*, t. II, p. 120-125, retrouve encore chez Proclos la trace de Didyme. Il dénonce des obscurités dans le parler de Photius : ἐλέγετο synonyme de ᾔδετο (p. 320 a 18-19), retour à des considérations sur l'*hymne* (p. 320 a 20) dont on a traité auparavant. Je ne crois pas que ces traits fassent difficulté ; ce ne sont que des caractéristiques du « style dicté » de Photius.

2. Sur le *péan*, cf. Severyns, *op. cit.*, t. II, p. 125-130. Je souligne les

μοῖς ἢ ναοῖς, καὶ ἐν τῷ προσιέναι ᾖδετο πρὸς αὐλόν · ὁ δὲ κυρίως ὕμνος πρὸς κιθάραν ᾖδετο ἑστώτων.

Ὁ δὲ παιάν ἐστιν εἶδος ᾠδῆς εἰς πάντας νῦν γραφόμενος θεούς, τὸ δὲ παλαιὸν ἰδίως ἀπενέμετο τῷ Ἀπόλλωνι καὶ τῇ Ἀρτέμιδι ἐπὶ καταπαύσει λοιμῶν καὶ νόσων ᾀδόμενος. Καταχρηστικῶς δὲ καὶ τὰ προσόδιά τινες παιᾶνας λέγουσιν.

Ὁ δὲ διθύραμβος γράφεται μὲν εἰς Διόνυσον, προσαγορεύεται δὲ ἐξ αὐτοῦ, ἤτοι διὰ τὸ κατὰ τὴν Νύσαν ἐν ἄντρῳ διθύρῳ τραφῆναι τὸν Διόνυσον ἢ διὰ τὸ λυθέντων τῶν ῥαμμάτων τοῦ Διὸς εὑρεθῆναι αὐτόν, ἢ διότι δὶς δοκεῖ γενέσθαι, ἅπαξ μὲν ἐκ τῆς Σεμέλης, δεύτερον δὲ ἐκ τοῦ μηροῦ. Εὑρεθῆναι δὲ τὸν διθύραμβον Πίνδαρος ἐν Κορίνθῳ λέγει · τὸν δὲ ἀρξάμενον τῆς ᾠδῆς Ἀριστοτέλης Ἀρίονά φησιν εἶναι, ὃς πρῶτος τὸν κύκλιον ἤγαγε χορόν.

Ὁ μέντοι νόμος γράφεται μὲν εἰς Ἀπόλλωνα, ἔχει δὲ καὶ τὴν ἐπωνυμίαν ἀπ' αὐτοῦ · Νόμιμος γὰρ ὁ Ἀπόλλων, Νόμιμος δὲ ἐκλήθη ὅτι τῶν ἀρχαίων χοροὺς ἱστάντων καὶ πρὸς αὐλὸν ἢ λύραν [320 b] ᾀδόντων τὸν νόμον, Χρυσόθεμις ὁ Κρὴς πρῶτος στολῇ χρησάμενος ἐκπρεπεῖ καὶ κιθάραν ἀναλαβὼν εἰς μίμησιν τοῦ Ἀπόλλωνος μόνος ᾖσε νόμον, εὐδοκιμήσαντος δὲ αὐτοῦ διαμένει ὁ τρόπος τοῦ ἀγωνίσματος · Δοκεῖ δὲ Τέρπανδρος μὲν πρῶτος τελειῶσαι τὸν νόμον, ἡρῴῳ μέτρῳ χρησάμενος, ἔπειτα Ἀρίων ὁ Μη-

20 ἑστώτων AM : ἑστῶσαν A^2 ‖ **26** τὴν A : *om.* M ‖ **27** διθύρῳ *schol. Plat.* : διθυράμβῳ AM ‖ **29** αὐτὸν A^1M : αὐτοῦ A ‖ μὲν A : *om.* M ‖ **30** δεύτερον δὲ A : καὶ δεύτερον M ‖ **32** φησιν εἶναι A : λέγει M ‖ **35** ἀπ' A^1M : ἐπ' A ‖ ἐκλήθη A : ἐπεκλήθη M.

[320 b] **1** Χρυσόθεμις M : Χρυσόθεσμις A ‖ ὁ M : *om.* A ‖ **2** στολῇ A^2 : στολὴν AM ‖ ἐκπρεπεῖ A : ἐκπρέπει M ‖ **3** εὐδοκιμήσαντος δὲ M : εὐδοκιμήσαντος A καὶ εὐδοκιμήσαντος A^2 ‖ **5** πρῶτος A : *om.* M.

l'avoir accru d'une façon non négligeable, en sa double qualité de poète et de citharède. Phrynis de Mytilène le renouvela ; il combina l'hexamètre avec le mètre libre et utilisa un plus grand nombre de cordes que les sept traditionnelles. Timothée après cela lui donna sa forme actuelle[1].

Donc, le dithyrambe est tumultueux et, secondé par la danse, il extériorise à un haut degré l'enthousiasme divin : c'est qu'il a pour objet les passions les plus propres au dieu Dionysos ; les rythmes dont il use contribuent aussi à le rendre mouvementé et il met assez peu de recherche dans le choix de ses mots. Le nome, au contraire, à cause du dieu qui y préside, s'élève avec ordre et magnificence ; calme dans ses rythmes, il use de grands mots. D'ailleurs, chacun d'eux emploie des modes appropriés : le dithyrambe, en effet, s'adapte au mode phrygien et à l'hypophrygien, tandis que le nome emploie le mode lydien des citharèdes. Le dithyrambe, semble-t-il, doit son origine à des réjouissances rustiques et à la joie qui règne dans les beuveries ; le nome, lui, paraît dériver du péan (ce dernier, en effet, est plus général, étant écrit pour l'éloignement des maux, tandis que le nome est composé spécialement pour Apollon). C'est pour cela que le nome n'a pas les transports du dithyrambe. Car, d'un côté, ce ne sont qu'ivresses et amusements, de l'autre, que supplications et ordre parfait : c'est que le dieu lui-même parcourt la musique d'une manière ordonnée et dans un mode calme*.

On appelle adonidies les chants en l'honneur d'Adonis*. L'iobacchos était chanté au cours de fêtes et de sacrifices en l'honneur de Dionysos, dans un déluge de cris variés*.

déductions sur νῦν (p. 320 a 21) ; c'est bien du temps de Proclos qu'il s'agit et l'affirmation en question ne peut être celle d'un auteur qui vivait dans un monde christianisé ; on tient là un indice qui s'oppose à l'attribution de la *Chrestomathie* au philosophe Proclus.

1. Après un résumé de ce qu'il faut savoir sur Arion, Phrynis et Timothée et sur les perfectionnements successifs de la cithare (*op. cit.*, t. II, p. 143-148), M. Severyns explique (p. 148-150) les termes *forme actuelle* (du *nom*). Supposer que cette formule est passée de la *Chrestomathie* dans un abrégé et puis dans le sommaire de Photius est pure fantaisie. Ici encore, le νῦν (p. 320 b 11) peut parfaitement viser le temps de Proclos.

θυμναῖος οὐκ ὀλίγα συναυξῆσαι, αὐτὸς καὶ ποιητὴς καὶ κιθαρῳδὸς γενόμενος. Φρῦνις δὲ ὁ Μιτυληναῖος ἐκαινοτόμησεν αὐτόν· τό τε γὰρ ἑξάμετρον τῷ λελυμένῳ συνῆψε καὶ χορδαῖς τῶν ζʹ πλείοσιν ἐχρήσατο. Τιμόθεος δὲ ὕστερον εἰς τὴν νῦν αὐτὸν ἤγαγε τάξιν.

Ἔστι δὲ ὁ μὲν διθύραμβος κεκινημένος καὶ πολὺ τὸ ἐνθουσιῶδες μετὰ χορείας ἐμφαίνων, εἰς πάθη κατασκευαζόμενος τὰ μάλιστα οἰκεῖα τῷ θεῷ καὶ σεσόβηται μὲν καὶ τοῖς ῥυθμοῖς καὶ ἁπλουστέρως κέχρηται ταῖς λέξεσιν. Ὁ δὲ νόμος τοὐναντίον διὰ τὸν θεὸν ἀνεῖται τεταγμένως καὶ μεγαλοπρεπῶς καὶ τοῖς ῥυθμοῖς ἀνεῖται καὶ διπλασίοις ταῖς λέξεσι κέχρηται. Οὐ μὴν ἀλλὰ καὶ ταῖς ἁρμονίαις οἰκείαις ἑκάτερος χρῆται· ὁ μὲν γὰρ τὸν φρύγιον καὶ ὑποφρύγιον ἁρμόζεται, ὁ νόμος δὲ τῷ συστήματι τῷ τῶν κιθαρῳδῶν λυδίῳ. Ἔοικε δὲ ὁ μὲν διθύραμβος ἀπὸ τῆς κατὰ τοὺς ἀγροὺς παιδιᾶς καὶ τῆς ἐν τοῖς πότοις εὐφροσύνης εὑρεθῆναι· ὁ δὲ νόμος δοκεῖ μὲν ἀπὸ τοῦ παιᾶνος ῥυῆναι (ὁ μὲν γάρ ἐστι κοινότερος, εἰς κακῶν παραίτησιν γεγραμμένος, ὁ δὲ ἰδίως εἰς Ἀπόλλωνα)· ὅθεν τὸ μὲν ἐνθουσιῶδες οὐκ ἔχει, ὡς ὁ διθύραμβος. Ἐκεῖ μὲν γὰρ μέθαι καὶ παιδιαί, ἐνταῦθα δὲ ἱκετεῖαι καὶ πολλὴ τάξις· καὶ γὰρ αὐτὸς ὁ θεὸς ἐν τάξει καὶ συστήματι κατεσταλμένῳ περιέρχεται τὸν κρουσμόν.

Ἀδωνίδια δὲ λέγεται τὰ εἰς Ἄδωνιν ἀναφερόμενα. Ἤιδετο δὲ ὁ ἰόβακχος ἐν ἑορταῖς καὶ θυσίαις Διονύσου, βεβαπτισμένος πολλῷ

10 τῶν ζʹ (-ειω-A) πλείοσιν A[2] : πλείοσι τῶν ζʹ M ‖ **11** αὐτὸν A : *om.* M ‖ **12** δὲ M : οὖν A[2] *om.* A ‖ **14** τῷ θεῷ A : τοῦ θεοῦ M ‖ **15** ἁπλουστέρως A : ἁπλουστέραις M ‖ κέχρηται A : δὲ κέχρηται M ‖ **16** τὸν Severyns : τῶν *codd.* ‖ θεὸν Severyns : θεῶν A *om.* M ‖ **17** τεταγμένως M : τεταγμένους A ‖ **18** διπλασίοις A : διπλασίαις M ‖ **19** ἑκάτερος A[3] : ἑκατέρως AM ‖ γὰρ A : *om.* M ‖ **22** μὲν A : *om.* M ‖ **26** Ἀπόλλωνα A : Ἀπόλλω M ‖ **27** μέθαι A : μέθη M ‖ παιδιαὶ A[2] : παιδίαι A παιδιὰ M ‖ **29** ὁ θεὸς A : *om.* M ‖ κατεσταλμένῳ G. Hermann : κατεσταλμένη *codd.*

On donnait le nom d'hyporchème au chant exécuté avec accompagnement de danse (μετ' ὀρχήσεως) : car, aussi bien, les anciens employaient souvent ὑπό au lieu de μετά. En ce qui regarde l'invention de ce genre de composition, les uns l'attribuent aux Courètes, les autres à Pyrrhus, [321 a] le fils d'Achille : de là vient aussi le nom de pyrrhique donné à une espèce de danse[1].

L'épinicie était écrit à l'occasion même[2] de la victoire en l'honneur des vainqueurs aux jeux. Le scolie est la chanson exécutée au moment où les convives buvaient : c'est pourquoi on l'appelle parfois *chanson à boire*. Il est relâché dans sa composition et extrêmement simple. Il est dit *scolie* non point par antiphrase, comme quelques-uns l'ont pensé : car les mots employés par antiphrase visent le plus souvent à l'euphémisme et ne changent pas en mauvais augure ce qui est de bon augure. Mais il doit son nom au fait que c'est au moment où, leurs sens déjà surpris, les assistants s'abandonnaient à l'ivresse, que le luth était apporté au banquet et que chacun, sous le coup de l'ivresse, zigzaguait en chancelant pour débiter sa chanson : appliquant au chant ce qu'eux-mêmes, ivres, ressentaient, ils l'appelèrent scolie tout simplement*.

Les chansons d'amour, cela va de soi, chantent la conjoncture de ceux qui sont épris de femmes, de jeunes garçons et de jeunes filles*. Les épithalames étaient chantés aux nouveaux mariés par des chœurs de jeunes gens et de jeunes filles réunis devant la chambre nuptiale*. Il dit que l'hyménée était chanté aux mariages pour exprimer le regret et la recherche d'Hyménaios, le fils de Terpsichore, qui, dit-on, disparut le jour de ses noces.

1. On conçoit que je ne refasse pas, après M. Severyns, toute l'histoire de *l'hyporchème*. Je renvoie à ses copieuses notes (*op. cit.*, t. II, p. 172-178) le lecteur intéressé par ce sujet. Relevons cependant que Proclos est le seul qui ait appliqué à l'étymologie du mot l'équivalence bien attestée de ὑπό et de μετά. M. Severyns (p. 177-178) voit une faiblesse dans l'exposé de Photius sur l'origine de l'*hyporchème* et de la *pyrrhique*. Il est bien possible, en effet, que son attention se soit relâchée à cet endroit ; il n'y dit rien de l'*encomion* qui, d'après l'énumération de la p. 320 a 1, devrait être traité ici.

2. Mais il ne s'agit pas nécessairement d'une des odes courtes qu'on chantait le soir même de la victoire. Cf. Severyns, *op. cit.*, t. II, p. 181.

φρυάγματι. Ὑπόρχημα δὲ τὸ μετ' ὀρχήσεως ᾀδόμενον μέλος ἐλέγετο · καὶ γὰρ οἱ παλαιοὶ τὴν ὑπό ἀντὶ τῆς μετά πολλάκις ἐλάμβανον. Εὑρέτας δὲ τούτων λέγουσιν οἱ μὲν Κουρῆτας, οἱ δὲ Πύρρον τὸν Ἀχιλ- [321 a] λέως · ὅθεν καὶ πυρρίχην εἶδός τι ὀρχήσεως λέγουσιν.

Ὁ δὲ ἐπίνικος ὑπ' αὐτὸν τὸν καιρὸν τῆς νίκης τοῖς προτεροῦσιν ἐν τοῖς ἀγῶσιν ἐγράφετο. Τὸ δὲ σκόλιον μέλος ᾔδετο παρὰ τοὺς πότους · διὸ καὶ παροίνιον αὐτὸ ἔσθ' ὅτε καλοῦσιν · ἀνειμένον δέ ἐστι τῇ κατασκευῇ καὶ ἁπλούστατον μάλιστα. Σκόλιον δὲ εἴρηται οὐχ, ὡς ἐνίοις ἔδοξε, κατὰ ἀντίφρασιν · τὰ γὰρ κατὰ ἀντίφρασιν ὡς ἐπίπαν τοῦ εὐφημισμοῦ στοχάζεται, οὐκ εἰς κακοφημίαν μεταβάλλει τὸ εὔφημον · ἀλλὰ διὰ τὸ προκατειλημμένων ἤδη τῶν αἰσθητηρίων καὶ παρειμένων οἴνῳ τῶν ἀκροατῶν, τηνικαῦτα εἰσφέρεσθαι τὸ βάρβιτον εἰς τὰ συμπόσια καὶ διονυσιάζοντα ἕκαστον ἀκροσφαλῶς συγκόπτεσθαι περὶ τὴν προφορὰν τῆς ᾠδῆς. Ὅπερ οὖν ἔπασχον αὐτοὶ διὰ τὴν μέθην τοῦτο τρέψαντες εἰς τὸ μέλος, σκόλιον ἐκάλουν τὸ ἁπλούστατον.

Τὰ δὲ ἐρωτικὰ δῆλον ὅτι γυναικῶν καὶ παίδων καὶ παρθένων ἐρωτικὰς ᾄδει περιστάσεις. Καὶ τὰ ἐπιθαλάμια δὲ τοῖς ἄρτι θαλαμευομένοις ἅμα οἱ ἠΐθεοι καὶ αἱ παρθένοι ἐπὶ τῶν θαλάμων ᾖδον. Ὑμέναιον δὲ ἐν γάμοις ᾄδεσθαί φησι κατὰ πόθον καὶ ζήτησιν Ὑμεναίου τοῦ Τερψιχόρας, ὅν φασι γήμαντα ἀφανῆ

33 δὲ M : *om.* A ‖ **36** λέγουσιν A : φασὶν M.

[321 a] **1** εἶδός τι A : τι εἶδος M ‖ **2** ἐπίνικος A : ἐπινίκιος M ‖ **3** προτεροῦσιν A : πρωτεύουσιν M ‖ **4** σκόλιον A : σκολιὸν M ‖ **5** αὐτὸ M : αὐτὸν A ‖ **6** σκόλιον A^3 : σκολιὸν AM ‖ **7-8** τὰ — ἀντίφρασιν A : *om.* M ‖ **9** μεταβάλλει A : μεταλαμβάνει M ‖ ἀλλὰ A : *om.* M ‖ **10** προκατειλημμένων A^1M : προκατειλημμένον A ‖ ἤδη A^2M : εἴδη A ‖ **12** διονυσιάζοντα (νύ A) A^2 : διονυσιάζοντας M ‖ **15** σκόλιον A : σκολιὸν M ‖ **20** φησὶ A : φασὶ M

D'autres disent que c'est pour honorer Hyménaios d'Athènes : car celui-ci, dit-il, poursuivit un jour des brigands et leur arracha des jeunes filles attiques qu'ils avaient enlevées. Quant à moi, voici mon opinion : ὑμέναιε est une exclamation pour présager une vie de bonheur et on se joint ainsi aux prières des époux pour qu'ils trouvent dans le mariage une communauté accompagnée de tendresse ; cette prière étant formulée en dialecte éolien, quand on leur dit ὑμέναιε, c'est comme si on leur souhaitait d'habiter en commun (ὑμε·αίειν) et d'avoir la concorde (ὁμονοεῖν) en demeurant toujours ensemble[1].

La sille contient des invectives et des railleries exprimées avec des ménagements pour des personnes*. Le thrène diffère de l'épicédie en ce que l'épicédie est dit à l'occasion même des funérailles, le corps étant encore exposé, tandis que le thrène n'est pas limité dans le temps*.

Les compositions qui portent le nom de parthénées étaient écrites pour des chœurs de jeunes filles*. A ce genre se rattache l'espèce qu'on nomme daphnéphorique. En effet, lorsque, à chaque neuvième année, les prêtres béotiens portaient des branches de laurier dans les temples d'Apollon, c'est par des chœurs de jeunes filles qu'ils faisaient célébrer le dieu. Voici l'origine de ces [321 b] chants. Les Éoliens qui habitaient Arné et la contrée voisine partirent de là sur l'ordre d'un oracle et vinrent, pour en faire le siège, camper devant Thèbes, alors occupée par les Pélasges. Une fête d'Apollon, commune aux deux belligérants, étant imminente, ils conclurent une trêve et allèrent, les uns sur les flancs de l'Hélicon, les autres sur les bords du Mélas, couper du laurier pour le porter à Apollon. Or, il advint un songe à Polématas, le chef des Béotiens. Il crut voir un jeune homme qui lui remettait une armure complète

1. Les données sur l'origine et l'étymologie d'*hyménée* ont été dûment commentées par M. Severyns, *op. cit.*, t. II, p. 194-204. L'attribution des mots ἐγὼ δὲ οἶμαι (p. 321 a 24) à Photius n'est pas douteuse : s'il avait voulu citer Proclos, il aurait tourné sa phrase autrement, par exemple comme en 308 a 15 : ὅτι φησίν · ἐγὼ γὰρ... δοκῶ Photius, qui a été lexicographe à ses heures, peut avoir manifesté de l'intérêt pour une étymologie. Signalons que l'article ὑμίέναιος de

γενέσθαι, οἱ δὲ κατὰ τιμὴν τοῦ Ἀττικοῦ Ὑμεναίου· τοῦτον γάρ φησί ποτε διώξαντα ἀφελέσθαι κούρας Ἀττικὰς ληστῶν. Ἐγὼ δὲ οἶμαι βίου τινὰ εὐτυχοῦς προαναφώνησιν ὑπάρχειν καὶ συνεύχεσθαι τοῖς συνιοῦσι πρὸς γάμου κοινωνίαν μετὰ φιλοστοργίας, αἰολικῇ παραπλέκοντας τὴν εὐχὴν διαλέκτῳ, οἷον ὑμεναίειν καὶ ὁμονοεῖν τούτους ἀεὶ ὁμόσε ναίοντας.

Ὁ δὲ σίλλος λοιδορίας καὶ διασυρμοὺς πεφεισμένως ἀνθρώπων ἔχει. Διαφέρει δὲ τοῦ ἐπικηδείου ὁ θρῆνος, ὅτι τὸ μὲν ἐπικήδειον παρ' αὐτὸ τὸ κῆδος, ἔτι τοῦ σώματος προκειμένου, λέγεται· ὁ δὲ θρῆνος οὐ περιγράφεται χρόνῳ.

Τὰ δὲ λεγόμενα παρθένια χοροῖς παρθένων ἐνεγράφετο. Οἷς καὶ τὰ δαφνηφορικὰ ὡς εἰς γένος πίπτει· δάφνας γὰρ ἐν Βοιωτίᾳ διὰ ἐννεαετηρίδος εἰς τὰ τοῦ Ἀπόλλωνος κομίζοντες ἱερεῖς ἐξύμνουν αὐτὸν διὰ χοροῦ παρθένων. Καὶ ἡ αἰτία· τῶν Αἰολέων [321 b] ὅσοι κατῴκουν Ἄρνην καὶ τὰ ταύτῃ χωρία κατὰ χρησμὸν ἀναστάντες ἐκεῖθεν καὶ προκαθεζόμενοι Θήβας ἐπόρθουν προκατεχομένας ὑπὸ Πελασγῶν. Κοινῆς ἀμφοῖν ἑορτῆς Ἀπόλλωνος ἐνστάσης ἀνοχὰς ἔθεντο καὶ δάφνας τέμνοντες οἱ μὲν ἐξ Ἑλικῶνος, οἱ δὲ ἐγγὺς τοῦ Μέλανος ποταμοῦ ἐκόμιζον τῷ Ἀπόλλωνι. Πολεμάτας δέ, ὁ τῶν Βοιωτῶν ἀφηγούμενος, ἔδοξεν ὄναρ νεανίαν τινὰ πανοπλίαν αὐτῷ διδόναι καὶ εὐχὰς ποιεῖ-

23 ποτε A : *om.* M || **25** συνεύχεθαι A : συνέχεσθαι M || **28** ναίοντας A² : νέοντας A μένοντας M || **29** πεφεισμένως *hic* A : *ante* λοιδορίας M || **32** προκειμένου A : κειμένου M || **35** ἐν Βοιωτίᾳ A : *om.* M || διὰ A : δι' M || ἐννεαετηρίδος] ἐννεαε- A : ἐνναε- M || -τηρίδος A² : -ταίριδος AM || **36** ἱερεῖς A : οἱ ἱερεῖς M || **37** διὰ χο(ω A)ροῦ παρθένων A² : *om.* M || Αἰολέων A : ἑώων M.

[321 b] **1** ταύτῃ *ex Aretha* Severyns : ταύτη A ταύτης M || **3** προκατεχομένας A : προσκαθεζομένας M || **4** ἐνστάσης A²M : ἐνστάσεις A || **5** τέμνοντες A : τεμόντες M || **8** τινὰ A²M : τιναν A.

et qui ordonnait d'organiser, à chaque neuvième année, une procession qui porterait des branches de laurier en chantant des prières à Apollon. Trois jours plus tard, Polématas fit une attaque et remporta la victoire sur les ennemis. Puis, en personne, il accomplit la daphnéphorie, et la coutume a persisté depuis ce temps-là. Voici en quoi consiste la daphnéphorie. On couronne une hampe d'olivier avec des branches de laurier et des fleurs diverses. Au sommet on adapte une boule de bronze, à laquelle sont suspendues d'autres boules, plus petites. Le milieu de la hampe est entouré d'une autre boule, moindre que celle du sommet et à laquelle on attache des bandelettes de pourpre. Quant à l'extrémité inférieure de la hampe, on la pare d'étoffe safranée. Aux yeux des Béotiens, la boule du sommet représente le soleil, dans lequel ils reconnaissent Apollon ; la boule du milieu représente la lune ; les petites boules suspendues figurent les planètes et les étoiles, tandis que les bandelettes symbolisent le cours annuel, car on en attache trois cent soixante-cinq. En tête de la daphnéphorie marche un jeune garçon qui a encore ses père et mère ; son plus proche parent porte la hampe parée qu'on appelle la κώπω. Le daphnéphore vient ensuite et tient dans sa main le laurier. Il a les cheveux flottants et le chef couronné d'or ; il est vêtu d'une robe d'apparat qui lui tombe jusqu'aux pieds et il est chaussé d'épicratides. Un chœur de jeunes filles l'accompagne ; elles tiennent des rameaux de supplication et chantent des hymnes. On conduisait la daphnéphorie en procession au sanctuaire d'Apollon Isménien et Chalazien[1].

Le chant tripodéphorique se chantait chez les Béotiens derrière un trépied porté en procession. Voici l'origine de cette coutume. Une tribu de Pélasges faisait le siège de

l'*Etymologicum magnum* dérive, lui aussi, du « codex » 239 (*op. cit.*, t. I, p. 308-309).

1. Cette forme de littérature, avec tout l'entourage religieux qui s'y rapporte et tous les faits mythiques et historiques auxquels ce passage du « codex » 239 fait allusion, a été l'objet d'un long commentaire de M. Severyns, *op. cit.*, t. II, p. 211-232. C'est Proclos qui a transmis le plus d'informations sur le sujet. M. Severyns a montré, *op. cit.*, t. I, p. 281-291, que la longue scolie d'Aréthas au *Protreptique* de Clément d'Alexandrie, p. 298, 29-299, 29, éd. Stählin, dérive du

σθαι τῷ Ἀπόλλωνι δαφνηφοροῦντας διὰ ἐννεαετηρίδος προστάττειν. Μετὰ δὲ τρίτην ἡμέραν ἐπιθέμενος κρατεῖ τῶν πολεμίων καὶ αὐτός τε τὴν δαφνηφορίαν ἐτέλει · καὶ τὸ ἔθος ἐκεῖθεν διατηρεῖται. Ἡ δὲ δαφνηφορία · ξύλον ἐλαίας καταστέφουσι δάφναις καὶ ποικίλοις ἄνθεσι καὶ ἐπ' ἄκρου μὲν χαλκῇ ἐφαρμόζεται σφαῖρα, ἐκ δὲ ταύτης μικροτέρας ἐξαρτῶσιν · κατὰ δὲ τὸ μέσον τοῦ ξύλου περιθέντες ἐλάσσονα τῆς ἐπ' ἄκρῳ σφαίρας καθάπτουσι πορφυρᾶ στέμματα · τὰ δὲ τελευταῖα τοῦ ξύλου περιστέλλουσι κροκωτῷ. Βούλεται δὲ αὐτοῖς ἡ μὲν ἀνωτάτω σφαῖρα τὸν ἥλιον (ᾧ καὶ τὸν Ἀπόλλωνα ἀναφέρουσιν), ἡ δὲ ὑποκειμένη τὴν σελήνην, τὰ δὲ προσηρτημένα τῶν σφαιρίων ἄστρα τε καὶ ἀστέρας, τὰ δέ γε στέμματα τὸν ἐνιαύσιον δρόμον · καὶ γὰρ καὶ τξε ποιοῦσιν αὐτά. Ἄρχει δὲ τῆς δαφνηφορίας παῖς ἀμφιθαλής, καὶ ὁ μάλιστα αὐτῷ οἰκεῖος βαστάζει τὸ κατεστεμμένον ξύλον ὃ κώπω καλοῦσιν. Αὐτὸς δὲ ὁ δαφνηφόρος ἑπόμενος τῆς δάφνης ἐφάπτεται, τὰς μὲν κόμας καθειμένος, χρυσοῦν δὲ στέφανον φέρων καὶ λαμπρὰν ἐσθῆτα ποδήρη ἐστολισμένος ἐπικρατίδας τὲ ὑποδεδεμένος · ᾧ χορὸς παρθένων ἐπακολουθεῖ προτείνων κλῶνας πρὸς ἱκετηρίαν ὑμνῶν. Παρέπεμπον δὲ τὴν δαφνηφορίαν εἰς Ἀπόλλωνος Ἰσμηνίου καὶ Χαλαζίου.

Τὸ δὲ τριποδηφορικὸν μέλος τρίποδος προηγουμένου παρὰ τοῖς Βοιωτοῖς ᾔδετο. Ἔσχε δὲ καὶ τοῦτο αἰτίαν τοιαύτην. Πελασγῶν τινες Πάνακτον τῆς Βοιω-

9 ἐννεαετηρίδος] ἐννεαε- A : ἐνναε- M || -τηρίδος A^2 : -ταίριδος AM || **10** προστάττειν *hic* A : *ante* τῷ Ἀπόλλωνι M || **13** καὶ A : *om.* M || **16** ἐλάσσονα A : ἐλάσσονας M || **17** ἄκρῳ σφαίρας A^2 : ἀκρωσφαίρας A ἄκρου τοῦ ξύλου M || **19** δὲ A : δ' M || **20** ἡ δὲ A : ἡ δ' M || **25** κώπω A : κωπὼ M || **27** κόμας A^1M : κώμας A || καθειμένος *ex cod.* B *edd.* καιθειμένας A^2M καθημένας A || χρυσοῦν A^3 *mg* : χρυσὸν AM || **28** ἐπικρατίδας A : ἰφικρατίδας M || **30** ὑμνῶν Severyns : ὕμνων A τῶν ὕμνων M || **31** Ἰσμηνίου *edd.* : Ἰσμινίου M ἰσανίου A || Χαλαζίου A : γαλαξίου M || **34** Πάνακτον A^2M : πάρακτον A.

Panacton en Béotie ; les Thébains qui défendaient la ville envoyèrent une députation à Dodone interroger l'oracle sur l'issue de ce conflit. L'oracle répondit aux Thébains qu'ils auraient la victoire s'ils commettaient le plus grand [322 a] sacrilège. Il leur parut donc que le plus grand des sacrilèges serait de tuer la prêtresse qui leur avait rendu l'oracle — et ils la tuèrent. Mais les autres prêtresses attachées au saint lieu demandèrent que les Thébains subissent un châtiment pour le meurtre qu'ils avaient commis. Les Thébains ne supportèrent pas que des femmes seules eussent la haute direction de leur procès : un tribunal mixte d'hommes et de femmes ayant été constitué, et les hommes ayant déposé en leur faveur des cailloux blancs, les Thébains furent acquittés. Ayant compris plus tard ce que l'oracle leur avait ordonné, ils enlevèrent un des trépieds sacrés qui se trouvaient en Béotie et, le dérobant aux regards pour simuler un vol sacrilège, ils l'envoyèrent à Dodone. Et leurs affaires ayant prospéré, c'est depuis lors qu'ils ont fait de la chose une fête*.

Les chants oschophoriques se chantaient chez les Athéniens. Deux jeunes gens du chœur, vêtus de robes de femmes, portant un cep de vigne chargé de grappes à maturité — cette branche, dite ὤσχη, donna leur nom aux chants — marchaient en tête du cortège. C'est Thésée, dit-on, qui institua cette fête. En effet, quand il eut, de son plein gré, commandé l'expédition de Crète et délivré sa patrie du tribu de malheur, il se fit un devoir de rendre grâces à Athéna et Dionysos, qui lui étaient apparus près de l'île de Dia. Il le fit donc en prenant comme assistants dans la cérémonie deux jeunes garçons rendus semblables à des jeunes filles. Les Athéniens faisaient cette procession depuis le temple de Dionysos jusqu'à

sommaire de Proclos par Photius. La comparaison des textes est éloquente : la scolie s'apparente visiblement à un manuscrit de Photius de la famille M, celle-là précisément dont M. Severyns a démontré (*op. cit.*, t. I, p. 339-357) qu'elle avait à sa base un manuscrit de la *Bibliothèque* revu par Aréthas.

τίας ἐπόρθουν, Θηβαῖοι δὲ ἤμυνον· καὶ πέμψαντες εἰς Δωδώνην περὶ τῆς τοῦ πολέμου νίκης ἐχρῶντο. Χρησμὸς δὲ τοῖς Θηβαίοις ἐξέπεσεν ὡς, εἰ μέγιστον ἀσέβημα [322 a] ἀσεβήσουσι, νικήσουσιν. Ἔδοξεν οὖν αὐτοῖς ἀσεβημάτων εἶναι μέγιστον τὸ τὴν χρησμῳδήσασαν αὐτοῖς τὸν χρησμὸν ἀνελεῖν, καὶ ἀνεῖλον. Αἱ δὲ περὶ τὸ τέμενος συνιέρειαι δίκην λαβεῖν ἀπῄτουν τοῦ φόνου τοὺς Θηβαίους. Θηβαῖοι δὲ οὐκ ἐπιτρέπουσι γυναιξὶ μόναις τὴν περὶ αὐτῶν δίκην ἀξιοῦν· κοινῆς δὲ κρίσεως ἀνδρῶν καὶ γυναικῶν γεγενημένης καὶ τῶν ἀνδρῶν λευκὰς αὐτοῖς ἐπενεγκόντων ψήφους ἀπέφυγον Θηβαῖοι. Ὕστερον δὲ ἐπιγνόντες αὐτοῖς τὸ ὑπὸ τοῦ χρησμοῦ προστασσόμενον βαστάσαντες τῶν κατὰ τὴν Βοιωτίαν ἱερῶν τριπόδων ἕνα καὶ κατακαλύψαντες ὡς ἱερόσυλοι ἀνέπεμψαν εἰς Δωδώνην. Εὐπραγήσαντες δὲ ἐξ ἐκείνου τοῦ λοιποῦ τὴν πρᾶξιν ἑορτὴν ἐποίουν.

Ὠσχοφορικὰ δὲ μέλη παρὰ Ἀθηναίοις ᾔδετο. Τοῦ χοροῦ δὲ δύο νεανίαι κατὰ γυναῖκας ἐστολισμένοι κλῆμά τ' ἀμπέλου κομίζοντες μεστὸν εὐθαλῶν βοτρύων (ἐκάλουν δὲ αὐτὸ ὦσχην, ἀφ' οὗ καὶ τοῖς μέλεσιν ἡ ἐπωνυμία) τῆς ἑορτῆς καθηγοῦντο. Ἄρξαι δέ φασι Θησέα πρῶτον τοῦ ἔργου· ἐπεὶ γὰρ ἑκούσιος ὑποστὰς τὸν εἰς Κρήτην πλοῦν ἀπήλλαξε τὴν πατρίδα τῆς κατὰ τὸν δασμὸν συμφορᾶς, χαριστήρια ἀποδιδοὺς Ἀθηνᾷ καὶ Διονύσῳ, οἵ αὐτῷ κατὰ τὴν νῆσον τὴν Δίαν ἐπεφάνησαν, ἔπραττε τοῦτο δυσὶ νεανίαις ἐσκιατραφημένοις χρησάμενος πρὸς τὴν ἱερουργίαν ὑπηρέταις. Ἦν δὲ τοῖς Ἀθηναίοις ἡ παραπομπὴ ἐκ τοῦ Διο-

[322 a] **2** τὸ — αὐτοῖς A : *om.* M ‖ **6** ἀξιοῦν *ex cod.* B *edd.* : ἐξιοῦν A *om.* M ‖ **8** Θηβαῖοι A : οἱ Θηβαῖοι M ‖ δὲ A : *om.* M ‖ **13** ἑορτὴν A²M : ἑορτὴν *ex* ἐποίουν A¹ ‖ **14** δὲ M : *om.* A ‖ **15** κλῆμά τ' ἀμπέλου Meursius : κλῆμα ἀμπέλου A κλήματα ἀμπέλου M ‖ μεστὸν A : μεστῶν M ‖ **18** φασὶ Θησέα A : Θησέα φασὶ M ‖ **22** ἐσκιατραφημένοις A : ἐσκιατραφημέναις M.

l'enceinte sacrée d'Athéna Sciras. A la suite des deux jeunes gens venait le chœur, qui exécutait les chants oschophoriques. Et des éphèbes, pris dans chaque tribu, se mesuraient en un concours de course à pied. Le vainqueur était admis à goûter à la phiale dite quintuple parce qu'elle contenait un mélange de cinq substances : huile, vin, miel, fromage et farine d'orge[1].

Les chants euctiques sont écrits pour ceux qui demandent à la divinité que quelque chose arrive. Les pragmatiques sont des chants qui rapportaient les actes de certaines personnes. Dans les emporiques, certains ont écrit ce qu'ils avaient vu au cours de leurs voyages et de leurs affaires. On appelait apostoliques ce qu'écrivaient les poètes envoyés en mission. Les gnomologiques, cela va de soi, contiennent des conseils moraux. Les géorgiques chantent les campagnes, les saisons des plantes ainsi que les soins à leur donner. Les épistaltiques sont des instructions en vers envoyées à certains*.

Tel est le contenu des deux premiers livres du *Manuel de littérature* de Proclos*.

[322 b] 240.

Lu une partie des commentaires de Jean Philopon *Sur l'Hexaèmeron**.

Il dédie son écrit à Serge de Constantinople dont il dit dans sa préface que c'est sous son impulsion qu'il a entrepris ce travail*. Son but est, dit-il, de montrer que le récit de la création du monde chez le vénérable Moïse concorde avec ce que nous pouvons voir*.

Moïse n'a voulu traiter ni de la nature ni des astres, mais il a voulu amener les hommes à la connaissance de Dieu par le récit de la création du monde et montrer que

1. M. Severyns a minutieusement reconstitué (*op. cit.*, t. II, p. 243-254) les cérémonies des *oschophories* en additionnant les témoignages incomplets des auteurs qui en ont parlé. Leur comparaison avec le « codex » 239 fait conclure que Proclos traitait de la question dans son ensemble. Le regretté A. Delatte, *Le cycéon, breuvage rituel des mystères d'Éleusis*, Paris, 1955, p. 722, voyait une variante du cycéon dans la « phiale quintuple ».

νυσιακοῦ ἱεροῦ εἰς τὸ τῆς Ἀθηνᾶς τῆς Σκιράδος τέμενος. Εἵπετο δὲ τοῖς νεανίαις ὁ χορὸς καὶ ᾖδε τὰ μέλη. Ἐξ ἑκάστης δὲ φύλης ἔφηβοι διημιλλῶντο πρὸς ἀλλήλους δρόμῳ· καὶ τούτων ὁ πρότερος ἐγεύετο ἐκ τῆς πενταπλῆς λεγομένης φιάλης, ᾗ συνεκιρνᾶτο ἐλαίῳ καὶ οἴνῳ καὶ μέλιτι καὶ τυρῷ καὶ ἀλφίτοις.

Εὐκτικὰ δὲ μέλη ἐγράφετο τοῖς αἰτουμένοις τι παρὰ θεοῦ γενέσθαι. Πραγματικὰ δὲ ἅ τινων περιεῖχε πράξεις. Ἐμπορικὰ δὲ ὅσα κατὰ τὰς ἀποδημίας καὶ ἐμπορίας ἐπιδεικνύμενά τισιν ἐγράφη. Καὶ ἀποστολικὰ δὲ ὅσα διαπεμπόμενοι πρός τινας ἐποίουν. Τὰ δὲ γνωμολογικὰ δῆλον ὅτι παραίνεσιν ἠθῶν ἔχει. Καὶ τὰ γεωργικὰ δὲ χώρας καὶ φυτῶν καιροὺς καὶ ἐπιμελείας. Καὶ τὰ ἐπισταλτικὰ δὲ ὅσα κατ' ἐντολὰς πρός τινας ποιοῦντες διέπεμπον.

Οἱ μὲν δύο λόγοι τῆς Πρόκλου γραμματικῆς Χρηστομαθείας ἐν τούτοις.

[322 b] 249

Ἀνεγνώσθη ἐκ τῶν Ἰωάννου τοῦ Φιλοπόνου εἰς τὴν ἑξαήμερον.

Ὅτι τὸ σύγγραμμα Σεργίῳ τῷ Κωνσταντινουπόλεως προσφωνεῖ, ἐκείνου προτροπῇ τοῦτον ὑπελθεῖν τὸν πόνον προοιμιαζόμενος. Τὸν δὲ σκοπὸν εἶναί φησι σύμφωνον δεῖξαι τοῖς φαινομένοις τὴν τοῦ θεσπεσίου Μωσέως κοσμογένειαν.

Ὅτι σκοπὸς ἦν τῷ Μωσεῖ οὔτε φυσιολογῆσαι οὔτε ἀστρονομῆσαι, ἀλλ' εἰς θεογνωσίαν καὶ διὰ τῆς κοσμογονίας ἀνθρώπους ἀγαγεῖν, καὶ παραστῆσαι ὅτι δὴ τὸ

25 τῆς Σκιράδος] τῆσκειράδος A : τῆς σκιριάδος M ‖ **28** ἐγεύετο A¹M : ἐγένετο A ‖ **34** διαπεμπόμενοι A : διαπεμπόμενα M ‖ **38** διέπεμπον A : ἐξέπεμπον M ‖ **40** ἐν τούτοις A : *om.* M.

[322 b] **1**-[323 b] **31** M : *om.* A ‖ **1** 240] σμ' M : *om.* A,

cette œuvre grande et magnifique qu'est l'univers a Dieu pour auteur, qu'elle ne s'est pas constituée par une génération spontanée, qu'elle n'est ni incréée ni coéternelle à Dieu[1]. Et Platon, qui a passé pour le plus savant parmi les Grecs, quoiqu'il ait vécu de nombreuses générations après Moïse et qu'il n'ait pas composé ses œuvres pour une foule quelconque, mais pour ceux qui l'emportent sur le commun en philosophie, montre néanmoins qu'il imite Moïse dans son récit de la création du monde. Et l'auteur démontre que Moïse a traité de Dieu avec bien plus d'élévation que Platon*.

Il n'y a, dit-il, absolument rien dans la cosmogonie du Prophète qui ne s'accorde avec l'ordonnance de l'univers ; au contraire, bien des explications données plus tard par ceux qui étudient la nature ont leur source dans les écrits mosaïques*.

Souvent, l'auteur exalte à juste titre le grand Basile. Quant à Théodore de Mopsueste, s'il ne le met pas en accusation à tout propos, il s'en prend à lui avec raison sur beaucoup de points*.

Alors que le mot *commencement* s'emploie, dit-il, dans beaucoup de significations, l'expression *au commencement*, elle, exprime la notion de commencement selon le temps. Et *selon le temps*, dit l'auteur, ne signifie pas le temps qui précède la génération, comme c'est le cas pour chacun de nous, mais le premier *maintenant* du temps où Dieu a fait apparaître le ciel et la terre, sans aucune interruption dans le temps. Car tout commencement, dit-il, est tout à fait différent de ce dont on l'appelle le commencement, et il le prouve par des exemples. De sorte que c'est au commencement du temps et non dans le temps que Dieu a fait le ciel et la terre. Mais la seule signification du mot *commencement*, c'est le temps où le ciel et [323 a] la terre ont été créés. *Commencement* signifie en second lieu la première partie d'une construction, comme la carène est le commencement du bateau et les assises des fondations celui de la maison. Et il est évident, dit-il, que, ici encore, dans le sens de *commencement*, on peut

1. Cf. I, 1, p. 3, 1-4, 14.

μέγα τοῦτο καὶ λαμπρὸν τοῦ κόσμου δημιούργημα ἔχει τὸν Θεὸν ποιητήν, καὶ οὔτε αὐτόματον ἔσχε τὴν ὕπαρξιν οὔτε ἀγένητον τὴν ὑπόστασιν καὶ τῷ Θεῷ συναΐδιον. Καὶ Πλάτωνα δὲ τὸν παρ' Ἕλλησι νομισθέντα σοφώτατον, καίτοι πολλαῖς ὕστερον γενεαῖς γεγονότα καὶ οὐ πλήθει τυχόντι τοὺς λόγους ποιούμενον ἀλλὰ τοῖς ἐπὶ φιλοσοφίᾳ τῶν ἄλλων προὔχουσιν, ὅμως Μωσέα δείκνυσιν ἐν τῇ τῆς κοσμογονίας αὐτοῦ διηγήσει ἐκμιμούμενον. Πολὺ μεγαλοπρεπέστερον Μωσέα Πλάτωνος τεθεολογηκέναι παρίστησιν.

Ὅτι οὐδέν φησιν οὐδ' ὅλως τῶν ἐν τῇ κοσμογονίᾳ τοῦ Προφήτου τῇ τοῦ παντὸς διατάξει ἀσύμφωνον· τοὐναντίον δὲ καὶ πολλὰ τῶν ὕστερον αἰτιολογηθέντων ὑπὸ τῶν φυσικῶν ἐκ τῶν Μωσέως γραφέντων εἴληφε τὴν ἀρχήν.

Ὅτι ἐν πολλοῖς ἀξίως τὸν μέγαν ἀποθειάζει Βασίλειον, καὶ Θεόδωρον τὸν Μοψουεστίας, εἰ καὶ μὴ ἐν πᾶσιν οἷς ἐπαιτιᾶται, ἀλλ' οὖν οὐκ ἐν ὀλίγοις ἐπιλαμβάνεται δικαίως.

Ὅτι τῆς ἀρχῆς πολλαχῶς φησι λεγομένης τὸ ἐν ἀρχῇ νῦν τὴν κατὰ χρόνον ἀρχὴν δηλοῦν. Κατὰ χρόνον δὲ λέγειν φησὶν οὐχ οὗ τῆς γενέσεως προηγεῖται χρόνος, ὡς ἡμῶν ἑκάστου, ἀλλὰ τὸ πρῶτον τοῦ χρόνου νῦν, ἐν ᾧ τὸν οὐρανὸν καὶ τὴν γῆν παρήγαγεν ὁ Θεός, παντὸς χρονικοῦ χωρὶς διαστήματος. Πᾶσιν γὰρ ἀρχὴν ἑτέραν εἶναι πάντως φησί, οὗπερ λέγεται ἀρχή· καὶ τοῦτο διὰ παραδειγμάτων κατασκευάζει. Ὥστε ἐν ἀρχῇ τοῦ χρόνου καὶ οὐκ ἐν χρόνῳ τὸν οὐρανὸν καὶ τὴν γῆν ἐποίησεν ὁ Θεός. Ἀλλ' ἓν τοῦτο σημαινόμενον τῆς ἐν ᾧ γέγονεν ἀρχῆς ὁ οὐρανὸς καὶ ἡ γῆ. Δεύτερον τὸ πρῶτον τοῦ κα- [323 a] τασκευάσματος μόριον, ὡς ἀρχὴ ἡ τρόπις τοῦ πλοίου καὶ οἱ θεμέλιοι τῆς οἰκίας. Δῆλον δ' ὅτι καὶ κατὰ τοῦτό φησι τὸ σημαινόμενον τῆς ἀρχῆς δυνατὸν ἐννοῆσαι

comprendre que le ciel et la terre sont nés au commencement, car Dieu a d'abord posé le ciel et la terre comme assises de la création. Mais il n'en va pas de même dans les autres significations du mot *commencement*[1].

En disant ἐν κεφαλαίῳ au lieu de ἐν ἀρχῇ, Aquila* a suggéré que ἐν ἀρχῇ a un sens équivalent à : naissance du ciel et de la terre conjointement et simultanément ; en effet, l'un des deux n'est pas né d'abord et l'autre ensuite, car nous avons l'habitude d'appeler κεφάλαιον la concentration de plusieurs choses en une seule et c'est là un emploi fréquent du mot. Et ce qui le montre, c'est l'addition de σύν qui signifie, comme la plupart du temps, l'union de deux parties. Car en disant : « Ἐν κεφαλαίῳ, il a créé le ciel et la terre[2] », il a montré clairement* qu'il s'agissait d'une naissance simultanée de l'une et de l'autre. Certains ne comprennent pas ainsi ἐν κεφαλαίῳ, mais, comptant que c'est là une figure tirée de *tête*, qui est l'élément principal du corps, ils l'ont interprété comme principe dans ce sens-là*.

En parlant de ciel et de terre, il a aussi désigné au moyen des extrêmes ce qui est entre les deux dans le sens où on veut dire *tout*. Et on les appelle à juste titre extrêmes parce que la terre, qui occupe le centre de l'univers, est le commencement de tout par le bas, et que la fin, c'est le ciel qui contient tout. D'autre part, à partir d'en haut, c'est le ciel qui est le commencement et la terre qui est la fin ; entre les deux, il y a l'eau, l'air et le feu. C'est pourquoi il dit ensuite : « Les ténèbres étaient sur l'abîme »[3] ; il appelle l'eau abîme et ténèbres l'air privé de lumière ; au sens propre du mot, en effet, les ténèbres sont l'absence de lumière. Et on a accoutumé d'appeler obscurité l'air non éclairé ou bien l'aspect nocturne de l'air ou ce qui résulte d'autres accidents*.

Les *ténèbres palpables** des Égyptiens ont ce nom, dit-il, pour deux raisons : ou bien c'est parce qu'aucun rayon céleste ne pénétrait dans l'air à cause de sa forte épaisseur et parce qu'il donnait comme la sensation de pou-

1. Ce long paragraphe suit d'assez près I, 3, p. 7, 8-11, 3.
2. *Genèse*, 1, 1. — 3, *Genèse*, 1, 2.

τὸν οὐρανὸν καὶ τὴν γῆν ἐν ἀρχῇ γεγενῆσθαι · οἷον γὰρ θεμέλιον καὶ ἀρχὴν τῶν γεγονότων ὁ Θεὸς τὸν οὐρανὸν καὶ τὴν γῆν προκατεβάλετο. Κατὰ δὲ τὰ ἄλλα τῆς ἀρχῆς σημαινόμενα οὐκέτι.

Ὅτι ἀντὶ τοῦ ἐν ἀρχῇ ἐν κεφαλαίῳ εἰπὼν ὁ Ἀκύλας δίδωσιν ἐννοεῖν ἀντὶ τοῦ συνῃρημένως καὶ ὁμοῦ γενέσθαι τὸν οὐρανὸν σημαίνειν τὸ ἐν ἀρχῇ · οὐδὲ γὰρ τὸ μὲν αὐτῶν πρότερον, τὸ δὲ ὕστερον γέγονεν · εἰώθαμεν γὰρ κεφάλαιον καλεῖν τὴν ἐν ἑνὶ πολλῶν ἅμα συναίρεσιν · καὶ πολλὴ ἡ χρῆσις. Ἐδήλωσε δὲ καὶ ἡ τῆς σύν προσθήκη, συνδυασμὸν ὡς τὰ πολλὰ δηλοῦσα. Καὶ γὰρ εἰπών · « Ἐν κεφαλαίῳ ἔκτισε σὺν τὸν οὐρανὸν, σὺν τὴν γῆν » ἐναργῆ παρέσχε τὴν δήλωσιν τοῦ ἅμα γενέσθαι τὰ δύο. Τινὲς τὸ ἐν κεφαλαίῳ οὐχ οὕτως, ἀλλ' ἀπὸ τῆς ἀρχῆς τοῦ σώματος τῆς κεφαλῆς αὐτὸ λογιζόμενοι ἐσχηματίσθαι, εἰς τοιαύτην ἀρχὴν αὐτὸ μετειλήφασιν.

Ὅτι, φησίν, οὐρανὸν καὶ γῆν εἰπὼν διὰ τῶν ἄκρων καὶ τὰ μέσα συμπαρείληφεν, ὡς καὶ πάντα φασίν. Ἄκρα δὲ εὐλόγως ταῦτα καλεῖται, ὅτι γῆ μὲν κέντρον τοῦ παντὸς ἐπέχουσα κάτωθεν πάντων ἐστὶν ἀρχή, πέρας δὲ ὁ πάντα περιέχων οὐρανός. Πάλιν ἄνωθεν ἀρχὴ μέν ἐστιν ὁ οὐρανός, πέρας δὲ ἡ γῆ, μέσα δὲ ὕδωρ καὶ ἀὴρ καὶ πῦρ. Διό φησιν ἐφεξῆς · « Καὶ σκότος ἐπάνω τῆς ἀβύσσου », τὸ μὲν ὕδωρ ἄβυσσον εἰπών, τὸ δὲ σκότος τὸν ἀφώτιστον ἀέρα · καὶ γὰρ κυρίως σκότος ἐστὶν ἡ τοῦ φωτὸς ἀπουσία. Καὶ ἡ συνήθεια δὲ σκότος τὸν ἀφώτιστον λέγει ἀέρα, ἤτοι τὸ νυκτερινὸν τοῦ ἀέρος κατάστημα ἢ καὶ τὸ ἄλλως πως συμβαῖνον.

Ὅτι τὸ ψηλαφητὸν σκότος τοῖς Αἰγυπτίοις σκότος ψηλαφητὸν εἰρῆσθαι διὰ δύο αἰτίας, ἢ ὅτι μηδεμία ἀκτὶς τῶν οὐρανίων εἰσεκρίνετο τῷ ἀέρι διὰ τὴν πολλὴν αὐτοῦ παχύτητα καὶ οἷον ψηλαφητὴν καὶ δυνα-

[323 a] **12** πολλῶν *edd.* : πολλὴν M ‖ **15** ἐναργῆ Philoponus : ἐν ἀρχῇ M.

voir être palpé et de pouvoir offrir de la résistance au toucher ; ou bien c'est parce que c'est en touchant des corps solides, comme le font les aveugles, qu'on s'y avance, ou bien que c'est cette obscurité même qui oblige à reconnaître ainsi ce qu'on touche[1].

Abîme est le nom que tous donnent à une masse considérable d'eau qui atteint une profondeur qu'on ne peut sonder. C'est pourquoi Moïse lui aussi appelle cette eau abîme. Toutefois, il l'appelle aussi *eau* ; il dit en effet : « Et l'esprit de Dieu planait sur les eaux »[2], car l'air flotte sur [323 b] les eaux. Le nom même de l'air n'existe pas dans l'écrit de Moïse, soit que la langue hébraïque n'eût pas encore de nom précis pour l'air, soit que Moïse se contentât de désigner les deux éléments par le mot *eau*, car l'air et l'eau ont beaucoup de caractéristiques communes et souvent, dans la suite du texte, il s'est servi du mot pour désigner l'un et l'autre[3].

Quant aux Anges, Moïse n'a parlé nulle part de leur création vu qu'il ne fait l'histoire que de ce qu'il y a dans le monde*, mais il ne faut pas dire, dit l'auteur, qu'ils existèrent en même temps que le ciel et la terre ou qu'ils ont été créés après eux, mais il faut dire qu'ils l'ont été auparavant. Et il essaye de démontrer cette idée aussi d'après la nature et d'après les Saintes Écritures en combattant Théodore et en réfutant les preuves qu'il apporte pour démontrer que les Anges ont été créés en même temps que le ciel ; et il cite le témoignage de Basile le Grand qui est d'accord avec lui et pour la défense duquel il semble aussi combattre Théodore*. Résumant donc les démonstrations par lesquelles il s'est efforcé de démontrer que les Anges n'ont pas été créés en même temps que le ciel, il dit* : « Voyez donc de quoi on déduit que leur création est surnaturelle : ni Moïse ni aucun autre écrit inspiré n'a dit qu'ils ont été créés en même temps que le monde ; ce ne sont pas des corps et ils ne sont pas liés comme nos âmes à des corps qui seraient

1. Reproduction assez exacte de I, 5, p. 12, 25-13, 6.
2. *Genèse*, 1, 2.
3. Paraphrase libre de I, 5, p. 13, 10-20.

μένην αἴσθησιν ἀντιτυπίας τοῖς ἐπαφωμένοις παρέχειν, ἢ ὅτι διὰ τὸ ψηλαφητὸν τὰ στερεμνιώτερα τῶν σωμάτων δίκην τυφλῶν καὶ οὕτω τὰς μεταβάσεις ποιεῖσθαι, ἢ καὶ αὐτὸ τοῦτο γνωρίζειν οὕτω τὰ ψηλαφώμενα.

Ὅτι ἄβυσσος παρὰ πᾶσι τὸ πολὺ καλεῖται ὕδωρ καὶ εἰς βάθος χωροῦν ἄληπτον ἡμῖν, παρὰ τὸ μηνύειν εἰς αὐτό· διὸ καὶ Μωσῆς ἄβυσσον ἐκεῖνο τὸ ὕδωρ καλεῖ. Πλὴν καὶ ὕδωρ αὐτὸ κατονομάζει· « Καὶ πνεῦμα » [323 b] γάρ « Θεοῦ ἐπεφέρετο ἐπάνω τοῦ ὕδατος ». Τοῖς ὕδασι γὰρ ὁ ἀὴρ ἐπινήχεται. Αὐτὸ δὲ τὸ τοῦ ἀέρος ὄνομα παρὰ τῇ Μωυσέως οὐκ ἔστι γραφῇ, ἢ μήπω ἐχούσης τότε τῆς Ἑβραΐδος διαλέκτου ἀφωρισμένον ὄνομα τῷ ἀέρι, ἢ ἀρκουμένου Μωυσέως διὰ τοῦ ὕδατος τῆς φωνῆς ἄμφω δηλοῦν· πολλὴ γὰρ ὕδατος καὶ ἀέρος ἡ κοινωνία, καὶ πολλάκις ἐν τοῖς ἑξῆς ἐπ' ἀμφοῖν κέχρηται τῷ ὀνόματι.

Ὅτι τοὺς Ἀγγέλους καὶ μηδαμοῦ τῆς προαγωγῆς αὐτῶν ἐμνήσθη Μωσῆς, ἅτε τῶν ἐγκοσμίων ἱστορίαν παραδιδούς, ἀλλ' οὖν οὐδὲ δεῖ λέγειν ὡς συνυπέστησαν, φησίν, ἢ καὶ ὕστερον γεγόνασιν οὐρανοῦ, πρότερον δέ. Καὶ τοῦτο πειρᾶται καὶ φυσικώτερον καὶ ἐκ τῶν θείων λογίων παριστάνειν, ὡς δῆθεν πρὸς Θεόδωρον ἀπομαχόμενος, καὶ τὰς παρ' αὐτοῦ κομιζομένας ἀποδείξεις ὅτι σὺν οὐρανῷ γεγόνασιν ἀνασκευαζόμενος, καὶ σύμφωνον τὸν μέγαν ἐπικομιζόμενος Βασίλειον, ὑπὲρ οὗ καὶ δοκεῖ Θεοδώρῳ διαμάχεσθαι. Ἀνακεφαλαιούμενος οὖν τὰς ἀποδείξεις δι' ὧν τοὺς Ἀγγέλους μὴ συνυποστῆναι τῷ κόσμῳ παριστάνειν ἠγώνιστο, φησί· « Σκόπει τοίνυν ἐκ πόσων αὐτῶν ἡ ὑπερκόσμιος συνῆκται γένεσις, ἐκ τοῦ μήτε Μωσέα μήτ' ἄλλην θεόπνευστον γραφὴν ἅμα τῷ κόσμῳ γεγονέναι αὐτοὺς εἰπεῖν, ἐκ τοῦ μήτε σώματα εἶναι μήτε συνδεδέσθαι σώμασιν ὀργανικοῖς ὥσπερ τὴν ἡμετέραν

[323 b] 8 τότε *edd.* : τὸ M.

comme leurs instruments ; leur puissance est supérieure au monde, ils contemplent Dieu sans cesse comme aucun être du monde ne le peut ; les âmes dépourvues de raison elles-mêmes n'ont pas été créées avec les corps bien qu'elles ne puissent exister sans corps ; l'âme humaine non plus n'est pas née avec son propre corps, car lui est fait de terre et elle, par sa nature propre, participe à une création divine réalisée par Dieu »[1].

241.

Lu des extraits du livre *Sur Apollonius* œuvre de Philostrate[2].

Babylone, dit-il, est entourée d'une fortification circulaire de quatre cent quatre-vingts stades ; son rempart a trois demi-plèthres de haut et moins d'un plèthre d'épaisseur. La ville est coupée en deux parties égales par l'Euphrate sous lequel passe un souterrain secret qui relie par une voie invisible les domaines royaux occupant les deux rives. On dit, en effet, qu'une femme du nom de Médée, qui régnait autrefois dans la région, fit réunir les rives du fleuve comme jamais on ne le fit pour un cours d'eau. Elle fit en effet immerger des pierres, du bronze et du bitume ainsi que tous les matériaux propres à s'agglomérer [324 a] dans l'eau que les hommes ont découverts. Elle les fit immerger près des rives et détourna l'eau vers des bassins et elle fit creuser le lit asséché du fleuve en faisant ouvrir une tranchée de deux brasses de telle manière qu'elle apparût près du palais comme sortie de terre et elle la fit recouvrir au niveau du lit du fleuve. La base et les parois du tunnel avaient été solidement construites et, comme le bitume a besoin de l'eau pour se pétrifier

1. Citation, avec de légères variantes, de I, 10, p. 25, 22-26, 8.

2. Photius a fait état d'une première lecture du même ouvrage au « codex » 44, t. I, p. 28-30, dans une notice qui dégage les faits les plus frappants de la vie du personnage. Sur Philostrate, cf. t. I, p. 28, note 1. L'édition du texte par F. C. Conybeare, Londres, Heinmann, 1926-1927, 2 vol., dont je me suis servi pour étudier le présent « codex », n'a rien apporté de neuf au point de vue critique par rapport aux éditions plus anciennes.

ψυχήν, ἐκ τῆς ὑπερκοσμίου δυνάμεως αὐτῶν, ἐξ ὧν τὸ θεῖον διηνεκῶς θεωροῦσιν, ὧν οὐδὲν τῶν ἐγκοσμίων μετέχει· ἐκ τοῦ μηδὲ τὰς ἀλόγους ψυχὰς συγκαταβεβλῆσθαι τοῖς σώμασι, καίτοι χωρὶς σωμάτων μὴ δυναμένας εἶναι· ἐκ τοῦ μὴ τὴν ἀνθρωπίνην ψυχὴν μηδὲ τῷ ἰδίῳ συνυποστῆναι σώματι· τὸ μὲν γὰρ ἐκ γῆς, ἡ δὲ καθ' ἑαυτὴν θειοτέρας ὑπὸ Θεοῦ μετέσχε γενέσεως ».

241

Ἀνεγνώσθη ἐκ τοῦ εἰς τὸν Ἀπολλώνιον ἀπὸ φωνῆς **Φιλοστράτου**.

Ὅτι Βαβυλῶνά φησι τετειχίσθαι ὀγδοήκοντα καὶ τετρακόσια στάδια κύκλῳ· τεῖχος δὲ αὐτῆς τρία μὲν τὸ ὕψος ἡμίπλεθρα, πλέθρου δὲ μεῖον τὸ εὖρος. Ποταμῷ δὲ Εὐφράτῃ τέμνεται ξὺν ὁμοιότητι τοῦ εἴδους, ὃν ἀπόρρητος ὑποστείχει γέφυρα, τὰ βασίλεια τὰ ἐπὶ ταῖς ὄχθαις ἀφανῶς ξυνάπτουσα. Γυνὴ γὰρ λέγεται Μήδεια, τῶν ἐκείνῃ ποτὲ ἄρχουσα, τὸν ποταμὸν ὑποζεῦξαι τρόπον ὃν μήπω τις ποταμῶν ἐζεύχθη. Λίθους γὰρ δὴ καὶ χαλκὸν καὶ ἄσφαλτον, καὶ ὁπόσα ἐς ἔφυδρον ξύνδε- [324 a] σιν ἀνθρώποις εὕρηται, παρὰ τὰς ὄχθας τοῦ ποταμοῦ νήσασα, τὸ ῥεῦμα εἰς λίμνας ἔτρεψε, ξηρόν τε ἤδη τὸν ποταμὸν ὤρυγεν, ὀργυιὰς ἐς δύο σήραγγα ἐργαζομένη κοίλην, ἵνα ἐς τὰ βασίλεια τὰ περὶ ταῖς ὄχθαις ὥσπερ ἐκ γῆς ἀναφαίνοιτο, καὶ ἤρεψεν αὐτὴν ἴσως τῷ τοῦ ῥεύματος δαπέδῳ. Οἱ μὲν δὴ θεμέλιοι ἐβεβήκεσαν καὶ οἱ τοῖχοι τῆς σήραγγος· ἅτε δὲ τῆς ἀσφάλτου δεομένης τοῦ ὕδατος ἐς τὸ λιθοῦσθαι καὶ πήγνυ-

31 *post* γενέσεως : *in* M *pagina una et versus* 12 *vac.* ‖ **32** 241] σμα' M : σμ' A ‖ **33** ἐκ — Ἀπολλώνιον A : Ἀπολλωνίου βιος M.

[324 a] **3** ὤρυγεν A : ὤρυττεν M ‖ **6** τῷ A : τὰ M ‖ **7** δὲ Bekker : δὴ *codd.* ‖ **8** δεομένης A : δαιομένης M.

et se solidifier, on lâcha l'Euphrate sur la voûte humide et c'est ainsi que le pasage exista.

Le palais est couvert d'un toit de bronze et il en resplendit. Les chambres des femmes et des hommes et les portiques sont ornés tantôt d'argent, tantôt de tissus d'or, tantôt d'or même comme ils le seraient de peintures[1] ; on dit qu'Apollonius a raconté avoir même découvert[2] une chambre d'homme dont le plafond était construit en coupole et ressemblait à une voûte céleste ; il était couvert de lapis-lazzuli, pierre d'un bleu très sombre qui offre à l'œil la couleur du ciel. Les statues des dieux qu'ils honorent sont dressées vers le ciel et paraissent en or et comme éclairées par la lumière naturelle. Le roi y rend la justice : quatre bergeronnettes en or suspendues à la voûte lui représentent l'Inévitable et l'avertissent de ne pas s'élever au-dessus de la condition humaine. Les mages qui fréquentent le palais prétendent, dit-on, les avoir fait construire ; ils les appellent les voix des dieux[3].

Apollonius et ses compagnons, dit l'auteur, en quittant le royaume de Perse, sentirent, en s'approchant du Caucase, l'odeur d'une terre très parfumée. C'est dans cette montagne que nous voyons le point d'où part la chaîne du Taurus qui, à travers l'Arménie et la Cilicie, s'étend jusqu'à la Pamphylie et jusqu'à Mycale qui est son point final, au bord de la mer, et où vivent les Cariens ; on pourrait dire que c'est là le point extrême du Caucase et non, comme certains le pensent, son commencement ; en effet, l'altitude du mont Mycale n'est pas tellement considérable et les sommets du Caucase s'élèvent si haut que la lumière du soleil elle-même s'y découpe. Une autre chaîne du Taurus entoure aussi toute la Scythie voisine de l'Inde jusqu'à la Méotide et à la gauche du Pont sur une distance de plus de vingt mille stades, car telle

1. 323 b 35-324 a 13 reprend textuellement I, 25, t. I, p. 74-76.
2. Le texte (I, 25, t. I, p. 76) dit : φασὶ δὲ καὶ ἀνδρῶνι ἐντυχεῖν.
3. 324 a 13-17 est un extrait textuel de I, 25, t. I, p. 76. On en retrouvera une partie (324 a 13-17) dans une seconde série d'extraits qui termine le présent « codex », p. 332 a 8-12, *infra*, p. 193.

σθαι, ὁ Εὐφράτης ἐπαφείθη ὑγρῷ τῷ ὀρόφῳ, καὶ ὧδε ἔστη τὸ ζεῦγμα.

Τὰ δὲ βασίλεια χαλκῷ μὲν ἤρεπται καὶ ἀπ' αὐτῶν ἀστράπτει· θάλαμοι δὲ καὶ ἀνδρῶνες καὶ στοαὶ τὰ μὲν ἀργύρῳ, τὰ δὲ χρυσοῖς ὑφάσμασιν, τὰ δὲ χρυσῷ αὐτῷ, καθάπερ γραφαῖς, ἠγλάϊσται· φασὶ δὲ φῆσαι τὸν Ἀπολλώνιον καὶ ἀνδρῶνι ἐντυχεῖν, οὗ τὸν ὄροφον εἰς θόλου ἀνῆχθαι σχῆμα, οὐρανῷ τινι εἰκασμένον· σαπφειρίνῃ δὲ αὐτὸν κατηρέφθαι λίθῳ. κυανωτάτη δὲ ἡ λίθος καὶ οὐρανία ἰδεῖν. Θεῶν τε ἀγάλματα οὓς νομίζουσιν, ἵδρυται ἄνω καὶ χρυσᾶ φαίνεται καθάπερ ἐξ αἰθέρος. Δικάζει μὲν δὴ ὁ βασιλεύς, χρυσαῖ δὲ ἴυγγες ἀποκρέμανται τοῦ ὀρόφου τέτταρες τὴν ἀδράστειαν αὐτῷ παρεγγυῶσαι καὶ τὸ μὴ ὑπὲρ τοὺς ἀνθρώπους αἴρεσθαι. Ταύτας οἱ μάγοι αὐτοί φασιν ἁρμόττεσθαι, φοιτῶντες εἰς τὰ βασίλεια· καλοῦσι δὲ αὐτὰς θεῶν γλώττας.

Ὅτι φησὶν Ἀπολλώνιον καὶ τοὺς μετ' αὐτὸν ἐξιόντας τῆς Περσῶν ἀρχῆς καὶ προσιόντας τῷ Καυκάσῳ εὐωδεστέρας τῆς γῆς αἰσθέσθαι. Τὸ δὲ ὄρος τοῦτο ἀρχὴν ποιούμεθα τοῦ Ταύρου τοῦ δι' Ἀρμενίας τε καὶ Κιλίκων ἐπὶ Παμφύλους τε καὶ Μυκάλην στείχοντος, ἣ τελευτῶσα εἰς θάλασσαν ἣν Κᾶρες οἰκοῦσι, τέρμα τοῦ Καυκάσου νομίζοιτ' ἄν, ἀλλ' οὐχ, ὡς ἔνιοί φασιν, ἀρχή· τό τε γὰρ τῆς Μυκάλης ὕψος οὔπω μέγα, καὶ αἱ ὑπερβολαὶ τοῦ Καυκάσου τοσοῦτον ἀνεστᾶσιν ὡς σχίζεσθαι περὶ αὐτὸν τὸν ἥλιον. Περιβάλλει δὲ Ταύρῳ ἑτέρῳ καὶ τὴν ὅμορον τῇ Ἰνδικῇ Σκυθίαν πᾶσαν, κατὰ Μαιῶτίν τε καὶ ἀριστερὸν Πόντον, σταδίων μάλιστα δισμυρίων μῆκος· το-

13 φῆσαι A : φῆναι A^{2} φη M ‖ **14** ἐντυχεῖν A^{2}M : *quod prius praeb.* A *non liquet* ‖ **16** σαπφειρίνῃ $A^{2}M^{2}$: σαππειρίνῃ AM ‖ **17** δὲ A : τε M ‖ **18** ἀγάλματα A^{3}M : ἄγαλμα A ‖ **21** τὸ AM : τῷ A^{2} ‖ ἀνθρώπους A : οὐρανοὺς M ‖ **22** φασιν M : φησιν A ‖ **27** εὐωδεστέρας A : εὐωδεστέραν M ‖ **33** τοσοῦτον A^{2}M : τὸν A *ut vid.* ‖ αὐτὸν A : αὐτὰς M.

est l'étendue de terre qu'occupe la chaîne du Caucase.

Ce qu'on dit du Taurus de chez nous, à savoir qu'il s'étendrait au-delà de l'Arménie, donnée qui, avec le temps, a suscité la méfiance, est confirmé en fin de compte grâce aux panthères qu'on capture, je le sais, dans la région de Pamphylie qui est féconde en aromates ; car [324 b] ces bêtes aiment les parfums et elles sont attirées de loin par leurs effluves ; elles viennent d'Arménie à travers les montagnes vers la gomme de l'arbre à encens quand le vent souffle de ce côté et que les arbres commencent à sentir. Et on raconte qu'on a capturé un jour en Pamphylie une jeune panthère qui avait au cou un collier en or, lequel portait en caractères arméniens l'inscription : « Le roi Arsace au dieu de Nysa ». Arsace régnait à cette époque en Arménie et c'est lui-même, je crois, qui, quand il eut vu la panthère, la consacra à Dionysos à cause de sa taille ; car Dionysos est appelé dieu de Nysa du nom de la ville de Nysa en Inde, non seulement par les Indiens, mais par tous les peuples du Levant.

Cette bête avait été quelque temps soumise à un homme et elle se laissait toucher et flatter de la main, mais lorsque le printemps l'excita, elle s'échappa vers les montagnes, prise par le désir du mâle, avec les ornements qu'elle portait et elle fut capturée dans la région du bas Taurus où elle avait été attirée par les aromates. Le Caucase sépare l'Inde de la Médie et descend, par une autre chaîne, jusqu'à la Mer Rouge[1].

Quand ils eurent franchi le Caucase, ils virent, dit-on, des hommes qui avaient quatre coudées de taille et dont le teint virait déjà au noir, et ils en virent d'autres, grands de cinq coudées, quand ils eurent traversé l'Indus[2].

Quand ils eurent, dit l'auteur, franchi le Caucase, ils rencontrèrent déjà des hommes montés sur des éléphants. Ce sont les habitants de la région qui s'étend entre le Caucase et le fleuve Cophen, peuplades sans ressources

1. Ce long passage de Photius (324 a 25-b 18) est la transcription à peu près textuelle de II, 1-2, t. I, p. 118-120.

2. 324 b 19-21 reprend, en l'accordant grammaticalement avec φασίν, la première phrase de II, 4, t. I, p. 122.

σοῦτον γὰρ ἐπέχει μέτρον τῆς γῆς ὁ ἀγκὼν τοῦ Καυκάσου.

Τὸ δὲ περὶ τοῦ ἐν τῇ ἡμεδαπῇ Ταύρου λεγόμενον, ὡς ὑπὲρ τὴν Ἀρμενίαν πορεύοιτο, χρόνῳ ἀπιστηθὲν πιστοῦνται λοιπὸν αἱ πορδάλεις ἃς οἶδα ἁλισκομένας ἐν τῇ Παμφύλων ἀρωματοφόρῳ· χαίρουσι γὰρ τοῖς ἀρώ-
[324 b] μασι, καὶ ἐκ πολλοῦ τὰς ὀσμὰς ἕλκουσαι φοιτῶσιν ἐξ Ἀρμενίας διὰ τῶν ὀρῶν πρὸς τὸ δάκρυον τοῦ στύρακος ἐπειδὰν οἵ τε ἄνεμοι ἀπ' αὐτῶν πνεύσωσι καὶ τὰ δένδρα ὀπώδη γένηται. Καὶ ἁλῶναι ποτέ φασιν ἐν Παμφυλίᾳ πορδάλιον στρεπτῷ ἅμα ὃν περὶ τῇ δέρῃ ἔφερε· χρυσοῦν δὲ ἦν καὶ ἐπεγέγραπτο Ἀρμενίοις γράμμασι· « Βασιλεὺς Ἀρσάκης θεῷ Νυσίῳ ». Βασιλεὺς μὲν δὴ Ἀρμενίας τότε ἦν Ἀρσάκης, καὶ αὐτὸς οἶμαι ἰδὼν τὴν πόρδαλιν ἀνῆκε τῷ Διονύσῳ διὰ μέγεθος τοῦ θηρίου· Νύσιος γὰρ ὁ Διόνυσος ἀπὸ τῆς ἐν Ἰνδοῖς Νύσσης Ἰνδοῖς τε ὀνομάζεται καὶ πᾶσι τοῖς πρὸς ἀκτῖνα ἔθνεσιν.

Ἡ δὲ χρόνον μέν τινα ὑπεζεύχθη ἀνθρώπῳ, καὶ χεῖρα ἠνέσχετο ἐπαφωμένην τε καὶ καταψῶσαν· ἐπεὶ δὲ ἀνοίστρησεν αὐτὴν ἔαρ, ἀνέθορεν ἐς τὰ ὄρη πόθῳ ἀρσένων ὡς εἶχε τοῦ κόσμου, καὶ ἥλω περὶ τὸν κάτω Ταῦρον ὑπὸ τοῦ ἀρώματος ἑλχθεῖσα. Ὁ δὲ Καύκασος ὁρίζει μὲν τὴν Ἰνδικὴν καὶ τὴν Μηδικήν, καθήκει δὲ ἐπὶ τὴν ἐρυθρὰν θάλασσαν ἑτέρῳ ἀγκῶνι.

Ὅτι παραμείψαντας τὸν Καύκασον τετραπήχεις ἀνθρώπους ἰδεῖν φασιν οὓς ἤδη μελαίνεσθαι, καὶ πενταπήχεις δὲ ἑτέρους, ὑπὲρ τὸν Ἰνδὸν ποταμὸν ἐλθόντας.

Ὅτι ὑπερβάντας φησὶ τὸ ὄρος τὸν Καύκασον ἐντυχεῖν ἐπὶ ἐλεφάντων ἤδη ὀχουμένοις ἀνδράσιν. Εἰσὶ δ' οὗτοι μέσοι Καυκάσου καὶ ποταμοῦ Κώφηνος, ἄβιοί τε

39 πιστοῦνται A²M : πιστοῦται A *ut vid.* || 40 πορδάλεις A : παρδάλεις A²M || οἶδα ἁλισκομένας A : οἱ διαλισκομένας M.

[324 b] 5 πορδάλιον AM : πόρδαλιν A² || 9 πόρδαλιν A : πάρδαλιν M || Διονύσῳ *edd.* : Διονυσίῳ *codd.* || 10 Διόνυσος M : Διονύσιος A || 14 ἐς A : εἰς M.

qui se servent de ces bêtes comme montures. Certains d'entre eux montaient aussi des chameaux que les Indiens emploient pour les courses ; ils couvrent mille stades en un jour sans plier le genou[1].

Les compagnons d'Apollonius traversèrent l'Indus qui est large de quarante stades au plus, car telle est la largeur de son cours navigable. Il prend, dit-on, sa source au Caucase et, dès cet endroit, il est plus important que tous les autres fleuves d'Asie et il poursuit son cours en recueillant beaucoup d'eaux navigables*.

Quand ils eurent franchi l'Indus, dit l'auteur, le guide que leur avait donné le satrape les conduisit directement à Taxila où s'élève le palais du roi des Indes. Le vêtement des gens établis au-delà de l'Indus est, dit-on, en lin du pays, leurs chaussures sont en papyrus ; les plus en vue d'entre eux sont vêtus de coton ; le coton provient, disent-ils, d'un arbre dont le tronc ressemble à celui du peuplier blanc et les feuilles à celles du saule. Apollonius, dit l'auteur, fut heureux de voir le coton parce qu'il ressemblait à sa tunique sombre. Taxila est comparable en [325 a] étendue à Ninive et ses fortifications sont bien proportionnées, comme celles des villes grecques. Le palais était celui d'un souverain qui gouvernait autrefois le royaume de Porus*.

Les sources de l'Hyphase auxquelles, dit l'auteur, Apollonius parvint après avoir franchi l'Hydraotès et visité de nombreux peuples*, jaillissent dans une plaine et sont d'emblée navigables, mais à mesure qu'il avance, son cours devient impraticable pour les bateaux ; en effet, des pointes de rochers irrégulièrement disposées se dressent sous les eaux et le courant, autour d'elles, produit fatalement des remous et rend le fleuve impraticable à la navigation. Sa largeur est comparable à celle de l'Ister et ce dernier fleuve passe pour le plus considérable de ceux qui coulent en Europe.

L'Hyphase porte sur ses rives des arbres à peu près

1. 324 b 22-27 reproduit le début de II, 6, t. I, p. 28. On en retrouvera une partie (b 21-25) dans la deuxième série d'extraits, p. 332 a 21-24, *infra*, p. 193.

καὶ ἱππόται τῆς ἀγέλης ταύτης. Καὶ κάμηλοι δὲ ἐνίους ἦγον, αἷς χρῶνται Ἰνδοὶ ἐς τὰ δρομικά· πορεύονται δὲ χίλια στάδια διὰ τῆς ἡμέρας, γόνυ οὐδαμοῦ κάμψασαι.

Ὅτι Ἰνδὸν ἐπεραιώθησαν οἱ περὶ Ἀπολλώνιον σταδίους μάλιστα μʹ· τὸ γὰρ πλωϊμὸν αὐτοῦ τοσοῦτον. Ἄρχεσθαι δὲ αὐτόν φασιν ἐκ τοῦ Καυκάσου μείζω αὐτόθεν ἢ οἱ κατὰ τὴν Ἀσίαν ποταμοὶ πάντες, προχωρεῖν δὲ πολλοὺς τῶν ναυσιπόρων ἑαυτοῦ ποιούμενον.

Ὅτι φησί, πορευθέντας αὐτοὺς ὑπὲρ τὸν Ἰνδὸν ποταμὸν ἦγεν ὁ παρὰ τοῦ σατράπου ἡγεμὼν εὐθὺ τῶν Ταξίλων, οὗ τὰ βασίλεια ἦν τῷ Ἰνδῷ. Στολὴν δ' εἶναι τοῖς μετὰ τὸν Ἰνδὸν λίνου φασὶν ἐγχωρίου καὶ ὑποδήματα βύβλου. Καὶ βύσσῳ δὲ τοὺς φανερωτέρους αὐτῶν ἐστάλθαι· τὴν δὲ βύσσον φύεσθαι δένδρου φασὶν ὁμοίου μὲν τῇ λεύκῃ τὴν βάσιν, παραπλήσιον δὲ τῇ ἰτέᾳ τὰ πέταλα. Καὶ ἡσθῆναί φησι τῇ βύσσῳ ὁ Ἀπολλώνιος, ἐπειδὴ ἔοικε φαιῷ τρίβωνι. Τὰ δὲ Τάξιλα μέγεθος μὲν [325 a] εἶναι κατὰ τὴν Νῖνον, τετειχίσθαι δὲ συμμέτρως ὥσπερ αἱ Ἑλλάδες, βασίλεια δὲ εἶναι ἀνδρὸς τὴν Πώρου ποτὲ ἀρχὴν ἄρχοντος.

Ὅτι αἱ πηγαὶ τοῦ Ὑφάσιος ποταμοῦ, ᾧ πλησιάσαι φησὶ τοὺς περὶ Ἀπολλώνιον τὸν Ὑδραώτην ὑπερβάντας καὶ πολλὰ διαμείψαντας ἔθνη, τούτου δὴ τοῦ ποταμοῦ αἱ πηγαὶ βλύζουσι μὲν ἐκ πεδίου ναυσίποροι αὐτόθεν, προϊοῦσαι δὲ καὶ ναυσὶν ἤδη ἄποροί εἰσιν· ἀκρωνυχίαι γὰρ παραλλὰξ πετρῶν ὑπανίσχουσι τοῦ ὕδατος, περὶ ἃς ἀνάγκη τὸ ῥεῦμα ἑλίττεσθαι καὶ ποιεῖν τὸν ποταμὸν ἄπλουν. Εὖρος δὲ αὐτῷ κατὰ τὸν Ἴστρον· ποταμῶν δὲ οὗτος δοκεῖ μέγιστος, ὁπόσοι δι' Εὐρώπης ῥέουσι.

Δένδρα δ' ὁ Ὕφασις προσόμοια φύει περὶ τὰς ὄχθας,

28-32 ὅτι — ποιούμενον M : *om.* A ‖ **28** οἱ *edd.* : *om.* M ‖ **34** παρὰ τοῦ AM : παρ' αὐτοῦ M² ‖ **39** τῇ ἰτέᾳ M : ἰτέᾳ A.

[325 a] **1** συμμέτρως A : ξυμμέτρως M ‖ **3** ἄρχοντος A : ἔχοντος M ‖ **13** δ' ὁ A : δ' ἔχει ὁ A² ὁ M ‖ προσόμοια φύει M : ὡς ὅμοια φύει A.

pareils à ceux des bords de l'Ister et il en coule un parfum dont les Indiens font un onguent nuptial[1]. Les poissons qu'on appelle paons, ce fleuve est le seul à en nourrir ; on leur a donné le même nom qu'à l'oiseau parce qu'ils ont une crête d'un bleu sombre et des écailles qui se soulèvent et une queue dorée qu'ils remuent à volonté.

Il y a aussi dans le fleuve un animal semblable à un ver blanc ; on le fait fondre pour fabriquer de l'huile ; cette huile provoque un feu que rien n'éteint hormis le verre*. Cette bête n'est capturée que pour le roi qui s'en sert pour prendre les places fortes car, quand sa graisse a touché les remparts, il jaillit un feu qui défie tous les moyens qu'on a découverts pour combattre les engins incendiaires[2].

On dit qu'on capture aussi des ânes sauvages dans ces plaines marécageuses. Ces animaux portent au front une corne dont ils se servent à la manière des taureaux pour se battre avec vigueur. Les Indiens utilisent cette corne comme vase à boire, car celui qui s'en est servi n'est pas malade ce jour-là et, s'il est blessé, il ne souffre pas ; il pourrait traverser le feu et ne serait vulnérable ni au poison ni à tel ou tel breuvage nocif. C'est la coupe des rois et la chasse de ces animaux n'est permise qu'au roi. Que ce soient là des fables, c'est prouvé par le cas des rois des Indes qui sont malades et qui meurent. Mais on peut voir l'animal tel qu'il vient d'être décrit[3].

De là, Apollonius franchit la région du Caucase qui s'étend vers la mer Rouge ; cette région est couverte de diverses sortes d'aromates. Les sommets de la montagne portent le cinnamome ; il ressemble à peu près aux jeunes [325 b] plants de vigne. On en reconnaît la plante grâce

1. 325 a 6-15 reprend à peu près textuellement le début de III, 1, t. I, p. 232.

2. Photius a sauté une courte phrase et reprend, en 325 a 15-25, la suite de III, 1, t. I, p. 232-234.

3. 325 a 25-36 contient, jusqu'en 34 (θήραν) un extrait textuel de III, 2, t. I, p. 234. La phrase suivante, de 34 (Μῦθον) à 35 (θάνατοι), est une réflexion que l'abréviateur tire d'une parole d'Apollonius qui dit à peu près : « Je croirai cette histoire si j'apprends que le roi des Indes est immortel. » La fin du paragraphe paraphrase assez mal une phrase où l'auteur dit qu'Apollonius a vu l'animal en question.

καί τι καὶ μύρον ἐκδίδοται τῶν δένδρων, ὃ ποιοῦνται Ἰνδοὶ γαμικὸν χρίσμα. Καὶ τοὺς ἰχθῦς δὲ τοὺς ταὼς λεγομένους μόνος οὗτος ποταμῶν τρέφει· πεποίηνται δὲ αὐτοὺς ὁμωνύμους τοῦ ὄρνιθος, ἐπεὶ κυάνεοι μὲν αὐτοῖς οἱ λόφοι, στικταὶ δὲ αἱ φολίδες, χρυσᾶ δὲ τὰ οὐραῖα, καὶ ὁπότε βούλοιντο, ἀνακλώμενα.

Ἔστι δέ τι θηριόν ἐν τῷ ποταμῷ σκώληκι εἰκασμένον λευκῷ, τοῦτον δ' οἱ τήκοντες ἔλαιον ποιοῦνται· πῦρ δὲ ἄρα τοῦ ἐλαίου τούτου ἐκδίδοται, καὶ στέγει αὐτὸ πλὴν ὑέλου οὐδέν. Ἁλίσκεται δὴ μόνῳ τῷ βασιλεῖ τὸ θηρίον τοῦτο πρὸς τειχῶν ἅλωσιν· ἐπειδὰν γὰρ θίγῃ τῶν ἐπάλξεων ἡ πιμελή, πῦρ ἐκκαλεῖται κρεῖττον σβεστηρίων ὁπόσα ἀνθρώποις πρὸς τὰ πυρφόρα εὕρηται.

Καὶ τοὺς ὄνους δὲ τοὺς ἀγρίους ἐν τοῖς ἕλεσι τούτοις ἁλίσκεσθαί φασιν. Εἶναι δὲ τοῖς θηρίοις τούτοις ἐπὶ μετώπου κέρας, ᾧ ταυρηδόν τε καὶ οὐκ ἀγεννῶς μάχονται. Καὶ ἀποφαίνειν τοὺς Ἰνδοὺς ἔκπωμα τὸ κέρας τοῦτο· οὐ γὰρ οὔτε νοσῆσαι τὴν ἡμέραν ἐκείνην ὁ ἀπ' αὐτοῦ πιών, οὔτε ἂν τρωθεὶς ἀλγῆσαι, πυρός τε διεξελθεῖν ἄν, καὶ μηδ' ἂν φαρμάκοις ἁλῶναι, ὁπόσα ἐπὶ κακῷ πίνεται. Βασιλέων δὲ τὸ ἔκπωμα εἶναι, καὶ βασιλεῖ μόνῳ ἀνεῖσθαι τὴν θήραν. Μῦθον δὲ ἄρα δεικνύει ταῦτα τῶν ἐν Ἰνδοῖς βασιλέων καὶ νόσοι καὶ θάνατοι. Τὸ δὲ θηρίον, οἷον εἴρηται, τοιοῦτον ὁρᾶται.

Ἐντεῦθεν ὑπερβαλεῖν τοῦ Καυκάσου τὸ κατατεῖνον ἐς τὴν ἐρυθρὰν θάλασσαν· εἶναι δὲ αὐτὸ συνηρεφὲς ἰδέαις ἀρωμάτων. Τοὺς μὲν δὴ πρῶνας τοῦ ὄρους τὸ κιννάμωμον φέρειν, προσεοικέναι δὲ αὐτὸ νέοις κλήμασι. Βάσανον δὲ τοῦ ἀρώματος τὴν αἶγα εἶναι· κιν-

16 πεποίηνται A : πεποίηται M ‖ **17** ὁμωνύμους A : ὁμωνύμως M ‖ **19** τι A : *om.* M ‖ **24** κρεῖττον A[2] : κρείτων AM ‖ **35** οἷον A[1] *mg* M : *om.* A ‖ **36** τοιοῦτον A[2]M : τοιοῦτος A.

à la chèvre ; en effet, quand on tend du cinnamome à une chèvre, elle pousse de petits cris en direction de la main, comme un chien, et, si on s'éloigne, elle suivra le nez tendu vers la main et si le chevrier l'emmène, elle se plaint comme si on la privait de lotus.

Dans les escarpements de la montagne poussent de hauts arbres à encens et beaucoup d'autres essences. Les arbres à poivre, où les singes font la récolte, ressemblent à l'agnus-castus qui pousse en Grèce, notamment par son fruit en grappes ; il pousse dans des terrains abrupts et les hommes ne peuvent y accéder ; dans ces endroits vit, dit-on, un peuple de singes qui occupent les grottes et tous les trous qu'offre le terrain. Les Indiens estiment fort ces singes parce qu'ils font la cueillette du poivre et, avec leurs chiens et leurs armes, ils écartent d'eux les lions. Le lion, quand il est malade, s'attaque au singe pour trouver un remède, car la chair de ces animaux coupe sa maladie ; quand il est vieux, le lion l'attaque pour se nourrir, car les lions, devenus incapables de chasser cerfs ou sangliers, dévorent les singes en employant à cette chasse ce qui leur reste de vigueur.

Pour les arbres à poivre, voici comment les choses se passent. Les Indiens s'approchent des régions basses de la montagne, ils cueillent les fruits, ménagent de petites aires autour des arbres et ils y entassent le poivre en faisant semblant de le jeter comme s'il n'avait pas de valeur et comme si les hommes ne s'y intéressaient pas. Et les singes qui, du haut de la montagne et des lieux inaccessibles ont vu ce manège, imitent de nuit les activités des Indiens, ils arrachent les baies des arbres, les apportent et les jettent sur les aires où les Indiens les ramassent sans se donner de mal[1].

Quand ils eurent franchi la montagne, ils virent, dit-on,

1. Ce long passage du sommaire (325 a 37-b 26) est la reproduction à peu près intégrale de III, 4, t. I, p. 236-240. Photius a sauté un membre de phrase ou deux sans ôter la cohérence à son texte et il offre quelques variantes avec l'original, mais ce sont des différences sans importance au point de vue critique.

[325 b] ναμώμου γὰρ εἴ τις αἰγὶ ὀρέξειε, κνυζήσεται πρὸς τὴν χεῖρα καθάπερ κύων, ἀπιόντι τε ὁμαρτήσει τὴν ῥῖνα ἐς αὐτὸν ἐρείσασα, κἂν ὁ αἰπόλος ἀπάγῃ, θρηνήσει καθάπερ λωτοῦ ἀποσπωμένη.

Ἐν δὲ τοῖς κρημνοῖς τοῦ ὄρους λίβανοί τε ὑψηλαὶ πεφύκασι καὶ πολλὰ εἴδη ἕτερα. Καὶ τὰ δένδρα δὲ αἱ πεπερίδες, ὧν οἱ γεωργοὶ πίθηκοι, εἴκασται μὲν τῷ παρ' Ἕλλησιν ἄγνῳ τά τε ἄλλα καὶ τὸν κόρυμβον τοῦ καρποῦ, φύεται δὲ ἐν τοῖς ἀποτόμοις, οὐκ ἐφικτὸς τοῖς ἀνθρώποις, οὗ λέγεται πιθήκων οἰκεῖν δῆμος ἐν μυχοῖς καὶ ὅ τι αὐτοῦ κοῖλον. Οὓς πολλοῦ ἀξίους οἱ Ἰνδοὶ νομίζοντες, ἐπειδὴ τὸ πέπερι ἀποτρυγῶσιν, τοὺς λέοντας ἀπ' αὐτῶν ἐρύκουσι κυσί τε καὶ ὅπλοις. Ἐπιτίθεται δὲ πιθήκῳ λέων νοσῶν μὲν ὑπὲρ φαρμάκου (τὴν γὰρ νόσον αὐτῷ τὰ κρέα ἴσχει ταῦτα), γεγηρακὼς δὲ ὑπὲρ σίτου· τῆς γὰρ τῶν ἐλάφων καὶ συῶν θήρας ἔξωροι γεγονότες τοὺς πιθήκους λαφύσσουσιν, ἐς τοῦτο χρώμενοι τῇ λοιπῇ ῥώμῃ.

Τὰ δὲ περὶ τὰς πεπερίδας πραττόμενα ὧδε ἔχει. Προσελθόντες οἱ Ἰνδοὶ τοῖς κάτω μέρεσι καὶ τὸν καρπὸν ἀποθερίσαντες ἅλως ποιοῦνται μικρὰς περὶ τὰ δένδρα, καὶ τὸ πέπερι περὶ αὐτὰς ξυμφέρουσιν, οἷον ῥιπτοῦντες ὡς ἄτιμόν τι καὶ μὴ ἐν σπουδῇ τοῖς ἀνθρώποις. Οἱ δὲ ἄνωθεν κἀκ τῶν ἀβάτων καθεωρακότες ταῦτα, νυκτὸς ὑποκρίνονται τὸ τῶν Ἰνδῶν ἔργον, καὶ τοὺς βοστρύχους τῶν δένδρων περισπῶντες, ῥίπτουσι φέροντες ἐς τὰς ἅλως· οἱ δὲ Ἰνδοὶ ἀπόνως συλλέγουσιν.

Ὑπεράραντες δὲ τοῦ ὄρους πεδίον φασὶν ἰδεῖν λεῖον

[325 b] **1** αἰγὶ A[2] : αἴγιον AM ‖ **3** ἀπάγῃ AM[2] : ὑπάγει M ‖ **5** εἴδη ἕτερα *edd.* : ἡδιώτερα *codd.* ‖ **6** δὲ A : *om.* M ‖ πεπερίδες M : πιπερίδες A ‖ οἱ A : *om.* M ‖ **7** εἴκασται A[2]M : *quid prius praeb.* A *non liquet* ‖ **13** δὲ A[3] *s. v.* : *om.* AM ‖ **15** τῆς A[2]M : *quid prius praeb.* A *non liquet* ‖ **17** πεπερίδας M : πιπερίδας A ‖ **22** κἀκ A : ἐκ M ‖ **25** ἐς A : εἰς M.

une plaine unie découpée par des fossés remplis d'eau ; certaines de ces rigoles étaient obliques et les autres droites et elles dérivaient les eaux du Gange ; elles servaient à la fois à délimiter les terrains et à irriguer la plaine quand la terre avait besoin d'eau. C'était là, dit-on, la meilleure région de l'Inde et l'étendue de terre la plus vaste du pays ; c'est sur une distance de quinze jours de marche jusqu'au Gange et de dix-huit jours de la mer à la montagne des singes que la plaine s'étend.

Toute la région est noire et porte de tout en abondance ; on peut en effet voir s'y dresser des épis aussi forts que des roseaux, y pousser des fèves trois fois plus grosses que celles d'Égypte, du sésame et du milet, le tout d'une taille qui dépasse la normale ; il y vient aussi, dit-on, des noix. Les vignes y poussent petites comme celles de Lydie et de Méonie ; leur vin est agréable à boire et [326 a] leur raisin parfumé à cueillir. A cet endroit, Apollonius dit avoir trouvé un arbre comparable au laurier ; il y vient une gousse qui est pareille à une très grosse grenade et dans la gousse, on trouve un fruit de couleur sombre comme les belles hyacinthes[1] et plus agréable au goût que n'importe quel fruit de saison[2].

A leur descente de montagne, ils furent par hasard, disent-ils, témoins d'une chasse au serpent[3] ; car toute l'Inde abonde en serpents de taille énorme ; les plaines marécageuses en regorgent et les montagnes aussi et il n'est aucune colline qui en soit dépourvue. Ceux des marais sont lents et mesurent trente coudées ; leur tête ne se dresse pas et ils ressemblent à des serpents femelles[4] ; ils ont le dos noir et moins squameux que les autres. Ceux des plaines surpassent ceux des marais en tout car ils sont plus longs et ils se déplacent plus vite que les cours d'eau les plus rapides et rien ne leur échappe. Ils ont des

1. Je traduis tant bien que mal ce texte qui est celui de A M et que mes prédécesseurs ont gardé. Ici, dans Philostrate, on lit : ὥσπερ τῶν ὑακίνθων αἱ κάλυκες.

2. Photius (325 b 27-326 a 5) reproduit sans changements notables III, 5, t. I, p. 240.

3. Ici, l'abréviateur a sauté six lignes de III, 6, t. I, p. 242.

4. 326 a 7-13 = III, 6, t. I, p. 242, compte tenu de l'omission signalée.

κατατετμημένον εἰς τάφρους πλήρεις ὕδατος· εἶναι δὲ αὐτῶν τὰς μὲν ἐπικαρσίους, τὰς δὲ ὀρθὰς διηγμένας ἐκ τοῦ ποταμοῦ τοῦ Γάγγου, τῆς τε χώρας ὅρια οὔσας, τοῖς τε πεδίοις ἐπαγομένας, ὁπότε ἡ γῆ διψῴη. Τὴν δὲ γῆν ταύτην ἀρίστην φασὶ τῆς Ἰνδικῆς εἶναι, καὶ μεγίστην τῶν ἐκεῖ λήξεων, πεντεκαίδεκα ἡμερῶν ὁδοῦ μῆκος ἐπὶ τὸν Γάγγην, ὀκτωκαίδεκα δὲ ἀπὸ θαλάσσης ἐπὶ τὸ τῶν πιθήκων ὄρος, ᾧ ξυμπαρατείνει πεδιάς.

Μέλαινα πᾶσα ἡ χώρα καὶ πάντων εὔφορος· ἰδεῖν μὲν γὰρ στάχυας ἀνεστῶτας ὅσον οἱ δόνακες, ἰδεῖν δὲ κυάμους τριπλασίους τῶν Αἰγυπτίων τὸ μέγεθος, σήσαμόν τε καὶ κέγχρον, ὑπερφυᾶ πάντα, καὶ τὰ κάρυα φύεσθαί φασί. Τὰς δὲ ἀμπέλους φύεσθαι μικράς, καθάπερ Λυδῶν καὶ Μαιόνων, ποτίμους δὲ εἶναι καὶ ἀνθοσμίας ὁμοῦ [326 a] τῷ ἀποτρυγᾶν. Ἐνταῦθα καὶ δένδρῳ φησὶν ἐντετυχηκέναι προσεοικότι τῇ δάφνῃ, φύεσθαι δὲ αὐτοῦ κάλυκα εἰκασμένην τῇ μεγίστῃ ῥοᾷ, καὶ μῆλον ἐγκεῖσθαι τῇ κάλυκι κυάνεον μὲν ὥσπερ τῶν ὑακίνθων αἱ καλαί, πάντων δὲ ἥδιστον ὁπόσα ἐξ ὡρῶν ἥκει.

Καταβαίνοντες δὲ τὸ ὄρος δρακόντων θήρᾳ περιτυχεῖν φασι· δρακόντων μὲν γὰρ δὴ ἀπείροις μήκεσι διέζωσται πᾶσα ἡ Ἰνδικὴ χώρα, καὶ μεστὰ μὲν αὐτῶν ἕλη, μεστὰ δὲ ὄρη, κενὸς δὲ οὐδεὶς λόφος. Οἱ μὲν δὴ ἕλειοι νωθροί τέ εἰσι καὶ τριακοντάπηχυ μῆκος ἔχουσι, καὶ κράνος αὐτοῖς οὐκ ἀνέστηκεν, ἀλλ' εἰσὶ ταῖς δρακαίναις ὅμοιοι, μέλανες δὲ ἱκανῶς τὸν νῶτον, καὶ ἧττον φολιδωτοὶ τῶν ἄλλων. Οἱ δὲ πεδινοὶ πλεονεκτοῦσι τῶν ἑλείων πάντα· καὶ γὰρ ἐς πλέον τοῦ μήκους ἐλαύνουσι, καὶ ταχύτεροι τῶν ὀξυτάτων ποταμῶν φέρονται, καὶ διαφεύγει αὐτοὺς οὐδέν. Τούτοις καὶ λοφιὰ φύεται, νέοις

35 πεδιάς *edd.* : πεδία *codd.* || **38** τριπλασίους A : τριπλασίων M || **41** ποτίμους A[5] *s. v.* M : ποταμίους A.
[326 a] **1** τῷ A[2]M : τὸ A || **5** ὁπόσα M : ὁπόσαι A.

aigrettes qui sont peu proéminentes chez les animaux jeunes, mais qui se développent chez les animaux adultes et qui se dressent très haut quand ils prennent la couleur du feu et que leur échine devient dentelée. Ces reptiles sont barbus, ils dressent leur cou très haut et leurs écailles ont un éclat argenté ; les pupilles de leurs yeux sont des pierres aux noyaux de feu ; leur vertu est souveraine, dit l'auteur, contre beaucoup de maladies mystérieuses.

Les chasseurs trouvent le serpent de plaine lorsqu'il a attiré un éléphant, ce qui entraîne la mort des deux bêtes. Le profit qu'on tire de la capture des serpents consiste dans leurs yeux, leur peau et leurs dents qui ressemblent à celles des sangliers de forte taille mais sont plus minces et peuvent tourner dans tous les sens ; leur pointe est inusable comme celle des dents chez les grands poissons[1]. Les serpents de montagne paraissent dorés à cause de leurs écailles ; pour la taille, ils l'emportent sur les serpents de plaine ; ils ont une barbe touffue et dorée elle aussi et ils ont des sourcils plus épais que ceux des serpents de plaine ; leurs yeux sont caves sous les sourcils et ils ont un regard terrible et cruel. Ils produisent un bruit métallique quand ils ondulent ; de leurs aigrettes fauves rayonne un feu plus fort que celui d'un flambeau ; ces serpents tuent aussi les éléphants.

Eux-mêmes se font prendre par les Indiens comme ceci. Dans une étoffe teinte en rouge écarlate, ils tissent des lettres en or, puis ils disposent l'étoffe devant le repaire des serpents pour provoquer le sommeil chez eux par leurs inscriptions incantatoires ; grâce à quoi les yeux du [326 b] serpent qui sont fixes sont fascinés et les chasseurs opèrent sur lui beaucoup d'incantations qui procèdent d'un savoir secret et qui attirent le serpent ; il laisse pendre sa tête hors de son repaire et s'endort sur

1. 326 a 13-29 est la reproduction à peu près intégrale de III, 7, t. I, p. 242-244.

μὲν ὑπανίσχουσα τὸ μέτριον, συναυξομένη δὲ τελεουμένοις καὶ ἀνίσχουσα ἐς πολύ, ὅτε δὴ πυρσῖται καὶ πριόνωτοι γίνονται. Οὗτοι καὶ γενειάσκουσι, καὶ τὸν αὐχένα ὑψοῦ αἴρουσι, καὶ τὴν φολίδα στίλβουσι δίκην ἀργύρου· αἱ δὲ τῶν ὀφθαλμῶν κόραι λίθος ἐστὶ διάπυρος· ἰσχὺν δὲ αὐτῶν ἀμήχανον εἶναί φησιν ἐς πολλὰ τῶν ἀποθέτων.

Γίνεται δὲ τοῖς θηρῶσιν ὁ πεδινὸς εὕρημα, ἐπειδὰν τῶν ἐλεφάντων τινὰ ἐπισπάσηται· τουτὶ γὰρ ἀπολλυσιν ἄμφω τὰ θηρία. Καὶ κέρδος τοῖς ἑλοῦσι δράκοντας ὀφθαλμοὶ καὶ δορὰ καὶ ὀδόντες· εἰσὶ δὲ τὰ μὲν ἄλλα ὅμοιοι τοῖς τῶν μεγίστων συῶν, λεπτότεροι δὲ καὶ διάστροφοι καὶ τὴν αἰχμὴν ἄτριπτοι, καθάπερ οἱ τῶν μεγάλων ἰχθύων. Οἱ δὲ ὄρειοι δράκοντες τὴν μὲν φολίδα χρυσοῖ φαίνονται, τὸ δὲ μῆκος ὑπὲρ τοὺς πεδινούς· γένεια δὲ αὐτοῖς βοστρυχώδη, χρυσᾶ κἀκεῖνα. Καὶ κατωφρύωνται μᾶλλον ἢ οἱ πεδινοί, ὄμματά τε ὑποκάθηται τῇ ὀφρύϊ δεινὸν καὶ ἀναιδὲς δεδορκότα. Ὑπόχαλκόν τε ἦχον φέρουσιν ἐπειδὰν τῇ γῇ ὑποκυμαίνωσιν. Ἀπὸ δὲ τῶν λόφων πυρσῶν ὄντων πῦρ αὐτοῖς ἄττει λαμπάδος πλέον. Οὗτοι καὶ τοὺς ἐλέφαντας αἴρουσιν.

Αὐτοὶ δὲ ὑπὸ τῶν Ἰνδῶν οὕτως ἁλίσκονται· κοκκοβαφεῖ πέπλῳ χρυσᾶ ἐνείροντες γράμματα, τίθενται πρὸ τῆς χειᾶς ὕπνον ἐγγοητεύσαντες τοῖς γράμμασιν, ὑφ' οὗ [326 b] νικᾶται καὶ τοὺς ὀφθαλμοὺς ἀτρέπτους ὄντας ὁ δράκων, καὶ πολλὰ τῆς ἀπορρήτου σοφίας ἐπ' αὐτὸν ᾄδουσιν, οἷς ἄγεταί τε καὶ τὸν αὐχένα ὑποβαλὼν τῆς χειᾶς ἐπι-

17 συναυξομένη M : συναυξουμένη A ‖ **18** ἀνίσχουσα M : ἀνιοῦσα A ‖ ἐς A : ἐπὶ M ‖ **18-19** ὅτε — γίνονται *ego* : ὅτε δὲ πῦρ τε καὶ πριόνωτος γίνεται A οἱ δὲ δὴ πυρσῆται καὶ πριόνωτοι γίνονται A² ὅτε δὴ πύρσεται καὶ πριόνωτος γίνεται M ‖ **22** φησι(ν) A : φασιν M ‖ **28** ἄτριπτοι M : ἀστράπτουσι A² *quid prius praeb.* A *non liquet* ‖ **29** μεγάλων A : μεγίστων M ‖ **33** δεδορκότα A : δεδορκός M ‖ **34** ἦχον A : ἠχῶ M ‖ ὑποκυμαίνωσιν *edd.* : ὑποκυμαίνουσιν *codd.* ‖ **36** λαμπάδος A : λαμπαδιᾶς M.

les lettres magiques. Les Indiens se jettent sur lui pendant qu'il est gisant, ils le frappent à coups de hache, lui coupent la tête et s'emparent des pierres qu'elle contient. Il y a dans la tête de ce reptile des pierres offrant l'aspect de fleurs qui resplendissent de toute une richesse de couleurs ; elles possèdent une puissance mystérieuse semblable à celle qu'eut, dit-on, l'anneau de Gygès. Souvent, le serpent surprend l'Indien malgré sa hache et ses artifices et s'en va l'emportant dans son repaire, ébranlant — ou peu s'en faut — la montagne. Ces reptiles hantent également, dit-on, les hauteurs voisines de la mer Rouge. Savoir la durée de leur vie est difficile et en parler, c'est s'exposer à n'être pas cru[1].

En avançant plus loin, il leur sembla, dit l'auteur, entendre une flûte ; c'était un pâtre qui rassemblait son troupeau ; il faisait paître des biches blanches ; de ces animaux, les Indiens trayent le lait qu'ils tiennent pour très nourrissant[2].

De là, en quatre jours de marche à travers une contrée fertile et active, ils arrivèrent, disent-ils, près du château des sages appelés Brahmanes[3] et il resta avec eux assez longtemps ; à leur sujet, eux-mêmes leur ont dit, disent-ils, et ils ont vu et entendu des choses qu'aucune personne sensée ne pourrait croire. L'abominable croyance à la migration des âmes serait venue, disent-ils, de là chez les Pythagoriciens par l'intermédiaire des Égyptiens. Ces Indiens portent les cheveux longs comme les Lacédémoniens d'autrefois et comme les gens de Thourioi ; ils les lient avec un bandeau blanc et ils vont pieds nus. Ils portaient un vêtement qui ressemble à la tunique courte. La matière de leur vêtement est une laine que la terre produit sans culture ; elle est blanche comme celle de Pamphylie et plus souple. Ils en font leurs vêtements sacrés et c'est pour eux seuls qu'on l'arrache à la terre. Ils portent aussi un anneau et un bâton*.

1. 326 a 29-b 14 est la reproduction à peu près intégrale, légèrement écourtée dans la dernière phrase, de III, 8, t. I, p. 244-246.

2. 326 b 15-18 reproduit la dernière phrase de III, 9, t. I, p. 248.

3. 326 b 17-21 reproduit la première phrase de III, 10, t. I, p. 248. Les mots ἤτοι τῶν λεγομένων Βραχμάνων sont une addition de Photius.

καθεύδει τοῖς γράμμασι. Προσπεσόντες οὖν οἱ Ἰνδοὶ κειμένῳ πελέκεις ἐναράττουσι, καὶ τὴν κεφαλὴν ἀποτεμόντες ληΐζονται τὰς ἐν αὐτῇ λίθους. Λίθοι δὲ τούτοις ἀπόκεινται τὸ μὲν εἶδος ἀνθηραὶ καὶ πάντα ἀπαυγάζουσαι χρώματα, τὴν δὲ ἰσχὺν ἄρρητοι κατὰ τὸν δακτύλιον ὃν γενέσθαι φασὶ τῷ Γύγῃ. Πολλάκις δὲ τὸν Ἰνδὸν αὐτῷ πελέκει καὶ αὐτῇ τέχνῃ συλλαβὼν ἐς τὴν αὐτοῦ χειὰν φέρων ᾤχετο, μόνον οὐ σείων τὸ ὄρος. Οὗτοι καὶ τὰ ὄρη τὰ περὶ τὴν ἐρυθρὰν οἰκεῖν λέγονται. Τὰ δ' ἔτη τῶν θηρίων τούτων γνῶναί τε ἄπορον καὶ εἰπεῖν ἄπιστον.

Προϊόντες δέ φησιν αὐλοῦ μὲν ἀκοῦσαι δόξαι νομέως δή τινος ἀγέλην τάττοντος, ἐλάφους δὲ ἄρα βουκολεῖσθαι λευκάς· ἀμέλγουσι δὲ Ἰνδοὶ ταύτας, εὐτραφὲς ἡγούμενοι τὸ ἀπ' αὐτῶν γάλα.

Ἐντεῦθεν ἡμερῶν τεττάρων πορευόμενοι δι' εὐδαίμονος καὶ ἐνεργοῦ τῆς χώρας, προσελθεῖν φασι τῇ τῶν σοφῶν ἤτοι τῶν λεγομένων Βραχμάνων τύρσει, καὶ συγγενέσθαι αὐτοῖς ἐφ' ἱκανόν· περὶ οὓς αὐτούς φασιν εἰρηκέναι τε καὶ ἰδεῖν καὶ ἀκοῦσαι ἃ οὐδεὶς τῶν νοῦν ἐχόντων πιστεύσειε. Τὸ δὲ τῆς μετεμψυχώσεως βδελυκτὸν δόγμα ἐκεῖθεν δι' Αἰγυπτίων ἔφασαν καὶ Πυθαγόρᾳ ἐνσκῆψαι. Κομῶσι δὲ οὗτοι οἱ Ἰνδοὶ ὥσπερ Λακεδαιμόνιοι πάλαι καὶ Θούριοι, μίτραν τε ἀναδοῦνται λευκὴν καὶ γυμνὸν αὐτοῖς βάδισμα. Καὶ τὴν ἐσθῆτα ἐσχηματίζοντο παραπλήσιον ταῖς ἐξωμίσιν. Ἡ δὲ ὕλη τῆς ἐσθῆτος, ἔριον αὐτοφυὲς ἡ γῆ φύει, λευκὸν μὲν ὥσπερ τὸ Παμφύλων, μαλακώτερον δέ. Τοῦτο ἱερὰν ἐσθῆτα ποιοῦνται, καὶ μόνοις αὐτοῖς ἀνασπᾶται τῆς γῆς. Φοροῦσι δὲ καὶ δακτύλιον καὶ ῥάβδον.

[326 b] 8 χρώματα A² : χρήματα AM ‖ 15 φησιν A : φασιν M ‖ 20 φασι M : φησι A ‖ 22 οὓς *edd.* : ἃς *codd.* ‖ 26 ἐνσκῆψαι A : ἐσκῆψαν M ‖ ὥσπερ M : ἅπερ A ‖ 29 παραπλήσιον A : παραπλησίως M.

L'auteur parle de l'existence d'une pierre, la *pantarbè*, dont le plus gros spécimen est comme l'ongle du pouce ; elle se développe au creux du sol à une profondeur de quatre brasses. Il y a en elle une puissance expansive telle que la terre est soulevée et souvent fendue quand cette pierre s'y développe. N'importe qui ne peut l'extraire mais seulement ceux qui sont initiés aux rites secrets [327 a] qui la concernent. Dans la nuit, elle fait le jour comme le fait un feu, car elle a la couleur du feu et elle rayonne ; si on la regarde de jour, elle frappe les yeux d'un grand éblouissement. La luminosité qu'elle contient est un fluide d'une force indicible ; vous pouvez jeter autant de pierres que vous voulez, même en les dispersant, et même les jeter à la mer ; en immergeant cette pierre avec elles, vous les rassembleriez toutes par la force du fluide qui émane d'elle ; les pierres sont ramassées en grappe en dessous d'elle comme un essaim. Et notre hâbleur de Philostrate dit que Iarchas, après avoir fait ce récit à Apollonius, lui fit voir la pierre elle-même et toutes les merveilles qu'elle réalise[1].

Il dit que les Pygmées vivent sous terre ; leur habitat se situe au-delà du Gange et leur genre de vie est celui dont tout le monde parle. Quant aux Skiapodes et aux Macrocéphales et à tout ce que rapportent sur eux les récits de Skylax, ils n'existent nulle part ailleurs sur terre ni en Inde[2].

L'or qu'extrayent les griffons, dit l'auteur, se présente sous la forme de cailloux piqués d'éclats pareils à des gouttes d'or et que cet animal taille à la force de son bec. Il existe en effet de ces bêtes aux Indes ; en taille et en vigueur, on peut les comparer aux lions et, grâce à l'avantage que leur donnent leurs ailes, ils attaquent les lions et ils l'emportent sur les serpents et sur les éléphants. Leur vol n'est pas long mais comparable à celui des oi-

1. Photius ramasse en quatre mots (326 b 34) la première phrase de III, 46, t. I, p. 328, puis recopie la suite du texte (326 b 35-37). En 326 b 38-327 a 1, il résume quelques lignes du chapitre, puis (327 a 1-8) il en transcrit la fin. En 9-11, il paraphrase le début de III, 47, p. 330.

2. Ce paragraphe (327 a 10-16) reproduit textuellement III, 47, t. I, p. 330.

Ὅτι λίθον φησὶ, παντάρβην ὄνομα, γίνεσθαι τὴν μεγίστην κατὰ ὄνυχα δακτύλου τοῦ ἀντίχειρος · κυΐσκεσθαι δὲ αὐτὴν ἐν γῇ κοίλῃ βάθος ὀργυαὶ τέσσαρες. Τοσοῦτον δὲ αὐτῇ περιεῖναι τοῦ πνεύματος, ὡς ὑποίδειν τὴν γῆν καὶ κατὰ πολλὰ ῥήγνυσθαι κυϊσκομένης ἐν αὐτῇ τῆς λίθου. Οὐ πᾶσι δὲ ἀνασπᾶσθαι, ἀλλὰ τοῖς τὰς ἐπ' αὐτῇ τελετὰς [327 a] ἐπισταμένοις. Αὕτη νύκτωρ μὲν ἡμέραν ἀναφαίνει καθάπερ τὸ πῦρ (ἔστι γὰρ πυρσὴ καὶ ἀκτινώδης) εἰ δὲ μεθ' ἡμέραν ὁρῷτο, βάλλει τοὺς ὀφθαλμοὺς μαρμαρυγαῖς μυρίαις. Τὸ δὲ ἐν αὐτῇ φῶς πνεῦμά ἐστιν ἀρρήτου ἰσχύος · λίθους γὰρ ὁπόσας βούλει καὶ σποράδην καὶ θαλάσσῃ διαρρίψας, καὶ ταύτην αὐταῖς καθιμήσας, ξυλλέγοις ἂν πάσας τῇ τοῦ πνεύματος διαδόσει · ὑποκείσονται γὰρ αὐτῇ βοτρυδὸν αἱ λίθοι, καθάπερ σμῆνος. Καί φησιν ὁ μυθογράφος οὗτος Φιλόστρατος ὡς ταῦτα εἰπὼν Ἰάρχας τῷ Ἀπολλωνίῳ ἔδειξε τὴν λίθον αὐτὴν καὶ ὁπόσα ἐργάζεται.

Τοὺς δὲ Πυγμαίους φησὶν οἰκεῖν μὲν ὑπογείους, κεῖσθαι δὲ ὑπὲρ τὸν Γάγγην, ζῶντας τρόπον ὃς πᾶσιν εἴρηται. Σκιάποδας δὲ ἀνθρώπους ἢ Μακροκεφάλους ἢ ὁπόσα Σκύλακος ξυγγραφαὶ περὶ τούτων ᾄδουσιν, οὔτε ἄλλοσέ ποι βιοτεύειν τῆς γῆς οὔτε ἐν Ἰνδοῖς.

Ὅτι φησίν, ὃν ὀρύττουσι χρυσὸν οἱ γρῦπες, πέτραι εἰσὶν οἱονεὶ σπινθῆρσιν ἐστιγμέναι ταῖς τοῦ χρυσοῦ ῥανίσιν, ἃς λιθοτομεῖν τὸ θηρίον τοῦτο τῇ τοῦ ῥάμφους ἰσχύϊ. Τα γὰρ θηρία ταῦτα εἶναί τε ἐν Ἰνδοῖς καὶ μέγεθος καὶ ἀλκὴν εἰκάσθαι αὐτοὺς τοῖς λέουσιν, ὑπὸ δὲ πλεονεξίας τῶν πτερῶν αὐτοῖς τε ἐκείνοις ἐπιτίθεσθαι καὶ τῶν ἐλεφάντων καὶ δρακόντων ὑπερτέρους εἶναι. Πέτονται δὲ οὔπω μέγα, ἀλλ' ὅσον οἱ βραχυπόροι ὄρ-

34 φησὶ A : φασὶ M ‖ **35** τοῦ A : *om.* M ‖ **36** γῇ A : τῇ M.
[327 a] **4** ἀρρήτου A : ἀπόρρητου M ‖ **7** ξυλλέγοις ἂν A : ξυλλέγεις ἀνὰ M ‖ **15-16** ἄλλοσέ ποι βιοτεύειν M : ἄλλως ἐπιβιωτεύειν A ‖ **19** ἃς M : ὡς A.

seaux à vol court ; ils ne sont pas, en effet, pourvus d'ailes naturelles comme les oiseaux, mais ils ont des serres palmées et couleur de feu. Le tigre est le seul animal qu'ils ne peuvent atteindre parce que sa vitesse est égale à celle des vents[1].

Sur l'oiseau phénix, l'auteur rapporte les mêmes données que les autres écrivains[2].

Il dit qu'Apollonius vécut quatre mois avec les Indiens[3]. Ensuite, en gardant le Gange à sa droite et l'Hyphase à sa gauche, il descendit jusqu'à la mer en dix jours de marche à partir de la montagne sacrée. Pendant leur voyage, beaucoup de curiosités se manifestèrent à eux, notamment une espèce de singes différente de ceux du pays du poivre ; noirs et velus, ils ressemblaient à des chiens et ils avaient la taille de nains. Ils arrivèrent à la mer Rouge. Elle est, dit l'auteur, de couleur très sombre et elle tient son nom du roi Erythra[4].

[327 b] Là, ils s'embarquèrent ; un vent régulier et favorable les poussait. Ils admirèrent l'embouchure par laquelle l'Hyphase se déverse dans la mer en un phénomène impressionnant car, au terme de son cours, il tombe dans des sites rocheux, resserrés et abrupts à travers lesquels il se brise pour aller à la mer en un seul bras et il paraît dangereux pour ceux qui s'approchent trop de la côte[5]. Ils disent aussi avoir vu l'embouchure de l'Indus ; une ville est située dans ses parages ; c'est Patala que l'Indus entoure de ses eaux et où se concentra la flotte d'Alexandre commandée par Néarque. Ce qu'a dit Orthagoras sur la mer Rouge, et notamment que l'Ourse n'y serait jamais visible et que le Sud n'y serait pas signalé aux navigateurs et que les astres qui y sont visibles changeraient de position, ceux-ci aussi le croient.

Il est, dit l'auteur, une petite île appelée Byblos où de grands coquillages et les moules et les huîtres et les autres

1. 327 a 17-28 reproduit à peu près intégralement III, 48, t. I, p. 232. Ce même extrait se retrouve dans la deuxième partie du « codex », p. 332 b 24-32, *infra*, p. 194.
2. Ces deux lignes évoquent le contenu de III, 49, t. I, p. 332-334.
3. Résumé des trois premières lignes de III, 50, t. I, p. 334.
4. 327 a 32-40 résume III, 50, t. I, p. 334-336.
5. 327 b 1-6 paraphrase de très près III, 52, t. I, p. 336.

νιθες · μὴ γὰρ ἐπτιλῶσθαι σφᾶς ὡς ὄρνισι πάτριον, ἀλλ' ὑμέσι τοὺς ταρσοὺς ὑφάνθαι πυρσοῖς. Τὴν τίγριν δὲ αὐτοῖς ἀνάλωτον εἶναι μόνην ἐπειδὴ τὸ τάχος αὐτὴν ἐσποιεῖ τοῖς ἀνέμοις.

Ὅτι περὶ τοῦ φοίνικος τῆς ὄρνιθος τὰ αὐτὰ καὶ οὗτος τοῖς ἄλλοις ἅπασιν ἀναγράφει.

Ὅτι δ' μῆνας τοῖς Ἰνδοῖς τὸν Ἀπολλώνιον συνδιατρίψαι φησίν. Ἐξ ἐκείνου δὲ ἐν δεξιᾷ μὲν τὸν Γάγγην ἔχοντα, ἐν ἀριστερᾷ δὲ τὸν Ὕφασιν κατιέναι ἐπὶ τὴν θάλατταν ἡμερῶν δέκα ὁδὸν ἀπὸ τοῦ ἱεροῦ ὄχθου. Κατιοῦσι δὲ αὐτοῖς πολλὰ μὲν καὶ ἄλλα φανῆναι, ἀτὰρ καὶ πιθήκων γένος ἕτερον παρὰ τοὺς ἐν ταῖς πεπέρισι · μέλανές τε γὰρ καὶ λάσιοι ἦσαν καὶ τὰ εἴδη κύνειοι καὶ μικροῖς ἀνθρώποις ἴσοι. Ἀφίκοντο δὲ ἐπὶ τὴν θάλατταν τὴν ἐρυθράν. Ταύτην δ' εἶναί φησιν οὗτος κυανωτάτην, λαχεῖν δὲ τὴν ἐπωνυμίαν ἀπὸ Ἐρύθρα βασιλέως.

[327 b] Ἐντεῦθεν ἐπιβάντες νεὼς ἐκομίζοντο λείῳ καὶ εὐφόρῳ πνεύματι, θαυμάζοντες τὸ στόμα τοῦ Ὑφάσιδος, ὡς φοβερῶς δι' αὐτοῦ ἐκχεῖται · τελευτῶν γὰρ ἐς χωρία πετρώδη καὶ στενὰ καὶ κρημνοὺς ἐκπίπτει δι' ὧν καταρρηγνὺς ἐς τὴν θάλασσαν ἑνὶ στόματι χαλεπὸς δοκεῖ τοῖς ἄγαν τῇ γῇ προσκειμένοις. Καὶ μὴν καὶ τὸ τοῦ Ἰνδοῦ στόμα ἰδεῖν φασι · πόλιν δ' ἐπ' αὐτοῦ κεῖσθαι Πάταλα περίρρυτον τῷ Ἰνδῷ, εἰς ἣν τὸ ναυτικὸν τοῦ Ἀλεξάνδρου ξυνελθεῖν, οὗ Νέαρχος ἐπεστάτει. Ἃ δὲ Ὀρθαγόρᾳ περὶ τῆς ἐρυθρᾶς εἴρηται, καὶ ὅτι μήτε ἡ ἄρκτος ἐν αὐτῇ φαίνοιτο, μήτε σημαίνοντο τὴν μεσημβρίαν οἱ πλέοντες, οἵ τε ἐπίδηλοι τῶν ἀστέρων ἐξαλλάττοιεν τῆς ἑαυτῶν τάξεως, ταῦτα δοκεῖ καὶ τούτοις.

Ὅτι νῆσόν φησιν εἶναι μικράν, ὄνομα Βίβλον, ἐν ᾗ τὸ τοῦ κογχυλίου μέγεθος καὶ οἱ μύες ὄστρεά τε καὶ

33 τὸν M : τὴν A ‖ 39 φησιν οὗτος A : φασιν οὕτως M.
[327 b] 9 ξυνελθεῖν A : συνελθεῖν M ‖ 16 μύες M : μυῖες A.

crustacés de ce genre naissent sur les rochers et sont dix fois plus grands que ceux de Grèce. On pêche là aussi, dans un coquillage blanc, une perle qui tient lieu de cœur à l'huître[1].

Ils atteignirent aussi, disent-ils, Pégada, dans le pays des Orites. Chez eux, les rochers sont en bronze, le sable est du bronze ainsi que les alluvions que charrient les cours d'eau. Ils pensent que leur terre recèle de l'or à cause de la qualité du bronze[2].

Ils disent aussi être arrivés par hasard chez les mangeurs de poisson dont la ville est Stobeira ; ils se vêtent des peaux des plus grands poissons. Le bétail, dans ce pays, a un goût de poisson, car il en est nourri, et il mange des aliments bizarres[3].

Les Indiens Carmanes, clan aux mœurs douces, exploitent une mer si riche en poissons que jamais ils n'en mettent en réserve ni n'en font de salaisons, car ils ont toujours du poisson à portée de la main et en aussi grande quantité qu'ils le veulent[4].

L'auteur dit qu'ils abordèrent aussi à Valara. C'est un marché où abondent myrtes, palmiers, lauriers et jardins où poussent des plantes de toute sorte[5]. En face de cette région, il y a une île sainte appelée Sélira[6] ; sur les rivages de cette île qui sont orientés vers le large, la profondeur de la mer est impossible à sonder ; elle nourrit une huître enfermée dans une coquille blanche et pleine de graisse, [328 a] car elle ne produit pas de perle. Les gens attendent le calme plat et contribuent eux-mêmes à calmer la mer en y déversant de l'huile ; puis quelqu'un plonge à la recherche de l'huître équipé comme les coupeurs d'éponges ; il est muni d'une plaque de fer et d'un pot d'onguent. L'Indien dispose son onguent comme appât pour l'huître ;

1. 327 b 6-20 reprend à peu près intégralement III, 53, t. I, p. 338.
2. 327 b 21-25 = III, 54, t. I, p. 338.
3. Le texte de Philostrate, III, 55, t. I, p. 340, est plus explicite : il dit que les pâtres du pays font manger du poisson à leur bétail.
4. La fin de cet extrait (à partir de 327 b 32) offre un texte assez différent de celui de l'auteur (III, 55, fin, t. I, p. 340).
5. 327 b 34 reprend la première moitié de III, 56, t. I, p. 340.
6. Reprise textuelle d'une petite phrase de III, 56, t. I, p. 340.

τὰ τοιαῦτα δεκαπλάσια τῶν Ἑλληνικῶν τὸ μέγεθος ταῖς πέτραις προσπέφυκεν. Ἁλίσκεται δὲ ἐκεῖ καὶ λίθος μαργαρὶς ἐν ὀστράκῳ λευκῷ καρδίας τρόπον ἔχουσα τῷ ὀστρέῳ.

Κατασχεῖν δέ φασιν καὶ ἐς Πηγάδα τῆς Ὠρειτῶν χώρας. Οἱ δὲ Ὠρεῖται, χαλκαῖ μὲν αὐτοῖς αἱ πέτραι, χαλκῆ δὲ ἡ ψάμμος, χαλκοῦν δὲ ψῆγμα οἱ ποταμοὶ ἄγουσι. Χρυσῖτιν δ' ἡγοῦνται τὴν γῆν διὰ τὴν εὐγένειαν τοῦ χαλκοῦ.

Φασὶ δὲ καὶ τοῖς ἰχθυοφάγοις ἐντυχεῖν, οἷς πόλιν εἶναι Στόβηρα· διφθέρας δὲ τούτους ἐνῆφθαι μεγίστων ἰχθύων. Καὶ τὰ πρόβατα ἐκείνῃ ἰχθυώδη εἶναι (ἐξ αὐτῶν γὰρ τρέφεται) καὶ φαγεῖν ἄτοπα.

Καρμανοὶ δὲ Ἰνδοί, γένος ἥμερον, εὔϊχθυν οὕτω νέμονται θάλατταν ὡς μηδ' ἀποθέτους ποιεῖσθαι τοὺς ἰχθῦς μηδὲ ταριχεύειν. εἶναι γὰρ αὐτοῖς ἐπὶ χεῖρας τοὺς ἰχθῦς διὰ παντὸς ὅσους βούλονται.

Ὅτι προσπλεῦσαί φησιν αὐτοὺς καὶ Βαλάροις· ἐμπόριον δὲ τοῦτο εἶναι μεστὸν μυρίνων καὶ φοινίκων καὶ δαφνῶν καὶ κήπων παντοδαπὰ φερόντων. Προκεῖσθαι δὲ τοῦ χωρίου τούτου νῆσον ἱεράν, καὶ καλεῖσθαι Σέλιρα. Ταύτης τῆς νήσου τὰ τετραμμένα πρὸς τὸ πέλαγός ἐστι μὲν ἄπειρος πυθμὴν θαλάσσης, φέρει δ' ὄστρεον ἐν ἐλύτρῳ λευκῷ μεστὸν πιμελῆς· οὐδὲ γὰρ λίθον φύει [328 a] οὐδένα. Γαλήνην δὲ ἐπιφυλάξαντες, καὶ τὴν θάλατταν αὐτοὶ τῇ ἐπιρροῇ τοῦ ἐλαίου λεάναντες, καταδύεταί τις ἐπὶ τὴν θήραν τοῦ ὀστρέου, τὰ μὲν ἄλλα κατασκευασάμενος ὥσπερ οἱ τὰς σπογγιὰς κείροντες, ἔστι δὲ αὐτῷ καὶ πλινθὶς σιδηρὰ καὶ ἀλάβαστρον μύρου. Παριζήσας οὖν ὁ Ἰνδὸς τῷ ὀστρέῳ δέλεαρ αὐτοῦ τὸ

18 ἐκεῖ A : *om.* M || 19 μαργαρὶς A : μάργαρις M μάργαρος A³ *v. l.* || 21 Πηγάδα A : Πηγάδας M || 32 μηδὲ — ἰχθῦς A : *om.* M || 34 φησὶν A : φασὶν M.

[328 a] 2 αὐτοὶ A : αὐτῇ M || 5 ἀλάβαστρον A : ἀλάβαστρος M.

celle-ci s'ouvre et l'onguent l'enivre et, percée d'un coup de broche, elle dégorge son liquide que le pêcheur recueille sur sa plaque qui est creusée de moules. Ce produit se solidifie et on le traite comme la perle naturelle ; c'est du sang blanc qui provient de la mer Rouge. A partir de cet endroit, la mer est entièrement le domaine des bêtes ; on dit qu'il y vit des troupeaux de baleines et que des bateaux leur font la chasse ; ils ont des clochettes à l'arrière et à l'avant et leur son fait peur aux animaux[1]. Après avoir navigué jusqu'à l'embouchure de l'Euphrate, ils ont, disent-ils, remonté ce fleuve jusqu'à Babylone[2].

Le quatrième livre n'a été fait par Philostrate que de fables et d'inventions destinées à exalter Apollonius et à lui témoigner louanges et admiration[3].

Les promontoires d'Europe et de Libye forment un passage de soixante stades par où ils envoyent les eaux de l'Océan vers les mers extérieures ; le mont de Libye nommé Abinna est infesté de lions sur ses escarpements qui dominent l'intérieur des terres ; il touche au pays des Gétules et à celui des Tinges, deux peuplades sauvages de Libye. Pour le navigateur qui parcourt l'Océan, cette montagne s'étend jusqu'à l'embouchure du Salek, sur neuf cents stades et, à partir de là, personne ne pourrait évaluer son étendue, car, au-delà de ce fleuve, la Libye n'est plus habitable et il n'y a plus d'êtres humains. Le promontoire d'Europe appelé Kalpis est à droite et on le longe en naviguant sur une distance de six cents stades ; il finit à l'ancienne Gadès[4].

Les marées de l'Océan, je[5] les ai vues, dit-il, chez les Celtes pareilles à ce qu'on en dit. A force de chercher la cause pour laquelle une mer aussi immense s'avance et

1. 327 b 38-328 a 15 reprend, avec quelques divergences sans importance et des omissions propres au travail d'abréviateur, III, 57, t. I, p. 342.

2. Reprise textuelle du début de III, 58, t. I, p. 344.

3. Cette courte note n'est pas tout ce que Photius dit du livre IV. Il est certain qu'il l'a lu : on en trouvera des extraits dans la deuxième partie du « codex », p. 332 b 34-333 b 16, *infra*, p. 195-197.

4. 328 a 21-33 transcrit textuellement V, 1, t. I, p. 466, en omettant la première phrase du chapitre.

5. C'est Philostrate qui parle : V, 2, t. I, p. 468.

μύρον ποιεῖται· τὸ δὲ ἀνοίγνυταί τε καὶ μεθύει ὑπ' αὐτοῦ, κέντρῳ τε διελασθὲν ἀποπτύει τὸν ἰχῶρα· ὁ δὲ ἐνδέχεται αὐτὸν τῇ πλινθίδι τύπους ὀρωρυγμένῃ. Λιθοῦται δὲ τὸ ἐντεῦθεν καὶ ῥυθμίζεται καθάπερ ἡ φύσει μαργαρίς, αἷμα λευκὸν ἐξ ἐρυθρᾶς τῆς θαλάσσης. Τὸ δὲ ἐντεῦθεν θηριώδη μὲν τὴν θάλασσαν εἶναι πᾶσαν, ἀγελάζεσθαι δὲ ἐν αὐτῇ τὰ κήτη, τὰς δὲ ναῦς ἔρυμα τούτου κωδωνοφορεῖν κατὰ πρύμναν τε καὶ πρῶραν, τὴν δὲ ἠχὼ ἐκπλήττειν τὰ θηρία· καταπλεύσαντες δὲ εἰς τὰς ἐκβολὰς τοῦ Εὐφράτου φασὶν ἐς Βαβυλῶνα δι' αὐτοῦ ἀναπλεῦσαι.

Ὅτι ὁ δ' λόγος οὐδὲν ἄλλ' ἢ μῦθοι καὶ πλάσματα ἐς τὸ Ἀπολλωνίῳ κεχαρισμένον καὶ σὺν ἐπαίνῳ θαυμαζόμενον τῷ Φιλοστράτῳ συγγέγραπται.

Ὅτι Εὐρώπης καὶ Λιβύης ἄκραι σταδίων ξ' πορθμὸν ἐπέχουσαι τὸν Ὠκεανὸν ἐς τὰ ἔξω πελάγη φέρουσι· καὶ τὴν τῆς Λιβύης ἄκραν (ὄνομα δ' αὐτῇ Ἄβιννα) λέοντες ὑπερνέμονται περὶ τὰς ὀφρῦς τῶν ὀρῶν, ἃ εἴσω ὑπερφαίνεται, συνάπτουσαν πρὸς Γαιτούλους τε καὶ Τίγγας, ἄμφω θηριώδη καὶ Λιβυκὰ ἔθνη. Παρατείνει δὲ ἐσπλέοντι τὸν Ὠκεανὸν μέχρι μὲν τῶν ἐκβολῶν τοῦ Σάληκος ἐννακόσια στάδια, τὸ δὲ ἐντεῦθεν οὐκ ἂν συμβάλλοι τις ὁπόσα· μετὰ γὰρ τὸν ποταμὸν τοῦτον ἄβιος ἡ Λιβύη καὶ οὐκέτι ἄνθρωποι. Τὸ δὲ Εὐρώπης ἀκρωτήριον, ὃ καλεῖται Κάλπις, δεξιὰ μὲν ἐπέχει τοῦ ἔσπλου σταδίων ἑξακοσίων μῆκος, λήγει δὲ ἐς τὰ ἀρχαῖα Γάδειρα.

Τὰς δὲ τοῦ Ὠκεανοῦ τροπὰς καὶ αὐτὸς μὲν περὶ Κέλτους, φησίν, εἶδον ὁποῖαι λέγονται· τὴν δὲ αἰτίαν ἐπὶ πολλὰ εἰκάζων, δι' ἣν ἄπειρον οὕτω πέλαγος ἐπιχωρεῖ

8 τε διελασθὲν A : δὲ δελεασθὲν M || 9 τύπους AM : τύποις A[1] || 11 αἷμα A : καὶ ἔστι μαργαρὶς αἷμα M || 22 ἐπέχουσαι A : ἔχουσαι M || 25 συνάπτουσαν πρὸς M : συνάπτουσαι A || 35 εἶδον M : ἰνδὸν A ἰδὼν A[2] || 36 ἐπιχωρεῖ τε M : ἐπιχωρεῖται A.

se retire, je crois[1] qu'Apollonius a vu ce qui en était ; en effet, dans une de ses lettres aux Indiens, il dit que l'Océan, poussé par des vents sous-marins hors des nombreuses crevasses que la mer offre dans son fond et sur [328 b] ses bords, va vers l'extérieur et puis revient lorsque, comme une haleine, le souffle aspire. Il confirme cette explication par le cas des malades de la région de Gadès ; car, pendant que la marée est haute, les âmes ne quittent pas les mourants, ce qui n'arriverait pas si le souffle lui aussi ne s'en allait en terre.

Et ce qu'on dit des phénomènes que manifeste la lune, sa croissance, sa période pleine et sa décroissance, cela existe, je le sais, pour l'Océan ; il suit en effet ses phases, décroît et atteint sa période pleine en même temps qu'elle[2]. Le jour succède à la nuit et la nuit au jour dans le pays des Celtes avec un départ progressif de l'obscurité ou de la lumière, comme ici, mais aux environs de Gadès et des Colonnes, elles frappent, dit-on, les yeux tout d'un coup comme des éclairs. On dit aussi que les Iles des Bienheureux sont aux confins extrêmes de la Libye et qu'elles sont orientées vers la partie désertique de sa chaîne de montagnes[3].

Gadès est au bout de l'Europe ; les gens y sont superstitieux. Ils se sont érigé un autel en l'honneur de la Vieillesse et ils sont les seuls à célébrer la mort par des chants. Il y a là aussi des autels en l'honneur de la Pauvreté, de l'Art et d'Héraklès l'Égyptien et d'autres en l'honneur de l'Héraklès thébain. Ils disent en effet que ce dernier poussa jusqu'à l'Érythie voisine lorsqu'il se rendit maître de Géryon et de ses vaches ; l'autre leur aurait accordé, grâce à son savoir, la possibilité de mesurer la terre jusqu'à son extrémité. On dit aussi que Gadès a des habitants grecs et qu'ils sont éduqués à la façon grecque[4].

Et il y pousse, disent-ils, des arbres comme il n'y en

1. C'est Philostrate qui parle.
2. 328 a 34-b 9 reprend textuellement V, 2, t. I, p. 468.
3. 328 b 9-15 = V, 3, t. I, p. 468-470.
4. 328 b 16-25 reprend, avec quelques divergences sans importance, les deux premiers tiers de V, 4, t. I, p. 470.

τε καὶ ἀνασπᾶται, δοκῶ μοὶ τὸν Ἀπολλώνιον ἐπεσκέφθαι τὸ ὄν· ἐν μιᾷ γὰρ τῶν πρὸς Ἰνδοὺς ἐπιστολῶν τὸν Ὠκεανόν φησιν ὑφύδροις ἐλαυνόμενον πνεύμασιν ἐκ πολλῶν χασμάτων, ἃ ὑπ' αὐτῷ τε καὶ περὶ αὐτὸν ἡ [328 b] γῆ παρέχεται, χωρεῖν ἐς τὸ ἔξω, καὶ ἀναχωρεῖν πάλιν, ἐπειδὰν ὥσπερ ἆσθμα ὑπονοστήσῃ τὸ πνεῦμα. Πιστοῦται δὲ αὐτὸ κἀκ τῶν νοσούντων περὶ Γάδειρα· τὸν γὰρ χρόνον ὃν πλημμυρεῖ τὸ ὕδωρ, οὐκ ἀπολείπουσιν αἱ ψυχαὶ τοὺς ἀποθνῄσκοντας, ὅπερ οὐκ ἂν συμβαίνειν, εἰ μὴ καὶ πνεῦμα τῇ γῇ ἐπεχώρει.

Ἃ δὲ περὶ τὴν σελήνην φασὶ φαίνεσθαι τικτομένην τε καὶ πληρουμένην καὶ φθίνουσαν, ταῦτα περὶ τὸν Ὠκεανὸν οἶδα· τὰ γὰρ ἐκείνης ἄνεισι μέτρα, ξυμμινύθων αὐτῇ καὶ ξυμπληρούμενος. Ἡμέρα δ' ἐκδέχεται νύκτα καὶ νὺξ τὴν ἡμέραν περὶ Κέλτους μὲν κατ' ὀλίγον ὑπαπιόντος τοῦ σκότους ἢ τοῦ φωτός, ὥσπερ ἐνταῦθα, περὶ Γάδειρα δὲ καὶ Στήλας ἀθρόως λέγονται τοῖς ὀφθαλμοῖς ἐμπίπτειν, ὥσπερ αἱ ἀστραπαί. Φασὶ καὶ τὰς μακάρων νήσους ὁρίζεσθαι τῷ Λιβυκῷ τέρματι, πρὸς τὸ ἀοίκητον ἀνεχούσας ἀκρωτήριον.

Τὰ δὲ Γάδειρα κεῖται μὲν κατὰ τὸ Εὐρώπης τέρμα, περιττοὶ δέ εἰσι τὰ θεῖα. Γήρως οὖν βωμὸν ἵδρυνται, καὶ τὸν θάνατον μόνοι ἀνθρώπων παιωνίζονται. Βωμοὶ δὲ ἐκεῖ καὶ Πενίας καὶ Τέχνης καὶ Ἡρακλέους δέ Αἰγυπτίου, καὶ ἕτεροι Θηβαίου· τὸν μὲν γὰρ ἐπὶ τὴν ἐγγὺς Ἐρύθειαν ἐλάσαι φασίν, ὅτε δὴ τὸν Γηρυόνην τε καὶ τὰς βοῦς ἑλεῖν, τὸν δὲ σοφίᾳ δόντα γῆν τε ἀναμετρήσασθαι πᾶσαν ἐς τέρμα. Καὶ μὴν καὶ Ἑλληνικοὺς εἶναι φασι τὰ Γάδειρα, καὶ παιδεύεσθαι τὸν ἡμεδαπὸν τρόπον.

Καὶ δένδρα δέ φασιν ἐνταῦθα οἷα οὐχ ἑτέρωθι

[328 b] **3** νοσούντων AA^3 *mg* M : νήσων τῶν A^2 || **6** καὶ A : *om.* M || **17** οὖν A : καὶ M || **21** ὅτε A : ὅτι M.

a nulle part ailleurs sur la terre ; on les appelle arbres de Géryon, ils sont deux et ils poussent sur le tombeau érigé à Géryon ; ils tiennent du pin et de l'épicéa mais ils ont une autre forme ; ils donnent des gouttes de sang comme le peuplier solaire donne des gouttes dorées. L'île dans laquelle se trouve le temple a les dimensions du sanctuaire lui-même ; aucune de ses parties n'est pierreuse mais elle ressemble à une plage unie. Dans ce temple, dit-on, on honore les deux Héraklès, mais leurs statues n'y sont pas ; il y a deux autels d'Héraklès l'Égyptien, ils sont en bronze brut ; il y en a un en l'honneur de l'Héraklès thébain. Les hydres, les cavales de Diomède et les douze travaux d'Héraklès y sont sculptés dans la pierre dont il est fait. L'olivier en or de Pygmalion se trouve aussi dans le sanctuaire d'Héraklès ; il est digne d'admiration, disent-ils, pour la ramure de l'arbre auquel il ressemble et on devrait l'admirer encore davantage pour son fruit car il en porte en abondance et ils sont [329 a] en émeraude. On y montre aussi, dit-on, le baudrier d'or de Teucer, fils de Télamon, mais les gens disent ignorer comment et pourquoi ce héros est venu sur l'Océan.

Les colonnes intérieures du temple sont faites d'or et d'argent fondus dans un alliage de teinte uniforme ; elles ont plus d'une coudée de côté et sont carrées comme les enclumes ; leurs chapiteaux portent des inscriptions en caractères qui ne sont ni de l'égyptien ni de l'indien ni d'aucune autre langue à quoi on puisse les comparer. Et Apollonius, devant le silence des prêtres, dit : « Héraklès l'Égyptien ne me permet pas de taire ce que je sais ; les colonnes sont le lien qui unit la terre et l'Océan ; c'est ce dieu qui a fait ces inscriptions dans la demeure des Parques pour qu'il n'y ait pas de discorde entre les éléments et qu'ils ne portent pas atteinte à l'amitié qui les unit »[1].

Ils disent avoir navigué sur le Bétès qui, plus que tout autre fleuve, indique l'état de l'Océan car, quand la marée

1. Ce long morceau (328 b 25-329 a 13) est la transcription à peu près intégrale de V, 5, t. I, p. 470-474. Photius a simplifié par οὔ φασιν εἰδέναι (328 b 40) une fin de phrase ainsi conçue : οὔτε αὐτὸς ὁ Δάμις ξυνιδεῖν φησιν οὔτε ἐκείνων ἀκοῦσαι. Pour le reste, les deux textes ne présentent que des divergences sans importance.

τῆς γῆς· Γηρυόνεια μὲν γὰρ καλεῖσθαι αὐτά, δύο δὲ εἶναι, φύεσθαι δὲ τοῦ σήματος ὃ ἐπὶ τῷ Γηρυόνῃ ἕστηκε, παραλλάττοντα ἐκ πίτυός τε καὶ πεύκης ἐς εἶδος ἕτερον, λείβεσθαι δὲ αἵματι καθάπερ τῷ χρυσῷ τὴν ἡλιάδα αἴγειρον. Ἡ δὲ νῆσος ἐν ᾗ τὸ ἱερόν, ἔστι μὲν ὁπόση ὁ νεώς, πετρῶδες δὲ αὐτῆς οὐδέν, ἀλλὰ βαλβῖδι ξεστῇ εἴκασται. Ἐν δὲ τῷ ἱερῷ τιμᾶσθαι μὲν ἄμφω τὼ Ἡρακλέε φασίν, ἀγάλματα δὲ αὐτοῖν οὐκ εἶναι, βωμοὺς δὲ τοῦ μὲν Αἰγυπτίου δύο, χαλκοῦς καὶ ἀσήμους, ἕνα δὲ τοῦ Θηβαίου. Τὰς δὲ ὕδρας τε καὶ τὰς Διομήδους ἵππους καὶ τὰ δώδεκα Ἡρακλέους ἔργα ἐκτετυπῶσθαι λίθου ὄντα. Ἡ Πυγμαλίωνος δὲ ἐλαία ἡ χρυσῆ (ἀνάκειται δὲ κἀκείνη ἐς τὸ Ἡράκλειον) ἀξία μέν, ὥς φασι, καὶ τοῦ θαλλοῦ θαυμάζειν ᾧ εἴκασται, θαυμάζεσθαι δ' ἂν ἐπὶ τῷ καρπῷ μᾶλλον· βρύειν γὰρ αὐτὸν σμαράγδου λίθου. Καὶ Τεύκρου τοῦ [329 a] Τελαμωνίου ξωστῆρα χρυσοῦν φασι δείκνυσθαι, πῶς δὲ ἐς τὸν Ὠκεανὸν πλεύσαντος ἢ ἐφ' ὅ τι, οὔ φασιν εἰδέναι.

Τὰς δὲ ἐν τῷ ἱερῷ στήλας χρυσοῦ μὲν πεποιῆσθαι καὶ ἀργύρου, συντετηκότοιν εἰς ἓν χρῶμα, εἶναι δὲ αὐτὰς ὑπὲρ πῆχυν, τετραγώνου σχήματος, ὥσπερ οἱ ἄκμωνες, ἐπιγεγράφθαι δὲ τὰς κεφαλὰς οὔτε Αἰγυπτίοις οὔτε Ἰνδικοῖς γράμμασιν οὔτε οἵοις ξυμβαλεῖν. Ὁ δὲ Ἀπολλώνιος, ὡς οὐδὲν οἱ ἱερεῖς ἔφραζον· « Οὐ συγχωρεῖ μοι, ἔφη, ὁ Ἡρακλῆς ὁ Αἰγύπτιος μὴ οὐ λέγειν ὁπόσα οἶδα· Γῆς καὶ Ὠκεανοῦ ξύνδεσμα αἵδε αἱ στῆλαί εἰσιν· ἐγράψατο δὲ αὐτὰς ἐκεῖνος ἐν Μοιρῶν οἴκῳ, ὡς μήτε νεῖκος τοῖς στοιχείοις ἐγγένοιτο, μήτε ἀτιμάσειαν τὴν φιλότητα ἣν ἀλλήλων ἴσχουσιν ».

Ὅτι τὸν Βαίτην τὸν ποταμὸν ἀναπλεῦσαί φασιν, ὃς δηλοῖ μάλιστα τὴν τοῦ Ὠκεανοῦ φύσιν· ἐπειδὰν γὰρ πλημ-

28 ἐκ A : δὲ ἐκ M ‖ 34 τοῦ μὲν A : τοὺς μὲν M ‖ 36 ἐκτετυπῶσθαι A : ἐκτετυπῶσθαι φασι M ‖ 40 βρύειν Philostratus : βρύει Photius.
[329 a] 8 οἱ M : *om.* A.

monte, le fleuve subit le reflux jusqu'à sa source, poussé par une sorte de souffle qui vient de l'Océan. Quant à la terre de Bétique, dont le fleuve porte le nom, c'est, disent-ils, la meilleure des contrées ; elle est en effet bien pourvue en villes et en lois et le fleuve arrose toutes les cités, elle est couverte de labours de toute sorte ; son climat est celui de l'automne en Attique à la saison des Mystères[1].

Les récits des poètes sur l'Etna, Apollonius les rejette tous, dit l'auteur, comme des fables en déclarant ce qui suit[2] : « La légende que nous rejetons n'est pas une des fables d'Ésope, mais elle est de ces récits plus dramatiques que les poètes ne cessent de répéter. Ces poètes disent, en effet, qu'un certain Typhon ou Encelade est enchaîné sous la montagne et éprouve des difficultés mortelles à souffler ce feu. Pour moi, j'affirme qu'il a existé des géants et qu'en de nombreux endroits de la terre on montre des corps pareils aux leurs dont les tombeaux ont été démolis ; ils ne se sont toutefois pas mis en lutte contre les dieux ; peut-être ont-ils profané leurs temples et leurs demeures ; mais qu'ils aient escaladé le ciel et que les dieux n'aient pas permis qu'ils y restent, c'est folie de le dire et de le croire. Et il ne faut pas accorder plus de foi au récit suivant, bien qu'il semble avoir plus de crédit, à savoir qu'Héphaistos va exercer son art de forgeron dans l'Etna et que l'enclume y résonne sous ses coups. Car il y a beaucoup d'autres montagnes volcaniques en nombre d'autres endroits sur terre sans que nous nous évertuions à leur attribuer des géants ou des Héphaistos ».

« Quelle est donc la cause qui produit de pareilles montagnes? La terre offre un mélange de bitume et de soufre ; [329 b] elle se soulève d'elle-même naturellement mais elle n'émet pas de feu ; toutefois, si elle est par hasard caverneuse et qu'un courant d'air la parcoure par-dessous, elle émet dès lors une lueur ; la flamme gagne et, comme

1. 329 a 14-22 reproduit, avec de légères divergences, V, 6, t. I, p. 474.

2. Entre l'extrait qui se termine en 329 a 22 et celui qui commence en 329 a 25, il y a, chez Philostrate, V, 7-15, t. I, p. 474-498, un long développement sur les fables d'Ésope dont Photius ne dit rien. La phrase d'introduction (329 a 23-25) reprend de façon fort libre le début de V, 16, t. I, p. 498.

μυρῇ τὸ πέλαγος, ἐπὶ τὰς πηγὰς ὁ ποταμὸς παλίρρους ἵεται, πνεύματος δήπου ἀπωθουμένου αὐτὸν τῆς θαλάττης. Τὴν δὲ ἤπειρον τὴν Βαιτικήν, ἧς ὁ ποταμὸς οὗτος ὁμώνυμος, ἀρίστην ἠπείρων φασί· πόλεών τε γὰρ εὖ ἔχειν καὶ νόμων, καὶ διῆχθαι τὸν ποταμὸν ἐς τὰ ἄστη πάντα, γεωργίας τε ξυμπάσης μεστὴν εἶναι, καὶ ὡρῶν οἷαι τῆς Ἀττικῆς αἱ μετόπωροι καὶ μυστηριώτιδες.

Ὅτι τοὺς περὶ τῆς Αἴτνης λόγους τῶν ποιητῶν ὡς μύθους παραιτεῖσθαί φησι τὸν Ἀπολλώνιον, ὧδε λέγοντα· « Ὁ γὰρ μῦθος, ὃν παραιτούμεθα, οὐ τῶν Αἰσώπου λόγων ἐστὶν ἀλλὰ τῶν δραματικωτέρων, καὶ ὧν οἱ ποιηταὶ θρυλοῦσιν. Ἐκεῖνοι μὲν γὰρ Τυφῶ τινα ἢ Ἐγκέλαδον δεδέσθαι φασὶν ὑπὸ τῷ ὄρει, καὶ δυσθανατοῦντα ἀσθμαίνειν τὸ πῦρ τοῦτο. Ἐγὼ δὲ γίγαντας μὲν γεγονέναι φημί, καὶ πολλαχοῦ τῆς γῆς ἀναδείκνυσθαι τοιαῦτα σώματα ῥαγέντων τάφων, οὐ μὴν εἰς ἀγῶνα ἐλθεῖν τοῖς θεοῖς, ἀλλ' ὑβρίσαι μὲν τάχα ἐς τοὺς νεὼς αὐτῶν καὶ τὰ ἕδη, οὐρανῷ δὲ ἐπιπηδῆσαι καὶ μὴ συγχωρεῖν τοὺς θεοὺς ἐπ' αὐτοὺς εἶναι μανία μὲν λέγειν, μανία δὲ οἴεσθαι. Καὶ μηδὲ ἐκεῖνος ὁ λόγος, καίτοι δοκῶν εὐφημότερος εἶναι, τιμάσθω ὡς Ἡφαίστῳ μέλει τοῦ χαλκεύειν ἐν τῇ Αἴτνῃ καὶ κτυπεῖταί τις ἐνταῦθα ὑπ' αὐτοῦ ἄκμων. Πολλὰ γὰρ καὶ ἄλλα ὄρη πολλαχοῦ τῆς γῆς ἔμπυρα, καὶ οὐκ ἂν φθάνοιμεν ἐπιφημίζοντες αὐτοῖς γίγαντας καὶ Ἡφαίστους.

Τίς οὖν ἡ τῶν τοιούτων ὀρῶν αἰτία; Γῆ κρᾶσιν ἀσφάλτου καὶ θείου παρεχομένη τύφεται μὲν καὶ
[329 b] παρ' ἑαυτῆς φύσει, πῦρ δὲ οὔπω ἐκδίδωσιν· εἰ δὲ σηραγγώδης τύχοι καὶ ὑποδράμοι αὐτὴν πνεῦμα, φρυκτὸν ἤδη αἴρει· πλεονεκτήσασα δὲ ἡ φλόξ, ὥσπερ τὸ

30 τοιαῦτα A²M : τοιαυτὶ A ‖ **36** μέλει *edd.* : μέλλει *codd.* ‖ **38** ὄρη M : *om.* A ‖ **40** ὀρῶν A² : ὁρῶν AM.

[329 b] **1** εἰ δὲ A : εἰ δὲ καὶ M ‖ **2** τύχοι *edd.* : τύχῃ *codd.*

de l'eau, elle coule du haut des montagnes, se déverse vers les plaines et se répand vers la mer en créant des estuaires semblables à ceux des fleuves »[1].

L'Éthiopie[2] occupe l'extrémité occidentale de toute la terre éclairée par le soleil comme l'Inde en occupe l'extrémité orientale ; du côté de Méroé, elle touche à l'Égypte, s'étend jusqu'à une partie du désert de Libye et aboutit à la mer que les poètes appellent Océan, nommant ainsi l'eau qui entoure toute la terre. Elle donne à l'Égypte le Nil qui part de Katadoupa et amène d'Éthiopie toute l'Égypte qu'il arrose.

En étendue, ce pays ne peut pas être comparé à l'Inde pas plus qu'aucun autre continent connu des hommes. Et si nous ajoutions l'Égypte entière à l'Éthiopie — et il faut croire que le fleuve les réunit — les deux pays assemblés n'égaleraient pas encore l'Inde. En revanche, il y a des ressemblances entre leurs deux fleuves quand on considère les caractéristiques de l'Indus et du Nil ; ils atteignent[3] en effet les terres à la saison de l'année où le sol a besoin d'eau et ils sont les seuls fleuves à présenter dans leur faune le crocodile et l'hippopotame.

Quant à la similitude des continents, elle est établie par les aromates qu'ils produisent et elle l'est encore par la présence des lions et par celle de l'éléphant qu'on capture et qu'on domestique dans les deux pays. Ils nourrissent aussi des bêtes comme il n'en est pas ailleurs et des hommes au teint noir que n'ont pas les autres continents ; des peuplades de Pygmées y vivent. Les griffons d'Inde et les fourmis d'Éthiopie, animaux d'aspect tout différent, s'attachent, dit-on, à la même besogne, car ils

1. Ce long extrait (329 a 25-b 5) correspond à V, 16-17, t. I, p. 498-500, avec quelques divergences qui n'ont pas grande importance ; V, 16 n'est pas pris tout à fait à son début et la fin de l'extrait ne reprend que la première moitié de V, 17.

2. Photius a sauté toute la fin du livre V ; avec l'extrait qui commence ici, il aborde sans transition le livre VI.

3. Tel est le sens du texte des deux manuscrits de Photius, mais là où il a lu περαίνουσι, Philostrate a écrit ἐπιρραίνουσι. Cette « variante » est importante.

ὕδωρ, ἀπορρεῖ τῶν ὀρῶν καὶ ἐς τὰ πεδία προχεῖται, χωρεῖ τε ἐπὶ θάλασσαν ἐκβολὰς ποιούμενον οἷαι τῶν ποταμῶν εἰσιν ».

Αἰθιοπία τῆς μὲν ὑπὸ ἡλίῳ πάσης ἐπέχει τὸ ἑσπέριον κέρας, ὥσπερ Ἰνδοὶ τὸ πρὸς ἕω· κατὰ Μερόην δὲ Αἰγύπτῳ ξυνάπτουσα, καί τι καὶ τῆς ἀμαρτύρου Λιβύης ἐπελθοῦσα, τελευτᾷ εἰς θάλασσαν, ἣν Ὠκεανὸν οἱ ποιηταὶ καλοῦσι τὸ περὶ γῆν ἅπαν ὧδε ἐπονομάζοντες. Ποταμὸν δὲ Νεῖλον Αἰγύπτῳ δίδωσιν, ὃς ἐκ Καταδούπων ἀρχόμενος, ἣν ἐπικλύζει πᾶσαν Αἴγυπτον ἀπ᾽ Αἰθιόπων ἄγει.

Μέγεθος μὲν οὖν οὐκ ἀξία παραβεβλῆσθαι πρὸς Ἰνδοὺς ἥδε ἡ χώρα, ὅτι μηδ᾽ ἄλλη μηδεμία, ὁπόσαι κατὰ ἀνθρώπους ὀνομασταὶ ἤπειροι. Εἰ δὲ καὶ πᾶσαν Αἴγυπτον Αἰθιοπίᾳ ξυμβάλλοιμεν, τουτὶ δὲ ἡγώμεθα καὶ τὸν ποταμὸν πράττειν, οὔπω ξύμμετροι πρὸς τὴν Ἰνδῶν ἄμφω ξυντεθεῖσαι. Ποταμοὶ δὲ ἀμφοῖν ὅμοιοι λογισαμένῳ τὰ Ἰνδοῦ τε καὶ Νείλου. Περαίνουσί τε γὰρ τὰς ἠπείρους ἐν ὥρᾳ ἔτους, ὁπότε ἡ γῆ ἐρᾷ τούτου, ποταμῶν τε παρέχονται μόνοι τὸν κροκόδειλον καὶ τὸν ἵππον.

Τὴν δὲ ὁμοιότητα τῶν ἠπείρων πιστούσθω μὲν καὶ τὰ ἐν αὐταῖς ἀρώματα, πιστούσθωσαν δὲ καὶ οἱ λέοντες καὶ ὁ ἐλέφας ἐν ἑκατέρᾳ ἁλισκόμενός τε καὶ δουλεύων. Βόσκουσι δὲ καὶ θηρία οἷα οὐχ ἑτέρωθι, καὶ ἀνθρώπους μέλανας, ὃ μὴ ἄλλαι ἤπειροι· Πυγμαίων τε ἐν αὐταῖς ἔθνη. Γρῦπες δὲ Ἰνδῶν καὶ μύρμηκες Αἰθιόπων, εἰ καὶ ἀνόμοιοι τὴν ἰδέαν εἰσίν, ἀλλ᾽ ὅμοιά γε, ὥς φασι, βούλονται· χρυσοῦ

8 Ἰνδοὶ A : Ἰνδῷ M || 13 ἣν] ἧν M : *om.* A || 16 ὀνομασταὶ M : ὠνόμασται A || 17 ξυμβάλλοιμεν A : ξυμβάλοιμεν M || 19 ξυντεθεῖσαι A : ξυντεθεῖσα M || 20 Ἰνδοῦ M : Ἰνδῶν A || 22 τε A : δὲ M || 24 πιστούσθωσαν δὲ A^1 : πιστούσθω AM.

passent dans les deux pays pour être les gardiens de l'or et ils aiment les terrains aurifères[1].

Le point frontière de l'Égypte et de l'Éthiopie s'appelle Sukaminum. Arrivé là, Apollonius trouva, dit l'auteur, de l'or brut, du lin, de l'ivoire, des plantes médicinales, de l'onguent et des aromates et tout était entassé sans surveillance dans un carrefour. Voici l'explication du fait : les Éthiopiens y amènent pour les vendre les produits de leur pays, les Égyptiens enlèvent le tout et rassemblent au même endroit des marchandises d'Égypte d'une valeur égale pour obtenir, en échange de ce qu'ils possèdent, ce qu'ils n'ont pas chez eux. Les habitants [330 a] de la limite des continents sont non plus noirs mais d'un teint uniforme : en effet, les uns sont moins noirs que les Éthiopiens et les autres plus noirs que les Égyptiens[2].

De là, dit l'auteur, Apollonius se rendit chez Memnon et ils avaient pour guide un jeune Égyptien nommé Timasion[3]. Apollonius, dit-il, fut mal reçu à son arrivée chez les Gymnes éthiopiens et il ne trouva pas le même accueil que chez les Brahmanes indiens. La raison en est, dit-il, qu'un certain Euphratès, qui pratiquait la philosophie et qui était en différend avec Apollonius, avait prévenu l'esprit des Gymnes par ses calomnies contre Apollonius et les avait mal disposés envers lui.

L'auteur montre que, en matière de sagesse et dans tous les autres domaines, les Brahmanes indiens sont beaucoup supérieurs aux Gymnes éthiopiens. Ceux-ci, dit-il, vivent en plein air et à ciel ouvert sur une colline de faible altitude à courte distance de la rive du Nil. Apollonius se rendit chez eux en partant de la mer et en traversant le Nil[4].

1. L'extrait 329 b 7-32 correspond dans l'ensemble à VI, 1, t. II, p. 2-4. Photius a omis deux membres de phrase tout en gardant un texte cohérent, et la seule variante importante a été notée *supra*, p. 186, note 3.

2. 329 b 33-330 a 2 reprend, en l'adaptant au style indirect, VI, 2, t. II, p. 4-6, jusqu'aux deux tiers du chapitre dont le début est résumé.

3. 330 a 3-5 reproduit en style indirect le début de VI, 3, t. II, p. 8.

4. Ici (330 a 5-18), le texte de Photius ne suit plus celui de Philostrate à la lettre, mais il résume, dans un ordre tout relatif, le contenu de VI, 6-7, t. II, p. 20-22.

γὰρ φύλακες ἐν ἑκατέρᾳ ᾄδονται, τὸ χρυσόγεων τῶν ἠπείρων ἀσπαζόμενοι.

Αἰθιόπων δὲ καὶ Αἰγυπτίων ὅρια τὸ καλούμενον Συκάμινον· οὗ παραγεγονότα τὸν Ἀπολλώνιον χρυσῷ τε ἀσήμῳ φησὶν ἐντυχεῖν καὶ λίνῳ καὶ ἐλέφαντι καὶ ῥίζαις καὶ μύρῳ καὶ ἀρώμασι, κεῖσθαι δὲ πάντα ἀφύλακτα ἐν ὁδῷ σχιστῇ. Ἡ δὲ αἰτία αὕτη· ἀγορὰν Αἰθίοπες ἀπάγουσιν ὧν Αἰθιοπία δίδωσιν· οἱ δὲ ἀνελόμενοι πᾶσαν ξυμφέρουσιν εἰς τὸν αὐτὸν χῶρον ἀγορὰν Αἰγυπτίαν ἴσου ἀξίαν, ὠνούμενοι τῶν αὐτοῖς ὄντων τὰ οὐκ ὄντα. Οἱ δὲ τὰ ὅρια τῶν ἠπείρων οἰκοῦντες οὔπω [330 a] μέλανες, ἀλλ' ὁμόφυλοι τὸ χρῶμα· μελαίνονται γὰρ οἱ μὲν ἧττον Αἰθιόπων, οἱ δὲ μᾶλλον Αἰγυπτίων.

Ἐντεῦθέν φησι τὸν Ἀπολλώνιον χωρεῖν ἐπὶ Μέμνονος, ἡγεῖσθαι δὲ αὐτοῖς μειράκιον Αἰγύπτιον, Τιμασίων ὄνομα. Κακῶς δέ φησι πεπραχέναι Ἀπολλώνιον ἀφικόμενον ἐς τοὺς τῶν Αἰθιόπων γυμνούς, καὶ οὐχ ὅμοια ὧν ἐξενίσθη παρὰ τοῖς τῶν Ἰνδῶν Βραχμᾶσι. Τὸ δὲ αἴτιον, φησίν, ὅτι Εὐφράτης τις φιλοσοφεῖν ἐπιτηδεύων καὶ εἰς διαφορὰν ἐλθὼν Ἀπολλωνίῳ, τὰς ἀκοὰς τῶν Γυμνῶν ταῖς κατὰ Ἀπολλωνίου προκατασχὼν διαβολαῖς, κακῶς αὐτοὺς πρὸς αὐτὸν διακεῖσθαι παρεσκεύασε.

Πολλῷ δὲ κρείττους ἐπὶ σοφίᾳ τε καὶ τοῖς ἄλλοις τοὺς παρὰ Ἰνδοῖς Βραχμᾶνας τῶν παρὰ Αἰθίοψι Γυμνῶν ἀποφαίνεται. Οἰκεῖν δὲ τοὺς Γυμνοὺς ὑπαιθρίους φησὶ καὶ ὑπὸ τῷ οὐρανῷ αὐτῷ, ἐπί τινος δὲ γηλόφου ξυμμέτρου, μικρὸν ἀπὸ τῆς ὄχθης τοῦ Νείλου. Ἐποιήσατο δὲ τὴν πρὸς αὐτοὺς ὁδὸν Ἀπολλώνιος ἀπὸ θαλάσσης καὶ διὰ τοῦ Νείλου.

35 καὶ λίνῳ M : *om.* A.

[330 a] Μέμνονος Philostratus : Μένωνος Photius ‖ **5** Ἀπολλώνιον AM : Ἀπολλώνιος A² *v. l.* ‖ **6** ἀφικόμενον A³ *v. l.* M : ἀφικόμενος A ‖ **15** φησὶ A : φασὶ M.

Après avoir, lui et ses compagnons, passé quelque temps à s'entretenir avec les Gymnes[1], ils prirent le chemin des montagnes sur la rive gauche du Nil et virent les merveilles mémorables que voici. Les monts Katadoupes sont des montagnes de terre qui ressemblent au Tmolos lydien ; le cours du Nil en dévale, arrachant la terre dont il fait l'Égypte. Le fracas du courant qui sort des montagnes et se jette dans le lit du Nil en grondant paraît pénible et insupportable à l'oreille et beaucoup de gens qui s'en sont trop approchés en sont revenus sourds[2].

Apollonius et ses compagnons, en poursuivant leur marche, virent des mamelons qui portaient des arbres dont les Éthiopiens considèrent les feuilles, l'écorce et la résine comme un fruit. Ils voyaient aussi des lions, des panthères et d'autres fauves du même genre à peu de distance du chemin ; aucune de ces bêtes ne les attaquait, mais elles s'écartaient vivement d'eux comme si elles avaient peur des hommes. On voyait aussi en grand nombre des cerfs, des gazelles, des oiseaux et des ânes et, plus nombreux encore, des bœufs sauvages et des bœufs-boucs ; ces animaux sont un composé de cerf et de bouc et de l'animal dont ils tirent leur nom. Ils trouvaient sur leur chemin des squelettes ou des cadavres à moitié dévorés de ces animaux, car les lions, quand ils sont repus de leur proie chaude, en dédaignent les restes, [330 b] confiants sans doute dans une autre chasse[3].

Là vivent les Éthiopiens nomades qui ont leur habitat sur des chariots ; leurs voisins sont des chasseurs d'éléphants ; ils dépècent ce gibier et le vendent ; de là leur nom parce qu'ils mangent de l'éléphant. Les Nasamons,

1. Les discussions entre Apollonius et les Gymnes sont relatées chez Philostrate, VI, 10-22, t. II, p. 28-100.

2. 330 a 20-28 = VI, 23, t. II, p. 100. Avec ce passage, Photius se remet à faire des extraits plus ou moins textuels.

3. 330 a 29-b 2 reprend le texte de VI, 24, t. II, p. 100-102. Il y a une variante à signaler : là où Photius écrit τράγου (330 a 39), on lit chez Philostrate ταύρου.

Συνδιατρίψας δὲ ἐπ' ὀλίγον χρόνον τοῖς Γυμνοῖς καὶ προσειπὼν ἅμα τοῖς σὺν αὐτῷ, ἐπορεύοντο τὴν ἐς τὰ ὄρη τείνουσαν ἀριστεροὶ τοῦ Νείλου, τάδε ὁρῶντες λόγου ἄξια. Οἱ Κατάδουποι γεώδη ὄρη, παραπλήσια τῷ Λυδῷ Τμώλῳ· κατάρρους δὲ ἀπ' αὐτῶν φέρεται Νεῖλος, ἣν ἐπισπᾶται γῆν ποιῶν Αἴγυπτον. Ἡ δὲ ἠχὼ τοῦ ῥεύματος καταρρηγνυμένου τῶν ὀρῶν, καὶ ψόφῳ ἅμα ἐς τὸν Νεῖλον ἐκπίπτοντος, χαλεπὴ δοκεῖ καὶ οὐκ ἀνεκτὴ ἀκοῦσαι· καὶ πολλοὶ τῶν πρόσω τοῦ μετρίου προσελθόντες ἀνέζευξαν ἀποβαλόντες τὸ ἀκούειν.

Προϊόντι δὲ τῷ Ἀπολλωνίῳ καὶ τοῖς ἀμφ' αὐτὸν μαστοὶ ὀρῶν ἐφαίνοντο παρεχόμενοι δένδρα, ὧν Αἰθίοπες τὰ φύλλα καὶ τὸν φλοιὸν καὶ τὸ δάκρυον καρπὸν ἡγοῦνται. Ἑώρων δὲ καὶ λέοντας ἀγχοῦ τῆς ὁδοῦ καὶ πορδάλεις καὶ τοιαῦτα θηρία ἕτερα· ἐπῄει δὲ οὐδὲν αὐτοῖς, ἀλλ' ἀπεπήδα σφῶν ὥσπερ ἐκπεπληγμένα τοὺς ἀνθρώπους. Ἔλαφοι δὲ καὶ δορκάδες καὶ στρουθοὶ καὶ ὄνοι, πολλὰ μὲν καὶ ταῦτα ἑωρᾶτο, πλεῖστα δὲ οἱ βόαγροί τε καὶ οἱ βούτραγοι· σύγκειται δὲ τὰ θηρία ταῦτα, τὸ μὲν ἐλάφου τε καὶ τράγου, τὸ δὲ ἀφ' οὗπερ τὴν ἐπωνυμίαν ᾕρηκε. Καὶ ὀστοῖς δὲ τούτων ἐνετύγχανον καὶ ἡμιβρώτοις σώμασιν· οἱ γὰρ λέοντες, ἐπειδὰν θερμῆς τῆς θήρας ἐμφορηθῶσιν, ἀτιμάζου-
[330 b] σιν αὐτῆς τὰ περιττά, πιστεύοντες οἶμαι τῷ καὶ αὖθις θηράσειν.

Ἐνταῦθα νομάδες οἰκοῦσιν Αἰθίοπες ἐφ' ἁμαξῶν πεπολισμένοι, καὶ πλησίον τούτων οἱ τοὺς ἐλέφαντας θηρῶντες· κατακόπτοντες δὲ αὐτοὺς ποιοῦνται ἀγοράν, ὅθεν ἐπώνυμοί εἰσι τῆς τῶν ἐλεφάντων βρώσεως.

20 αὐτῷ *edd.* : αὑτῷ *codd.* || **23** Λυδῷ A : Λυδῶν M || **28** προσελθόντες M : προελθόντες A || ἀποβαλόντες *edd.* : ἀποβάλλοντες *codd.* || **33** πορδάλεις A : παρδάλεις M.

[330 b] **1** τῷ Philostratus : τὸ Photius || **2** θηράσειν M : θηράσαι A || **3** ἐφ' A : ἐπ' M || **4** πεπολισμένοι A : πεπολιωμένοι M.

les Anthropophages, les Pygmées et les Skiapodes sont aussi des peuplades éthiopiennes ; ils étendent leur habitat jusqu'à la mer d'Éthiopie sur laquelle ils ne naviguent que quand ils y sont emportés malgré eux[1].

Comme nos gens parlaient des bêtes sauvages et discutaient de la nature qui nourrit chaque être vivant d'une façon différente, un bruit frappait leurs oreilles ; c'était comme un tonnerre qui n'en est pas encore au craquement sec mais dont le bruit sourd s'étouffe encore au creux de la nue. Et Timasion dit : « Nous sommes à proximité de la cataracte qui est la première pour ceux qui remontent la vallée du Nil et la dernière pour ceux qui la descendent. Il existe en effet quatre cataractes ». Après une marche d'environ dix stades, ils virent, disent-ils, un cours d'eau qui jaillissait de la montagne et qui n'était pas moindre que le Marsyas et le Méandre au premier point de leur confluent. En s'avançant plus loin, ils ne virent plus de bêtes, car elles ont une peur instinctive du bruit et elles vivent près des eaux calmes plutôt que près des rivières torrentueuses et bruyantes ; et ils entendirent une autre cataracte environ quinze stades plus loin et son bruit était déjà pénible et insupportable à l'oreille car elle était deux fois plus importante que la précédente et elle tombait de montagnes encore plus hautes. Damis rapporte que lui-même et quelques autres en furent tellement assourdis qu'ils battirent en retraite en demandant à Apollonius de ne pas s'approcher davantage, mais celui-ci, courageusement, avec Timasion et un autre compagnon qui s'appelait Nil, atteignit la troisième cataracte sur laquelle, à son retour, il raconta ce qui suit.

Là, des pics dominaient le Nil à une hauteur de plus de huit stades ; la rive qui faisait face aux montagnes présentait une falaise abrupte taillée dans la pierre d'une façon extraordinaire ; les sources, suspendues au haut des montagnes, tombaient sur la falaise rocheuse pour retomber de là dans le lit du Nil en une écume toute blanche ;

1. 330 b 3-10 = VI, 25, t. II, p. 102. Ici encore, une variante mérite d'être signalée : là où Photius écrit βρώσεως (330 b 7), le texte de Philostrate offre πράσεως.

Νασαμῶνες δὲ καὶ Ἀνδροφάγοι καὶ Πυγμαῖοι καὶ Σκιάποδες, ἔθνη μὲν Αἰθιόπων καὶ οἵδε, καθήκουσι δὲ ἐς τὸν Αἰθίοπα Ὠκεανόν, ὃν μόνον ἐσπλέουσιν ἀπενεχθέντες ἄκοντες.

Διαλεγομένους δὲ ὑπὲρ τῶν θηρίων τοὺς ἄνδρας καὶ φιλοσοφοῦντας ὑπὲρ τῆς φύσεως ἄλλο ἄλλως βοσκούσης, ἠχὼ προσέβαλλεν οἷον βροντῆς οὔπω σκληρᾶς ἀλλὰ κοίλης ἔτι καὶ ἐν τῷ νέφει. Καὶ ὁ Τιμασίων· « Ἐγγύς, ἔφη, ὁ καταρράκτης ὁ πρῶτος μὲν ἀνιόντων, ὕστατος δὲ κατιόντων. Τέσσαρες δ' ἄρα οἱ καταρράκται ». Στάδια δὲ ἴσως προελθόντες δέκα ἰδεῖν φασι ποταμὸν ἐκδιδόμενον τοῦ ὄρους, μείω οὐδὲν ἢ ἐν πρώταις συμβολαῖς ὁ Μαρσύας καὶ ὁ Μαίανδρος. Χωροῦντες δὲ πρόσω θηρία μὲν οὐκέτι ὁρᾶν (ψοφοδεᾶ γὰρ φύσει ὄντα προσοικεῖν τοῖς γαληνοῖς ὕδασι μᾶλλον ἢ τοῖς ῥαγδαίοις τε καὶ ἐνήχοις), ἑτέρου δὲ καταρράκτου ἀκοῦσαι μετὰ πεντεκαίδεκά που στάδια, χαλεποῦ ἤδη καὶ οὐκ ἀνεκτοῦ ἀκοῦσαι· διπλάσιον μὲν γὰρ εἶναι αὐτὸν τοῦ προτέρου, ὀρῶν δὲ ὑψηλοτέρων ἐκπίπτειν. Ἑαυτὸν μὲν οὖν καί τινας τῶν ἑτέρων οὕτω τι ἐγκτυπηθῆναι τὰ ὦτά φησιν ὁ Δάμις, ὡς αὐτός γε ἀναζεῦξαι τοῦ τε Ἀπολλωνίου δεῖσθαι μὴ πρόσω χωρεῖν. Τὸν δὲ ἐρρωμένως ξύν τε τῷ Τιμασίωνι καὶ ἑτέρῳ τινὶ τοὔνομα Νείλῳ τοῦ τρίτου καταρράκτου ἔχεσθαι περὶ οὗ τάδε ἀπαγγεῖλαι ἥκοντα.

Ἐπικρεμᾶσθαι μὲν τῷ Νείλῳ κορυφὰς ἐκεῖ σταδίων μάλιστα ὀκτὼ ὕψος, τὴν δὲ ὄχθην τὴν ἀντικειμένην τοῖς ὄρεσιν, ὀφρὺν εἶναι λιθοτομίας ἀρρήτου, τὰς δὲ πηγὰς ἀποκρεμαννυμένας τῶν ὀρῶν ὑπερπίπτειν εἰς τὴν πετρώδη ὄχθην, ἀναχεῖσθαι δὲ ἐκεῖθεν ἐς τὸν Νεῖλον κυμαίνουσάς τε καὶ

19 χωροῦντες A : χωροῦντας M ‖ **22** τε A : *om.* M ‖ **25** ὀρῶν M : ὁρῶν A ‖ **26** ἑτέρων AM : ἑταίρων A² ‖ **36** ἐς A : *om.* M ‖ κυμαίνουσάς A²M : *quid prius praeb.* A *non liquet.*

les sensations qu'on éprouve dans la proximité de ces chutes sont beaucoup plus fortes que les précédentes et l'écho qui en retentit dans les montagnes est insupportable pour l'oreille et empêche d'observer le cours du fleuve. Quant au chemin qui pousse plus loin vers les premières sources, ils le disent impraticable et on [331 a] ne peut s'en faire une idée ; beaucoup de poèmes traitent de divinités, un peu dans le genre de ce que Pindare a chanté avec talent sur le dieu qu'il situe à ces sources et qui règle le cours du Nil*.

L'empereur Domitien, dit l'auteur, interdit par une loi d'émasculer des hommes et de planter des vignes ; il fit même couper celles qui existaient. Apollonius aurait dit à ce propos : « Pour moi, je n'ai besoin ni de parties sexuelles ni de vin, mais cet excellent homme n'a pas vu qu'en épargnant les humains, il châtrait la terre »[1].

Dans son septième et son huitième livres, Philostrate vante la liberté de langage d'Apollonius à l'égard des puissants et surtout à l'égard de Domitien ; il dit comment il fut mis en accusation et se présenta spontanément au tribunal, comment on le garda sans l'enchaîner, comment, plus tard, il fut mis aux fers et se libéra, comment il se défendit et quitta le tribunal. Après ce récit, il assure qu'Apollonius ne donnait pas le moins du monde dans la magie et que personne ne l'avait plus en aversion que lui et pourtant il écrit à son sujet nombre de choses extraordinaires et il dit que sa mort fut mystérieuse et fit beaucoup de bruit ; il en aurait eu le souci toute sa vie. Philostrate rapporte en effet qu'il ne cessait de dire : « Vis dans le secret ou du moins meurs dans le secret ». Il dit que cet homme a vécu dans la vertu et qu'il a imité toute sa vie la sagesse de Pythagore[2].

Ce Philostrate a une façon de s'exprimer qui est pleine de douceur et d'une très grande variété ; son vocabulaire est approprié à ce genre de style ; les tournures syn-

1. 331 a 5-10 reproduit librement VI, 42, t. II, p. 138-140.

2. Le survol des livres VII et VIII se comprend : un chrétien ne devait pas être curieux des « miracles » d'un païen. Les extraits qui figurent en 334 a 38-338 a 19 sont étrangers aux « performances » du thaumaturge.

λευκάς, τὰ δὲ πάθη τὰ περὶ αὐτὰς ξυμβαίνοντα πολλαπλασίας ἢ αἱ πρότεραι οὔσας, καὶ τὴν πηδῶσαν ἐκ τούτων ἠχὼ ἐς τὰ ὄρη δυσήκοον ἐργάζεσθαι τὴν ἱστορίαν τοῦ ῥεύματος. Τὴν δὲ πρόσω ὁδὸν τὴν ἐπὶ τὰς πρώτας πηγὰς ἄγουσαν ἄπορον μὲν ἐλθεῖν φασιν, [331 a] ἄπορον δὲ ἐνθυμηθῆναι· πολλὰ γὰρ καὶ περὶ δαιμόνων ᾄδουσιν, οἷα καὶ Πινδάρῳ κατὰ σοφίαν ὕμνηται περὶ τοῦ δαίμονος, ὃν ταῖς πηγαῖς ταύταις ἐφίστησιν ὑπὲρ ξυμμετρίας τοῦ Νείλου.

Ὅτι Δομετιανόν φησι τὸν βασιλέα νομοθετῆσαι εὐνούχους τε μὴ ποιεῖν καὶ ἀμπέλους μὴ φυτεύειν, ἀλλὰ καὶ τὰς οὔσας ἐκτέμνειν. Εἰπεῖν δὲ πρὸς ταῦτα τὸν Ἀπολλώνιον ὡς· « Ἐγὼ μὲν ἴσως οὔτε αἰδοίων δέομαι οὔτε οἴνου, λέληθε δὲ ὁ θαυμασιώτατος τῶν μὲν ἀνθρώπων φειδόμενος, τὴν δὲ γῆν εὐνουχίζων ».

Ὅτι ἐν τῷ ζʹ καὶ ηʹ λόγῳ ὁ Φιλόστρατος τὴν πρὸς τοὺς τυράννους καὶ μάλιστα πρὸς Δομετιανόν, τοῦ Ἀπολλωνίου παρρησίαν ἐξυμνήσας, καὶ εἰπὼν ὅπως τε ἐγράφη καὶ ὅπως αὐτόκλητος ἐπὶ τὴν δίκην ἧκεν, ὅπως τε γέγονεν ἀδέσμῳ φρουρᾷ, καὶ ὅπως ὕστερον ἐδέθη καὶ ἐλύθη καὶ ἀπελογήσατο καὶ τοῦ δικαστηρίου ἀπέστη, ταῦτα εἰπών, καὶ μαγικῆς οὐδ' ὁπωστιοῦν μετασχεῖν, ἀλλὰ καὶ εἴ τις ἄλλος μυσάττεσθαι ταύτην ἀπισχυρισάμενος, καίτοι πολλὰ τερατώδη γράφων περὶ αὐτοῦ, τὸν θάνατον ἄδηλον καὶ πολύφημον ἀναγράφει γενέσθαι, αὐτοῦ ἐκείνου τούτου καὶ ζῶντος ἐν μελέτῃ ποιουμένου. Φησὶ γὰρ αὐτὸν λέγειν ἀεί· « Λάθε βιώσας· εἰ δὲ μή, λάθε ἀποθανών ». Ἀρεταῖς λέγει συνεζηκέναι τὸν ἄνδρα, καὶ τὴν Πυθαγόρου διὰ βίου σοφίαν ἐζηλωκέναι.

Οὗτος δ' ὁ Φιλόστρατος ἀπαγγελίᾳ μὲν κέχρηται γλυκείᾳ καὶ ποικιλωτάτῃ καὶ λέξεσιν ἐμπρεπούσαις φρά-

[331 a] **8** ἐφίστησιν M : ἀφίστησιν A ‖ **14** ἐπὶ A : πρὸς M ‖ **17** ὁπωστιοῦν A² : ὅπως τις αὐτὸν M *quid prius praeb.* A *non liquet* ‖ **20** ἀναγράφει A : ἔφη M ‖ **21** ἐκείνου AM : ἐκεῖνο A².

taxiques dont il use sont néanmoins de celles que jamais personne n'a employées dans le monde des écrivains, car elles semblent plutôt être une absence de syntaxe qu'être une syntaxe de quelque façon que ce soit. Mais cet auteur, dont nous savons qu'il était des plus instruit, ne se serait pas laissé aller à innover d'une façon aussi étrange en syntaxe par des infractions à la règle, mais il s'agit de tournures dans lesquelles certains auteurs plus anciens se sont exprimés rarement et que lui a utilisées ; il en a usé jusqu'à satiété, les employant en abondance, non sans motif, mais pour produire de l'agrément, car ces façons de parler ont de l'attrait et du charme[1].

Extraits de la même biographie qui ont été laissés de côté et qui se signalent par la beauté des mots et des tournures.*

[331 b] Pythagore lui-même et Démocrite aussi ont fréquenté des mages et tenu beaucoup de propos inspirés, mais ils ne se sont pas laissé entraîner à pratiquer leur art[2]. Qui ignore qu'Anaxagore, aux Jeux Olympiques, alors qu'il ne tombait pas une goutte d'eau, passa au stade abrité sous une peau pour prédire la pluie[3]? par quoi il gagna la réputation d'un être divin et supra-terrestre[4]. Par son art de magicien[5].

Pour moi qui suis aussi de son cercle ; en effet, il appréciait toutes les productions de l'art oratoire et il s'y attachait[6]. Par qui, on peut apprendre quel sage inspiré il fut[7].

Donc, les cygnes que nourrissait le pré se rangèrent en chœur autour de la mère d'Apollonius qui était endormie et, battant des ailes comme ils ont l'habitude de le faire, ils se mirent à crier tous ensemble tandis qu'un peu de zéphyr courait dans le pré. La femme, réveillée en sursaut par leurs chants, accoucha. Mais toute émotion peut provoquer un accouchement, voire avant terme[8].

Et les yeux de tous se tournaient vers lui[9].

Tous sont portés à la raillerie et à l'outrage[10], et les Athéniens ont donné plus d'attention au linge qu'à la

1. Appréciation personnelle à Photius. Cf. Orth, *Stilkritik*, p. 50.
2. I, 2, t. I, p. 6. — 3. I, 2, t. I, p. 6. — 4. I, 2, t. I, p. 8. — 5. I, 2, t. I, p. 8. — 6. I, 3, t. I, p. 10. — 7. I, 6, t. I, p. 10.

σει τοιαύτῃ, συντάξεσι μέντοι γε τοιαύταις οἵαις οὐκ ἄν τις ἄλλος ἐς τὸ συγγράφειν τεταγμένος· δοκοῦσι γάρ πως ἀσυνταξίαις μᾶλλον ἐοικέναι ἢ συντάξεως ὁτιοῦν μετέχειν. Οὗτος δ' ἴσμεν ὁ ἀνὴρ ὡς πολυμαθέστατος ὢν οὐκ ἂν διαμαρτίᾳ τοῦ ὀρθοῦ εἰς ταύτην ἐξηνέχθη τὴν ἰδιότροπον τῶν συντάξεων καινοτομίαν, ἀλλ' ἅ τισι τῶν ἀρχαιοτέρων σπανιάκις ἴσως εἴρηται, τούτοις οὗτος εἰς κόρον ἀπεχρήσατο, πεπαρρησιασμένην αὐτῶν τὴν χρῆσιν ἐπιδεικνύμενος, καὶ οὐδ' εἰς μάτην, ἀλλὰ τοῦ ἡδέος χάριν· ἔχουσι γὰρ καὶ τὰ τοιαῦτα τῶν λόγων τὸ ἐπαγωγὸν καὶ ἐπαφρόδιτον.

Ἐκ τοῦ αὐτοῦ βίου ὅσα παρεῖται κάλλει ῥημάτων καὶ συνθήκης διαλάμποντα.

[331 b] Καὶ Πυθαγόρας αὐτὸς καὶ Δημόκριτος ὁμιλήσαντες μάγοις, καὶ πολλὰ δαιμόνια εἰπόντες, οὔπω ὑπήχθησαν τῇ τέχνῃ. Καὶ τίς οὐκ οἶδε τὸν Ἀναξαγόραν Ὀλυμπιάσι μέν, ὁπότε ἥκιστα ὕοι, παρελθόντα ὑπὸ κωδίῳ εἰς τὸ στάδιον ἐπὶ προρρήσει ὄμβρου; Ὑφ' ᾧ ἔψαυσε τοῦ θεεῖς τε καὶ δαιμόνιος εἶναι. Τῇ μάγῳ τέχνῃ. Μετέχοντι δέ μοι τοῦ περὶ αὐτὴν κύκλου· καὶ γὰρ τοὺς ῥητορικοὺς πάντας λόγους ἐπῄνει καὶ ἠσπάζετο. Παρ' ὧν ὑπάρχει μαθεῖν ὡς ὑποθειάζων τὴν φιλοσοφίαν ἐγένετο. Κύκνοι τοίνυν, οὓς ὁ λειμὼν ἔβοσκε, χορὸν στήσαντες περὶ τὴν Ἀπολλωνίου μητέρα καθεύδουσαν, καὶ τὰς πτέρυγας (ὥσπερ εἰώθασιν) ἄραντες, ἀθρόον ἤχησαν· καὶ γάρ τι καὶ ζεφύρου ἦν ἐν τῷ λειμῶνι. Ἡ δὲ ἐξέθορέ τε ὑπὸ τῆς ᾠδῆς καὶ ἀπέτεκεν. Ἱκανὴ δὲ πᾶσα ἔκπληξις μαιεύσασθαι καὶ πρὸ τῆς ὥρας. Ὀφθαλμοὶ δὲ πάντες ἐς αὐτὸν ἐφέροντο.

Σκωπτόλαι τε καὶ ὑβρισταὶ πάντες· καὶ δεδώκασι τῇ ὀθόνῃ μᾶλλον πάντες ἢ σοφίᾳ Ἀθηναῖοι.

33 ἀλλ' ἃ A : ἀλλὰ M ‖ **38-39** ἐκ τοῦ — διαλάμποντα A[1] *mg* M : *om.* A.

[331 b] **18** μᾶλλον *edd.* : *om. codd.*

sagesse[1]. Où il y avait des jardins d'un goût délicat[2]. L'expression cilicienne : « Où cours-tu ? Voir l'éphèbe ? » se disait d'Apollonius et passa en proverbe[3]. Sa fortune, qui était magnifique, il la partagea au sort avec son frère[4]. Car, dans ce temple, résonnait l'écho de toute philosophie[5]. Comme Euxène demandait à Apollonius pourquoi il n'écrivait pas alors qu'il s'exprimait d'une façon agréable et vive[6] : « C'est, dit-il, parce que je n'ai pas encore fait silence ».

C'était la famine ; on ne pouvait acheter que des fèves et le strict nécessaire en aliments les nourrissait[7]. Aucune des sources ne coulait[8]. La terre produisait des pousses de cyprès[9].

Apollonius pratiqua une éloquence qui n'avait rien de dithyrambique et qui ne s'enflait pas de mots poétiques ; elle n'était pas, d'autre part, efféminée ni marquée d'un excès d'atticisme ; il pensait, en effet, que l'atticisme qui passe la mesure était une faute de goût[10]. Ses sentences étaient brèves et lapidaires, les termes en étaient justes et naturellement appropriés aux choses et ses paroles avaient le même retentissement que si elles étaient dites par un roi[11]. Il arriva à l'antique Ninive où se dresse une statue d'allure barbare ; c'est celle d'Io, fille d'Inachos ; des cornes naissantes saillent de ses tempes[12]. [332 a] Damis considérait Apollonius comme un être divin ; il vivait auprès de lui en accroissant sa sagesse et il gardait en mémoire ce qu'il apprenait. L'Assyrien avait la parole modeste ; car il n'avait pas le don d'éloquence[13]. En effet, des gens d'Érétrie habitent en Médie ; ils ne sont pas loin de Babylone pour un bon marcheur[14].

Les Barbares qui habitaient aux environs du coteau que les gens d'Érétrie ensemençaient pillaient ce qui y poussait ; ils y survenaient au moment de la moisson et ceux

1. I, 7, t. I, p. 7.

2. I, 7, t. I, p. 18. Le mot προαστεῖον que Bekker imprime p. 331 b 19 est dans le texte de Philostrate, mais il n'est ni dans A ni dans M.

3. I, 8, t. I, p. 20. L'*éphèbe*, c'est Apollonius jeune qui menait une vie d'ascète dans le temple d'Aegae et qu'on venait admirer en foule.

4. I, 13, t. I, p. 30-32.

Ἐν ᾧ κῆποι ἁπαλοὶ ἦσαν. Ὅ τε Κιλίκιος λόγος « ποῖ τρέχεις; ἢ ἐπὶ τὸν ἔφηβον; » ἐπὶ Ἀπολλωνίῳ τε ἐλέγετο καὶ παροιμιώδη τιμὴν ἔσχε. Τὴν δὲ οὐσίαν λαμπρὰν οὖσαν διέλαχε πρὸς τὸν ἀδελφόν. Φιλοσοφίας γὰρ πάσης ἠχὼ ἐν αὐτῷ ἦν. Ὅτι ἐρομένου τὸν Ἀπολλώνιον τοῦ Εὐξένου τί δῆτα οὐ ξυγγράφοι, καίτοι ἀπαγγελίᾳ χρώμενος δοκίμῳ τε καὶ διεγηγερμένῃ · « Ὅτι οὔπω, ἔφη, ἐσιώπησα ». Καὶ λιμὸς ἦν, ὄροβοι δὲ ὤνιοι, καὶ τὰ εἰς βρῶσιν ἀναγκαῖα διέβοσκεν αὐτούς. Κελαρύζει τῶν πηγῶν οὐδεμία. Κυπαρίττου τι ἔρνος ἡ γῆ ἔδωκεν. Ὅτι ὁ Ἀπολλώνιος λόγων ἰδέαν ἐπήσκησεν οὐ διθυραμβώδη καὶ φλεγμαίνουσαν ποιητικοῖς ὀνόμασιν, οὐδ' αὖ κατεγλωττισμένην καὶ ὑπεραττικίζουσαν · ἀηδὲς γὰρ τὸ ὑπὲρ τὴν μετρίαν Ἀτθίδα ἡγεῖτο. Καὶ αἱ δόξαι βραχεῖαι καὶ ἀδαμάντινοι · κύριά τε ὀνόματα καὶ προσπεφυκότα τοῖς πράγμασι · καὶ τὰ λεγόμενα ἠχὼ εἶχεν ὥσπερ ἀπὸ σκήπτρου θεμιστευόμενα. Καὶ ἀφικνεῖται ἐς τὴν ἀρχαίαν Νῖνον, ἐν ᾗ ἄγαλμα ἵδρυται τρόπον βάρβαρον. Ἔστιν Ἰὼ ἡ Ἰνάχου, καὶ κέρατα τῶν κροτάφων ἐκκρούει μικρὰ καὶ οἷα μέλλοντα. Ὁ μὲν δὴ Δάμις ὥσπερ [332 a] δαίμονα τὸν Ἀπολλώνιον ἔβλεπε, συνῆν τε αὐτῷ ἐπιδιδοὺς τὴν σοφίαν καὶ ὅτι μάθοι μνημονεύων. Φωνὴ δὲ ἦν τῷ Ἀσσυρίῳ συμμέτρως πράττουσα · τὸ γὰρ λογοειδὲς οὐκ εἶχεν. Οἰκοῦσι γὰρ Ἐρετριεῖς ἐν τῇ Μηδικῇ, Βαβυλῶνος οὐ πολὺ ἀπέχοντες δρομικῷ ἀνδρί.

Οἱ πρόσοικοι τῷ λόφῳ βάρβαροι σπειρόντων τῶν Ἐρετριέων αὐτόν, ἐληΐζοντο τὰ φυόμενα περὶ τὸ θέρος

20 ἔφηβον M : ἔφηβον ἢ A ‖ **21** ἐλέγετο A : ἐγένετο M ‖ **26** ἐσιώπησα A : ἐσιώπα M ‖ **27** εἰς A : ἐς M ‖ **29** ἔδωκεν A : ἀνέδωκεν M ‖ ὁ A : *om.* M ‖ **32** ὑπεραττικίζουσαν A : ἀττικίζουσαν M ‖ **37** ἔστιν A : ἔστι δὲ ἄρα M.

[332 a] **3** συμμέτρως M : συμμέτρῳ A σὺν μέτρῳ A² ‖ **6** βάρβαροι σπειρόντων AM : βαρβάροις περ ὄντων A² ‖ **7** αὐτὸν A²M : αὐτῶν A.

qui avaient labouré devaient supporter la famine au profit d'autrui[1]. Ils disent avoir vu une chambre d'homme dont le plafond était fait en coupole et ressemblait à une voûte céleste ; il était couvert de lapis-lazzuli ; cette pierre est d'un bleu très sombre et offre à l'œil la couleur du ciel[2]. Et lui, après un moment : « Demain, Damis, tu pourrais apprendre que les eunuques aussi sont sujets à l'amour et le désir qui pénètre en eux par les yeux ne s'éteint pas, mais il y demeure avec sa chaleur et son ardeur... Et si quelque moyen humain était le maître et pouvait chasser pareils objets de l'esprit... Ils vivaient du moins sous les regards de la vertu. A présent, on le surprend couché avec la femme et faisant l'homme »[3].

Mais puisse-t-il atteindre l'oiseau que Prométhée nourrissait de ses entrailles[4] !

Ils rencontrèrent des gens montés sur des éléphants. Ce sont les habitants de la région qui s'étend entre le Caucase et le fleuve Cophen, peuplades sans ressources et qui se servent de ces bêtes comme montures[5]. Ils écoutèrent sa parole et furent heureux de festoyer[6]. Nysa, il l'a, dit-il, plantée pour Dionysos en apportant de Thèbes la bouture de vigne[7]. Alexandre aimait les honneurs et c'était un fervent des choses anciennes[8]. Les éléphants vivent plus de trois cent cinquante ans ; l'expérience le montre[9].

Car si les lions surprennent les lionnes à avoir mis bas des petits de panthères, ils déchirent ces petits et mettent la progéniture en pièces parce qu'elle est bâtarde[10]. Au point de n'accepter aucune nourriture trois jours durant à cause de la mort de ses petits, bien qu'elle soit la plus vorace des bêtes[11]. Les éléphants les plus petits marchent en avant car ils ne pourraient gêner la marche des plus gros parce qu'ils s'enfoncent moins dans le sol[12].

1. I, 24, t. I, p. 72-74. — 2. I, 25, t. I, p. 76. Cf. 324 a 13-17, *supra*, p. 171.

3. Ce passage combine plusieurs petits morceaux empruntés à I, 33, t. I, p. 94-I, 36, t. I, p. 104.

4. II, 3, t. I, p. 122. — 5. II, 6, t. I, p. 128. Cf. 324 b 22-27, *supra*, p. 172. — 6. II, 7, t. I, p. 134. — 7. II, 9, t. I, p. 136-138. — 8. II, 9, t. I, p. 138.

ἥκοντες, καὶ πεινῆν ἔδει γεωργοῦντας ἑτέροις. Φασὶ δὲ καὶ ἀνδρῶνι ἐντυχεῖν, οὗ τὸν ὄροφον ἐς θόλου ἀνῆχθαι σχῆμα, οὐρανῷ τινι εἰκασμένον. Σαπφειρίνῃ δὲ αὐτὸν κατηρέφθαι λίθῳ· κυανωτάτη δὲ ἡ λίθος καὶ οὐρανία ἰδεῖν. Ὁ δὲ βραχὺ ἐπισχών· « Αὔριον, ἔφη, ὦ Δάμι, μάθοις ἂν ὅτι καὶ εὐνοῦχοι ἐρῶσι, καὶ τὸ ἐπιθυμητικόν, ὅπερ εἰσάγονται διὰ τῶν ὀφθαλμῶν, οὐκ ἀπομαραίνεται σφῶν, ἀλλ' ἐμμένει θερμόν τε καὶ ζώπυρον. Εἰ δὲ καὶ τέχνη τις ἦν ἀνθρωπεία τύραννος καὶ δυνατὴ τὰ τοιαῦτα ἐξωθεῖν τῆς γνώμης. Ἔζων γε ὑπὸ τοῖς τῆς ἀρετῆς ὀφθαλμοῖς. Νῦν δὲ καὶ ξυγκατακείμενον εὑρηκέναι καὶ ἀνδριζόμενον ἐπὶ τὴν γυναῖκα ». Ἀλλὰ τοξεύσειε τὸν ὄρνιν, ὃν ἔβοσκεν ὁ Προμηθεύς τοῖς σπλάγχνοις. Ἐντυγχάνουσιν ἐπ' ἐλεφάντων ὀχουμένοις ἀνθρώποις· εἰσὶ δ' οὗτοι μέσοι Καυκάσου καὶ ποταμοῦ Κωφῆνος, ἄβιοί τε καὶ ἱππόται τῆς ἀγέλης ταύτης. Ἐδέξαντο τὸν λόγον τοῦτον, καὶ ἠσπάσαντο εὐωχεῖσθαι. Καὶ τὴν Νύσσαν τῷ Διονύσῳ φησὶν ἐκφυτεῦσαι, ἀπάγοντα ἐκ Θηβῶν τὸ γόνυ τῆς ἀμπέλου. Ὁ δὲ Ἀλέξανδρος φιλότιμός τε ἦν καὶ ἀρχαιολογίας ἥττων. Ὅτι οἱ ἐλέφαντες ὑπὲρ τὰ τπ' ἔτη βιοῦσιν, ὡς δείκνυσιν ἡ πεῖρα. Εἰ γὰρ φωράσειαν οἱ λέοντες τὰς λεαίνας ἐκ τῶν πορδάλεων τεκεῖν, διασπῶνται τοὺς σκύμνους καὶ ξαίνουσι τὴν σπορὰν ὡς νόθον. Ὡς μὴ προσδέξασθαι τριῶν ἡμερῶν σῖτον διὰ τὸν θάνατον τοῦ σκύμνου, καίτοι βορωτάτη θηρίων οὖσα. Οἱ δὲ ἐλάττους τῶν ἐλεφάντων προπορευόμενοι οὐδὲν ἂν βλάπτοιεν τὴν τῶν μειζόνων διαπορείαν ἧττον ἐμβοθρεύοντες. Ὅτι ὁ Ἀπολλώνιος

10 σαπφειρίνῃ A²M : σαππειρίνῃ A ‖ **17** ἔζων A² : ζῶν AM ‖ **25** τῷ A : αὐτῷ M ‖ Διονύσῳ A²M : *quid prius praeb.* A *non liquet* ‖ **26** φησὶν A : φασὶν M ‖ **31** σκύμνους A²M : κύμνους A ‖ ξαίνουσι A²M : *quid prius praeb.* A *non liquet* ‖ **35** διαπορείαν A : διαπορίαν M ‖ **36** ἐμβοθρεύοντες M : ἐμβαίνοντες A² *quid prius praeb.* A *non liquet.*

Apollonius estime inadmissible ce qu'on raconte sur les petits de la vipère qui naîtraient en déchirant le ventre de [332 b] leur mère ; on ne peut constater de pareille monstruosité chez aucune bête ; la nature y répugne et l'expérience le confirme[1]. L'Indus nourrit des serpents de soixante-dix coudées[2]. Et cette parure est plus admirée que le faste de Babylone[3]. Il n'a pas trouvé pour le louer un Homère grâce à qui bien des gens qui n'en valaient pas tellement la peine ont acquis du renom[4]. Je leur fis dire aussitôt que je ne manquerais pas d'être tout à eux[5]. A la suite de quoi Apollonius comprit que le roi était inférieur à Phraate non de peu de chose mais de toute la philosophie[6].

Apollonius, après avoir discuté avec Iarchas, écrivit à la suite de cette discussion sur la mantique et sur les sacrifices[7]. Très instruit et passionné d'érudition[8]. Iarchas disait, à propos de la mantique, qu'elle avait fait beaucoup de bien aux hommes mais que le plus grand des dons de la mantique était celui de la médecine car les savants Asclépiades ne seraient pas parvenus à la connaître si Asclépios, fils d'Apollon, n'avait composé, grâce aux révélations et à l'art divinatoire de ce dieu, les remèdes contre les maladies et ne les avait donnés à ses enfants et s'il n'avait enseigné à ceux qui vivaient avec lui quelles herbes il faut appliquer sur les ulcères humides et lesquelles il faut appliquer sur les ulcères secs et enflammés et les dosages pour les potions qui soulagent les hydropiques et arrêtent le sang et tout ce qui procure la guérison[9]. Les griffons d'Inde, dit-il, peuvent être, en taille et en vigueur, comparés aux lions et, grâce à l'avantage

1. Paraphrase de II, 14, t. I, p. 156, avec des emprunts textuels.
2. II, 17, t. I, p. 160.
3. II, 25, t. I, p. 182. Il s'agit de la vie simple du roi des Indes.
4. III, 22, t. I, p. 276 (*Il*, c'est Palamède).
5. III, 24, t. I, p. 280.
6. III, 26, t. I, p. 286.
7. Extrait légèrement modifié de III, 41, t. I, p. 320.
8. Épithète appliquée à Apollonius par Darius. Cf. III, 43, t. I, p. 324.
9. III, 44, t. I, p. 326.

ἀπαράδεκτον ἡγεῖται τὸν λόγον, ὃς λέγει τὰς ἐχίδνας τίκτεσθαι φθείρουσας τὴν μητρῴαν νηδύν. Μηδὲ γὰρ δυ- [332 b] νατὸν ὅλως τοῦτο ἐπί τινος ὁρᾶσθαι · καὶ ἥ τε φύσις ἀπαιτεῖ καὶ ἡ πεῖρα συνᾴδει. Ὅτι ὁ Ἰνδὸς τρέφει ὄφεις πηχῶν ἑβδομήκοντα. Καὶ τὸν κόσμον ἀγασθῆναι μᾶλλον ἢ τὰ ἐν Βαβυλῶνι φλεγμαίνοντα. Οὔτε Ὁμήρου ἐπαινέτου ἔτυχεν, ὑφ' οὗ πολλοὶ καὶ τῶν μὴ πάνυ σπουδαίων ἐς ὄνομα ἤχθησαν. Λέγειν ἤδη παρεκελευσάμην, ὡς μηδὲν ἐλλείψων τοῦ πᾶς ἀνὴρ γενέσθαι σφίσιν. Ἐκ τούτου μὲν δὴ ξυνῆκεν ὁ Ἀπολλώνιος ὡς βασιλεὺς ἐκεῖνος οὐκ ὀλίγῳ μέρει, φιλοσοφίᾳ δὲ πάσῃ τοῦ Φραώτου λείποιτο. Ὅτι Ἀπολλώνιον ξυμφιλοσοφήσαντα τῷ Ἰάρχᾳ ξυγγράψαι μὲν ἐκεῖθεν περὶ μαντείας, ξυγγράψαι δὲ περὶ θυσιῶν. Πολυμαθέστατόν τε καὶ φιλομαθείας ἥττω. Ἰάρχας δὲ περὶ μαντικῆς πολλὰ μὲν ἀγαθὰ ἔλεγε τοὺς ἀνθρώπους εἰργάσθαι, μέγιστον δὲ τὸ τῆς ἰατρικῆς δῶρον · οὐ γὰρ ἄν ποτε τοὺς σοφοὺς Ἀσκληπιάδας ἐς ἐπιστήμην τούτου προελθεῖν, εἰ μὴ παῖς Ἀπόλλωνος Ἀσκληπιὸς γενόμενος, καὶ κατὰ τὰς ἐκείνου φήμας τε καὶ μαντείας ξυνθεὶς τὰ πρόσφορα ταῖς νόσοις φάρμακα, παισί τε αὑτοῦ παρέδωκε καὶ τοὺς ξυνόντας ἐδιδάξατο, τίνας μὲν δεῖ προσάγειν πόας ὑγροῖς ἕλκεσι, τίνας δὲ αὐχμηροῖς καὶ ξηροῖς, ξυμμετρίας τε ποτίμων φαρμάκων, ἀφ' ὧν ὕδεροι ἀποχετεύονται αἷμά τε ἴσχεται καὶ τὰ ἄλλα ἰάσεως τυγχάνει. Ὅτι τοὺς ἐν Ἰνδοῖς γρῦπας μέγεθος μὲν καὶ ἀλκὴν εἰκάσθαι φησὶ τοῖς λέουσιν, ὑπὸ δὲ πλεονεξίας τῶν

38 μητρῴαν νηδύν A²M : μητρὰν ἡδὺν A ‖ μηδὲ γὰρ M : μηδὲ A.

[332 b] **1** τε A : *om.* M ‖ **3** κόσμον A : κόμον M ‖ **5-6** ὑφ' οὗ — σπουδαίων A : ἐφ' οὗ καὶ μὴ τῶν πάνυ σπουδαίων πολλοὶ M ‖ **6** παρεκελευσάμην A : παρεσκευασάμην M ‖ **8** σφίσιν AM : ἅ φησιν A² ‖ **9** μέρει A : ἱμέρει M ‖ **13** ἥττω M : ἥττων A ‖ **15** ἰατρικῆς A²M : *quid prius praeb.* A *non liquet* ‖ **16** προελθεῖν A : παρελθεῖν M ‖ **17** Ἀπόλλωνος A : Ἀπολλώνιος M ‖ **19** αὑτοῦ *edd.* : αὐτοῦ *codd.* ‖ **24** μὲν A : *om.* M ‖ **25** φησὶ A : φασὶ M.

que leur donnent leurs ailes, ils attaquent les lions et ils l'emportent sur les éléphants et sur les serpents. Leur vol n'est pas long mais comparable à celui des oiseaux à vol court ; ils ne sont pas, en effet, pourvus d'ailes naturelles comme les oiseaux, mais ils ont leurs serres palmées et couleur de feu de sorte qu'ils peuvent voler et combattre en vol plongeant. Le tigre est le seul animal qu'ils ne peuvent atteindre parce que sa vitesse est égale à celle des vents[1].

Mais on la présente comme très agréable et très étonnante dans le domaine des choses de la mer[2]. Non pas à la manière des Socratiques : il les détournait et les dissuadait de poursuivre d'autres buts et il leur conseillait (de s'adonner) à la seule philosophie, etc.[3].

Même si c'est la plus belle des villes sous le soleil avec sa mer à elle et ses souffles du zéphyr, mais il est plus beau qu'elle soit couronnée d'hommes[4].

[333 a] Apollonius disait de la cité où l'on doit bien vivre qu'elle exige de la rivalité dans la concorde[5]. Voici ce que cela veut dire. La rivalité qui pousse aux armes et aux échanges de volées de pierres doit être bannie de la cité à laquelle il faut un système d'éducation pour les enfants et des lois et des hommes dont viennent des paroles et des actes. Mais la rivalité entre citoyens pour le bien commun et la manière pour l'un d'exprimer un meilleur avis qu'un autre, et pour l'un de mieux assumer sa magistrature qu'un autre et, pour un autre, de mieux mener une ambassade, c'est là, je crois, un discord de bon aloi et une rivalité profitable à la communauté[6]. Mais si l'un des citoyens est inférieur à sa propre tâche, s'il se met à la navigation sans s'y connaître, on naviguera mal et ils auront eux-mêmes l'air d'une tempête. Mais s'ils rivalisent avec eux-mêmes et s'ils font de leur mieux pour ne pas paraître inférieurs l'un à l'autre, le mouillage sera bon pour ce navire, tout sera beau temps et bonne traversée et la sûreté dans les conseils sera son Poseidon Protecteur[7]. Car il suppliait et parlait d'abondance pour

1. III, 48, t. I, p. 332. Cf. 327 a 17-28, *supra*, p. 179.
2. III, 57, t. I, p. 342 (il s'agit d'une perle marine).

πτερῶν αὐτοῖς τε ἐκείνοις ἐπιτίθεσθαι καὶ τῶν ἐλεφάντων δὲ καὶ δρακόντων ὑπερτέρους εἶναι. Πέτονται δὲ οὔπω μέγα, ἀλλ' ὅσον οἱ βραχυπόροι ὄρνιθες· μὴ γὰρ ἐπτιλῶσθαι σφᾶς ὡς ὄρνισι πάτριον, ἀλλ' ὑμέσι τοὺς ταρσοὺς ὑφάνθαι πυρσοῖς, ὡς πέτεσθαί τε καὶ ἐκ μετεώρου μάχεσθαι. Τὴν τίγριν δὲ αὐτοῖς ἀνάλωτον εἶναι μόνην ἐπειδὴ τὸ τάχος αὐτὴν ἐσποιεῖ τοῖς ἀνέμοις.

Ἀλλὰ ἀπαγγέλλεται ἥδιστος καὶ τῶν ἐν θαλαττουργίᾳ θαυμασιώτερος. Οὐχ ὥσπερ οἱ Σωκρατικοὶ τῶν μὲν ἄλλων ἀπάγων καὶ ἀποσπουδάζων, φιλοσοφίᾳ δὲ μόνῃ ξυμβουλεύων, ἀλλὰ καὶ ἑξῆς. Καὶ εἰ καλλίστη πόλεων ὁπόσαι ὑπὸ ἡλίῳ εἰσί, καὶ τὸ πέλαγος οἰκειοῦται, ζεφύρου τε πηγὰς ἔχει, ἀλλὰ ἀνδράσιν αὐτὴν ἐστεφανῶσθαι ἥδιον.

[333 a] Ὅτι Ἀπολλώνιος τὴν ὀρθῶς οἰκησομένην πόλιν ἔλεγεν ὁμονοίας δεῖσθαι στασιαζούσης. Τοῦτο δὲ τοιοῦτόν ἐστι. Στάσις ἡ μὲν ἐπὶ ξίφη καὶ τὸ καταλιθοῦν ἀλλήλους ἄγουσα ἀπέστω πόλεως, ᾗ παιδοτροφίας τε δεῖ καὶ νόμων καὶ ἀνδρῶν, ἐφ' οἷς λόγοι καὶ ἔργα. Φιλοτιμία δὲ ἡ πρὸς ἀλλήλους ὑπὲρ τοῦ κοινοῦ, καὶ πῶς ἂν ὁ μὲν γνώμης εἴποι βελτίω γνώμην, ὁ δὲ ἑτέρου ἄμεινον ἀρχῆς προσταίη, ὁ δὲ πρεσβεύσειεν, ἔρις οἶμαι αὕτη ἀγαθὴ καὶ στάσις ὑπὲρ τοῦ κοινοῦ. Εἰ δὲ ἓν τούτων εἷς ἐλλείψει τι τῶν ἑαυτοῦ ἔργων ἢ ἀμαθῶς τῆς ναυτικῆς ἅψεται, πονηρὸν πλευσοῦνται καὶ ὁ χειμὼν αὐτοὶ δόξουσιν. Εἰ δὲ φιλοτιμήσονται πρὸς ἑαυτοὺς καὶ στασιάσουσι μὴ κακίων ἕτερος ἑτέρου δόξαι, καλοὶ μὲν ὁρμοὶ τῇ νηῒ ταύτῃ, μετὰ δὲ εὐδίας τε καὶ εὐπλοίας πάντα, Ποσειδῶν δὲ Ἀσφάλειος ἡ περὶ αὐτῆς εὐβουλία δόξει. Καὶ γὰρ ἱκέτευε καὶ πολλὰ ἐπὶ ἐλέῳ ἔλεγεν. Ὡς κολωνὸν

27 πέτονται δὲ A²M : πέτονται A ‖ **34** μὲν M : *om.* A ‖ **35** ἀποσπουδάζων A : σπουδάζων M ‖ **36** ξυμβουλεύων M : συμβουλεύων A ‖ ἀλλὰ A : *om.* M ‖ καὶ εἰ A²M : καὶ A.

[333 a] **6** ἂν A : *om.* M ‖ **8** πρεσβεύσειεν A : πρεσβεύειν M ‖ εἷς ἐλλείψει A² : εἰσελλείψει M εἰσελλείψειε A.

susciter la pitié. Jusqu'à entasser un monceau de pierres sur lui[1].

Ils auront des songes favorables[2].

Car c'était l'automne et la mer était moins sûre[3]. Comme Orphée seul rendait des oracles et que sa tête venait d'arriver de Thrace, Apollon survint pendant qu'il vaticinait : « Laisse mes affaires, dit-il, car j'ai assez supporté tes oracles »[4]. Apollonius comprit que Damis voulait s'attacher à un autre propos[5]. Montre-nous ton image, Achille, car tu tirerais grand profit de mes yeux si tu les avais comme témoins de ton existence[6]. Quant aux lamentations auxquelles les Muses et les Néréides se sont, dit-on, adonnées sur moi, les Muses ne sont jamais venues ici, mais les Néréides hantent encore l'endroit[7]. Achille dit encore que les Barbares ne nous étaient pas fort inférieurs tellement la terre entière est florissante en courage[8]. Et les coqs commençaient déjà à chanter[9]. Et l'enfant, comme quelqu'un qui se réveille, se frottait les yeux et regardait vers les rayons du soleil et il était gêné de voir les regards de tous tournés vers lui et il ne paraissait pas encore impudent. Il changea donc sa tunique et tout son vêtement de Sybarite, il s'éprit de la sordide tunique courte et se conforma aux habitudes [333 b] d'Apollonius[10]. Car si c'est la danse laconienne, je prendrai part à la danse, mais si c'est la danse molle et efféminée, je ne le ferai pas[11].

Avec, pour parler comme Euripide, un accoutrement qui imite la femme[12].

Les coupes des discours étaient servies et ceux qui avaient soif y puisaient[13]. A quand les noces ? Elles sont toutes prêtes, disait-il, et peut-être demain[14]. Il feignait la sagesse et il n'avait pas de frein sur la langue[15]. Philolaos avait le verbe élégant mais il avait peu d'endurance[16].

Il eut peur pour les jeunes[17]. Car pour ce qui est des

1. Morceau fait de deux extraits de IV, 10, t. I, p. 360, qui se situent à peu de distance l'un de l'autre dans le contexte.

2. IV, 11, t. I, p. 366. — 3. IV, 13, t. I, p. 370.

λίθων περὶ αὐτὸν χώσασθαι. Εὐξυμβόλων ὀνειράτων τεύξονται. Καὶ γὰρ μετόπωρον ἐτύγχανε, καὶ ἡ θαλάττα ἧττον βεβαία. Ἐπεὶ δὲ Ὀρφεὺς ἔχρα μόνος, ἄρτι ἐκ Θρᾴκης ἥκουσα ἡ κεφαλή, ἐφίσταταί οἱ χρησμῳδοῦντι ὁ Ἀπόλλων, καί· « Πέπαυσο, ἔφη, τῶν ἐμῶν· καὶ γὰρ δὴ ᾄδοντά σε ἱκανῶς ἤνεγκα ». Ξυνῆκεν ὁ Ἀπολλώνιος ὅτι λόγον ἕτερον ὁ Δάμις σπουδάσαι βούλεται. Δεῖξον ἡμῖν, Ἀχιλλεῦ, τὸ σεαυτοῦ εἶδος· καὶ γὰρ ἂν ὄναιο ἄγαν τῶν ἐμῶν ὀφθαλμῶν, εἰ μάρτυσιν αὐτοῖς τοῦ εἶναι χρήσαιο. Μουσῶν δὲ θρήνων καὶ Νηρηΐδων, οὓς ἐπ' ἐμοὶ γενέσθαι φασί, Μοῦσαι μὲν οὐδ' ἀφίκοντό ποτε ἐνταῦθα, Νηρηΐδες δὲ ἔτι φοιτῶσιν. Ἔτι δὲ ἔφη ὁ Ἀχιλλεὺς ὡς οὐδὲ οἱ βάρβαροι πολὺ ἡμῶν ἐλείποντο· οὕτως ἡ γῆ πᾶσα ἀρετῆς ἤνθησε. Καὶ γὰρ δὴ καὶ ἀλεκτρύονες ἤδη ᾠδῆς ἥπτοντο. Τὸ δὲ μειράκιον ὥσπερ ἀφυπνίσαν τούς τε ὀφθαλμοὺς ἔτριψε, καὶ πρὸς τὰς αὐγὰς τοῦ ἡλίου εἶδεν, αἰδῶ τε ἠσπάσατο πάντων ἐς αὐτὸ ἐστραμμένων, ἀσελγής τε οὐκέτι ἐφαίνετο. Μεταβαλὼν δὲ τῶν χλανιδίων καὶ τῆς ἄλλης Συβαρίδος, εἰς ἔρωτα ἦλθεν αὐχμοῦ καὶ τρίβωνος, καὶ ἐς τὰ τοῦ Ἀπολλωνίου ἤθη ἀπεδύσατο. Εἰ μὲν γὰρ λακωνικὴ ἡ ὄρχησις, συνορχήσομαι,

[333 b] εἰ δὲ ἁπαλὴ καὶ ἐς τὸ θῆλυ σπεύδουσα, οὐκέτι. Γυναικομίμῳ (κατ' Εὐριπίδην φάναι) μορφώματι.

Λόγων τε κρατῆρες ἵσταντο, καὶ ἠρύοντο αὐτῶν οἱ διψῶντες. Πηνίκα οἱ γάμοι; θερμοί, ἔφη, καὶ ἴσως αὔριον. Σοφίαν δὲ αὐτοῦ κατεψεύδετο· καὶ χαλινὸς οὐκ ἦν ἐπὶ τῇ γλώττῃ. Ἦν δὲ ὁ Φιλόλαος τὴν μὲν γλῶτταν ξυγκείμενος, μαλακώτερος δὲ καρτερῆσαί τι.

Δείσας περὶ τοῖς νέοις. Περὶ μὲν γὰρ θηρίων οὐκ

17 λίθων A : λίθον M ‖ **19** μόνος AM : μὲν ὡς A² ‖ **21** Ἀπόλλων *ego* : Ἀπολλώνιος codd. ‖ **27** θρήνων A : θρῆνον M ‖ **35** μεταβαλὼν A²M : *quid prius praeb.* A *non liquet* ‖ χλανιδίων A : χαλινιδίων M.

[333 b] **1** ἐς A : εἰς M ‖ **8** γὰρ A : γε M.

bêtes, on ne pourrait dire qu'elles ont l'habitude de déchirer leurs mères ; Néron s'est gavé de ce festin après Oreste et Alcméon. Mais tous deux avaient comme excuse à leur acte leurs pères, l'un tué, l'autre vendu sur un marché d'esclaves. Lui, grâce à elle, avait été adopté par un vieil empereur et avait hérité le pouvoir[1]. Il s'en va à la fête cet homme ivre et dont la voix ne manquait pas d'agrément[2]. Il observait par tous les yeux par lesquels le puissant peut voir[3]. Et les fables d'Ésope? Des grenouilles, dit-il, des ânes, des bavards bons pour être donnés en pâture à des vieilles femmes et à des petits enfants[4]. Car dès l'enfance, nous avons vécu avec ces contes et c'est à travers eux que, sortis de l'enfance, nous nous faisons des opinions sur chacun des animaux : les uns seraient des rois, les autres des gens du commun[5]. Les Égyptiens tendaient l'oreille vers Apollonius[6]. Claude, malgré son âge, avait bien des travers de l'enfance et il laissa le pouvoir en pâture à des femmes[7].

L'or était taré et noir ; c'était le produit des larmes[8]. Il était câlin[9]. Il fit son récit sur sa marâtre d'un ton abattu[10]. Il ne succombait pas aux élans de la chair et aucun amour ne l'agitait, mais il était d'une race paysanne et dure[11].

Il semblait aussi s'attacher avec ardeur à la gymnastique[12].

Il suffit au sage d'être pur des nourritures qui provoquent l'ardeur et du désir qui vient par les yeux et de l'envie qui enseigne l'injustice dans l'acte et dans la pensée. La vérité n'a pas besoin de miracles ni de moyens violents[13]. Le vice est orné d'or, de colliers et de vêtements de pourpre ; il a la joue fleurie, la chevelure bou-

1. IV, 38, t. I, p. 438. Photius a sauté quelques mots.
2. IV, 39, t. I, p. 440.
3. IV, 43, t. I, p. 451. La nécessité de corriger περιῄρθη en περιῄθρει qui est dans le texte de Philostrate est évidente. Le texte de Photius n'a guère de sens et la corruption paléographique est claire.
4. V, 14, t. I, p. 492. — 5. V, 14, t. I, p. 494.
6. V, 24, t. I, p. 514. Photius a substitué ἐπ' Ἀπολλώνιον (333 b 16) à ἐπ' αὐτὸν de Philostrate pour rendre son propre texte plus clair.
7. V, 27, t. I, p. 522. ὅτι Κλαύδιος est une addition du même ordre.
8. Extrait arrangé de V, 36, t. I, p. 552.

ἂν εἴποις ὅτι τὰς μητέρας αὑτῶν ἐδαίσαντο· Νέρων δὲ ἐμπεφόρηται τῆς βορᾶς ταύτης ἐπ' Ὀρέστῃ καὶ Ἀλκμαίωνι. Ἀλλ' ἐκείνοις σχῆμα τοῦ ἔργου πατέρες ἦσαν, ὁ μὲν ἀποθανών, ὁ δὲ ὅρμου πραθείς. Οὗτος δὲ καὶ εἰσποιηθεὶς ὑπὸ τῆς μητρὸς γέροντι βασιλεῖ καὶ κληρονομήσας τὸ ἄρχειν. Ἐπὶ κῶμον ἔρχεται, μεθύων ἄνθρωπος, οὐκ ἀγλύκως τῆς φωνῆς ἔχων. Περιήθρει πᾶσιν ὀφθαλμοῖς, ὁπόσοις ἡ ἀρχὴ βλέπει. Οἱ δὲ δὴ Αἰσώπου τί; Βάτραχοι, ἔφη, καὶ ὄνοι καὶ λῆροι γραυσὶν οἷοι μασᾶσθαι καὶ παιδίοις. Ἐκ παίδων γὰρ τοῖς λόγοις τούτοις ξυγγενόμενοι, καὶ ὑπ' αὐτῶν ἐκνηπιωθέντες, δόξας ἀναλαμβάνομεν περὶ ἑκάστου τῶν ζῴων, τὰ μὲν ὡς βασιλικὰ εἴη, τάδ' ὡς εὐήθη. Καὶ τὰ ὦτα ἐπ' Ἀπολλώνιον Αἰγυπτίοις ὀρθὰ ἦν. Ὅτι Κλαύδιος τηλικόσδε ὢν πολλὰ μειρακιώδη ἔπαθε, καὶ μηλόβοτον γυναίοις τὴν ἀρχὴν ἀνῆκε. Κίβδηλος γὰρ ὁ χρυσὸς καὶ μέλας ἦν ἐκ δακρύων ἥκων. Ἤικαλλε. Καὶ διῆλθε τὸν περὶ τῆς μητρυιᾶς λόγον ὑφειμένῳ τῷ τόνῳ. Οὐδὲ ἀφροδισίων ἥττητο, οὐδὲ ἔρως ἐπ' αὐτὸν οὐδεὶς ἐκώμασεν· ἀλλ' ἦν τῆς ἀγροικοτέρας τε καὶ ἀτέγτου μοίρας. Ἐδόκει καὶ γυμναστικῆς ἐπαφροδίτως ἅψασθαι. Ἀποχρῇ τῷ σοφῷ βρώσεώς τε καθαρῷ εἶναι ὁπόση ἔμπνους, ἱμέρου τε ὃς φοιτᾷ δι' ὀμμάτων, φθόνου τε ὃς διδάσκαλος ἀδίκων ἐπὶ χεῖρα καὶ γνώμην ἥκει. Θαυμασιουργίας τε καὶ βιαίου τέχνης μὴ δεῖσθαι ἀλήθειαν. Ἡ μὲν κακία χρυσῷ τε κατεσκευασμένη καὶ ὅρμοις ἐσθῆτί τε ἁλιπορφύρῳ καὶ

10 ἐμπεφόρηται A : ἐμφόρηται M ‖ **11** ἐκείνοις M : ἐκεῖνοι A² *quid prius praeb.* A *non liquet* ‖ **14** ἄρχειν M : ἀρχεῖον A² *quid prius praeb.* A *non liquet* ‖ **15** ἀγλύκως τῆς φωνῆς M : ἀγλύκω τῆς A ‖ περιήθρει Philostratus : περιήρθη Photius ‖ **22** ἐπ' A : ἐς M ‖ **23** τηλικόσδε A : πήλικος δὲ M ‖ **25** ἥκων A² : ἥκει M *quid prius praeb.* A *non liquet* ‖ ἤκαλλε M : *in* A *lac.* ‖ **26** τῆς μητρυιᾶς A : μητραιᾶς M ‖ ὑφειμένῳ A : ὑφείμενον M ‖ **27** ἥττητο A : ἥττετο M ‖ ἔρως A : ἑτέρως M ‖ **29** τε A : *om.* M ‖ ἀτέγκτου M : ἀτέκνου A.

clée et les yeux peints et des sandales d'or, il est fardé et il s'en glorifie. La vertu, elle, est laborieuse et efficace, [334 a] elle a le regard dur et fait sa parure de l'austérité[1]. Pas de laine prise à des êtres vivants[2]. Et il m'a semblé que c'était le propre d'hommes scrupuleux à l'excès vis-à-vis des dieux et qui avaient parfaitement bien réfléchi sur l'âme pourvue de l'immortalité et sur l'incréé comme sources de son existence[3].

Apollonius dit : ce qui m'a conduit avant vous chez les Indiens, c'est que je pensais que des hommes comme eux ont la compréhension plus subtile parce qu'ils vivent dans une lumière plus pure et qu'ils sont plus proches de la vérité sur la nature et sur les dieux parce qu'ils sont proches des dieux et des principes de la substance chaude qui engendre la vie[4]. Mais Apollon dit savoir compter le nombre des grains de sable et avoir pris toutes les dimensions de la mer[5]. Il apparut aussi chez les autres une certaine stupéfaction concernant les sujets sur lesquels ils avaient entendu Apollonius discourir avec force et abondance[6]. Et en l'apaisant, Thespésion[7]... On dit en effet qu'il ramène des Indes des exemples des cours de Phraate[8].
Car c'est à ce moment-là que les Indiens s'adonnent au culte[9]. Tu me sembles bien nourri et bon mangeur[10]. Car si nous examinions minutieusement les anciennes lois et si nous connaissions les plus vieilles..., beaucoup de propos étrangers se feraient jour[11]. Des gens du même âge[12].

Lorsque Titus eut pris Jérusalem et que la ville était toute pleine de morts, les peuples voisins voulaient le couronner. Mais lui ne se jugeait pas digne de cette faveur, car ce n'était pas lui qui avait réalisé cet exploit, mais il avait prêté ses mains à un Dieu qui avait manifesté sa co-

1. VI, 10, t. II, p. 34. C'est Photius qui, en ajoutant κακία (333 b 34) et ἀρετή (38), précise un ἡ μὲν et un ἡ δ' de Philostrate.

2. VI, 11, t. II, p. 40. — 3. VI, 11, t. II, p. 42. — 4. VI, 11, t. II, p. 44.

5. VI, 11, t. II, p. 54. ὁ Ἀπόλλων (334 a 11) n'est pas dans le texte original. Il ne peut avoir été introduit ici qu'à la lumière du contexte et par quelqu'un qui voulait rendre sa propre phrase claire.

6. VI, 12, t. II, p. 58. L'introduction de Ἀπολλωνίου (334 a 15) dans l'extrait appelle la même remarque que celle de la note 5 ci-dessus.

παρειᾶς ἄνθει καὶ χαίτης ἀναπλοκαῖς καὶ γραφαῖς ὀμμάτων· καὶ χρυσοῦν πέδιλον· γέγραπται γὰρ καὶ τούτῳ ἐνσοβοῦσα. Ἡ δ' ἀρετὴ πεπονηκυίᾳ μὲν προσ-
[334 a] φερής, τραχὺ δὲ ὁρῶσα, τὸν αὐχμὸν πεποιημένη κόσμημα. Οὐδὲ ἔριον ὃ ἀπὸ ἐμψύχων ἐπέχθη. Καί μοι ἔδοξεν ἀνδρῶν εἶναι περιττῶν τὰ θεῖα ψυχήν τε ἄριστα ἐπεσκεμμένων, ἧς τὸ ἀθάνατόν τε καὶ ἀγέννητον πηγαὶ γενέσεως. Ὁ Ἀπολλώνιός φησι, ταῦτά με πρὸ ὑμῶν ἐπ' Ἰνδοὺς ἔτρεψεν, ἐνθυμηθέντα ὡς λεπτότεροι μὲν τὴν ξύνεσιν οἱ τοιοίδε ἄνθρωποι, καθαρωτέραις ὁμιλοῦντες ἀκτίσιν, ἀληθέστεροι δὲ τὰς περὶ φύσεως καὶ θεῶν δόξας, ἅτε ἀγχίθεοι καὶ πρὸς ἀρχαῖς τῆς ζωογόνου καὶ θερμῆς οὐσίας οἰκοῦντες. Ἀλλὰ τὴν ψάμμον εἰδέναι φησὶν ὁ Ἀπόλλων, ὁπόσα ἀριθμῆσαι αὐτήν, καὶ τὰ τῆς θαλάσσης μέτρα ξυνειληφέναι πάντα. Φαίνεσθαι δέ τινα καὶ περὶ τοὺς λοιποὺς ἔκπληξιν, ἐφ' οἷς ἐρρωμένως τε καὶ σὺν εὐρροίᾳ διαλεγομένου Ἀπολλωνίου ἤκουσαν. Διαπραΰνων δὲ αὐτὸν ὁ Θεσπεσίων. Λέγεται γὰρ καὶ τῶν Φραάτου λόγων ἀγάλματα ἀπὸ Ἰνδῶν ἄγειν. Τὸν γὰρ καιρὸν τοῦτον καὶ οἱ Ἰνδοὶ πρὸς ἱεροῖς γίνονται. Ἔοικας εὔσιτος εἶναι καὶ δεινὸς φαγεῖν. Εἰ γὰρ τὰ παλαιὰ νόμιμα, καὶ πολιώτερα ἢ γινώσκειν αὐτά, πικρῶς ἐξετάζοιμεν, πολλοὶ καὶ ἄτοποι λόγοι ἀναφύονται. Ἰσηλίκων.

Ἐπεὶ δὲ Τῖτος ᾑρήκει τὰ Ἱεροσόλυμα καὶ νεκρῶν πλέα ἦν πάντα, τὰ ὅμορα ἔθνη ἐστεφάνουν αὐτόν. Ὁ δὲ οὐκ ἠξίου ἑαυτὸν τούτου· μὴ γὰρ αὐτὸς ταῦτα εἰργάσθαι, θεῷ δὲ ὀργὴν φήναντι ἐπιδεδωκέναι τὰς ἑαυτοῦ χεῖ-

38 τούτῳ A : τοῦτο M.

[334 a] **1** τὸν A : τὸν δὲ M ‖ **2** ἐμψύχων A : ἐμψύχου M ‖ **3** τε A : δὲ M ‖ **4** ἧς AM : οἷς A² ‖ **5** φησι A : φασι M ‖ **10** οὐσίας M : *om.* A ‖ **11** Ἀπόλλων AM : Ἀπολλώνιος A² ‖ **13** φαίνεσθαι A : φαίνεται M ‖ **15** αὐτὸν A²M : αὐτῶν A ‖ **16** Θεσπεσίων M : θεσπίων A ‖ **18** πρὸς ἱεροῖς γίνονται] πρὸς ἱεροῖς M : ὡς ἱεροὶ γίνονται A ‖ **21** ἀναφύονται A : ἀναφύσονται M ‖ **23** πάντα M : πάντων A.

lère[1]. Ces hommes-là, les accusateurs les circonviennent en dressant contre eux l'aiguillon de leur langue[2]. Il allait vers des maîtres par qui sa pensée et sa langue se fortifièrent[3]. Car, dit-il, je vois un habile homme d'affaires. — Un malheureux, dit-il, qui ne possède presque rien, pas assez pour nourrir sa maisonnée[4]. Il convainquit l'homme de lui vendre le champ pour vingt mille drachmes en faisant un bénéfice de cinq mille drachmes. Et celui qui souhaitait trouver le trésor ne comprenait pas l'aubaine et ne pensait même pas qu'il faisait un bon marché, mais qu'il en faisait un d'autant plus mauvais que les vingt mille drachmes qu'il avait par devers lui étaient sans doute bien à lui tandis que le champ pour lequel il les donnerait était exposé aux gelées, grêles et autres accidents qui abîment les récoltes[5].

[334 b] Les philosophes furent si effrayés qu'ils se déguisèrent et que les uns s'enfuirent vers l'Occident celtique, les autres vers les déserts de Libye de Scythie, et que quelques-uns s'abaissèrent jusqu'à des propos qui approuvaient ses crimes[6]. Tandis qu'ils étaient assis sous un platane, les cigales étaient à leur chant ; l'heure les y aidait[7]. Damis, convaincu par les propos de Démétrius, dit : « Toi, du moins, qui es un ami, si tu étais auprès de lui tu serais un grand bienfait pour lui, car il ferait peu de cas de moi si je lui conseillais de ne pas se jeter sur des épées nues et de ne pas se lancer contre la tyrannie à côté de laquelle il n'est rien de plus cruel »[8]. Ce qu'il décidera à ton sujet, je l'ignore, car il est dans l'état d'esprit de ceux qui, tout en désirant condamner, ont honte de ne pas le faire avec de vraies raisons et il fait de toi un prétexte pour perdre des consulaires. Car il veut

1. VI, 30, t. II, p. 112. — 2. VI, 36, t. II, p. 126. — 3. VI, 36, t. II, p. 128. — 4. VI, 39, t. II, p. 132.

5. VI, 39, t. II, p. 134. Alors que l'abréviateur intervient si souvent pour que ses extraits restent clairs quoique détachés d'un contexte, ici, rien de pareil, et le lecteur de Photius ne se tirera d'affaire qu'en lisant VI, 39 en entier. Il verra alors la nécessité de restituer οὐδ' (334 a 34) que Photius a omis, et il comprendra de quoi il s'agit. *Il*, c'est Apollonius ; *lui*, c'est un homme qui voudrait trouver un trésor et qui hésite à acheter à *l'homme* un champ dans lequel Apollonius sait qu'un trésor est enfoui. — 6. VII, 4, t. II, p. 154.

ρας. Τοὺς δὲ τοιούτους ὑποβλίττουσιν οἱ συκοφάνται, κέντρα ἐπ' αὐτοὺς ἠρμένοι τὴν γλῶτταν. Εἰς διδασκάλων ἐβάδιζεν, ὑφ' ὧν καὶ ἡ γνώμη αὐτῷ καὶ ἡ γλῶττα ἴσχυσε. Δεινὸν γάρ, ἔφη, χρηματιστὴν ὁρῶ. — Κακοδαίμονα μὲν οὖν, εἶπεν, ᾧ γε ἔστιν οὐδὲν πλὴν ὀλίγων, ἃ μὴ ἀπόχρη βόσκειν τὸν οἶκον. Πείθει τὸν ἄνθρωπον ἀποδόσθαι οἱ δισμυρίων αὐτόν, εὕρημα ποιησάμενον τὰς πεντακισχιλίας. Ὁ μὲν δὴ τοῦ θησαυροῦ ἐρῶν οὔπω ξυνίει τοῦ δώρου, ἀλλ' οὐδ' ᾤετο ἴσα ἔχειν, τοσούτῳ δ' ἐλάττω, ὅσῳ τὰς μὲν δισμυρίας ἐν ταῖς χερσὶν οὔσας ἐφ' ἑαυτῷ εἶναι ἄν, τὸν δ' ἀντ' αὐτῶν ἀγρὸν ἐπὶ πάχναις κεῖσθαι καὶ χαλάζαις καὶ τοῖς ἄλλοις ἃ τοὺς καρποὺς φθείρει. Φιλοσο-
[334 b] φία δὲ οὕτω τι ἔπτηξεν, ὡς ἀποβαλόντες τὸ σχῆμα οἱ μὲν ἀποδρᾶναι σφῶν ἐς τὴν Κελτῶν ἑσπέραν, οἱ δὲ ἐς τὰ ἔρημα Λιβύης τε καὶ Σκυθίας, ἔνιοι δὲ εἰς λόγους ἀπενεχθῆναι συμβούλους τῶν ἁμαρτημάτων. Ἱζησάντων δὲ ὑπὸ πλατάνῳ οἱ μὲν τέττιγες ἐν ᾠδαῖς ἦσαν ὑποψαλλούσης αὐτοῖς τῆς ὥρας. Ἡττηθεὶς δὲ ὁ Δάμις τῶν τοῦ Δημητρίου λόγων· « Ἀλλὰ σύ γε, ἔφη, φίλος ἀνδρὶ παρὼν γένοιο ἂν ἀγαθόν τι τούτῳ μέγα· ἐμοῦ γὰρ σμικρὸς λόγος, εἰ συμβουλεύοιμι αὐτῷ μὴ κυβιστᾶν ἐπ' ὀρθὰ ξίφη, μηδ' ἀναρρίπτειν πρὸς τυραννίδα, ἧς οὔπω χαλεπωτέρα ». Ὅ τι μὲν γὰρ ψηφιεῖται ἐπί σοι, οὐκ οἶδα· διάκειται δὲ ὥσπερ οἱ καταψηφίσασθαι μὲν ἐπιθυμοῦντες, αἰσχυνόμενοι δὲ τὸ μὴ ἐπ' ἀληθέσι, καὶ πρόφασιν ἀπωλείας ὑπάτων ἀνδρῶν ποιεῖταί σε. Βούλεται μὲν γὰρ ἃ μὴ

29 γὰρ A : γε M ‖ 32 δισμυρίων *edd.* : διὰ μυρίων A δχμυρίων M ‖ αὐτὸν A[1]M : αὐτῶν A ‖ 33 πεντακισχιλίας] ε̅ M : πέντε A ‖ 34 ξυνίει M : ξυνήει A ‖ οὐδ' Philostratus : *om.* Photius ‖ 36 ἄν, τὸν AM : αὐτὸν A[2] ‖ 37 κεῖσθαι A : κείσεσθαι M.

[334 b] 1 ἀποβαλόντες *edd.* : ἀποβάλλοντες *codd.* ‖ 15 ὑπάτων A : ὑπ' αὐτῶν M ‖ μὲν A : *om.* M.

ce qu'il ne faut pas et il le fait en l'accommodant selon une apparence de droit[1]. Il disait cela en plissant la bouche avec dédain et en se moquant. Et lui, comme quelqu'un qui n'entend pas, discutait avec Damis à propos du Delta, autour duquel on dit que le Nil divise son cours[2].

Néanmoins, quoique nous ayons ainsi protégé notre richesse et que nous l'ayons mise à l'abri d'un mur, maintenant, nous sommes en danger à cause d'elle[3]. Ils ont leurs maisons fixées sur leurs chariots[4].

Car ils ont pour frontières des Ister et des Tanaïs, fleuves qui ne sont pas faciles à franchir[5]. Tous avaient leurs regards dirigés vers Apollonius car on se retournait vers lui à cause de son vêtement et il semblait y avoir dans son allure quelque chose de divin qui frappait[6]. A propos de la tête qu'on lui rasait : « O roi, dit-il ; j'avais oublié que je risquais de perdre mes cheveux »[7]. Tandis qu'Apollonius était aux fers, il arriva dans la prison quelqu'un qui prétendait avoir acheté la permission de venir auprès de lui et qu'il était là en conseiller pour le sauver. C'était un Syracusain qui était l'esprit et la langue de Domitien[8]. Python de Byzance fut un bon orateur pour pousser au mal[9].

Ou bien la chevelure est-elle autre chose que ce qu'elle est? Elle est, je crois, rayonnante et brillante[10]. Pour moi, non seulement je ne suis pas venu pour de l'argent, mais je voulais les repousser comme des insensés. J'avais du dédain pour les richesses alors que j'étais encore un enfant ; mon héritage paternel — et c'était un bien considérable [335 a] — je l'ai vu un seul jour. Je l'ai laissé à mes frères, à mes amis et à ceux de mes proches qui étaient pauvres[11]. Que le fer épargne la chevelure d'un homme sage, car il n'est pas permis de le porter là où sont les sources de toutes les sensations, où apparaissent toutes les intuitions et toutes les prières et les discours qui expliquent

1. VII, 18, t. II, p. 200. — 2. VII, 21, t. II, p. 208. — 3. VII, 23, t. II, p. 216. — 4. VII, 26, t. II, p. 224.

5. VII, 26, t. II, p. 224. Ces deux derniers extraits sont ici dans l'ordre inverse de celui de l'original.

6. VII, 31, t. II, p. 234. — 7. VII, 34, t. II, p. 244.

δεῖ, πράττει δὲ αὐτὰ καταρρυθμίζων εἰς τὴν τοῦ δικαίου δόξαν. Ἔλεγε δ' αὐτὰ μασώμενός τε καὶ ξυγγελῶν. Ὁ δὲ οὐκ ἀκηκοότι ὅμοιος διελέγετο πρὸς τὸν Δάμιν ὑπὲρ τοῦ Δέλτα, περὶ ὅ φασι τὸν Νεῖλον σχίζεσθαι. Ἀλλ' ὅμως, οὕτω μὲν χαρακώσαντες τὸν πλοῦτον, οὕτω δὲ ἀσφαλῶς τειχισάμενοι, κινδυνεύομεν περὶ αὐτῷ νῦν. Οἰκίας τε ἐπὶ τῶν ἁμαξῶν πέπανται. Ἴστροι τε γὰρ αὐτοὺς καὶ Τανάϊδες ὁρίζουσιν, οὐ ῥᾴδιοι ποταμοὶ ὑπερβῆναι. Ἑώρων μὲν δὴ ἐς τὸν Ἀπολλώνιον πάντες· αὐτοῦ τε γὰρ τοῦ σχήματος ἀπεβλέπετο, καὶ θεία ἐδόκει ἡ περὶ τῷ εἴδει ἔκπληξις.

Ὑπὲρ μὲν τῆς κουρᾶς· « Ἐλελήθειν, ὦ βασιλεῦ, ἔφη, περὶ ταῖς θριξὶ κινδυνεύων ». Δεδεμένου τοῦ Ἀπολλωνίου ἀφικνεῖταί τις ἐς τὸ δεσμωτήριον τὸ προσελθεῖν αὐτῷ ἐωνῆσθαι φάσκων, ξύμβουλος δὲ σωτηρίας ἥκειν. Ἦν μὲν δὴ Συρακούσιος οὗτος, Δομετιανοῦ δὲ νοῦς τε καὶ γλῶττα. Ἐγένετο Πύθων ὁ Βυζάντιος ἀγαθὸς ῥήτωρ τοῦ κακὰ πείθειν. Ἢ τὴν κόμην ἕτερόν τι παρ' ὅ ἐστιν· ἔστι δέ, οἶμαι, ἡλιῶσά τε καὶ ὑποφαίνουσα. Ἐγὼ δὲ οὐ μόνον οὐ προσῄειν ὑπὲρ χρημάτων, ἀλλὰ κακείνους ἐώθουν ὡς οὐχ ὑγιαίνοντας. Διεβεβλήμην δὲ πρὸς χρήματα μειράκιον ἔτι ὤν. Τὰ γοῦν πατρῷα (λαμπρὰ δ' ἦν οὐσία ταῦτα) μιᾶς μόνης ἰδὼν [335 a] ἡμέρας ἀδελφοῖς τε τοῖς ἐμαυτοῦ ἀνῆκα καὶ φίλοις καὶ τῶν ξυγγενῶν τοῖς πένησι. Σοφοῦ δὲ ἀνδρὸς κόμης φειδέσθω σίδηρος· οὐ γὰρ θεμιτὸν ἐπάγειν αὐτὸν οὗ πᾶσαι μὲν αἰσθητηρίων πηγαί, πᾶσαι δὲ ὀμφαὶ εὐχαί τε ἀναφαίνονται καὶ σοφίας ἑρμηνεὺς λόγος. Νε-

16 πράττει A : πράττεσθαι M ‖ **21** δὲ A : *om.* M ‖ **22** αὐτῷ AM : αὐτὸν A² ‖ ἁμαξῶν A : μαζῶν M ‖ **23** τε A : *om.* M ‖ ὁρίζουσιν A : ὡρατίζουσιν M ‖ **25** τοῦ σχήματος AM : τὸ σχῆμα A² ‖ **29** ἐς : εἰς A M ‖ **32-33** ἀγαθὸς ῥήτωρ A : ῥήτωρ ἀγαθὸς M ‖ **34** οἶμαι A : *om.* M ‖ **35** προσῄειν A : προσήκειν M.

[335 a] **4** οὗ] οὗ A : αἱ M ‖ **5** Νερούαν M : Νερουὰ A.

la sagesse[1]. J'estime Nerva digne de tout pouvoir et de toute parole destinée à sa louange et comme l'ennemi de toute préoccupation inutile[2], dit Apollonius.

Car pour Euphrate, pourquoi parler de richesses qui lui viennent de l'adulation des puissants? Ce sont donc ses sources de richesse et à table discutent déjà le marchand, le revendeur, le publicain, l'usurier; il devient tout : ce qu'on vend et ce qui vend. Il a toujours frappé aux portes des puissants et il s'y est tenu plus que les portiers. Il assure son argent en rassasiant cet Égyptien avec d'autres richesses et en aiguisant contre moi une langue digne d'être coupée[3]. La jeunesse méritait l'admiration pour son nombre et pour son zèle envers la philosophie[4]. Dans aucune ville, il ne passait pour désagréable; au contraire, il méritait les regrets[5].

1. VIII, 7, t. II, p. 308.
2. VIII, 7, t. II, p. 326.
3. VIII, 7, t. II, p. 332, où on lit τούτῳ γὰρ ἐντεῦθεν τί λέγω χρήματα. Photius a donc, une fois de plus, arrangé l'original.
4. VIII, 21, t. II, p. 384.
5. VIII, 24, t. II, p. 388.

ρούαν δὲ ἄξιον μὲν ἀρχῆς ἡγοῦμαι πάσης καὶ λόγου παντὸς εἰς εὐφημίαν ἥκοντος, ἀγωνιστὴν δὲ φροντίδων οὐ χρηστῶν ὁ Ἀπολλώνιός φησι. Τῷ γὰρ Εὐφράτῃ ἐκ τοῦ κολακεύειν τοὺς δυνατοὺς τί λέγω χρήματα; Πηγαὶ μὲν οὖν εἰσι πλούτου κἀπὶ τῶν τραπεζῶν ἤδη διαλέγεται, κάπηλος, ὑποκάπηλος, τελώνης, ὀβολοστάτης, πάντα γινόμενος τὰ πωλούμενά τε καὶ πωλοῦντα. Ἐντετύπωται δ' ἀεὶ ταῖς τῶν δυνατῶν θύραις, καὶ προσέστηκεν αὐταῖς πλέον ἢ οἱ θυρωροί. Ἐπιτειχίζει δὲ τὸν ἑαυτοῦ πλοῦτον ἑτέροις τὸν Αἰγύπτιον τουτονὶ βόσκων χρήμασι, καὶ ὀξύνων ἐπ' ἐμὲ γλῶτταν ἀξίαν ἐκτετμῆσθαι. Νεότης ἐγένετο θαυμάσαι ἄξιοι τοῦ πλήθους καὶ τῆς ἐς τὸ φιλοσοφεῖν ὁρμῆς. Καὶ ἐν οὐδεμιᾷ τῶν πόλεων ἀηδὴς δοκῶν, ἀλλὰ καὶ ποθεῖσθαι ἄξιος.

6 ἄξιον M ἀξίαν A || 7 ἥκοντος A : διήκοντος M || 8 χρηστῶν A : χρηστὸν M || 17 νεότης ἐγένετο AM : *eras.* A[x] || 19 ποθεῖσθαι A[2] : ποθῆσαι M *et fortasse* A.

NOTES COMPLÉMENTAIRES

Page 8, *ligne* 4 :

Il s'agit de saint Grégoire le Grand. Cf. G. Beck, *Kirche und theologische Litteratur im byzantinischen Reich*, Leipzig, 1959, p. 381 ; Y. Congar, *La primauté des quatre premiers conciles œcuméniques*, in *Le concile et les conciles*, Paris-Chêvetogne, 1961, p. 78. L'existence de cette lettre synodale d'Eulogius n'est attestée qu'ici.

Page 8, *ligne* 8 :

Le cinquième synode œcuménique (Constantinople II, 553) est pourtant antérieur au patriarcat d'Eulogius, mais on sait que c'étaient les quatre premiers qui avaient *une valeur de critère* tandis que le cinquième *n'a droit à un respect semblable qu'en raison de sa conformité avec les quatre conciles les plus saints*. Cf. Y. Congar, *op. cit.*, p. 79 ; F. Dvornik, *Byzance et la primauté romaine*, Paris, Éd. du Cerf, 1964, p. 50-60.

Page 8, *ligne* 11 :

Eulogius avait pourtant lutté pour la défendre. Cf. les « codices » 225-226, t. IV, p. 99-111.

Page 10, *ligne* 17 :

Selon M. l'abbé M. Richard, qui m'a généreusement communiqué sa documentation sur les florilèges patristiques, il s'agit ici d'une citation de la profession de Chalcédoine qui est beaucoup trop libre pour qu'il soit utile de reproduire l'original. On y comparera le texte dans *A. C. O.*, II, 1, 2, p. 126 sq., et sa traduction par P. Th. Camelot, *Éphèse et Chalcédoine*, Paris, Éd. de l'Orante, 1962, p. 227.

Page 10, *ligne* 29 :

Dans *P. G.*, t. LXXXVI, 2, p. 2940-2944, on lit sous le nom d'Eulogius des fragments d'un *De Trinitate et Incarnatione* qui ne doit pas être d'Eulogius, mais d'Éphrem d'Amid. État de la question dans Beck, *op. cit.*, p. 382 et note 1, et B. Altaner, *Précis de patrologie* (éd. Chirat), Mulhouse, 1961, p. 709.

Page 11, *ligne* 25 :

2 *Corinthiens*, 5, 21.

Page 11, *ligne* 27 :

Galates, 3, 13.

Page 11, *ligne* 31 :

Matthieu, 27, 46 ; *Marc*, 15, 34 ; *Psaume* 21, 2.

Page 11, *ligne* 34 :

Par son contenu, ce troisième traité devait être, dans la mesure où on peut en juger d'après des sommaires, très proche de l'ouvrage d'Eulogius que Photius a résumé au « codex » 226, t. IV, p. 108-111.

Page 22, *ligne*, 31 :

Paroles d'Apollinaire. Cf. A. Lietzmann, *Apollinaris von Laodikeia und seine Schule*, Tubingen, 1901, p. 250 (note de M. l'abbé M. Richard).

Page 25, *ligne* 4 :

On reconnaît dans cette citation indirecte un passage du *Trésor*, *P. G.*, t. LXXV, p. 361 D, qu'on retrouvera p. 276 b 38 (*infra*, p. 36).

Page 25, *ligne* 20 :

C'est de saint Cyrille qu'il s'agit, comme le montre la citation qui va suivre.

Page 25, *ligne* 28 :

P. G., t. LXXV, p. 1289 D = p. 337, éd. De Durand, Paris, Éd. du Cerf, 1964 (S. Chr., 97).

Page 31, *ligne* 29 :

C'est-à-dire les Macédoniens qui niaient la divinité et la consubstantialité du Saint-Esprit. Cf. I. Ortiz de Urbina, *Nicée et Constantinople*, Paris, Éd. de l'Orante, 1963, p. 208.

Page 33, *ligne* 6 :

A. C. O., II, 1, p. 114, 9-10.

Page 33, *ligne* 17 :

Cf. p. 272 a 42, *supra*, p. 24, note 1 ; p. 274 a 25, *supra*, p. 29, note 2.

Page 35, *ligne* 33 :

P. G., t. LXXVII, p. 257 B = *A. C. O.*, I, 1, 3, p. 91, 31-32. Ce texte a déjà été cité p. 274 b 4, *supra*, p. 29.

Page 48, *ligne* 7 :

Rappelons qu'Eulogius a traité de ces sujets dans un ouvrage adressé au même personnage pour la défense du *Tome* de saint Léon, ouvrage que Photius a recensé au « codex » 225, t. IV, p. 99-108. Au « codex »

228, t. IV, p. 120, est recensée une lettre d'Éphrem d'Amid au même Domitien sur un sujet très proche de celui dont il est question ici.

Page 51, *ligne* 28 :

En se reportant aux textes bibliques, on voit qu'on se trouve ici devant une confusion entre I *Paralipomènes*, 21, 1 (Vulgate) = I *Chroniques*, 21, 1, où il est dit : καὶ ἔστη διάβολος ἐν τῷ Ἰσραὴλ καὶ ἐπέσεισε τὸν Δαβὶδ ἀριθμῆσαι τὸν Ἰσραήλ, ... 21, 7 καὶ πονηρὸν ἐφάνη ἐναντίον τοῦ Κυρίου περὶ τοῦ πράγματος τούτου et II *Rois*, 24, 1 (Vugatle) = *Samuel*, 24, 1 : καὶ προσέθετο ὀργὴ τοῦ κυρίου ἐκκαῆναι ἐν Ἰσραὴλ (Ἱερουσαλὴμ que nous lisons ici résulte sans doute d'une mauvaise lecture d'abréviation imputable à Eulogius, à Photius ou à un copiste) καὶ ἐπέσεισε τὸν Δαβὶδ ἐν αὐτοῖς λέγων· βάδιζε, ἀρίθμησον τὸν Ἰσραήλ... On s'explique bien comment Domitien a pu mêler les deux passages en les citant de mémoire et on comprend la mise au point d'Eulogius et son explication de ὁ Θεὸς de la citation libre par διάβολος qui est dans le texte original.

A. Lods, *Israël des origines au VIII*e *siècle*, propose une explication rationnelle de l'épisode évoqué ici.

Page 61, *ligne* 14 :

Cf. Origène, *Commentaire sur saint Jean*, XII, 27. *P. G.*, t. XIV, p. 445 b : φέροντες καὶ βίβλους τοῦ Δοσιθέου.

Page 61, *ligne* 15 :

Cette erreur sera combattue à grands renforts de textes scripturaires dans ce que Photius désigne sous le nom de τρίτον τεῦχος p. 287 b 26, *infra*, p. 62.

Page 61, *ligne* 21 :

Les démêlés des Samaritains avec les pouvoirs publics, même à cette époque tardive, sont bien connus. Cf. L. Duchesne, *L'Église au VI*e *siècle*, Paris, 1926, p. 282-283 ; L. Bréhier, dans Fliche et Martin, t. IV, 1937, p. 446-447 ; J.-B. Bury, *History of the later Roman Empire*, t. II, p. 365 ; E. Stein, *Histoire du Bas-Empire*, éd. J.-R. Palanque, Paris-Bruxelles, 1949, t. II, *passim*.

Il semble établi que les Samaritains ont été traités comme des Juifs et non comme des hérétiques (il existerait encore de nos jours deux cent soixante familles de Samaritains en Palestine. Cf. D. Baldi, s. v. *Samaritani*, in *Enc. Catt.*, t. X, p. 1736). Cependant, l'intervention d'un patriarche à la tête d'un synode réuni pour les condamner peut porter à croire qu'ils ont été considérés aussi comme une secte hérétique (les décisions de Nicée contre les Juifs à propos de la date de Pâques n'ont rien de comparable au cas qui nous occupe). Les hérésiologues anciens les ont rangés tantôt d'un côté tantôt de l'autre. Il y a là un problème que je ne suis pas en mesure de résoudre et on voudra bien admettre, je l'espère, qu'il ne m'appartient pas non plus de le résoudre.

Qu'on lise encore, sur la question, J. Daniélou, *Théologie du judéo-*

christianisme, Paris-Tournai, 1958, p. 89, et J. Daniélou et H.-I. Marrou, *Nouvelle histoire de l'Église*, Paris, Éd. du Seuil, t. I, 1963, p. 46, 48-49 et 128.

Je remercie M. le chanoine Lenain, professeur d'histoire de l'Église au Séminaire épiscopal de Tournai, qui m'a fourni des orientations utiles dans le problème en question.

Page 61, *ligne* 23 :

Μαρκιανός est une faute manifeste que j'imputerais volontiers à un copiste. Le patriarcat d'Eulogius se situe, on le sait, de 581 à 607, sous les règnes de Maurice (582-602) et de Phocas (602-610).

Page 62, *ligne* 12 :

Genèse, 15, 15.

Page 62, *ligne* 18 :

Genèse, 25, 8.

Page 62, *ligne* 24 :

Genèse, 37, 35.

Page 62, *ligne* 30 :

Genèse, 49, 29.

Page 64, *ligne* 20 :

Cet écrit était dirigé contre le monothélisme et le monoénergisme. Le texte nous en est parvenu ; on peut le lire dans Mansi, t. XI, p. 461-510, et dans *P. G.*, t. LXXXVII, 3, p. 3147-4014 ; il a été conservé dans les actes de Constantinople III (680-681). Dans l'original que nous possédons, le nom du destinataire est le patriarche Sergius de Constantinople ; que le destinataire désigné ici soit le pape Honorius n'a rien d'étonnant : il était habituel qu'une lettre synodale fût envoyée à tous les patriarches. En tout cas, la lettre qui nous est parvenue et celle que Photius lisait ne font qu'un. Voici quelques points de contact qui ne laissent subsister aucun doute : Magnus et Apollinaire réunis dans l'anathème (p. 286 b 21 = *P. G.*, t. LXXXVII, 3, p. 3192 A) ; les deux Origène (p. 286 b 23-26 = 3189 B-3192 A) ; l'anathème contre Jacques le Syrien (p. 286 b 26-27 = 3193 C) ; le vœu de voir le destinataire corriger et compléter la lettre (Honorius, p. 286 b 30 ; Sergius, 3196 B-C).

Page 68, *ligne* 23 :

On sait que la date de la conception de Jean-Baptiste a été fixée d'après celle de l'Annonciation sur la base du texte de *Luc*, 1, 26, qui met un intervalle de six mois entre les deux événements. Cf. F. Cabrol, s. v. *Annonciation*, in *D. A. Chr.*, t. II, p. 2247-2249, et H. Leclercq, s. v. *Nativité*, t. XXIII, p. 908-926.

Page 69, *ligne* 14 :

Du fait que l'anthropomorphisme avait trouvé un regain de faveur auprès de certains moines d'Égypte à la fin du IVe siècle et qu'il fut attaqué dans une lettre pascale par Théophile d'Alexandrie, Bardy pense (*op. cit.*, p. 12, note 6) que Gobar a probablement cité Théophile comme autorité contre les anthropomorphites.

Page 69, *ligne* 20 :

Après leur chute, *Yahvé Dieu fit à l'homme et à sa femme des tuniques de peau et les en vêtit* (*Genèse*, 3, 21). On lira plus loin, dans un extrait de saint Méthode, au « codex » 234, l'explication que donne ce dernier de ces fameuses *tuniques de peau*, p. 293 b 22-28, *infra*, p. 85. J. Daniélou, *Platonisme et théologie mystique*, Paris, Aubier, 1944, p. 60-65, expose les explications d'Origène et de saint Grégoire de Nysse. Cf. aussi R. Cadiou, *Introduction au système d'Origène*, Paris, Les Belles Lettres, 1932, p. 62 et note 3, et p. 63.

Page 69, *ligne* 29 :

Parmi les partisans du millénarisme, on peut citer Justin, *Dialogue*, 80-81, 1. *P. G.*, t. VI, p. 664 A-669 B ; Irénée, *Adversus Haereses*, V, 32-35, *P. G.*, t. VII, p. 1210-A-1221 A ; Hippolyte, *Commentaire sur le Livre de Daniel*, IV, 23, p. 244, éd. de Bonn ; Méthode, *Banquet*, IX, 5, p. 280, éd. Musurillo (S. Chr., 95). Parmi ses adversaires ont figuré les Pères cappadociens ainsi qu'Origène dans de nombreux textes, et Denys d'Alexandrie cité par Eusèbe, *H. E.*, VII, 24-2, t. II, p. 201-210, éd. Bardy (S. Chr., 41).

Page 70, *ligne* 23 :

Pour le salut universel : Origène, *De Principiis*, III, 6, 6 ; Grégoire de Nysse, *Oratio catechetica*, 8. *P. G.*, t. XLV, p. 33 A-40 C, et 26, p. 68 A-69 C. La question de l'apocatastase chez saint Grégoire de Nysse sera évoquée au « codex » 233, *infra*, p. 81. Contre cette doctrine : Saint Basile, *Regulae brevius tractatae*, 267. *P. G.*, t. XXXI, p. 1264 C-1268 B ; Jean Chrysostome, *In Epistulam ad Romanos*, 25, 5-6. *P. G.*, t. LX, p. 634-638 ; *In Matthaeum*, 11, 7. *P. G.*, t. LVII, p. 199-201 ; Justinien, *Adversus Origenem*. *P. G.*, t. LXXXVI, p. 975 A-979 B.

Page 72, *ligne* 26 :

Bardy, *op. cit.*, p. 14, note 8, observe que la théorie selon laquelle Dieu est en toutes choses par son essence a une saveur stoïcienne et panthéiste. Il renvoie à Méthode, *De libero arbitrio*, 5 et 6, p. 157-162, éd. Bonwetsch ; Nemesius, *De natura hominis*, 3. *P. G.*, t. XL, p. 608 A. Le pseudo-Athanase, *Sermo maior de fide*, *P. G.*, t. XXVI, p. 1284 B-1285 A, enseigne que Dieu contient toutes choses et n'est contenu par aucune d'elles.

Page 72, *ligne* 31 :

Les Anges ont été créés avant le monde pour Origène, *De Principiis*,

II, 1, 2, et IV, 4, 8 ; Grégoire de Nazianze, *Oratio* 38, 9-10. *P. G.*, t. XXXVI, p. 320 C-321 C ; 45, 5-6, p. 629 A-D ; Saint Basile, *Homélies sur l'Hexaéméron*, I, 5, p. 104, éd. S. Giet (S. Chr., 26). Ils ont été créés le premier jour pour Épiphane, *Haereses*, 65, 5. *P. G.*, t. XLII, p. 20 A-21 A ; Basile de Séleucie, *Oratio* I, 2. *P. G.*, t. LXXXV, p. 32 A ; Théodoret, *Quaestiones in Genesim*, 3. *P. G.*, t. LXXX, p. 81 C-85 A.

Page 73, *ligne* 6 :

Bardy, *op. cit.*, p. 15, note 3, résume les thèses d'Athénagore, *De Resurrectione*, 16. *P. G.*, t. VI, p. 1005 B-1008 A, pour qui les Anges, créés immortels, le demeurent par la volonté du Créateur. Les hommes ont, dès leur naissance, une perfection de l'âme qui n'est pas soumise au changement et leur corps, lui, sera transformé par l'immortalité.

Page 73, *ligne* 10 :

C'est la *Genèse*, 6, 1-4, qui évoque les mariages des filles des hommes avec des êtres divins, et ce sont les apocryphes de l'Ancien Testament qui ont développé ce thème. Au colloque international de Messine sur les origines du gnosticisme (avril 1966), Mlle Y. Janssens a fait une intéressante communication sur *Le thème de la fornication des Anges* ; on la lira dans les actes du colloque en question, qui sont à l'impression chez Brill, à Leyde.

Page 73, *ligne* 20 :

Bardy, *op. cit.*, p. 15, note 4, renvoie à Justin, *II*[e] *Apologie*, 5. *P. G.*, t. VI, p. 452 B-453 A, qui explique que les Anges pécheurs se sont unis aux filles des hommes tandis que les démons au sens strict sont pour lui les enfants nés des Anges et des femmes.

Page 73, *ligne* 23 :

Bardy, *op. cit.*, p. 15 , note 5, estime que le texte de Photius n'est pas sûr. Il pense qu'il faudrait peut-être lire, en 289 b 19, καὶ οὐ κύκλῳ κινεῖται. Je ne suis pas de cet avis.

Page 73, *ligne* 24 :

Genèse, 1, 2.

Page 73, *ligne* 25 :

Cf. Théodoret, *Quaestiones in Genesim*, 8. *P. G.*, t. LXXX, p. 89 B-C.

Page 74, *ligne* 24 :

Grégoire de Nysse, *Oratio catechetica*, 37. *P. G.*, t. XLV, p. 93 A-97 B, fait toute une théorie sur l'assimilation des aliments. Cf. également *De hominis opificiio*, 27. *P. G.*, t. XLIV, p. 225 A-229 B (Bardy, *op. cit.*, p. 16-17, note 8).

Photius a transcrit, au « codex » 234, un passage où saint Méthode démontre (*De Rrsurrectione*, II, 9, 4 et 9, 7-8, p. 346 et 347, éd. Bonwetsch) que la terre ne se transforme pas en plantes ni en fruits : p. 297 a 5-35, *infra*, p. 94.

Page 74, *ligne* 29 :

Encore une réflexion personnelle de Photius.

Page 76, *ligne* 21 :

Jean, 18, 10 est le seul qui désigne l'auteur de ce geste et c'est Pierre qu'il désigne.

Page 76, *ligne* 24 :

Cf. J. Lebon, *Une ancienne opinion sur la condition du Christ dans la mort*, in *R. H. E.*, t. XXII (1927), p. 5-42 ; G. Jouassart, *L'abandon du Christ en croix dans la tradition des IVe-Ve siècles*, in *R. S. R.*, t. V (1925), p. 609-663.

Page 76, *ligne* 29 :

Cf. Bardy, *op. cit.*, p. 18, note 6, qui nous apprend que la notion de la rançon payée au démon figure déjà chez Origène, *In Epistulam ad Romanos*, 2, 14. *P. G.*, t. XIV, p. 913 D-922 B ; *In Matthaeum*, 16, 8. *P. G.*, t. XIII, p. 1388 C-1400 B ; Grégoire de Nysse, *Oratio catechetica*, 23, 3. *P. G.*, t. XLV, p. 61 A-64 A. Grégoire de Nazianze, *Oratio* 45. *In Sanctum Pascha. P. G.*, t. XXXVI, p. 624 A-664 B, enseigne que le Christ s'est offert à son père.

Page 77, *ligne* 21 :

Peut-être le problème en question est-il le même que celui indiqué par Épiphane, *Haereses*, 51, 26, 2-3, t. II, p. 296-297, éd. Holl.

Page 77, *ligne* 33 :

On ignore ce qu'est cette lettre. Bardy, *op. cit.*, p. 19, note 4.

Page 77, *ligne* 35 :

Ce problème sera évoqué au « codex » 233, p. 292 b 42, *infra*, p. 80 où Photius résume un écrit de saint Germain de Constantinople qui entreprend de défendre saint Grégoire de Nysse contre ceux qui l'accusaient d'origénisme.

Page 77, *ligne* 38 :

Question connexe à celle du millénarisme qui a déjà été débattue par Gobar, p. 288 a 35-40, *supra*, p. 69.

Page 79, *ligne* 8 :

Les savants éditeurs de la *Bible de Jérusalem* ont dressé un état de la question dans leur introduction aux Épîtres de saint Paul, p. 1489 sq. Cf. aussi M. Simon, *Verus Israël. Étude sur les relations entre chrétiens et juifs dans l'Empire romain (135-425)*, Paris, De Boccard, 1964, p. 216 et 516.

Page 79, *ligne* 21 :

Bardy, *op. cit.*, p. 26, note 3, observe que ce texte est la seule trace d'une prise de position de saint Grégoire de Nysse à l'égard des Montanistes.

Page 79, *ligne* 27 :

Le culte des morts était chose ancienne en Israël. Cf. A. Lods, *Israël des origines au milieu du VIIIe siècle*, Paris, A. Michel, 1949, *passim*, et on connaît bien l'épisode du sacrifice pour les morts, au *Deuxième livre des Macchabées*, 12, 38, 46. On relève beaucoup de témoignages en faveur des prières pour les morts chez les Pères. Cf. Bardy, *op. cit.*, p. 22, note 4, où nous apprendrons aussi que les Ariens condamnaient le culte des morts.

Page 83, *ligne* 5 :

Malgré sa date, l'ouvrage de base pour étudier saint Méthode est toujours la grande édition de G. N. Bonwetsch, *Methodius*, Leipzig, 1917 (G. C. S., 17).

On considère comme peu sûres les données biographiques qui nous ont été transmises sur le personnage. Cf. E. Amann, s. v. *Méthode d'Olympe*, in *D. T. C.*, t. X, 2, p. 1606-1614 ; Quasten, t. II, p. 160-162 ; B. Altaner, *Précis de patrologie* (éd. Chirat), Mulhouse, 1961, p. 313-314. Tous les témoignages que nous avons sur saint Méthode sont réunis et étudiés dans les prolégomènes de l'édition de Bonwetsch, p. IX-XVII. Ce que Photius a pu apporter comme contribution en dehors de sa *Bibliothèque* a peu d'importance et n'offre aucun intérêt pour l'étude des quatre notices qu'on va lire ici. Une étude sommaire sur l'auteur et sur son œuvre figure parmi les travaux que le R. P. H. A. Musurillo a consacrés au *Banquet des dix vierges*. Il en sera question *infra*, p. 212.

Page 83, *ligne* 6 :

Le titre de l'œuvre était Ἀγλαόφων ἢ περὶ ἀναστάσεως (cf. Bonwetsch, p. 219). Ce traité nous a été conservé dans une version slavonne qui est abrégée pour les deux derniers livres et dont Bonwetsch donne une traduction en allemand. Les témoignages autres que celui de Photius sont Épiphane, *Haereses*, 64, les *Sacra Parallela* et le *Dialogue d'Adamantius*, un auteur inconnu par ailleurs qui a réfuté Origène en utilisant le *De Resurrectione* et le *De Autexusio* de Méthode (Bonwetsch, p. XXXIV-XXXVII). Le texte édité à l'aide de tous ces matériaux se trouve aux p. 219-424 de l'édition de Bonwetsch. Il faut savoir que cet éditeur appelle *b* le *Marcianus 451* de Photius qui est notre manuscrit M. Il faut bien dire aussi que les lectures du grand Bonwetsch (Bo dans mon apparat critique et dans mes notes) en ce qui regarde les extraits de Photius, ne sont pas sans erreur : je les ai contrôlées sur les photographies des manuscrits de Venise que j'ai toujours sous la main en travaillant.

Sur la valeur respective des traditions A et M de Photius pour les « codices » qui vont suivre, cf. A. Severyns, *Recherches*, t. I, p. 69-71.

Page 83, *ligne* 10 :

A ces lignes du sommaire (293 a 5-8), on retrouve plusieurs parallèles dans l'original : I, 4, 4 ; 30, 1 ; 32, 2 ; 33, 2. Bo, p. 224, 12-16 ; 261, 19-262, 2 ; 269, 7-9 ; 270, 8. Le texte visé de Jérémie est la *La-*

mentation, 3, 34. La mention d'Origène est relative à une citation qu'en fait Épiphane, *Haereses*, 64. On sait que saint Méthode figure parmi les adversaires les plus acharnés d'Origène. Cf. E. Amann, *op. cit.*

Page 83, *ligne* 13 :

293 a 8-10 est une allusion précise à *De Resurrections*, I, 54, 4. Bo, p. 311, 10-12.

Page 83, *ligne* 15 :

Allusion à *Oratio*, 38. *P. G.*, t. XXXVII, p. 324 C, où il est question des « tuniques de peau »?

Page 83, *ligne* 21 :

Pas plus que Bonwetsch, je n'ai trouvé à rattacher ces lignes (293 a 13-18) du sommaire à une des autres sources par lesquelles on connaît le traité de Méthode. L'allusion à Origène est très générale. Ne serions-nous pas ici en présence d'une scolie trouvée par Photius dans le manuscrit qu'il lisait?

Page 86, *ligne* 15 :

294 1 8-17 adapte I, 41, 3-42, 2. Bo., p. 287, 3-289, 2. Cit. de *Romains*, 7, 18-20.

Page 86, *ligne* 21 :

La suite du sommaire présente des extraits qui correspondent à ce qui est le livre II de l'original dans la version slavonne et dans les *Sacra Parallela.*

Page 86, *ligne* 25 :

Cette parole de l'Apôtre a déjà été commentée en des termes tout à fait ressemblants à ceux-ci dans le livre I, 5, 2 et 3 ; 57, 1-7 ; 58, 2 et 4. Bo, p. 226, 13-227, 8 ; 317, 15-319, 18 ; 320, 4-21.

Page 86, *ligne* 28 :

294 a 26-29 = II, 1, 1. Bo, p. 329, 10-14.

Page 86, *ligne* 29 :

294 a 29-30 = I, 1, 1. Bo, p. 329, 15-330, 1.

Page 87, *ligne* 19 :

294 b 3-8 = II, 1, 5-2, 1. Bo, p. 330, 16-331, 4. En 294 b 7, où Photius a écrit ἔσχε λαβὴν ὁ διάβολος, Méthode donne ἔσχε λαβὴν διὰ τῆς ἐντολῆς ὁ διάβολος variante que Bo ne note pas.

Page 87, *ligne* 19 :

Romains, 7, 8.

Page 87, *ligne* 26 :

Romains, 7, 9-10.

Page 87, *ligne* 36 :

En 294 b 24, Photius donne bien ἀπατῆσαί με et non ἀπατῆσαί τε.

Page 89, *ligne* 11 :

295 a 12-17 = II, 3, 1. Bo, p. 333, 14-17.

Page 89, *ligne* 12 :

En 295 a 18, Photius donne κατεργάσαθαι et Méthode κατεργάζεσθαι Bo n'a pas noté cette variante.

Page 89, *ligne* 19 :

295 a 17-23 = II, 3, 3-5. Bo, p. 334, 14-19.

Page 89, *ligne* 20 :

Romains, 7, 19.

Page 89, *ligne* 23 :

Photius, p. 295 a 25, donne ἐπισκέψασθε et Méthode ἐπισκέψασθαι ⟨δεῖ⟩, p. 335, 1, avec une note critique de Bo ainsi conçue : Phot., *Ausgg.*, mais c'est la leçon des manuscrits.

Page 89, *ligne* 28 :

Psaume 19, 13-14.

Page 89, *ligne* 32 :

2 *Corinthiens*, 10, 4-5.

Page 97, *ligne* 17 :

1 *Corinthiens*, 15, 50.

Page 100, *ligne* 22 :

1 *Corinthiens*, 11, 7.

Page 100, *ligne* 30 :

299 a 16-29 = III, 15. Bo, p. 411, 20-412, 2. Ce passage n'est conservé en grec que par Photius.

On notera que l'abréviateur n'a pas relevé le passage du livre II au livre III et que les extraits de ce livre retenus par Photius ne se présentent pas chez lui dans l'ordre où l'éditeur de Méthode a trouvé à les replacer dans la version slave. En 299 a 19, Bo imprime ἐρασμιώτατον pour ἐρασμιώτερον de Photius, sans rien dire de cette variante.

Page 116, *ligne* 5 :

Ce traité nous est connu en partie par un manuscrit grec du xe siècle et par une version slavonne à peu près complète. Le *Dialogue* d'Adamantius, les *Sacra Parallela*, la *Préparation évangélique* d'Eusèbe et le « codex » 236 de Photius sont nos autres sources pour remonter au texte. En combinant tous ces éléments, A. Vaillant, *Le « De Au-*

texusio » *de Méthode d'Olympe*, version slave, texte grec et traduction française, *P. O.*, t. XXII, 5, p. 631-889, en a fait une reconstitution fort sûre. Le traité a été traduit en français par J. Farges, *Méthode d'Olympe. Du libre-arbitre*, Paris, 1929.

Dans l'édition de Bonwetsch, les prolégomènes qui concernent le traité sont aux p. xxxi-xxxiv et le texte est aux p. 143-206.

D. Amand, *Fatalisme et liberté dans l'antiquité grecque*, Louvain, 1945, p. 326-341, a étudié avec pénétration les doctrines sur la liberté que saint Méthode expose ici et dans le *Banquet des vierges*, VIII, 13.

Page 125, *ligne* 18 :

Ce dialogue est la seule œuvre de saint Méthode qui nous soit parvenue intégralement en grec. Dans l'édition de Bonwetsch, les prolégomènes qui le concernent sont aux p. xviii-xxxi, le texte est aux p. 1-141. Il a été traduit en français par J. Farges, *Méthode d'Olympe. Le Banquet des dix vierges*, Paris, 1932, en anglais par le P. H. A. Musurillo, S. J., *Methodius of Olympus. The Symposium : A Treatise on Chastity*, Westminster Maryland-London, 1958 (Ancient Christian Writers, 17), avec un commentaire. Le texte grec sur lequel a été faite cette traduction anglaise a été imprimé dans la collection des « Sources chrétiennes » : Méthode d'Olympe, *Le Banquet*, introduction et texte critique par H. Musurillo, S. J. (Mu dans mon apparat critique et dans mes notes). Traduction par V.-H. Debidour, Paris, Éd. du Cerf, 1963 (S. Chr., 95). L'éditeur appelle *b* le ms. M de Photius, comme son prédécesseur Bonwetsch dont il critique vivement les erreurs de lecture, mais sans avoir — loin de là — fait mieux que lui en ce qui concerne les extraits de Photius. La traduction de M. Debidour est excellente (voir ma chronique, dans la *R. B. Ph. et H.*, t. XLIII, 1945, p. 255-256).

Page 125, *ligne* 28 :

Sur les nombreux sens du mot λόγος chez saint Méthode, cf. Mu, *A. C. W.*, 17, p. 193, note 3.

Page 126, *ligne* 24 :

Le passage 308 a 21-36 de Photius se rattache, grâce à la citation du *Livre de la Sagesse*, 3, 16, aux chapitres 3 et suivants du deuxième discours du *Banquet*. On retrouve textuellement Photius 308 a 21-25 en II, 3, 36. Bo, p. 18, 17-19 ; Mu, p. 174. Photius 308 a 31-33 correspond plus ou moins, quant au contenu, à II, 3, 37. Bo, p. 19, 2-4 ; Mu, p. 76.

Les deux éditeurs de saint Méthode reproduisent Photius 308 a 25-30 et 31-36 dans leurs apparats critiques ; le P. Musurillo ajoute, à propos du premier des deux passages, *quomodo sit integrandum nescio* (p. 74) et, à propos du second, *quae Methodii verba esse videantur* (p. 76). Photius, de l'avis du P. Musurillo (S. Chr., p. 32), « a conservé bien des phrases qui ne se trouvent pas dans le *Banquet* tel que nous le possédons aujourd'hui ». Je pense, quant à moi, que nous avons ici un résumé extrêmement condensé de tout le deuxième discours à

partir de 3, 35. Les « exemples » auxquels Photius fait allusion (p. 308 a 36) peuvent fort bien viser tout le contenu des chapitres 4 à 7.

Page 127, *ligne* 19 :

Photius, 308 b 17-21, paraphrase III, 6, 64, Bo, p. 52, 21-33, 3 ; Mu, p. 101-102.

Page 127, *ligne* 20 :

Psaume 136, 1.

Page 129, *ligne* 29 :

Jean, 15, 5.

Page 129, *ligne* 33 :

Deutéronome, 32, 32. Photius, p. 309 b 5-10, condense fortement V, 5, 121-122. Bo, p. 58, 22-59, 11 ; Mu, p. 156.

Page 129, *ligne* 34 :

309 b 11 = V, 8, 130. Bo, p. 63, 4-5 ; Mu, p. 162.

Page 131, *ligne* 15 :

Ces deux lignes (310 a 13-14) résument tout le texte du *Banquet*, VI, 4, 144-VII, 3, 157. Bo, p. 64, 2-74, 14 ; Mu, p. 174-186.

Page 131, *ligne* 23 :

Cantique, 6, 8-9.

Page 131, *ligne* 26 :

310 a 13-24 = VI, 3, 157-158. Bo, p. 74, 14-75, 2 ; Mu, p. 186.

Page 131, *ligne* 31 :

Le passage 310 a 25-29 n'est pas dans le texte du *Banquet*. Sans doute est-ce une de ces phrases auxquelles il a été fait allusion *supra*, p. 213.

Page 134, *ligne* 27 :

Psaume 2, 7 ; *Matthieu*, 3, 17 ; *Marc*, 1, 11 ; *Luc*, 3, 22.

Page 135, *ligne* 21 :

La phrase de Photius, 311 b 8-10 : ὅτι... πράττειν, n'est pas dans Méthode.

Page 135, *ligne* 26 :

311 b 9-16 = VIII, 16, 219, Bo, p. 204, 13-17 ; Mu, p. 246.

Page 136, *ligne* 33 :

312 a 3-5 = IX, 2, 240. Bo, p. 115, 26-28 ; Mu, p. 268. Les mots τῆς ἐσομένης ἐν τῇ δευτέρᾳ τοῦ Κυρίου παρουσίᾳ (312 a 5-6) ne sont pas dans le texte du *Banquet*.

Page 141, *ligne* 17 :

Quel sort faire à cette longue note exégétique qui va de 313 a 16 à 313 b 17? Ce n'est ni un extrait du *Banquet* tel que nous le lisons ni un commentaire sur un passage précis du même dialogue. La longueur de cette note sur la formule κατ' εἰκόνα surprend du fait que cette formule apparaît fort peu dans le texte. En I, 4, 23-24, Bo, p. 12, 22, 13, 11, saint Méthode dit de l'homme qu'il est κατ' εἰκόνα par création et qu'il devient καθ' ὁμοίωσιν grâce à l'action du Verbe en lui. Les notes du P. Musurillo, *A. C. W.*, 27, p. 191-192, 212 et 213, ne font aucun sort à cet appendice au sommaire du *Banquet.* L'hypothèse de la scolie ne me paraît pas acceptable puisqu'il n'y a rien dans le texte à quoi on puisse la rapporter. J'avoue ne pas avoir de solution personnelle présentement.

Page 141, *ligne* 19 :

Cette notice est la quatrième que Photius consacre à Josèphe. Le « codex » 47 est un bref aperçu sur la *Guerre des Juifs* (t. I, p. 32-33. Indications sur l'auteur, p. 32, note 3). Au « codex » 48 (t. I, p. 33-35), il est question d'un ouvrage *Sur l'Univers* qui n'est pas de Josèphe et à propos de l'attribution duquel Photius s'empêtre (t. I, p. 34, note 3, et 35, note 1). Le « codex » 76 (t. I, p. 155-158) fait état d'une première lecture de l'*Antiquité juive*, et le contenu du sommaire montre que le lecteur s'est surtout intéressé au livre XX de cet ouvrage et à l'*Autobiographie* qui a dû se trouver très tôt à la suite de l'*Antiquité juive* dans les manuscrits de Josèphe ; dans cette notice, Photius renvoie (t. I, p. 57 et note 2) au jugement qu'il avait émis sur Josèphe au « codex » 47. Ici, plus aucune allusion aux rencontres antérieures avec l'historien juif et le présent sommaire intéresse une partie plus étendue de l'ouvrage lu.

Les renvois au texte de Josèphe dans les notes au présent « codex » sont faits d'après la classique édition de Niese (Berlin, 1887-1890). Une copieuse bibliographie critique sur l'auteur a été publiée récemment par L. H. Feldmann, *Scholarship on Philo and Josephus* (1937-1962), in *Studies in Judaica*, New-York, Yeshiva Univ., 1963, p. 26-55.

En présence de certains passages du sommaire qu'on va lire et qui concernent Jésus-Christ et les chrétiens, on se souviendra de l'article de A. C. Bouquet, *The References to Josephus in the Bibliotheca of Photius*, in *The Journal of theol. Stud.*, t. XXXVI (1935), p. 289-293, qui veut démontrer que Photius n'a pu avoir connaissance du « Josèphe slave ». On se reportera aussi très utilement à l'excellent petit livre du regretté J. Moreau, *Les plus anciens témoignages profanes sur Jésus*, Bruxelles, 1944, p. 11-36 et à Josephus, *Jewish Antiquities, XVIII-XX* translated by L. H. Feldman. Londres, Heinemann, 1965 (Loeb Clas. Lib., 433).

Page 142, *ligne* 32 :

Ce passage du sommaire (314 a 19-21) n'a pas son parallèle exact dans le texte de Josèphe. Je pense qu'il faut y voir un souvenir — on sait que Photius ne résume pas toujours ses auteurs dans un

ordre strict — du célèbre *Testimonium flavianum* (*Ant. J.*, XVIII, 63-64 ; t. IV, p. 151-152) qui a, on le sait, fait couler tant d'encre. Cf. J. Moreau, *op. cit.*, p. 11-36, où on trouve le dernier état de la question. Les notes de Feldman, *op. cit.*, p. 48-49, n'apportent rien de nouveau.

Sans prétendre intervenir dans un problème qui n'est pas de ma compétence, je voudrais faire observer que Photius s'est scandalisé de ce que Justus de Tibériade ne dit rien à propos du Christ. Cf. le « codex » 33, t. I, p. 19. S'il ne fait aucune remarque de ce genre à propos de Josèphe, cela ne prouve-t-il pas qu'il lisait, lui aussi, un texte qui avait subi certains « aménagements »?

Page 143, *ligne* 14 :

L'assassinat d'Aristobule et d'Alexandre, dont Josèphe a évoqué la popularité en XVI, 7, t. IV, p. 5, et fait, en XVI, 400, t. IV, p. 66, un bref éloge qui est assez fidèlement reproduit ici par Photius, est relaté après le long récit des intrigues qui ont amené Hérode à ce crime et où, cette fois, Antipater joue un rôle de premier plan. La mort de ce dernier est racontée en XVII, 187, t. IV, p. 104.

Page 143, *ligne* 19 :

Photius reproduit assez fidèlement ici la description que fait Josèphe, en XVII, 168-169, de la maladie d'Hérode.

Page 143, *ligne* 22 :

Ces lignes paraphrasent XVII, 191, t. IV, p. 105.

Page 143, *ligne* 26 :

Ceci sera répété p. 315 b 34-36, *infra*, p. 147, note 5.

Page 143, *ligne* 30 :

Οὗτος τοίνυν ὁ Ἀντίπατρος Ἀντίπας τὸ πρῶτον ἐκαλεῖτο, XIV, 10, t. III, p. 240.

Page 144, *ligne* 19 :

Sommaire, avec beaucoup d'emprunts textuels, de XIV, 92-97, t. III, p. 256-257.

Page 144, *ligne* 21 :

Cf. XIV, 90-91, t. III, p. 255-256, où il est dit des Juifs : ἐν ἀριστοκρατείᾳ διῆγον.

Page 144, *ligne* 22 :

Hyrcan est couramment appelé ἀρχιερεὺς καὶ ἐθνάρχης.

Page 144, *ligne* 27 :

A propos de l'action d'Antipater en faveur des Romains, Josèphe parle (XIV, 99-102, t. III, p. 257-258) de l'aide qu'il apporta à Gabinius contre Aristobule qui était toujours en guerre. En XIV, 103, t. III, p. 258, il dit qu'à Jérusalem, Gabinius régla tout ὡς ἦν Ἀντι-

πάτρῳ θέλοντι. Il est encore question de l'influence d'Antipater auprès des Romains et des Juifs en XIV, 121-122, t. III, p. 261-262.

Page 147, *ligne* 26 :

Dans ce court passage de son sommaire, Photius évoque toute la campagne des Romains contre Antigone, qui se termine par la prise de Jérusalem et la capture d'Antigone : XIV, 394-486, t. III, p. 312-329.

Page 147, *ligne* 27 :

C'est Sossius qui ramène Antigone prisonnier à Antoine.

Page 147, *ligne* 31 :

Reproduction assez suivie de XV, 8, t. III, p. 334.

Page 148, *ligne* 15 :

Ces deux lignes renvoient au début du sommaire, p. 314 a 18-b 5, *supra*, p. 142.

Page 148, *ligne* 17 :

L'empereur avait accordé à Hérode le droit de disposer à sa guise de sa succession envers celui de ses descendants qu'il voudrait : XV, 343, t. III, p. 394.

Page 148, *ligne* 18 :

On peut lire chez Josèphe deux versions du testament d'Hérode : en XVII, 146, t. IV, p. 96, et en XVII, 188, t. IV, p. 104. C'est de cette dernière que Photius relate l'essentiel ici.

Page 148, *ligne* 23 :

Il s'agit dans ce passage de dispositions sanctionnées par Auguste et que Josèphe expose en XVII, 317-320, t. IV, p. 130.

Page 148, *ligne* 27 :

Cf. XVII, 342-344, t. IV, p. 134-135.

Page 148, *ligne* 28 :

Cf. XVII, 355, t. IV, p. 137.

Page 149, *ligne* 16 :

Sur la libération d'Agrippa par Caligula, sur son retour au pouvoir et sur sa rentrée en Judée, cf. XVIII, 235-239, t. IV, p. 182-183.

Page 149, *ligne* 24 :

Cf. XVIII, 240 246, t. IV, p. 183-184.

Je ne crois pas qu'il faille hésiter à rétablir ici, dans le texte de Photius (316 b 16), cette leçon qui vient du texte de Josèphe, XVIII, 250, t. IV, p. 185. Le nom de Ianos ne représente rien et la corruption paléographique est claire.

Page 149, *ligne* 31 :

Résumé de XVIII, 240-255, t. IV, p. 183-186. Il y a une erreur dans le sommaire : Josèphe ne dit pas qu'Agrippa va rejoindre ses accusateurs en Italie, mais qu'il envoie un message à Caligula par un affranchi.

Page 150, *ligne* 17 :

Résumé concis mais complet de XIX, 344-352, t. IV, p. 269-270.

Page 150, *ligne* 22 :

Ici, Photius s'est certainement souvenu de XIX, 200-201, t. IV, p. 176-177, où Josèphe rapporte qu'un prisonnier germain, qui avait une chouette avec lui, avait prédit à Agrippa, prisonnier lui-même, sa grandeur future. Il lui avait annoncé aussi qu'il mourrait cinq jours après qu'il aurait revu une chouette.

Page 150, *ligne* 23 :

Ces dix lignes condensent le contenu de XIX, 354-361 et 364-366, t. IV, p. 271 et 272.

Page 151, *ligne* 23 :

Le sommaire suit de très près XX, 159, p. 303.

Page 151, *ligne* 24 :

Cette donnée est absente du texte de Josèphe. On peut derechef croire à la reproduction d'une scolie ou à une note ajoutée par Photius ou un lecteur antérieur d'après l'épisode connu par les *Actes*, 25, 15-26, 32.

Page 151, *ligne* 26 :

Photius saute un personnage : Tibère Alexandre, successeur de Phadus (XX, 100, t. IV, p. 293). Cumanus succède à Tibère (XX, 103, t. IV, p. 293).

Page 151, *ligne* 29 :

Ces brèves indications sont tirées de XX, 136-137, t. IV, p. 299 (Félix) ; 22, 192, t. IV, p. 307 (Festus) ; XX, 197, t. IV, p. 309 (Albin) ; XX, 215, t. IV, p. 312 (Florus).

Page 151, *ligne* 32 :

Indication chronologique qui ne figure pas en XX, 223, t. IV, p. 313, où il est dit que la guerre commença sous le pontificat de Matthias.

Page 152, *ligne* 18 :

Ces lignes reproduisent de façon assez suivie XX, 225-226, t. IV, p. 314.

Page 152, *ligne* 21 :

Le texte de Photius offre une erreur curieuse : il parle d'une *durée*

de quatre-vingt-trois ans alors que l'original parle, lui, de quatre-vingt-trois *grands-prêtres*.

Page 152, *ligne* 24 :

Reproduction de XX, 228-229, t. IV, p. 314.

Page 152, *ligne* 28 :

Cf. XX, 229-230, t. IV, p. 314.

Page 152, *ligne* 33 :

Cf. XX, 231, t. IV, p. 314-315. La donnée de Photius M (notre seul témoin du texte pour ce passage de la *Bibliothèque*), ἀμαίως ἐκ, apparaît clairement comme une corruption paléographique quand on recourt au passage correspondant de l'original.

Page 153, *ligne* 12 :

Il faut rappeler ici le « codex » 76 déjà consacré à l'*Antiquité juive*. J'ai fait observer (t. I, p. 156, note 1) que le patriarche, dans cette première lecture, s'était exclusivement intéressé à l'histoire des grands-prêtres et il n'y a rien, dans cette première notice, qui touche de près ou de loin à l'histoire du christianisme alors que c'est tout de même au livre XX qu'il est question des manœuvres du grand-prêtre Anan contre Jacques, le frère du Seigneur (cf. p. 317 b 8, *supra*, p. 152).

En comparant Photius, 52 b 26-33, t. I, p. 155, et le présent passage (317 b 39-43), Niese a conclu (t. I, p. L) que Photius a lu l'*Antiquité juive* dans deux manuscrits différents. Cela me paraît certain : outre la variante textuelle dont Niese tire argument, il faut rappeler que le manuscrit qui est à la base du « codex » 76 contenait l'*Autobiographie* dont Photius ne dit rien ici alors qu'il semble bien pourtant avoir perdu tout à fait sa première lecture de vue ; ce qui explique, à mon avis, ces reprises d'un même œuvre à de longs intervalles sans renvoi d'un « codex » à un autre, c'est le hasard qui semble avoir présidé aux lectures de Photius.

Page 155, *ligne* 7 :

Ce dernier morceau du sommaire reproduit avec quelques variantes XX, 250-251, t. IV, p. 317-318.

Les concordances que j'ai établies avec autant de précision que possible entre le « codex » 238 et le texte de l'*Antiquité juive* montreront au lecteur, je l'espère, la « manière » très personnelle dont Photius est capable de résumer un texte sans s'astreindre à le suivre pas à pas et sans manquer, à de rares exceptions près et dans de très petits détails, à la fidélité à son modèle.

Page 155, *ligne* 12 :

Il n'est pas sans intérêt de noter que c'est la seule fois où une des divisions de l'ouvrage est mentionnée dans ce sommaire.

Page 156, *ligne* 12 :

Comme l'a justement noté M. Severyns, *op. cit.*, t. II, p. 81, *nous*

avons ici une indication très nette du sujet de l'ouvrage. Il traitait de la poésie narrative : épopée. iambe, élégie (ici, Photius a dû intervertir l'ordre original des deux derniers mots, comme le montre le corps de son résumé sur ces deux genres où il parle de l'élégie en premier lieu. Cf. Severyns, *op. cit.*, t. II, p. 98), lyrisme ; c'est à ces matières que se limite le sommaire qui, finalement, n'a porté que sur *deux livres*. Les deux derniers, qui n'ont pas trouvé place dans le résumé, devaient donc traiter de la poésie imitative, c'est-à-dire du théâtre.

Page 156, *ligne* 23 :

La concision de Photius n'autorise aucune déduction sur les préférences que Proclos pouvait avoir pour l'une des étymologies qu'il rapporte. Cf. Severyns, *op. cit.*, t. II, p. 82.

Page 156, *fin de la note* 1 :

R. Beutler, s. v. *Proklos* (n. 4), in *R. E.*, t. XXIII (1957), col. 207-208, classe encore la *Chrestomathie* parmi les œuvres du néoplatonicien Proclus, malgré les arguments développés en sens contraire par W. Schmid, par M. Severyns et par ceux que j'ai apportés dans ma modeste contribution au problème.

Page 157, *ligne* 19 :

La teneur des prolégomènes qui figurent en tête de certains manuscrits de l'*Iliade* a fait que Proclos est surtout considéré comme l'auteur des résumés du Cycle. Cf. Severyns, *op. cit.*, t. I, p. IX. Cependant, à comparer le passage qui concerne le Cycle dans le sommaire de Photius à la place qu'y tiennent les notices sur les autres genres littéraires, on peut croire que les données relatives au Cycle étaient loin d'être le gros morceau de la *Chrestomathie*.

Sur la date probable (IIe-Ve siècles) de la disparition des épopées cycliques, cf. Severyns, *op. cit.*, t. II, p. 91-92.

Comme M. Severyns l'a démontré (*op. cit.*, t. I, p. 329-336), Eustathe, dans ses *Commentaires*, est tributaire de Proclos qu'il ne connaît que par le « codex » 239. C'est à la même source qu'Aréthas a puisé — et cela dans un manuscrit de la famille M — la scolie sur le Cycle qu'il a mise au texte d'Eusèbe, *Préparation évangélique*, 39 d (IB., *op. cit.*, t. I, p. 291-295), et il en va de même pour Michel Italicos qui communique des renseignements sur les genres littéraires à un de ses amis dans une lettre. IB., *op. cit.*, t. I, p. 319-327.

Page 157, *ligne* 29 :

M. Severyns a fait un exposé complet sur le problème de l'attribution des *Chants cypriens* (*op. cit.*, t. II, p. 93-98). Il montre notamment que les données transmises par Proclos sur ce poème perdu constituent ce que nous avons de plus complet à son sujet. Photius, dit-il (p. 98), a fait une place à part à ce poème dans son sommaire en raison de l'importance que Proclos lui-même lui accordait. On peut être fixé sur le bien-fondé de cette observation en se reportant au sommaire des *Chants cypriens* qu'on lit dans les manuscrits d'Homère, *op. cit.*, t. IV, p. 77-85.

Un point qui mérite attention, c'est le raisonnement que Proclos tient à propos de l'accentuation du mot Κύπρια. Il est le seul qui ait utilisé cet argument peu banal pour suggérer une solution au problème de l'attribution des *Chants cypriens*. Cf. Severyns, *op. cit.*, t. II, p. 96-97.

Page 158, *ligne* 9 :

Les noms de ces poètes n'ont pas besoin de commentaire. Peut-être n'est-il pourtant pas inutile de rappeler que Philétas a été considéré comme un maître par Théocrite et par les bucoliastes romains et que Proclos est la source la plus ancienne où on trouve mentionné le nom du père de Philétas. Cf. Severyns, *op. cit.*, t. II, p. 103.

Page 158, *ligne* 24 :

Les recherches approfondies de M. Severyns, *op. cit.*, t. II, p. 104-110, au sujet des théories de Proclos sur l'*iambe*, permettent de souligner quelques traits qui sont à l'avantage de l'auteur de la *Chrestomathie*. Il a choisi avec beaucoup de bon sens, parmi les étymologies du mot *iambe* qui avaient cours avant lui, celle qui est la plus conforme aux lois du langage. Parmi les femmes qui ont porté le nom de Iambé, il n'a retenu que la plus importante ; ce n'est pas Photius qui a fait ce choix : ce que j'ai constaté moi-même par ailleurs sur ses façons de résumer les auteurs corrobore ce que M. Severyns en pense (p. 106-107), et je crois comme lui que la localisation de la scène entre Déméter et Iambé auprès de la *Roche dolente* a toutes les chances d'être l'écho d'une tradition rapportée par Proclos au lieu d'être le résultat d'une maladresse ou d'une erreur de Photius.

Page 158, *ligne* 30 :

Les poètes iambiques nommés ici sont assez connus pour qu'on n'ait pas besoin de gloser leurs noms. Les synchronismes établis entre eux et leurs royaux contemporains ont amené Sylburg à corriger avec bonheur ἀνανίου en Ἀμύντου (p. 319 b 30), conjecture que M. Severyns défend avec autorité, *op. cit.*, t. I, p. 152-154. Sur l'ensemble de ces synchronismes, *op. cit.*, t. II, p. 110-112. La précision et l'excellence des renseignements transmis par Proclos sur ce sujet tiennent au fait qu'ils remontaient peut-être à Aristarque (*op. cit.*, t. II, p. 112-113).

Page 159, *ligne* 1 :

Nous avons ici la tentative la plus complète et la plus logique d'ordonner le fouillis que constituent les genres lyriques grecs (Severyns, *op. cit.*, t. II, p. 113). M. Severyns examine les critiques qu'on a faites de la théorie de Proclos, et il voit en elles une construction personnelle bien que l'auteur de la *Chrestomathie* ait certainement *utilisé, comme c'était normal, les recherches de ses prédécesseurs* (*op. cit.*, t. II, p. 114).

Page 159, *ligne* 34 :

Des recherches auxquelles M. Severyns s'est livré sur ces étymologies

du mot *hymne* (*op. cit.*, t. II, p. 117-120), il apparaît que, ici encore, Proclos est tributaire de Didyme, mais que l'explication de ὕμνος par une racine ὑδ ne se retrouve nulle part ailleurs et qu'il faut *en laisser la paternité à l'auteur de la* Chrestomathie (p. 120).

Page 160, *ligne* 16 :

On ne peut déduire du sommaire de Photius à quelle étymologie allait la préférence de Proclos ; mais est-on sûr qu'il avait fait un choix? J'ai, quant à moi, la nette impression que Photius l'aurait dit, comme quand il a rapporté plus haut la position de Proclos sur l'explication du nom des Κύπρια.

A propos de l'étymologie tirée de la double naissance du dieu, M. Severyns, *op. cit.*, p. 132-133, cite des parallèles qui éclairent le δὶς δοκεῖ γενέσθαι de Photius, 320 a 29, et qui montrent que celui-ci a condensé à l'extrême ce qui devait se trouver dans le texte de Proclos. C'est un échantillon des innombrables problèmes que Photius pose à ses traducteurs.

Il faut encore souligner, dans l'abondant commentaire de M. Severyns, le rapprochement qu'il établit entre Proclos et un scoliaste de Platon (*op. cit.*, t. II, p. 133), texte à propos duquel il a montré (*op. cit.*, t. I, p. 266) que son auteur l'a tiré non de la *Chrestomathie* originale, mais du sommaire de Photius.

Page 160, *ligne* 19 :

Cette phrase encore extrêmement ramassée de Photius est l'objet chez M. Severyns d'un commentaire qui retrace en quelques notes l'histoire du *dithyrambe.* La question qui semble surtout avoir intéressé Proclos n'est pas de savoir qui a créé le genre, mais qui a été le premier à former un chœur circulaire.

Page 160, *ligne* 21 :

Cette traduction de M. Severyns s'impose sans conteste contre les interprétations selon lesquelles c'est le genre littéraire qui aurait tiré son nom de l'épithète d'Apollon (*op. cit.*, t. II, p. 136-137). Nous sommes une fois de plus devant un exemplaire du « style d'abréviateur » de Photius.

Page 160, *ligne* 21 :

Sur le maintien de Νόμιμος dans le texte, cf Severyns, *op. cit.*, t. I, p. 160-162. Sur les étymologies de νόμος et de νόμιος, I.B., *op. cit.*, t. II, p. 138-140. M. Severyns montre une fois de plus que Photius ne doit pas avoir dénaturé les données de la *Chrestomathie* sur le sujet.

Page 160, *ligne* 28 :

Sur l'époque et l'activité de Chrysothémis, cf. Severyns, *op. cit.*, t. II, p. 141.

Page 160, *ligne* 30 :

Terpandre est bien connu. M. Severyns a condensé (*op. cit.*, t. II,

p. 142-143) l'essentiel quant à sa date et aux innovations qu'on lui a attribuées.

Page 161, *ligne* 28 :

Sur cette comparaison en cinq points entre le *nome* et le *dithyrambe*, je renvoie au commentaire extrêmement fouillé qu'en a fait M. Severyns, *op. cit.*, t. II, p. 150-169. On pourrait tirer de ces notes, qui suivent le texte de Photius pas à pas, un petit traité fort complet sur les deux genres lyriques considérés. Ce n'est pas la tâche d'un éditeur de Photius. Il s'intéressera plutôt à quelques observations pertinentes de M. Severyns qui montrent à quel point Photius, malgré les quelques *faiblesses* qu'on peut lui reprocher, a été fidèle au texte qu'il résumait. Aux indices déjà rencontrés, on peut ajouter, tirés du passage envisagé, des éléments comme la tournure ἁπλουστέρως κέχρηται ταῖς λέξεσι (320 b 15), l'emploi des formes ἀνεῖται (320 b 16), κατεσταλμένον (320 b 29), la présence d'un mot comme κρουσμός (320 b 30). Ce sont des tournures et des mots qui ne peuvent être venus à l'esprit de Photius quand il dictait. Leur classicisme et leur rareté indiquent plutôt qu'il les a trouvés dans son modèle.

C'est de ce passage du « codex » 239 lu dans un manuscrit de la famille A que s'est servi le scoliaste de Platon, *République*, p. 394. Cf. Severyns, *op. cit.*, t. I, p. 261-277.

Page 161, *ligne* 29 :

Les notes de M. Severyns à ce passage (*op. cit.*, t. II, p. 169-170) nous apprennent que Proclos donne aux lamentations en l'honneur d'Adonis un nom Ἀδωνίδια qui ne reparaît pas ailleurs et qu'aucun spécimen de ce genre lyrique n'est conservé.

Page 161, *ligne* 31 :

Il s'agit encore ici d'une production lyrique dont aucun exemplaire ne nous est parvenu. Proclos est seul à nous avoir transmis le souvenir des manifestations bruyantes qui accompagnaient le chant de l'*iobacchos*. Cf. Severyns, *op. cit.*, t. II, p. 171-172.

Page 162, *ligne* 22 :

M. Severyns a étudié (*op. cit.*, t. II, p. 182-189, et *Proclos et la chanson de table*, in *Mél. Bidez*, Bruxelles, 1934, p. 835-856) les problèmes que soulève le présent passage de la *Chrestomathie* quant à l'histoire du genre et quant à l'étymologie du mot *scolie*. L'éditeur de Photius soulignera que M. Severyns a aussi découvert (*op. cit.*, t. I, p. 307-308) que, dans l'*Etymologicum magnum*, l'article σκόλια s'intègre dans une série de notices dont l'auteur a utilisé le sommaire de Proclos dans un manuscrit de la famille A.

Page 162, *ligne* 25 :

M. Severyns, *op. cit.*, t. II, p. 190, souligne la brièveté du sommaire à propos de ce genre de productions. Réserve qui apparaît normale à qui connaît Photius et se souvient de ses jugements sur les romans

qu'il a lus et dans l'appréciation desquels les considérations d'ordre moral interviennent toujours. Il a souligné, par exemple, la chasteté de l'amour qui unit les héros d'Héliodore dans ses *Éthiopiques* (« codex » 73, t. I, p. 147), tandis qu'il « exécute » en une douzaine de lignes pour son « indécence » le *Leucippe et Clitophon* d'Achille Tatius (« codex » 87, t. II, p. 11).

Page 162, *ligne* 27 :

Dans cette théorie et cette terminologie, Proclos est tributaire des savants de son temps, comme le montre M. Severyns, *op. cit.*, t. II, p. 193-194.

Page 163, *ligne* 13 :

Sur la place de Proclos parmi les théoriciens qui se sont intéressés à cette production, cf. Severyns, *op. cit.*, t. II, p. 204-207.

L'article σίλλος de l'*Etymologicum magnum* est tributaire de Proclos par l'intermédiaire d'un manuscrit de la famille A du « codex » 239.

Page 163, *ligne* 16 :

A propos de l'*épicédie* et du *thrène*, M. Severyns a fait apparaître (*op. cit.*, t. I, p. 306) un point de contact de plus entre l'*Etymologicum magnum* et le « codex » 239, car c'est encore à un manuscrit de la famille A de Photius que l'auteur de la notice θρῆνος a fait des emprunts. Par ailleurs, M. Severyns fait justice de l'idée d'une lacune en cet endroit du sommaire ainsi que des fantaisies diverses nées du désir de reconstituer un texte qui n'a pas besoin de l'être. Cf. *op. cit.*, t. II, p. 207-210.

Page 163, *ligne* 18 :

Cf. Severyns, *op. cit.*, t. II, p. 210-211.

Page 165, *ligne* 19 :

Contrairement à ce qui s'est passé pour la *daphnéphorie*, on a beaucoup de témoignages sur la *tripodéphorie* thébaine. M. Severyns les étudie, *op. cit.*, t. II, p. 232-243. Il montre que les sources dont Proclos disposait étaient de premier ordre. Comme il en est le seul témoin, sa modeste *Chrestomathie* et le « codex » 239 n'en sont que plus intéressants.

Page 166, *ligne* 18 :

Sur cette sèche énumération, cf. Severyns, *op. cit.*, t. II, p. 254-258.

Page 166, *ligne* 20 :

Cette finale a fait couler beaucoup d'encre et pas toujours de la meilleure. M. Severyns, *op. cit.*, t. II, p. 258-260, présente, en attendant une étude plus approfondie du problème, quelques observations qui réagissent avec bon sens contre les constructions échafau-

dées entre autres sur l'hypothèse d'une édition abrégée de Proclos ou sur celle d'un manuscrit mutilé de la *Chrestomathie* que Photius aurait eu entre les mains. Photius annonce un ouvrage en *quatre* livres et termine en disant qu'il en a lu *deux*. De plus, il y a un blanc de quatre lignes et de tout un feuillet dans le manuscrit A, après la dernière phrase du « codex » 239.

Il n'y a là rien d'extraordinaire pour un familier de la *Bibliothèque*. Il ne m'est pas possible de développer ici une assertion qui sera reprise en son temps, mais les lecteurs qui auront eu le courage de suivre jusqu'ici ma difficile et fort imparfaite entreprise auront rencontré bien plus d'une fois dans mon apparat critique des indications relatives à des blancs qui ne sont d'aucune conséquence. Ils auront trouvé à mainte reprise, en tête d'un « codex », l'annonce d'un certain nombre de livres qui n'ont pas tous trouvé place dans le sommaire de l'ouvrage.

La question du « codex » 239 n'a rien de plus compliqué que les autres cas de *lectures partielles* qui ne manquent pas dans la *Bibliothèque* ; point n'est besoin d'imaginer des lacunes dans le sommaire de Photius ou d'essayer d'y retrouver envers et contre tout une tomaison en quatre livres (cf. ce que M. Severyns en dit, *op. cit.*, t. II, p. 321). Photius a trouvé un ouvrage en *quatre livres* et il en a lu *deux des quatre* (le sens de οἱ δὲ δύο, comme M. Severyns le rappelle, est clair). Ce qui nous échappe, ce sont les raisons de cet arrêt de Photius dans sa lecture.

Avant de quitter ce curieux « codex » 239, il n'est pas superflu de rappeler au lecteur le nombre de données inédites qu'offrait la *Chrestomathie* de Proclos et le sérieux avec lequel son auteur s'était documenté. A considérer d'autre part la *tradition indirecte* de la *Chrestomathie*, étudiée par M. Severyns, *op. cit.*, t. I, p. 261-336, on est en droit de penser que c'est le « codex » 239 qui a été, depuis Photius, l'unique témoin du méritoire ouvrage de Proclos, ce qui atteste une diffusion assez rapide de la *Bibliothèque* et ouvre des horizons sur l'importance qu'a eue ce gros recueil de notes de lecture dans la transmission et l'illustration des lettres grecques.

Page 166, *ligne* 23 :

Ce petit ouvrage est conservé. Photius lui avait consacré quelques lignes au « codex » 43, t. I, p. 27. Ici, il paraphrase le texte de Philopon en le suivant le plus souvent d'assez près. La formule d'introduction ἀνεγνώσθη ἐκ (p. 322 b 2) s'éclaire quand on compare le sommaire et l'original : le contenu du « codex » 240 montre que Photius n'a pas poussé sa lecture d'une façon suivie au-delà de la citation de I, 10, p. 25, 22-26, 8, de l'édition Reichardt, Leipzig, 1897.

Je rappelle les autres notices que Photius a consacrées à Philopon. Le « codex » 21, t. I, p. 13, critique en quatre lignes un traité perdu, *Sur la Résurrection*. Le « codex » 55, t. I, p. 45, a pour sujet un écrit, *Contre le quatrième saint synode*, et le « codex » 75, t. I, p. 153-154, recense un ouvrage également perdu qui attaquait Jean le Scholastique. Philopon avait aussi polémiqué contre le traité *Sur les statues* de Jamblique ; Photius a exposé les thèses adverses de ces deux livres

perdus, au « codex » 215, t. III, p. 130-131. Dans ma note 1 de la p. 130 à ce « codex » 215 se trouvent des corrections et des compléments à la brève notice que j'avais consacrée à Philipon au t. I, p. 13, note 3.

Page 166, *ligne* 26 :

Ces lignes correspondent à I, introduction, p. 2, 5-8. Photius se trompe quand il parle de Serge de Constantinople qui a vécu un siècle après Philopon. Le traité était dédié à Serge, patriarche d'Antioche (546-549). Cf. G. Bardy, s. v. *Jean Philopon*, in *D. T. C.*, t. VIII, p. 832 et 835.

Page 166, *ligne* 28 :

Reprise libre de I, introduction, p. 2, 3-4.

Page 167, *ligne* 11 :

Condense avec beaucoup d'emprunts textuels I, 2, p. 4, 17-6, 19.

Page 167, *ligne* 16 :

Ce passage suit de près I, 2, p. 6, 20-24.

Page 167, *ligne* 21 :

Cette réflexion est venue à Photius des controverses entre Basile et Théodore, que Philopon relate au livre I de son traité. Elle atténue le ton de la remarque que Photius avait faite au « codex » 43, t. I, p. 27, p. 9 b 15.

Page 168, *ligne* 8 :

Ce prosélyte juif contemporain d'Hadrien est bien connu pour sa tentative d'aménager la version de la Septante dans le sens d'une traduction littérale de l'hébreu qui aboutit à des tournures comme σὺν τὸν οὐρανὸν σὺν τὴν γῆν que Philopon relève ici. Origène lui avait fait une place dans ses *Hexaples*. Cf. Field, *Origenis Hexaplorum quae supersunt*, Oxford, t. I, p. xvi-xxvii ; P. Batiffol, s. v. *Aquila*, 2, in *D. T. C.*, t. I, p. 811-812 ; Jülicher, s. v. *Aquila* (n. 7), in *R. E.*, t. II, col. 314 ; J. Ziegler, s. v. *Bibelübersetzungen*, in *L. T. K.*, t. II, 1958, p. 379-380 ; M. Simon, *Verus Israël*, p. 348 sqq.

D. Barthélemy, O. P., *Les devanciers d'Aquila*, Leyde, Brill, 1963, montre, à partir des fragments du *Dodecapropheton* trouvés dans le désert de Juda, quelle influence le rabbinat palestinien a pu exercer sur Aquila et les autres traducteurs et recenseurs de la Bible.

Page 168, *ligne* 17 :

Cette correction me paraît s'imposer. On lit chez Philopon, I, 4, p. 11, 22-23 : εἶχεν ἐναργῆ τοῦ ἅμα γενέσθαι τὰ δύο τὴν δήλωσιν. Dans le ἐν ἀρχῇ de Photius (323 a 15-16), qui n'a pas de sens, on reconnaîtra facilement une corruption paléographique de ἐναργῆ de Philopon. L'idée de cette correction revient à Dom Maurice Bogaert, moine bénédictin de Maredsous, qui a relu avec moi ce paragraphe sur Aquila dans Photius et dans Philopon, et qui m'a fait

plus d'une suggestion utile sur ce texte assez spécial. Je tiens à l'en remercier vivement.

Page 168, *ligne* 20 :

Ce paragraphe (323 a 8-19) paraphrase d'assez près I, 4, p. 11, 10-12, 2.

Page 168, *ligne* 34 :

Paraphrase fidèle de I, 5, p. 12, 6-25.

Page 168, *ligne* 35 :

Les ténèbres que Moïse provoque sur l'ordre de Iahvé, *Exode*, 10, 21.

Page 169, *ligne* 19 :

Paraphrase libre de I, 8, p. 18, 16-20.

Page 169, *ligne* 24 :

Résumé très succinct de I, 9, p. 19, 1-25, 21.

Page 169, *ligne* 31 :

Cette phrase est de Photius ; elle ménage le passage du résumé à la citation qui termine le « codex » 240.

Page 173, *ligne* 10 :

324 b 28-32 reproduit le début de II, 18, t. I, p. 164.

Page 173, *ligne* 24 :

324 b 33-325 a 3 reprend à peu près textuellement II, 20, t. I, p. 166-168.

Page 173, *ligne* 27 :

Ici, l'abréviateur accommode une phrase de II, 43, t. I, p. 288, pour se ménager une transition à l'extrait suivant qui provient du livre III.

Page 174, *ligne* 10 :

Les « mirabilia » qui sont évoqués dans cette *Vie d'Apollonius* rappellent souvent *L'Inde* de Ctésias (« codex » 72, t. I, p. 133-147). Il y est question, notamment, du même *ver* dont on tire une huile incendiaire qu'on n'éteint, dit Ctésias (p. 49 a 28, t. I, p. 145), qu'avec de la boue πηλῷ. J'ai cru, en lisant ὑέλου dans le présent passage du « codex » 241, à une faute de transcription possible, mais c'est bien le mot qu'on lit dans Philostrate lui-même (III, a, t. I, p. 234).

Page 178, *ligne* 35 :

Cette douzaine de lignes est une très vague évocation d'un long passage de la *Vie* qui relate une partie du séjour et des faits et gestes d'Apollonius chez les Brahmanes, soit III, 40-45, t. I, p. 248-328.

On notera avec quelle vigueur concise Photius intervient, p. 326 b 24-25, pour stigmatiser la croyance à la métempsychose.

Page 190, *ligne* 10 :

330 b 11-331 a 4 = VI, 26, t. II, p. 102-106, avec de légères variantes.

Page 191, *ligne* 14 :

C'est la première fois que nous rencontrons ce type de notice dans la *Bibliothèque* : Photius, pris d'une sorte de scrupule de n'avoir peut-être pas signalé tout ce qui méritait de l'être, revient sur un ouvrage qu'il vient de lire et le reprend à un point de vue autre que celui qui avait guidé sa première lecture : la beauté verbale, nous dit-il. S'il n'a pas défini les critères qui ont guidé son premier choix d'extraits, ces critères ne sont pas difficiles à saisir : c'est son penchant pour le merveilleux, penchant dont la *Bibliothèque*, lue seulement jusqu'ici, témoigne à de multiples reprises.

Les extraits retenus dans cette seconde série s'étendent sur *toute* la *Vie d'Apollonius* ; il y en a même qui sont empruntés aux livres IV, VII et VIII, auxquels la première partie du sommaire n'a consacré que des phrases tout à fait générales : p. 328 a 12-20 et 330 b 11-24, *supra*, p. 182 et 190 : c'est donc bien une nouvelle revue intégrale. Il est intéressant de le noter entre autres raisons parce qu'on va se trouver devant le même procédé au « codex » 242 (à paraître dans le tome VI de la présente édition) et où il s'agit d'un texte perdu, la *Vie d'Isidore*, philosophe néoplatonicien et scholarque d'Athènes au ve siècle, écrite au vi^e^ siècle par son disciple Damascius. Il est donc intéressant, pour se faire une idée de ce que représentent ces bouts de textes du « codex » 242, de voir en quoi consistent ceux du « codex » 241, pour l'intelligence desquels on peut encore recourir à l'original conservé.

Les notes qui accompagnent la première partie du « codex » 241 feront retrouver au lecteur une façon de faire habituelle à Photius pour arranger ses extraits.

Quand on lit ceux de la deuxième partie sans recourir à l'original lu, on a l'impression de se trouver devant des morceaux de texte assez courts — certains tiennent, on le verra, en un seul mot — que le lecteur peut fort bien avoir marqués dans le manuscrit qu'il avait entre les mains pour laisser après coup à un copiste le soin de les transcrire à la suite de la première partie dans un but connu de lui seul — peut-être un de ces autres travaux qu'il envisageait pour plus tard et dont la *Bibliothèque* serait le point de départ : τάχα ἂν ἑτέρων ἐκδόσεων οὐκ ἐλαττόνων ἀρχὴ ταῦτα εἴη (p. 545, 21).

Sans une comparaison avec le texte conservé, certains extraits de cette deuxième série sont obscurs, voire dépourvus d'un sens perceptible. A la comparaison, ils deviennent clairs et on se rend compte qu'ils l'étaient pour celui qui les a choisis : c'est là un avantage dont un éditeur et traducteur de Photius a le droit de profiter.

A la comparaison, on voit aussi que cette deuxième série d'extraits n'est pas le résultat d'un découpage mécanique du texte. La manière de Photius s'y reconnaît au soin qu'il a pris, dans la grande majorité des cas, d'aménager les morceaux choisis de manière à les rendre

intelligibles en dehors de leur contexte. Même s'il lui est arrivé, à de rares reprises, dans sa seconde récolte, de reprendre sans s'en apercevoir un extrait qu'on a déjà lu dans la première partie du « codex », la « technique d'abréviateur » est la même de bout en bout, et il n'y a pas de doute que *tout* le « codex » 242 soit bien le travail personnel de Photius.

L'annotation de cette deuxième série d'extraits est rendue difficile et par le peu de place disponible au bas des pages et par le grand nombre des références. Pour cette raison, j'ai rompu avec mon système habituel de renvoi à une note complémentaire au moyen d'un astérisque. J'utilise le système de la numérotation continue ; le lecteur trouvera donc en fin de volume les notes qui ne figurent pas au bas des pages alors que les « appels » sont dans la traduction.

Page 191 :

8. I, 5, t. I, p. 12-14.
9. I, 7, t. I, p. 14.
10. I, 7, t. I, p. 7.

Page 192 :

5. I, 13, t. I, p. 32. ἐν αὐτῷ, c'est le temple d'Aegae dont Apollonius a fait un lycée et une académie parce qu'on y entend parler de toute la philosophie.

6. I, 14, t. I, p. 36. — 7. I, 15, t. I, p. 38. — 8. I, 16, t. I, p. 44. — 9. I, 16, t. I, p. 42. — 10. I, 17, t. I, p. 46. — 11. I, 17, t. I, p. 48.

12. I, 19, t. I, p. 50.
13. I, 19, t. I, p. 52.
14. Ceci n'est pas un extrait, mais une notation tirée de I, 23-24, t. I, p. 66-72.

Page 193 :

9. Ceci n'est pas un extrait, mais une déduction tirée de II, 12, t. I, p. 146, où il est question d'un éléphant retrouvé avec la marque de Porus trois cent cinquante ans après ce roi.
10. II, 14, t. I, p. 154.
11. II, 14, t. I, p. 156. Les mots διὰ τὸν θάνατον τοῦ σκύμνου ne sont pas dans le texte de Philostrate.
12. Ceci n'est pas un extrait, mais une remarque inspirée par II, 15, t. I, p. 158.

Page 195 :

3. Extrait assez approximatif de IV, 2, t. I, p. 350.
4. IV, 7, t. I, p. 356. — 5. IV, 8, t. I, p. 358.
6. IV, 8, t. I, p. 360. τοῦτο δὲ τοιοῦτόν ἐστιν est de l'abréviateur.
7. IV, 9, t. I, p. 362.

Page 196 :

4. IV, 14, t. I, p. 374. Il faut corriger Ἀπολλώνιος du manuscrit de Photius en Ἀπόλλων. C'est une bévue de copiste. Le texte de

Philostrate porte ἐφίσταταί οἱ χρησμῳδοῦντι ὁ θεός. Photius aura dicté Ἀπόλλων pour rendre l'extrait plus explicite et il n'est pas difficile de comprendre comment l'erreur a pu se produire à un stade ultérieur.

5. IV, 15, t. I, p. 374. — 6. IV, 16, t. I, p. 376. — 7. IV, 16, t. I, p. 380.

8. IV, 16, t. I, p. 382.

9. IV, 16, t. I, p. 384.

10. IV, 20, t. I, p. 392. Photius a sauté deux lignes après ἐφαίνετο (333 a 35).

11. Cette phrase n'est pas un extrait, mais un arrangement de la fin de IV, 21, t. I, p. 392-394.

12. IV, 21, t. I, p. 394.

13. IV, 24, t. I, p. 400.

14. IV, 25, t. I, p. 104.

15. IV, 26, t. I, p. 408.

16. IV, 36, t. I, p. 430.

17. IV, 37, t. I, p. 434.

Page 197 :

9. Un des extraits les plus curieux de la collection. Il s'agit d'un lion apprivoisé, très doux, dans lequel Apollonius avait décelé l'âme d'Amasis. V, 42, t. I, p. 568. Sans doute est-ce la rareté du mot qui aura intéressé Photius.

10. VI, 3, t. II, p. 8.

11. VI, 3, t. II, p. 12.

12. VI, 3, t. II, p. 12.

13. VI, 10, t. II, p. 32.

Page 198 :

7. VI, 13, t. II, p. 64. Ici, on se demande vraiment la raison de cette rupture dans le texte. Il n'y a en tout cas pas de « blanc » dans les manuscrits de Photius.

8. VI, 14, t. II, p. 164. Φραάτου (334 a 16) a été substitué à ἐκείνου du contexte.

9. VI, 14, t. II, p. 64.

10. VI, 15, t. II, p. 66.

11. VI, 20, t. II, p. 86-88.

12. VI, 27, t. II, p. 110.

Page 199 :

7. VII, 11, t. II, p. 166. Je traduis l'extrait tant bien que mal. Philostrate offre un texte beaucoup plus satisfaisant avec ὑποψαλλούσης τῆς αὔρας.

8. VII, 13, t. II, p. 174-176.

Page 200 :

8. VII, 36, t. II, p. 248. Photius a substitué τοῦ Ἀπολλωνίου (334 b 27) à αὐτοῦ pour être plus explicite.

9. VII, 37, t. II, p. 254. — 10. VII, 42, t. II, p. 264. — 11. VIII, 7, t. II, p. 300.

Ce volume,
de la Collection des Universités de France,
publié aux Éditions Les Belles Lettres,
a été achevé d'imprimer
en janvier 2003
sur presse rotative numérique
de Jouve
11, bd de Sébastopol, 75001 Paris

N° d'édition : 4730
Dépôt légal : janvier 2003

Imprimé en France